刑事訴訟法陪審法刑事補償法先例大鑑
陪審法施行規則
司法警察官吏ノ職務ヲ行フヘキ者ノ指定ニ關スル件

潮道佐編著

昭和十年發行

刑事訴訟法 陪審法 刑事補償法 先例大鑑

陪審法施行規則
司法警察官吏ノ職務ヲ行フヘキ者ノ指定ニ關スル件

日本立法資料全集　別巻　1208

信山社

東京刑事地方裁判所
部長判事　潮道佐編著

刑事訴訟法 陪審法 刑事補償法 先例大鑑

陪審法施行規則
司法警察官吏ノ職務ヲ行フヘキ者ノ指定ニ關スル件

東京
立興社發行

序

本書は現行刑事訴訟法・陪審法・同施行規則及刑事補償法に就き其の關係判例竝に訓令通牒及質疑回答を逐條順に按配輯錄し、之にあまり世に知られて居ない法案理由書を配したものであります。專ら實務家が多忙裡に索めんとせられる先例を具展し、併せて斯法の解釋と新舊立法の異同を辨識せられる捷徑にもと編纂したものであります。

實施以來昭和九年十二月末に至るものを年度順に網羅し、それに最近公布の刑訴法條中改正をも揭記參照して居り索引抽出の利便には相當意を致したつもりであります。勿論公務の餘暇に成つたもので、努めて避けたことではあるが、卷中齟齬遺脫なしとしない、唯本書の意の在るところを酌まれて利用せらるゝ向もあらば本懷の至りであります。

昭和十年初夏

編著者識

凡　例

一　理由書中現行法トアルハ舊刑事訴訟法ヲ指シ本案又ハ本法トアルハ現行刑事訴訟法又ハ法案ヲ謂フ

一　判決・決定　大審院刑事部ノ判決又ハ決定

一　訓　　令　司法大臣ノ訓令

一　通牒・伺答　司法次官、刑事局長、行刑局長ノ發シタルモノニシテ悉ク出所ヲ明示シ總テ問答體ニ據ル

一　議決・協議　司法官會同ニ於ケル議決及書記長、監督書記ノ協議事項

刑事訴訟法 陪審法 刑事補償法 先例大鑑 目次

刑事訴訟法

陪審法

目次〔終〕

刑事訴訟法 陪審法 刑事補償法 先例大鑑索引

刑事訴訟法

第一編　總則

第三章 訴訟能力

第八章　期間

第九章　被告人ノ召喚、勾引及勾留

第十三章　證人訊問

第十四章　鑑定

第二編　第一審

第四章　公判

第一節　公判準備

第三節 公判ノ裁判……二二三

第三編　上訴

第一章　通則

第二章　控訴

理由書……二五九
第三章　上告……二六〇
第四百八條……二六〇
理由書……二六〇
第四百九條……二六〇
理由書……二六〇
一　犯罪ノ證明ナキモノトシテ無罪ヲ言渡シタル場合ノ検事ノ上告（回答）……二六一
二　少年ノ年齢ト上告ノ理由（判決）……二六一
三　被告人ニ不利益ナル上告理由（判決）……二六一
四　犯人單獨居住ノ家屋ニ對スル放火罪ト不利益上訴論旨（判決）……二六一
五　控訴理由ナシトノ附記ト上告理由（判決）……二六一
六　略式命令又ハ第一審判決ニ對スル非難ト上告理由（判決）……二六一
七　訴訟手續ノ瑕疵ト審理更新（判決）……二六一
八　法律ニ對スル服從義務ノ否認ト上告理由（判決）……二六一
第四百十條……二六二
理由書……二六二
一　審判請求ヲ受ケタル事件ニ付審判ヲ為ササル違法（判決）……二六二
二　牽連犯ノ一部ニ對スル公訴ノ提起ト審判ノ範圍（判決）……二六二
三　共同被告人ノ一名ニ對スル公判手續ノ違法（判決）……二六三
四　公開停止ノ決定アリタル場合ニ於ケル審理ノ公行ト上告ノ理由（判決）……二六三
五　公判手續更新前ノ公判調書ト證據調（判決）……二六三
六　被告人ヨリ辯護人宛ノ信書不著ト辯護權ノ制限（判決）……二六三
七　偽造通貨行使詐偽ノ起訴ト審判ノ範圍（判決）……二六三
八　收賄幇助ノ公訴ト贈賄幇助（判決）……二六四
九　詐偽横領ト公訴ノ範圍（判決）……二六四
一〇　第一審ノ訴訟手續ノ不法ト上告論旨（判決）……二六四
一一　豫審手續ノ不法ト上告論旨（判決）……二六四
一二　併合罪ノ起訴ト公判裁判所ノ判決（判決）……二六四
一三　證據調ノ限度及證據ノ取捨判斷ト上告理由（判決）……二六四
第四百十一條……二六四
理由書……二六四
一　單一罪ノ事實ヲ連續犯トシテ處斷シタル判決ト上告ノ理由（判決）……二六五
二　證據調ヲ為ササル證據ヲ罪證ニ供シタル場合ト其ノ違法カ判決ニ及ホス影響（判決）……二六五
三　判決ニ影響ナキ採證ノ不法（判決）……二六五
四　證據説明ノ瑕疵ト本條（判決）……二六五
五　被告人ノ人違ナキコトヲ確ムルニ足ルヘキ事項ノ

第四編 大審院ノ特別權限ニ屬スル訴訟手續

第五編 再審

第六編 非常上告

第七編 略式手續

第八編 裁判ノ執行

第九編　私訴

第一章　通則……三四三

陪審法

陪審法施行規則

陪審關係勅令、訓令及通牒

刑事補償法

刑事補償法關係參考事項

司法警察官吏ノ職務ヲ行フ者ニ關スル件

司法警察官吏ノ職務ヲ行フ者ニ關スル件

索引〔終〕

刑事訴訟法 陪審法 刑事補償法 先例大鑑

東京刑事地方裁判所部長判事 潮道佐編著

刑事訴訟法

第一編 總則

第一章 裁判所ノ管轄

〔理由書〕裁判所ノ管轄ハ之ヲ分別シテ事物ノ管轄及土地ノ管轄ト爲ス事物ノ管轄ニ關スル事項ニシテ裁判所構成法ノ規定ニ從フヘキモノハ之ヲ本章ニ掲ケス本章ニ於テハ先ツ裁判所ノ土地ノ管轄ヲ定メ尚事物及土地ノ管轄ニ關係アル事項ニシテ裁判所構成法ニ規定セサルモノ及其ノ規定ニ變更ヲ加フヘキモノニ付法則ヲ設クルコトトセリ

管轄ノ問題ト裁判所自體ノ問題トハ嚴ニ之ヲ區別セサルヘカラス通常裁判所ト特別裁判所トハ裁判權ヲ異ニスルカ故ニ其ノ間ニ於テ管轄ノ問題ヲ生スルコトナシ現行法ハ此ノ區別ヲ閑却シタル嫌

アルヲ以テ本章ニ於テハ特ニ此ノ點ニ留意シテ規定ヲ設ケタリ裁判權ヲ異ニスル裁判所ノ間ニ於テハ各其ノ權限ヲ確守シ其ノ畛域ニ立入ルコトヲ認容スヘキニ非ス裁判所ノ管轄ハ叙上ノ觀念ヲ以テ之ヲ定ムルコトヲ得ス裁判所ノ管轄ハ通常裁判所トノ間ニ於テ裁判權ノ行使ニ關シ事務ノ歸屬ヲ定ムルモノナルカ故ニ之ヲ規律スルニ當リテハ專ラ公私ノ便益ニ著眼シ可成流通ヲ自在ニシ事ニ當テ機宜ノ措置ヲ爲スニ便ナラシムルコトヲ期セサルヘカラス徒ニ規定ヲ嚴格ニシ彼此相侵スヘカラサルコト裁判權自體ヲ規律スルカ如クスルハ公私ノ便益ヲ犧牲ニシテ裁判權ノ行使ヲ澁滯セシムル弊アルヲ免レス本章ニ於テハ深ク此ノ點ニ留意シ現行法ノ不備ヲ補正シタリ

現行法ノ下ニ於テハ數個ノ裁判所管轄ヲ有スル場合ニ於テ其ノ中ノ或裁判所ヲシテ先著手、牽涌等ノ事由ニ基キ管轄ヲ專有セシメ之ニ因リテ他ノ裁判所ノ固有ノ管轄權ヲ排除スルノ主義ヲ採用シタレトモ此ノ如キハ理論ニ偏シテ實際ノ便益ヲ輕視スルノ批難アルヲ免カレス故ニ本章ハ此ノ如キ場合ニ於テ他ノ管轄裁判所ノ固有ノ管轄權ニ何等ノ影響ヲ及ホササルコトト爲シ以テ事件ノ分離併合ヲ簡易ニシ裁判權ノ行使ニ不便ナカラシメンコトヲ期シタリ

管轄ノ規定既ニ定マルト雖モ特別ノ事情アルカ爲管轄裁判所ヲシテ審判セシメスシテ他ノ裁判所ニ移シテ審判セシムルヲ得策トスル場合ナキニ非ス此ノ如キ場合ニ於テハ管轄ヲ移轉スルノ必要アリ又時トシテハ事實上管轄裁判所ノ存在セサルカ或ハ其ノ不明ナルカ爲管轄ノ指定ヲ必要トスル場合アリ故ニ本章ニ於テモ亦現行法ト均シク管轄ノ指定及移轉ニ關スル規定ヲ設ケタリ唯本章ニ於テハ現行法ノ規定ヲ不適當トシテ補正シタル點アルヲ以テ其ノ內容相同シカラサルモノアリ

第一條　裁判所ノ土地管轄ハ犯罪地又ハ被告人ノ住所、居所若ハ現在地ニ依ル

帝國外ニ在ル帝國艦船內ニ於テ犯シタル罪ニ付テハ前項ニ規定スル地ノ外其ノ艦船ノ本籍若ハ船籍ノ所在地又ハ犯罪後其ノ艦船ノ繫泊シタル地ニ依ル

〔理由書〕　本條ハ裁判所ノ土地管轄ヲ規定シタルモノナリ現行法ハ犯罪地及被告人所在地ヲ以テ土地管轄ノ標準ト爲スモ本條ハ之ニ被告人ノ住所及居所ヲ加ヘタリ蓋シ被告人ノ住所並居所ニ於テ犯罪ノ證據ヲ發見スルコト多キヲ以テナリ

第二項ハ帝國外ニ在ル帝國艦船內ニ於テ犯シタル罪ニ付土地ノ管轄ヲ規定シタルモノニシテ現行法カ單ニ定繫港及犯罪後最初ニ著船シタル地ヲ以テ管轄ノ標準ト爲シタルヲ改メ第一項ニ揭ケタル土地ノ外艦船ノ本籍若ハ船籍ノ所在地又ハ犯罪後其ノ艦船ノ繫泊シタル地ヲ以テ管轄ノ標準ト爲シタリ

現行法ハ特ニ外國ニ於テ犯シタル罪ニ付管轄裁判所ヲ定メ內地ニ於ケル逮捕地及被告人送致ノ地ヲ以テ之ヲ定ムルノ標準ト爲セトモ本條ニ於テハ此ノ如キ特別規定ヲ設クルコトナク此ノ場合ニ於テモ一般ノ原則ニ從ハシムルコトトシ一般ノ原則ニ依リテ管轄裁判所ヲ確定スルコト能ハサルトキハ第十五條ニ依リ管轄指定ノ手續ヲ爲スヘキモノトセリ

（林政府委員） 現在地ハ被告人ノ身柄ノ存在スル場所テス住所、居所ハ必スシモ被告人ノ身柄カ在ルトハ言ヘマセヌ

一 被告人ノ現在地ニ依ル裁判所ノ管轄 （昭和四年（れ）第四九二號 同年六月十七日第二刑事部判決）

本條ニ所謂被告人ノ現在地中ニハ被告人カ檢事ノ呼出ヲ受ケテ出頭シタル場所ヲモ包含ス

二 未入營現役兵ニ對スル裁判權 （昭和四年九月十二日 刑事第七七九六號刑事局長回答）

問 當省ニ於テハ目下兵役法第十一條、第十二條及第十六條並兵役法施行令第三十一條及第三十二條ニ依リ昭和四年度以降徵集又は採用セラルル海軍兵ニシテ前期ニ入營スル者ニ對シテハ四十日後期ニ入營スル者ニ對シテハ二十九日ノ未入營現役期間ヲ與フルコトニ手續中ナル處右未入營兵ハ海軍軍法會議法第一條及海軍刑法第八條ノ適用上海軍軍人ト稱シ難ク之ニ對スル裁判權ハ普通裁判所ニ屬スルモノト思料セラレ候ニ付テハ爲念貴見承知致度 （海軍省法務局長）

答 貴見ノ通リ

第二條 事物管轄ヲ異ニスル數個ノ事件牽連スルトキハ上級裁判所併セテ之ヲ管轄スルコトヲ得

〔理由書〕 本條ニ依レハ上級裁判所ハ本來ノ管轄權ノ外事件ノ牽連ヲ理由トシテ下級裁判所ノ管轄ニ屬スル事件ニ付テモ亦管轄權ヲ有スルモノナリ玆ニ注意スヘキハ上級裁判所カ併合シテ管轄スルノ故ヲ以テ下級裁判所ノ固有ノ管轄權ニ消長ヲ及ホササルコト是ナリ

一 陪審事件ト非陪審事件ノ併合審理 （昭和五年（れ）第五四五號 同年七月十七日第五刑事部判決）

陪審法第九十六條第一項ノ場合ニ於テ其ノ陪審事件ヲ非陪審事件ト併合シテ審理スルヲ妨ケス

二 固有ノ管轄ト本條 （昭和九年（れ）第一三五四號 同年十二月十五日第三刑事部判決）

本條ハ事物管轄ヲ異ニスル數箇ノ事件牽連スルトキハ上級裁判所併セテ之ヲ管轄シ得ヘキコトヲ規定シタルニ止マリ裁判所構成法

ノ規定ニ依リ定メラレタル裁判所ノ事物ノ管轄ニ關スル固有ノ審判權ヲ否定シタルモノニ非ス

三　第二條乃至第四條及第九條ノ上級裁判所又ハ下級裁判所ノ關係

（大正十二年二月二日刑事第六四八號刑事局長通牒）

問　第二條乃至第四條及第九條ニ上級裁判所又ハ下級裁判所トハ同一管內ノ裁判所ノミニ限ルヤ例ヘハ東京地方裁判所ト横濱區裁判所トハ上級下級ノ關係ニ立タサルヤ（函館所長）

答　第二條乃至第四條及第九條ニ所謂上級裁判所又ハ下級裁判所トハ同一管內ノ裁判所ニ限ルモノニアラス

問　東京地方裁判所ニ繫屬スル甲事件ト横濱區裁判所ニ繫屬スル乙事件ト牽連關係ヲ有スル場合ニ於テ東京地方裁判所ハ横濱區裁判所ニ繫屬スル乙事件ニ付併合ノ決定ヲ爲シ得ルヤ否ヤ（函館所長）

答　第一問ニ對スル回答ニテ了知有リ度シ

第三條　事物管轄ヲ異ニスル數個ノ牽連事件上級裁判所ノ公判ニ繫屬スル場合ニ於テ併セテ審判スルコトヲ必要トセサルモノアルトキハ上級裁判所ハ檢事ノ意見ヲ聽キ決定ヲ以テ管轄權ヲ有スル下級裁判所ニ之ヲ移送スルコトヲ得

〔理由書〕　事物管轄ヲ異ニスル數個ノ事件牽連スル場合ニ於テ上級裁判所總テノ事件ヲ審理スルコトヲ得ルハ前條ノ規定ニ照シテ明ナリ然レトモ事案ニ依リテハ併合審理ヲ適當トセス之ヲ分離シテ審理スルヲ便益トスル場合アリ斯ル場合ニ於テハ上級裁判所ハ檢事ノ意見ヲ聽キ決定ヲ以テ本來ノ管轄權ヲ有スル下級裁判所ニ之ヲ移送スルコトヲ得ルコトトセリ

第四條　事物管轄ヲ異ニスル數個ノ牽連事件各別ニ上級裁判所及下級裁判所ノ公判ニ繫屬スルトキハ上級裁判所ハ檢事ノ意見ヲ聽キ決定ヲ以テ下級裁判所ノ管轄ニ屬スル事件ヲ併セテ審判スルコトヲ得

〔理由書〕　事物管轄ヲ異ニスル數個ノ事件牽連スルトキハ上級裁判所併セテ之ヲ管轄スルコトヲ得ルハ第二條ノ規定スル所ナレトモ之アルカ爲ニ下級裁判所ノ管轄權ニ消長ヲ及ササルヲ以テ檢事數個ノ牽連事件ヲ各別ニ各管轄裁判所ニ起訴スルハ何等違法ノ點ナク從テ訴ヲ受ケタル裁判所ハ各自獨立シテ之ヲ審判セサルヘカラス然レトモ此ノ如キ場合ニ於テハ寧ロ上級裁判所之ヲ併合シテ審理スルヲ適當トスルコト多キヲ以テ上級裁判所ハ檢事ノ意見ヲ聽キ決定ヲ以テ下級裁判所ノ管轄ニ屬スル事件ヲ併セテ審判スルコトヲ得ヘキモノトセリ此ノ場合ニ於テ下級裁判所ハ其ノ受理シタル事件ヲ上級裁判所ニ移送セサルヘカラス

本條ハ明文ノ示スカ如ク事件公判ニ繫屬スル場合ニノミ適用スヘ

キモノナリ故ニ區裁判所ノ公判ニ繋屬スル事件ヲ地方裁判所ノ豫審ニ繋屬スル事件ト併合シテ審理スルコトヲ許サス

一　刑訴法第四條ノ適用（昭和三年(れ)第一三六七號 同年十月十五日第二刑事部判決）

本條ノ規定ハ事物管轄ヲ異ニスル數個ノ牽連事件各別ニ上級裁判所及下級裁判所ノ第一審公判ニ繋屬シ而カモ上級裁判所ニ於テ併合審理ヲ適當トスル場合ニ限リ其ノ適用アルモノニシテ事件カ控訴審ノ公判ニ繋屬シタル後ハ縱令上級裁判所ト雖下級裁判所ノ事件ヲ牽連事件トシテ併合審理スルコトヲ得サルモノトス

二　上級裁判所ノ爲シタル管轄ノ併合及分離ノ決定ノ效力（大正十二年十二月二十七日 刑事第一〇三四一號刑事局長通牒）

問　管轄ノ併合及分離ニ關スル決定ニシテ上級裁判所ノ決定ナルトキハ其ノ効力ハ下級裁判所ヲ羈束シ當然一ノ裁判所ノ公訴ヲ脫離シ之ヲ他ノ裁判所ニ繋屬セシムルモノト解シ可然哉果シテ然リトセハ

(1) 第四條、第七條第三項及第十條第二項ノ場合ニ於テ下級裁判所ハ脫離若ハ移送ニ付何等ノ處分ヲ要セサルモノト解シ可然哉

(2) 從テ又第三百十五條第八號及第三百六十五條第三號ノ適用ヲ見ル場合ハ第九條第一項及第十條第一項ノミニ止マリ解釋上第十條第二項ノ場合ハ公訴棄却ノ決定ヲ要セサルモノト解シ可然哉

(3) 又併合決定アリタルトキハ（第四條及第七條第三項ノ場合）其ノ移管手續ハ單ニ當該檢事ニ於テ其ノ事件ヲ移送スルニ止マルモノト解シ可然哉（福岡檢事正）

答　管轄ノ併合又ハ分離決定ニシテ牽連事件ニ關スルモノニ付テハ貴見ノ通

(1) 第四條、第七條第三項ノ場合ハ貴見ノ通

第十條第二項ノ場合ハ第三百十五條又ハ第三百六十五條ニ依リ公訴棄却ノ決定ヲ爲スヲ要ス

(2) 前號ニ依リ了解セラルヘシ

(3) 貴見ノ通

第五條　土地管轄ヲ異ニスル數個ノ事件牽連スルトキハ一個ノ事件ニ付管轄權ヲ有スル裁判所併セテ他ノ事件ヲ管轄スルコトヲ得

〔理由書〕本條ハ同等裁判所ノ間ニ於テ一ノ裁判所ハ他ノ裁判所ノ土地管轄ニ屬スル牽連事件ヲ管轄スルコトヲ明カニシタルモノナリ即チ一ノ裁判所ハ本來ノ管轄權ノ外事件ノ牽連ヲ理由トシテ他ノ同等裁判所ノ管轄ニ屬スル事件ニ付テモ亦管轄權ヲ有スルモノ

ナリ然レトモ之カ爲ニ他ノ裁判所ノ固有ノ管轄權ニ何等ノ消長ヲモ及ホスヘキモノニ非サルハ第二條ノ場合ニ同シ

第六條　土地管轄ヲ異ニスル數個ノ牽連事件同一裁判所ノ公判ニ繫屬スル場合ニ於テ併セテ審判スルコトヲ必要トセサルモノアルトキハ其ノ裁判所ハ檢事ノ意見ヲ聽キ決定ヲ以テ管轄權ヲ有スル他ノ裁判所ニ之ヲ移送スルコトヲ得

土地管轄ヲ異ニスル數個ノ牽連事件同一裁判所ノ豫審ニ繫屬スルトキ亦前項ニ同シ

〔理由書〕　土地管轄ヲ異ニスル數個ノ事件牽連スル場合ニ於テ之ヲ併セテ一ノ管轄裁判所ニ起訴スルコトヲ得ルハ前條ノ規定ニ徵シ明瞭ナリ此ノ場合ニ於テ受訴裁判所ハ其ノ儘事件ヲ併合シテ審理スルコトヲ得ヘキハ勿論ナリト雖時宜ニ依リ之ヲ分離シテ審判スルヲ適當トスル場合ナキニアラス本條ハ此ノ場合ニ關スル規定ナリ本條ハ事件ノ公判ニ繫屬スル場合ト其ノ豫審ニ繫屬スル場合トヲ區別セス而シテ移送ノ決定アリタル場合ニ於テ同一ノ狀態ニ於テ移送ヲ受ケタル裁判所ニ繫屬スルニ至ルヘキハ論ヲ俟タス

（林政府委員）　二ツノ牽連事件カ一ノ裁判ニ繫屬シタ場合陪審ノ評議ニ付スル趣旨ニ依ツテ一ツノ事件ヲヤリマス場合ニ他ノ事件ハ陪審ニ付スル事件テナイト云フ時ニ之ヲ別個ニ審判スル方カ實際上適當テアルト云フコトニ考ヘマス場合ニハ無論此ノ六條ノ適

用テ他ノ裁判所ニ移送スル斯ウ云フコトニナルト考ヘマス

一　本條ニヨリ移送ヲ受ケタル裁判所ハ更ニ之ヲ他ノ裁判所又ハ移送ヲ爲シタル裁判所ニ轉送スル可否

（大正十二年二月二日刑事第六四八號刑事局長通牒）

問　第六條ニ依リ移送ヲ受ケタル裁判所ハ更ニ之ヲ他ノ裁判所又ハ移送ヲ爲シタル裁判所ニ轉送スルコトヲ得ルヤ（函館所長）

答　移送ヲ受ケタル裁判所ニ於テモ第六條ノ規定ニ適合スル場合ニ於テハ更ニ他ノ裁判所ニ移送スルコトヲ得

二　移送又ハ併合ノ裁判ハ豫審判事ニ於テ之ヲ爲スノ可否

（大正十三年三月三日刑事第二六九號刑事局長回答）

問　第六條第二項又ハ第七條第二項ニ依リ移送又ハ併合ノ裁判ハ豫審判事ニ於テモ之ヲ爲シ得ヘキヤ或ハ豫審判事ノ屬スル裁判所ニ於テ爲スヘキモノナリヤ（奈良所長）

答　後段貴見ノ通

第七條　事物管轄ヲ同シクスル數個ノ牽連事件各別ニ數個ノ裁判所ノ公判ニ繫屬スルトキハ各裁判所ハ檢事ノ請求ニ因リ決

定ヲ以テ之ヲ一ノ裁判所ニ併合スルコトヲ得
事物管轄ヲ同シクスル數個ノ牽連事件各別ニ數個ノ裁判所ノ豫審ニ繋屬スルトキ亦前項ニ同シ
前二項ノ場合ニ於テ各裁判所ノ決定一致セサルトキハ各裁判所ニ共通スル直近上級裁判所ハ檢事ノ請求ニ因リ決定ヲ以テ事件ヲ一ノ裁判所ニ併合スルコトヲ得

〔理由書〕本條ハ數個ノ同等裁判所ニ分離シテ起訴セラレタル數個ノ牽連事件ノ併合ニ關スル規定ナリ土地管轄ヲ異ニスル數個ノ事件牽連スル場合ニ於テハ一個ノ事件ニ付管轄權ヲ有スル裁判所併セテ他ノ事件ヲ管轄スルコトヲ得ルハ第五條ノ規定スル所ナルモ之カ爲ニ他ノ同等裁判所ノ固有ノ管轄權ニ消長ヲ及ホササルモノナルカ故ニ檢事ハ數個ノ牽連事件ヲ各別ニ數個ノ管轄裁判所ニ起訴スルコトヲ得ヘク公訴ヲ受ケタル各裁判所ハ獨立シテ審判スルコトヲ得ヘシ然ルニ此ノ如キ場合ニ於テハ寧ロ之ヲ併合シ一ノ裁判所ニ於テ審判スルヲ適當トスルコト多キヲ以テ各裁判所ハ檢事ノ請求ニ因リ決定ヲ以テ之ヲ一ノ裁判所ニ併合スルコトヲ得ルモノトセリ

本條亦事件ノ豫審ニ繋屬スル場合ト公判ニ繋屬スル場合トヲ區別セス唯併合スヘキ事件ハ總テ同一ノ狀態ニ於テ繋屬スヘキモノナルコトヲ要ス豫審ノ程度ニ在ル事件ト既ニ公判ニ繋屬スル事件トヲ併合スルハ爲シ得ヘカラサルコトナリ豫審ノ程度ニ在ル事件ヲ公判ニ繋屬スル事件ニ併合セントセハ必ス其ノ終結ヲ待タサルヘカラス

各裁判所ノ決定一ニ歸スルトキハ何等ノ問題ヲ生セサレトモ其ノ間一致ヲ缺ク場合アルヘキヲ以テ之ニ備フルノ規定ヲ存セサルヘカラス是レ本條第三項ノ規定ヲ存スル所以ナリ此ノ規定ニ從ヘハ直近上級裁判所ノ指定シタル裁判所其ノ事件ヲ併合シテ審判スヘキモノニシテ他ノ裁判所ハ其ノ受ケタル事件ヲ其ノ裁判所ニ移送セサルヘカラス

一 本條ノ牽連事件ノ併合又ハ移送ノ決定ノ方法

（大正十二年二月二日 刑事第六四八號刑事局長通牒）

問 東京區裁判所ニ甲事件橫濱區裁判所ニ乙事件浦和區裁判所ニ丙事件繋屬シ各牽連スル場合ニ東京區裁判所カ第七條ニ依リ決定ヲ爲サントスルトキハ他ノ二裁判所ニ繋屬スル乙丙事件ニ付テモ判斷ヲ下スヘキヤ將甲事件ノミニ付執レノ裁判所ニ併合スルヤヲ判斷スルヲ以テ足ルヤ（函館所長）

答 各牽連事件ヲ自廳ニ於テ併合セントスル場合ニハ併合セントスル事件全部ニ付決定ヲ爲シ自廳ニ繋屬シタル事件ヲ他廳ニ併合セシムル場合ニハ其ノ繋屬事件ノミニ付決定ヲ爲スモノトス

二　檢事ノ爲ス本條ノ規定ニ因ル併合決定ノ請求ノ取扱ト之ニ對スル上級裁判所ノ決定（大正十二年十二月十二日刑事第一〇三四一號刑事局長通牒）

問　第七條ノ場合ニ於ケル決定ノ一致不一致ハ決定ノ發表ニ待ツテ知ラサルヘカラス而シテ又關係各裁判所ノ決定全部一致スル場合ニアラサレハ第一項ヲ適用スルコト能ハサル法意ナリトセハ第三項ニ依リテ檢事カ上級裁判所ニ決定ヲ請求スルニ際シ既ニ異議ナク合併移送ノ決定ヲ爲シタル裁判所ノ事件ヲモ併セテ全部ニ對シテ併合決定ヲ求メ從テ上級裁判所ハ各裁判所ニ繫屬スル全部ノ事件ニ對シ決定ヲ與フヘキモノト解シ可然哉（福岡檢事正）

答　貴見ノ通

三　同一事件ノ意義竝第七條、第十條ノ競合ノ解釋（大正十二年十二月十二日刑事第一〇三四一號刑事局長通牒）

問　同一事件ノ意義ニハ牽連事件ヲ包含スト解スルヲ正當ナリトセハ事物管轄ヲ同フスル數人共犯事件各別ニ數個ノ裁判所ノ公判又ハ豫審ニ繫屬スルトキハ第七條ト第十條ト競合スルカ如シ此ノ場合ニハ如何ナル適用ヲ爲スヘキヤ

例ヘハ三人ノ共犯者各別ニ三個ノ裁判所ノ公判ニ繫屬シタルトキハ其ノ各公訴提起ノ前後アルトキハ第十條第一項ヲ適用スレハ法律上當然最先著手ノ裁判所ニ併合セラルヘク又一面第七條ニ依リ公訴提起ノ遲速ヲ問ハス檢事ノ請求ニ依リ之ヲ一ノ裁判所ニ併合スルコトヲ得ヘキカ如シト雖既ニ法律上第十條第一項ニ依リ當然先著手裁判所ニ繫屬スルモノトセハ此ノ場合ニ於テハ第七條ノ適用ヲ見ルコトナシト解スルヲ相當ナリトセサルヤ（福岡檢事正）

答　同一事件トハ被告人及犯罪事實ノ同一ナルコトヲ謂フモノニシテ設例ノ如キ場合ハ同一事件ニ屬セス從テ第七條ト第十條トノ競合ヲ見ルコトナシ

四　數箇ノ裁判所ニ繫屬スル數箇ノ牽連事件併合ト審理（昭和八年(れ)第七四六號同年七月十日第二刑事部判決）

事物管轄ヲ同シクスル數箇ノ牽連事件各別ニ數箇ノ裁判所ニ繫屬スルトキ之ヲ一ノ裁判所ニ併合スルニハ檢事ノ請求ニ因リ爲シタル決定ヲ必要トス

第八條　數箇ノ事件ハ左ノ場合ニ於テ牽連スルモノトス

一　一人數罪ヲ犯シタルトキ

二　數人共ニ同一又ハ別個ノ罪ヲ犯シタルトキ

三　數人通謀シテ各別ニ罪ヲ犯シタルトキ

四　數人同時ニ同一ノ場所ニ於テ各別ニ罪ヲ犯シタルトキ
犯人藏匿ノ罪、證據湮滅ノ罪、僞證ノ罪及虚僞ノ鑑定通譯ノ罪及贓物ニ關スル罪ト其ノ本犯ノ罪トハ共ニ犯シタルモノト看做ス

〔理由書〕本條ハ如何ナル場合ニ於テ事件互ニ牽連スヘキモノナリヤヲ明カニシタルモノナリ現行法ハ牽連事件ニ付一人數罪ノ場合並從犯ト正犯及正犯數名アル場合ヲ規定スルニ止マリ不便尠カラサルヲ以テ本條ニ依リ其ノ範圍ヲ擴張シ必要ト認メタル各場合ヲ網羅セリ

(林政府委員)第一項二號ノ場合ハ是ハ要スルニ廣イ意味ノ共犯關係ヲ指シテ居リマス特ニ同一又ハ別個ノ罪ト云フモノハ共犯關係テアルカラトテ常ニ同一罪名ト云フコトニ參リマセヌ共謀テアリマシテ一人ハ竊盗罪一人ハ強罪盗ト云フコトカアリマスカラソレデ其等ノ點ニ付テ疑ヲ避ケル爲ニ實ハ少シ丁寧過キルカ知リマセヌカ此ノ趣旨ヲ明ニスル爲ニシタノテアリマス

(林政府委員)〔三號ノ通謀是ハ共犯關係カ刑法ノ上ニ於テ認メラレナイ數人カ相談シテ一人ノ者カ北海道ヘ行ツテ人ヲ殺ス一人ハ九州ヘ行ツテ泥棒ヲシテ居ルト云フヤウナ場合初メ相談シテモ殺人罪ナリ強盗罪ニ付テ共犯關係カ刑法ノ上ニ於テ認メラレナイ場合ヲ見タノテス

(林政府委員)第四號ニハ意思ノ聯絡ハ少シモ必要トシテ居リマセヌ同シ場所テ共謀セスシテ同時ニ撲リ合ヒヲスルコトカ諸方ニ起ルト云フヤウナノテアリマス

一　本條ニ依ル被告事件ノ相牽連スルモノノ取扱方
(大正十三年二月十六日行甲第一八五號行刑局長通牒)

第八條ニ依ル被告事件ノ相牽連スルモノトハ監獄法第十七條ノ規定ニ被告事件ノ相關連スルモノトアルニ包含セラルルモノト解セラルルニ付同條ニ依リ居房ヲ別異シ互ニ接觸スルコトヲ避ケシムル注意ヲ要ス
右事件牽連者ノ居房配置其ノ他拘禁ニ關シテハ事件ヲ擔當スル判事又ハ檢事ノ指示ヲ受クルコトヲ要ス

第九條　同一事件事物管轄ヲ異ニスル數箇ノ裁判所ノ豫審又ハ公判ニ繋屬スルトキハ上級裁判所ニ於テ之ヲ審判ス
上級裁判所ハ檢事ノ請求ニ因リ決定ヲ以テ管轄權ヲ有スル下級裁判所ヲシテ其ノ事件ヲ審判セシムルコトヲ得

〔理由書〕本條ハ上級裁判所ト下級裁判所トノ間ニ存スル管轄ノ競合ニ因ル牴觸ヲ調和スル規定ナリ現行法ノ下ニ於テハ上級裁判所ト下級裁判所トノ間ニ管轄競合ノ問題ヲ生スル餘地ナシト雖本案ニ於テハ上級裁判所カ下級裁判所ノ管轄ニ屬スル牽連事件ニ付管

轄權ヲ有スル旨ヲ規定シ而モ之カ爲下級裁判所ノ管轄權ヲ奪フコトナキヲ以テ同一事件ニ付上級裁判所ト下級裁判所トカ重複シテ管轄權ヲ有スルニ至リ從テ同一ノ事件ニ付上級裁判所ト下級裁判所トカ同時ニ公訴ヲ受クル場合ヲ生スヘシ本條ハ此ノ場合ニ於テハ上級裁判所其ノ審判ヲ爲スヘキモノトシ其ノ先ニ公訴ヲ受ケタルト後ニ公訴ヲ受ケタルトヲ區別セス故ニ下級裁判所ハ上級裁判所ヨリ先ニ公訴ヲ受ケタル場合ト雖第三百六十七條第三號ニ依リ公訴棄却ノ決定ヲ爲スヘキモノトス唯下級裁判所ニ於テ審判スルヲ適當トスル事情アル場合ニ於テハ上級裁判所ハ檢事ノ請求ニ因リ其ノ旨ノ決定ヲ爲スコトヲ得ルモノトス

第十條　同一事件事物管轄ヲ同シクスル數個ノ裁判所ノ豫審又ハ公判ニ繫屬スルトキハ最初ニ公訴ヲ受ケタル裁判所ニ於テ之ヲ審判ス

各裁判所ニ共通スル直近上級裁判所ハ檢事ノ請求ニ因リ決定ヲ以テ後ニ公訴ヲ受ケタル裁判所ヲシテ其ノ事件ヲ審判セシムルコトヲ得

〔理由書〕　本條ハ同等裁判所トノ間ニ於ケル管轄ノ競合ニ因ル牴觸ヲ調和スル規定ナリ第一條ニ於テ管轄ノ標準トシテ規定シタル事項數多アルカ故ニ同一事件ニ付數個ノ同等裁判所カ管轄權ヲ有スルコトノ可能ナルハ想像ニ難カラス其ノ場合ニ數個ノ裁判所カ同

一事件ニ付公訴ヲ受ケタルトキハ其ノ中ノ一個ノ裁判所ヲシテ審判セシメサルヘカラス本條ハ叙上ノ場合ニ於テ公訴ヲ受ケタル時期ヲ標準トシテ最初ニ公訴ヲ受ケタル裁判所ヲシテ審判ヲ爲サシムルコトトセリ現行法ハ一ノ裁判所ノ先著手ニ因リ他ノ裁判所ノ管轄權ヲ排斥スルモノト爲セトモ此ノ主義ハ本案ノ採用スル所ニ非ス最初ニ公訴ヲ受ケタル裁判所カ審判ヲ爲ス結果他ノ管轄裁判所審判ヲ爲スコトヲ得サルニ過キスシテ其ノ管轄權ニ何等ノ影響ヲ及ササルヲ以テ後ニ公訴ヲ受ケタル裁判所ハ第三百六十七條第三號ニ依リ公訴棄却ノ決定ヲ爲スヘキモノニシテ管轄違ノ言渡ヲ爲スヘキモノニ非ス而シテ後ニ公訴ヲ受ケタル裁判所ヲシテ審判セシムルヲ適當トスル事情アル場合ニ於テ强テ最初ニ公訴ヲ受ケタル裁判所ヲシテ審判セシムルハ其ノ當ヲ得サルカ故ニ各裁判所ニ共通スル直近上級裁判所ハ檢事ノ請求ニ因リ決定ヲ以テ後ニ公訴ヲ受ケタル裁判所ヲシテ其ノ事件ヲ審判セシムルコトヲ得ルコトトセリ

一　同一事件ニ付二個ノ確定裁判アリタル場合

（昭和四年(れ)第二號 同五年二月十日第五刑事部判決）

同一事件ニ付後ニ公訴ヲ受ケタル裁判所カ最初ニ公訴ヲ受ケタル裁判所ノ裁判ヨリ先キニ確定シタルトキハ最初公訴ヲ受理シタル

公判裁判所ハ免訴ノ判決ヲ言渡スヘキモノトス

二　同一事件ノ二個ノ公訴ト控訴審ノ裁判

（昭和五年(れ)第二六九號 同五年二月十日第四刑事部決定）

同一事件ニ付別箇ノ裁判所ニ提起セラレタル二個ノ公訴カ控訴審ニ繋屬スルニ至リタルトキハ控訴裁判所ハ決定ヲ以テ後ノ公訴ヲ棄却スヘキモノトス

第十一條　裁判所ハ事實發見ノ爲必要アルトキハ管轄區域外ニ於テ職務ヲ行フコトヲ得

前項ノ規定ハ豫審判事及受命判事ニ之ヲ準用ス

（理由書）　本條ハ裁判所ノ管轄區域外ニ於ケル職務執行ニ關スル規定ナリ土地ノ管轄既ニ定マル以上ハ裁判所ハ其ノ管轄區域內ニ於テ職務ノ執行ヲ爲スヘク濫ニ區域ノ外ニ出テテ職務ヲ行フカ如キハ事務ノ分配ヲ紛更スルモノニシテ若シ區域外ニ於テ職務ヲ行フノ要アルニ於テハ囑託ノ手續ニ依ルヲ原則トセサルヘカラス然リト雖管轄ハ本來事件ニ付定マルモノニシテ地域ハ事件ニ付管轄ヲ定ムルノ標準タルニ過キス苟モ帝國裁判權ノ及フヘキ範圍內ニ於テ絕對ニ裁判權ノ行使ヲ禁止スルハ謂レナキコトナリ故ニ裁判所自ラ管轄區域外ニ行動スルヲ以テ事實發見ノ必要アリトスル場合ニ於テハ例外トシテ之ヲ承認セサルヘカラス是レ本條ノ規定アル所以ナリ

（林政府委員）　本條職務ト云ッテモ公判トカ判決トカ云フコトハ公判廷テ行フコトニ原則上定マッテ居リマスカラ本條ノ職務トアルノハ檢證ヲスルト云フヨウナコトヲ云フノテアリマス勾留狀勾引狀ノ發付ト云フヨウナコトハ第十一條ハ豫想シテ居リマセヌ本條事實發見ノ爲必要アルトキハトアッテ從ッテ是ハ證據ノ問題ニ關係スルコトテアリマス事實發見ノ爲メト云フノハ文字通リニ見マシテ事實發見ノ材料ヲ調ヘル爲ト斯ウ云フ意味ニ見テ宜シカラウト思ヒマス

判事管轄區域外ニ於テ職務ヲ行フ場合ノ出張認可

（大正十三年四月一日 刑事第一三三七五號刑事局長回答）

問　本條ニ依リ判事カ管轄區域外ニ於テ職務ヲ行フ必要アル場合ハ裁判所及檢事局事務章程第二十六條ニ準據シ其ノ出張ニ付當該官ノ認可ヲ受ケシムヘキ儀ニ候哉又ハ同章程第十七條ニ依ルヘキ儀ニ候哉（廣島院長）

答　大正十三年二月二十一日司法省刑事局刑事第一九三七號訓令ニ依リ了知セラレタシ

第十二條　訴訟手續ハ管轄違ノ理由ニ因リ其ノ效力ヲ失ハス

（理由書）　本條ハ管轄違ノ裁判所ノ爲シタル訴訟手續ノ效力ヲ規定

シタルモノナリ管轄違ノ言渡アリタル場合ニ於テ其ノ以前ニ爲シタル訴訟手續ヲ有效ト爲スヘキヤ否ヤニ付疑アリ本條ハ明文ヲ設ケ之ヲ有効ト爲ス

（林政府委員）　土地ノ管轄違ノミナラス事物ノ管轄違ノ場合モ含ミマス

第十三條　裁判所ハ管轄權ヲ有セサルトキト雖急速ヲ要スル場合ニ於テハ事實發見ノ爲必要ナル處分ヲ爲スコトヲ得

前項ノ規定ハ豫審判事及受命判事ニ之ヲ準用ス

〔理由書〕　管轄權ナキ裁判所ハ其ノ事件ニ付處分ヲ爲スコト能ハサルハ當然ナリ然レトモ此ノ原則ヲ墨守スルトキハ往々急速ヲ要スヘキ事件ニ對シ機宜ノ措置ヲ爲ス能ハサルノ憾ナシトセス是レ本條ノ規定ヲ設クル所以ナリ

第十四條　檢事ハ左ノ場合ニ於テ關係アル第一審裁判所ニ共通スル直近上級裁判所ニ管轄指定ノ請求ヲ爲スヘシ

一　裁判所ノ管轄區域明確ナラサル爲管轄裁判所ノ定マラサルトキ

二　管轄違ヲ言渡シタル確定裁判アリタル事件ニ付他ニ管轄裁判所ナキトキ

〔理由書〕　本條ハ管轄指定ノ請求ニ付規定スルモノニシテ其ノ趣旨裁判所構成法第十條ト異ナルコトナシ唯同條第一號ニ所謂權限アル裁判所ニ於テ法律上ノ理由若ハ特別ノ事情ニ因リ裁判權ヲ行フコトヲ得ス且同法第十三條ニ依リ之ニ代ルヘキコトヲ定メラレタル裁判所モ亦之ヲ行フコトヲ得サル場合ノ如キハ本來管轄移轉ノ原由トスヘキモノナルカ故ニ本條ハ之ヲ第十六條ニ移シ管轄指定ノ原由ト爲サス尚裁判所構成法第十條第三號ニ所謂法律ニ從ヒ又ハ二以上ノ確定判決ニ因リ二以上ノ裁判所裁判權ヲ互用スル場合ハ他ノ規定ヲ以テ解決スルヲ得ルヲ以テ之ヲ管轄指定ノ原由ト爲サス

第十五條　法律ニ依ル管轄裁判所ナキトキ又ハ之ヲ知ルコト能ハサルトキハ檢事總長ハ大審院ニ管轄指定ノ請求ヲ爲スヘシ

〔理由書〕　現行法ハ法律ニ依ル管轄裁判所ナキ場合又ハ之ヲ知ルコト能ハサル場合ニ於テ管轄裁判所ヲ指定スル規定ヲ缺如ス本條ハ其ノ不備ヲ補フカ爲設ケタルモノナリ

第十六條　檢事ハ左ノ場合ニ於テ直近上級裁判所ニ管轄移轉ノ請求ヲ爲スヘシ

一　管轄裁判所又ハ裁判所構成法第十三條第二項ノ規定ニ依リ定メタル裁判所ニ於テ法律上ノ理由又ハ特別ノ事情ニ因リ裁判權ヲ行フコト能ハサルトキ

二　被告人ノ地位、地方ノ民心、訴訟ノ狀況其ノ他ノ事情

ニ因リ裁判ノ公平ヲ維持スルコト能ハサル虞アルトキ

前項第二號ノ場合ニ於テハ被告人亦管轄移轉ノ請求ヲ爲スコトヲ得

〔理由書〕本條ハ管轄移轉ノ請求ニ付規定スルモノニシテ現行法第三十六條及第三十七條ト其ノ趣意ヲ同シクス本條第一號ニ管轄移轉請求ノ原由トシテ掲ケタル場合ハ現行法ノ下ニ於テハ管轄指定ノ原由ナク本條ハ之ヲ改メテ管轄移轉ノ原由ト爲シタル理由ハ第十四條ニ於テ説明シタリ

一　管轄移轉ノ請求ニ關シ判決前ニ爲シタル決定ニ對スル抗告（大正十五年(つ)第二三號　同年十月五日第六刑事部決定）

裁判所ノ管轄移轉ノ請求ニ關シ判決前ニ之ヲ却下シタル決定ニ對シテハ抗告ヲ爲スコトヲ得サルモノトス

二　管轄移轉ノ請求ト直近上級裁判所（昭和三年(ね)第一號　同年十二月二十四日第一刑事部決定）

被告事件ノ繋屬スル地方裁判所ニ刑事訴訟法第十六條第二號ニ該當スル理由アル場合ニ於テ管轄移轉ノ請求ヲ爲スヘキ直近上級裁判所ハ所屬控訴院タルコトヲ常トス

三　管轄移轉請求ノ事由カ控訴院ノ管轄內ノ總テノ地方裁判所ニ存スル場合（昭和三年(ね)第一號　同年十二月二十四日第一刑事部決定）

被告事件ノ繋屬スル地方裁判所ノ所屬控訴院ノ管轄內ナル總テノ地方裁判所ニ皆當該地方裁判所ニ於ケルト同一ナル管轄移轉ノ事由アル場合ニ於テ管轄移轉ノ請求ニ付審判ヲ爲スヘキ上級裁判所ハ大審院ナリ

四　管轄移轉請求ノ趣旨ト直近上級裁判所（昭和三年(ね)第一號　同十二月二十四日第一刑事部決定）

管轄移轉請求ノ趣旨ニシテ事件ノ繋屬スル地方裁判所ノ所屬控訴院管轄內ノ總テノ地方裁判所ニ當該地方裁判所ニ於ケル同一ナル管轄移轉ノ事由アルコトヲ主張スルモノナルトキハ實質上其ノ請求理由ノ存スルト否トヲ問ハス其ノ請求事件ハ大審院ノ管轄ニ屬スルモノトス

第十七條　犯罪ノ性質、被告人ノ地位、地方ノ民心其ノ他ノ事情ニ因リ管轄裁判所ニ於テ審判ヲ爲ストキハ公安ヲ害スル虞アリト認ムル場合ニ於テハ檢事總長ハ大審院ニ管轄移轉ノ請求ヲ爲スヘシ

〔理由書〕本條ノ趣旨現行法第三十四條、第三十五條ニ同シ

第十八條　管轄ノ指定又ハ移轉ノ請求ヲ爲スニハ理由ヲ附シタル請求書ヲ管轄裁判所ニ差出スヘシ

檢事前項ノ請求書ヲ差出スニハ管轄裁判所ノ檢事ヲ經由ス

ヘシ

〔理由書〕 本條乃至第二十三條ハ管轄ノ指定及移轉ニ關スル手續ヲ規定シタルモノナリ

本條ハ管轄ノ指定又ハ移轉ノ請求手續ヲ規定シ第一項ハ檢事及被告人ノ爲スヘキ請求ニ共通スルモノニシテ第二項ハ檢事ノ請求ニ付特ニ設ケタル規定ナリ

第十九條 檢事豫審又ハ公判ニ繋屬スル事件ニ付管轄ノ指定又ハ移轉ノ請求ヲ爲シタルトキハ速ニ其ノ旨ヲ裁判所ニ通知スヘシ

〔理由書〕 管轄ノ指定又ハ移轉ノ請求アリタルトキハ裁判所ハ繋屬セル事件ノ訴訟手續ヲ停止スヘキモノナルヲ以テ檢事ハ裁判所ヲシテ其ノ請求アリタルコトヲ知ラシメサルヘカラス是レ本條ノ規定ヲ設ケタル所以ナリ

第二十條 檢事豫審又ハ公判ニ繋屬スル事件ニ付第十六條第一項第二號ニ規定スル事由ノ爲管轄移轉ノ請求ヲ爲シタル場合ニ於テハ速ニ請求書ノ謄本ヲ被告人ニ交付スヘシ

被告人ハ謄本ノ交付ヲ受ケタル日ヨリ三日内ニ管轄裁判所ニ意見書ヲ差出スコトヲ得

〔理由書〕 檢事豫審又ハ公判ニ繋屬スル事件ニ付第十六條第一項第二號ニ記載シタル事由ノ爲管轄移轉ノ請求ヲ爲シタル場合ニ於テ

ハ被告人ヲシテ之ニ對スル意見ヲ陳述スルノ機會ヲ得セシムルヲ相當トス是レ本條ノ規定アル所以ナリ

第二十一條 被告人管轄移轉ノ請求書ヲ差出スニハ事件ノ繋屬スル裁判所ヲ經由スヘシ

前項ノ裁判所請求書ヲ受取リタルトキハ速ニ之ヲ其ノ裁判所ノ檢事ニ送付スヘシ

檢事ハ請求書ニ意見ヲ添ヘ速ニ之ヲ管轄裁判所ノ檢事ニ送付スヘシ

〔理由書〕 本條ハ被告人ノ爲スヘキ管轄移轉ノ請求ニ付特ニ設ケタルモノナリ

第二十二條 豫審又ハ公判ニ繋屬スル事件ニ付管轄ノ指定又ハ移轉ノ請求アリタルトキハ決定アル迄訴訟手續ヲ停止スヘシ但シ急速ヲ要スル場合ハ此ノ限ニ在ラス

〔理由書〕 豫審又ハ公判ニ繋屬スル事件ニ付管轄ノ指定又ハ移轉ノ請求アリタル場合ニ於テ裁判所ヲシテ依然其ノ訴訟手續ヲ進行セシムルハ當ヲ得ス故ニ本條ニ依リ其ノ訴訟手續ヲ停止スルヲ以テ原則ト爲ス唯急速ヲ要スル事項ノ審理ヲ遲延セシムルハ失當ナルヲ以テ但書ヲ設ケタリ

第二十三條 管轄ノ指定又ハ移轉ノ請求ヲ受ケタル裁判所ハ檢事ノ意見ヲ聽キ決定ヲ爲スヘシ

〔理由書〕管轄ノ指定又ハ移轉ノ請求ニ付テノ裁判ハ其ノ請求ヲ受ケタル裁判所決定ヲ以テ之ヲ爲ス

第二章　裁判所職員ノ除斥、忌避及回避

〔理由書〕本章ノ規定ハ現行法第二編第二章ノ規定ニ相當スルモノニシテ現行法ト同シク判事及裁判所書記ノ除斥忌避及回避ヲ認メタリ今本章ニ依リ現行法ヲ改正シタル要點ヲ擧クレハ除斥ノ原因ニ付現行法ノ規定未タ盡ササル所アルヲ以テ之ヲ擴張シテ必要ト認メタル各場合ヲ網羅シ忌避權ノ行使動モスレハ濫用ニ陷ルノ虞アルヲ以テ其ノ弊ヲ抑止スル爲適當ノ規定ヲ設ケ尙現行法ニ於テハ忌避ノ申請及其ノ裁判ハ民事訴訟法ノ規定ニ依ルヘキモノトスルモ之ニ關スル獨立ノ法則ヲ設クルヲ適當トシ之ヲ本章ニ揭クルコトトセリ

第二十四條　判事ハ左ノ場合ニ於テ職務ノ執行ヨリ除斥セラルヘシ

一　判事被害者ナルトキ

二　判事私訴當事者ナルトキ

三　判事被告人、被害者又ハ私訴當事者ノ配偶者、四親等內ノ血族、三親等內ノ姻族又ハ同居ノ戶主若ハ家族ナルトキ親族關係ノ止ミタル後亦同シ

四　判事被告人、被害者又ハ私訴當事者ノ法定代理人、後見監督人又ハ保佐人ナルトキ

五　判事事件ニ付證人又ハ鑑定人ト爲リタルトキ

六　判事事件ニ付被告人ノ代理人、辯護人、補佐人又ハ私訴當事者ノ代理人ト爲リタルトキ

七　判事事件ニ付檢事又ハ司法警察官ノ職務ヲ行ヒタルトキ

八　判事事件ニ付豫審終結決定若ハ前審ノ裁判又ハ其ノ基礎ト爲リタル取調ニ關與シタルトキ但シ受託判事トシテ關與シタル場合ハ此ノ限ニ在ラス

〔理由書〕本條ハ現行法第四十條ト同シク判事カ法律上其ノ職務ノ執行ヨリ除斥セラルヘキ場合ヲ列擧シタルモノナリ

第一號ハ現行洪第一號ニ同シ

第二號ハ新設シタルモノナリ判事私訴ノ被告人ト爲ル場合ナキモ私訴ニ參加スヘキ場合ナシトセサルヲ以テ第一號ノミニテハ盡ササル所アリ故ニ本號ヲ新設シテ現行法ノ不備ヲ補足セリ

第三號ハ現行法第二號ニ相當スルモノナリ現行法ニ規定セル親族ノ範圍ハ全部ニ及ヒ廣キニ失スルヲ以テ之ヲ四親等內ノ血族及三親等內ノ姻族ニ限定シ尙現行法ニ於テ親族關係ノミヲ以テ除斥ノ

原因トシ同居ノ戸主若ハ家族タル關係ヲ度外視スルハ狹キニ失スルヲ以テ之ヲ補足セリ又現行法ニ於テハ判事ノ配偶者ト被告人被害者又ハ是等ノ者ノ配偶者トノ間ニ存スル親族關係ヲ以テ除斥ノ原因ト爲セトモ判事ノ配偶者ノ親族ハ判事ノ姻族ナルヲ以テ特ニ規定スルノ要ナク其ノ他ノ場合ニ付テハ忌避囘避ノ規定ノ運用ニ待ツヲ適當トシ之ヲ削除シタリ

第四號ハ現行法第三號後段ニ相當スルモノニシテ現行法ニ於テ判事被告人若ハ被害者ノ法定代理人ナル場合ノミヲ認ムルハ不十分ナルヲ以テ之ヲ補足セリ

第五號ハ現行法第三號前段ニ同シ

第六號第七號ハ新設シタルモノナリ現行法ニ於テ兩號記載ノ事由ヲ以テ除斥ノ原因ト爲ササルハ缺陷ナリ

第八號ハ現行法第四號ニ相當ス現行法ニハ判事事件ノ豫審終結ニ關與シ又ハ不服ヲ申立テラレタル裁判ノ前審ニ關與シタルトキトアルヲ以テ豫審ノ決定ニ關與セサレハ豫審手續ニ關與スルモ除斥ノ原因ト爲ラス又前審ノ判決ニ關與セサレハ假令前審ノ公判手續ニ關與スルモ除斥ノ原因ト爲ラサルヤ明カナリ然レトモ此ノ如キハ狹キニ失スルノ憾アルヲ以テ現行法ニ示シタル場合ノ外尙豫審終結決定又ハ前審ノ判決ノ基礎ト爲リタル取調ニ關與シタル場合ヲ擧ケ之ヲ除斥ノ原因トスルコトニ改メ唯受託判事トシテ關與シ

タル場合ハ除斥ノ原因ト爲スノ必要ナシト認メタルヲ以テ但書ヲ以テ之ヲ除外セリ

一　第一審ノ判決ヲ爲シタル判事カ第二審判決ノ言渡ノミニ關與シタル場合ト上告ノ理由

（大正十三年(れ)第五一一號 同年五月十二日第二刑事部判決）

第一審ノ判決ヲ爲シタル判事カ第二審ニ於ケル審理及判決ノ評議ニ關與シタルニ非スシテ單ニ判決ノ言渡ノミニ立會フモ之ヲ以テ上告ノ理由ト爲スコトヲ得サルモノトス

二　除斥ノ原由ト前審ニ於ケル被告人ノ訊問

（大正十四年(れ)第八四號 同年三月十三日第一刑事部判決）

公判判事カ前審ニ於テ勾引狀ニ因リ引致シ來リタル被告人ニ對シ人違ノ有無竝勾留ノ原由アリヤ否ノ訊問ヲ爲シタルニ止マルトキハ刑事訴訟法第二十四條第八號ニ所謂前審裁判ノ基礎トナリタル取調ニ關與シタルモノニ該當セス

三　再審ト判事ノ除斥　（大正十四年(つ)第一號 同年三月十八日第三刑事部決定）

再審請求ノ目的ト爲リタル確定判決ニ關與シタル判事ハ再審請求事件ノ抗告ノ裁判ニ關與スルコトヲ妨ケス

四　判事ノ前審裁判言渡ノ關與ト除斥

（大正十五年(れ)一〇四號　同年三月十七日第四刑事部判決）

判事カ事件ニ付前審ニ於テ判決ノ言渡ノミニ關與シタルコトハ刑事訴訟法第二十四條第八號ノ除斥ノ原由タル事項ニ該當セス

五　除斥ノ原因ト前審裁判ノ基礎ト爲リタル取調

（大正十五年(れ)第一五一號　同年六月三十日第三刑事部決定）

前審ノ公判ニ於テ證人ノ訊問ヲ爲シタル判事カ裁判ニ關與セサルモ其ノ訊問調書カ事實認定ノ資料ニ供セラレタル以上ハ該判事ハ前審判決ノ基礎ト爲リタル取調ニ關與シタルモノニシテ除斥ノ原由アルモノトス

六　略式命令ヲ爲シタル判事ノ正式裁判關與ト除斥原由ノ有無

（昭和二年(れ)第一七四號　同年三月二十四日第五刑事部判決）

略式命令ヲ爲シタル判事ハ其ノ事件ノ正式裁判ニ付職務ノ執行ヨリ除斥セラルルコトナキモノトス

七　區裁判所判事ノ強制處分ト除斥ノ原由

（昭和三年(つ)第四號　同年三月二十四日第三刑事部決定）

檢事ノ請求ニ依ル區裁判所判事ノ強制處分ハ判事除斥ノ原因トナラス

八　除斥ノ原由アル判事ノ準備手續ニ於ケル關與

（昭和四年(れ)第一五一四號　同五年二月二十八日第四刑事部判決）

公判前ノ準備手續ニ於テ前審ノ審理判決ニ關與シタル判事カ證據決定ニ關與セル違法アル場合ト雖其ノ後ノ公判裁判所ノ構成カ適法ナルトキハ右ノ違法ハ原判決ニ影響ヲ及ホサルモノトス

九　略式命令ヲ發シタル判事ノ第二審判決關與

（昭和五年(れ)第二〇〇七號　同六年二月十九日第二刑事部判決）

略式命令ヲ發シタル判事ハ同一事件ニ付第二審判事トシテノ職務ノ執行ヨリ除斥セラルルコトナシ

一〇　前審ノ審判ニ關與スルモ前審ノ裁判又ハ其ノ基礎ト爲リタル取調ニ關與セサル判事ト除斥

（昭和六年(れ)第一七七八號　同七年三月三日第二刑事部判決）

判事事件ニ付前審ノ審理ニ關與スルモ前審ノ裁判又ハ其ノ裁判ノ基礎ト爲リタル取調ニ關與セサル限リ除斥セラルヘキモノニ非ス

一一　強制處分ト除斥ノ原由

（昭和七年(れ)第五五八號　同年六月十六日第二刑事部判決）

豫審判事トシテ檢事ノ請求ニ因リ刑事訴訟法第二百五十五條ノ處

分ヲ爲シタル者ハ其ノ事件ノ審判ニ付除斥セラルルモノニ非ス

一二　前審ノ公判判事上訴審ノ受託判事ト爲ル場合ト除斥

（昭和九年（れ）第三四九號 同年五月十四日第二刑事部判決）

判事前審ノ裁判又ハ其ノ基礎ト爲リタル取調ニ關與シタルトキト雖其ノ事件ノ上級審ノ囑託ニ基キ受託判事トシテ關與スル場合ハ除斥セラレス

第二十五條　判事職務ノ執行ヨリ除斥セラルヘキトキ又ハ偏頗ノ裁判ヲ爲ス虞アルトキハ檢事、被告人又ハ私訴當事者之ヲ忌避スルコトヲ得

辯護人ハ被告人ノ爲忌避ノ申立ヲ爲スコトヲ得但シ被告人ノ明示シタル意思ニ反スルコトヲ得ス

〔理由書〕　本條ノ趣旨現行法第四十一條ニ同シ

第二項ハ衆議院ノ修正ニ依ルモノ卽チ辯護人ノ獨立忌避權ヲ認メタルモノ

（林政府委員）　偏頗ノ裁判ヲ爲ス虞アリトハ要スルニ是ハ辯護人或ハ被告人裁判官其人ト云フコトテナク之ヲ離レテ外部カラ相當ニ判斷シテ言ヒ換ヘレハ何人カ見テモ、アヽ云フ事情カアルナラハ公平ヲ疑ハナケレハナラヌト云フタケノ事實カアレハ裁判官ハサウ云フ考カ無イノテアッテモ無論本條ニ所謂偏頗ノ裁判ヲ爲ス

虞アリト云フコトニナリマス

裁判所カ法律ニ反スル手續ヲシタト云フ一事ニ依テ忌避ノ理由カアルト云フ事ハ認メラレマセヌ要スルニ法律ノ手續モ人々ニ依ツテ見解カ違ツテ裁判官ハ適法ナリトシテ行ヒ訴訟關係人ハ違法ナリト感スルコトモアリマス違法テアルト云フコトノ外ニ事情カ伴ツテ其全般ノ事實ヲ綜合シテ判斷スルト云フト公平ニ付テノ疑カアル斯ウ云フヤウナコトナラハ無論忌避ノ理由ニナルト思ヒマスカ單ニ手續カ違法テアルカラソレカ忌避ノ理由ニナルト云ヘハソレハナラヌト思ヒマス

（林政府委員）　私訴當事者ハ私訴ノ取調ニ入ラヌ中ニ忌避ノ權利ヲ行フコトカ出來ルト云フ意味テアリマスソレハ證據ハ公訴、私訴全然共通ノ主義ニナツテ居リマス且ツ本案ニ於テハ公訴ニ於テ認定サレタ事實ト云フモノハ私訴ノ判決ヲスル場合ニ於テ之ニ從ハナケレハナラヌト云フヤウナコトニナツテ居リマスノテ要スルニ事實ノ認定ト證據ト云フモノカ大體共通ト云フコトニナツテ居ル夫故ニ公訴手續ハ濟ンテシマツテカラ私訴ノ當事者カ忌避權ヲ行フト云フコトテハ忌避權ヲ行フ目的カ達セラレヌカラテアリマス右ハ只忌避ノ請求タケテアリマス證據調ノ請求テアルトカ或ハ證據調ノ場合ニ發問スルトカ云フヤウナコトハ公訴ノ手續カ濟ミマセヌト私訴關係人ハ出來ヌコトニナツテ居リマス

第二十六條　事件ニ付請求又ハ陳述ヲ爲シタル後ハ偏頗ノ裁判ヲ爲ス虞アリトシテ判事ヲ忌避スルコトヲ得ス但シ忌避ノ原由アリシコトヲ知ラサリシトキ又ハ忌避ノ原由其ノ後ニ發生シタルトキハ此ノ限ニ在ラス

〔理由書〕　本條ハ忌避權ノ濫用ニ對スル制限ヲ規定シタルモノニシテ其ノ趣旨現行法ニ引用セラレタル民事訴訟法第三十四條ニ同シ

（林政府委員）　此ノ事件ト云フコトハ檢事カラ起訴サレタ事件其ノモノニ付テノ意味テアリマス延期ノ申請ト云フヤウナコトハ無論其中ニ這入ラヌコトニナルタラウト思ヒマス

第二十七條　合議裁判所ノ判事ニ對スル忌避ノ申立ハ其ノ判事所屬ノ裁判所ニ之ヲ爲シ豫審判事受命判事又ハ區裁判所判事ニ對スル忌避ノ申立ハ忌避スヘキ判事ニ之ヲ爲スヘシ

忌避ノ申立ハ書面又ハ口頭ヲ以テ之ヲ爲シ其ノ原由ヲ示スヘシ

忌避ノ原由及前條但書ノ事實ハ申立ヲ爲シタル日ヨリ三日內ニ書面ヲ以テ之ヲ疏明スヘシ

忌避セラレタル判事ハ第二十八條第四項但書及第二十九條ノ場合ヲ除クノ外忌避ノ申立ニ對シ意見書ヲ差出スヘシ

〔理由書〕　本條ハ忌避申立ノ方式ヲ規定シタルモノナリ

（林政府委員）　第三項疏明ト云フコトハ極メテ是ハ樂ノ事テアリマシテ卽時ニ爲スコトノ出來ナイ證據調ハ疏明ニナラヌト云フコ

トハ民事訴訟法ニ特別ノ規定カアル爲メニ出來ナイノテアル刑事訴訟法ニハサウ云フ制限カナイノテアリマス夫レテアリマスカラ非常ニ是ハ廣イ譯ニナッテ居ル此ノ故ニ證人何某カ之ヲ知ッテ居ルト云フ斯ウ云フコトヲ書ケハ十分疏明ニナリマス斯ウ云フ材料カアルト云フ事ヲ指示スレハソレテ宜シイ併シ唯自己ノ申立ヲ書イタノミテハイケナイ裁判所カ判斷スルニ付キマシテ斯ウ云フ材料ヲ知ッテ居ル誰々カ知ッテ居ル訴訟記錄ニ斯ウナッテ居ルト云フ樣ニ材料ヲ指示スレハソレテ宜シイノテアリマス

第二十八條　合議裁判所ノ判事忌避セラレタルトキハ其ノ判事所屬ノ裁判所決定ヲ爲スヘシ

忌避セラレタル判事ハ前項ノ決定ニ關與スルコトヲ得ス

第一項ノ裁判所忌避セラレタル判事ノ退去ニ因リ決定ヲ爲スコト能ハサルトキハ直近上級裁判所決定ヲ爲スヘシ

豫審判事忌避セラレタルトキハ其ノ判事所屬ノ裁判所、區裁判所判事忌避セラレタルトキハ管轄地方裁判所決定ヲ爲スヘシ但シ忌避セラレタル判事忌避ノ申立ヲ理由アリトスルトキハ其ノ決定アリタルモノト看做ス

〔理由書〕　本條ハ忌避ニ對スル裁判竝其ノ裁判ヲ爲スヘキ裁判所ヲ定メタルモノナリ

第二項ハ忌避セラレタル判事ヲシテ決定ニ關與スルヲ得サラシム

ルモノニシテ當然ノ規定ナリ第三項末段ハ忌避セラレタル豫審判事又ハ區裁判所判事忌避ヲ相當ト認メタルトキハ管轄裁判所ニ於テ決定ヲ爲サス忌避セラレタル判事自ラ脫退シ得ヘキコトヲ定メタルモノナリ

區裁判所判事忌避ノ申立却下決定ニ對スル抗告裁判所

（昭和五年(つ)第三二號 同年十二月十五日第二刑事部決定）

區裁判所判事忌避ノ申立ニ付地方裁判所ノ與ヘタル申立却下ノ決定ニ對スル抗告ハ大審院ニ之ヲ爲スヘキモノトス

第二十九條　訴訟ヲ遲延セシムル目的ノミヲ以テ爲シタルコト明白ナル忌避ノ申立ハ決定ヲ以テ之ヲ却下スヘシ此ノ場合ニ於テハ前條第二項ノ規定ヲ適用セス第二十六條又ハ第二十七條第二項、第三項ノ規定ニ違反シテ爲シタル忌避ノ申立ヲ却下スル場合亦同シ

前項ノ場合ニ於テハ忌避セラレタル豫審判事、受命判事又ハ區裁判所判事ハ忌避ノ申立ヲ却下スル裁判ヲ爲スコトヲ得

〔理由書〕　本條ハ忌避ノ原由ヲ審査セスシテ其ノ申立ヲ却下スル場合ニ關スル規定ニシテ忌避濫用ノ弊害ヲ抑止センカ爲ニ新ニ設ケタルモノナリ而シテ此ノ場合ニ於テ忌避セラレタル判事ヲシテ定

決ヲ爲サシメ又ハ之ニ關與セシメサレハ規定ノ趣旨ヲ貫ク能ハサルヲ以テ前條第二項ノ規定ヲ適用セサルモノト爲セリ

本條ノ忌避申立却下ノ決定ト法第四百六十二條

（昭和六年(れ)第三〇六號 同年五月十四日第二刑事部判決）

刑事訴訟法第四百六十二條ノ規定ハ訴訟ヲ遲延セシムル目的ノミヲ以テ爲サレタル忌避申立却下ノ決定ニ對シテハ其ノ適用ナキモノトス

第三十條　忌避ノ申立アリタルトキハ前條ノ場合ヲ除クノ外訴訟手續ヲ停止スヘシ但シ急速ヲ要スル場合ハ此ノ限ニ在ラス

〔理由書〕　本條ノ趣旨ハ現行法第四十三條ノ規定ト略同シ唯現行法ハ公判ニ於テハ常ニ辯論ヲ中止シ豫審ニ於テハ處分ヲ繼續スルヲ原則トシ急速ヲ要セサル事件ニ付手續ヲ中止スルコトヲ得ルモノトナセトモ本條ニ於テハ豫審タルト公判タルトヲ問ハス訴訟手續ヲ停止スルヲ原則トシ前條ニ規定スル場合及急速ヲ要スル場合ヲ以テ其ノ例外ト爲シタリ

回避決定ノ要否

（大正十二年四月十九日 刑事第一八〇一號刑事局長通牒）

問　第三十四條「前二條ノ決定」アレトモ第三十三條回避ノ場合ハ其ノ第二項ニ依リ第二十八條第四項但書ヲ準用シ回避ノ申立

ニ依リ決定アリタルモノト看做シ別ニ決定ヲ爲スノ要ナカルヘシ如何（福井所長）

答 回避ノ申立アリタルトキハ必ス判事所屬ノ裁判所ニ於テ決定ヲ爲スヘキモノニシテ第二十八條第四項但書ノ準用ナキモノトス

第三十一條 忌避ノ申立ヲ却下スル決定ニ對シテハ即時抗告ヲ爲スコトヲ得

〔理由書〕 本條ハ現行法ニ引用セラレタル民事訴訟法第三十八條ト其ノ趣旨ヲ同シクス

第三十二條 忌避ノ申立ニ付決定ヲ爲スヘキ裁判所ハ第二十四條各號ノ一ニ該當スル者アリト認ムルトキハ職權ヲ以テ除斥ノ決定ヲ爲スヘシ

第二十七條第四項及第二十八條第二項、第三項ノ規定ハ前項ノ場合ニ之ヲ準用ス

〔理由書〕 本條ハ職權ヲ以テ除斥ノ決定ヲ爲スヘキ場合ヲ規定ス判事第二十四條各號ニ該當スル場合ニ於テハ第二十五條ノ規定ニ依リ當事者ニ於テ之ヲ忌避スルコトヲ得ルハ勿論ナリト雖裁判所自ラ判事ニ除斥ノ原因アルコトヲ認メタル以上ハ敢テ當事者ノ忌避ヲ待ツコトナク進ンテ除斥ノ決定ヲ爲スヲ相當トス是レ本條第一項ノ規定アル所以ニシテ其ノ趣旨現行法ニ引用セラルル民事訴訟法第四十條第一項後段ト異ナルコトナシ

第一項ノ規定ニ依リ職權ヲ以テ除斥ノ決定ヲ爲ス場合ニ於テハ原因ノ有無ニ關シ當該判事ノ意見ヲ徴スルヲ適當トシ又當該判事ヲシテ此ノ決定ニ關與セシメサルヲ相當トスルコト忌避ノ場合ト同様ナルヲ以テ第二項ヲ設ケ此ノ趣旨ヲ明ニセリ

第三十三條 判事忌避セラルヘキ原由アリト思料スルトキハ回避スヘシ

回避ノ申立ハ判事所屬ノ裁判所ニ書面ヲ以テ之ヲ爲スヘシ

第二十八條ノ規定ハ回避ニ付之ヲ準用ス

〔理由書〕 本條ハ判事ノ回避ニ關スル規定ニシテ其ノ趣旨現行法第四十四條ニ同シ

第三十四條 前二條ノ決定ハ之ヲ送達セス

〔理由書〕 除斥ノ決定及回避ニ付テノ決定ハ當該判事ヲシテ之ヲ知ラシムルヲ以テ足ルモノニシテ當事者ニ之ヲ送達スルノ必要ナキカ故ニ本條ヲ設ク其ノ趣旨現行法ニ引用セラレタル民事訴訟法第四十條第二項後段ニ同シ

（林政府委員） 決定ハ送達スルノカ原則ニナッテ居リマス送達ニ付テハ一定ノ形式カ定マッテ居リマス所カ斯ウ云フ場合ニ於テハ別ニ法律ニ定メタ送達ノ形式ニ依ッテヤル必要ナイ便宜ノ方法ニ依ッテ知ラセハ宜イ譯テス

第三十五條　本章ノ規定ハ第二十四條第八號ノ規定ヲ除クノ外裁判所書記ニ之ヲ準用ス

豫審判事又ハ受命判事ニ附屬スル裁判所書記ニ對スル忌避ノ申立ハ其ノ附屬スル判事ニ之ヲ爲スヘシ

決定ハ裁判所書記所屬ノ裁判所之ヲ爲スヘシ但シ第二十九條第二項ノ裁判ハ裁判所書記ノ附屬スル判事之ヲ爲スコトヲ得

〔理由書〕本條ハ裁判所書記ノ除斥、忌避及回避ニ關スル規定ナリ豫審判事又ハ受命判事ニ附屬スル裁判所書記ニ對スル忌避ノ申立ハ其ノ附屬スル判事ニ之ヲ爲スヲ適當トスルカ故ニ第二項ヲ以テ其ノ趣旨ヲ明ニシタリ

第三項本文ハ現行法第四十五條但書ト其ノ趣旨ヲ同シクス唯第二十九條第一項ノ理由ニ依リ申立ヲ却下スヘキ場合ニ於テハ特ニ裁判所ノ決定ヲ待タス裁判所書記ノ附屬スル判事ヲシテ決定ヲ爲サシムルヲ以テ十分ナリトスルカ故ニ但書ヲ設ケテ其ノ趣旨ヲ明ニセリ

第三章　訴訟能力

〔理由書〕法人又ハ意思能力ヲ有セサル者被告人ト爲リタル場合ニ於テハ自ラ訴訟行爲ヲ爲スコト能ハサルヲ以テ法律上其ノ訴訟上ノ無能力ヲ補充スルノ必要アリ現行法ニ於テハ此ノ點ニ關スル規定ヲ缺如シ實際上不便ナルヲ以テ本案ハ斯ル場合ニ應セムカ爲代表ノ制度ヲ設ケ之ヲ本章ニ規定シタリ

第三十六條　被告人法人ナルトキハ其ノ代表者訴訟行爲ニ付之ヲ代表ス

數人共同シテ法人ヲ代表スル場合ト雖訴訟行爲ニ付テハ各自之ヲ代表ス

〔理由書〕本條ハ法人被告人ナル場合ニ於ケル代表ノ制度ヲ規定シタルモノナリ我法制ニ於テハ概括的ニ法人ノ犯罪能力ヲ認ムルコトナク唯例外トシテ特別法ニ於テ之ヲ認ムルニ過キス而シテ特別法ヲ以テ法人ヲ處罰スル場合ニ於テモ法人ノ當事者能力ヲ否認シ之ヲ被告人ト爲サスシテ其ノ代表者ヲ被告人ト爲スヲ例トス明治三十三年法律第五十二號第二條ハ此ノ趣旨ヲ以テ規定シタルモノナリ本條ニ於テハ此ノ制度ヲ改メ法人ノ當事者能力ヲ認メテ之ヲ被告人ト爲シ其ノ訴訟行爲ニ付テハ其ノ代表者之ヲ代表スヘキモノトセリ尚定款等ニ基キ數人カ共同シテ法人ヲ代表スル場合ニ於テモ刑事訴訟ニ關シテハ各自獨立シテ法人ヲ代表スヘキモノト定ム

一　被告人法人ニシテ其ノ代表者數名アルトキノ呼出訊問及訴訟行爲ノ抵觸（大正十二年二月二日　刑事第六四八號刑事局長通牒）

問　第三十六條第一項ノ場合ニ代表者數名アルトキハ各自代表ノ權限アリヤ若然リトセハ呼出及訊問ハ其ノ數名ニ對シ之ヲ爲スヘキヤ又右數名ノ訴訟行爲互ニ抵觸スルトキ（一人ハ上訴ヲ拋棄シ一人ハ上訴ヲ提起スルカ如キ）ノ如キハ如何ニ解決スヘキヤ（函館所長）

答　各自代表スルモノナルヲ以テ呼出、訊問等ハ其ノ一人ニ付爲スヲ以テ足ルモノトス而シテ代表者數名ノ爲シタル訴訟行爲牴觸スル場合ハ同一人カ前後相牴觸スル訴訟行爲ヲ爲シタル場合ト其ノ關係ヲ同フス從テ一人カ上訴ヲ拋棄シタルトキハ他ハ上訴ノ提起ヲ爲スコトヲ得ス

二　法人ノ當事者能力ニ關スル注意

（大正十三年二月二十三日　刑事第一九〇一號司法次官通牒（廳府縣長官宛））

從來法人ニ關シテハ訴訟上當事者能力ヲ認メサリシ結果廳府縣令中法人ヲ處罰スヘキ場合ニ其代表者ヲ以テ被告人ト爲ス旨ノ規定有之候處本年一月一日ヨリ施行ノ改正刑事訴訟法第三十六條ニ依リ法人ニモ當事者能力ヲ認ムルニ至リタルヲ以テ爾後斯ル場合ニハ法人自體ヲ被告人ト爲スヘク代表者ヲ以テ被告人ト爲スヘキモノニ非サルニ拘ラス今尙代表者ヲ以テ被告人ト爲ス旨ノ規定制定セラルル向有之解釋上疑義ヲ生スル虞有之候條廳府縣令制定ノ際ニハ右ノ點ニ御留意相成候樣致度爲念及通牒候也

三　新法施行前廳府縣令中法人ノ代表者ヲ被告人トスル規定ハ新法實施ニ因リ改正セラレタルモノナリヤ否

（大正十三年六月十八日　刑事第八四六六號司法省刑事局長回答）

問　當省及廳府縣ノ制定ニ係ル警察取締令中法人處罰ノ場合其ノ代表者ヲ以テ被告人ト爲スノ規定往往有之其ノ代表者ヲ被告人ト爲スハ警察事犯ニ付法人處罰ノ手續上審理又ハ言渡ヲ爲ス場合ニ於ケル責任者トシテ代表者ヲ被告人ト爲シタルモノニシテ新刑事訴訟法ノ法人處罰ノ場合ニ於ケル規定ハ當然ニ違警罪卽決例ヲ動カスコトナク警察署長若ハ其ノ代理者ニ於テ法人ヲ科料刑ニ處スルノ場合代表者ヲ被告人ト爲スハ警察取締令中改正ナキ限リハ其ノ明文ニ從ヒ從來ノ通リニ處理スヘキモノト解シ可然哉（警保局長）

答　刑事訴訟法施行前法人ヲ處罰スヘキモノトシテ其ノ代表者ヲ被告人ト爲シタル規定ハ刑事訴訟法第三十六條ニ依リ改正セラレタルモノナルヲ以テ法人ヲ處罰スヘキ場合ニ於テハ法人ヲ被告人トシテ其ノ代表者ヲシテ訴訟行爲ヲ代表セシムヘキモノト

思料致候

四　法人ノ刑事訴訟ニ於ケル當事者能力

（大正十四年三月十八日 刑事局長回答）

問　刑事訴訟法第三十六條ハ法人ノ刑事訴訟ニ於ケル當事者能力ヲ認メタルモノト爲シ法人ノ刑罰法規違反ノ場合ニ於ケル處罰ノ主體ヲ法人ト爲スカ又ハ法人代表者ト爲スカハ右規定トハ獨立ニ刑罰法規ニ於テ自由ニ規定シ得ヘキモノト解シ可然哉

（社會局第一部長）

答　貴見ノ通

第三十七條　刑法第三十九條乃至第四十一條ノ例ヲ用ヰサル罪ニ該ル事件ニ付被告人意思能力ヲ有セサルトキハ其ノ法定代理人訴訟行爲ニ付之ヲ代表ス

〔理由書〕　各種特別法中刑法第三十九條乃至第四十一條ノ例ヲ用ヒサル罪ヲ規定スルモノアリ而シテ之ニ該當スル事件ニ付公訴ノ提起アリタルトキ被告人事實上意思能力ヲ有セサルコト其ノ例ニ乏シカラス斯ル場合ニ於テ何人カヲシテ訴訟行爲ニ付之ヲ代表セシムルニ非サレハ訴訟ノ進行ハ得テ之ヲ望ムヘカラス是レ本條ノ規定ヲ設ケタル所以ナリ

第三十八條　前二條ノ規定ニ依リ被告人ヲ代表スル者ナキト

キハ檢事ノ請求ニ因リ又ハ職權ヲ以テ特別代理人ヲ選任スヘシ

特別代理人ハ被告人ヲ代表シテ訴訟行爲ヲ爲ス者アルニ至ル迄其ノ任務ヲ行フ

〔理由書〕　本條ハ前二條ノ規定ニ依ル代表者ナキ場合ニ於テ特別代理人ヲ選任スヘキ旨ヲ定ム特別代理人ハ訴訟行爲ニ付法人又ハ無能力者ヲ代表スヘキモノニシテ其ノ權限ハ法定代理人又ハ代表者ノ就任シテ訴訟行爲ヲ爲スニ至ルマテ繼續ス

第四章　辯護及輔佐

〔理由書〕　現行法ニ於テハ公判ニ於テノミ辯護人ヲ用ユルコトヲ認ムルカ故ニ總則中之ニ關スル規定ヲ存セスト雖本案ニ於テハ公判開始後ハ勿論豫審中ト雖一定ノ範圍内ニ於テ辯護人ノ關與シ得ヘキコトヲ認ムルカ故ニ總則中獨立ノ一章ヲ設ケテ之ヲ規定ス又輔佐ハ辯護ト等シク被告人ノ爲ニ訴訟行爲ヲ爲スモノナルカ故ニ之ヲ辯護ト同一ノ章ニ規定ス

第三十九條　被告人ハ公訴ノ提起アリタル後何時ニテモ辯護人ヲ選任スルコトヲ得

被告人ノ法定代理人、保佐人、直系尊屬、直系卑屬及配偶

者並被告人ノ屬スル家ノ戸主ハ獨立シテ辯護人ヲ選任スルコトヲ得

〔理由書〕本條第一項ハ辯護人選任ノ時期ヲ規定スルモノニシテ被告人ハ公訴ノ提起アリタル後何時ニテモ辯護人ヲ選任スルコトヲ得ルモノトス而シテ第二百九十條ニ依レハ公訴ノ提起ハ豫審又ハ公判ヲ請求スルニ依リテ之ヲ爲スヘキモノナルヲ以テ被告人ハ公判開始後ハ勿論豫審中ト雖辯護人ヲ選任スルコトヲ得ヘシ抑豫審中ニ於テ辯護人ノ關與ヲ認ムヘキヤ否ヤハ考量ヲ要スヘキ問題ナリ現行法ハ豫審密行ノ主義ヲ嚴守シ其ノ進行中辯護人ノ關與スルコトヲ許サス本案ニ於テハ豫審中ト雖一定ノ範圍内ニ於テ辯護人ノ關與ヲ認ムルニ非サレハ十分ニ被告人ノ利益ヲ保護スル能ハサル場合アルヘキヲ慮リ豫審請求後直ニ辯護人ノ選任ヲ爲シ得ヘキモノトセリ

現行法ハ第百七十九條第一項ニ於テ被告人自ラ辯護人ヲ用ユルコトヲ規定スルモ被告人ノ法定代理人、保佐人、直系尊屬、直系卑屬、夫及被告人ノ屬スル家ノ戸主カ獨立シテ被告人ノ爲ニ辯護人ヲ用ユルコトヲ認メス此ノ如キハ被告人ノ保護ヲ全ウスル所以ニ非サルヲ以テ本案ハ本條第二項ノ規定ヲ設ケ此ノ缺點ヲ補正シタリ

豫審中ノ在監被告人ト辯護人トノ接見

（大正十三年二月二十一日
行丙第二六八二八六號行刑局長刑事局長回答）

問　第三十九條ノ規定ニ依リ豫審中辯護人ノ選任ヲ許サルルコトト相成候ニ就テハ豫審中辯護人ト被告人ト被告事件ニ關スル交談ノ必要モ生スヘク隨テ大正二年八月監祕甲第四七號監獄局長法務局長通牒豫審中ノ在監被告人接見ノ件ハ自然消滅ト相成接見禁示ノ命アルモノヲ除キ豫審中ノ被告人ニ對シ辯護人ヨリ被告事件ニ關スル交談ヲ願出テタル場合ニハ刑務所限リニテ接見ヲ許可シ差支ナキヤ（長野刑務所長）

答　貴見ノ通

第四十條　辯護人ハ辯護士中ヨリ之ヲ選任スヘシ

裁判所又ハ豫審判事ノ許可ヲ得タルトキハ辯護士ニ非サル者ヲ辯護人ニ選任スルコトヲ得

〔理由書〕本條ハ辯護人ノ資格ヲ定ムルモノニシテ其ノ趣旨現行法第百七十九條第二項ニ同シ唯本案ニ於テハ豫審中辯護人ノ選任ヲ許スヲ以テ許可ヲ與フル者ヲ裁判所ニ限ラス之ニ豫審判事ヲ加ヘタルノ差アルノミ

辯護士名簿取消ト辯護人ノ資格喪失

（昭和八年(れ)第二一〇〇號
同九年三月二十日第四刑事部判決）

被告人カ辯護士ヲ辯護人トシテ選定シ之カ屆出ヲ爲シタルモ該辯護人カ其ノ後辯護士名簿ノ取消ヲ爲シタルトキハ辯護人タル資格ヲ喪失スルモノトス

第四十一條　辯護人ノ選任ハ審級毎ニ之ヲ爲スヘシ

豫審中爲シタル辯護人ノ選任ハ第一審ノ公判ニ於テモ其ノ效力ヲ有ス

（理由書）　本條ハ辯護人選任ノ手續ヲ定ムル規定ナリ公判ノ各審級ヲ通シテ辯護人ヲ用ユルト之ヲ一審級又ハ二審級ニ限ルトハ特別ノ規定アル場合ノ外被告人ノ法定代理人其ノ他選任スヘキ者ノ隨意ナリ唯選任ノ效力ヲ他ノ審級ニ及ホスコトト爲スハ其ノ當ヲ得サルヲ以テ何レノ場合ニ於テモ辯護人ノ選任ハ審級毎ニ之ヲ爲スヘキモノト定ム而シテ豫審中ニ於テ爲シタル辯護人ノ選任ハ第一審公判ニ於テ其ノ效力ヲ保有セシムルヲ相當トシ第二項ヲ以テ其ノ趣旨ヲ明ニセリ

第四十二條　辯護人ノ選任ハ辯護人ト連署シタル書面ヲ差出シテ之ヲ爲スヘシ

（理由書）　本條ハ辯護人選任ノ形式ヲ定メ辯護人ノ選任ヲ爲サントスル者ハ辯護人ト連署シタル書面ヲ以テ爲スコトヲ要スルモノト爲セリ口頭ヲ以テスル選任ヲ許サザルハ手續ヲ鄭重ニシ過誤ナカラシメムコトヲ期スルカ爲ナリ

辯護屆ト辯護人ノ署名（昭和七年（れ）第一三二七號 同年十二月十四日第三刑事部判決）

辯護屆ニ被告人ノ署名捺印ノ外辯護人ノ署名存スルトキハ捺印ヲ缺クモ刑事訴訟法第四十二條ニ所謂連署アリタルモノトス

第四十三條　第三百三十四條又ハ第三百三十五條ノ規定ニ依リ附スヘキ辯護人ハ裁判所所在地ニ在ル辯護士又ハ司法官試補ノ中ヨリ裁判長之ヲ選任スヘシ

被告人ノ利害相反セサルトキハ同一ノ辯護人ヲシテ數人ノ辯護ヲ爲サシムルコトヲ得

（理由書）　本條ハ官選辯護ニ關スル規定ニシテ現行法第百七十九條第二項、第二百三十七條第二項ト略其ノ趣旨ヲ同シクス司法官試補中ヨリ官選辯護人ヲ選任スルノ制度ハ本案ノ創設スル所ナリ

被告人ノ利益相反スルヤ否ヲ決スル標準（大正十三年（れ）第一五九四號 同年十月十六日第五刑事部判決）

刑事訴訟法第四十三條第二項ニ所謂被告人ノ利害相反スルヤ否ハ公訴事實ニノミ基キ之ヲ決スヘキモノニ非スシテ事件ノ内容其他一切ノ事情ヲ參酌シテ同一ノ辯護人カ數人ノ被告人ニ對スル其ノ任務ヲ完フスルコトヲ得ヘキヤ否ヲ以テ標準ト爲スヘキモノトス

第四十四條　辯護人ハ被告事件公判ニ附セラレタル後裁判所

ニ於テ訴訟ニ關スル書類及證據物ヲ閲覽シ且其ノ書類ヲ謄寫スルコトヲ得

豫審ニ於テハ辯護人ノ立會フコトヲ得ヘキ豫審處分ニ關スル書類及證據物ヲ閲覽シ且其ノ書類ヲ謄寫スルコトヲ得

辯護人ハ裁判長又ハ豫審判事ノ許可ヲ受ケ證據物ヲ謄寫スルコトヲ得

〔理由書〕本條ハ書類證據物ノ閲覽謄寫ニ付辯護人ノ有スル權利ヲ規定シタルモノナリ第一項ハ現行法第百八十條ト趣旨ヲ同シクシ第二項ハ豫審處分ニ關スル書類及證據物ノ閲覽謄寫ニ付規定スルモノニシテ新設シタルモノナリ第三項ニ於テ證據物ノ謄寫ニ付裁判長又ハ豫審判事ノ許可ヲ要件トスルコトヲ規定シタルハ證據物ノ取扱ヲ鄭重ニスルノ趣旨ニ外ナラス

（林政府委員）寫眞ニ撮ルコトモ一ツノ謄寫ノ方法テアリマス

一 辯護人ノ謄寫シ得ル書類ノ範圍

（大正十二年二月二日 刑事第六四八號刑事局長通牒）

問 本條第一項及第二項ノ末段ニ「書類ヲ謄寫スルコトヲ得」トアル其ノ書類トハ訴訟記錄ノミヲ云フヤ將證據物タル書類ヲモ含包スルヤ（函館所長）

答 前段貴見ノ通

二 辯護人ノ豫審中ノ書類又ハ證據物ノ謄寫

（大正十二年二月二日 刑事第六四八號刑事局長通牒）

問 本條第二項、第三項ニ於テ秘密嚴守適用ノ一トシテ豫審中ノ書類又ハ證據物ノ謄寫ハ辯護士本人ニ限ル趣旨ニ承リタルモ本人自身ニ記錄ノ謄寫ヲ爲ス如キハ到底言フヘクシテ行ハルヘカラサルコトニ屬ス而シテ一面既ニ豫審ニ辯護士ヲ付スルノ立法精神ハ辯護士ニ信認ヲ與ヘタル基礎ノ上ニ成立シタルモノナルヲ以テ謄寫ノ一事ニ付俄カニ其ノ信認ヲ二三ニスルハ首尾貫徹セサルモノト言フヘク又實際ヨリスルモ一旦謄寫シタル後ハ辯護士ノ信認スル關係者ニハ自然漏洩ヲ免レサルヘク勞本人以外ノ者ニ於テモ謄寫シ得ルコトヲ希望ス（名古屋控訴院長）

答 豫審ニ於ケル辯護人ノ書類及證據物ノ謄寫ハ新刑事訴訟法ニ依リ初メテ辯護人ニ許容セラレタル特權ニシテ辯護人本人ニ限リ之ヲ許容シタル法意ナルヲ以テ本人以外ノ者ニ於テハ謄寫ヲ爲ス能ハサル趣旨ト謂フヘク若辯護人自ラ謄寫ヲ爲サス本人以外ノ者ヲシテ謄寫セシメ得ルモノトセハ書類ノ內容等ハ自然此等ノ者ニ依リ外部ニ漏洩スルヲ免レス從テ豫審ノ秘密ハ到底之ヲ嚴守スルヲ得サルニ至ルヘク加之辯護人ノ謄寫權ハ叙上ノ如

ク新法ニ依リ認メラレタル特權ニシテ毫モ辯護人ノ從前ノ權利ヲ制限スルモノニ非サルヲ以テ固ヨリ之ニ異議アルヘキ筋合ニ非スト確信ス

三　被告人ト刑事訴訟記錄ノ閲覽

（昭和七年(わ)第七二七號
同年七月三十日第三刑事部判決）

被告人ハ刑事訴訟記錄ノ閲覽ヲ爲スコトヲ得サルモノトス

四　被告人本人ノ刑事記錄ノ閲覽謄寫ト其ノ許否

（昭和八年(れ)第五五七號
同年六月八日第一刑事部判決）

被告人ハ自ラ刑事記錄ノ閲覽又ハ謄寫ヲ爲スコトヲ得サルモノトス

第四十五條　被告事件公判ニ附セラレタル後ニ於テハ辯護人ト勾留ヲ受ケタル被告人トノ接見及信書ノ往復ヲ禁スルコトヲ得ス

〔理由書〕　本條ハ辯護人ト勾留ヲ受ケタル被告人トノ交通ニ關スル規定ニシテ一般ノ法則ニ對スル例外ヲ定メタルモノナリ現行法第八十五條第三項ハ廣ク被告人ト他人トノ接見及書類物件ハ授受ヲ禁シ又ハ其ノ書類物件ヲ差押フルコトヲ得ル旨ヲ規定シ其ノ接見又ハ信書ノ往復ヲ爲ス相手方ニ付何等ノ區別ヲ爲ササルヲ以テ辯

護人モ亦此ノ制度ニ服從セサルヘカラス然レトモ此ノ如キハ被告人ノ辯護權ヲ尊重スル所以ニ非サルヲ以テ本條ハ公訴提起後ニ於テハ辯護人ト勾留ヲ受ケタル被告人トノ接見及信書ノ往復ニ付制限ヲ加ヘサル旨ヲ規定シ辯護權ノ行使ニ支障ナカラシメンコトヲ期セリ

一　豫審中ノ被告人ト辯護人トノ接見ノ際事件ノ內容ニ付交談ヲ爲スノ可否

（大正十三年二月二十五日
行丙第一一〇號刑事局長行刑局長回答）

問　豫審中ノ被告人ノ接見ノ件ニ付テハ大正二年八月監秘甲第四七號ヲ以テ通牒ノ次第モ有之候處改正刑事訴訟法實施以後ニ於テハ豫審中ト雖辯護人ヲ付スルコトヲ得ヘキカ故ニ當然監獄法施行規則第百二十五條第二項ニ依據シ豫審ニ於ケル辯護人ノ接見ヲ差許スヘキハ勿論ノ儀ト思料候モ刑務所トシテハ當該被告事件ノ內容故ニ豫審進行ノ程度ヲ深ク了知セサル關係上或ハ接見ノ爲豫審ノ秘密保持ヲ害シ自然罪證湮滅ノ機會ヲ與フルカ如キ結果ヲ惹起スル虞ナシトセス依テ當該被告事件ニ關スル交談ハ從前ノ通豫審判事ノ命令アル場合ノ外之ヲ許ササルコトニ取扱ヒ可然哉（名古屋刑務所長）

答　豫審中ノ刑事被告人ト辯護人トノ接見ノ際事件ノ內容ニ付談

話スルモ差支ナシ大正二年監秘中第四七號通牒ハ自然消滅トス

二 豫審中ノ刑事被告人ト辯護人トノ接見ノ際事件ノ內容ノ談話ヲ爲スノ可否

（大正十三年二月二十五日 行丙第三九號刑事局長行刑局長回答）

問 刑事訴訟法第三十九條ニ依リ豫審中ノ刑事被告人辯護人ヲ選定シタル場合ニ於テ同法第百十二條ニ依リ接見禁止セラレサル限リ該被告人ト辯護人ト接見ノ際事件ノ內容ニ付談話ヲ許スモ差支ナキヤ（新潟刑務所長）

答 貴見ノ通リ

三 豫審中ノ勾留被告人ト辯護人トノ接見ノ際談話ノ內容ニ關シ許可ノ要否

（大正十三年一月廿一日 刑事第四五四號刑事局長回答）

問 豫審中選任セラレタル辯護人ハ勾留中ノ被告ト面接シ事件ノ內容ニ付テノ談話ヲ交換シ得ルヤ否ノ點ニ關シ下記二說アリ

甲說 第三百三條第一項ニヨリ苟モ辯護人ヨリ豫審判事ニ對シ必要ナル處分ヲ請求シ得ル以上ハ辯護人ニ於テ事件ノ內容ヲ知悉スルニ付被告ヨリ聽取スルヲ最モ必要トス然ルニ之ヲ制限スルカ如キハ豫審ニ辯護人ヲ付シタル法ノ精神ニアラス

乙說 豫審ハ秘密ヲ要スヘキモノナレハ辯護人ニ於テ書類ヲ閲覽スルニ付テスラ第三百三條第三項ニ依リ豫審判事ノ許可ヲ要スル儀ナレハ勾留中ノ被告人ヨリ無制限ニ事件ノ內容ヲ聽取ル如キハ同條ノ趣旨ヨリスルモ豫審判事ノ許可ヲ要スルモノト解スルヲ相當ナリトス

ト謂フニ在リ小職ハ乙說ヲ可ナリト思考ス（奈良所長）

答 辯護人ハ豫審中ト雖勾留ヲ受ケタル被告人カ他人トノ接見ヲ禁セラレサル限リ被告人ト接見シテ被告事件ノ內容ニ付面談スルヲ得ルモノト思料ス

四 勾留セラレタル被告人ト辯護人トノ接見及信書ノ往復ニ關スル注意

（大正十三年二月十六日 行甲第一八五號行刑局長通牒）

被告事件公判ニ付セラレタル後ニ於テハ辯護人トノ接見及信書ノ往復ヲ禁止スルコトヲ得サルコトニ特ニ注意スヘシ

被告事件公判ニ付セラレタルトキハ豫審ニ係ルモノハ決定書ヲ被告人ニ交付セラルヘキニ依リ注意スヘク被疑者ニ付テハ檢事ヨリ刑務所ヘ其ノ旨通知セラルヘシ

第四十六條 辯護人ハ別段ノ規定アル場合ニ限リ獨立シテ訴訟行爲ヲ爲スコトヲ得

〔理由書〕 本條ハ辯護人ノ獨立訴訟行爲ニ關スル規定ナリ卽チ辯護人訴訟行爲ヲ爲スニハ被告人ノ意思ニ依ルヘキヲ原則トシ別段ノ明文アル場合（第百五十八條、第七十八條、第二百二十七條、第

三百五條）ニ於テハ例外トシテ獨立シテ訴訟行爲ヲ爲シ得ルコトヲ明ニス

第四十七條　被告人ノ法定代理人、保佐人、直系尊屬、直系卑屬及夫並被告人ノ屬スル家ノ戸主ハ被告事件公判ニ付セラレタル後何時ニテモ輔佐人ト爲ルコトヲ得

輔佐人タラントスル者ハ審級毎ニ書面ヲ以テ其ノ旨ヲ屆出ツヘシ

輔佐人ハ被告人ノ爲スコトヲ得ヘキ訴訟行爲ヲ獨立シテ爲スコトヲ得但シ別段ノ規定アル場合ハ此ノ限ニ在ラス

（理由書）　本條ハ輔佐人ニ關スル規定ニシテ現行法第百八十一條、第二百四十四條ノ規定ヲ擴張シテ其ノ不備ヲ補正シタルモノナリ

本條第三項但書ノ別段ノ規定ノ解釋

（大正十一年十月九日　刑事第五一三五號刑事局長通牒）

問　法第四十七條第三項ニ「輔佐人ハ被告人ノ爲スコトヲ得ヘキ訴訟行爲ヲ獨立シテ爲スコトヲ得但シ別段ノ規定アル場合ハ此ノ限ニ在ラス」トアリ然レトモ法全體ヲ通覽スルニ所謂別段ノ規定ナルモノハ一モ之ヲ發見セス右但書ハ如何ニ解スヘキ歟

（釧路所長）

答　別段ノ規定トハ第三百八十三條ノ如キヲ云フ即チ被告人ハ其

ノ申立タル上訴ヲ取下クルコトヲ得ルモ輔佐人ハ被告人ノ申立タル上訴ヲ取下クルコトヲ得ス

第五章　裁判

（理由書）　本案ニ於テモ現行法ト同シク裁判ノ方式ニ判決、決定及命令ノ三種アルコトヲ認メタリ而シテ裁判ハ各審級ニ通シテ爲スヘキモノナレハ之ニ關スル一般ノ規定ハ之ヲ一括シテ總則中ニ置クヲ妥當トシ之ヲ本章ニ揭ケタリ

第四十八條　判決ハ口頭辯論ニ基キテ之ヲ爲スヘシ但シ別段ノ規定アル場合ハ此ノ限ニ在ラス

決定ハ公判廷ニ於テ申立ニ因リ之ヲ爲ストキハ訴訟關係人ノ陳述ヲ聽クヘシ其ノ他ノ場合ニ於テハ訴訟關係人ノ陳述ヲ聽カスシテ之ヲ爲スコトヲ得但シ別段ノ規定アル場合ハ此ノ限ニ在ラス

命令ハ訴訟關係人ノ陳述ヲ聽カスシテ之ヲ爲スコトヲ得

決定又ハ命令ヲ爲スニ付必要アル場合ニ於テハ事實ノ取調ヲ爲スコトヲ得

前項ノ取調ハ部員ヲシテ之ヲ爲サシメ又ハ區裁判所判事ニ之ヲ囑託スルコトヲ得

受命判事又ハ受託判事ハ取調ノ結果ニ付報告ヲ爲スヘシ

〔理由書〕凡ソ裁判ヲ爲スニ付訴訟關係人ノ陳述ヲ聽クコトヲ必要トスルヤ否ヤハ其ノ判決ナルト決定ナルト命令ナルトニ依リ差異アリ判決ヲ爲スニ付テハ口頭辯論ニ基クヘキコトヲ原則トシ此ノ原則ニ對スル例外ハ上告審ニ於ケル特別ノ場合及第五百十四條ニ掲クル場合ナリ判決ノ基本ト爲ルヘキ口頭辯論ハ公判ヲ開キ檢事及被告人ノ口頭ノ陳述ヲ聽クヘキモノナリ被告人ノ陳述ヲ聽カスシテ判決ヲ爲シ得ルハ第三百六十九條ノ如ク特別ノ明文アル場合ニ限ル決定ハ公判廷ニ於テ申立ニ因リ之ヲ爲ス場合ニ於テハ必ス訴訟關係人ノ陳述ヲ聽クヘキモノトシ其ノ他ノ場合ニ於テハ別段ノ規定ナキ限リ訴訟關係人ノ供述ヲ聽カスシテ之ヲ爲スコトヲ許ス命令ハ常ニ訴訟關係人ノ陳述ヲ聽カスシテ之ヲ爲スコトヲ得ヘキモノトス叙上ノ法則ハ本條第一項乃至第三項ノ示ス所ナリ右ノ如ク決定、命令ニ付キ書面審理ヲ原則ト爲シ口頭審理ニ基クコトヲ要セサルモノト爲シタル所以ノモノハ此等ノ裁判ハ多クハ判決ノ如ク事件ノ本體ニ關スルモノニ非スシテ事件ニ付裁判ヲ爲ス前刑事訴訟ニ隨伴シテ起ルヘキ問題ヲ決スルニ過キサルモノナルヲ以テナリ

決定又ハ命令ヲ爲スニ付口頭審理ヲ必要トセサルモ書面ノミニ依リ盡ササル場合アルヘキヲ以テ必要アル場合ニ於テハ事實ノ取調ヲ爲スコトヲ得ヘキモノトシ本條第四項以下ノ規定ヲ設ク

一 證人許否ノ決定ト公判手續ノ更新

證人申請ノ採否ヲ決定スル場合ニ於テ裁判所ノ構成ニ變更アルモ公判手續ヲ更新スル必要ナキモノトス

（大正十五年(れ)第一四八號 同年十一月十二日第一刑事部判決）

二 公判廷ニ於テ申立ニ因リテ爲ス決定ト訴訟關係人ノ陳述

公判ニ於テ申立ニ因リテ決定ヲ爲スヘキ場合ニ於テ相手方タル訴訟關係人ノ陳述ヲ聽クニハ必スシモ現實ニ陳述アルコトヲ要セス之レヲ爲スノ機會ヲ與フルヲ以テ足ルモノトス

（大正十五年(れ)第一五〇〇一號 同年十一月二十七日第三刑事部判決）

三 公判廷外ノ申立ニ對スル決定ト訴訟關係人ノ陳述

公判廷外ニ於テ書面ヲ以テスル申立アリタルトキ之ニ對シ決定ヲ爲スニハ必シモ訴訟關係人ノ陳述ヲ聽クノ要ナク決定ノ告知カ裁判書ノ謄本ヲ送達シテ之ヲ爲ス場合タルト公判廷ニ於テ宣告ニ因リ之ヲ爲ス場合タルトニ因リ其ノ手續ニ差異アルモノニ非ス

（昭和三年(れ)第八二六號 同年六月二十九日第一刑事部判決）

第四十九條 裁判ニハ理由ヲ附スヘシ

上訴ヲ許ササル決定又ハ命令ニハ理由ヲ附セサルコトヲ得

〔理由書〕 本條ニ於テハ上訴ヲ許ササル決定又ハ命令ノ外裁判ニハ總テ理由ヲ附スヘキモノト爲ス判決ノ理由ニ付テハ公判ノ章ニ於テ別ニ規定スル所アリ

一 累犯加重ト判決理由 （昭和二年(れ)第一五四六號 同三年一月二十八日第三刑事部決定）

累犯ノ規定ヲ適用シ刑ヲ加重シ乍ラ前科ノ事實ヲ判示セサル判決ハ理由不備ノ不法アルモノトス

二 勾留更新ノ理由ノ明示 （昭和五年(れ)第八五七號 同年十二月四日第五刑事部判決）

勾留更新ノ決定ニハ之ヲ繼續スルノ必要アルコトヲ明示スルヲ以テ足リ其ノ必要ノ理由ヲ明示スルノ要ナシ

第五十條 裁判ノ告知ハ公判廷ニ於テハ宣告ニ依リ之ヲ爲シ其ノ他ノ場合ニ於テハ裁判書ノ謄本ヲ送達シテ之ヲ爲スヘシ但シ別段ノ規定アル場合ハ此ノ限ニ在ラス

〔理由書〕 本條ハ裁判ノ告知ノ方法ヲ規定シタルモノナリ裁判ハ告知ニ依リテ其ノ効力ヲ生スルモノニシテ其ノ告知ノ方法ニ二種アリ宣告ノ方法ニ依ルモノ及送達ノ方法ニ依ルモノ是レナリ公判廷ニ於テハ宣告ノ方法ニ依リ其ノ他ノ場合ニ於テハ原則トシテ裁判書ノ謄本ヲ送達シテ之ヲ爲スモノトス

一 訴訟費用支給ニ關スル豫審判事ノ職權 （昭和二年(れ)第三〇六號 同年六月二十日第五刑事部判決）

豫審判事ハ豫審終結決定書作成後ト雖決定謄本送達前ニ在リテハ豫審ニ付呼出シタル證人ニ支給スヘキ旅費、日當金額ヲ定ムルコトヲ得ルモノトス

二 證據調請求却下ノ決定ト辯護人ニ對スル送達 （昭和四年(れ)第四二七號 同年五月三十日第二刑事部判決）

同一被告人ノ辯護人中ノ或者ヨリ公判廷外ニ於テ證據調ノ請求ヲ爲シ裁判所カ却下ノ決定ヲ爲シタル場合ニ於テハ其ノ請求ヲ爲ササル辯護人ニ決定ノ送達ヲ爲ササルモ不法ニ非ス

三 合議裁判所ノ判決ト其ノ宣告 （昭和五年(れ)第一三六〇號 同年十月十六日第五刑事部判決）

合議裁判所ニ於ケル判決ハ審理ニ關與シタル各判事ノ評決ニヨリ成リ宣告ハ判決告知ノ手續ニ過キス

第五十一條 裁判ノ宣告ハ裁判長之ヲ爲スヘシ

判決ノ宣告ヲ爲スニハ主文及理由ヲ朗讀シ又ハ主文ノ朗讀ト同時ニ理由ノ要旨ヲ告クヘシ

〔理由書〕 本條ハ裁判宣告ノ方式ヲ規定シタルモノニシテ其ノ趣旨現行法第二百四條第二項ニ同シ

一　判決宣告期日ト判決書ノ作成
（大正十三年(れ)第一二三一號
同年十一月二十日第二刑事部判決）

判決宣告期日ヲ定メテ判決ノ宣告ヲ爲ス場合ト雖其ノ宣告ノ際判決書ノ作成セラレタルコトヲ要スルモノニ非ス

二　判決主文作成ノ時期ト判決ノ宣告
（昭和七年(れ)第一五〇三號
同八年二月四日第三刑事部判決）

判決ノ主文ハ判決宣告ノ際既ニ書面ニ作成セラレタルコトヲ要スルモノトス

第五十二條　檢事ノ執行指揮ヲ要スル裁判ヲ爲シタルトキハ速ニ裁判書又ハ裁判ヲ記載シタル調書ノ謄本又ハ抄本ヲ檢事ニ送付スヘシ但シ別段ノ規定アル場合ハ此ノ限ニ在ラス

〔理由書〕　檢事ノ執行指揮ヲ要スル裁判アリタルトキハ檢事ヲシテ正確ナル指揮ヲ爲サシムルノ必要上速ニ裁判書又ハ裁判ヲ記載シタル調書ノ謄本又ハ抄本ヲ檢事ニ送付スルコトヲ以テ通則トセサルヘカラス是レ本規定アル所以ナリ

第五十三條　被告人其ノ他訴訟關係人ハ其ノ費用ヲ以テ裁判書又ハ裁判ヲ記載シタル調書ノ謄本又ハ抄本ノ交付ヲ請求スルコトヲ得

〔理由書〕　本條ハ現行法第二百六條ヲ修正シタルモノナリ現行法ハ單ニ判決ニ付テノミ規定スレトモ本條ハ規定ノ範圍ヲ擴張シ總テノ裁判ニ通シテ之ヲ適用スルコトトセリ

被告人ニ對シ公判調書ノ謄抄本交付　（昭和二年十二月五日
刑事局長回答）

問　刑事被告人ヨリ公判調書又ハ證人訊問調書ノ謄本若クハ抄本下付ノ請求アリタル場合ニ之ヲ交付シ得ヘキヤ
竝ニ記錄閲覽謄寫ノ請求アリタル場合ニ之ヲ許可シ得ルヤ
（上諏訪區判事）

刑事訴訟法第五十三條、第七十七條ニハ「裁判書又ハ裁判ヲ記載シタル調書ノ謄本又ハ抄本」ト規定シ在リテ公判調書竝ニ證人訊問調書ハ同條ニ所謂「裁判書又ハ裁判ヲ記載シタル調書」ニ該當セサルニヨリ公判調書中同條第六十六條、第三百六十一條ニ該ルモノノミニ限リ之ヲ交付シ得ヘキモ其ノ他ハ交付シ得サルヘク證人調書ハ右公判調書ノ一部ヲ爲ス場合ト雖之ヲ下付スルヲ得サルモノト解スルヲ相當トスヘク尚又右下付ニ付キ其ノ徴收スヘキ費用ハ明治十四年十二月二日司法省布達甲第七號裁判言渡ノ謄本拔書費用ヲ準用スルノ外ナキモノト思料セラレ
次ニ又刑事被告人ニ對シテハ刑事訴訟法第四十四條ニ相當ス

ル規定ヲ缺クヲ以テ被告人ニ對シ記錄ノ閲覧又ハ謄寫ヲ許可シ得サル義ト思料ス

答 刑事被告人ニ對シ公判調書ノ謄本、抄本交付竝ニ記錄閲覧、謄寫許否ニ關シテハ貴見ノ通リ

第六章 書類

〔理由書〕 現行法ニ於テ第二十條乃至第二十一條ノ二ニ書類作成ノ方式ニ關スル規定ヲ掲クル外書類ニ關スル一般ノ通則ヲ設ケサルハ缺點ナルカ故ニ本案ニ於テハ特ニ一章ヲ設ケ一括シテ之ヲ掲クルコトトセリ

第五十四號 訴訟ニ關スル書類ハ別段ノ規定アル場合ヲ除クノ外裁判所書記之ヲ作成スヘシ

〔理由書〕 本條ハ訴訟書類作成ノ職責ヲ有スル者ヲ定ム裁判所書記ハ書類ヲ作成シ且之ヲ整理スルノ責任ヲ有ス唯裁判ノ原本、豫審請求書、公判請求書又ハ裁判所書記ノ立會ナクシテ取調ヲ爲ス場合ニ於ケル調書ノ如ク特ニ作成スヘキ者ヲ定ムルニ付テハ本條ノ例ニ依ルヘキモノニ非ス

一 判決宣告ノ公判調書ノ無效ト事實ノ確定ニ影響ヲ及ホスヘキ違法 （大正十三年(れ)第一三〇九號 同年九月十八日第二刑事部決定）

第二審判決ノ言渡ニ立會セサル裁判所書記ノ作成シタル公判調書ハ無效ニシテ其ノ判決ハ刑事訴訟法第四百四十條ニ所謂事實ノ確定ニ影響ヲ及ホスヘキ法令ノ違反ヲ理由トシテ破毀スヘキモノニ該當ス

二 公判調書ノ作成 （昭和二年(れ)九〇四號 同年九月十日第三刑事部決定）

公判調書ヲ作成シタル書記ト公判ニ立會タル書記トカ別異ナルトキハ其ノ公判調書ハ無效ナリ

三 裁判所書記二名ノ立會ヒタル場合ニ於ケル公判調書ノ作成 （昭和二年(れ)第八四五號 同年十二月二十四日第三刑事部判決）

裁判所書記二名立會ヒタルトキハ其ノ中一人ノミニテ公判調書ヲ作成整理シ之ニ署名捺印スルヲ以テ足ル

四 豫審調書謄本ノ作成方法 （昭和七年(れ)第四〇四號 同年五月十七日第四刑事部判決）

裁判所書記カ豫審調書ノ謄本ヲ作成スルニハ調書ノ全文ヲ記載シ其ノ謄本ナルコトヲ示シ刑事訴訟法第七十一條、第七十二條ノ規定ヲ遵守スレハ足リ原本中ニ存スル契印又ハ捺印ノ如キ形式上ノ形跡ハ之ヲ謄本中ニ表示スルヲ要セス

五　公判調書ノ作成ト淨書（昭和八年(れ)第三五六號 同年五月九日第四刑事部判決）

公判調書ヲ作成スルニ當リ他ノ者ヲシテ之ヲ淨書セシムルヲ妨ケス

第五十五條　訴訟ニ關スル書類ハ公判開廷前ニ於テハ之ヲ公ニスルコトヲ得ス

〔理由書〕 公判開廷前ニ於テ訴訟ニ關スル書類ノ內容ヲ公表スルハ其ノ弊害尠シトセス就中訴訟關係人ノ名譽ヲ毀損シ之ニ回復スヘカラサル損害ヲ被ラシムルノ虞アリ是レ本條ノ規定アル所以ナリ

（山岡政府委員） 本條訴訟ニ關スル書類ト云フ中ニハ判決其ノ他ノ裁判書カ含テ居ルト解釋出來マス唯是ハ一般ノ原則ヲ示シタノテアリマスカラ他ノ法文上ノ解釋カラシテ除外例カ出テ來ルコトハ免レナイ私ノ解釋トシテハ裁判書ト云フモノハ苟モ告知サレタ以上ハ茲ニ當事者ニ公開サレタモノテアル或ハ一般ニ公開サレタモノテアル告知サレタ後ニ於テハ其ノ裁判書ハ本條ノ訴訟ニ關スル書類中ニ包含セヌモノト解釋シマス

（山岡政府委員） 本條ノ公判開廷前ト云フノハ第一審ノ公判開廷前ト云フコトニナリマス

一　不起訴記錄(民事事件ノ證據決定ニ基ク)送付方囑託ノ應否（大正十三年三月十七日司法省刑事局 刑事第二七三一號刑事局長通牒）

從來民事事件ノ證據決定ニ基キ不起訴記錄送付方囑託アリタル場合ニ於テ之ニ應スヘキヤ否ニ付處理方一定シ居ラサル哉ニ有之候處刑事訴訟法第五十五條制定ノ趣旨ニ從ヒ囑託ニ應セサルヲ相當ト思料ス

二　本條ノ書類ト新聞紙法第二十條違反罪ノ成立（大正十五年(れ)第一一八號 同年六月十八日第六刑事部判決）

刑事訴訟法第五十五條所定ノ公ニスルコトヲ得サル訴訟書類ノ掲載ニ關シ司法官署ノ許可ヲ受ケサルコトハ新聞紙法第二十條ノ違反罪ノ成立要件ヲナスモノニ非ス

第五十六條　被告人、被疑者、證人、鑑定人、通事又ハ飜譯人ノ訊問ニ付テハ調書ヲ作ルヘシ

調書ニハ左ノ事項ヲ記載スヘシ

一　被告人、被疑者、證人、鑑定人、通事又ハ飜譯人ノ訊問及供述

二　證人、鑑定人、通事又ハ飜譯人宣誓ヲ爲ササルトキハ其ノ事由

調書ハ裁判所書記ヲシテ之ヲ供述者ニ讀聞カサシメ又ハ供述者ヲシテ之ヲ閲讀セシメ其ノ記載ノ相違ナキカ否ヲ問フヘシ

供述者增減變更ヲ申立テタルトキハ其ノ供述ヲ調書ニ記載スヘシ

調書ニハ供述者ヲシテ署名捺印セシムヘシ

〔理由書〕　本條ハ被告人、被疑者（起訴前犯罪ノ嫌疑ヲ受クル者）證人、鑑定人、通事及飜譯人ノ訊問ニ付テハ必ス調書ヲ作成スヘキコト並其ノ調書ニ記載スヘキ事項ヲ規定シタルモノニシテ現行法第九十二條、第九十五條、第九十六條、第百一條、第百三十一條及第百三十六條等ノ規定ヲ一括シテ修正シタルモノナリ

一　證人ノ署名捺印ナキ訊問調書ノ效力

（大正十四年(れ)第四二八號 同年六月六日第三刑事部決定）

證人訊問調書ニ正當ノ事由ナクシテ其ノ署名捺印ヲ缺ク場合ニハ調書ハ無效トス

二　證人調書ノ記載ニ關スル問査不能ト調書ノ效力

（大正十四年(れ)第六九七號 同年六月二十五日第二刑事部判決）

證人ノ訊問及供述ヲ調書ニ錄取シ之ヲ證人ニ讀聽カセ終ルヤ證人ノ意識明瞭ヲ缺クニ至リ其ノ記載ノ相違ナキカ否ノ問査不能トナルモ其ノ調書ハ無效ニ非ス

三　公判準備ノ爲ニスル被告人訊問調書ニ被告人ノ署名捺印ナキ場合ト訊問調書ノ效力

（大正十四年(れ)第三八〇號 同年六月二十七日第三刑事部決定）

公判準備ノ爲ニスル被告人訊問調書ニ正當ノ理由ナクシテ其ノ署名捺印ヲ缺ク場合ニハ調書ハ無效トス

四　被告人氏名ノ記載ノ有無ト證人ノ豫審調書ノ效力

（大正十四年(れ)第八三八號 同年八月三日第二刑事部判決）

證人ノ豫審調書ニ被告事件ヲ表示スルニ當リ被告人ノ氏名ヲ明記セサルモ其ノ調書ノ內容ニ依リ被告人ノ何人ナルカヲ知リ得ル場合ニ於テハ調書ハ無效ニ非ス

五　證人ノ署名

（大正十四年(れ)第九〇八號 同年八月二十六日第三刑事部判決）

證人ノ訊問調書ノ署名ハ其ノ名ヲ自署スルヲ以テ足ル

六　證人訊問調書ノ作成ト宣誓ヲ爲ササル事由ノ記載

（大正十四年(れ)第一二七五號 同年十二月十九日第四刑事部判決）

證人カ現ニ供述ヲ爲スヘキ被告事件ノ被告人ト共犯ノ嫌疑アルニ因リ宣誓ヲ爲サシメスシテ之ヲ訊問シタル場合ニ於テ調書ニハ別段宣誓ヲ爲ササル事由ヲ記載セサルモ豫審請求書及調書中ノ他ノ記載ニ依リ其ノ事由自ラ明白ナル以上其ノ調書ハ無效ニ非ス

七　證人訊問中ニ爲シタル檢證ト調書ノ作成

（大正十四年(れ)第二一〇〇號
同十五年三月二日第一刑事部判決）

公判廷ニ於テ判事カ證人ヲ訊問スルニ當リ其ノ供述事項ヲ明ニスル爲身體ヲ檢證シタルトキハ其ノ結果ヲ訊問調書ニ記載スルヲ以テ足リ特ニ檢證調書ヲ作成スルコトヲ要セス

八　訊問調書ト其ノ作成ノ場所ノ表示

（大正十五年(れ)第一一四一號
同年十一月六日第三刑事部判決）

刑事訴訟法第五十六條ニ依リ作成スヘキ調書ニハ作成場所ノ記載ヲ要セサルモノトス

九　訊問調書中供述者ノ署名捺印スヘキ部位

（昭和二年(れ)第一六三七號
同三年二月七日第四刑事部判決）

訊問調書中供述者ノ署名捺印スヘキ部位ハ刑事訴訟法第五十六條第二項所定ノ手續ヲ履踐シタル旨ノ記載ノ前ニ在ルト後ニ在ルトヲ問ハサルモノトス

一〇　聽取書ノ作成ト裁判所書記ノ立會

（昭和二年(れ)第九一〇號
同年九月十日第三刑事部判決）

檢事カ聽取書ヲ作成スルニハ裁判所書記ノ立會ヲ要セサルモノトス

一一　代書者ノ署名捺印ヲ缺キタル宣誓書ノ效力

（昭和二年(れ)第八四五號
同年十二月二十四日第三刑事部判決）

宣誓書ニ於ケル證人ノ署名ヲ代書シタル者ノ署名捺印ヲ缺ケル場合ト雖其ノ代書者ノ誰タルカヲ確認シ得ヘキトキハ該證人訊問調書ヲ採テ罪證ニ供シ得ヘキモノトス

一二　被告人ノ利益ナル事實ヲ陳述スル機會ト訊問調書ノ記載

（昭和三年(れ)第九一二號
同年七月十六日第五刑事部判決）

被告人ニ對シ其ノ利益ト爲ルヘキ事實ヲ陳述スル機會ヲ與ヘタルヤ否ハ之ヲ訊問調書ニ記載シテ明確ニスルコトヲ要セス

一三　數人ノ受命判事ノ共同取調ト調書ノ署名捺印

（昭和四年(れ)第九四號
同年四月二日第四刑事部判決）

數人ノ受命判事カ共同シテ證人ヲ訊問シ又ハ檢證ヲ爲シタル場合ニ於テハ各自其ノ調書ニ署名捺印スヘキモノトス

一四　證人ノ署名捺印ナキ訊問調書

（昭和四年(れ)第一五八一號
同五年二月二十一日第一刑事部判決）

證人カ訊問調書ニ署名捺印及拇印ヲ爲スコト能ハサル場合ニ於テ代署ナキ一事ヲ以テ其ノ調書ヲ無效ナリト云フコトヲ得ス

一五 檢證調書ニ於ケル立會人ノ陳述記載ト其ノ署名捺印
（昭和五年（れ）第一二〇號 同年三月二十日第五刑事部判決）

檢證ノ手段トシテ立會人ノ陳述ヲ聽キ之ヲ記載シタル檢證調書ニハ陳述者ノ署名捺印ヲ要セス

一六 公判廷ニ於ケル被告供述ト證據調
（昭和八年（れ）第四號 同八年三月十四日第四刑事部判決）

公判廷ニ於テ被告ノ供述ヲ聽取リタル裁判所ハ該供述ニ付證據調ヲ爲スノ要ナシ

一七 本條ニ所謂供述者ノ意義
（昭和八年（れ）第六九四號 同年七月三日第二刑事部判決）

刑事訴訟法第五十六條ニ所謂供述者トハ訊問ニ對シ應答スル者本人ヲ謂フモノニシテ單ニ其ノ供述ヲ通譯スル者ヲ指稱スルモノニ非ス

第五十七條 檢證、押收又ハ搜索ニ付テハ調書ヲ作ルヘシ

押收ヲ爲シタルトキハ其ノ品目ヲ調書ニ記載シ又ハ別ニ目錄ヲ作リ之ヲ調書ニ添付スヘシ

（理由書） 本條ハ檢證、押收及搜索ニ付テハ調書ヲ作ルヘキコトヲ定メ押收ヲ爲シタル場合ニハ其ノ範圍ヲ明瞭ナラシムル爲其ノ品目ヲ調書ニ記載スルカ又ハ目錄ヲ作リ之ヲ調書ニ添付スヘキモノト定ム

一 裁判所ノ爲シタル檢證調書ノ記載
（大正十三年（れ）第一三五號 同年三月二十九日第四刑事部判決）

裁判所カ檢證ヲ爲シタル場合ニ於テ檢證調書ニ記載スヘキ事項ハ當該裁判官一同ノ認識シ得タル事實關係ナリ

二 檢證調書ニ於テ判斷的語辭ヲ使用シタル記載
（大正十三年（れ）第一三五號 同年三月二十九日第四刑事部判決）

裁判所カ實地檢證ヲ爲スニ際シ被告人ノ利益又ハ不利益ト爲ルヘキ狀況ノ存否ニ關スル事實關係ヲ調書ニ記載シテ之ヲ明白ナラシムルコトハ檢證ノ手續ニ屬シ從テ檢證ノ結果ヲ記載スルニ判斷的語辭ヲ用フルモ如上ノ事實關係ヲ明白ナラシムルモノナル限リ其手續ハ有效ニシテ此ノ場合ニ於ケル裁判所ノ判斷ハ證據ノ效力ニ關スル公判裁判所ノ判斷トハ全ク區別シテ觀察スヘキモノトス

三 區裁判所判事ノ代理トシテ檢證ヲ爲シタル地方裁判所判事ノ署名ト代理資格明示ノ要否
（大正十四年（れ）第四〇九號 同年五月十四日第二刑事部判決）

地方裁判所判事カ區裁判所判事ノ代理トシテ檢證ヲ爲シタル場合ニ於テ檢證調書ニ署名スルニ當リ特ニ其ノ代理資格ヲ明示セサルモ其ノ調書ハ無效ニ非ス

四　檢證調書作成ノ時及場所

（昭和二年(れ)第八四五號　同年十二月二十四日第二刑事部判決）

檢證調書ハ常ニ必スシモ檢證ト同時ニ調製スルコトヲ要スルモノニ非ス又之ヲ調製スル場合モ敢テ檢證ノ現場ニ限ルコトナク事情ニ從ヒ便宜ノ場所ニ於テ調製スルコトヲ妨ケサルモノトス

五　檢證ノ現場ニ於テ被告人其ノ他ノ者ニ指示陳述セシムル場合ノ檢證調書ト陳述者ノ署名捺印ノ要否

（昭和三年(れ)第一七九一號　同四年一月二十九日第一刑事部判決）

豫審判事カ檢證ノ現場ニ於テ被告人其ノ他ノ者ヲ立會ハシメ檢證ノ地點目的其ノ他必要ナル狀態ヲ指示陳述セシムルカ如キハ檢證ノ手段タルニ過キスシテ其ノ檢證調書ニハ陳述者ノ署名捺印ヲ爲サシムルノ要ナシ

第五十八條　前二條ノ調書ニハ取調又ハ處分ヲ爲シタル年月日及場所ヲ記載シ其ノ取調又ハ處分ヲ爲シタル者裁判所書記ト共ニ署名捺印スヘシ但シ公判期日外ニ於テ裁判所取調又ハ處分ヲ爲シタルトキハ裁判長裁判所書記ト共ニ署名捺印スヘシ

前條ノ調書ニハ取調又ハ處分ヲ爲シタル時ヲモ記載スヘシ

〔理由書〕　本條ハ前二條ノ規定ニ依リ作成スヘキ調書ニ共通シテ其ノ要件ヲ定ム而シテ其ノ要件トシテ示ス所ハ皆調書ノ正確ヲ保ツ爲缺クヘカラサルモノナリ

一　豫審判事ノ署名ナキ豫審調書

（昭和五年(れ)第二〇號　同年三月十日第五刑事部判決）

豫審判事ノ署名ナキ豫審調書ハ斷罪ノ資料ト爲スヲ得ス

二　判決書ニ記載スヘキ年月日（昭和五年(れ)第一三四五號　同年十月十三日第五刑事部判決）

判決書ニハ其ノ作成ノ年月日ヲ記載スヘキモノトス

三　取調及作成ノ年月日記載ナキ聽取書ノ證據力

（昭和七年(れ)第一五一〇號　同年十二月十九日第二刑事部判決）

取調及作成ノ年月日ノ記載ナキ檢事ノ聽取書ト雖記錄上其ノ年月日ヲ推知シ得ルトキハ證據力アルモノトス

第五十九條　裁判所書記ノ立會ナクシテ取調又ハ處分ヲ爲ス場合ニ於テハ裁判所書記ノ行フヘキ職務ハ其ノ取調又ハ處分ヲ爲ス者自ラ之ヲ行フヘシ

〔理由書〕本條ハ裁判所書記ノ立會ナクシテ作成スヘキ調書ニ關スル規定ナリ被告人、被疑者、證人、鑑定人、通事及飜譯人ノ取調又ハ檢證、押收若ハ捜索ヲ爲ス場合ニ於テハ裁判所書記ノ立會アルヲ原則トシ別段ノ定ナキ限リ裁判所書記調書ヲ作リ之ヲ供述者ニ讀ミ聞カスヘキコト既ニ前數條ニ規定セル所ナリト雖此等ノ取調又ハ處分ヲ裁判所書記ノ立會ナクシテ檢事又ハ司法警察官ニ於テ爲ス場合アリ本條ハ此等ノ場合ニ於テ書類ノ作成ニ關スル職務ヲ行フヘキ者ヲ明ニスルモノナリ

第六十條 公判期日ニ於ケル訴訟手續ニ付テハ公判調書ヲ作ルヘシ公判調書ニハ左ノ事項其ノ他一切ノ訴訟手續ヲ記載スヘシ

一 公判ヲ爲シタル裁判所及年月日
二 判事、檢事及裁判所書記ノ官氏名並被告人、代理人、辯護人、輔佐人及通事ノ氏名
三 被告人出頭セサリシトキハ其ノ旨
四 公開ヲ禁シタルトキハ其ノ旨及理由
五 被告事件ノ陳述及公判開廷中口頭ノ起訴アリタルトキハ其ノ要旨
六 辯論ノ要旨
七 第五十六條第二項ニ揭クル事項
八 朗讀シ又ハ要旨ヲ告ケタル書類

九 被告人ニ示シタル書類及證據物
十 公判廷ニ於テ爲シタル檢證及押收
十一 裁判長ノ記載ヲ命シタル事項及訴訟關係人ノ請求ニ因リ記載ヲ許シタル事項
十二 被告人若ハ辯護人最終ニ陳述シタルコト又ハ被告人若ハ辯護人ニ最終ニ陳述スル機會ヲ與ヘタルコト
十三 判決其ノ他ノ裁判ノ宣告ヲ爲シタルコト

〔理由書〕本條ハ現行法第二百八條及第二百九條ノ規定ヲ合セ修正シタルモノニシテ公判ニ付テ調書ヲ作ルヘキコト並其ノ調書ニ記載スヘキ事項ヲ規定シタルモノナリ現行法ノ下ニ於テモ公判始末書ニハ前揭二條ニ明示シタル事項ノ外尙一切ノ訴訟手續ヲ記載スヘキモノト爲スト雖本條第二項、第三號、第五號、第六號、第九號第十號等ニ揭ケタル事項ノ如キハ最モ重要ナルモノナルヲ以テ特ニ擧示スルノ必要アリ故ニ本條ニ於テハ記載事項トシテ之ヲ明示シタリ又現行法ニ於テハ公ニ辯論ヲ爲シタルコトヲモ公判始末書ニ記載セシムルコトト爲シタルモ辯論ハ特ニ禁止スル場合ノ外常ニ之ヲ公開スヘキモノナルカ故ニ本條ニ於テハ公開ヲ禁シタルトキニ於テノミ其ノ旨ヲ記載スルコトトシ公開シタル旨ヲ記載スルノ必要ナキモノトセリ

一　公判始末書ノ誤記ト裁判所ノ解釋權ノ行使

（大正十二年(れ)第一八八六號
大正十三年二月九日第四刑事部判決）

公判始末書ニ記載スル公判開廷ノ日附ニ誤謬アルコト明確ナル場合ニ之カ誤記ナルコトヲ認メテ解釋ヲ下スコトハ之ヲ審査スル裁判所ノ有スル解釋權ノ行使ニシテ訴訟手續カ公判始末書ニ依リテノミ證明セラルルモノトスル法律ノ趣旨ト相牴觸スルコトナキモノトス

二　公判ノ公開ト公判調書ノ記載

（大正十三年(れ)第三〇六號
同年四月十五日第一刑事部判決）

公判調書ニ公開ヲ禁シタルコトノ記載ナキ以上ハ特ニ公開シタル旨ノ記載ナシトスルモ其ノ公判ハ公開セラレタルモノト認ムヘキモノトス

三　天災其ノ他ノ事變ニ因リ證明資料ノ滅失シタル判決

（大正十三年(れ)第四三八號
同年五月六日第一刑事部判決）

天災其ノ他ノ事變ニ因リ事件ニ付判決ノ言渡アリタル事實ヲ的確ニ證明スヘキ資料滅失シタルトキハ判決ノ言渡アリタル事實ヲ確認スルヲ得ス

四　審判ノ公開ニ關スル訴訟手續ノ違背ト上告審ノ取調手續

（大正十三年(れ)第八一六號
同年六月十七日第一刑事部判決）

裁判所カ不法ニ審判ノ公開ヲ爲サルコトヲ以テ上告ノ理由ト爲シタルトキハ上告審ハ刑事訴訟法第四百三十五條第一項ニ依リ事實ノ取調ヲ爲スコトヲ得

五　判決ノ宣告ト判決書作成ノ時期トノ關係

（大正十三年(つ)第一〇〇〇號
同年七月十四日第五刑事部判決）

判決書ハ必スシモ宣告ノ日ニ作成スルコトヲ要スルモノニ非スシテ其ノ作成ノ日カ判決宣告ノ日ト異ナルモ違法ニ非ス

六　上訴拋棄ノ申立

（大正十三年(つ)第一〇號
同年七月十九日第三刑事部決定）

上訴拋棄ノ申立ハ有罪判決ノ宣告ヲ受ケタル後直ニ公判廷ニ於テ之ヲ爲スコトヲ得ヘク此ノ場合ニハ調書ニ其ノ申立ヲ記載スヘキモノトス

七　被告事件ノ陳述ト公判調書ノ記載

（大正十三年(れ)第一三二八號
同年十月八日第三刑事部判決）

被告事件ノ陳述ヲ公判調書ニ記載スルニハ公判請求書又ハ豫審終

結決定書ヲ援用スルヲ妨ケス

八　公判調書ニ於ケル公判裁判所表示ノ欠缺

（大正十三年(れ)第一九〇九號　同年十二月二十日第四刑事部決定）

公判期日ニ於ケル辯論手續ヲ證明スヘキ公判調書ニ公判ヲ爲シタル裁判所ノ表示ヲ全然闕如スル以上其ノ辯論手續カ適法ニ行ハレタルコトハ公判調書ニ依リ證明セラレサルニ歸スルモノトス

九　豫審調書添付ノ明細表ト其ノ證據調

（大正十三年(れ)第二〇八五號　大正十四年一月三十一日第四刑事部判決）

豫審調書ニ添付セラレ契印ニ依リ之ト一體ヲ成ス明細表ニハ公判調書ニ其ノ豫審調書ヲ讀聞カセタルコトノ記載アル以上亦同シク讀聞カセラレタルモノト認ムヘキモノトス

一〇　公判ニ關與シタル檢事ノ表示ト公判調書ノ効力

（大正十四年(れ)第一三七〇號　同年十一月七日第三刑事部判決）

公判調書ニ立會檢事ノ官及氏ノミヲ記載シ其ノ名ヲ遺脱スルモ其ノ公判手續ハ不法ニ非ス

一一　判決言渡調書ニ檢事ノ氏名ノ記載ヲ缺ク場合ト判決裁判所ノ構成

（昭和二年(れ)第五一一號　同年六月七日第六刑事部決定）

判決宣告ノ爲ニ開キタル公判ノ調書ニ檢事ノ氏名ノ記載ヲ缺クトキハ刑事訴訟法第四百十條第一號ニ所謂法律ニ從ヒ判決裁判所ヲ構成セサルモノトス

一二　公判ノ延期ヲ言渡シタル場合ト判決裁判所ノ構成

（昭和二年(れ)第一三四六號　同年十二月十日第三刑事部判決）

公判廷ヲ開キタルモ單ニ公判ノ延期ヲ言渡シタルニ止マルトキハ其ノ裁判所ノ構成ニ欠缺アルモ刑事訴訟法第四百十條第一號ニ該當セサルモノトス

一三　本條第二項ト公判調書ノ整理

（昭和三年(れ)第七三三號　同年七月十四日第三刑事部判決）

刑事訴訟法第六十一條第二項ノ規定アルノ故ヲ以テ公判調書ヲ公判廷ニ於テ即時整理スルコトヲ要スルモノト謂フヲ得ス

一四　第二回公判期日ノ公判調書ノ記載方ト公判手續ノ適否

（昭和三年(れ)第一四三七號　同年十一月二十六日第二刑事部判決）

第二回公判期日ノ公判調書ニ單ニ裁判長ハ前回ニ引續キ審理スト告ケタル旨ノ記載アルニ止マリ同公判ニ關與シタル判事及檢事ノ氏名ノ記載ナキトキハ其ノ公判ハ適法ニ行ハレタルモノト認ムル

ニ由ナク同調書ニ於ケル證人ノ供述記載ハ證據トシテ採用スルコトヲ得サルモノトス

一五　二回ノ公判ト公判調書ノ作成（昭和四年(れ)第一一六六號　同年十一月二十九日第一刑事部判決）

裁判所ノ構成カ同一ニシテ第一回公判ノ翌日之ヲ續行シタル場合ニ於テハ一通ノ公判調書ヲ作成スルモ違法ニ非ス

一六　判決ト公判調書ノ記載（昭和五年(れ)第二一二六號　同六年三月十六日第一刑事部判決）

公判調書ニハ判決ノ主文及其ノ理由要旨ヲ記載セサルヲ原則トス

一七　事件ノ併合分離ト公判調書（昭和六年(れ)第三〇三號　同年六月十七日第三刑事部判決）

數個ノ被告事件ニ付併合審理ヲ爲シタル後更ニ分離シテ引續キ審理ヲ爲シタル場合ニ於テハ分離前ノ公判調書ノ原本ハ之ヲ一ノ被告事件ノ記錄中ニ編綴スルヲ以テ足ル

一八　公判調書ニ記載スヘキ判事等ノ氏名ト前回調書ノ記載ノ引用（昭和七年(れ)第四四號　同年三月二十二日第四刑事部判決）

數回ニ亘リ公判ヲ開廷シタル場合ニ於テ常ニ同一ノ判事及裁判所書記列席シタルトキハ後ノ公判調書ニハ其ノ氏名ヲ記載セスシテ前ノ公判調書ニ於ケル其ノ記載ヲ引用スルヲ妨ケス

一九　被告人ノ出頭ト公判調書ノ記載（昭和七年(れ)第一五八八號　同八年三月廿八日第四刑事部判決）

公判調書ニ被告人出頭セサル旨ノ記載ナキ以上ハ特ニ被告人出頭シタル旨ノ記載ナシトスルモ其ノ公判手續ハ被告人出頭シテ爲サレタルモノト認ムヘキモノトス

二〇　第一審判決言渡調書ニ檢事ノ氏名ヲ缺如スル場合ト第一審判決ノ存在（昭和八年(れ)第四七號　同年四月五日第三刑事部判決）

第一審判決言渡ノ爲開カレタル公判ノ調書ニ檢事ノ氏名ノ記載ヲ缺如スルトキト雖之カ爲第一審判決カ存在セサルモノト爲スヲ得サルモノトス

二一　公判ノ公開ト公判調書ノ記載（昭和八年(れ)第五三五號　同年六月廿一日第三刑事部判決）

公判調書ニ公開ヲ禁シタルコトノ記載ナキ限リ特ニ公開シタル旨ノ記載ナキモ其ノ公判ハ公開セラレタルモノト認ムヘキモノトス

第六十一條　公判調書ニ付テハ第五十六條第三項乃至第五項

ノ規定ニ依ル手續ヲ爲スコトヲ要セス
供述者ノ請求アルトキハ裁判所書記ヲシテ其ノ供述ニ關スル部分ヲ讀聞カサシメ增減變更ノ申立アリタルトキハ其ノ供述ヲ記載セシムヘシ

〔理由書〕　公判調書ハ裁判所檢事其ノ他ノ訴訟關係人ノ實見シタル事實ヲ記載スルモノナルヲ以テ其ノ記載ノ方式ニ付第五十六條第二項乃至第四項ニ掲クルカ如キ嚴格ナル規定ヲ設ケサルモ之カ爲ニ調書ノ公正ヲ害スルコトナカルヘシ然レトモ供述者ニ於テ讀聞ケ又ハ增減變更ノ記載ヲ請求シタル場合ニ於テ之ヲ拒ムヘキ理由ナシ本條ハ叙上ノ趣旨ヲ明ニシタルモノナリ

第六十二條　公判調書ハ公判開廷ノ日ヨリ五日内ニ之ヲ整理スヘシ

〔理由書〕　本條ハ現行法第二百十條第一項ノ規定ヲ修正シタルモノナリ現行法ニ於テハ公判始末書ハ判決言渡ヨリ三日内ニ整頓スヘキモノトシ公判開廷ノ都度之ヲ爲スノ要ナキカ故ニ公判ノ開廷數回ニ亙リタル場合ニ於テハ判決言渡後一括シテ整頓スルモ何等違法ノ嫌アルナシ然レトモ如斯クナルトキハ調書ノ正確ヲ期スルノ點ニ於テ遺漏ナキヲ保セス故ニ本條ニ於テハ公判調書ハ公判開廷毎ニ之ヲ作成シ其ノ日ヨリ五日内ニ之ヲ整理スヘキコトトセリ

一　法定期間經過後ニ整理シタル公判調書ノ效力

刑事訴訟法第六十二條ハ訓示規定ナルヲ以テ法定期間經過後整理シタル公判調書ハ無效ニ非ス
（大正十三年(れ)第九一二號　同年七月四日第一刑事部判決）

二　公判調書ノ作成方　（昭和四年(れ)第九號　同年三月八日第四刑事部判決）

公判調書ノ記載事項ハ必スシモ立會書記ノ自書ニ係ルコトヲ要セス印刷ニ付シ又ハ他人ヲシテ淨書セシメ立會書記ニ於テ署名捺印スルモ違法ニ非ス

第六十三條　公判調書ニハ裁判長裁判所書記ト共ニ署名捺印スヘシ
裁判長差支アルトキハ上席ノ判事其ノ事由ヲ附記シ署名捺印スヘシ
區裁判所判事差支アルトキハ裁判所書記其ノ事由ヲ附記シテ署名捺印スヘシ
裁判所書記差支アルトキハ裁判長其ノ事由ヲ附記シテ署名捺印スヘシ

〔理由書〕　本條ハ現行法第二百十條第一項後段ノ規定ニ相當スルモノナリ現行法ニ於テハ裁判長、區裁判所判事又ハ裁判所書記死亡其ノ他ノ事由ニ因リ署名捺印スルコトヲ得サル場合ニ付テノ規定ヲ缺如スルヲ以テ本條ハ明文ヲ設ケテ此ノ缺點ヲ補正シタリ

一　公判調書ニ裁判長ノ捺印ナキ場合

（大正十三年(れ)第一七二八號 同年十一月七日第一刑事部判決）

公判調書ニ裁判長ノ署名ノミアリテ捺印ヲ缺クモ其ノ公判調書ハ無效ニ非ス

二　公判立會ノ裁判所書記二名アル場合ニ於ケル公判調書ノ署名

（昭和三年(れ)第一四九七號 同年十二月二十七日第二刑事部判決）

二人ノ裁判所書記カ同時ニ公判ニ立會タル場合ニ於テハ其ノ中一名カ公判調書ヲ作成シ之ニ署名捺印スルヲ以テ足ル

三　裁判所書記ノ捺印ヲ缺ク公判調書

（昭和四年(れ)第一四八九號 同五年二月七日第四刑事部判決）

公判調書ニ立會書記ノ署名ノミアリテ捺印ヲ缺クモ其ノ公判調書ハ無效ニ非ス

第六十四條　公判期日ニ於ケル訴訟手續ハ公判調書ノミニ依リ之ヲ證明スルコトヲ得

〔理由書〕　本條ハ公判調書ノ效力ヲ規定スルモノナリ公判手續カ適法ニ行ハレサルトキハ其ノ全部又ハ一部無效ト爲ルヘキ場合アルカ故ニ其ノ適法ニ行ハレタルヤ否ヤヲ證明スルノ方法ヲ定メサルヘカラス本法ニ於テ公判調書ノ制度ヲ設クルハ此ノ必要ニ應スルヲ以テ主要ノ目的ト爲スモノタルコト疑ヲ容レス而シテ既ニ公判調書ノ制度備ハル以上ハ之ニ依リテ公判手續ノ適否ヲ證明スルコトヲ得ルハ勿論之ヲ以テ唯一ノ證明方法ト爲ササルヘカラス蓋シ他ノ證明方法ヲ許容スルハ其ノ必要ナキノミナラス却テ無用ノ手續ニ因リ徒ニ紛雜ヲ累ヌルノ虞アルヲ以テナリ現行法ニハ此ノ明文ナシト雖解釋上右ト同一ノ趣旨ニ依ルモノト爲ス本條ハ明文ヲ以テ之ヲ明ニシタルモノナリ

一　被告人ノ身體拘束ノ事實ノ有無ヲ記載セサル公判調書

（大正十三年(れ)第二二〇號 同年五月八日第五刑事部判決）

公判調書ニハ被告人カ公判廷ニ於テ身體ノ拘束ヲ受ケタル事實ノ有無ニ付テノ記載ヲ闕如スルモ直ニ身體拘束ノ儘訊問供述ヲ爲シタルモノト解スヘキニ非ス

二　公判調書ノ證明力ト判決言渡ノ事實

（昭和四年(れ)第一五二五號 同五年二月二十四日第五刑事部判決）

判決言渡ノ調書存在セサルトキハ判決ノ言渡カ適法ニ行ハレタルヤ否ヲ證明シ得サルニ止マリ常ニ必スシモ其ノ言渡ナカリシモノト推斷スヘキ限ニ在ラス

三　公判手續ノ行ハレタル事實ト其ノ證據

（昭和七年（れ）第九〇〇號
同年九月二十七日第四刑事部判決）

公判手續カ適法ニ行ハレタルコトハ公判調書ノミニ依リ之ヲ證明シ得ヘキモ事實上公判手續ノ行ハレタルヤ否ハ公判調書以外ノ證據ニ依リ判斷スルヲ妨ケス

第六十五條　辯護人ハ裁判所ノ許可ヲ受ケ速記者ヲシテ公判ニ於ケル被告人又ハ證人ノ供述ヲ筆記セシムルコトヲ得

〔理由書〕被告人又ハ證人ノ正確ナル供述ヲ知得スルコトハ辯護人ノ重要ナル職責ナリ是レ本條ノ規定アル所以ナリ

速記ハ參考ノ用ニ供スルモノナリ之ヲ以テ公判調書ヲ補足スルモノト解スヘキモノニ非ス

（林政府委員）辯護人カ裁判所ノ許可ヲ得テ速記サセルサウシテ其速記ハ參考ノ値打カアル參考ト云フコトハ無論裁判所ニ取ツテモ參考ニナリ訴訟關係人ニ取ツテモ參考ニナルト思フソウシテ公判調書ヲ以テ正式ノモノトスルノカ原則テアリマス併ナカラ其公判調書ト速記ト違ツテ居ル場合ニハ如何ニ判斷スルカト云フコトハ其局ニ當ル裁判官其他訴訟關係人カ相當ニ判斷スルヨリ途カナイ速記テアルカラ必スシモ正確テアルト云フコトハ一概ニ言ヘナイ

（林政府委員）辯護士カ許可ヲ得テ速記スレハ其書類ハ裁判所ヘ提

出スル裁判所ハ何等カノ方法テ保管スル

第六十六條　裁判ヲ爲ストキハ裁判書ヲ作ルヘシ但シ決定又ハ命令ヲ宣告スル場合ニ於テハ裁判書ヲ作ラスシテ之ヲ調書ニ記載セシムルコトヲ得

〔理由書〕凡ソ裁判ヲ爲ストキハ裁判書ヲ作成スルヲ原則トス判決ニ付テハ全ク例外ヲ認メス決定、命令ニ付テハ宣告スルモノノ外皆裁判書ヲ作成スルモノトシ其ノ宣告スルモノニ付テハ裁判書ヲ作成スルコトナク其ノ決定又ハ命令ヲ調書ニ記載セシムルヲ以テ足ル例ヘハ公判廷ニ於テ宣告スル證據決定ノ如キ是ナリ

一　法廷外ノ證據決定ト決定書ノ作成

（昭和五年（れ）第一七六七號
同年十二月十八日第二刑事部判決）

法廷外ニ於テ爲ス證據ニ關スル決定ハ刑事訴訟法第三百二十四條第三項ノ請求ヲ却下スル場合ノ外決定書ノ作成ヲ要セス

二　部員ヲシテ證據決定ノ施行ヲ爲サシムル決定ノ形式

（昭和八年（れ）第七〇五號
同年七月六日第一刑事部判決）

部員ヲシテ證據決定ノ施行ヲ爲サシムル決定ハ之ニ付決定書其ノ他ノ書類ヲ作成セサルモ無效ニアラス

第六十七條　裁判書ハ判事之ヲ作ルヘシ

〔理由書〕本條ハ裁判書ノ作成者ヲ規定シタルモノナリ裁判書ハ審理ノ結果判斷シタル所ヲ記述シタルモノニシテ見聞シタル事項ヲ筆記スルモノニ非ス故ニ判斷ヲ爲シタル者又ハ之ニ關與シタル者之ヲ作成セサルヘカラス卽チ一般ノ書類ノ如ク裁判所書記ヲシテ作成セシムヘキモノニ非ス故ニ本條ヲ設ケテ叙上ノ趣旨ヲ明ニス

一　裁判書ノ契印（大正十三年(れ)第一一六七號 同年九月六日第四刑事部判決）

合議裁判所ノ裁判書ニハ裁判ヲ爲シタル判事全員ノ契印ヲ要セス其ノ一員ノ契印アルヲ以テ足ル

二　「タイプライター」ニ依ル裁判書（大正十三年(れ)第一八〇五號 同年十一月二十八日第六刑事部判決）

裁判書ハ必スシモ判事自ラ筆記スルコトヲ要セス草稿ヲ作リ他人ニ之ヲ淨書セシメ又ハ「タイプライター」其ノ他ノ方法ニ依リ印刷シテ作成スルヲ妨ケス

三　タイプライターニ依リテ印刷セラレタル判決書ノ效力（昭和四年(れ)第四二一號 同年六月七日第一刑事部判決）

判事ハ判決書ヲ作成スルニ當リ自己ノ口授又ハ草稿ニ基キ他人ヲシテ之ヲ筆記セシメ若ハタイプライターニ依リテ之ヲ印刷セシムルモ違法ニ非ス

四　判決書ト署名捺印不能ノ附記理由（昭和三年(れ)第九五〇號 同年七月十九日第五刑事部判決）

判決書ニ裁判ヲ爲シタル判事ノ署名捺印スルコト能ハサルトキ附記スヘキ事由ニハ絶對的ニ之ヲ爲スコト能ハサル場合ノミニ非スシテ一時的ノ故障ニ因リ署名捺印スルコト能ハサル場合ヲモ包含スルモノトス

五　判決書作成ト官吏ノ秘密義務（昭和四年(れ)第四二一號 同年六月七日第一刑事部判決）

判決手續ノ適法ニシテ有效ナルコトト官吏祕密義務ノ遵守トハ各別ニ之ヲ論スヘキモノトス

第六十八條　裁判書ニハ裁判ヲ爲シタル判事署名捺印スヘシ
裁判長署名捺印スルコト能ハサルトキハ上席ノ判事其ノ事由ヲ附記シテ署名捺印シ他ノ判事署名捺印スルコト能ハサルトキハ裁判長其ノ事由ヲ附記シテ署名捺印スヘシ

〔理由書〕本條ハ現行法第二百五條ニ相當スル規定ナリ裁判ノ原本ニハ通常其ノ裁判ヲ爲シタル判事悉ク署名捺印スヘキモノナリト雖死亡其ノ他ノ事由ニ因リ署名捺印スルコト能ハサル場合ナキヲ

保セス本條ハ此ノ場合ニ應スヘキ規定ニシテ現行法ノ不備ヲ補正シタルモノナリ

判事ノ賜暇ト裁判書ノ署名不能　（昭和五年(れ)第一四三一號 同年十月七日第一刑事部判決）

刑事訴訟法第六十八條ニ所謂裁判ヲ爲シタル判事裁判書ニ署名捺印スルコト能ハサル事由中ニハ當然判事賜暇ノ場合ヲモ包含ス

第六十九條　裁判書ニハ別段ノ規定アル場合ヲ除クノ外裁判ヲ受クル者ノ氏名、年齢、職業及住居ヲ記載スヘシ裁判ヲ受クル者法人ナルトキハ其ノ名稱及事務所ヲ記載スヘシ

判決書ニハ前項ニ規定スル事項ノ外公判ニ關與シタル檢事ノ官氏名ヲ記載スヘシ

〔理由書〕　本條第一項ニ於テハ裁判書ニ共通スル一般要件トシテ裁判ヲ受クヘキ者ヲ表示シ之ヲ識別スル爲必要ナル記載ヲ爲ヘキコトヲ定メ第二項ニ於テハ判決書ノ要件トシテ第一項ニ記載シタル事項ノ外公判ニ關與シタル檢事ノ官氏名ヲ記載スヘキコトヲ定ム

一　公判ニ關與セサル檢事ノ氏名ヲ記載シタル判決書　（大正十三年(れ)第一七〇號 同年四月九日第三刑事部判決）

判決書ニ公判關與ノ檢事ト異ナル檢事ノ氏名ヲ記載スルハ刑事訴訟法第六十九條第二項ノ規定ニ違反スルモノナレトモ裁判ニ影響ヲ及ホササルコト明白ナルヲ以テ之ヲ上告ノ理由ト爲スコトヲ得ス

二　判決書ニ記載スヘキ檢事ノ氏名　（昭和二年(れ)第二五六號 同年四月十三日第三刑事部判決）

公判開廷中立會檢事ノ交替アルモ判決書ニハ其ノ中一人ノ官氏名ヲ記載スルヲ以テ足ルモノトス

三　裁判書ニ裁判ヲ受クル者ノ氏名、年齢、職業、住居ヲ記載スル法意　（昭和八年(れ)第五五七號 同年六月八日第一刑事部判決）

裁判書ニ裁判ヲ受クル者ノ氏名、年齢、職業、住居ヲ記載スルハ被告人ノ同一性ヲ認識シ之ヲ特定セシムルノ趣旨ニ外ナラス

四　判決書ニ於ケル檢事ノ官氏名ノ記載　（昭和八年(れ)第一二八四號 同年十一月二十一日第四刑事部判決）

判決書ニ基本タル公判ニ立會ヒタル檢事ノ官氏名ト共ニ公判手續更新前ノ公判ニノミ立會ヒタル檢事ノ官氏名ヲ併記スルモ之カ爲原判決ヲ破棄スルノ理由トナラス

五　判決書ニ記載スヘキ檢事ノ官氏名　（昭和九年(れ)第四五六號 同年六月四日第二刑事部判決）

判決書ニ記載スヘキ檢事ノ官氏名ハ判決ノ基本タル公判ニ立會ヒタル檢事ノ官氏名ヲ記載スルヲ以テ足ル

第七十條 裁判書又ハ裁判ヲ記載シタル調書ノ謄本又ハ抄本ハ原本又ハ謄本ニ依リ之ヲ作ルヘシ

〔理由書〕 本條ハ裁判書又ハ裁判ヲ記載シタル調書ノ謄本抄本ノ作成ニ關スルモノナリ

裁判書又ハ裁判ヲ記載シタル調書ハ其ノ謄本又ハ抄本ヲ作成スルヲ必要トスルコトアリ之ヲ送達シ又ハ之ヲ請求者ニ下付スル場合ノ如シ斯ル場合ニ於テハ通常原本ヲ謄寫シ又ハ之ヲ抄錄シテ之ヲ作成スヘキモノナレトモ原本ノミニ依ルヘキモノトスルトキハ不便ノ場合アルヲ免レサルカ故ニ謄本ニ依リテモ亦之ヲ作成スルコトヲ許スコトトセリ

第七十一條 官吏又ハ公吏ノ作ルヘキ書類ニハ別段ノ規定アル場合ヲ除クノ外年月日ヲ記載シテ署名捺印シ其ノ所屬ノ官署又ハ公署ヲ表示スヘシ

書類ニハ毎葉ニ契印スヘシ

〔理由書〕 本條ハ官吏、公吏ノ作ルヘキ書類ノ方式ヲ規定シタルモノニシテ現行法第二十條第一項ニ相當スルモノナリ現行法ニ於テハ書類ノ作成其ノ方式ニ違背シタルトキ之ニ無效ノ制裁ヲ付シタレトモ本條ハ此ノ主義ヲ採用セス之ヲ正當ノ文書ト見ルヘキヤ否

ヤハ事實ノ問題トシテ解決スヘキモノト爲ス

（秋山政府委員）契印ナキ書類ニハ判決書ノ場合ハ第四百十條第二十一號ニ依リ明ニ上告ノ理由トシテ居ルノテアリマスカ其他ノ場合ニハ要スルニ契印カナケレハ書類連續カ認メラレナイト云フ解釋ノ結果トシテ書類ノ效力カナクナルコトニナルノテアリマス結局事實問題ト云フコトニナリマス

（秋山政府委員）官吏公吏カ作成シタル書面ニ於テ署名捺印カ缺ケテ居ルト云フヤウナ場合ニハ當然無效トナルト考ヘマス成立ノ要件カ缺ケテ居ルノテアリマス右當然無效ト云フコトハ私ノ申シタコトカ不完全テアリマシタカ作成者ノ署名捺印カ無イト云フ場合ハ署名捺印カナイ爲ニ如何ニシテ其文書カ成立シタカ分ラナイヤウナ場合テアリマスソシテ其書類カ無效ト云フコトニ解釋セラルルト思フ

若シ年月日ヲ缺イタナラハトウカ年月日ヲ缺イタト云フコトノ爲ニ直チニ其書類カ無效トナル必要ハナイト思ヒマス併シナカラ其書類ニ依ツテ其書類カ何時作成セラレタカト云フコトヲ立證スル力ハナイ斯樣ナ意味テ事實問題ニナル一モ二モナク之ヲ悉ク無效トシテシマウト云フコトハ從來ノ經驗カラ見マシテ頗ル不便ナコトカアツタノテアリマス

所屬ノ官署公署ヲ表示シナイ場合其書類カ何處テ作成セラレタカ

ト云フコトハ其書類テハ立證出來ナイト云フ結果ヲ生スト考ヘマス其場合ハ書類ノ性質其場合ノ如何ニ依ッテ或ハ有效トナリ或ハ無效トナルト云フコトニナルト考ヘマス

契印ヲ缺イタ結果其缺イタ部分ニ於ケル書類ノ連續カ認メラレナイ隨テ其前ノ部分ト後ノ部分トカ一ツノ書類ト認メラレナイ併シナカラ後ノ部分ノミヲ以テ獨立ノ文書トシテ解釋シ得ル形テアリマスレハ尙其後ノ部分ハ有效テアル或ハ前ノ部分タケヲ以テ同一ニ解スル場合ニハ前ノ部分タケニ付テ矢張リ有效テアルト信スルノテアリマス

一　官公吏ノ作成スヘキ書類ノ方式

（大正十三年二月七日 刑事第一二三八號司法次官通牒）

官吏又ハ公吏ノ作成スヘキ書類ニ刑事訴訟法第七十一條ニ依リ其ノ所屬ノ官公署ヲ表示スルニ付テハ其ノ方法ニ特段ノ制限ナク且舊法ノ如ク別ニ所屬廳印ノ押捺ヲ必要トセサルヲ以テ所屬廳印ヲ押捺セスシテ官公署ノ名稱ノミヲ記載スルニ止ムルモ或ハ單ニ廳印ヲ押捺シテ別ニ官公署ノ名稱ヲ記載セサルモ不可ナルニ非スト雖官公吏ノ作成スヘキ書類ニ所屬廳印ノ押捺アルト否トハ該文書ノ正確ヲ期シ其ノ公信力ヲ保持スルニ付極メテ重要ナル關係アルヲ以テ單ニ內部ノ關係ニノミ止マル書類ニ付テハ格別ナルモ外部ニ對スル書類ニ付テハ叙上ノ趣旨ニ依リ必ス廳印ヲ押捺スル樣致度又書類作成者ノ押捺スヘキ印章ニ付テモ右外部ニ對スル書類ニシテ職務上作成スヘキモノニ付テハ職印ヲ使用スル樣致度

二　判決書ニ作成ノ日附ノ記載

（大正十四年一月二十三日 刑事局長回答）

問　判決書ニ宣告年月日記載ノ要ナキハ勿論ナルモ作成ノ日付ヲ記載スヘキモノナルヤ否ニ付テハ疑ヲ免レス之ニ關シ甲乙二說アリ「甲說」第六十八條第六十九條ニ判決ニ記載スヘキ事項ヲ列擧シタルモ作成年月日ノ記載ヲ要求セス之ヲ記載セサルモ判決ハ言渡ニ依リ效力ヲ生スヘキモノナルヲ以テ公判調書ニヨリ宣告ノ日明カナルニ付判決作成ノ日ヲ知ルノ要ナケレハ之ヲ記載スルニ及ハス第七十一條ノ作成年月日ノ記載ヲ要求セル文書ハ官公吏ノ作ルヘキ文書ニシテ判決ノ如ク宣告ヲ要セサル文書ノ公正ヲ保證スル爲ニ外ナラス舊法ニ於テモ宣告ノ日ヲ記載スヘシトノ明文アリシモ作成ノ年月日ノ記載ヲ要求セス況ンヤ新法ニ於テオヤ「乙說」作成年月日ノ記載ヲ要ス判決書ト雖モ官吏ノ作ルヘキ文書ニシテ最モ公正ヲ保證スヘキモノナルト判決作成後判事ニ異動アリシ場合ノ如キニ於テ頗ル其ノ用ヲ見ル故ニ第七十一條ニ則リ作成ノ年月日ヲ記載スヘキヤ勿論ナリ判決ハ言渡ニ依リテ效力ヲ生スルハ論ナキモ幵ハ實體ノ問題ニシテ作成

ノ日付ノ問題トハ全然別問題ニ屬ス若シ判決書ノ作成ハ本條ニ依ラサルモ可ナリトセハ第二項ニヨル契印モ其ノ必要ナカラン然レトモ第四百十條第二十一號ハ判決書ニ契印ナキ場合ハ常ニ上告ノ理由アルモノトセリ然ラハ本條ヲ除外セルモノトハ解シ得サルヲ以テ作成ノ日付ヲ記載スヘキヤ勿論ナリ（奈良所長）

答 右ハ乙説ノ通リト思考ス

三 所屬官署ノ表示ヲ闕キタル豫審調書

（大正十三年(れ)第七三四號 同年六月十一日第三刑事部判決）

本條ノ方式ニ違背シ所屬官署ノ表示ヲ闕如セル豫審判事ノ訊問調書ト雖該判事ノ作成シタルコト明白ナル限リ有效ナリトス

四 判決書ト其ノ契印

（大正十四年(れ)第五三四號 同年十二月十一日第一刑事部決定）

判決書ニ契印ヲ缺クトキハ其ノ判決ハ違法ナリ

五 契印ヲ缺ク豫審請求書ノ效力

（昭和三年(れ)第六七一號 同年六月二十九日第四刑事部判決）

豫審請求書ニ契印ヲ缺如スルモ眞正ナル單一ノ文書ト認ムルニ足ルトキハ豫審請求書ノ效アルモノトス

六 作成年月日ノ記載ナキ私訴判決書

（昭和二年(れ)第一五五九號 同三年一月二十四日第一刑事部判決）

私訴判決書ハ作成ノ年月日ノ記載ヲ缺クモ無效ニ非ラス

七 控訴審ノ判決作成ト契印ナキ第一審判決書ノ記載引用

（昭和五年(れ)第四〇六號 同年五月九日第一刑事部判決）

第一審判決書ニ契印ヲ缺クモ控訴裁判所ニ其ノ事實及證據ノ記載ヲ引用スルヲ妨ケス

八 豫審調書謄本中ノ記載ト其ノ原本中契印捺印ノ存在ニ關スル推定

（昭和七年(れ)第四〇四號 同年五月十七日第四刑事部判決）

豫審調書ノ謄本中ニ原本カ契印捺印等法律上必要ナル形式ヲ具備スル形跡ヲ表示セサルモ反證ナキ限リ原本ニハ之ヲ具備スト認ムヘキモノトス

九 司法警察官ノ記名捺印アル聽取書ノ效力

（昭和八年(れ)五九五號 同年七月一日第三刑事部判決）

司法警察官ノ聽取書ニ作成者ノ記名捺印アル以上其ノ者ノ自署ナシト雖無效トナルモノニ非ス

一〇 記名捺印ヲ缺如セル檢事聽取書ノ效力

（昭和九年(れ)第五九一號 同年七月二日第二刑事部判決）

檢事ノ署名捺印ヲ缺如セル檢事聽取書ハ無效トス

一一 判決決定命令ニ廳印押捺ノ可否

（昭和八年五月司法官會同ノ際ニ於ケル書記長監督書記協議事項）

問 刑事判決、決定命令原本又ハ公判、豫審調書等ニ裁判所ノ印ヲ捺押スル廳ト押捺セサル廳トアリ何レカ正當ナリヤ

答 刑事訴訟法上廳印ヲ押捺スルノ必要ナシ

但シ裁判書ノ謄本等ヲ外部ニ交付スルカ如キ場合アリトセハ斯カル場合ニ限リ廳印ヲ押捺スルヲ可トスヘシ

第七十二條 官吏又ハ公吏書類ヲ作ルニハ文字ヲ改竄スヘカラス挿入、削除又ハ欄外記入ヲ爲シタルトキハ之ニ認印シ其ノ字數ヲ記載スヘシ但シ削除シタル部分ハ之ヲ讀得ヘキ字體ヲ存スヘシ

〔理由書〕 本條ハ書類ノ改竄ニ關スル規定ニシテ現行法第二十一條ニ相當スルモノナリ現行法ノ下ニ於テハ書類ノ改竄ニ關シ一定ノ方式ヲ定メ之ニ違背シタルトキハ其ノ改竄ノ效力ヲ否認スルノ主義ヲ採レトモ本條ハ此ノ如キ主義ニ依ラス前條ト同シク事實ノ問題トシテ之ヲ決スヘキモノト爲ス

一 官公吏ノ作成スヘキ書類ト文字ノ挿入削除

（大正十二年(れ)第一八〇九號 同十三年二月十五日第六刑事部判決）

官吏又ハ公吏カ書類ヲ作成スルニ際リ文字ノ挿入削除又ハ欄外記入ヲ爲シタルトキ法定ノ形式ヲ缺キタル場合ニ於テハ舊法第二十一條ノ如ク直ニ之ヲ無效ト爲スヘキニ非スシテ其ノ效力ノ有無ハ專ラ裁判所ノ自由判斷ニ委スヘキモノトス

二 本條ニ違背セル文字削除ノ效力

（昭和七年(れ)第四〇四號 同年五月十七日第四刑事部判決）

豫審調書ノ謄本中ニ於ケル文字ノ削除カ謄本作成者ニ依リ作成ノ際爲サレタルトキハ刑事訴訟法第七十二條ノ法式ヲ遵守セサルモ削除ノ效アルモノトス

第七十三條 官吏又ハ公吏ニ非サル者ノ作ルヘキ書類ニハ年月日ヲ記載シテ署名捺印スヘシ

〔理由書〕 本條ハ官吏公吏ニ非サル者ノ作成スヘキ書類ノ方式ヲ規定シタルモノニシテ現行法第二十條第二項ニ相當スルモノナリ

鑑定書ト其ノ作成ノ日

（大正十五年(れ)第七四六號 同年七月三日第四刑事部判決）

鑑定書ニ其ノ作成ノ日附ヲ缺クモ鑑定書ハ無效ニ非ス

第七十四條　官吏又ハ公吏ニ非サル者ノ署名捺印スヘキ場合ニ於テ署名スルコト能ハサルトキハ他人ヲシテ代書セシメ捺印スルコト能ハサルトキハ花押又ハ拇印スヘシ

他人ヲシテ代書セシメタル場合ニ於テハ代書シタル者其ノ事項ヲ記載シテ署名捺印スヘシ

〔理由書〕本條ハ趣旨現行法第二十一條ノ一ニ同シ

一　證人ノ捺印ヲ缺ク宣誓書ノ效力
（大正十三年(れ)第四六九號 同年五月五日第二刑事部判決）

宣誓書ニ證人ノ署名存スル以上證人ノ捺印ヲ缺クモ其ノ宣誓ハ無效ニ非ス

二　民法第千七十六條ノ特別方式ニ依ル遺言ト拇印
（大正十五年(オ)第七〇七號 同年十一月三十日第二民事部判決）

民法第千七十六條ニ定ムル立會證人ノ署名捺印ハ其ノ署名拇印ヲ以テ代用スルコトヲ得ルモノトス

三　假名文字ト漢字トヲ併用シタル證人ノ署名
（昭和二年(れ)第八四五號 同年十二月二十四日第三刑事部判決）

證人ノ名カ漢字ニヨリ表示セラルル場合ニ假名文字ヲ併用シテ其ノ名ヲ自書スルモ署名タルニ妨ケナシ

四　署名シ得ル證人ノ氏名代書ト宣誓手續ノ效力
（昭和三年(れ)第一一七四號 同年十二月二十四日第三刑事部判決）

無筆ニ非サル證人カ無筆ナリト答ヘタル爲書記カ宣誓書ニ其ノ氏名ヲ代書スルモ宣誓手續ハ無效ニ非ス

第七章　送達

〔理由書〕現行法ハ送達ノ規定ヲ總則中ニ置キ僅ニ第十八條及第十九條ノ二ヶ條ヲ設クルニ過キス而シテ其ノ規定不備ニシテ實際ノ運用上不便尠シトセス本案ニ於テハ新ニ一章ヲ設ケテ必要ナル規定ヲ網羅シ現行法ノ不備ヲ補正シタリ

第七十五條　被告人、私訴當事者、代理人、辯護人又ハ補佐人ハ書類ノ送達ヲ受クル爲書面ヲ以テ其ノ住居又ハ事務所ヲ裁判所ニ屆出ツヘシ裁判所所在地ニ住居又ハ事務所ヲ有セサルトキハ其ノ所在地ニ住居又ハ事務所ヲ有スル者ヲ送達受取人ニ選任シ其ノ者ト連署シタル書面ヲ以テ之ヲ屆出ツヘシ

前項ノ規定ニ依ル屆出ハ同一ノ地ニ在ル各審級ノ裁判所ニ

對シ其ノ效力ヲ有ス
前二項ノ規定ハ在監者ニ之ヲ適用セス
送達ニ付テハ送達受取人ハ之ヲ本人ト看做シ其ノ住居又ハ事務所ハ之ヲ本人ノ住居ト看做ス

〔理由書〕本條ハ訴訟關係人ノ住居ノ屆出及送達受取人ニ關スル規定ニシテ現行法第十八條ニ相應スルモノナリ本條ニ於テハ現行法ニ於ケル假住所ノ制ヲ廢シ新ニ送達受取人ヲ選任スルノ制ヲ定メ之ニ對スル送達ヲ以テ本人ニ對シテ爲シタル送達ト同一ノ效力ヲ有スルモノト爲ス

住居ノ屆出又ハ送達受取人ノ屆出ハ同一ノ地ニ在ル各審級ノ裁判所ニ對シテ其ノ效アルモノトシ審級ヲ異ニスル毎ニ重ネテ屆出ヲ爲スノ煩ヲ省キ又在監者ニハ是等ノ屆出ヲ要セサルモノトス

一 送達受取人選任ノ屆出アル場合ニ於テ本人ニ對スル送達ノ效力

（大正十三年(れ)第二〇一八號 大正十四年一月二十一日第三刑事部判決）

本條第一項ノ規定ニ依リ送達受取人選任ノ屆出アル場合ト雖本人ニ對シ送達ヲ爲スコトヲ妨ケス

二 辯護人カ執達吏役場ニ屆出テタル事務所ニ於ケル書類ノ送達

（大正十五年(れ)第四六八號 同年六月十七日第二刑事部判決）

裁判所所在地ニ住居ヲ有スル辯護人カ書面ヲ以テ其ノ住居ヲ裁判所ニ屆出テタル場合ト雖書類ノ送達ヲ受クル爲執達吏役場ニ對シ出張事務所ヲ屆出テタルトキハ同辯護人ニ對スル書類ノ送達ハ右事務所ニ於テ之ヲ爲スモ其ノ效アルモノトス

第七十六條 住居、事務所又ハ送達受取人ヲ屆出ツヘキ者其ノ屆出ヲ爲ササルトキハ裁判所書記ハ書類ヲ郵便ニ付シテ其ノ送達ヲ爲スコトヲ得
前項ノ送達ハ書類ヲ郵便ニ付シタル時ヲ以テ之ヲ爲シタルモノト看做ス

〔理由書〕本條ハ現行法第十八條後段ニ相當スル規定ナリ現行法ニ於テハ裁判所所在地ニ住セサル訴訟關係人カ假住所ノ屆出ヲ爲ササルトキハ書類ノ送達ナシト雖モ異議ヲ述フルコトヲ得サルモノトスレトモ此ノ如キハ全ク送達ヲ爲サスシテ送達シタルト同一ノ效果ヲ生セシムルモノニシテ酷ニ失スルノ嫌アリ故ニ本條ハ住居事務所又ハ送達受取人ヲ屆出ツヘキ者其ノ屆出ヲ爲ササルトキハ書類ヲ郵便ニ付シ之ヲ以テ送達ノ效力ヲ生スヘキモノトセリ

第七十七條 檢事ニ對スル送達ハ書類ヲ檢事局ニ送付シテ之ヲ爲スヘシ

〔理由書〕本條ハ檢事ニ對スル送達ヲ規定シタルモノナリ檢事ニ對スル送達ハ單ニ書類ヲ檢事局ニ送付スルヲ以テ足ルモノトス是レ

現今ニ於テモ實際行ハルル所ナリト雖モ何等明文ナキトキハ疑ヲ生スルノ餘地アリ是レ新ニ本條ヲ設クル所以ナリトス

第七十八條　被告人ノ住居、事務所及現在地知レサルトキハ公示送達ヲ爲スコトヲ得

被告人裁判權ノ及ハサル場所ニ在ル場合ニ於テ他ノ方法ヲ以テ送達ヲ爲スコト能ハサルトキ亦前項ニ同シ

〔理由書〕本條ハ公示送達ヲ爲スヘキ場合ヲ規定シタルモノナリ公示送達ヲ爲スヘキ場合ハ被告人ノ住居、事務所及現在地共ニ知レサルトキ及被告人裁判權ノ及ハサル場所ニ在リテ他ノ方法ヲ以テ送達スルコト能ハサルトキニ限ル裁判權ノ及ハサル場所ハ外國ノ外國際慣例又ハ條約ニ依リ特ニ裁判權ノ行使ヲ除外シタル場所ヲモ包含ス此ノ如キ場所ニ於テモ條約又ハ外國政府ノ承認ニ依リ特ニ送達ヲ爲スノ方法存スルトキハ之ニ從フヘキモノナリ

本條ニ所謂「被告人住居知レサルトキ」ノ意義

（大正十五年(れ)第一〇〇一號
同年八月三日第一刑事部判決）

本條ニ所謂被告人ノ住居知レサルトキトハ合法的ニ知ルコト能ハサル場合ヲ指稱スルモノニシテ裁判所ノ過失ニ因リ知レサル場合ヲ包含セス

第七十九條　公示所達ハ裁判所ノ命シタルトキニ限リ之ヲ爲スコトヲ得

公示送達ハ裁判所書記送達スヘキ書類又ハ其ノ抄本ヲ裁判所ノ掲示場ニ公示シテ之ヲ爲スヘシ

公判ニ於ケル第一回ノ召喚狀ノ公示送達ハ裁判所書記召喚狀ヲ裁判所ノ掲示場ニ公示シ且其ノ謄本ヲ官報又ハ新聞紙ニ掲載シテ之ヲ爲スヘシ

前項ノ公示送達ハ官報又ハ新聞紙ニ掲載シタル日ヨリ三十日、其ノ他ノ公示送達ハ掲示場ニ公示ヲ始メタル日ヨリ七日ノ期間ヲ經過スルニ因リテ其ノ效力ヲ生ス

〔理由書〕本條ハ公示送達ノ手續及效力發生ノ時期ヲ規定シタルモノナリ

第八十條　書類ノ送達ニ付テハ別段ノ規定アル場合ヲ除クノ外民事訴訟法ヲ準用ス但シ司法警察官ノ發スル書類ノ送達ニ付テハ裁判所書記ニ屬スル職務ハ司法警察官之ヲ行ヒ執達吏ニ屬スル職務ハ司法警察官吏之ヲ行フ

〔理由書〕本條ハ現行法第十九條ニ相當スル規定ニシテ別段ノ規定アル場合ノ外書類ノ送達ニ付テハ民事訴訟法ノ規定ヲ準用ス唯司法警察官ノ發スル書類ノ送達機關ハ民事訴訟法ニ依ルコトヲ得サルヲ以テ但書ノ規定ヲ設ケタリ

勾留期間更新決定ノ送達（昭和六年(れ)第一五四九號 同七年二月二十五日第一刑事部判決）

勾留期間更新決定書カ刑務所ノ首長ニ送達セラレタル以上ハ在監ノ被告人ニ適法ニ送達セラレタルモノトス

第八章　期間

〔理由書〕 本章ハ現行法第十五條及十六條ノ規定ヲ修正シタルニ過キス現行法ハ第十七條ニ於テ期間經過ノ原則トシテ失權ノ效果ヲ生スルコトヲ規定スト雖本章ニ於テハ此ノ如キ概括的規定ヲ削除シタリ蓋シ期間經過ノ效果ハ各場合ニ付規定スルヲ相當トスルヲ以テナリ例ヘハ公訴ノ時效ハ公訴權ノ消滅ヲ來シ上訴期間ノ經過シタルトキ之ヲ不適法トシテ棄却スヘキカ如シ

第八十一條 期間ノ計算ニ付テハ時ヲ以テスルモノハ卽時ヨリ之ヲ起算シ日、月又ハ年ヲ以テスルモノハ初日ヲ算入セス但シ時效期間ハ時間ヲ論セス一日トシテ之ヲ計算ス

月及年ハ暦ニ從ヒ之ヲ計算ス

期間ノ末日日曜日、一月一日二日四日、十二月二十九日三十日三十一日又ハ一般ノ休日トシテ指定セラレタル日ニ當ルトキハ之ヲ期間ニ算入セス但シ時效期間ニ付テハ此ノ限ニ在ラス

〔理由書〕 本條ハ現行法第十五條ノ規定ニ相當スルモノナリ本條ニ於テハ月又ハ年ヲ以テスル期間ニ付テモ日ヲ以テスルモノト同シク初日ヲ算入セサル旨ノ明文ヲ設ケ現行法ニ於テ月ヲ三十日トセルヲ改メ民法刑法等ノ例ニ從ヒ月モ亦年ト同シク暦ニ從フヘキモノト爲シ尚現行法ト同シク期間ノ最終日休暇ニ當ルトキハ之ヲ期間ニ算入セサル原則ヲ規定シタレトモ現行法ニ於テハ休暇日ノ意味不明ナルヲ以テ之ヲ列擧シタリ

時效期間ニ付例外ヲ設ケタルハ現行法ニ同シ

一　皇太子殿下御成婚式當日ト本條ノ休日（大正十三年一月二十三日 刑事局回答）

問　大正十三年一月二十六日ハ刑事訴訟法第八十一條ノ休日ナリヤ（岡山檢事局）

答　休日ト爲ラス

二　私訴ノ上告期間（大正十三年(れ)第三號 同年四月二十六日第三刑事部決定）

私訴ノ上告期間ハ公訴ト同一ニシテ裁判宣告ノ翌日ヨリ起算シテ五日ナリトス

三　一般ノ休日ノ意義（大正十四年(つ)第一七號 同年六月四日第二刑事部決定）

刑事訴訟法第八十一條末項ニ所謂一般ノ休日ハ法令ニ依リ一般ノ休日トシテ指定セラレタルモノヲ指稱スルモノニシテ大正十四年五月十一日ノ如ク單ニ諸官員ニ休暇ヲ賜ハリタル日ヲ包含スルモノニ非ス

四 本條所定ノ休日（昭和七年四月二十三日 刑事第二九四〇號刑事局回答）

問 來ル本月二十七日ハ前例ヨリ推考シ刑事訴訟法第八十一條所定ノ休日ニアラスト思料被致候ヘ共期間計算上爲念及照會候條何分ノ御回示相成度候（廣島檢事局）

參照 昭和七年四月二十七日ハ靖國神社臨時大祭ニシテ諸官員ニ休暇ヲ賜リタル日

答 貴見ノ通リ

五 靖國神社臨時大祭日ト一般休日（昭和七年(つ)第二九號 同年七月四日第一刑事部決定）

靖國神社臨時大祭ノ爲陸海軍軍隊諸生徒並諸官員ニ休暇ヲ賜リタル日ハ刑事訴訟法第八十一條第三項ニ所謂一般ノ休日トシテ指定シタル日ニ該當セス

六 刑務所ニ在ル被告人ノ即時抗告期間ト附加期間（昭和八年五月司法官合同ノ際ニ於ケル書記長監督書記ノ協議事項）

問 刑事訴訟法第八十二條第一項ノ附加期間ハ刑務所ニ在ル被告人ノ即時抗告期間ニ付テモ尙之ヲ附スヘキモノナリヤ

刑務所ニ在ル被告人本人ノ爲ス上訴ニ付テハ刑務所ノ長ニ上訴申立書ヲ提出スルヲ以テ足ルカ故ニ敢テ附加期間ヲ附スルノ必要ナキカ如シト雖刑事訴訟法第三百七十八條掲記ノ者ニ於テ上訴ヲ爲ス場合ニハ附加期間ヲ附スルニアラサレハ有效ニ上訴申立ヲ爲シ得サル場合アリ、例ヘハ北海道ノ刑務所ニ在ル者沖繩ノ裁判所ニ於テ加重刑決定ヲ受ケ法定代理人ヨリ之ニ對シ抗告ヲ爲サント欲スルモ三日ノ即時抗告期間內ニハ其ノ申立書ヲ決定裁判所ヘ到達セシムルコト不可能ナリ（岐阜地檢）

答 訴訟行爲ヲ爲ス者ニ依リ異ナル、所問ノ被告人ニ付テハ附加期間ナキモ法定代理人ニ付テハ附加期間アリ從テ本問提出者ノ憂フルカ如キ不都合ナシ

第八十二條 法定ノ期間ハ訴訟行爲ヲ爲スヘキ者ノ住居又ハ事務所ノ所在地ト裁判所所在地トノ距離ニ從ヒ海陸路二十里每ニ一日ヲ加フ其ノ距離又ハ端數二十里ニ滿タサルモ五里以上ナルトキハ一日ヲ加フ但シ海路ハ三海里ヲ一里トシテ之ヲ計算ス

前項ノ規定ハ宣告シタル裁判ニ對スル上訴ノ提起期間ニハ之ヲ適用セス

外國又ハ交通不便ノ地ニ在ル者ノ爲ニハ特ニ期間ヲ定ムルコトヲ得

〔理由書〕本條ハ現行法第十六條ノ規定ニ相當スルモノナリ其ノ里程ヲ增加シタルハ現今ニ於ケル海陸交通ノ實情ニ適合セシムルノ趣旨ニ外ナラス

略式命令ノ公示送達ニ對スル正式裁判請求期間

（昭和八年七月十一日 刑事第八八一四號刑事局長回答）

問 略式命令ヲ發セラレタル被告人ノ住居、事務所及現在地分明ナラサルニ依リ略式命令ノ公示送達アリタル場合ニ於テ被告人カ起訴當時裁判所所在地ヨリ五里以上ヲ距リタル地ニ住居若クハ事務所ヲ有スル者ナリシ時ハ略式命令ニ對スル正式裁判請求期間ニ本條規定ノ猶豫期間ヲ算入スヘキヤ否ヤ法曹會雜誌ニハ猶豫期間ノ算入ヲ要セサル趣旨ノ決議アリ

答 公示送達ヲ受ケタル者ノ住居又ハ事務所所在地カ單ニ裁判所ニ知レサルノミナラス客觀的ニモ確定シ居ラサル場合ニ於テハ本條ノ里程猶豫ノ規定ハ其ノ適用ナキコト固ヨリ法曹會決議ノ如シト雖之ニ反シ本人ノ住居又ハ事務所所在地カ客觀的ニハ確定存在スルニ拘ラス單ニ裁判所ニ知レサリシニ止ル場合ニ於テハ右ト異リ里程猶豫ノ適用アルモノト解スヘク而シテ此ノ場合ニ於ケル猶豫期間ノ算定ニ付テハ當該公示送達ノ效力發生シ從テ法定期間カ進行ヲ開始シタルトキニ於ケル本人ノ住居又ハ事務所所在地ヲ標準トナスヘキモノトス

第九章 被告人ノ召喚、勾引及勾留

〔理由書〕現行法ハ被告人ノ召喚勾引及勾留ニ關スル規定ヲ豫審ノ章ニ置キタルモ此等ノ規定ハ本來豫審及公判ニ共通シ搜索ニ付テモ適用スヘキ場合アルヲ以テ本案ハ改メテ之ヲ總則中ニ置クコトトセリ本章ニ於テハ裁判所ノ爲ス召喚、勾引及勾留ヲ本位トシテ規定シ豫審ニ於テモ同一ノ規定ニ依ルヘキコトヲ明ニシ尚檢事及司法警察官ノ爲スヘキモノニ付規準ヲ定メタリ

第八十三條 裁判所公訴ヲ受ケタルトキハ被告人ヲ召喚スヘシ

〔理由書〕被告人ヲ召喚スルハ之ヲ訊問スルカ爲ナリ裁判所公訴ヲ受理シタルトキハ直ニ公判ヲ開キテ被告人ヲ訊問スル場合ナルト公判準備ノ爲メ之ヲ訊問スル場合ナルトヲ問ハス別段ノ請求ヲ俟

タスシテ被告人ヲ召喚スヘキモノナリ豫審ニ於テモ第五百條ニ依リ被告人ヲ訊問スヘキモノナルヲ以テ本條及第一二二條ニ依リ被告人ヲ召喚スヘキモノナリ

第八十四條　被告人ノ召喚ハ召喚狀ヲ發シテ之ヲ爲スヘシ

被告人ヨリ期日ニ出頭スヘキ旨ヲ記載シタル書面ヲ差出シ又ハ出頭シタル被告人ニ對シ口頭ヲ以テ次回ノ出頭ヲ命シタルトキハ召喚狀ヲ送達シタルト同一ノ效力ヲ有ス口頭ヲ以テ出頭ヲ命シタル場合ニ於テハ其ノ旨ヲ調書ニ記載スヘシ

受訴裁判所ニ近接スル監獄ニ在ル被告人ニ對シテハ監獄官吏ニ通知シテ之ヲ召喚スルコトヲ得此ノ場合ニ於テハ被告人監獄官吏ヨリ通知ヲ受ケタル時ヲ以テ召喚狀ノ送達アリタルモノト看做ス

（理由書）　本條ハ召喚ノ方式ヲ規定ス召喚ハ召喚狀ヲ發シテ爲スヲ本則トシ之ヲ第一項ニ示ス尚本條第二項第三項ニハ本則ニ依ラサル簡易ノ方法ヲ定メ之ヲ以テ召喚狀ノ送達ト同一ノ效力ヲ有スルモノトセリ

一　本條第三項ノ規定ニ依ル被告人召喚ノ通知ヲ受ケタルトキノ處理方

（大正十三年二月十六日行甲第一八五號行刑局長通牒）

第八十四條第三項ハ從來慣行セラレタルモノヲ明文ニセラレタルニ過キスシテ各所トモ之レカ整理ニ付遺算ナカルヘシト雖凡左記様式ノ出廷簿ヲ設ケ整理スルヲ要ス以テ第三百二十一條ノ猶豫期間ノ參照ニモ供スルコトヲ得ヘシ

月日出廷

召喚ヲ受ケタル月日	召喚官廳	通知形式	出頭スヘキ場所	出頭スヘキ時	被告人ヘ通知シタル月日	被告人氏名	備考
月　日					月　日		
月　日					月　日		
月　日					月　日		
月　日					月　日		
月　日					月　日		

勾留中ノ被疑者ニ對スル呼出ニ付テハ本簿ヲ準用ス

二　勾留中ノ被疑者ニ對スル呼出ノ形式

（大正十三年二月十八日 刑事局長行刑局長通牒）

勾留中ノ被疑者ニ對スル呼出ノ形式ニ付テハ本條第三項ヲ準用スル義ト御了知相成度

三　公判期日ニ關シ被告人ニ對スル召喚手續ヲ爲シタル後ノ辯護人選任ト其ノ召喚

（大正十三年(れ)第六三九號 同年六月七日第四刑事部判決）

裁判所ニ於テ既ニ公判期日ヲ定メ被告人ニ對シ召喚手續ヲ爲シタル後始メテ辯護人選任ノ書面ヲ差出シタル場合ニハ辯護人ヲ特ニ其ノ期日ニ召喚スルノ要ナキモノトス

四　公判期日ニ於ケル續行期日告知ノ效力

（大正十三年(れ)第一一九二號 同年十月十六日第五刑事部判決）

辯護人ニ對シ適法ノ召喚アリタル公判期日ニ於テ續行期日ヲ定メ之ヲ言渡シタル場合ニハ其ノ召喚ヲ受ケ出頭セサル辯護人ニ對シ特ニ續行期日ノ召喚狀ヲ發スルノ要ナキモノトス

五　判決宣告期日ニ於ケル辯論再開及證人訊問ノ決定ト辯護人ノ辯護權

（大正十三年(れ)第一七七一號 同年六月二十七日第二刑事部判決）

辯護人ノ出頭ヲ命シタル判決宣告期日ニ於テ辯論再開及證人訊問ノ決定ヲ言渡シ出頭セサル辯護人ニ對シ次回ノ公判期日ノ召喚狀ヲ送達シタル以上ハ該期日ニ右辯護人不出頭ノ儘審理ヲ爲スモ其ノ辯護權ノ行使ヲ制限シタルモノト謂フヲ得ス

六　辯護人カ期日ニ出頭スヘキ旨ヲ記載シタル書面ト本條第二項

（昭和八年(れ)七六四號 同年七月十八日第四刑事部判決）

辯護人カ出頭スヘキ期日ヲ知リ同日出頭スヘキ旨ノ意志ヲ表示シタル書面ハ刑事訴訟法第三百二十條第三項第八十四條第二項ノ書面ニ該當ス

第八十五條　召喚ニ因リ出頭シタル被告人ハ速ニ訊問スヘシ

被告人裁判所構内ニ在ルトキハ召喚ヲ爲ササル場合ニ於テモ之ヲ訊問スルコトヲ得

〔理由書〕召喚ハ訊問ノ爲ニ爲スモノナルヲ以テ召喚ニ應シテ出頭シタル被告人ハ速ニ之ヲ訊問セサルヘカラス本條第一項此ノ趣旨ヲ明ニス被告人ノ訊問ハ召喚ニ依リ裁判所ニ出頭セシメテ之ヲ爲スヲ本則トスルモ被告人裁判所構内ニ在ル場合ニ於テハ其ノ訊問ヲ受クル爲任意ニ出頭シタル場合ナルト偶然來合セタル場合ナルトヲ分タス本則ニ依ラスシテ直ニ之ヲ訊問スルコトヲ得ヘキモノ

ト爲ス本條第二項此ノ趣旨ヲ明ニス

第八十六條　被告人再度ノ召喚ヲ受ケ故ナク出頭セサルトキハ之ヲ勾引スルコトヲ得

〔理由書〕　本條ノ趣旨現行法第七十一條ニ同シ

第八十七條　左ノ場合ニ於テハ直ニ被告人ヲ勾引スルコトヲ得

一　被告人定リタル住居ヲ有セサルトキ

二　被告人罪證ヲ湮滅スル虞アルトキ

三　被告人逃亡シタルトキ又ハ逃亡スル虞アルトキ

五百圓以下ノ罰金、拘留又ハ科料ニ該ル事件ニ付テハ前項第一號ノ場合ヲ除クノ外被告人ヲ勾引スルコトヲ得ス但シ前條及第百六條ノ規定ノ適用ヲ妨ケス

〔理由書〕　本條ハ被告人ヲ召喚スルコトナク直ニ之ヲ勾引スルコトヲ得ヘキ場合ヲ定メタルモノナリ

現行法ニ依レハ豫審ニ於テハ罰金以下ノ刑ニ該ル事件ト禁錮以上ノ刑ニ該ル事件トヲ問ハス一定ノ條件ヲ具備スルコトヲ前提トシテ被告人ヲ勾引スルヲ得ヘキモノトシ公判ニ於テハ禁錮以上ノ刑ニ該ル事件ニ付テノミ何時ニテモ被告人ヲ勾引スルコトヲ得ヘキモノト爲ス本條ハ豫審ト公判トヲ區別セス一定ノ條件ノ下ニ直ニ被告人ヲ勾引スルコトヲ得ヘキモノト爲ス直ニ勾引スルコトヲ得

ヘキ場合ハ第一號乃至第三號ニ之ヲ揭ク即チ此ノ條件ノ一ヲ具備セスレハ召喚狀ヲ發セスシテ直ニ勾引スルコトヲ得全然之ヲ具備セサルトキハ前條ニ依ルニ非サレハ之ヲ勾引スルコトヲ得ス本條第二項ハ事件ヲ標準トシテ更ニ制限ヲ設ク即チ五百圓ヲ超過セサル罰金、勾留又ハ科料ニ該ル事件ニ付テハ第一項第一號ノ場合即チ被告人定リタル住居ヲ有セサル場合ニ限リ直ニ勾引スルコトヲ許シ第一項ニ示シタル他ノ原由アルモ之ヲ許サス蓋シ斯ル輕微ノ罪ニ付テハ假令第二號又ハ第三號ノ條件ヲ具備スルモ犯人一定ノ住居ヲ有スルトキハ一旦之ヲ召喚シ召喚ニ應セサルトキ始メテ勾引スルヲ妥當トシ召喚ヲ爲サスシテ直ニ其ノ自由ヲ拘束スルハ酷ニ失スルノ嫌アリ反之一定ノ住居ヲ有セサル浮浪ノ徒ハ之ヲ召喚スルモ概シテ其ノ效力ナカルヘク其ノ犯シタル罪ノ如何ニ拘ラス之ヲ召喚シテ然ル後勾引スヘキモノトスルハ徒ニ無用ノ手續ヲ履ミテ事ヲ遷延セシムルニ過キサルヘシ是レ第二項ノ規定ヲ設クル所以ナリ勾引ノ條件ニ付五百圓ヲ超過スル罰金ヲ懲役禁錮ト同一ニ取扱ヒタルハ多額ノ罰金ノ免脫ヲ圖ルノ餘地ヲ少カラシメムカ爲ナリ殊ニ第三號ノ條件アル場合ニ之ヲ必要トスルハ交通ノ便發達セル現時ニ於テハ全財產ヲ携ヘ逃亡シ多額ノ罰金ノ免脫ヲ圖ルコト稀ナリトセス若シ逃亡シ又ハ逃亡スルノ虞アル場合ニ直ニ勾引スルコトヲ得サレハ徵稅ヲ目的トスル法規ノ如キハ殆ト其ノ目的

ヲ遂スルコト能ハサルニ至ラム

第八十八條　被告人ノ勾引ハ勾引狀ヲ發シテ之ヲ爲スヘシ

〔理由書〕　本條ハ勾引ノ方式ヲ定メ現行法ト同シク勾引狀ヲ發シテ之ヲ爲スモノトセリ勾引狀ノ方式ハ第九十七條ヲ以テ定ム

第八十九條　勾引シタル被告人ハ裁判所ニ引致シタル時ヨリ四十八時間内ニ之ヲ訊問スヘシ其ノ時間内ニ勾留狀ヲ發セサルトキハ被告人ヲ釋放スヘシ

〔理由書〕　本條ノ趣旨現行法第七十三條ニ同シ

第九十條　第八十七條ノ規定ニ依リ被告人ヲ勾引スルコトヲ得ヘキ原由アルトキハ之ヲ勾留スルコトヲ得

被告人ノ勾留ハ第八十五條又ハ前條ノ規定ニ依リ被告人ヲ訊問シタル後ニ非サレハ之ヲ爲スコトヲ得ス但被告人逃亡シタル場合ハ此ノ限ニ在ラス

被告人監獄ニ在ルトキハ第一項ノ原由ナシト雖之ヲ勾留スルコトヲ得

〔理由書〕　現行法ハ禁錮以上ノ刑ニ該ル事件ニ限リ勾留ヲ爲スコトヲ得セシメタルモ第八十七條ニ付説明シタルカ如ク逃亡又ハ罪證湮滅ニ因リ多額ノ罰金ヲ免レントスル者ニ對シテ處罰ノ目的ヲ遂スル爲ニハ其ノ自由ヲ拘束スルノ已ムヲ得サル場合アリ又一定ノ住居ヲ有セサル浮浪ノ徒ニ至リテハ其ノ犯ス所極メテ輕微ナルトキ

ト雖之ヲ拘束スルニ非サレハ刑事訴追ノ目的ヲ達スル能ハサルコト多カルヘキヲ以テ本條第一項ニ於テ勾留ノ條件ヲ勾引ノ條件ト同一ニシ現行法ノ制ヲ改メタリ勾留ヲ爲スニハ其ノ原由存スルヤ否ヤヲ審査スルコトヲ要スルヲ以テ原則トシ被告人ヲ訊問シタル後ニ非サレハ之ヲ爲スコトヲ得ス唯被告人逃亡シタルトキハ訊問セスシテ直ニ勾留スルコトヲ得ヘキモノトス此ノ點ハ現行法第七十五條ト異ナルコトナシ

審理ノ必要上他ノ監獄ニ在ル者ヲ受訴裁判所所在地ノ監獄ニ勾留シ又ハ既決ノ囚徒ヲ拘監ニ移ス場合アリ此ノ如キ場合ニハ新ニ自由ヲ拘束スルモノニ非サルカ故ニ別ニ第八十七條ノ條件ヲ審査スルコトヲ要セス是レ本條第三項ノ規定ヲ設クル所以ナリ

一　在監者ニ勾留狀ヲ執行スル場合ノ訊問ノ要否

（大正十二年四月十九日
刑事第一八〇一號刑事局長通牒）

問　本條第二項「被告人ノ勾留」ハ前項ノ勾留ノミニ限リタルモノト見ルヘカラス而シテ其ノ但書ノ外ニハ何等ノ除外例見エサルヲ以テ第三項ノ監獄ニ在ル被告人ヲ勾留スル場合ニモ第二項ヲ適用スヘキヤ（福井所長）

答　貴見ノ通

二　未決勾留日數ノ算入ト刑ノ執行

（大正十五年（つ）第一九號 同年八月二日第五刑事部決定）

甲事件ニ付言渡サレタル禁錮刑ノ執行ヲ受クル者ニ對シ乙事件ニ付勾留狀ヲ執行シタル場合ニ於テ後者ニ付未決勾留日數ヲ算入スル旨言渡シタル判決ノ確定シタルトキハ之ヲ本刑ニ算入シテ執行スルモノトス

第九十一條　被告人ノ勾留ハ勾留狀ヲ發シテ之ヲ爲スヘシ

〔理由書〕　本條ハ勾留ノ方式ヲ定メ現行法ト同シク勾留狀ヲ發シテ之ヲ爲スヘキモノトス勾留狀ノ方式ハ第九十七條ヲ以テ之ヲ定ム

勾留狀發布後之ヲ喪失シタル際ノ取扱方

（大正十三年九月十九日奈良檢事正問合 同年十月三日刑事局決議）

關係者ヨリ喪失及執行ニ關スル書面ヲ徵シ之ト共ニ某カ某事件ニ付某ニ發シタル勾留狀ヲ某某ノ理由ニヨリ某日喪失シタル旨ノ顛末書ヲ作成シ之ヲ訴訟記錄中ニ編綴シ置クヘシ

第九十二條　被告人ヲ勾留シタル場合ニ於テハ其ノ身體及名譽ヲ保全スルコトニ注意スヘシ

〔理由書〕　被告人ノ勾留ハ未タ其ノ罪責定マラサルニ先チ身體ノ自由ヲ拘束スルモノニシテ其ノ目的トスル所ハ逃亡ヲ防キ罪證湮滅ノ虞ナカラシムルニ外ナラス故ニ罪責ノ定マルニ至ル迄潔白人ヲ以テ之ヲ遇シ目的ヲ達成スルニ必要ナル限度ヲ超ヘテ之ニ苦痛ヲ與フルコトアルヘカラス本條此ノ趣旨ニ則リ努メテ被拘禁者ノ身體名譽ノ保全ニ注意スヘキコトヲ訓示ス此ノ事タルヤ事理極メテ明白ナルモ豫斷ノ爲メ失誤ニ陷リ世上ノ評論ニ動サレテ不當ノ取扱ヲ爲シタルノ例絕無ニ非ス事極メテ緊要ナルヲ以テ特ニ訓示的規定ヲ置キ萬一ノ失ナカランコトヲ期ス

被疑者及被告人ノ刑務所內ニ於ケル處遇竝未決勾留者ニ對スル懲罰ノ種類

（大正十三年二月十六日 行甲第一八五號行刑事局長通牒）

被拘禁者ノ身體及名譽ノ保全ニ注意スヘキ旨第九十二條ニ規定セラル蓋シ被告人ノ拘禁ハ素ト訴訟手續進行ノ目的ニ出テタルモノナルカ故ニ審判ノ目的ニ反シ又ハ設備ノ紀律ニ背ク所爲アル場合ニ於テハ之ニ懲罰ヲ科スヘキハ勿論ナルモ然ラサル限リハ入所前ニ於ケル生活狀態ヲ參酌シ其ノ名譽及自由ノ保全ニ務ムルコトヲ要ス

本條ノ趣旨ニ依リ第百十二條但書ニ於テ規定スル如ク自辨食ノ差入ヲ禁シ又ハ差押ヲ爲スコトハ絕對ニ許ササルヲ以テ現行監獄法第六十條懲罰中第七號糧食自辨ノ停止ニ付テモ所內ノ規律ニ背カサル限リ自然其ノ趣旨ニ則ルヘク尚未決勾留者ニ對スル懲罰ノ種

類ニ付テハ大概左記ノ程度ニ於テ處分セラルルヲ相當トス

一　叱責

二　文書閲讀ノ十五日以内ノ禁止

三　請願作業ノ五日以内ノ停止

四　自辨ニ係ル衣類寢具需用ノ十五日以内ノ停止

前項各項ノ懲罰ハ之ヲ併科スルコトヲ得

尙被疑者ニ對スル取扱ニ付テハ被告人ニ對スル處遇ニ準スヘキハ勿論ナルモ之ヨリ寧ロ寛ナルモ嚴ナラサル樣注意スルヲ要ス

第九十三條　裁判長ハ急速ヲ要スル場合ニ於テハ第八十三條乃至第九十一條ニ規定スル處分ヲ爲シ又ハ部員ヲシテ之ヲ爲サシムルコトヲ得

〔理由書〕　召喚、勾引、勾留ハ裁判所之ヲ爲スヲ原則トスルモ事態急速ヲ要スル場合アルヘキヲ以テ其ノ必要ニ應スル爲裁判所自ラ其ノ處分ヲ爲シ又ハ部員ヲシテ之ヲ爲サシムルコトヲ得ヘキモノトセリ

第九十四條　裁判長ハ被告人ノ現在地ノ豫審判事若クハ區裁判所判事法令ニ依リ特別ニ裁判權ヲ有スル官署、檢事又ハ司法警察官ニ被告人ノ勾引ヲ囑託スルコトヲ得

受託官署ハ受託ノ權限アル官署ニ轉囑スルコトヲ得但シ司法警察官ハ此ノ限ニ在ラス

受託官署受託事項ニ付權限ヲ有セサルトキハ受託ノ權限アル官署ニ囑託ヲ移送スルコトヲ得但シ司法警察官ハ此ノ限ニ在ラス

囑託又ハ移送ヲ受ケタル官署ハ勾引狀ヲ發スヘシ

〔理由書〕　現行法第七十條第七十一條ニ於テハ召喚ノ囑託ヲ許シ召喚ニ應セサルトキ受託判事ニ於テ勾引狀ヲ發スルコトヲ得ルモノトシ勾引ノミノ囑託ヲ許サス本條ニ於テハ此ノ制ヲ改メ勾引ノミノ囑託ヲ爲シ得ヘキモノト定ム蓋シ勾引ノ條件具備スルトキハ直ニ勾引シ得サルノ事由ナク殊ニ被告人遠隔ノ地ニ在リ逃亡ノ虞アル場合ニ於テハ受訴裁判所ノ裁判長直ニ勾引ノ囑託ヲ爲シ受託官署直ニ之ニ應シテ勾引狀ヲ發スルニ非サレハ時機ヲ失スルノ虞アルヲ以テナリ本條第二項ニ於テ受託官廳ノ範圍ヲ擴メタルハ機宜ノ處置ヲ爲スニ便ナラシメムカ爲ナリ

轉囑ニ付テハ現行法ニハ明文ナク解釋上之ヲ是認ス本條ハ明文ヲ以テ之ヲ定メ司法警察官ヲ除クノ外皆轉囑ノ權限アルコトヲ認メタリ受託ノ權限ナキ者囑託ヲ受ケタルトキ直ニ權限アル官署ニ囑託ヲ移送スルヲ得セシムルハ迅速ニ事ヲ處理シ時機ヲ失スル虞ナカラシメムカ爲ナリ

受託官署ハ受託裁判所ヨリ直接ニ囑託ヲ受ケタル場合ト轉囑ノ移送ヲ受ケタル場合トヲ問ハス囑託ニ依リ勾引狀ヲ發スヘキモノニ

シテ囑託ヲ發シタル官署ノ勾引狀ヲ執行スヘキモノニ非ス是レ本條第四項ノ定ムル所ナリ

第九十五條　被告人ノ現在地ヲ覺知スルコト能ハサルトキハ裁判長ハ檢事長ニ被告人ノ容貌、體格其ノ他ノ徴表ヲ記載シタル書面ヲ送付シ其ノ捜査及勾引ヲ囑託スルコトヲ得

囑託ヲ受ケタル檢事長ハ其ノ管內ノ檢事ヲシテ勾引狀ヲ發シ捜査及勾引ノ手續ヲ爲サシムヘシ

〔理由書〕現行法第八十條ハ被告人ノ所在不明ナル場合ニ於テ豫審判事ニ限リ檢事長ニ捜査及逮捕ヲ囑託スルノ權アルモノト爲ス本條ハ公判ニ於テモ亦同樣ノ必要アルヲ慮リ裁判長ニモ此ノ權限アルヲ認メ尙逮捕ノ囑託ニ代フルニ勾引ノ囑託ヲ以テシ囑託ヲ受ケタル檢事長ハ管內ノ檢事ヲシテ勾引狀ヲ發シ捜査及勾引ノ手續ヲ爲サシムヘキモノト定ム

第九十六條　前二條ノ場合ニ於テ囑託ニ因リ勾引狀ヲ發シタル官署ハ被告人ヲ引致シタル時ヨリ四十八時間內ニ其ノ人違ナキヤ否ヤヲ取調フヘシ

被告人人違ニ非サルトキハ速ニ之ヲ指定セラレタル裁判所ニ送致スヘシ此ノ場合ニ於テハ第八十九條ノ期間ハ被告人ノ送致ヲ受ケタル時ヨリ之ヲ起算ス

〔理由書〕本條ハ受託官署ノ履行スヘキ手續ヲ定メ囑託ニ依リ勾引狀ヲ發シタルトキハ其ノ執行ニ因リ被告人ヲ受取リタル後四十八時間內ニ之ヲ取調ヘ人違ナキコトヲ確メタル上速ニ之ヲ指定セラレタル裁判所ニ送致スヘキモノト爲ス

第二項末段ハ送致ヲ受ケタル官署ノ履ムヘキ手續ニシテ第八十九條ヲ補足シタルモノナリ

第九十七條　召喚狀、勾引狀又ハ勾留狀ニハ被告事件、被告人ノ氏名及住居ヲ記載シ裁判長又ハ受命判事之ニ記名捺印スヘシ

勾引狀又ハ勾留狀ヲ發シタル場合ニ於テ被告人ノ住居分明ナラサルトキハ之ヲ記載スルコトヲ要セス其ノ氏名分明ナラサルトキハ容貌、體格其ノ他ノ徴表ヲ以テ被告人ヲ指示スヘシ

召喚狀ニハ被告人ノ出頭スヘキ年月日時、場所及召喚ニ應セサルトキハ勾引狀ヲ發スルコトアルヘキ旨ヲ記載スヘシ

勾留狀ニハ被告人ヲ勾留スヘキ監獄ヲ指定スヘシ

裁判長第九十三條ノ規定ニ依リ召喚狀、勾引狀又ハ勾留狀ヲ發スル場合ニ於テハ其ノ旨ヲ記載スヘシ

〔理由書〕召喚狀、勾引狀、勾留狀ニ記載スヘキ事項ハ現行法ニ同シ裁判所之ヲ發スルトキハ裁判長裁判所ヲ代表シテ記名捺印シ裁判長第九十三條ニ依リ之ヲ發スル場合ニハ裁判所ノ發スル場合ト

區別スル爲其ノ旨ヲ記載シテ裁判長之ニ記名捺印シ受命判事第九十三條ニ依リ之ヲ發スル場合ニ於テハ受命判事之ニ記名捺印ス本條第三項及第四條ニハ現行法ニ存セサル規定アリ即チ召喚狀ニハ之ニ應セサレハ勾引狀ヲ發スルコトアルヘキ旨ヲ記載スヘク勾留狀ニハ勾留スヘキ監獄ヲ指定スヘキモノトス勾留狀ニ勾留スヘキ監獄ヲ指定スルモ第百十條ノ適用ニ依リ同一ノ勾留狀ヲ以テ被告人ヲ他ノ監獄ニ移スコトヲ妨ケス

第九十八條　前條第一項及第二項ノ規定ハ第九十四條第四項及第九十五條第二項ノ勾引狀ニ付之ヲ準用ス此ノ場合ニ於テハ勾引狀ニ囑託ヲ爲シタル裁判長ノ氏名及囑託ニ因リ之ヲ發スル旨ヲ記載スヘシ

〔理由書〕囑託ニ因リ發スル勾引狀ニハ一般ノ記載事項ノ外囑託ニ因リ發スル旨ヲ記載シ且囑託ヲ爲シタル裁判長ノ氏名ヲ明示シ引致スヘキ裁判所ヲ明ニス

第九十九條　召喚狀ハ之ヲ送達ス

〔理由書〕現行法第七十六條第三項前段ニ同シ

第百條　勾引狀又ハ勾留狀ハ檢事ノ指揮ニ依リ司法警察官吏之ヲ執行ス但シ急速ヲ要スル場合ニ於テハ裁判長、受命判事、豫審判事又ハ區裁判所判事其ノ執行ヲ指揮スルコトヲ得

監獄ニ在ル被告人ニ對シ發シタル勾留狀ハ檢事ノ指揮ニ依リ監獄官吏之ヲ執行ス

檢事ノ指揮ニ依リ勾引狀又ハ勾留狀ヲ執行スル場合ニ於テハ之ヲ發シタル官署ハ其ノ原本ヲ檢事ニ送付スヘシ

〔理由書〕勾引狀及勾留狀ハ檢事ノ指揮ニ因リ之ヲ執行ス勾引狀ハ總テ司法警察官吏ヲシテ之ヲ執行セシメ勾留狀ハ一般ノ場合ニハ司法警察官吏ヲシテ執行セシメ監獄ニ在ル被告人ニ對シ發シタルモノハ監獄官吏ヲシテ之ヲ執行セシム勾引狀、勾留狀執行ノ指揮ハ檢事之ヲ爲スヲ本則トスレトモ急速ヲ要スルノ場合ニハ裁判長、受命判事、豫審判事又ハ區裁判所判事ヲシテ直接ニ司法警察官吏ニ對シ執行ノ指揮ヲ爲スコトヲ得セシム裁判長、受命判事又ハ豫審判事、檢事ノ在ラサル出張先ニ於テ執行指揮ヲ爲スノ必要ヲ生スル場合アルヘキヲ以テナリ

勾引狀、勾留狀ノ執行ハ原本ニ依リ爲スヘキモノニシテ謄本又ハ抄本ニ依リ爲スヘキモノニ非ス故ニ執行ヲ指揮スヘキ檢事ニハ必ス其ノ原本ヲ交付スヘキモノトス

勾留期間更新決定ノ執行手續（大正十三年三月十七日刑事第二六六一號刑事局長通牒）

勾留更新決定ノ執行ニ付テハ勾留狀ノ執行ニ準シ決定ノ原本ヲ檢事局ニ送付シ檢事之ニ認印シテ指揮ヲ爲スコトト致度此段及通牒

候也

第百一條　勾引狀ハ數通ヲ作リ司法警察官吏數人ニ交付スルコトヲ得

〔理由書〕現行法ニ於テハ正本數通ヲ作ルヘキ旨ヲ規定セリ思フニ正本ト稱スルハ原本ニ外ナラス本條ニ於テ正本ナル名稱ヲ認メス且實際ノ取扱ニ從ヒ常ニ原本ニ依リ執行スルコトト定メタルヲ以テ數人ノ司法警察官吏ヲシテ執行セシムル場合ニ於テハ原本數通ヲ作リ之ニ交付スヘキモノト爲ス

現行法ニハ勾引狀ニ付テモ同樣ノ規定ヲ設ク本條ニ於テ之ヲ採ラサルハ數通ノ令狀ヲ以テ廣ク被告人ヲ搜査スル場合ニハ必ス勾引狀ニ依ルヘキモノニシテ勾留狀ニ依ルヘキ場合ナキヲ以テナリ

第百二條　司法警察官吏ハ必要アルトキハ管轄區域外ニ於テ勾引狀ノ執行ヲ爲シ又ハ其ノ地ノ司法警察官ニ其ノ執行ヲ求ムルコトヲ得

〔理由書〕現行法ハ司法警察官吏管外ニ於テ自ラ令狀ノ執行ヲ爲スコトヲ許サス此ノ如クナルトキハ急速ヲ要スル場合ニ應スル能ハサルカ故ニ本條ヲ設ケ之ヲ補正シタリ

司法警察官吏ノ勾引狀ヲ執行シ得ル管轄區域

（大正十二年四月十九日刑事第一八〇一號刑事局長通牒）

問　第百二條「管轄區域」トハ司法警察官吏ノ管轄區域ノ謂ナルヘキモ結局勾引狀ヲ發シタル裁判所ノ管轄區域外ニ於テモ執行ヲ爲シ得ル趣旨ナリヤ（福井所長）

答　貴見ノ通

第百三條　勾引狀ヲ執行スルニハ之ヲ被告人ニ示シテ指定セラレタル裁判所ニ引致スヘシ第九十四條第四項及第九十五條第二項ノ勾引狀ニ付テハ之ヲ發シタル官署ニ引致スヘシ

勾留狀ヲ執行スルニハ之ヲ被告人ニ示シテ指定セラレタル監獄ニ引致スヘシ

〔理由書〕（第百四條ノ理由參照）

一　勾引狀ニ引致スヘキ裁判所ノ記載ノ要否

（大正十二年四月十九日刑事第一八〇一號刑事局長通牒）

問　第百三條「指定セラレタル裁判所」トアルモ勾引狀ニハ召喚狀、勾留狀ニ於ケル第九十七條第三、四項ノ如キ規定ナキヲ以テ勾引スヘキ場所ノ記載ハ其ノ要件ニアラスサレハ勾引狀ニハ裁判所ノ指定ナキ場合モアルヘシ如何ニスヘキヤ（福井所長）

答　法文ニ指定セラレタル裁判所トアルニ因リ勾引狀ニハ引致スヘキ裁判所ノ記載ヲ必要トスルモノト解スヘキモノトス

二　刑務所ニ拘禁中ノ者ニ對シ勾留狀ヲ執行シタル場合ノ處遇

（大正十三年二月十六日行甲第一八五號行刑局長通牒）

第九十條第三項及第百條第二項ニ依リ刑務所ニ在ル被告人ニ對シテ發シタル勾留狀ノ執行ニ付テハ第百三條第二項ニ依リ之ヲ被告人ニ示シテ指定セラレタル刑務所ニ引致ス可モノニシテ其ノ後ノ處遇ニ付テハ受刑者タル被告人モ亦未決拘禁區ニ於テ他ノ刑事被告人ト分界拘禁シ作業其ノ他ニ付受刑者トシテ處遇ヲ爲スヲ要ス

第百四條　勾引狀又ハ勾留狀ノ執行ヲ受ケタル被告人ハ其ノ謄本ノ交付ヲ請求スルコトヲ得

〔理由書〕　現行法ハ被告人ノ請求ニ依リ令狀ヲ示スヘキ旨ヲ規定スルモ勾引狀又ハ勾留狀ハ執行ノ際必ス之ヲ被告人ニ示シ尙請求アレハ其ノ謄本ヲ交付スルヲ相當トシ本條ノ如ク改メタリ

一　被告人カ勾引狀、勾留狀ノ謄本ノ請求ヲ爲シ得ル時期

（大正十二年二月二日刑事第六四八號刑事局長通牒）

問　被告人ハ何時迄勾引狀、勾留狀ノ謄本ヲ請求シ得ルヤ（函館所長）

答　謄本ノ請求ハ勾引、勾留ノ效力消滅シタル後ハ之ヲ爲スコトヲ得ス

二　勾引狀勾留狀ノ謄本ノ作成者ト其ノ請求

（大正十二年四月十九日刑事第一八〇一號刑事局長通牒）

問　第百四條ノ被告人カ執行ヲ受ケタル際謄本ヲ請求シタルトキハ執行者ニ於テ作成交付スヘキヤ或ハ又後日相當官吏ニ於テ作成スヘキヤ後日ニ作成スヘキモノトセハ執行者ハ其ノ請求アリタルコトヲ相當官吏ニ申出ツヘキヤ（福井所長）

答　謄本ノ作成ハ第五十四條ノ規定ニ依リ裁判所書記ノ權限ニ屬スルヲ以テ執行機關ニ於テ之ヲ作成スルコトヲ得ス從テ又謄本ノ請求ハ之ヲ執行機關ニ對シテ之ヲ爲スコトヲ爲サルモノトスヘシ

第百五條　軍事用ノ廳舍又ハ艦船ノ內ニ在ル者ニ對シ勾引狀又ハ勾留狀ヲ執行スヘキ場合ニ於テハ廳舍若ハ艦船ノ長又ハ之ニ代ルヘキ者ニ勾引狀又ハ勾留狀ヲ示シテ引渡ヲ求ムヘシ

軍事用ノ廳舍又ハ艦船ノ外ニ在リテ現ニ勤務ニ從事スル軍人、軍屬又ハ陸軍海軍所屬ノ學生生徒ニ對シテ勾引狀又ハ勾留狀ヲ執行スヘキ場合ニ於テハ其ノ所屬ノ長又ハ之ニ代ルヘキ者ニ勾引狀又ハ勾留狀ヲ示シテ引渡ヲ求ムヘシ

〔理由書〕　勾引狀又ハ勾留狀ハ軍事用ノ廳舍及艦船ノ內ニ於テモ之ヲ執行スルコトヲ得ヘキハ勿論ナリト雖其ノ域內ノ秩序ヲ重ンスルノ趣旨ニ於テ特別ノ法則ヲ設ケ其ノ長又ハ之ニ代ルヘキ者ニ之

ヲ示シテ引渡ヲ求ムルノ方法ヲ採ルコトトセリ
前項以外ノ場所ニ於テ現ニ勤務ニ從事スル軍人等ニ對シ勾引狀、勾留狀ヲ執行スル場合ニ於テモ同樣ノ理由ニ因リ特別ノ執行方法ヲ定ム

第百六條　裁判所ハ必要アルトキハ指定ノ場所ニ被告人ノ出頭又ハ同行ヲ命スルコトヲ得被告人正當ノ事由ナクシテ之ヲ肯セサルトキハ其ノ場所ニ勾引スルコトヲ得此ノ場合ニ於テハ第八十九條ノ期間ハ其ノ場所ニ引致シタル時ヨリ之ヲ起算ス

〔理由書〕　召喚ハ裁判所ニ出頭ヲ命スルコトヲ本則トス然レトモ裁判長必要ト認ムルトキハ裁判所外指定ノ場所ニ出頭又ハ同行ヲ命ルスコトヲ得又勾引ハ裁判所ニ引致スルヲ本則トスレトモ被告人故ナク前上ノ命令ニ從ハサルトキハ之ヲ其ノ場所ニ勾引スルコトヲ得セシム是レ其ノ場所ニ於テ被告人ヲ訊問スルノ必要ヲ生スヘキ場合ヲ慮リタルモノナリ

裁判長ノ爲ス出頭同行ノ命令ノ方式　（大正十二年四月十九日刑事第一八〇一號刑事局長通牒）

問　本條ノ出頭同行ノ命令ハ法廷ニ於テ命シタル時ハ調書ニ記載シ其ノ他ノ場合ハ召喚狀ニアラサル適宜ノ書面ヲ發スヘキモノナリヤ（福井所長）

答　本條ノ出頭及同行ノ命令ハ法廷ニ於テ之ヲ命シタルトキハ調書ニ記載シ其ノ他ノ場合ニ於テハ出頭ノ命令ハ召喚狀ヲ以テ之ヲ爲シ同行ノ命令ハ口頭ニ依リ之ヲ爲スヲ以テ足ルモノトス

第百七條　勾引狀又ハ勾留狀ノ執行ヲ受ケタル被告人ヲ護送スル場合ニ於テ必要アルトキハ假ニ最寄ノ監獄ニ之ヲ留置スルコトヲ得

〔理由書〕　勾引狀ノ執行ヲ受ケタル被告人ハ之ヲ裁判所ニ引致スヘク勾留狀ノ執行ヲ受ケタル被告人ハ勾留狀ニ指示シタル監獄署ニ拘禁スルヲ本則トスレトモ遠隔ノ地ヨリ護送スルカ如キ場合ニハ直ニ指定ノ場所ニ引致シ難キコトアリ故ニ本條ヲ設ケ護送ノ途中必要アルトキハ假リニ之ヲ最寄ノ監獄ニ留置シ得ヘキモノト爲ス

釋放ト同時ニ勾引狀ノ執行ヲ受ケタル者ノ留置ニ關スル件　（昭和八年五月司法官會同ノ際ニ於ケル書記長監督書記協議事項）

問　在監者ヲ釋放スルト同時ニ警察官ヲシテ勾引狀ヲ執行セシメ直ニ之ヲ刑務所ニ留置セントシタルニ刑務所ニ於テハ右ハ「刑訴第百七條ノ被告人ヲ護送スル場合」又ハ「同第百八條ノ被告人ヲ引致シタル場合」ノ何レニモ該當セストシテ留置ヲ拒ミタル爲一旦之ヲ檢事局ニ引致シタル上刑務所ニ押送シタル事例ア

リ檢事ノ留置指揮アルニ於テハ必スシモ身柄ヲ往復セシメスシテ直ニ留置スルモ差支ナキニ非スヤ（岡山地檢）

答　本條ニ依リ直ニ留置スヘキモノナリ

第百八條　勾引狀ノ執行ヲ受ケタル被告人ヲ引致シタル場合ニ於テ必要アルトキハ之ヲ監獄ニ留置スルコトヲ得

〔理由書〕　勾引狀ノ執行ヲ受ケタル被告人ハ四十八時間內ニ訊問スヘキモノニシテ其ノ間拘束ヲ繼續スルトキハ之ヲ裁判所ニ留置スルヲ本則トスルモ時トシテ之ヲ不便トスルコトアルヘキヲ以テ本條ヲ設ケ之ヲ監獄ニ留置スルコトヲ得セシム

第百九條　勾引狀又ハ勾留狀ヲ執行シタルトキハ之ニ執行ノ場所及年月日時ヲ記載シ之ヲ執行スルコト能ハサルトキハ其ノ事由ヲ記載シテ記名捺印スヘシ

勾引狀又ハ勾留狀ノ執行ニ關スル書類ハ執行ヲ指揮シタル檢事其ノ他ノ官署ニ之ヲ差出スヘシ

勾引狀ノ執行ニ關スル書類ヲ受取リタル檢事其ノ他ノ官署ハ被告人ノ引致セラレタル年月日時ヲ勾引狀ニ記載スヘシ

〔理由書〕　本條第一項第二項ハ其ノ趣旨現行法第七十七條第三項第四項ト異ナルコトナシ

勾引ニハ四十八時間ノ制限アリ其ノ起算ハ引致ノ時ヨリスルヲ以テ執行後檢事ヲシテ勾引狀ニ引致ノ日時ヲ記載セシムルコトトセリ

檢事勾引狀ノ執行ニ關スル書類ヲ受領シタルトキノ處理方法

（大正十二年四月十九日 刑事第一八〇一號刑事局長通牒）

問　第百九條、第百三條ニ依レハ引致ハ裁判所ニ爲スヘキモノナレハ檢事ハ引致セラレタル年月日時ヲ知了セサルヘシ如何ニシテ勾引狀ニ記スヘキヤ又檢事ハ本條ニ依リ受取リタル書類ヲ如何ニスヘキヤ（福井所長）

答　檢事ハ勾引狀ノ執行ニ關スル書類ノ提出ヲ受ケタルトキハ相當ノ方法ニ依リ裁判所ニ引致シタル日時ヲ確メテ之ヲ勾引狀ニ記載シ其ノ書類ハ裁判所ニ提出スヘキモノトス

第百十條　檢事ハ裁判所ノ同意ヲ得テ勾留セラレタル被告人ヲ他ノ監獄ニ移スコトヲ得

〔理由書〕　勾留ハ勾留狀ニ指定シタル監獄ニ拘禁スルヲ本則トスレトモ取調ノ都合上之ヲ他ノ監獄ニ移ス必要ヲ生スルコトアリ今日ノ實際ノ取扱ニ於テハ此ノ場合ニハ別ニ勾留狀ヲ發セス檢事ノ指揮ニヨリ移監スルヲ得ヘキモノトセルモ明文上ノ根據ナシ本條ハ之ヲ明文ニ示スヲ妥當トシ且勾留ノ執行ハ裁判ノ執行ニシテ移監ハ其ノ裁判ヲ以テ指定シタル監獄ヲ離レシムルモノナルヲ以テ裁判所ノ同意ヲ得ルコトヲ必要ト爲ス

第百十一條　勾留セラレタル被告人ハ法令ノ範圍內ニ於テ他人ト接見シ又ハ書類若ハ物ノ授受ヲ爲スコトヲ得勾引狀ニ因リ監獄ニ留置セラレタル被告人亦同シ

〔理由書〕　勾留狀又ハ勾引狀ニ依リ監獄ニ拘禁セラレタル被告人ハ刑事訴訟法其ノ他法令ノ定ムル所ニ從ヒ拘束ヲ受クヘキモノナリ故ニ是等ノ法令ヲ以テ特ニ制限ヲ加ヘサル以上ハ他人トノ接見又ハ書類若ハ物ノ授受ニ付束縛ヲ受クヘキモノニ非ス本條ハ此ノ趣旨ヲ明ニスル爲他人トノ接見又ハ書類若ハ物ノ授受ヲ爲シ得ルコトヲ本則トシテ規定シ特ニ之ヲ禁スヘキ場合ハ明確ニ本法ニ之ヲ規定シ其ノ取締ニ付必要トスル規定ハ監獄法等ヲ以テ之ヲ定ム

勾留セラレタル被告人ト他人トノ接見及信書ノ受授及其ノ他ノ處遇
（大正十三年二月十六日行甲第一八五號行刑局長通牒）

第百十條ニ依リ勾留又ハ留置セラレタル被告人ハ原則トシテ他人ト接見シ又ハ書類若ハ物ノ授受ヲ爲スノ自由ヲ有スルモ行刑法令及刑事訴訟法中他ノ條文ニ依リ制限ヲ受クルモノトス而シテ第百十二條ニ依リ裁判所又ハ檢事ハ接見ヲ禁止シ書類物品ヲ檢閲シ又ハ其ノ授受ヲ禁シ又ハ差押ヘ得ルハ唯罪證湮滅又ハ逃亡ヲ圖ル虞アル場合ニ限ルモノニシテ其ノ事由アリヤ否ヤハ刑務所ニ於テ之ヲ確知スルコト能ハサル場合アルヘキヲ以テ能ク裁判所又ハ檢事ト協調ヲ遂ケ其ノ疑アルモノニ就テハ之ヲ檢事ニ通報シテ裁判所又ハ檢事ノ命ヲ竢ツヘク又舊法ト同シク接見禁止當然ノ結果トシテ居房ヲ分離スヘキコトハ自明ノ理ナルヲ以テ明文ヨリ削除セラレタルモノナルコトヲ承知セラレタシ

糧食ニ付テハ紀律ヲ害セサル限リ授受ノ禁止又ハ差押ヲ爲スコトヲ得ス從テ糧食中證據湮滅ノ事實アリシ場合ハ物自體ノ禁止又ハ差押ヲ爲スコト能ハサルモ差入人ノ出入ヲ禁止シ得ルコトハ監獄法施行規則第九十九條ノ規定ニ依リ之ヲ爲シ得ヘキモノナルヲ以テ機宜ノ措置ヲ講スヘキモノトス

第百十二條　裁判所ハ罪證ヲ湮滅シ又ハ逃亡ヲ圖ル虞アルトキハ勾留セラレタル被告人ト他人トノ接見ヲ禁シ又ハ他人ト授受スヘキ書類其ノ他ノ物ヲ檢閲シ、其ノ授受ヲ禁シ若クハ之ヲ差押フルコトヲ得但シ糧食ハ其ノ授受ヲ禁シ又ハ之ヲ差押フルコトヲ得ス

裁判所檢閲ヲ爲スコト能ハサルトキハ檢事之ヲ爲スコトヲ得

〔理由書〕　現行法第八十五條第二項ニ於テハ接見及書類若クハ物ノ授受ノ禁止ニ關シ別ニ條件ヲ限定セス本條ハ之ニ制限ヲ加ヘ罪證ヲ湮滅シ又ハ逃亡ヲ圖ルノ虞アルニ非レハ其ノ禁止ヲ爲スコトヲ

得サルモノトシ書類ノ檢閲ニ付テモ同一ノ條件ニ從フモノト爲ス殊ニ糧食ノ授受ヲ禁シ又ハ之ヲ差押フルハ人身ノ保護ヲ全フスル所以ニ非サルヲ以テ特ニ明文ヲ設ケテ之ヲ認容セサルコトヲ明ニス糧食ノ授受ハ之ヲ禁スルコトヲ得サルモ之ヲ檢閲スルコトヲ妨ケス若シ檢閲ノ結果交付スヘカラサル事由ヲ發見シタル場合ニ於テハ其ノ事由ニ因リ機宜ノ措置ヲ爲スコトヲ妨ケサルハ勿論ナリ現行法ハ監房ヲ別異スルノ規定ヲ設クルモ監房ヲ別異スルハ接見禁止ニ伴ヒ當然爲シ得ヘキ措置ニシテ特ニ明文ヲ以テ之ヲ定ムルノ要ナキモノトシ之ヲ削除セリ

裁判所ニ於テ事件ノ內容ヲ調査スル能ハサル場合アリ控訴裁判所未タ訴訟記錄ノ送致ヲ受ケサル場合ノ如シ此ノ如キ場合ニ於テハ事實上裁判所ニ於テ檢閲ヲ爲スコトヲ得ス之ニ因リ本條第二項ノ規定ヲ設ク

一　訴訟記錄又ハ證據物ノ謄寫ノ差入ト其ノ禁止

（大正十二年二月二日刑事第六四八號刑事局長通牒）

問　被告人公判ニ付セラレタル後ニ於テ辯護人カ勾留セラレタル被告人ニ對シ訴訟記錄又ハ證據物ノ謄寫ヲ差入レントスルトキ裁判所ハ之ヲ禁止スルコトヲ得ルヤ（函館所長）

答　記錄又ハ證據物ヲ謄寫シタルモノハ第四十五條ニ所謂信書ニ

該當セサルヲ以テ第百十二條ニ依リ必要アルトキハ之ヲ禁止スルコトヲ得

二　本條ノ處分ノ形式及其ノ裁判ノ謄本送達ノ受領者

（大正十二年二月二日刑事第四八號刑事局長通牒）

問　第百十二條ノ處分ノ形式ハ決定ナリヤ命令ナリヤ又其ノ裁判ノ謄本ハ何人ニ送達スヘキヤ（函館所長）

答　檢閲差押ハ單純ナル處分ニシテ決定又ハ命令ノ形式ヲ要スルモノニアラスト雖接見禁止又ハ書類其ノ他ノ物ノ授受ノ禁止ニ付テハ裁判所決定ヲ爲シ其ノ謄本ヲ被告人ニ送達ス可モノトス

三　勾引狀ニ因リ刑務所ニ留置セラレタル被告人ト本條ノ適用

（大正十二年四月十九日刑事第一八〇一號刑事局長通牒）

問　第百十二條ハ前條後段留置ノ被告ニハ適用ナキヤ若適用ナシトセハ如何ナル理由ニヨリ其ノ必要ナキヤ（福井所長）

答　適用ナシ蓋シ第百十二條ノ處分ヲ必要トスルカ如キ事情アル場合ニ於テハ實際上勾留セラルルニ至ルヘキヲ以テ勾留中ノ被告人ニ對シテハ本條ヲ適用スル必要ナシト認メタルニ依ル

四　被疑者ノ信書ノ授受ヲ禁スヘキ場合ノ取扱方

（大正十三年二月二十五日行丙第一二〇號行刑局長刑事局長回答）

問　刑事訴訟法第百二十三條及第百二十九條ニ依リ勾引又ハ勾留セラレタル被疑者ニ對シテハ同法第百十一條及第百十二條ノ準用ナキヲ以テ此等被疑者カ他人ト授受スル信書ニ付テハ典獄限リノ檢閲ヲ以テ足ルコトト思料候モ信書ニシテ不適當ト認メタル場合典獄トシテ之カ發受ヲ拒否スル權能ナク而カモ之ヲ檢閲ノ爲檢事ニ指示スルコトモ聊カ穩當ナラスト思料ス如何ニ處理シ可然哉（名古屋刑務所長）

答　被疑者ニ付明文ナシト雖法ノ精神解釋トシテ被告人ト同一ニ取扱フヘキモノト思料ス

第百十三條　勾留ノ期間ハ二月トス特ニ繼續ノ必要アル場合ニ於テハ決定ヲ以テ一月毎ニ之ヲ更新スルコトヲ得

（昭和十年五月十一日法律第四三號改正）

〔理由書〕　身體ノ自由ハ最モ尊重スヘキモノナルヲ以テ被告人ノ勾留期間ハ努メテ之ヲ短縮セサルヘカラス故ニ本案ハ事件處理ノ常態ニ鑒ヘ其ノ期間ヲ二月トスルノ規定ヲ設ケタリ然レトモ被告人多數ナルカ又ハ犯罪事實ノ内容復雜ナルカ爲二月以上ニ渉ルノ已ムヲ得サルニ至ルコトナシトセス故ニ裁判所ノ決定ヲ以テ勾留ヲ更新スルコトヲ得ヘキモノトセリ裁判所勾留ヲ更新スル場合ニ於テモ其ノ期間ハ二月ニ限定セラルルコト勿論ニシテ若シ尙ホ足ラサルトキハ更ニ更新ノ決定ヲ爲サルヘカラス

（林政府委員）　人權尊重ノ趣意ヲ明カニスル爲メニ多ク他ノ立法ニ例無イ事テアリマスカ斯ノ如ク二箇月ト云フ範圍ニ效力ノ制限ヲ致シマシタ、ソコテ若シ繼續スル必要カアルト云フコトニナルト理由ヲ付シテ裁判ヲシナケレハナラヌ

一　勾留更新決定ヲ爲スヘキ時期

（大正十一年十月九日刑事第五一三五號刑事局長通牒）

問　勾留繼續ノ必要アル場合ニハ二ケ月ノ勾留期間ノ滿了スヘキ其ノ日ニ更新決定ヲ爲スヲ以テ相當トスヘキモ其ノ終了數日前豫メ右決定ヲ爲シ得サルヤ若之ヲ消極ニ決スヘキモノトセンカ例ヘハ上訴事件ニ付訴訟記錄ハ既ニ原裁判所ヲ離レ未タ上訴裁判所ニ到着セサル其ノ間ニ於テ勾留期間終了スル場合ニハ被告人ヲ釋放セサルヘカラサルノ不都合ヲ生スルニ至ルヘシ反之積極ニ解セハ原裁判所ハ勾留期間滿了迄尙多少ノ日子ヲ餘スニ拘ハラス訴訟記錄ノ存スル間前以テ更新決定ヲ爲シ得ヘク之ニ依ツテ以テ實際上ノ不便ヲ避クルニ足ラン然レトモ無制限ニ事前ニ更新決定ヲ爲シ得ルモノトセハ勾留期間ヲ限定シタル法ノ精神ニ悖戾スルニ至ルヘシ果シテ如何ニ解スルヲ穩當トスヘキ歟

（釧路所長）

答　勾留更新ノ決定ハ勾留ノ期間滿了前ニ之ヲ爲スヘキモノトス但シ滿了ニ近接シタル日ニアラサレハ更新ノ必要ナルヤ否ヤヲ

決スルコト難カルヘシ

二　保釋責付ヲ取消シタル場合ノ勾留期間算定方法

（大正十一年十月九日刑事第五一三五號刑事局長通牒）

問　被告人ニ對シ保釋責付ヲ爲シタルトキハ其ノ間二月ノ勾留期間ノ進行ヲ止ムヘキハ勿論ナルモ若保釋責付ヲ取消シタル場合ニ於テハ保釋責付以前實際經過シタル勾留日數ハ之ヲ其ノ取消後ノ勾留日數ニ加算シ以テ二月ノ勾留期間ヲ算定スヘキカ將又右期間ハ保釋責付ノ取消後新ニ其ノ進行ヲ始ムヘキカ結局保釋責付ハ宛モ民法所定時效期間中斷ト同一ナル效果アルヘキカ否ニ在リトス元來勾留期間ヲ限定シタル所以ノモノハ長ク繼續セル拘禁ニ因リテ生スヘキ害ヲ避ケントスルニアルヲ以テ此ノ法意ヨリ推セハ一旦保釋責付ニ因リテ勾留ヲ中絶シタル以上之カ爲受ケタル苦痛ハ爰ニ和緩セラルヘキヲ以テ保釋責付以前ノ勾留日數ハ敢テ之ヲ其ノ取消後ノ勾留日數ニ算入スルノ要ナキモノトモ思料セラル（釧路所長）

答　前段見解ノ通

三　勾留更新決定ヲ爲スヘキ時期（大正十一年十月七日刑事第五一三四號刑事局長通牒）

問　更新決定ハ必要アル場合ニ於テハ期間滿了前之ヲ爲シ得ルヤ

（盛岡檢事正）

答　更新決定ハ期日滿了前ニ於テ勾留繼續ノ必要ヲ認メラルル場合ニ之ヲ爲スモノトス

四　勾留期間更新決定ノ效力發生ノ時期

（大正十二年二月二日刑事第六四八號刑事局長通牒）

問　勾留ノ更新決定ノ效力發生時期ハ何時ナリヤ卽チ勾留狀ヲ發シ尚其ノ勾留狀ノ效力存續中更新決定ヲ爲シタルトキハ之ヲ被告ニ告知シタル日ヨリ效力ヲ生スルヤ又ハ前勾留狀ノ效力卽二月ノ滿了ノ翌日ヨリ更ニ更新ノ效力ヲ生スルヤ（函館所長）

答　勾留更新ノ決定ハ前勾留狀ノ效力消滅シタル日ノ翌日ヨリ其ノ執行力ヲ生スルモノトス

五　勾留ノ期間ニ關スル注意事項

（大正十二年十二月五日刑事第九五四六號刑事局長通牒）

本條ノ趣旨ハ勾留狀ノ效力トシテ現實被告人ヲ拘禁スルコトハ二月ヲ超ユルコトヲ得スト爲スニアリ故ニ保釋、責付又ハ勾留ノ執行停止ノ決定ヲ受ケ出獄シタル被告人ニシテ該決定取消サレタルトキハ前ニ勾留セラレタル日數ヲ控除シテ二月ニ充ツル迄拘禁ヲ

繼續スルコトヲ得ルモノニシテ取消ニ因リ新ニ入監セシメタルトキヨリ二月間拘禁スルコトヲ得ルモノニ非ス

六　新法實施ノ際ノ勾留更新ノ手續（大正十二年十二月十二日刑事第一〇三四一號刑事局長通牒）

問　新法實施ノ際勾留更新ノ必要アル被告人ニ對シテハ裁判所又ハ豫審判事ハ年末ニ於テ勾留狀ヲ取消シ同時ニ新タナル勾留狀ヲ發布シ新法ノ勾留狀更新ト同樣ノ取扱ヲ爲シ差支ナキヤ
（名古屋檢事長）

答　爲スヘキモノニ非ス

七　勾留期間ノ計算（大正十二年十二月十二日刑事第一〇三四一號刑事局長通牒）

問　勾留ノ期間計算ニ付テモ總則ニ於ケル期間ニ關スル通則ヲ適用スヘキヤ又ハ時效期間ト同樣ニ例外ノ取扱ヲ爲スヘキモノナリヤ（名古屋檢事長）

答　勾留期間ノ計算ニ付キテハ時效期間ト同シク初日及刑事訴訟法第八十一條第三項ニ定ムル日ニ該當スル期間ノ末日モ共ニ之ヲ期間ニ算入ス

八　勾留期間ノ起算點（大正十二年十二月十二日刑事第一〇三四一號刑事局長通牒）

問　勾留ノ期間ハ勾留狀執行ノ日ヨリ起算スヘキヤ又ハ指定ノ監獄ニ引致シタル日ヨリ起算スヘキヤ（名古屋檢事長）

答　後段貴見ノ通

九　保釋ニ因リ出監シタル日ヲ勾留日數ニ算入ノ可否（大正十二年十二月十二日刑事第一〇三四一號刑事局長通牒）

問　保釋ニ因リ出獄シタル日ハ之ヲ勾留日數ニ算入スルヤ
（名古屋檢事長）

答　貴見ノ通

一〇　保釋前ニ勾留シタル期間ト保釋取消後ニ勾留シ得ヘキ期間トノ通算方（大正十二年十二月十二日刑事第一〇三四一號刑事局長通牒）

問　保釋前ニ勾留シタル期間ト保釋取消後ニ勾留シ得ヘキ期間トノ通算方ニ付キ

（イ）　保釋前ニ於テ先ツ曆ニ從ヒテ二月ノ期間ヲ算定シ因テ以テ保釋ヲ爲シタル際其ノ勾留狀ノ效力ノ殘存日數ヲ算出シ置キ其ノ日數ヲ保釋取消後ニ於ケル勾留期間トナスヘキヤ又ハ保釋前ニ勾留シタル日數ヲ算定シ置キ保釋取消後曆ニ從ヒテ二月ノ期間ヲ算出シ其ノ期間中ヨリ前ノ勾留日數ヲ控除スヘキヤ

第一編　總則　第九章　被告人ノ召喚、勾引及勾留　第一一三條　七五

（ロ） 前記ノ殘存期間カ一月ヲ超過スル場合ニ於テモ全部之ヲ日數ニ算出シ置クヘキヤ又ハ之ヲ一月ト若干日トニ爲シ置キ保釋取消後ニ於テ其ノ一月ハ暦ニ從ッテ算定スヘキヤ

（名古屋檢事長）

答（イ） 前段貴見ノ通

（ロ） 後段貴見ノ通

一一 共犯人中ノ一人ハ控訴審ニ他ノ一人ハ上告審ニ繋屬シ一件記錄ヲ控訴審ニ送致後上告中ノ被告人ニ對スル勾留期間更新決定ノ取扱

（大正十二年十二月十二日 刑事第一〇三四一號刑事局長通牒）

問 共犯人中（又ハ併合審理ノ被告人中）或ル者ハ控訴シ他ノ者ハ上告シタルニ因リ一件記錄ヲ控訴審ニ送致シタル場合ニ於テ上告申立ノ被告人ニ對スル勾留ノ更新等ハ何レノ裁判所ニ於テ爲スヘキヤ（名古屋檢事長）

答 大審院ニ於テ控訴審ヨリ記錄ヲ取寄セタル上決定ヲ爲ス

一二 勾留期間ノ計算及保釋取消後ノ勾留日數ノ算定

（大正十二年十二月十二日 刑事第一〇三四一號刑事局長通牒）

問 二月ノ勾留期間ノ計算ハ暦ニ從フハ勿論ナルモ其ノ始期及終期ニ付テハ第八十一條第一項及第二項本文ノ規定ニ從フヘキヤ又ハ但書ノ時效ノ例ニ從フヘキヤ

勾留中保釋責付又ハ勾留ノ停止ヲナシタル後之ヲ取消シタル場合ニ勾留期間ノ終期ハ如何ニ之ヲ定ムヘキヤ（長崎檢事長）

答 前段ハ七ニヨリ

後段ハ一〇ニヨリ了知セラレタシ

一三 勾留更新決定ノ執行ニ檢事ノ指揮ノ要否

（大正十二年十二月十二日 刑事第一〇三四一號刑事局長通牒）

問 勾留更新決定ノ執行ハ檢事ノ指揮ヲ要スルヤ（東京檢事長）

答 要ス

一四 勾留期間ノ計算方法

（大正十二年十二月二十二日 刑事局長回答）

問 本條ニ規定スル勾留期間二月ノ始期及終期ニ付キテハ同法第八十一條ヲ適用スヘキモノナルヤ將第八十一條ノ規定ハ時效期間ノ計算ニハ之ヲ適用スヘカラサルモノナリヤ第八十一條ハ但書ニ於テ時效期間ノ計算ニ限リ本文ノ規定ヲ適用セサル旨ヲ明言シ其ノ他ノ期間ニ付テハ例外ヲ認メス故ニ法文ノ文理解釋上勾留期間ニ付テモ亦第十一條本文ノ例ニ依リ其ノ始期ト終期トヲ定メサルヘカラサル筋合ナレトモ飜テ勾留其ノ他ノ性質ト新

法カ勾留期間ノ制限ヲ設ケタル趣旨ニ徴スレハ第百十三條ニ規定スル勾留期間ハ即日ヨリ起算スヘク其ノ終期ニ付テモ亦第八十一條第三項ノ如キ除外例ヲ用フヘキモノニ非スト思料セラルルカ如何（大阪院長）

答　勾留期間ノ計算ハ時效期間ノ例ニ依ル

一五　舊法ニ因ル被勾留ノ被告人ニ對スル新法ノ勾留期間ノ起算點

（大正十二年十二月二十二日刑事第一〇一六九號刑事局長通牒）

現行刑事訴訟法ノ下ニ於テ勾留狀ヲ執行セラレタル被告人ニ對スル改正刑事訴訟法第百十三條ノ勾留期間二月ハ改正法施行ノ初日ヨリ之ヲ起算スヘキモノトス從テ勾留ヲ繼續スル必要アル者ニ對シテモ一月一日ニ於テ更新ノ決定ヲ爲スヲ要セス

一六　勾留期間ノ計算

（大正十二年十二月二十七日行甲第二〇〇四號行刑局長通牒）

法第百十三條ノ勾留期間二月ハ大正十三年一月一日ニ始マリ二月末日完了スヘキコトニ省議決定ス

一七　勾留期間ノ計算

（大正十三年二月十六日行刑局長刑事局長回答）

問（一）　未決勾留期間計算ニ付テハ時效期間ノ如ク例外ノ規定ナキヲ以テ總則ニ於ケル期間ニ關スル通則ヲ適用スヘキモノト解釋致候處客年十二月二十八日刑事局電報ニ依レハ「一月一日ニ始マリ二月末日ヲ以テ完了ス」トアリ右通則ヲ適用セサルカ如ク解セラレ候得共右ハ十二月三十一日ヨリ引續キ勾留セラレタルモノヲ指稱シタルモノトシテ一月一日以後勾留セラレタルモノニハ適用セサルモノトス（參照）平沼博士著新刑事訴訟法要論第二四七頁同第二五一頁同第二五三頁

（二）　勾留期間ハ勾留狀ヲ執行指定ノ監獄ニ引致スル迄他ノ監獄又ハ警察留置場ニ勾留シタル場合ト雖勾留狀執行ノ翌日ヨリ起算スヘキモノトス

右ノ通解釋スルモ何分ノ御指示相煩度（十勝刑務所長）

答（一）　勾留期間ノ計算ニ付テハ刑事訴訟法第八十一條中時效期間計算ノ例ニ依ルヘキモノトス

（二）　指定セラレタル刑務所ヘ引致シタル日ヨリ計算スヘキモノトス

一八　舊法ニ依リ勾留セラレタル被告人ノ勾留期間ノ計算

（大正十三年二月十八日行丙第一九五六號行刑局長刑事局長回答）

問　舊刑事訴訟法ニヨル勾留中ノ刑事被告人（經過勾留日數ノ長短ヲ問ハス）ハ改正刑事訴訟法施行當日ヨリ起算シ二ケ月ノ期間終了ト同時ニ之ヲ釋放シテ可然哉（熊本刑務所長）

答　貴見ノ通リ

一九　勾留期間滿了ノ被告人ノ釋放ノ日時

（大正十三年二月十八日行丙第一九五六號　行刑局長刑事局長回答）

問　勾留期間滿了ノ刑事被告人ハ職權アル者ノ命令ヲ待タス監獄法第六十八條ノ規定ニ準シ之ヲ釋放シ可然哉（熊本刑務所長）

答　御意見ノ通但シ釋放ノ時期ハ期間滿了ノ日ノ午後十二時ヲ原則トスヘク本人ノ希望アル場合ニ於テノミ監獄法第六十八條ノ規定ヲ準用スルモ支障ナシ

二〇　勾留滿期ノ被告人ノ釋放手續及釋放ノ日時

（大正十三年二月十八日行丙第二三三七號　行刑局長刑事局長回答）

問　被告人ノ勾留期間ハ刑事訴訟法第百十三條ニヨリ二月ニ有之更新決定ナキ限リ期間滿了セルトキハ檢事ノ指揮ヲ要セス刑務所ニ於テ直ニ釋放スヘキモノト存候處右ハ滿期ノ日ノ翌日ニ於テ釋放スヘキモノニ候哉何等ノ明文無之ニ付或ハ被告人ヨリ滿期翌日ノ午前零時以後ニ釋放ノ要求ヲナストキハ釋放セサルヘカラサルモノモ可有之ト存候得共如何取扱可致乎尚勾留期間ノ計算ニ付テハ法第八十一條第三項ニ據ルヲ相當ト思考致候得共

利益解釋トシテ之レニ據ラサルヲ可ナリトスル說有之如何ニ候哉何分ノ御指示相仰度（廣島刑務所長）

答　右釋放ニ付テハ檢事ノ指揮ヲ要セス勾留期間ノ計算ニ付テハ法第八十一條中時效期間ノ計算ノ例ニ依ルヘク釋放ノ滿期ニ付テハ滿了ノ日ノ午後十二時ヲ以テスルヲ原則トシ本人ノ希望ニ依リ翌日迄留置スルコトヲ得ルモノトス

二一　勾留期間滿了者ノ釋放ノ取扱方（大正十二年二月二十五日行丙第一九號　行刑局長刑事局長回答）

問　法第百十三條ニ勾留ノ期間ハ二月トストアリ然ルニ之ヲ更新セサルトキハ監獄ハ其ノ期間ノ滿期ノ翌日釋放スヘキモノナリトノ說アルモ平沼博士新刑事訴訟法要論二百八十一頁ニハ檢事ハ裁判所ノ決定ヲ待タスシテ釋放シヘキモノナリトアルヨリ考フルトキハ此ノ場合ニハ檢事ノ釋放指揮ヲ要スルモノノ如シ如何（秋田刑務所長）

答　檢事ノ指揮ヲ待ツヘキモノニアラス

二二　勾留期間ノ起算

（大正十三年二月二十八日行丙第三二一號　行刑局長刑事局長回答）

問　法第百十三條ノ留勾期間ハ勾留執行ノ日ヨリ起算スヘキモノト思料致候得共當裁判所檢事局ヘハ現實勾留狀指定ノ刑務所ニ

收容ノ日ヨリ起算スヘキ旨本省ヨリ通牒アリシ趣ニ有之果シテ然リトセハ勾留狀執行當日直ニ刑務所ニ送致スル事能ハス一時警察署留置場ニ拘禁シタル場合ノ如キ本人ノ不利益ニ歸スル事ト相成候右ハ何レヲ起算日トスヘキヤ（奈良刑務所長）

答　勾留狀ニ指定セラレタル刑務所ニ引致シタル日ヨリ起算スヘキモノトス

二三　勾留期間ノ計算方（大正十三年三月十七日行甲第三八五號行刑局長通牒）

一、勾留期間ノ計算方ハ時效期間ト同シク初日及刑事訴訟法第八十一條第三項ニ定ムル日ニ該當スル期間ノ末日モ共ニ之ヲ期間ニ算入スヘキモノトス

二、勾留ノ期間ノ起點ニ付テハ勾留狀ニ指定セラレタル刑務所ニ引致セラレタル日ヨリ起算スヘキモノトス

三、勾留狀ノ效力ニ係ル二ケ月ハ現實被告人ヲ拘禁スル期間ナルヲ以テ保釋、責付又ハ勾留ノ執行停止ノ決定ヲ受ケ釋放シタル後該決定取消サレタルトキ或ハ逃走シタル被告人ニシテ逮捕セラレタルトキハ前ニ拘禁セラレタル日數ヲ控除シテ二月ニ充ツル迄拘禁ヲ繼續スルコトヲ得ルモノトス

二四　警察署ニ於テ勾留十日ノ言渡ヲ受ケ其ノ執行中他ノ犯罪ニ依リ公判裁判長ヨリ勾留狀ヲ發シタル場合勾留ノ始期（大正十三年六月二十四日刑事第八六〇四號刑事局長回答）

問　大正十三年六月七日警察署ニ於テ警察犯處罰令違反事件ニ付拘禁十日ノ言渡ヲ受ケ確定ノ上同日ヨリ該刑執行六月十二日當所ヘ入所致候處六月十二日强盜被告事件ニ付公判裁判長ノ發シタル勾留狀ニ依リ同警察署ニ於テ之レヲ執行シタリ右ノ場合ニ於テ勾留狀ノ期間起算點ニ關シ左記二說アリ疑義有之其ノ何レヲ相當トスルヤ（京都刑務所長）

記

甲說　勾留刑滿了ノ日卽チ大正十三年六月十六日迄ハ勾留狀ノ期間ヲ停止シ勾留滿了ノ翌日ヲ以テ期算ノ起算點トナス

乙說　勾留狀ヲ執行シタル日卽チ大正十三年六月十二日ヲ以テ起算點トス

答　貴問乙說ノ通思考ス

二五　勾留期間計算ノ起算點（昭和二年二月十五日刑事第三九七號刑事局長回答）

問　勾留期間ノ起算點ニ付テハ勾留狀ニ指定セラレタル刑務所ヘ引渡シタル日ヨリ計算スヘキ旨貴局從來ノ回答通牒等ニ相見エ居候處ナルカ目下實際ノ取扱ニ付テハ勾留狀執行ノ日ヨリ計算セラルル向アルヤニ仄聞ス右ハ其ノ後方針變更セラレタルモノナリヤ（朝鮮總督府法務局長）

答　右ハ從前ノ當局回答並通牒ハ變更不致

二六　金刑ト未決勾留日數通算ニ關スル件（昭和八年五月二十五日刑事第六〇六七刑事局長回答）

問　潰金銀買受ヲ業トスル者衡器ノ鉤ヲ取外シ二分輕ク計量シ得ル不正皿秤ヲ使用シテ賣渡人數名ヲ欺罔因テ其差額ニ相當スル代金ノ支拂ヲ免レ以テ財產上不法ノ利益ヲ得タル詐欺事件ニ付被告人ハ第一審ニ於テ詐欺罪（適條刑法第二百四十六條第二項第一項）ニ依リ懲役二月ノ宣告ヲ受ケタルモ被告人ヨリ控訴ノ結果第二審ニ於テハ度量衡法違反罪（適條度量衡法第八條ノ二、第八條第三號、第十三條第一號）ニ付罰金三十圓ニ、詐欺罪ニ付犯罪ノ證明ナシトシ無罪ノ宣告ヲ爲シタリ

而シテ本件控訴申立後ノ未決勾留日數三十日アリ

本件罰金處理ニ付テハ結局被告人ノ控訴理由アルニ歸スルヲ以テ刑事訴訟法第五百五十六條ニ依リ未決勾留日數ハ右罰金ニ通算スヘキモノナリヤ（大津檢事正）

答　本件起訴狀ニハ罪名トシテ單ニ詐欺ヲ揭クルニ止ルモ公訴事實ノ內容ハ變造衡器ノ使用ヲ手段トスル詐欺卽チ牽連一罪ナリト解シ得ヘク然ラハ第二審判決カ變造衡器所持ノ事實ヲ認定處斷シタルニ付テハ固ヨリ事實ノ認定ニ非難スヘキモノ無シトセサルモ之ヲ以テ直ニ公訴ノ範圍ヲ逸脫シタルモノト謂フ可ラス而シテ既ニ變造衡器使用ノ事實ヲ認メ單ニ其ノ所持ノミヲ認メタリトセハ詐欺ノ認メ得ルト否トニ不拘兩者ノ間ニ牽連關係ヲ認メ得ヘカラサルハ當然ナリト雖モ之カ爲ニ本件公訴カ元來單一ナル牽連犯ニ對スルモノナルコトヲ無視シ得サルハ論勿キヲ以テ審理ノ結果公訴ニ係ル牽連一罪ノ一部ニ就テ罪證明確ナラストスル場合ニ於テモ此ノ部分ニ對シ特ニ主文ヲ以テ無罪ノ宣告ヲ爲スヘキニ非ス然レトモ本件ハ畢竟牽連一罪トシテノ公訴ニ基キ之ニ對シテ勾留狀ヲ發布セルモノト認ム可キヲ以テ既ニ被告ノ控訴理由アリテ第一審ノ判決カ取消サレタル以上第二審判決ニ於ケル無罪宣告ノ當否ニ係ラス控訴申立以後ノ未決勾留日數ニ付テハ法定通算ヲ爲ササル可カラサルモノトス

二七　勾留中ノ者ニ對スル勞役場留置ノ執行ト勾留更新（昭和八年八月十日刑事局回答）

問　八年六月十二日執行シタル勾留中ノ被告人ニ對シ八年七月十日、二十五日ノ勞役場留置ヲ執行シタル旨檢事局ヨリ通知アリタリ勾留更新八年八月十二日ニ爲スヘキヤ九月六日ニ爲スヘキヤ（沼津支部）

答　八月十二日勾留更新ヲナスヘキモノトス

二八　勾留更新決定ニ關スル改正法ノ解釋（昭和十年四月二十三日秘第四〇四號刑事局長通牒）

新法實施前ニ發布シタル勾留更新決定ノ效力ニ付テハ其ノ發布ノ日ヨリ二箇月ヲ越エス且新法實施後一箇月ヲ限リ效力アリ從テ右

更新決定ハ其ノ發布後二箇月ヲ經過スルトキハ新法實施後一箇月ヲ經過セサルモ更ニ之ヲ更新スヘク又右決定發布後二箇月ヲ經過セサルモ新法實施後一箇月ヲ經過スルトキハ等シク更新スルヲ要スルモノトス

第百十四條　勾留ノ原因消滅シタルトキハ裁判所ハ決定ヲ以テ勾留ヲ取消スヘシ

〔理由書〕現行法ニ勾留取消ノ規定ナキハ缺點ナリ勾留ノ原因消滅シタルトキハ前條所定ノ期間內ト雖之ヲ取消スヘキハ當然ナリ本條此ノ趣旨ヲ明ニシ現行法ノ缺點ヲ補足ス

刑務所ノ被拘禁者ヲ勾留シタルトキ其ノ在監原因消滅シタル場合ノ勾留狀ノ效力

（大正十二年四月十九日 刑事第一八〇一號刑事局長通牒）

問　第九十條第一項第三項ノ原由ナクシテ在監人ヲ勾留シタルトキ在監原因消滅シタルトキハ勾留原因モ亦消滅スルコトナルヲ以テ第百十四條ニ依リ勾留ヲ取消スヘキヤ或ハ又當然勾留狀ノ效力消滅シタルモノトスヘキヤ詰リ何レニ從ヒテ第百二十條ヲ適用スヘキモノナルヤ（福井所長）

答　在監原因消滅シ且第九十條第一項所定ノ原由モ存セサルトキハ第百十四條ニ依リ勾留ヲ取消スヘキモノニシテ在監原因消滅スルニ因リ直ニ勾留ノ效力ハ消滅スルモノニ非ス

第百十五條　勾留セラレタル被告人又ハ其ノ法定代理人、保佐人、直系尊屬、直系卑屬、配偶者　被告人ノ屬スル家ノ戸主若ハ辯護人ハ保釋ノ請求ヲ爲スコトヲ得

〔理由書〕現行法亦保釋ヲ認ムルモ保釋ノ請求ヲ爲シ得ヘキ者ヲ被告人ニ限レルハ狹キニ失ス本條ニ列擧スル者ハ皆被告人ノ利益ヲ圖ルヘキ地位ニ在リ就中被告人ト近親ノ關係アル者ハ其ノ拘束ヲ受クルト否トニ付深キ利害ヲ有ス之ニ由テ本案ハ此等ノ者ニモ保釋ヲ請求スルノ權利アルコトヲ認メタリ

第百十六條　保釋ノ請求アリタルトキハ檢事ノ意見ヲ聽キ決定ヲ爲スヘシ

保釋ヲ許ス場合ニ於テハ保證金額ヲ定ムヘシ

保釋ヲ許ス場合ニ於テハ被告人ノ住居ヲ制限スルコトヲ得

〔理由書〕本條第一項第二項ハ現行法第百五十條ト其ノ趣旨ヲ同シクス

第三項ノ規定ヲ設ケタルハ保證金ノミヲ以テ出頭ヲ確保スルコトヲ得サル場合ニ於テモ尚住居ノ制限ヲ條件トシテ保釋ヲ許スコトヲ得ヘキモノトシ成ルヘク拘束ヲ解キ得ヘキ範圍ヲ廣カラシメムトスルノ趣旨ニ出テタルナリ

第百十七條　保釋ヲ許ス決定ハ保證金ヲ納メシメタル後之ヲ執行スヘシ

検事ハ保釋請求者ニ非サル者ヲシテ保證金ヲ納メシムルコトヲ得

検事ハ有價證券又ハ裁判所ノ管轄地内ニ住居シ保證金ヲ納ムルニ十分ナル資産ヲ有スル者ノ差出シタル保證書ヲ以テ保證金ニ代フルコトヲ許スコトヲ得

保證書ニハ保證金額及何時ニテモ保證金ヲ納ムヘキ旨ヲ記載スヘシ

〔理由書〕保釋許可ノ決定ハ保證金ヲ差出スコトヲ條件トスルモノナルヲ以テ其ノ執行ハ保證金ヲ納付シタル後ニ非サレハ爲スコトヲ得ス

現行法ニ於テハ保證金ハ保釋ノ請求ヲ爲ス者ニ限リ之ヲ納付スルヲ得ヘキモノト爲スモ此ノ如ク制限スルノ必要毫モ存セサルヲ以テ本案ニ於テハ請求者以外ノ者ヲシテ保證金ヲ差出サシムルコトヲ得ヘキモノトシ可成其ノ執行ヲ容易ナラシムルノ方針ヲ採リタリ又同一ノ趣旨ヲ以テ有價證券又ハ他人ノ保證書ヲ以テ保證金ニ代フルコトヲ得セシム

保釋許否ノ決定謄本ノ送達（昭和五年六月司法官會同ノ際ニ於ケル書記長及監督書記協議事項）

問　辯護人ヨリ保釋請求ヲ爲シタル場合其ノ許否ノ決定書謄本ハ之ヲ被告人ニ送達スルコトヲ要セサルヤ（宇都宮）

答　裁判長ノ意見ニ從ハレタシ

第百十八條　裁判所ハ検事ノ意見ヲ聽キ決定ヲ以テ勾留セラレタル被告人ヲ親族其ノ他ノ者ニ責付シ又ハ被告人ノ住居ヲ制限シテ勾留ノ執行ヲ停止スルコトヲ得

責付ヲ爲スニハ被告人ノ親族其ノ他ノ者ヨリ何時ニテモ召喚ニ應シ被告人ヲ出頭セシムヘキ旨ノ書面ヲ差出サシムヘシ

〔理由書〕現行法ハ親族故舊ニ責付スヘキコトヲ規定ス本案ハ廣ク親族其ノ他ノ者ニ責付シ得ヘキコトヲ定ム故舊ノ字範圍明確ナラス字義ヲ以テ論スレハ狹キニ失スルノ嫌アルヲ以テ修正ヲ加ヘタルニ過キス

本案ハ責付ノ外新ニ被告人ノ住居ヲ制限シテ勾留ノ執行ヲ停止スルノ處分ヲ認メタリ卽チ被告人保證金ヲ納ムルコトヲ得サル爲保釋ノ處分ヲ爲スコトヲ得サルカ又ハ引受人ナキ爲責付ヲ爲スコト能ハサル場合ニ於テモ可成拘束ヲ解キ得ルノ途ヲ開キ勾留ノ時間ヲ短縮セムトスルノ趣旨ニ出テタルモノナリ

勾留狀ヲ發付シタルモ其ノ執行前ニ住居制限ノ規定ヲ適用シ得ルヤ否

（大正十二年四月十九日刑事第一八〇一號刑事局長通牒）

問　第百十八條裁判所ニ於テハ敢テ被告人ニ勾留スルマテノ必要

ヲ認メサルモ住居ヲ制限シ置ク可キ必要ヲ認メタルトキハ先ツ勾留狀ヲ發シ其ノ執行前ニ本條ヲ適用スルコトヲ得ヘキヤ
（福井所長）

答　被告人ヲ拘束スル必要ナキ場合ニ於テハ勾留狀ヲ發スルコトヲ得ス住居制限ニ關スル規定ハ勾留狀ノ執行後ニ非サレハ其ノ適用ヲ生セサルモノトス

第百十九條　被告人逃亡シタルトキ、逃亡スル處アルトキ、召喚ヲ受ケ正當ノ事由ナクシテ出頭セサルトキ、罪證ヲ湮滅スル處アルトキ又ハ住居ノ制限ニ違反シタルトキハ裁判所ハ檢事ノ意見ヲ聽キ決定ヲ以テ保釋、責付又ハ勾留ノ執行停止ヲ取消スコトヲ得

保釋ヲ取消ス場合ニ於テハ裁判所ハ檢事ノ意見ヲ聽キ決定ヲ以テ保證金ノ全部又ハ一部ヲ沒取スルコトヲ得

保釋セラレタル者刑ノ言渡ヲ受ケ其ノ判決確定シタル後執行ノ爲召喚ヲ受ケ正當ノ事由ナクシテ出頭セス又ハ逃亡シタルトキハ檢事ノ請求ニ因リ決定ヲ以テ保證金ノ全部又ハ一部ヲ沒取スヘシ

〔理由書〕　本條第一項ノ趣旨ハ現行法第百五十六條第二項ニ同シ勾留ノ執行停止ノ取消ヲ加ヘタルハ前條ノ規定ヲ新設シタルニ依ル現行法ハ保證金ノ沒收ヲ不出頭ノ理由ニ因リ保釋ヲ取消ス場合ニ限ルモ本條ニ於テハ被告人逃亡シ又ハ住居ノ制限ニ違背シタル爲保釋ヲ取消ス場合ニ於テモ保證金ノ全部又ハ一部ヲ沒收スヘキモノト爲シタリ被告人ノ逃亡ヲ加ヘタルハ現行法ノ不備ヲ補正シタルモノニシテ住居ノ制限ニ違反シタル場合ヲ加ヘタルハ前條ノ規定ヲ新設シタル結果ナリ前上ニ示ス場合ノ外判決確定後刑ノ執行ノ爲召喚ヲ受ケ出頭セサル場合ニ於テモ保證金ヲ沒取スヘキモノト爲シタルハ審判ノ爲發シタル召喚ニ應セサリシ場合ト取扱ヲ異ニスヘキ理由ナキヲ以テナリ

一　保釋責付又ハ勾留ノ執行停止ノ取消決定アリタルトキ之ニ應セス又ハ逃亡シタルトキノ執行方法

（大正十三年三月三日 刑事第二〇六八號刑事局長回答）

問　保釋責付勾留ノ執行停止ノ取消決定アルモ被告人召喚ニ應セス又ハ逃走シタルトキハ該決定ノ執行ヲ爲ス能ハス此ノ場合ニハ第八十六條、第八十七條第三號ニ依リ勾引狀ヲ發スルコトヲ得ルヤ（高千穗區檢事）

答　發スヘキモノニ非ス前ノ勾留狀ニ依リ執行スヘシ

二　本條第三項ノ保證金沒取ノ請求ヲ爲スヘキ裁判所

（大正十四年五月二十六日 刑事第二九八六號刑事局長通牒）

刑事訴訟法第百十九條第三項ニ依ル保證金沒取ノ請求ハ同法第五

百三十五條ニ依リ裁判ノ執行ヲ爲スヘキ檢事ノ屬スル裁判所ニ爲スヘキモノトス

第百二十條　勾留若ハ保釋ヲ取消シ又ハ勾留狀ノ效力消滅シタルトキハ檢事ハ沒取ニ係ラサル保證金ヲ還付スヘシ

〔理由書〕　本條ハ當然ノ規定ニシテ說明ノ要ナシ

保釋保證金還付ノ時期ニ關スル件

（昭和八年四月二十日 刑事第五四〇八號刑事局長回答）

問　保釋セラレタル者刑ノ言渡ヲ受ケタル場合該保釋保證金ノ保管義務解除ノ時期ハ右判決確定ノ日ナリヤ又ハ確定判決ノ執行ニ着手シタル日ナリヤ（會計課長）

追テ假ニ前段ノ如クナリトセハ刑事訴訟法第百十九條三項ハ保釋保證金ヲ便宜執行保釋金ニ流用シタルモノト解シ差支ナキヤ

答　原則トシテ判決確定ノ日ナルモ刑事訴訟法第百十九條第三項ノ場合卽チ判決確定後其ノ執行ノ爲ニ受刑者ノ召喚ヲ要スル場合ニ在テハ執行開始ノ時ニシテ此ノ場合ハ右ノ規定ニ依リ特ニ判決確定ノ後迄出頭ノ保證ヲ伸長存續セシメタル趣旨ト解ス

第百二十一條　上訴提起期間內又ハ上訴中ノ事件ニ付勾留ノ期間ヲ更新シ、勾留ヲ取消シ又ハ保釋ヲ爲シ、責付ヲ爲シ、勾留ノ執行停止ヲ爲シ若ハ之ヲ取消スヘキ場合ニ於テ訴訟記錄原裁判所ニ在ルトキハ原裁判所其ノ決定ヲ爲スヘシ

〔理由書〕　本案ニ於テハ勾留期間ノ更新、勾留ノ取消、保釋、責付勾留ノ執行停止及其ノ取消ハ事件ノ繫屬スル裁判所ニ於テ之ヲ爲スヲ本則トス然ルニ上訴提起期間內ハ勿論上訴中ト雖訴訟記錄原裁判所ニ在ルトキハ上訴裁判所ニ於テ決定ヲ爲シ難キヲ以テ本條ノ明文ヲ設ケ原裁判所ニ於テ其ノ決定ヲ爲スヘキモノト定ム

勾留ノ取消竝勾留ノ執行停止ノ場合ノ取扱方

（大正十三年二月十六日 行甲第一八五號行刑局長通牒）

第百十四條及第百十八條乃至第百二十一條ノ勾留ノ執行停止ニ付テハ當該官ノ指揮ヲ待チ監獄法第六十五條ニ依ル取扱ヲ爲スヘキモノトス

第百二十二條　豫審判事ハ被告人ニ召喚、勾引及勾留ニ關シ裁判所又ハ裁判長ト同一ノ權ヲ有ス

〔理由書〕　本章ニ於テ召喚、勾引、勾留ニ關シ裁判所又ハ裁判長ニ與ヘタル職權ハ豫審中ニ在リテハ豫審判事ニ屬スヘキモノナリ當然ノ結論トシテ本章ノ規定ハ特ニ例外ヲ認メサル限リ總テ之ヲ豫審ニ適用スヘキモノトス

第百二十三條　左ノ場合ニ於テ急速ヲ要シ判事ノ勾引狀ヲ求ムルコト能ハサルトキハ檢事ハ勾引狀ヲ發シ又ハ之ヲ他ノ

檢事若ハ司法警察官ニ命令シ若ハ囑託スルコトヲ得

一 被疑者定リタル住居ヲ有セサルトキ
二 現行犯人其ノ場所ニ在ラサルトキ
三 現行犯ノ取調ニ因リ其ノ事件ノ共犯ヲ發見シタルトキ
四 既決ノ囚人又ハ本法ニ依リ拘禁セラレタル者逃亡シタルトキ
五 死體ノ檢證ニ因リ犯人ヲ發見シタルトキ
六 被疑者常習トシテ强盜又ハ竊盜ノ罪ヲ犯シタルモノナルトキ

〔理由書〕 本條ハ急速ヲ要スル場合ニ於テ檢事、司法警察官ニ勾引狀ヲ發スルコトヲ許シタル規定ナリ

本案ハ獨逸法系ノ立法ノ如ク急速ヲ要スル場合ニ於テ何等ノ制限ヲモ加ヘスシテ檢事、司法警察官吏ニ逮捕ヲ許セルモノト其ノ趣旨ヲ異ニシ法文ニ列記シテ場合ヲ制限シ且事急速ヲ要シ判事ノ勾引狀ヲ求ムル能ハサルコトヲ條件トセリ本條各號ニ列記スル場合ハ何レモ實際ノ必要ニ顧ミテ之ヲ定メタルナリ今其ノ大要ヲ案スルニ第一號ハ被疑者定マリタル住居ヲ有セサルトキ本條ノ處分ヲ爲シ得ヘキコトヲ定ム本號記載ノ者ハ事急ナルニ當リ檢事又ハ司法警察官ノ勾引狀ヲ以テ拘束スルニ非サレハ其ノ所在ヲ失ヒ訴追ノ目的ヲ達スル能ハサルノ虞アルヲ以テナリ第二號ハ現行犯ノ場合ニ付規定ス本案ハ現行犯ニ付犯人其ノ現場ニ在ルトキト其ノ現場ニ在ラサルトキトヲ區別シ犯人現場ニ在ルトキハ第百二十四條第百二十五條ニ依リ直ニ之ヲ逮捕スルコトヲ得ヘク現場ニ在ラサルトキハ本條ニ依リ檢事、司法警察官ノ勾引狀ヲ以テ之ヲ引致スルコトヲ得セシム第三號ハ現行犯ノ取調ニ因リ其ノ事件ノ共犯ヲ發見シタル場合ナリ現在ノ法規ノ下ニ於テモ現行犯ノ共犯ヲ發見シタルトキハ之ニ對シテ所謂現行犯處分ヲ行フコトヲ得本條ハ之ト同一ノ趣旨ニ出ツルモノナリ第四號ハ既決ノ囚人又ハ本法ニ依リ逮捕、勾引、勾留セラレタル者逃亡シタル場合ナリ外國ノ立法例多クハ此ノ場合ニ於テ檢事、司法警察官ニ逮捕狀ヲ發スルノ權ヲ與フルモ本案ニ於テハ勾引狀ヲ發スヘキモノト爲ス第五號ハ檢事、司法警察官死體ノ檢證ニ因リ其ノ事件ノ犯人ヲ發見シタル場合ナリ此ノ場合ハ事急速ヲ要スル場合多ク遷延スルニ因リ重大ナル犯人ヲ逸スルノ虞アリ故ニ現行犯ニ對スルト同一ノ處分ヲ爲シ得ヘキモノトス第六號ハ强竊盜ノ犯人ニ對シテ本條ノ處分ヲ爲シ得ヘキコトヲ定ム强竊盜ハ最モ多ク行ハルル犯罪ニシテ或ハ之ヲ常習トシ或ハ之ヲ營業トシ之カ爲良民ニ害ヲ及ホスコト甚シキモノアリ捜査ノ職ニ在ル者殊ニ司法警察官ニ於テ之ヲ勾引スルコトヲ得サルトキハ常ニ犯人ヲ逸シ良民保護ノ急ニ應スル能ハサルノ憾アリ本號ノ規定ヲ設クルハ社會ノ實情ニ照シ恂ニ息ムヲ得サル

ニ出ツルモノナリ勾引狀ハ檢事自ラ之ヲ發スルノ外他ノ檢事ニ囑託シ又ハ司法警察官ニ命令シテ之ヲ發セシムルコトヲ得司法警察官モ亦他ノ司法警察官ニ命令シ又ハ囑託シテ之ヲ發セシムルコトヲ得ルモノトシ實際ノ運用ニ便シ以テ急ニ應スルノ趣旨ヲ徹底ス

一　檢事ノ勾引及勾留ニ關スル注意事項

（大正十二年十二月五日 刑事第九五四六號刑事局長通牒）

檢事ノ勾引權及勾留權ハ强制搜査處分請求權ト共ニ改正法カ搜査手續上認メタル强力ノ權利ナルヲ以テ之カ行使ニ付テハ愼重ノ考慮ヲ爲シ斷シテ濫用ノ嫌アルカ如キ事態ヲ惹起セシムルコト勿ラシムルヲ要ス左ニ注意スヘキ二三ノ事項ヲ掲ク

（一）檢事勾引狀ヲ發シ又ハ之カ發付ヲ囑託又ハ命令スルニハ罪證ノ相當明確ナルモノニ限ラサルヘカラス

（二）檢事ノ勾引狀ヲ執行シタル場合ニ於テ留置ノ必要アルトキハ第百二十九條ノ規定ニ依リ勾留狀ヲ發スルコトヲ得ルモ同條ニ依リ勾留狀ヲ發シタル場合ニハ速ニ公訴ヲ提起セサルヘカラサルモノニシテ公訴提起前勾留期間長キニ亘ルカ如キコトナキ樣注意セサルヘカラス

（三）現行犯人ニ對シ勾留狀ヲ發シタル場合亦前項ニ同シ從來現行犯人ヲ勾留シ起訴前其ノ期間長期ニ亘リタルノ事例ナキニ非サルヲ以テ特ニ注意ヲ必要トス

（四）檢事ノ勾引狀ニ依リ勾引シタル後搜査ヲ爲スニ非サレハ起訴スヘキヤ否ヲ決シ難キ事情生シタルトキハ强制搜査處分トシテ判事ニ勾留ノ請求ヲ爲スコトヲ得サルニ非スト雖是止ムヲ得サルニ出ツル變態ナルヲ以テ成ル可ク斯ノ如キ事態ヲ生セシメサルコトニ注意セサルヘカラス

二　變死者ニ對スル鑑定ト檢事ノ職權

（大正十五年（れ）第一三二六號 同年十月十一日第二刑事部決定）

檢事カ變死者ノ死體ヲ檢視シテ犯罪アルコトヲ發見シ引續キ檢證及死體ノ解剖ヲ爲シタル場合ニ於テモ刑事訴訟法第百二十三條各號ノ場合ニ非サル限鑑定ヲ命スルコトヲ得サルモノトス

三　現行犯ニ付共犯ヲ發見シタル場合ト檢事ノ檢證

（昭和二年（れ）第一一一八號 同年十二月八日第一刑事部判決）

檢事カ現行犯人ノ一部ニ對シ公訴ヲ提起シタル後ト雖其ノ取調ニ依リ事件ノ共犯ヲ發見シタルトキハ之ニ對スル公訴提起前ニ限リ檢證ヲ爲スコトヲ得ルモノトス

第百二十四條　檢事又ハ司法警察官吏其ノ職務ヲ行フニ當リ現行犯アルコトヲ知リタル場合ニ於テ犯人其ノ場所ニ在リ

テ其ノ住居若ハ氏名分明ナラサルトキ又ハ第八十七條第一項各號ニ規定スル事由アルトキハ左ノ處分ヲ爲スヘシ

一 檢事ハ司法警察官吏ニ犯人ノ逮捕ヲ命スヘシ必要アル場合ニ於テハ自ラ之ヲ逮捕スルコトヲ得

二 司法警察官ハ直ニ犯人ヲ逮捕シ又ハ其ノ逮捕ヲ司法警察吏ニ命スヘシ

三 司法警察吏ハ命令ヲ待タスシテ直ニ犯人ヲ逮捕スヘシ

〔理由書〕本條ハ檢事、司法警察官吏其ノ職務ヲ行フニ當リ現行犯アルコトヲ知リ犯人現場ニ在ル場合ニ於テ其ノ爲スヘキ處分ヲ規定シタルモノナリ

現行法ハ單ニ現行犯アル場合ニハ直ニ逮捕スルコトヲ得ル旨ヲ規定シ何等制限ヲ定ムルコトナシ本案ニ於テハ被告人現場ニ在リテ而カモ其ノ住居氏名分明ナラサルカ又ハ勾引狀ヲ發スヘキ原因アルニ非サレハ逮捕處分ヲ爲ササルコトトセリ

第百二十五條 現行犯人其ノ場所ニ在ルトキハ何人ト雖之ヲ逮捕スルコトヲ得

犯人ヲ逮捕シタルトキハ速ニ之ヲ地方裁判所若ハ區裁判所ノ檢事又ハ司法警察官吏ニ引渡スヘシ

〔理由書〕本條第一項ハ現行法第六十條ヲ修正シタルモノニシテ逮捕シ得ル場合ヲ犯人其ノ場所ニ在ルトキニ限レリ現行法ニ依レハ通常人現行犯人ヲ逮捕シタルトキハ之ヲ司法警察官ニ引致シ又ハ司法警察官吏ニ引渡スヘキモノトシ檢事ニ引致シ又ハ引渡スヘキコトヲ規定セス本條ハ之ヲ補足シ檢事ニモ引渡スコトヲ得ヘキモノト爲ス

通常人ノ犯人逮捕ノ要件（大正十二年四月十九日 刑事第一八〇一號刑事局長通牒）

問 第百二十五條通常人ノ逮捕ニハ第百二十四條ノ如キ制限ナキヲ以テ第百三十條第二項ニ依リ途中怪ミテ人ヲ誰何シ其ノ者逃走セハ逮捕スルコトヲ得ルヤ（福井所長）

答 誰何セラレテ逃走シ犯人ト思料スヘキ狀況アルトキハ逮捕スルコトヲ得

第百二十六條 司法警察吏現行犯人ヲ逮捕シ又ハ之ヲ受取リタルトキハ速ニ之ヲ司法警察官ニ引致スヘシ

司法警察吏犯人ヲ受取リタル場合ニ於テハ逮捕者ノ氏名、住居及逮捕ノ事由ヲ聽取ルヘシ必要アルトキハ逮捕者ニ對シ共ニ官署ニ至ルコトヲ求ムルコトヲ得

〔理由書〕本條第一項ハ現行法第五十九條第一項ト趣旨ヲ一ニシ本條第二項ハ現行法第六十一條第一項後段同條第三項ト其ノ趣旨ヲ一ニス

第百二十七條 司法警察官現行犯人ヲ逮捕シ若ハ之ヲ受取リ

又ハ勾引状ノ執行ヲ受ケタル被疑者ヲ受取リタルトキハ即時訊問シ留置ノ必要ナシト思料スルトキハ直ニ釋放スヘシ留置ノ必要アリト思料スルトキハ遲クトモ四十八時間内ニ書類及證據物ト共ニ之ヲ地方裁判所若ハ區裁判所ノ檢事又ハ相當官署ニ送致スル手續ヲ爲スヘシ

〔理由書〕司法警察官自ラ現行犯人ヲ逮捕シ若ハ司法警察官吏其ノ他ノ者ノ逮捕シタル現行犯人ヲ受取リ又ハ第百二十三條第二項ニ依リ自ラ發シタル勾引状ノ執行ニ依リ被疑者ヲ受取リタル場合ニ於テ其ノ履行スヘキ手續ヲ定メタルモノナリ檢事其ノ他權限アル官署ニ送致スヘキモノトスルハ自ラ勾留状ヲ發スルノ權限ヲ有セサルヲ以テナリ勾引状ニ依ル留置ノ期間ヲ四十八時間ニ制限シタルハ第八十九條ノ例ニ依ル

一 本條中「又ハ勾引状云々受取」ノ適用

（大正十一年十月七日刑事第五一三四號刑事局長通牒）

問 第百二十七條「又ハ勾引状ノ執行ヲ受ケタル被疑者ヲ受取リ」トアル實際ノ適用如何（盛岡檢事正）

答 第百二十七條ニ司法警察官カ勾引状ノ執行ヲ受ケタル被疑者ヲ受取リタルトキトアルハ他日ノ立法ヲ俟ツテ其ノ適用ヲ生スルモノトス

二 司法警察官現行犯人ヲ自ラ逮捕シタルトキト他ヨリ之ヲ受取リタルトキトノ書類作成ノ要否

（大正十二年十二月十二日刑事第一〇三四一號刑事局長通牒）

問 第百二十七條ノ場合ニ於テ司法警察官逮捕調書ヲ作ルヘキ規定ナシト雖逮捕ニ關スル文書ヲ作成セシムルノ必要アルハ論ナシ唯訴訟法ニ基キタル法定文書ニアラサルヲ以テ之ヲ逮捕調書ト爲サスシテ顛末書若ハ始末書ト爲サシムルヲ穩當ナリト認ム如何（福岡檢事正）

答 司法警察官現行犯人ヲ自ラ逮捕シタルトキハ特ニ逮捕ニ付テノ書類ヲ作成スルノ要ナシ他ヨリ之ヲ受取リタル場合ハ司法警察職務規範第八十一條ニ依リ了解セラルヘシ

三 現行犯處分ニ關スル本條ノ適用

（大正十五年（れ）第一一八一號同年十月二十九日第一刑事部判決）

刑事訴訟法第百二十七條ハ犯罪ノ現場ニ於テ犯人ヲ逮捕シ又ハ現場ニ於テ逮捕シタル犯人ヲ受取リタル場合ニ適用アルノミナラス現行犯人ノ一名ニ付同條ノ規定スル現行犯處分アリ且其ノ手續繼續セル限現場ヨリ逃亡シタル他ノ共犯者ニ對シテモ適用アルモノトス

四 準現行犯人ノ共犯者ヲ受取リタル場合ト其ノ司法警察官ノ訊問

（昭和九年（れ）第九五三號 同年十月八日第二刑事部判決）

司法警察官吏カ準現行犯人ノ取調ニ因リ其ノ事件ノ共犯者ヲ發見シ逃亡ノ虞アリト認メ之ヲ逮捕シ準現行犯人ト共ニ司法警察官ニ引渡シタルトキハ司法警察官ハ即時訊問ヲ爲スヘキモノトス

第百二十八條 司法警察官吏檢事若ハ司法警察官ノ命令ニ因リ現行犯人ヲ逮捕シ又ハ司法警察官檢事ノ命令ニ因リ被疑者ニ對シ勾引狀ヲ發シタル場合ニ於テハ前二條ノ規定ニ依ラス速ニ之ヲ命令シタル檢事又ハ司法警察官ニ引致スヘシ

〔理由書〕 司法警察官吏第百二十四條第一號ニ依ル檢事ノ命令ニ依リテ現行犯人ヲ逮捕シタルトキ又ハ第百二十三條第一項ニ依ル檢事ノ命令ニ依リテ被疑者ニ對シテ勾引狀ヲ發シタルトキハ何等ノ手續ヲ爲スコトナク直ニ檢事ニ引致スヘキモノトス

司法警察官ニ勾引狀發布ヲ囑託スル場合ノ有無

（大正十二年四月十九日 刑事第一八〇一號刑事局長通牒）

問 第百二十八條ニハ第百二十三條ノ囑託ニ因リ勾引狀ヲ發シタル場合ノ規定ナシ其ノ命令ニ因リタル場合ト取扱ヲ異ニスヘキヤ（現行犯人カ檢事ノ管轄地外ニ逃走シタル場合其ノ他ノ司法

警察官ニ勾引狀ノ發布ヲ囑託スルコトアルヘシ）（福井所長）

答 檢事ハ勾引狀發布ヲ司法警察官ニ囑託スルコトナシ管轄地内ニ於テハ之ヲ命令シ管轄地外ニ於テハ其ノ地ノ檢事ニ囑託スヘキモノトス

第百二十九條 檢事現行犯人ヲ逮捕シ若ハ之ヲ受取リ又ハ勾引狀ノ執行ヲ受ケタル被疑者ヲ受取リタルトキハ遲クトモ二十四時間内ニ訊問シ留置ノ必要ナシト思料スルトキハ直ニ釋放スヘシ留置ノ必要アリト思料スル場合ニ於テ急速ヲ要シ判事ノ勾留狀ヲ求ムルコト能ハサルトキハ勾留狀ヲ發シ速ニ公訴ヲ提起シ又ハ書類及證據物ト共ニ之ヲ管轄裁判所ノ檢事又ハ相當官署ニ送致スル手續ヲ爲スヘシ

檢事他ノ檢事ノ囑託ニ因リ被疑者ヲ受取リタルトキハ前項ノ手續ニ準シ處分スヘシ但シ留置ノ必要ナシト思料スルトキハ勾留ヲ取消スヘシ

檢事他ノ檢事ノ囑託ニ因リ被疑者ニ對シ勾引狀ヲ發シタル場合ニ於テハ第一項ノ手續ニ依ラス速ニ之ヲ囑託シタル檢事ニ送致スヘシ

〔理由書〕 本條第一項ニ記載スル場合ニ於テ檢事ヲシテ勾留ノ權ヲ有セシムルハ現行法ニ於テ檢事ニ現行犯ヲ勾留スルノ權ヲ與フル

ト其ノ趣旨ニ於テ異ナル所ナシ此ノ場合ニ於テ急速ヲ要シ判事ノ勾留狀ヲ求ムルコト能ハサルコトヲ條件トスルハ勾引狀ヲ發スル場合ト同一ナリ唯裁判所ハ四十八時間內ニ引致シタル被告人ヲ訊問スヘキモノナルモ檢事ハ四十八時間內ニ引致シタル被疑者ヲ訊問セサルヘカラス檢事勾留狀ヲ發シタルトキハ速ニ公訴ヲ提起スルカ又ハ他管送致ノ手續ヲ爲ササルヘカラス此ノ場合ニ於テ檢事ノ發シタル勾留狀ハ其ノ效力ヲ繼續スヘキモノナリ

檢事前項ノ手續ニ依リ他ノ檢事ヨリ被疑者ヲ受取リタル場合ニ於テハ前項ノ場合ト手續ヲ異ニスヘキ理由ナキヲ以テ第二項ニ依リ之ニ準シテ處分スヘキモノトセリ此ノ場合ニハ送致シタル檢事前項ノ手續ニ依リ既ニ勾留狀ヲ發シタルモノナルヲ以テ送致ヲ受ケタル檢事留置ノ必要ナシト認ムルトキハ勾留ヲ取消ササルヘカラス

檢事他ノ檢事ノ囑託ニ因リ被疑者ニ對シテ勾引狀ヲ發シタル場合ニ於テハ自ラ其ノ被疑者ヲ訊問シ或ハ之ヲ釋放シ或ハ之ニ對シテ勾留狀ヲ發スヘキモノニ非サルヲ以テ此等ノ手續ヲ爲サスシテ速ニ囑託ヲ發シタル檢事ニ送致スヘキモノト定ム

一 檢事カ他ノ檢事ニ勾引狀ノ發布ヲ求ムル場合ノ形式

（大正十二年四月十九日 刑事第一〇一一號刑事局長通牒）

問 第百二十九條第三項本條ニハ第百二十三條ノ命令ニ因リ勾引狀ヲ發シタル場合ノ規定ナシ其ノ囑託ニ因リタル場合ト取扱ヲ異ニスヘキヤ（檢事正カ管內ノ檢事ニ勾引狀ノ發布ヲ命スルコトアルヘシ）（福井所長）

答 檢事カ他ノ檢事ニ勾引狀ノ發布ヲ求ムル場合ハ囑託ノ形式ニ依ルモノニシテ命令ヲ以テスヘキモノニ非ス設例ノ場合ハ內部關係ニ過キスシテ本條ト交渉ナキモノトス

二 勾引狀ノ執行ヲ受ケタル被疑者ノ意義

（大正十二年十二月十二日 刑事第一〇三四一號刑事局長通牒）

問 第百二十九條ニ所謂勾引狀ノ執行ヲ受ケタル被疑者トハ第百二十三條各號ノ場合ニ於テ檢事自ラ發シ又ハ囑託若ハ命令シテ之ヲ發セシメタル勾引狀ノ執行ヲ受ケタル總テノ被疑者ヲ包含スト解シ可然哉（福岡檢事正）

答 貴見ノ通

三 檢事ノ發シタル勾留狀ノ效力

（大正十三年三月十六日 刑事第二七五六號刑事局長通牒刑務所長宛）

刑事訴訟法第百二十九條ノ勾留狀ノ效力ニ關シ疑義ヲ懷ク向モ有之候處同條ニ依リ檢事勾留狀ヲ發シタルトキハ速ニ當該事件ノ處

理ヲ爲スコトヲ要スルハ勿論ナレトモ同勾留狀ノ效力ニ付テハ同法第二百五十七條ニ於ケルカ如キ別段ノ規定ナキヲ以テ勾留ノ期間ハ二月ナリト御了知相成度

四　現行犯事件ト通常ノ捜査手續

（昭和七年（れ）第一六六號 同年四月十二日第二刑事部判決）

現行犯事件ト雖通常ノ捜査手續ニ關スル規定ニ從ヒ取調ヲ爲スコトヲ得

五　本條所定ノ時間ヲ遵守セサル檢事ノ訊問調書ノ效力

（昭和七年（れ）第一五〇號 同年四月十八日第二刑事部判決）

檢事ハ刑事訴訟法第百二十九條ニ規定セル時間ノ制限ニ違反シテ被疑者ヲ訊問スルハ違法ニシテ其ノ調書ハ之ヲ證據ト爲スコトヲ得サルモノトス

第百三十條　現ニ罪ヲ行ヒ又ハ現ニ罪ヲ行ヒ終リタル際ニ發覺シタルモノヲ現行犯トス

兇器贓物其ノ他ノ物ヲ所持シ、誰何セラレテ逃走シ、犯人トシテ追呼セラレ又ハ身體被服ニ顯著ナル犯罪ノ痕跡アリテ犯人ト思料スヘキ場合ハ現行犯人其ノ場所ニ在リタルモノト看做ス

〔理由書〕　本案ニ於ケル現行犯ノ意義ハ現行法ニ於ケルト異ナルコトナシ本案ハ現行法ニ所謂準現行犯ナルモノヲ認メ一定ノ條件ヲ具備スルトキハ現行犯人其ノ場所ニ在ルモノト看做シ之ト同一ノ法則ニ從ハシムルコトトセリ所謂準現行犯ノ場合ハ現行法ト大同小異ナリ誰何セラレテ逃走シタル場合ヲ加ヘ現行法第五十七條第三號ニ示シタルモノヲ除キタルノ差アルノミ

横領金員預入郵便貯金通帳ノ所持ト準現行犯人

（昭和九年（れ）第九五三號 同年十月八日第二刑事部判決）

横領シタル金錢ヲ郵税貯金ト爲シ其ノ通帳ヲ所持シ犯人ト思料スヘキ場合ハ所謂準現行犯人ナリトス

第百三十一條　第九十七條、第九十八條及第百條乃至第百十條ノ規定ハ第百二十三條及百二十九條ノ勾引又ハ勾留ニ付之ヲ準用ス

〔理由書〕　本條ハ檢事ノ爲ス勾引、勾留ニ一般ノ規定ヲ準用スヘキコトヲ定メタルモノナリ

第百三十二條　五百圓以下ノ罰金、拘留又ハ科料ニ該ル罪ノ現行犯ニ付テハ犯人ノ住居若ハ氏名分明ナラサル場合又ハ犯人逃亡スル處アル場合ニ限リ第百二十四條乃至前條ノ規定ヲ適用ス

〔理由書〕五百圓ヲ超過セサル罰金、拘留又ハ科料ニ該ル罪ニ付勾引ノ原由ヲ制限シタルト同一ノ趣旨ヲ以テ此等ノ罪ノ現行犯ニ對スル檢事及司法警察官吏ノ處分ニ付テモ之ニ制限ヲ加フ卽チ犯人ノ住居、氏名分明ナラサル場合又ハ犯人逃亡ノ虞アル場合ノ外之ニ對シテ第百二十四條以下ノ規定ヲ適用スヘカラサルモノト爲ス一般ノ場合ニ於テ逃亡ノ虞アルコトヲ以テ勾引ノ原由ト爲ササルニ之ヲ現行犯處分ヲ爲スノ原由ト爲スハ現行犯ノ性質ヨリ來ル區別ニシテ當然ナリ

第十章　被告人訊問

〔理由書〕本章ノ規定ハ現行法第九十三條乃至第百條ノ規定ヲ修正シタルモノナリ現行法ハ主シテ證據調ノ見地ヨリ規定ヲ設ケ被告人ノ訊問ヲ豫審ノ章ニ置キタレトモ本案ニ於テハ被告人ノ當事者トシテ有スル防禦權ノ行使ニ重キヲ置キ主トシテ此ノ見地ヨリ之ヲ規定シ豫審及公判ニ共通スルモノトシテ改メテ其ノ規定ヲ總則中ニ置クコトトシ尚之ヲ檢事及司法警察官被疑者ヲ訊問スル場合ニ準用スヘキモノトセリ

第百三十三條　被告人ニ對シテハ先ツ其ノ人違ナキコトヲ確ムルニ足ルヘキ事項ヲ訊問スヘシ

〔理由書〕被告人ノ訊問ヲ爲スニ當リテハ先ツ氏名、年齡、職業、住所等其ノ本人タルコトヲ確ムルニ足ルヘキ事項ヲ訊問シ人違ニ非サルコトヲ認メタル後事件ニ付訊問ヲ爲スハ當然ノ順序ナリ本條此ノ趣旨ヲ明ニス

第百三十四條　被告人ニ對シテハ被告事件ヲ告ケ其ノ事件ニ付陳述スヘキコトアリヤ否ヲ問フヘシ

〔理由書〕被告人ノ供述ハ其ノ利益ニ歸スルト其ノ不利益ニ歸スルトヲ問ハス常ニ之ヲ裁判ノ資料ト爲スコトヲ得ヘク殊ニ被告人ノ自白カ其ノ有罪ヲ認ムルニ付最モ有力ナル證據ト爲ルヘキハ言ヲ俟タサル所ナリト雖之ヲ證據調ノ見地ヨリ規定シ被告人ヲ以テ單ニ取調ノ目的ニ過キサルモノト爲スハ失當ナリ被告人ハ訴訟ノ當事者ニシテ防禦ノ主體ナリ其ノ陳述ハ防禦權ノ行使ニ屬シ義務トシテ爲スヘキモノニ非サルカ故ニ證據ニ供スルノ目的ヲ以テ其ノ陳述ヲ强要スヘキニ非ス必スヤ事件ニ付辯解ヲ爲サシムルコトヲ本旨トセサルヘカラス從テ被告人ヲ訊問スルニ當リテハ先ツ被告事件ヲ告ケテ事件ニ付陳述スヘキコトアリヤ否ヲ問ヒ之ニ防禦權行使ノ機會ヲ與ヘサルヘカラス

一　被告人ノ訊問ニ關スル注意事項
（大正十二年十二月五日刑事第九五四六號刑事局長通牒）

改正法ハ被告人ノ當事者タル地位ヲ認メ防禦權ノ行使ヲ完カラシメムコトヲ期シタリ故ニ被告人訊問ハ此ノ趣旨ニ適應セサルヘカラス左ニ注意スヘキ二三ノ事項ヲ掲ク

（一）被告人ヲ推訊追究シ自白ヲ求ムルカ如キ態度ハ之ヲ改メ被告事件ニ付辯解ヲ聽クノ態度ニ出テサルヘカラス

（二）事實ノ訊問ト證據調トヲ分離セスシテ不可分的ニ行フヲ本則トスルヲ可トス

（三）被告人被告事件ニ付陳述ヲ爲サス證據ニ付辯解ヲ爲ササル場合ニ於テモ眞實ヲ發見スル爲陳辯ヲ爲スヘキコトヲ勸誘スルヲ妨ケスト雖外部ヨリ觀察シテ自白ヲ追究シ又ハ不利益ナル事實ヲ承認セシメムトスルカ如キ嫌アル言語態度ハ深ク愼マサルヘカラス

二　被告人訊問權　（昭和五年(れ)第一七一二號　同六年四月九日第二刑事部判決）

裁判所ハ被告人ノ陳述ヲ強要スルコトヲ得スト雖事實ノ眞相ヲ明ニスル爲必要ト認ムル事項ニ付キ問ヲ發シテ被告人ノ辯解ヲ求ムルコトヲ得ルモノトス

三　僞證教唆ト被告人ノ辯護權　（昭和七年(れ)第二九七號　同年六月十三日第一刑事部判決）

被告人カ他人ヲ教唆シテ自己ニ利益ナル虛僞ノ證言ヲ爲サシムルハ被告人ノ辯護權ノ範圍ヲ逸脫ス

第百三十五條　被告人ニ對シテハ丁寧深切ヲ旨トシ其ノ利益ト爲ルヘキ事實ヲ陳述スル機會ヲ與フヘシ

〔理由書〕　被告人ノ訊問ハ被告人ヲシテ其ノ防禦權ヲ行使セシムルヲ本旨ト爲スカ故ニ常ニ其ノ利益ト爲ルヘキ事實ヲ陳述スルノ機會ヲ與ヘ其ノ言ハントスル所ヲ盡サシメサルヘカラス而シテ訊問ノ正當ナルヲ期セントセハ訊問者自ラ愼ヲ加ヘサルヘカラス卽チ其ノ態度嚴正ナルト共ニ丁寧ナルコトヲ要シ其ノ心至公至平ナルヲ期スルト共ニ深切ヲ旨トスルコトヲ忘ルヘカラス本條被告人ニ臨ムニ當リテ丁寧深切ヲ旨トスヘキコトヲ訓示スルハ敍上ノ趣旨ニ外ナラス現行法ハ第九十四條ヲ以テ罪狀ヲ自白セシムル爲メ恐喝詐言ヲ用フヘカラストノ消極的規定ヲ設クルモ本案ハ前條及本條ニ於テ正面ヨリ其ノ趣旨ヲ示シタルヲ以テ此ノ如キ規定ヲ存置スルノ必要ナキモノトシ之ヲ刪除シタリ

第百三十六條　被告人ヲ訊問スルトキハ裁判所書記ヲシテ立會ハシムヘシ

〔理由書〕　裁判所及豫審判事ノ爲スヘキ被告人訊問ハ必ス書記ノ立會ヲ要ス現行法第九十二條第二項ニハ急速ノ際書記ノ立會ヲ得ルコト能ハサルトキハ立會人二名アルコトヲ要ストアルモ本案ハ書記ノ立會ナクシテ訊問スルコトノ不適當ナルヲ認メ此ノ如キ例外

規定ヲ置カサルコトトセリ

第百三十七條　事實發見ノ爲必要アルトキハ被告人ト他ノ被告人又ハ證人ト對質セシムルコトヲ得

〔理由書〕　本條ハ實質ニ於テ現行法第九十八條ト異ナルコトナシ

第百三十八條　被告人聾ナルトキハ書面ヲ以テ問ヒ唖ナルトキハ書面ヲ以テ答ヘシムルコトヲ得

〔理由書〕　本條ノ趣旨現行法第百條第一項ニ同シ

第百三十九條　本章ノ規定ハ被疑者ヲ訊問スル場合ニ之ヲ準用ス但シ司法警察官訊問ヲ爲ス場合ニ於テハ司法警察吏ヲシテ立會ハシムヘシ

〔理由書〕　檢事又ハ司法警察官第百二十九條又ハ第百二十七條ニ依リ被疑者ヲ訊問スル場合ニ於テモ被告人訊問ノ本旨ニ從フヘキハ當然ナリ故ニ此ノ場合ニ於テモ前數條ノ規定ニ準據スヘキモノト爲ス

本條ニ從ヘハ檢事被疑者ヲ訊問スル場合ニ於テハ必ス書記ヲシテ之ニ立會ハシメサルヘカラス而シテ司法警察官訊問ヲ爲ス場合ニハ此ノ規定ニ依ル能ハサルヲ以テ司法警察吏ヲ以テ書記ニ代フルコトトセリ

司法警察官被疑者訊問ノ際警察吏ノ代リニ警察官ヲ立會セシムルノ可否

（大正十三年一月十六日山第八七號農商務省山林局長問合）
（大正十三年一月二十一日司法省刑事局刑事第六四九號刑事局長回答）

問　法第百三十九條ハ司法警察官被疑者ヲ訊問スル場合ハ必ス警察吏ノ立會ヲ要スル旨ヲ規定セルモ此ノ場合警察吏ノ代リニ警察官ヲ立會ハシムルハ差支ナキヤ

答　法第百三十九條但書ノ訊問ヲ爲ス場合ニ於テ司法警察官ヲシテ立會ハシムルモ差支無之モノト思考ス

第十一章　押收及搜索

〔理由書〕　現行法ハ押收及搜索ヲ豫審ノ章ニ規定シタルモ本案ハ第九章ニ述フルト同一ノ理由ニ因リ之ヲ總則中ニ規定セリ

押收及搜索ハ物、住居又ハ身體ニ對シテ爲ス一種ノ強制處分ニシテ勾引、勾留ト等シク個人ノ權利ニ直接ノ關係ヲ及ホシ殊ニ犯罪ニ關與セサル者ノ利害ニ影響スルコト尠カラサルヲ以テ本案ハ公益ノ要求ト個人ノ保護トヲ參酌シテ適當ノ規定ヲ設ケタリ

押收ハ強制シテ爲スモノアリ強制處分ニ因ラサルモノアリ差押及提出命令ニ因ルモノハ前者ニ屬シ領置ハ後者ニ屬ス

第百四十條　裁判所ハ別段ノ規定アル場合ヲ除クノ外證據物又ハ沒收スヘキ物ト思料スルモノアルトキハ之ヲ差押フヘシ

裁判所ハ差押フヘキ物ヲ指定シ所有者、所持者又ハ保管者ニ其ノ物ノ提出ヲ命スルコトヲ得

〔理由書〕 押收ノ目的物ハ證據物及沒收スヘキ物ナリ現行法第百六條ハ事實ヲ證明スルニ足ルヘキ物體ヲ差押フコトヲ得ル旨ヲ規定スルニ止マルヲ以テ單ニ沒收ヲ必要トスル物ニ付テハ之ヲ差押ヘ得ヘキヤ否法文上疑ナキ能ハス故ニ本條第一項ヲ以テ之ヲ差押ヘ得ヘキコトヲ明示シタリ

本條第二項ニ於テハ物件提出ノ命令ヲ認メタリ現行法ニ於テ此ノ命令ヲ爲シ得ルヤ否ハ議論ノ存スル所ナルヲ以テ條文ヲ以テ之ヲ明ニシ差押フヘキ物一定セルトキハ之ヲ指定シテ提出セシムルノ便法ヲ採用シタリ物ノ所有者、所持者又ハ保管者ニシテ此ノ命令ヲ受クルトキハ被告人ノ外皆提出ノ義務ヲ有ス被告人ハ供述ノ義務ナキト同シク物ヲ提出スルノ義務ヲ負フヘキモノニ非ス

書類取寄ノ決定ノ施行 （大正十四年(れ)第一三七一號 同年十一月十四日第四刑事部判決）

裁判所カ辯護人ノ申請ヲ許容シテ書類取寄ノ決定ヲ爲シタルトキハ書類ヲ取寄セ之ヲ公判廷ニ顯出スルニ因リ其ノ決定ハ施行セラレタルモノトス

第百四十一條 裁判所ハ被告人ヨリ發シ又ハ被告人ニ對シテ發シタル郵便物又ハ電信ニ關スル書類ニシテ通信事務ヲ取扱フ官署其ノ他ノ者ノ保管又ハ所持スルモノヲ差押ヘ又ハ之ヲ提出セシムルコトヲ得

前項ノ規定ニ該當セサル郵便物又ハ電信ニ關スル書類ニシテ通信事務ヲ取扱フ官署其ノ他ノ者ノ保管又ハ所持スルモノハ被告事件ニ關係アリト思料スルニ足ルヘキ狀況アルモノニ限リ之ヲ差押ヘ又ハ提出セシムルコトヲ得

前二項ノ規定ニ依ル處分ヲ爲シタルトキハ其ノ旨ヲ發信人又ハ受信人ニ通知スヘシ但シ通知ニ因リ審理ヲ妨クル虞アル場合ハ此ノ限ニ在ラス

〔理由書〕 郵便物又ハ電信ニ關スル書類ニシテ發信人又ハ受信人ノ手ニ在ルトキハ證據物又ハ沒收物トシテ當然之ヲ差押フルコトヲ得ヘキモ通信事務ヲ取扱フ官署其ノ他ノ者ニ於テ保管又ハ所持スルモノニ關シテハ特別ノ規定アルニ非サレハ之ヲ差押フルヲ得ス是レ本條ヲ設クル所以ナリ本條ハ被告人ヨリ發シ又ハ被告人ニ對シテ發シタルモノト其ノ以外ノモノトヲ區別シ前者ハ常ニ通信官署其ノ他ノ占有者ヨリ之ヲ差押ヘ又ハ之ニ對シ提出ヲ命スルコトヲ得後者ハ被告事件ニ關係アリト思料スルニ足ルヘキ狀況アルトキニ限リ之ヲ差押ヘ又ハ其ノ提出ヲ命スルコトヲ得ヘキモノト爲ス是レ信書ノ秘密ヲ重ンシ可成被告人以外ノ者ノ蒙ルヘキ迷惑ヲ尠カラシムルノ趣旨ニ出ツルモノナリ

本條第三項ノ規定ヲ設ケタルハ可成通信ヲ妨ケサルノ趣旨ニ出ツルモノナリ

第百四十二條　被告人其ノ他ノ者ノ遺留シタル物又ハ所有者所持者若ハ保管者ニ於テ任意ニ提出シタル物ハ之ヲ領置スルコトヲ得

〔理由書〕本條ハ差押ノ外領置ノ處分ヲ認メ所持者ノ存セサル遺留物並任意ニ提出シタル物ニ對シテハ差押ヲ爲サスシテ之ヲ領置シ得ルコトトセリ領置ハ强制力ヲ用ヒサル押收ナリ

第百四十三條　裁判所ハ必要アルトキハ被告人ノ身體、物又ハ住居其ノ他ノ場所ニ就キ搜索ヲ爲スコトヲ得

被告人ニ非サル者ノ身體、物又ハ住居其ノ他ノ場所ニ付テハ押收スヘキ物ノ存在ヲ認知スルニ足ルヘキ狀況アル場所ニ限リ搜索ヲ爲スコトヲ得

婦女ノ身體ノ搜索ニ付キハ成年ノ婦女ヲシテ之ニ立會ハシムヘシ但シ急速ヲ要スル場合ハ此ノ限ニ在ラス

〔理由書〕搜索ハ身體、物又ハ場所ニ就キ之ヲ爲スコトヲ得而シテ第百四十一條ノ場合ト均シク被告人ニ對スル場合ト被告人以外ノ者ニ對スル場合トヲ區別シ前ノ場合ニハ別ニ條件ヲ定メサルモ後ノ場合ニハ押收スヘキ物ノ存在ヲ認知スルニ足ルヘキ狀況アルニ非サレハ搜索ヲ爲スコトヲ得サルコトトセリ從テ現行法ノ如ク單ニ證據物藏匿ノ疑即チ單純ナル推測ノミヲ以テ之ヲ爲スコトヲ許ササルナリ

婦女ノ身體ハ其ノ生命トモイフヘキ節操ト關係ヲ有スルモノナレハ之レカ搜索ヲ爲スニ當リテハ之ニ因リ生スル無形ノ損害ヲ考慮シ特ニ愼重ノ方法ヲ以テ之ニ臨マサルヘカラス故ニ本條ハ急速ヲ要スル場合ノ外必ス成年ノ婦女ノ立會ヲ要スル旨ヲ規定シタリ

第百四十四條　搜索ニ付テハ秘密ヲ保チ且搜索ヲ受クル者ノ名譽ヲ毀損セサルコトニ注意スヘシ

〔理由書〕搜索ヲ受ケタル者ハ犯罪ニ關係アリトノ疑ヲ受クルコトヲ免レサルヲ以テ其ノ事實ヲ公表セラルルニ於テハ其ノ名譽ト信用ヲ害スルコト尠シトセス故ニ搜索ヲ爲スニ當リテハ能ク其ノ秘密ヲ保チ且搜索ヲ受クル者ノ名譽ヲ毀損セサルコトニ注意セサルヘカラス

第百四十五條　搜索ヲ爲シタル場合ニ於テ證據物又ハ沒收スヘキ物ナキトキハ搜索ヲ受ケタル者ノ請求ニ因リ其ノ旨ノ證明書ヲ交付スヘシ

〔理由書〕一旦搜索ヲ受ケタルトキハ假令證據物又ハ沒收スヘキ物存セサリシ場合ト雖仍犯罪ニ關係アリトノ疑ヲ受クル虞アリ且押收物ノ有無明カナラサルトキハ甚シク搜索ヲ受ケシ者ヲシテ不安ヲ感セシムルヲ以テ證據物並沒收物ナキ場合ニ於テハ請求ニ因リ

其ノ旨ノ證明書ヲ交付スヘキモノト定ム

第百四十六條　押收又ハ捜索ニ付テハ鎖鑰又ハ封緘ノ開披其ノ他必要ナル處分ヲ爲スコトヲ得押收物ニ付亦同シ

〔理由書〕押收及捜索ヲ爲スニ當リテハ其ノ目的ヲ達スル爲鎖鑰封緘ノ開披其ノ他種々ノ處分ヲ必要トスルコトアリテ一々之ヲ列擧スルコト能ハサルヲ以テ著明ナルモノヲ列示シ廣ク必要ナル處分ヲ爲シ得ヘキ旨ノ規定ヲ設ケタリ又押收ニ因リ裁判所ノ手ニ歸シタル物即チ押收物ニ付テモ同樣必要ノ處分ヲ要スルコトアルヘキヲ以テ末段ノ規定ヲ設ケ其ノ義務ヲ明ニス

第百四十七條　軍事上秘密ヲ要スル場所ニ於テハ其ノ長又ハ之ニ代ルヘキ者ノ承諾アルニ非サレハ押收又ハ捜索ヲ爲スコトヲ得ス

〔理由書〕本條ハ押收、捜索ノ場所ニ關スル重要ナル制限ナリ押收又ハ捜索ハ軍事上秘密ヲ要スル場所ニ於テモ絶對ニ爲シ得ヘカラサルニ非ス然レトモ之カ爲秘密ヲ漏洩スヘカラサルヤ言ヲ俟タス故ニ其ノ場所ヲ主宰スル者ハ秘密保持ノ必要上之ヲ拒ムコトヲ得ヘキモノト爲ス

第百四十八條　公務員又ハ公務員タリシ者ノ保管又ハ所持スル物ニ付本人又ハ當該公務所ヨリ職務上ノ秘密ニ關スルモノナルコトヲ申立テタルトキハ當該監督官廳ノ承諾アルニ非サレハ押收ヲ爲スコトヲ得ス但シ當該監督官廳ハ帝國ノ安寧ヲ害スル場合ヲ除クノ外承諾ヲ拒ムコトヲ得ス

國務大臣、宮内大臣、内大臣、樞密院議長、樞密院副議長樞密顧問官、會計檢査院長、元帥、參謀總長、海軍軍令部長、教育總監若ハ軍事參議官又ハ此等ノ職ニ在リタル者其ノ保管又ハ所持スル物ニ付前項ノ申立ヲ爲シタルトキハ勅許ヲ得ルニ非サレハ押收ヲ爲スコトヲ得ス

〔理由書〕本條ハ押收ノ禁止ニ關スル規定ニシテ證據物ハ裁判上必要ナルモ之ヲ他人ニ開示スルニ因リテ重大ナル利益ヲ害スルカ如キ場合ニ於テハ裁判上ノ必要ト其ノ害トヲ比シ輕重ヲ考覈シテ之カ集取ヲ許スヘキヤ否ヲ決セサルヘカラス本條規定スル所ハ此ノ問題ニ關スルモノナリ公務員又ハ公務員タリシ者ノ保管又ハ所持スル物職務上秘密ニスヘキモノニシテ之カ開示ニ因リ帝國ノ安寧ヲ害スルトキハ押收ヲ爲スコトヲ得ス現行法ニ依レハ所持者タル公務員又ハ公務員タリシ者ニ於テ拒否スヘキモノトシ其ノ承諾ニ依ラサレハ之ヲ差押フルコトヲ得サルモノト爲ス本條ハ公務員ノ屬スル監督官廳ヲシテ拒否セシムルヲ妥當ト爲シ所持者又ハ保管者ニハ單ニ職務上ノ秘密ニ關スルモノナルコトヲ申立ツル權ヲ與フルニ止メ監督官廳ノ承諾ヲ以テ押收ノ條件ト爲シタリ

本條第二項ニ列記セル者ハ孰レモ在職中天皇ニ直屬シ之ヲ監督ス

ル官廳ナキヲ以テ此ノ等ノ者ヨリ秘密ニ關スルモノナルコトヲ申立テタル場合ニ於テハ勅許ヲ受クルコトヲ以テ押收ノ條件ト爲シタリ

第百四十九條　醫師、齒科醫師、藥劑師、藥種商、産婆、辯護士、辯護人、辨理士、公證人、宗教若ハ禱祀ノ職ニ在ル者又ハ此等ノ職ニ在リタル者ハ業務上委託ヲ受ケタル爲保管又ハ所持スル物ニシテ他人ノ秘密ニ關スルモノニ付差押ヲ拒ムコトヲ得但シ本人承諾シタルトキハ此ノ限ニ在ラス

〔理由書〕　本條ハ業務上委託ヲ受ケタル爲所持スル物ニシテ他人ノ秘密ニ關スルモノニ付其ノ所持者ニ差押ヲ拒ムノ權利ヲ與ヘタル規定ニシテ大體ニ於テ現行法ト趣旨ヲ同シクス然レトモ現行法ノ如ク本人卽チ委託者ノ意思ヲ顧ミサルハ理由ナキコトナルヲ以テ本案ニ於テハ委託者本人押收ヲ承諾シタルトキハ拒絶權ナキモノト爲シタリ

第百五十條　裁判所ハ押收スヘキ物又ハ捜索スヘキ場所、身體若ハ物ヲ指定シタル命令狀ヲ發シ司法警察官ヲシテ押收又ハ捜索ヲ爲サシムルコトヲ得

命令狀ニハ押收又ハ捜索ヲ爲スヘキ事由ヲ記載シ裁判長之ニ記名捺印スヘシ

命令狀ハ處分ヲ受クル者ノ請求アルトキハ之ヲ示スヘシ

〔理由書〕　押收及捜索ノ處分ハ裁判長自ラ之ヲ行フヲ原則トス卽チ裁判所ニ於テ裁判ト執行トヲ兼ネ行フヲ普通トス然レトモ裁判ト執行ハ必スシモ分離シ得ヘカラサルモノニ非ス裁判所ハ裁判ヲ爲シタル後其ノ執行ヲ他ノ機關ニ委ネ得ルモノトス卽チ本條ニ於テハ便宜ヲ慮リ裁判所ニ於テ客體ヲ指定シ方式ヲ備ヘタル押收又ハ捜索ノ命令狀ヲ作リ司法警察官ニ之カ執行ヲ命令シ得ルノ規定ヲ設ケタリ

一　裁判所ノ命令ニ依リ司法警察官押收又ハ捜索ノ處分ヲ爲シタルトキノ調書作成ノ要否

（大正十二年十二月十二日 刑事第一〇三四一號刑事局長通牒）

問　本條ノ場合ハ司法警察官自ラ押收又ハ捜索ノ處分ヲ爲スモノニ非スシテ單ニ裁判所ノ命令ヲ執行スルモノナレハ第五十七條ニ準據シ調書ヲ作成スルヲ要セスシテ唯報告書ヲ作成シテ命令狀ト共ニ其ノ押收物ヲ裁判所ニ差出サシムルヲ以テ足レリト解シ可然哉（福岡檢事正）

答　第五十七條ニ準據シ調書ノ作成ヲ必要トス

二　本條ニ基キテ發スル命令狀ト證據決定

（昭和二年(れ)第七四五號 同年七月十九日第六刑事部判決）

刑事訴訟法第百五十條第一項ノ命令ヲ爲ス爲ニスル決定ハ證據決

定ヲ以テ目スヘキモノニ非ス

第百五十一條　司法警察官前條第一項ノ規定ニ依リ押收又ハ搜索ヲ爲スニ當リ被告事件ニ關スル他ノ證據物ヲ發見シタルトキハ之ヲ押收スルコトヲ得

〔理由書〕 司法警察官裁判所ノ命令ニ依リ押收又ハ搜索ヲ爲スニ當リ被告事件ニ關スル他ノ證據物ヲ發見シタル場合ニ之ヲ押收シ得サルニ於テハ反テ證據ノ湮滅ヲ促カスニ至ルノ虞アルヲ以テ本條ノ規定ヲ設ケタリ

第百五十二條　司法警察官前二條ノ規定ニ依リ押收又ハ搜索ヲ爲シタルトキハ檢事ヲ經由シテ之ニ關スル書類及押收物ヲ裁判所ニ差出スヘシ

〔理由書〕 本條ハ前二條ノ結果トシテ當然履ムヘキ手續ヲ規定シタルモノナリ

第百五十三條　裁判所押收又ハ搜索ヲ爲スニ當リ他ノ犯罪ニ關スル顯著ナル證據物ヲ發見シタルトキハ假ニ之ヲ押收シテ檢事ニ送付スルコトヲ得

檢事前項ノ規定ニ依リ押收シタル物ヲ留置スル必要ナシト思料スルトキハ之ヲ還付スヘシ

〔理由書〕 本條ニ於テハ裁判所押收搜索ヲ爲スニ當リテ他ノ犯罪ニ關スル顯著ナル證據物ヲ發見シタルトキハ假ニ之ヲ押收シテ檢事

ニ送付シ得ヘキ旨ヲ定ム蓋シ僞造貨幣、僞造文書等ノ如キ顯著ナル犯罪ノ證據物ハ現ニ處分ヲ爲ス事件ニ關係ナシト雖之ヲ押收セサレハ公益ノ要求ヲ充スコト能ハサルヲ以テナリ

第百五十四條　押收又ハ搜索ハ部員ヲシテ之ヲ爲サシメ又ハ之ヲ爲スヘキ地ノ豫審判事、區裁判所判事若ハ法令ニ依リ特別ニ裁判權ヲ有スル官署ニ之ヲ囑託スルコトヲ得

受託官署ハ受託ノ權限アル官署ニ轉囑スルコトヲ得

受託官署受託事項ニ付權限ヲ有セサルトキハ受託ノ權限アル官署ニ囑託ヲ移送スルコトヲ得

受命判事又ハ受託判事ノ爲ス押收又ハ搜索ニ付テハ裁判所ノ爲ス押收又ハ搜索ニ關スル規定ヲ準用ス但シ第百四十一條第三項ノ通知ハ裁判所之ヲ爲スヘシ

〔理由書〕 本條ハ押收、搜索ハ部員ヲシテ之ヲ爲サシメ又ハ之ヲ相當官署ニ囑託シ得ルコトヲ規定シタルモノニシテ第九十三條、第九十四條ト其ノ趣旨ヲ同シクス

第百五十五條　日出前、日沒後ニハ住居主若ハ看守者又ハ之ニ代ルヘキ者ノ承諾アルニ非サレハ押收又ハ搜索ノ爲人ノ住居又ハ人ノ看守スル邸宅、建造物若ハ艦船ニ入ルコトヲ得ス

猶豫スヘカラサル場合ニ於テハ前項ニ規定スル制限ニ依ル

コトヲ要セス此ノ場合ニ於テハ其ノ事由ヲ調書ニ記載スヘシ

日沒前押收又ハ捜索ニ着手シタルトキハ日沒後ト雖其ノ處分ヲ繼續スルコトヲ得

〔理由書〕本條ハ押收、捜査ニ關スル時ノ制限ヲ規定スルモノニシテ其ノ原則トスル所ハ現行法第七十八條第三項ニ同シ猶豫スヘカラサル場合ヲ例外トシタルハ物ノ所持者之ヲ携帯シテ逃亡セムトスルカ如キ危急ノ場合ヲ慮リタルモノナリ

日沒前著手シタル押收、捜索ヲ日沒迄繼續シ得ルコトハ既ニ間接國税犯則者處分法ノ規定スル所ナリ既ニ著手シタル處分ヲ中途ニ於テ止ムルハ不便少カラス而シテ斯ル場合ニ於テ之ヲ繼續スルハ新ニ著手スルニ比シ被告人其ノ他ノ者ニ迷惑ヲ及ホスコト少カルヘシ故ニ本條ハ此ノ規定ヲ採用シタリ

第百五十六條　左ノ場所ニ於テ爲ス押收又ハ捜索ニ付テハ前條第一項ニ規定スル制限ニ依ルコトヲ要セス

一　賭博、富籤又ハ風俗ヲ害スル行爲ニ常用セラルルモノト認ムヘキ場所

二　旅店、飲食店其ノ他夜間ト雖公衆ノ出入スルコトヲ得ヘキ場所但シ公開シタル時間内ニ限ル

〔理由書〕本條ハ押收捜索ニ關スル時ノ制限ニ關スル例外ヲ規定ス

本條第二號ハ現行法第七十八條第三項但書ニ定ムルトコロト同シク第一號ハ現行刑事訴訟法中ニ之ヲ存セサルモ行政執行法ニ於テハ此ノ如キ場所ニ付時ノ制限ヲ置カサル旨ヲ規定ス本條ニ之ヲ加ヘタルハ司法處分ヲ爲スニ付テモ亦之ヲ制限外ニ置クヲ相當ト認メタルニ因ルモノナリ

第百五十七條　公務所又ハ軍事用ノ廳舍若ハ艦船ノ内ニ於テ押收又ハ捜索ヲ爲ストキハ其ノ長又ハ之ニ代ルヘキ者ニ通知シテ其ノ處分ニ立會ハシムヘシ

前項ノ規定ニ依ル場合ヲ除クノ外人ノ住居又ハ人ノ看守スル邸宅、建造物若ハ船舶ノ内ニ於テ押收又ハ捜索ヲ爲ストキハ住居主若ハ看守者又ハ之ニ代ルヘキ者ヲシテ之ニ立會ハシムヘシ此等ノ者ヲシテ立會ハシムルコト能ハサルトキハ隣人又ハ市町村吏員ヲシテ立會ハシムヘシ

〔理由書〕本條ハ押收捜索ニ立會フヘキ者ヲ定ム本條第二項ハ大體現行法第百條第二項ト其ノ趣旨ヲ同シクス現行法ニ於テハ官署公署又ハ軍事用ノ廳舍艦船ニ於ケル押收捜索ニ付特ニ立會ノ規定ヲ置カサルモ本案ハ之ヲ必要ト認メ本條第一項ノ規定ヲ新設セリ

一　裁判所カ他ノ犯罪ニ關スル證據物ヲ發見シ假ニ押收シタルトキノ調書ノ作成方及檢事ニ送付スル場合ノ手續

（大正十二年十二月十二日刑事第一〇三四一號刑事局長通牒）

問　第百五十三條ノ場合ニ他ノ犯罪ニ關スル證據物ヲ發見シ假ニ之ヲ押收スルトキハ別個ニ其ノ調書ヲ作リ之ヲ添付シテ檢事ニ送付スヘキモノナリヤ又ハ本調書中ニ記載シ其ノ謄本若ハ抄本ヲ作成シテ之ヲ送付スルモ可ナルヤ（福岡檢事正）

答　前段貴見ノ通

二　檢事及辯護人ニ對スル日時場所ノ通知ト檢證ノ效力

（昭和二年(れ)第七二九號 同年七月十一日第二刑事部判決）

檢證ヲ爲スヘキ日時場所ヲ檢事及辯護人ニ通知セサル場合ト雖其ノ檢證ハ無效ニ非ス

第百五十八條　檢事、被告人又ハ辯護人ハ押收又ハ搜索ニ立會フコトヲ得但シ拘禁セラレタル被告人ハ此ノ限ニ在ラス

押收又ハ搜索ヲ爲スニ付必要アルトキハ被告人ヲシテ之ニ立會ハシムルコトヲ得

〔理由書〕　拘禁セラレタル被告人ニ押收、搜索ノ處分ニ立會フノ權利ヲ與ヘタルハ現行法第百八條ニ同シ現行法ニ於テハ豫審中辯護人ヲ選任スルコトヲ得サルヲ以テ豫審ノ章ニハ辯護人ノ立會ヲ許ス規定ヲ存セス而シテ公判ノ編ニハ此ノ點ニ付何等ノ規定ヲモ置カサルヲ以テ結局辯護人ハ全ク立會フノ權ヲ有セサリシコトト爲ルヘシ然レトモ被告人ニ與ヘテ辯護人ニ與ヘサルハ理由ナキコトナリ之ニ由テ本條ハ辯護人ニ立會ノ權アルヲ明示セリ而シテ本條ノ規定ハ豫審ニモ適用セラルルモノナレハ本條ノ下ニ於テハ公判中ナルト豫審中ナルトヲ問ハス辯護人ニ於テ立會ノ權利ヲ有スルモノナリ檢事ニ付テハ現行法何等ノ明文ヲ設ケサルモ其ノ立會ノ權ヲ有スルハ言ヲ俟タス本條ニ檢事ヲ加ヘタルハ之ヲ明示シテ疑ノ餘地ナカラシメタルモノナリ

檢證現場ニ於ケル豫審判事ノ被告人訊問ト檢事ノ立會

（昭和八年(れ)第一四一五號 同年十二月十六日第三刑事部判決）

豫審判事檢證現場ニ於テ被告人ヲ訊問スル際檢事ハ之ニ立會フコトヲ得ルモノトス

第百五十九條　押收又ハ搜索ヲ爲スヘキ日時及場所ハ豫メ前條ノ規定ニ依リ其ノ處分ニ立會フコトヲ得ヘキ者ニ通知スヘシ但シ急速ヲ要スルトキハ此ノ限ニ在ラス

〔理由書〕　押收搜索ノ處分ヲ爲スヘキ日時場所ヲ檢事其ノ他之ニ立會フ權利ヲ有スル者ニ通知スヘキハ當然ナリ然レトモ急速ノ處分ヲ要スル場合ニ於テ事實上不能ノ場合多カルヘキヲ以テ但書ヲ置キ必シモ本則ニ依ルヲ要セサル旨ヲ規定セリ

一　檢事及辯護人ニ對スル日時場所ノ通知ト鑑定ノ效力

（大正十五年（れ）第一七三九號
同年十二月二十四日第一刑事部判決）

鑑定ヲ爲スヘキ日時場所ヲ檢事及辯護人ニ通知セサル場合ト雖其ノ鑑定ハ無效ニ非ス

二　豫審ニ於テ電話ヲ以テナス鑑定ノ日時場所ノ通知

（昭和七年（れ）第一〇一七號
同年十月十三日第一刑事部判決）

豫審ニ於テ鑑定ヲ爲スヘキ日時場所ヲ辯護人ニ通知スル場合急速ヲ要スルトキハ電話ヲ以テモ爲シ得ヘキモノトス

第百六十條　押收又ハ搜索ヲ爲スニ付必要アルトキハ司法警察官吏ヲシテ補助ヲ爲サシムルコトヲ得

〔理由書〕　檢事ハ總テノ場合ニ於テ司法警察官吏ヲシテ補助ヲ爲サシムルコトヲ得ルモ裁判所ハ特ニ明文ナキ以上ハ司法警察官吏ヲ使用スルコトヲ得ス故ニ本條ヲ以テ裁判所ニモ此ノ權アルコトヲ明ニシタリ

第百六十一條　押收又ハ搜索ノ處分中ハ何人ニ限ラス許可ヲ得スシテ其ノ場所ニ出入スルコトヲ禁止スルコトヲ得

前項ノ禁止ニ從ハサル者ハ之ヲ退去セシメ又ハ處分終ル迄之ヲ留置スルコトヲ得

〔理由書〕　本條ノ趣旨現行法第百十一條ト異ナルコトナシ

第百六十二條　押收又ハ搜索ノ處分ヲ中止スル場合ニ於テ必要アルトキハ其ノ場所ヲ閉鎖シ又ハ看守者ヲ置クヘシ

〔理由書〕　本條ノ趣旨現行法第百七條ニ同シ

第百六十三條　押收ヲ爲シタル場合ニ於テ所有者、所持者若ハ保管者又ハ之ニ代ルヘキ者ノ請求アリタルトキハ品目ヲ記載シタル調書又ハ目錄ノ謄本又ハ抄本ヲ交付スヘシ

〔理由書〕　本條ハ押收ヲ受ケタル者ノ請求アルトキ第五十七條第二項ニ依リ調製スヘキ調書又ハ目錄ノ謄本又ハ抄本ヲ交付スヘキコトヲ定ム蓋シ押收ヲ受ケタル者ノ權利ヲ確保セムカ爲ナリ

第百六十四條　押收物ニ付テハ喪失又ハ毀損ヲ防ク爲相當ノ處置ヲ爲スヘシ

運搬又ハ保管ニ不便ナル押收物ニ付テハ看守者ヲ置キ又ハ所有者其ノ他ノ者ヲシテ之ヲ保管セシムルコトヲ得

危險ヲ生スル虞アル押收物ハ之ヲ廢棄スルコトヲ得

〔理由書〕　押收物ハ裁判所ノ公有ニ歸スルモノナルヲ以テ裁判所ハ所有者其ノ他ノ權利者ノ利益ヲ保護スル爲相當ノ處置ヲ爲シ其ノ滅失毀損ヲ防カサルヘカラス

押收物ハ必スシモ裁判所ニ持來ルコトヲ必要トスルモノニ非ス運搬又ハ保管ニ不便ナル物ハ所有者其ノ他ノ者ヲシテ之ヲ保管セシメ又ハ看守者ヲ置クコトヲ得セシム

末項ニ所謂危險ノ虞アル者トハ爆發物ノ如キ物ヲイフ之ヲ廢棄スルコトヲ得セシムルハ當然ナリ

第百六十五條　沒收スルコトヲ得ヘキ押收物ニシテ滅失若ハ毀損ノ虞アルモノ又ハ保管ニ不便ナルモノハ之ヲ賣却シテ其ノ代償ヲ保管スルコトヲ得

〔理由書〕　沒收スルコトヲ得ヘキ物ハ國家ニ歸屬シ結局公賣ニ付スヘキモノナルヲ以テ本條ノ如ク處分スルヲ妨ケサルモ單ニ證據トシテ押收スル物ニ付テハ此ノ如キ處分ヲ爲スコトヲ許サス若シ公賣シテ代償ヲ保管スルコトトセハ全ク押收ノ意義ヲ失ヒ始メヨリ押收セサルカ又ハ速ニ還付スルヲ相當トスヘシ本條ノ處分ヲ沒收物ニ限リタルハ此ノ理由ニ因ル

押收物ノ換價處分ノ形式　（大正十二年十二月十二日 刑事一〇三四一號刑事局長通牒）

問　第百六十五條ノ押收物換價處分ハ決定ノ手續ニ依リ實行スヘキモノト解シ可然哉（福岡檢事正）

答　第百六十五條ノ換價處分ヲ爲スヘキトキハ起訴前ニ於テハ檢事又ハ司法警察官之ヲ爲シ起訴後ニ於テハ豫審判事又ハ裁判所決定ヲ以テ之ヲ爲スヘキモノトス

第百六十六條　押收物ニシテ留置ノ必要ナキモノハ被告事件ノ終結ヲ待タス檢事ノ意見ヲ聽キ決定ヲ以テ之ヲ還付スヘシ

押收物ハ所有者、所持者、保管者又ハ差出人ノ請求ニ因リ檢事ノ意見ヲ聽キ決定ヲ以テ假ニ之ヲ還付スルコトヲ得

〔理由書〕　押收ハ事件ノ終了ニ至ル迄持續スルヲ普通トスレトモ此ノ原則ヲ固守スルトキハ故ナク物ノ利用ヲ妨クルト同時ニ官廳ニ無用ノ煩累ヲ及ホスノ虞アルヲ以テ本條ヲ以テ還付及假還付ノ規定ヲ設ケタリ

刑事事件ノ證據品ヲ民事裁判所ヨリ取寄照會アリタル場合檢事ノ意見ヲ求ムルノ要否ニ關スル件　（昭和八年四月十二日 刑事第四四六七號刑事局長回答）

問　公判繫屬中ノ刑事事件ノ證據品ヲ民事裁判ノ證據ト爲ス爲取寄決定ヲ爲シ之カ照會ヲ受ケタル場合刑事裁判所ハ檢事ノ意見ヲ聽クコトナク又檢事ニ何等ノ通知ヲモ爲サスシテ之ニ應シ差支ナキヤ否ニ付解釋上疑義アリテ左ノ兩說アリ何レヲ正當ト解スヘキヤ（長崎檢事正）

甲說　刑事訴訟法上直接ノ規定ナキモ同法第一六六條、第一六七條ノ規定ノ精神ニ照シ裁判所ハ檢事ノ意見ヲ聽キ之カ應否ヲ決スヘキモノトス

乙說　明文ナキヲ以テ檢事ノ意見ヲ聽クコトヲ要セス

答　本件ノ場合ハ押收物ノ還付又ハ假還付ノ場合ト其ノ事情ヲ異

ニシ且刑事訴訟法上別段ノ規定ナキヲ以テ法律上ハ檢事ノ意見ヲ聽ク要ナシト雖モ事務處理ノ圓滑ヲ期スル上ヨリハ一應檢事ノ意見ヲ質シ以テ刑事事件ノ進行ニ支障ナキコトヲ確メタル上送付ノ囑託ニ應スルト否トヲ決スルヲ妥當ト思料ス

第百六十七條　押收シタル贓物ニシテ留置ノ必要ナキモノハ被害者ニ還付スヘキ理由明白ナルトキニ限リ被告事件ノ終結ヲ待タス檢事ノ意見ヲ聞キ決定ヲ以テ之ヲ被害者ニ還付スヘシ

前項ノ規定ハ民事訴訟ノ手續ニ從ヒ利害關係人ヨリ其ノ權利ヲ主張スルコトヲ妨ケス

〔理由書〕　贓物ハ元來被害者ノ訴訟上ノ請求ヲ待テ之ニ還付スルヲ本則トスレトモ事件單純ニシテ之ヲ還付スヘキ理由明瞭ナルトキハ其ノ手續ヲ要セスシテ之ヲ還付シテ可ナリ故ニ第三百七十五條ニ於テハ事件ノ終結ト同時ニ此ノ處分ヲ爲シ得ヘキコトヲ規定シ本條第一項ニ於テハ事件ノ終結ヲ待タス此ノ處分ヲ爲シ得ヘキコトヲ明ニセリ

本條第二項ノ處分ハ被害者ノ權利ヲ確定スルモノニ非ス故ニ相當ノ理由アルトキハ利害關係人ハ還付ヲ受ケタル被害者ニ對シテ其ノ取戻ヲ求メ又ハ損害賠償ノ請求ヲ爲シ得ヘキモノトス

第百六十八條　押收又ハ捜索ヲ爲ストキハ裁判所書記ヲシテ

立會ハシムヘシ

〔理由書〕　本條ハ押收捜索ノ處分ニハ必ス書記ノ立會ヲ要スルモノトシ特ニ明文アル場合ノ外現行法ニ於ケルカ如ク書記以外ノ立會ヲ認メス

第百六十九條　豫審判事ハ押收及捜索ニ關シ裁判所ト同一ノ權ヲ有ス

〔理由書〕　押收及捜索ノ規定ハ豫審公判ニ共通スヘキモノナルカ前數條ハ皆裁判所ヲ本位トシテ規定シタルヲ以テ本條ヲ以テ豫審判事ノ職權ヲ定メ豫審ニ於テモ同一ノ法則ニ從フヘキコトヲ明ニス

第百七十條　檢事ハ第百二十三條各號ノ場合又ハ現行犯人ヲ逮捕シ若ハ之ヲ受取リタル場合ニ於テ急速ヲ要スルトキハ公訴提起前ニ限リ押收若ハ捜索ヲ爲シ又ハ之ヲ他ノ檢事若ハ司法警察官ニ命令シ若ハ囑託スルコトヲ得

司法警察官ハ前項ノ場合ニ於テハ公訴提起前ニ限リ押收若ハ捜索ヲ爲シ又ハ之ヲ他ノ司法警察官ニ命令シ若ハ囑託スルコトヲ得

司法警察官押收ヲ爲シタル場合ニ於テ留置ノ必要アリト思料スルトキハ速ニ押收物ヲ檢事ニ送付スヘシ但シ第百六十四條第二項又ハ第三項ノ處分ヲ爲シタルトキハ速ニ其ノ旨ヲ檢事ニ報告スヘシ

〔理由書〕　檢事又ハ司法警察官カ現行犯其ノ他特定ノ事件ニ付被疑者ヲ逮捕シ又ハ之ニ對シテ勾引狀又ハ勾留狀ヲ發スル强制處分ヲ爲シ得ヘキコトハ前ニ述ヘタル所ナリ本條ハ同一ノ場合ニ於テ檢事又ハ司法警察官カ法律ニ定メタル區別ニ從ヒ押收又ハ搜索ヲモ爲シ得ヘキコトヲ規定ス是レ現行法第百四十四條、第百四十七條ニ依リ現行犯ニ對シテ爲スヘキ特別ノ處分ト其ノ趣旨ヲ同シクスルモノナリ

司法警察官ノ公訴提起前ニ於ケル押收搜索ヲ爲ス場合

（大正十一年十月七日　刑事第五一二三號刑事局通牒）

問　第百七十條第二項、第百八十條第二項、第二百十四條第二項ニ何レモ「司法警察官ハ前項ノ場合云云」トアリテ第百二十三條各號ノ場合ヲモ包含スルコト明瞭ナリ然ルニ同法草案第百二十三條第二項ハ帝國議會ニ於テ削除セラレ司法警察官ハ同條各號ノ場合ニ於テ勾引狀ヲ發シ又ハ之ヲ他ノ司法警察官ニ命令シ若ハ囑託スルヲ得サルコトトナリタルモ前記三ケ條ノ處分ハ依然トシテ之ヲ爲スコトヲ得ルモノト解シ可然哉若之ヲ積極ニ解ス可シトセハ其ノ前提トシテハ單ニ司法警察官カ第百二十三條各號該當ノ事件ト認ムルヲ以テ足レリトス可キヤ將又同條文ニ依リ檢事カ勾引狀ヲ發シ又ハ他ノ檢事局ハ司法警察官ニ命令シ若ハ囑託シタル事實アルコトヲ要スルヤ（以下略）（鹿兒島檢事正）

答　御意見ノ如ク司法警察官ハ本條第二項、第百八十條第二項、第二百十四條第二項ノ處分ハ同法草案第百二十三條第二項ノ削除アリタルニ拘ラス之ヲ爲スコトヲ得ル次第ニシテ其ノ前提トシテハ司法警察官カ第百二十三條各號ニ該當スル事件ト認ムルヲ以テ足ルモノニシテ敢テ檢事カ勾引狀ヲ發シ又ハ之ヲ他ノ檢事若ハ司法警察官ニ命令若ハ囑託シタル事實アルヲ要セス

第百七十一條　人ノ住居又ハ人ノ看守スル邸宅、建造物若ハ艦船ノ內ニ現行犯アル場合ニ於テ急速ヲ要スルトキハ檢事又ハ司法警察官ハ何時ニテモ其ノ場所ニ入リ押收又ハ搜索ヲ爲スコトヲ得

〔理由書〕　現行犯ヲ逮捕シ又ハ之ニ對シテ勾引狀ヲ發シタル場合ニ檢事、司法警察官カ押收又ハ搜索ノ處分ヲ爲シ得ルコトハ前條ノ認ムルトコロナリ本條ハ現行犯アリタル場所ニ就キ押收、搜索ヲ爲ス場合ニ付特例ヲ認ムルモノナリ卽チ現行犯アリシ場所人ノ住居又ハ人ノ看守スル邸宅、建造物、艦船ナルトキト雖急速ヲ要スルトキハ時ノ制限ナク其ノ場所ニ立入リ前記ノ處分ヲ爲シ得ヘキコトヲ規定ス行政執行法第二條ノ規定ニ比較スルモ刑事訴訟法ニ此ノ規定ヲ置クノ當然ナルハ言ヲ俟タス

第百七十二條　人ノ住居又ハ人ノ看守スル邸宅、建造物若ハ

艦船ノ内ニ現行犯アル場合ニ於テ急速ヲ要スルトキハ檢事又ハ司法警察官吏ハ何時ニテモ其ノ場所ニ入リ犯人ヲ逮捕スル爲捜索ヲ爲スコトヲ得檢事又ハ司法警察官吏現行犯人ヲ逮捕スル爲追行シタル場合ニ於テ犯人人ノ住居又ハ人ノ看守スル邸宅、建造物若ハ艦船ノ内ニ逃入リタルトキ亦同シ

〔理由書〕人ノ住居又ハ人ノ看守スル邸宅、建造物若ハ艦船内ニ現行犯アル場合ニ於テ犯人逮捕ノ爲ニ爲ス捜索ニ付テモ急速ヲ要スルトキハ時ノ制限ナク其ノ場所ニ立入ルコトヲ許スモノトス現行犯人ヲ逮捕スルカ如キ場合ハ極メテ急速ヲ要シ立會人ヲ求ムル暇ナキコト多キヲ以テナリ現行犯人ヲ逮捕スル爲追行シタル場合ニ於テ犯人此等ノ場所ニ逃入リタルトキ亦同一ノ規定ニ從フハ處分ヲ異ニスヘキ理由ナキニ由ル

第百七十三條　司法警察官吏勾引狀又ハ勾留狀ヲ執行スル場合ニ於テ必要アルトキハ人ノ住居又ハ人ノ看守スル邸宅、建造物若ハ艦船ノ内ニ入リ捜索ヲ爲スコトヲ得

〔理由書〕現行法第七十八條ニ於テハ巡査、憲兵卒ニ此ノ權限ヲ認メタルモ其ノ指揮ヲ爲ス司法警察官ニ此ノ權限ヲ認メサルハ狹キニ失スルヲ以テ之ヲ補正シタリ本條ノ場合ニ於ケル時ノ制限並立會人ニ關スル規定ノ準用ニ付キテハ次條ニ定ムル所ナリ

第百七十四條　第百四十條乃至第百四十九條、第百五十三條第百五十五條乃至第百五十七條及第百六十一條乃至第百六十七條ノ規定ハ別段ノ規定アル場合ヲ除クノ外檢事又ハ司法警察官ノ爲ス押收又ハ捜索ニ付之ヲ準用ス

第百四十六條、第百四十七條、第百五十五條乃至第百五十七條及第百六十一條ノ規定ハ別段ノ規定アル場合ヲ除クノ外司法警察吏ノ爲ス捜索ニ付之ヲ準用ス

第百七十二條ノ捜索ヲ爲ス場合及第百二十三條第三號乃至第六號ノ規定ニ依リ發シタル勾引狀ヲ執行スル爲前條ノ捜索ヲ爲ス場合ニ於テハ第百五十七條第二項ノ規定ニ依ルコトヲ要セス

〔理由書〕檢事、司法警察官ノ爲ス押收及捜索ニ付テハ大體裁判所ノ爲ス押收及捜索ニ關スル規定ニ依ルヘキモノトシテ本條列記ノ條文ヲ準用ス第百五十條乃至第百五十二條ヲ準用セサルハ檢事、司法警察官ノ特別處分ハ第百七十條ニ依リ當然押收、捜索ノ命令ヲ爲シ得ヘキヲ以テナリ第百六十條ヲ準用セサルハ檢事及司法警察官ハ其ノ職務ノ性質上當然配下ノ警察官吏ニ對シテ補助ヲ爲サシムルコトヲ得ルヲ以テナリ第百六十八條ノ準用ナキハ急速ノ處分ヲ要スル場合ニ關ス裁判所書記ノ立會ヲ必要トスルトキハ書記ノ配置少ナキ檢事局ニテハ不便ヲ感スルコト少カラス又司法警察

官ニハ此ノ機關ナク當然此ノ規定ニ依ルコトヲ得サルヲ以テナリ司法警察吏ノ爲ス搜索ハ被告人逮捕ノ爲ニノミ爲スモノナレハ此ノ場合ニ付必要ナル規定ノミヲ準用セリ
第三項ハ前二項ノ準用法文中第百五十七條第二項ヲ除外スヘキ特別ノ場合ヲ定メタルモノニシテ何レモ急速ノ處分ヲ必要トスルニ由ルモノナリ

第十二章　檢證

〔理由書〕　現行法ハ檢證ノ規定ヲ豫審ノ章ニ置キタルモ本案ハ第九章ニ述フルト同一ノ理由ニ因リ改メテ之ヲ總則中ニ置クコトトセリ現行法ハ檢證ト搜索及物件差押トヲ同一ノ章ニ規定シタルモ檢證ハ檢證物ヲ實驗スル證據調ニシテ證據物ヲ發見シ又ハ之ヲ保全スル强制處分ト其ノ性質ヲ異ニスルカ故ニ本案ニ於テハ之ヲ各別ニ規定スルコトトシタリ

第百七十五條　裁判所ハ事實發見ノ爲必要アルトキハ檢證ヲ爲スヘシ

〔理由書〕　現行法第百二條ハ犯所又ハ其ノ場所ニ臨ミテ爲ス旨ヲ規定スルモ檢證ハ本ト檢證物ヲ實驗スル證據調ニシテ裁判所ノ內外ヲ問ハス之ヲ行フヘキモノナルヲ以テ之ヲ本條ノ如ク改メタリ

第百七十六條　檢證ニ付テハ身體ノ檢査、死體ノ解剖、墳墓ノ發掘、物ノ毀壞其ノ他必要ナル處分ヲ爲スコトヲ得
被告人ニ非サル者ノ身體ノ檢査ハ一定ノ證跡ノ存否ヲ確認スルニ必要ナル場合ニ限リ之ヲ爲スコトヲ得
婦女ノ身體ヲ檢査スル場合ニ於テハ醫師又ハ成年ノ婦女ヲシテ之ニ立會ハシムヘシ
死體ヲ解剖シ又ハ墳墓ヲ發掘スル場合ニ於テハ禮意ヲ失ハサルコトニ注意シ遺族アルトキハ之ニ通知スヘシ

〔理由書〕　檢證ヲ爲スニハ種々ノ處分ヲ爲スコトヲ要シ法律ヲ以テ之ヲ制限スルコトヲ得ス故ニ本條第一項ニ於テ其ノ重要ナルモノヲ例示シ廣ク其ノ他必要ナル處分ヲ爲シ得ル旨ヲ規定セリ
身體ニ對スル檢證ハ身體ノ不可侵權ニ關係ヲ有スルモノナルヲ以テ被告人以外ノ者ノ身體ノ檢證ニハ一定ノ條件ヲ附シ一定ノ證跡ノ存否ヲ確認スルニ必要ナル場合ニ限リ之ヲ爲シ得ヘキモノトセリ本條第三項ニ於テハ婦女ノ身體檢査ニ付第百四十六條第三項ト同一ノ趣旨ニ依リ醫師又ハ成年ノ婦女ノ立會ヲ要スルコトト爲シタリ
死體又ハ墳墓ノ保全ニ付テハ刑法ヲ以テ其ノ侵犯ニ對スル制裁ヲ定メ之ヲ保護スルコトニ留意セリ刑事訴訟手續上檢證ヲ爲スカ爲死體ヲ解剖シ墳墓ヲ發掘スルカ如キハ必要止ムヲ得スト雖之ヲ爲

スニ當リテハ禮意ヲ失ハサルコトニ注意シ我固有ノ良俗ニ背戻セサルコトヲ念トスヘキハ當然ナリ殊ニ遺族アルトキハ之ニ通知シタル上之ヲ爲スヲ穩當トス故ニ新タニ本條第四項ノ規定ヲ設ケテ其ノ義ヲ明ニス

一 檢證調書ト事物ノ實驗ニ因ル判斷ノ記載

（昭和七年（れ）第一五〇號 同年四月十八日第二刑事部判決）

檢證調書ニ事物ノ實驗ニ關スル判斷ヲ記載スルハ違法ニ非ス

二 拘禁中ノ被告人ト檢證ノ立會

（昭和八年（れ）第五三五號 同年六月廿一日第三刑事部判決）

拘禁中ノ被告人ハ豫審判事ニ於テ必要アリト認メテ檢證ニ立會ハシムル場合ノ外豫審ノ檢證ニ立會フコトヲ得サルモノトス

三 檢證ニ關スル豫審判事ノ職權ト被害者其ノ他ノ者ノ立會

（昭和八年（れ）第五三五號 同年六月廿一日第三刑事部判決）

豫審判事檢證ヲ爲スニ當リ事實發見ノ爲必要アリト認メタルトキハ被害者其ノ他ノ者ヲ立會ハシメ檢證ノ地點、目的物其ノ他必要ナル狀態ヲ指示陳述セシムルコトヲ得ルモノトス

四 檢證現場ニ於ケル立會人ノ指示陳述ト其ノ手續

（昭和八年（れ）第一六一一號 同九年一月七日第三刑事部判決）

檢證現場ニ於テ被害者其ノ他ノ者ヲ立會ハシメ檢證ノ目的物其ノ他必要ナル狀態ヲ指示陳述セシムルハ證人訊問手續ニ依ルコトヲ要ス

第百七十七條 日出前、日沒後ニハ住居主若ハ看守者又ハ之ニ代ルヘキ者ノ承諾アルニ非サレハ檢證ノ爲人ノ住居又ハ人ノ看守スル邸宅、建造物若ハ艦船ニ入ルコトヲ得ス但シ日出後ニ於テハ檢證ノ目的ヲ達スルコト能ハサル虞アル場合ハ此ノ限ニ在ラス

日沒前檢證ニ着手シタルトキハ日沒後ト雖其ノ處分ヲ繼續スルコトヲ得

第百五十六條ニ規定スル場所ニ付テハ第一項ニ規定スル制限ニ依ルコトヲ要セス

〔理由書〕 本條ハ檢證ニ關スル時ノ制限ヲ規定シタルモノニシテ其ノ原則トスル所ハ押收、捜索ノ場合ト異ナルコトナシ唯本條ニ於テハ日出後ニ至レハ檢證ノ目的ヲ達スル能ハサル場合ヲ例外トシテ規定シタリ日出後ニ至レハ檢證スヘキ狀態ニ變動ヲ生スルカ如キ場合又ハ特ニ夜間檢證スルニ非サレハ必要ノ事項ヲ發見スル能ハサル場合アルヲ以テナリ

第百七十八條　第百四十七條第百五十四條第百五十七條乃至第百六十二條及第百六十八條ノ規定ハ檢證ニ付之ヲ準用ス

〔理由書〕檢證ニ付テモ押收、搜索ニ關スル規定ヲ準用シ左ノ規定ニ從ハシム

（一）軍事上ノ秘密ヲ要スル所ニ於ケル檢證ニ付テハ其ノ長又ハ之ニ代ルヘキ者ノ承諾ヲ得ルヲ要ス

（二）檢證ハ部員ニ命シテ之ヲ爲サシメ又ハ相當官廳ニ囑託スルコトヲ得

（三）官署、公署又ハ軍事用ノ廳舍若ハ艦船內ニ在リテハ其ノ長又ハ之ニ代ルヘキ者ニ通知シテ之ニ立會ハシムルコトヲ要ス

（四）檢事不勾留ノ被告人及辯護人ニ立會權ヲ認メ急速ヲ要スル場合ノ外檢證ノ日時及場所ノ立會權アル者ニ豫メ通知スルヲ要ス

（五）必要アルトキハ司法警察官吏ヲシテ補助ヲ爲サシムルコトヲ得

（六）檢證ノ場所ニ他人ノ出入ヲ禁シ之ニ從ハサル者ハ之ヲ退去セシメ又ハ處分中之ヲ留置スルコトヲ得

（七）處分中止ノ際ハ其ノ場所ヲ閉鎖シ又ハ看守者ヲ置クヘキモノトス

（八）檢證ノ處分ニハ裁判所書記ヲシテ立會ハシムルコトヲ要ス

第百七十九條　豫審判事ハ檢證ニ關シ裁判所ト同一ノ權ヲ有ス

〔理由書〕本條ハ第百六十九條ト同一ノ趣旨ニ依ルモノナリ

第百八十條　檢事ハ第百二十三條各號ノ場合又ハ現行犯人ヲ逮捕シ若ハ之ヲ受取リタル場合ニ於テ急速ヲ要スルトキハ公訴提起前ニ限リ檢證ヲ爲シ又ハ之ヲ他ノ檢事若ハ司法警察官ニ命令シ若ハ囑託スルコトヲ得

司法警察官ハ前項ノ場合ニ於テハ公訴提起前ニ限リ檢證ヲ爲シ又ハ之ヲ他ノ司法警察官ニ命令シ若ハ囑託スルコトヲ得

第百八十一條　人ノ住居又ハ人ノ看守スル邸宅、建造物若ハ艦船ノ內ニ現行犯アル場合ニ於テ急速ヲ要スルトキハ檢事又ハ司法警察官ハ何時ニテモ其ノ場所ニ入リ檢證ヲ爲スコトヲ得

〔理由書〕檢事及司法警察官カ現行犯其ノ他特定ノ事件ニ付檢證ヲ爲シ得ヘキコトヲ定メタルモノニシテ其ノ範圍竝條件ハ大體押收及搜索ニ付規定スルトコロト異ナルコトナシ

第百八十二條　變死者又ハ變死ノ疑アル死體アルトキハ其ノ所在地ヲ管轄スル地方裁判所又ハ區裁判所ノ檢事檢視ヲ爲スヘシ

前項ノ處分ニ因リ犯罪アルコトヲ發見シタル場合ニ於テ急速ヲ要スルトキハ引續キ檢證ヲ爲スコトヲ得

檢事ハ司法警察官ヲシテ前二項ノ規定ニ依ル處分ヲ爲サシムルコトヲ得

〔理由書〕變死ハ犯罪ニ起因スル場合尠カラス從テ變死者又ハ變死ノ疑アル死體アルトキハ所在地ヲ管轄スル地方裁判所又ハ區裁判所ノ檢事ヲシテ其ノ檢證ヲ爲スノ職責ヲ有セシム

本條第一項ノ處分ヲ爲シタル結果犯罪アルコトヲ發見シタル場合ニ於テ普通ノ手續ニ從ヒ起訴シタル上豫審判事又ハ裁判所ノ檢證ヲ求ムルトキハ遲延ノ爲其ノ目的ヲ達シ得サル場合多カルヘシ故ニ此ノ場合ニ於テハ檢事引續キ檢證ヲ爲シ得ルモノトス

檢事自ラ檢視ヲ爲スハ實際ノ便宜ニ適セサルコトアル故ニ司法警察官ヲシテ之ヲ爲サシムルコトヲ得ルモノトス

一　變死者ノ檢視ヲ豫メ一定ノ場合ヲ定メテ司法警察官ニ一任スルコトノ可否

（大正十一年十月二十日刑事第五一三二號刑事局長通牒）

問　第百八十二條ニ據レハ變死者ノ檢視ハ檢事ニ於テ爲スヲ本則トスルモ變死者多數發生スル本縣ノ如キ地方ニアリテハ豫メ一定ノ場合ヲ制限シ司法警察官ニ檢視ヲ爲ス可キコトヲ執務細則等ニ規定スルモ差支ナキヤ（以下略）（福岡檢事正）

答　變死者ノ檢視ハ豫メ一定ノ場合ヲ定メテ司法警察官ニ一任スルコトヲ得ス司法警察官ハ變死者ヲ發見シタルトキハ必ス直ニ檢事ニ報告シテ其ノ指揮ヲ請フコト但シ檢事ノ指揮前ト雖猶豫スヘカラサル處分ハ一定ノ準則ニ從ヒテ之ヲ爲シ得ルコトト爲ス見込

二　變死者ノ檢視ニ付豫メ司法警察官ニ包括的命令ヲ發シ置キ處理セシムルノ可否

（大正十二年十二月十二日刑事第一〇三四一號刑事局長通牒）

問　變死者トハ從來ノ解釋ニ依レハ老衰疾病等ノ自然死ニアラサルモノノ全部ヲ包含スルモノノ如シ果シテ然リトセハ第百六十六條ノ檢視事故ハ極メテ夥多ナルヲ以テ（福岡縣ニ於テハ昨年度變死者數三千十一人檢視度數千六百二十回）便宜上豫メ司法警察官ニ對シテ包括命令ヲ發シ置キ毫モ犯罪ノ嫌疑ナキ變死者ハ報告ノミニ止メ直ニ檢視處分ヲ遂行セシメ可然哉（福岡檢事正）

答　變死者又ハ變死ノ疑アル者トハ老衰死病死者等自然死ニ非スシテ犯罪ニ基クモノニ非サルカノ疑アル者又ハ自然死ナルカ否カ不明ニシテ自然死ニ非サルカノ疑アルカ若ハ犯罪ニ基クモノナルカ否カ不明ナルモノヲ言ヒ自然死ナルコト又ハ自然死ニ非サルモ犯罪ニ基カサルコト明確ナルモノハ之ヲ包含セス而シテ貴問第百六十五條ノ檢視トハ第百八十二條ノ檢視ノ意味ナリト

セハ大正十一年十月三日附刑事第五一三二號回答通牒第四答及司法警察職務規範第四十七條ニ依リ了知セラルヘシ

三　刑務所内ニ於テ變死者アリタルトキノ取扱方

（大正十三年二月十六日行甲第一八五號行刑局長通牒）

刑務所内ニ變死者アリタル場合ニ於ケル檢視ハ第百八十二條ノ規定ニ依リ其ノ地ヲ管轄スル地方裁判所又ハ區裁判所ノ檢事ニ通報シテ之ヲ爲スヘク監獄法施行規則第百七十七條第三項ノ規定ハ自然消滅ニ歸シタルモノノ如ク解セラレサルニアラスト雖刑事訴訟法第百八十二條ハ司法檢視ニ關スル規定ニシテ明治十三年太政官達第十四號ニ基ク行政檢視ニ付テハ監獄法施行規則第百七十七條第三項ノ規定ヲ適用スヘキモノト解スヘク從テ刑務所ニ於テ自殺其ノ他變死者アリタルトキハ其ノ事態ニ應シ刑事訴訟法第百八十二條第一項ニ依リ檢事ニ通知スヘキヤ監獄法施行規則第百七十七條第三項ニ依リ警察官署ヘ通報スヘキヤヲ決定スヘキモノトス

四　刑務所内ニ於ケル變死者ノ取扱方

（大正十三年二月二十五日行丙第六六號行刑局長刑事局長回答）

問　第百八十二條第一項ニハ「變死者又ハ變死ノ疑アル死體アルトキハ其ノ所在地ヲ管轄スル地方裁判所又ハ區裁判所ノ檢事檢視ヲ爲スヘシ」トアリ從ヒテ今後變死者アリタル場合ハ檢事ニ通報シ檢視ヲ受クルモノノ如シ然ルニ監獄法施行規則第百七十七條第二項ニヨレハ警察官署ニ通報檢視ヲ受クヘシトアリ要スルニ刑事訴訟法第百八十二條ハ多少ニ拘ラス死因犯罪ニ在ルコトヲ疑フヘキ狀況存スル場合ノミ檢事ニ通報シ檢視ヲ受クルモノニシテ刑務所ニ於ケル縊死ノ如キ死因何等犯罪ニ在ルコトノ疑ヒナキモノハ從來ノ通リ監獄法施行規則第百七十七條第二項ニヨリ處置スルモノト心得可然哉（靜岡刑務所長）

答　貴見ノ通

五　司法警察官ヲシテ變死者又ハ變死ノ疑アル死體ヲ檢證セシメタル場合ニ於ケル鑑定日當等ノ支給

（大正十三年十月九日刑事第一三三六〇號刑事局長回答）

問　第百八十二條第三項ノ規定ニ依リ檢事カ司法警察官ニ命シテ變死者又ハ變死ノ疑アル死體ノ檢證ヲ爲サシメタル場合ニ於ケル解剖及鑑定日當其ノ他ノ費用ハ檢證ニ因リ犯人ヲ發見シタルト否ヲ問ハス之ヲ檢事ニ請求セシメ裁判所ヨリ支出セシメ差支ナキヤ大正十三年司法省令第十一號ニ其ノ規定無之ニ付右ハ檢事ニ請求セシメ可然ヤ（那覇檢事正）

答　貴見ノ通リ

六 本條第二項ノ檢證ニ於ケル檢事ノ囑託ニ因ル檢案書ノ證據力

（昭和八年(れ)第三七八號　同年五月十一日第二刑事部判決）

檢事カ刑事訴訟法第百八十二條第二項ノ檢證ノ際醫師ニ鑑定ヲ囑託シテ作成セシメタル檢案書ハ之ヲ罪證ニ供スルヲ得

七 司法警察官ニ命シ爲サシメタル變死事件ノ檢視ニ要シタル諸費用ト其ノ支給

（昭和九年司法官會同ノ際ニ於ケル書記長、監督書記協議事項）

問　昭和七年ノ本打合會ニ於テ刑事訴訟法第一八二條ニ依リ檢事カ司法警察官ニ命シ爲サシメタル變死事件ノ檢視ニ要シタル諸費用ヲ裁判所ヨリ支給ノ可否ニ付長崎地檢ヨリノ提案ニ對シ單純ナル檢視ニ付テハ支給シ得ストノコトナルカ右單純トハ如何ナル標準ニ據ル可キヤ例之幼兒ニ對スル不注意ヨリ生シタル看護者ノ過失致死事件、自動車運轉手ノ不注意ヨリ生シタル過失致死事件ノ如キ何レニ屬スト解シ然ルヘキヤ（岡山地檢）

理由

右ノ案件ハ相當多數ニ上ルトコロ檢事ノ命令アリタル以上司法警察官ハ之ヲ拒否スルコトヲ得ス然ルニ警察署ニ於テハ右死體ノ檢案等ニ付醫師ニ支給スル相當多額ノ費用ハ少額ナル地方費豫算ヲ以テハ到底支出シ得ストシ自然之ヲ好マサル傾

向アリ捜査上ノ不便尠ナカラス

答　單純ナル檢視トハ單ニ檢視ヲ爲シタルニ止リ引續キ檢證ヲ爲ササルカ如キ場合ト御了知アリタシ

第百八十三條　第百四十七條、第百五十七條、第百六十一條第百六十二條、第百七十六條及第百七十七條ノ規定ハ檢事又ハ司法警察官ノ爲ス檢證ニ付之ヲ準用ス

〔理由書〕　檢事及司法警察官ノ檢證ハ大體裁判所ノ爲スヘキ檢證ト同一ノ規定ニ從ハシム本條準用スヘキ規定ヲ列記シ其ノ趣旨ヲ明ニス

第十三章　證人訊問

〔理由書〕　證人訊問ハ重要ナル證據調タルト同時ニ個人ノ利害ニ影響スル所尠カラサルヲ以テ本章ハ公益ノ要求ト私人ノ利害トヲ顧慮シ現行法ノ不備ヲ補正スルニ付遺漏ナキヲ期シタリ而シテ現行法ハ之ヲ豫審ノ章ニ規定シタルモ本案ハ第九章ニ示ス所ト同一ノ趣旨ニ依リ改メテ之ヲ總則中ニ規定シタリ

第百八十四條　裁判所ハ別段ノ規定アル場合ヲ除クノ外何人ト雖證人トシテ之ヲ訊問スルコトヲ得

〔理由書〕　我裁判權ニ服從スル者ハ其ノ身分、國籍ノ如何ヲ問ハス

證人トシテ裁判所ノ訊問ヲ受クルノ義務ヲ負擔スルヲ原則トス本案ハ本章ノ冒頭ニ於テ此ノ原則ヲ明示シタリ

一　證人資格ト共同被告人

（大正十五年(れ)第一一二八號 同年九月十三日第二刑事部決定）

共同被告人ハ訴訟手續ヲ分離セシメサル以上ハ縦令其ノ被告人ニハ關係ナク專ラ他ノ被告人ノミニ關スル訴訟事實ニ付テモ同一訴訟手續ニ於テ之ヲ證人トシテ訊問スルコトヲ得サルモノトス

二　聽取書ヲ作成シタル司法警察官ノ證言ト證據力

（昭和三年(れ)第二九九號 同年四月二十三日第四刑事部判決）

被告人ノ陳述ヲ聽キ之ヲ錄取シテ聽取書ヲ作成シタル司法警察官カ證人トシテ宣誓ノ上其ノ陳述聽取ニ關スル事項ニ付爲シタル供述ハ證據トシテ無效ニシテ聽取書カ法律上證據ト爲スヲ得サル場合ニ於テモ證言ノ效力ヲ妨ケラルルモノニ非ス

三　證人資格ト共同被告人ニ非サル被告人

（昭和七年(れ)第一五八八號 同八年三月廿八日第四刑事部判決）

共同被告人ニ非サル被告人ハ縦令其ノ訊問事項カ自己ノ起訴ヲ受ケタル事項ニ關スル場合ト雖他人ノ公訴事件ニ付テハ證人タル資格ニ於テ之ヲ訊問スヘキモノトス

四　被疑者トシテ勾留中ノ者ニ對スル證人訊問

（昭和九年(れ)第一一〇五號 同年十一月十七日第三刑事部判決）

請願令違反事件ニ付豫審判事ノ強制處分ニ因リ被疑者トシテ訊問シ勾留シタル者ニ對シテモ同一事件ニ付起訴セラレタル被告人ノ爲ニ證人トシテ訊問スルヲ妨クルモノニ非ス

第百八十五條　公務員又ハ公務員タリシ者ノ知得タル事實ニ付本人又ハ當該公務所ヨリ職務上ノ秘密ニ關スルモノナルコトヲ申立テタルトキハ當該監督官廳ノ承諾アルニ非サレハ證人トシテ之ヲ訊問スルコトヲ得ス但シ當該監督官廳ハ帝國ノ安寧ヲ害スル場合ヲ除クノ外承諾ヲ拒ムコトヲ得ス

國務大臣、宮內大臣、樞密院議長、樞密院副議長、樞密顧問官、會計檢查院長、元帥、參謀總長、海軍軍令部長、教育總監若ハ軍事參議官又ハ此等ノ職ニ在リタル者前項ノ申立ヲ爲シタルトキハ勅許ヲ得ルニ非サレハ證人トシテ之ヲ訊問スルコトヲ得ス

〔理由書〕　本條乃至第百八十八條ハ證言ノ義務ヲ免除スヘキ場合ヲ規定ス

本條ハ職務上ノ秘密ニ關スルコトヲ申立タル事項ニ付勅許ヲ受ケ又ハ監督官廳ノ承諾ヲ得ルニ非サレハ訊問スルコトヲ許ササルコ

トヲ規定スルモノニシテ押收搜索ニ付第百四十八條ニ規定スル所ト其ノ趣旨ヲ同シクス

第百八十六條　左ニ揭クル者ハ證言ヲ拒ムコトヲ得

一　被告人ノ配偶者、四親等內ノ血族若ハ三親等內ノ姻族又ハ被告人ト此等ノ親族關係アリタル者

二　被告人ノ後見人、後見監督人又ハ保佐人

三　被告人ヲ後見人、後見監督人又ハ保佐人ト爲ス者

共同被告人ノ一人又ハ數人ニ對シ前項ノ關係アル者ト雖他ノ共同被告人ノミニ關スル事項ニ付テハ證言ヲ拒ムコトヲ得ス

〔理由書〕　被告人ト各號列擧ノ如キ關係アル者ニ證言拒絕ノ權利ヲ認メタルハ情誼ヲ重ンスルニ因ル蓋シ本條ニ列記スル者ハ情誼上被告事件ニ關シ供述スルコトヲ憚ルモノナリ然ルニ强テ供述ヲ爲サシムルハ人情ニ反スルヲ以テ證言ノ義務ヲ免除スルヲ相當ト認ム共同被告人ノ一人又ハ數人ニ對シ親族其ノ他ノ關係アリト雖其ノ共同被告人ノミニ關スル事項ニ付テハ證言ヲ拒ムヘキ理由ナキヲ以テ第二項ノ規定ヲ設ケタリ

一　證人ト民事原告人トノ身分關係ノ問査ノ要否

（大正十二年(れ)第二〇六一號
同十三年三月十八日第一刑事部判決）

現行刑事訴訟法ニ於テハ證人ト民事原告人トノ身分關係ヲ取調フルノ必要ナキヲ以テ同法施行前其ノ關係ヲ取調フルコトナクシテ證人ヲ訊問シタルハ違法ニ非ス

二　證言拒絕ニ關スル告知ノ欠缺ト證言ノ效力

（大正十三年(れ)第二二七四號
同十四年三月三日第一刑事部判決）

刑事訴訟法第百九十五條第二項ニ違背シ同法第百八十六條所定ノ者ニ對シテ證言ヲ拒ムコトヲ得ル旨ヲ告知セサルコトハ其ノ者ノ爲シタル證言ノ效力ヲ妨ケス

三　證據書類ト追訴又ハ併合ノ被告事件

（大正十五年(れ)第九五八號
同年八月三日第一刑事部判決）

被告事件ニ付證人又ハ鑑定人ノ訊問ヲ爲シタル後ニ於テ追訴又ハ併合決定ニ依リ該被告事件ニ新ニ加入シタル被告人アリタル場合ニ於テモ其ノ證人訊問調書又ハ鑑定書ハ追訴又ハ併合被告事件ノ證據書類タルモノトス

四　第百八十八條ノ場合ト證言拒絕ニ關スル告知ノ要否

（大正十五年(れ)第一三七〇號
同年十一月二十日第四刑事部判決）

刑事訴訟法第百八十八條ノ事由ニ因リ證言ヲ拒絕シ得ル者ニ對シテハ證言ヲ拒ムコトヲ得ル旨ヲ告クルヲ要セス

五　共同被告人ノ追起訴ト證人ノ資格調査

（昭和二年(れ)第一一七〇號同年十月十三日第五刑事部判決）

甲乙共犯ノ被告事件ニ付甲ト親族關係アルコトヲ事由トシテ豫審判事カ證人ニ對シ宣誓ヲ爲サシメス訊問ヲ爲シタル後更ニ甲ニ對シテハ併合罪ノ關係アル甲丙ノ共犯事件ニ付起訴アリタル場合ニ於テ其ノ被告事件ニ付同一證人ヲ訊問スルニハ再ヒ甲トノ關係ヲ取調フルノ要ナシ

第百八十七條　醫師、齒科醫師、藥劑師、藥種商、產婆、辯護士、辯護人、辯理士、公證人、宗教若ハ禱祀ノ職ニ在ル者又ハ此等ノ職ニ在リタル者ハ業務上委託ヲ受ケタル爲知得タル事實ニシテ他人ノ秘密ニ關スルモノニ付證言ヲ拒ムコトヲ得但シ本人承諾シタルトキハ此ノ限ニ在ラス

〔理由書〕　本條ニ於テ業務上秘密ヲ守ルヘキ事項ニ付證言拒絶ノ權利ヲ認メタル現行法第百二十五條第二項ト其ノ趣旨ヲ同シクス唯現行法ニ於テハ醫師其ノ他本條ニ列擧シタル者カ證言ヲ爲スト否トハ其ノ者ノ意思ニ依リ決シヘキモノトセルモ本條ハ之ヲ改メ押收ニ關スル場合ト同シク秘密ニ付利益ヲ有スル本人ノ承諾アルトキハ證言ヲ拒絶スルコトヲ得サルモノトセリ

第百八十八條　證言ヲ爲スニ因リ自己又ハ自己ト第百八十六條第一項ニ規定スル關係アル者刑事訴追ヲ受クル虞アルトキハ證言ヲ拒ムコトヲ得

現ニ供述ヲ爲スヘキ事件ノ被告人ト共犯ノ關係アリトシテ起訴セラレ未タ確定判決ヲ經サルトキ亦前項ニ同シ

〔理由書〕　法律ヲ以テ自己又ハ自己ト第百八十六條ノ關係アル者ノ犯罪ヲ供述スルノ義務ヲ負ハシムルハ人情ヲ無視シ事理ニ反ス犯罪ヲ供述セシメサルモ犯罪ヲ推定セラルルノ虞アル事項ヲ供述セシムルモ亦同シ本條ヲ以テ證言拒絶ノ權利ヲ認メタルハ此ノ理由ニ基クモノナリ

第百八十九條　證言ヲ拒ム者ハ之ヲ拒ム事由ヲ疏明スヘシ但シ前條ノ場合ニ於テハ其ノ事由ノ相違ナキ旨ノ宣誓ヲ以テ疏明ニ代フルコトヲ得

證言ヲ拒ム者之ヲ拒ム事由ヲ疏明スルコト能ハサルトキ又ハ宣誓ヲ爲ササルトキハ決定ヲ以テ其ノ申立ヲ却下スヘシ

〔理由書〕　證言ヲ拒ム者ヲシテ之ヲ拒ム事由ヲ疏明セシムルコトハ現行法第百二十五條第二項ニ同シ但シ第百八十八條ノ場合ニ於テハ實際上疏明ヲ爲スコトノ困難ナル場合多カルヘキヲ以テ宣誓ヲ以テ疏明ニ代フルコトヲ許シタリ證言ヲ拒ム者疏明ヲ爲ス能ハサルカ又ハ前記ノ宣誓ヲ爲ササルトキハ決定ヲ以テ拒絶ノ申立ヲ却下スヘキモノトス

證言ヲ拒ム者ノ疏明ニ代ハル宣誓

（大正十二年一月二十六日刑事第五四五號刑事局長通牒）

問　本條第一項ノ疏明ニ代ハル宣誓ハ第百九十六條ノ證人ヲシテ爲サシムヘキ宣誓トハ其ノ性質結果ヲ異ニスヘキコト明ニシテ後段ノ宣誓ニ關シテハ其ノ時、方式結果ノ告知等ニ付詳細ナル規定ヲ設クルモ前段ノ宣誓ニ關シテハ第二百十條第一項制裁ニ關スル規定ノ外何等規定スル所ナシ然ラハ此ノ場合ニ於テハ證人ハ裁判所ニ對シ其ノ事由ノ相違ナキコトヲ裁判所カ適當ト認ムル方法ニテ宣誓シ裁判所ハ其ノ旨公判調書ニ記載スルヲ以テ足ルヤ（龍ケ崎區判事）

答　貴見ノ通リ

第百九十條　召喚ヲ受ケタル證人正當ノ事由ナクシテ出頭セサルトキハ檢事ノ意見ヲ聽キ決定ヲ以テ五十圓以下ノ過料ニ處シ且出頭セサルニ因リ生シタル費用ノ賠償ヲ命スルコトヲ得此ノ決定ニ對シテハ即時抗告ヲ爲スコトヲ得

〔理由書〕　本條ハ現行法第百十八條第一項ト其ノ趣旨ヲ同シクス異ナル所ハ現行法ノ如ク秩序罪ノ性質ヲ有スル制裁ニ罰金ノ名ヲ付スルノ適當ナラサルヲ慮リ過料ニ改メタリ

證人不出頭ト其ノ事由

（昭和六年（つ）第二五號同年十一月七日第三刑事部判決）

證人カ多忙ノ爲出頭シ難キ旨ノ單純ナル屆出ヲ爲シ出頭セサルトキハ刑事訴訟法第百九十條ニ依リ處分スルコトヲ妨ケス

第百九十一條　召喚ニ應セサル證人ニ對シテハ更ニ之ヲ召喚シ又ハ之ヲ勾引スルコトヲ得

〔理由書〕　本條ハ現行法第百十八條第二項ト其ノ趣旨ヲ同シクス

一　證人不出廷ト證據決定取消ノ要否

（昭和五年（れ）第一七二九號同年十二月十二日第四刑事部判決）

召喚狀ノ送達ヲ受ケナカラ期日ニ出廷セサル證人ノ訊問決定ヲ取消サスシテ審理ヲ結了スルモ不法ニ非ス

二　召換不應ノ證人ノ不勾引及證人喚問決定ノ取消ト裁判所ノ職權

（昭和八年（れ）第一一〇六號同年十月十二日第二刑事部判決）

證人ノ不出廷ニ拘ラス召喚手續ノミヲ反覆シテ勾引狀ヲ發セサルコト及被告人ノ請求ヲ認容シテ證人喚問決定ヲ取消スコトハ刑事訴訟法ノ職權主義及實體的眞實發見主義ニ背反スルモノニ非ス

第百九十二條　第八十四條及第九十九條ノ規定ハ證人ノ召喚ニ付之ヲ準用ス

〔理由書〕　證人ノ召喚ハ召喚狀ヲ送達シテ爲スヲ本則ト爲スヘキコト被告人ノ召喚ト異ナルコトナク又被告人ノ召喚ト同シク簡易ノ

方法ニ依ルコトヲ得シムルヲ便宜トスルカ故ニ被告人ノ召喚ニ關スル第八十四條及第九十九條ヲ證人ノ召喚ニ準用シタリ

第百九十三條　第八十八條、第百條乃至第百五條及第百九條ノ規定ハ證人ノ勾引ニ付之ヲ準用ス

〔理由書〕　證人ノ勾引ハ勾引狀ヲ發シテ之ヲ爲スヘキモノニシテ勾引狀ノ執行方法ハ被告人ノ勾引ト異ナルコトナシ本條被告人ノ勾引ニ關スル法條ヲ準用シテ其ノ義ヲ明ニス

第百九十四條　證人ノ召喚狀又ハ勾引狀ニハ其ノ氏名及住居被告人ノ氏名竝被告事件ヲ記載シ裁判長之ニ記名捺印スヘシ

召喚狀ニハ出頭スヘキ年月日時及場所竝出頭セサルトキハ過料ニ處シ且勾引狀ヲ發スルコトアルヘキ旨ヲ記載スヘシ

召喚狀ノ送達ト出頭トノ間ニハ少クトモ二十四時間ノ猶豫ヲ存スヘシ但シ急速ヲ要スル場合ハ此ノ限ニ在ラス

〔理由書〕　本條第一項及第二項ハ召喚狀及勾引狀ノ形式ヲ定メタルモノニシテ其ノ第一項ニ於テ證人ノ召喚ニ氏名住居ノ記載ヲ要スルモノトシタルハ當然ノコトニシテ說明ノ要ナク被告人ノ氏名及被告事件ヲ記載セシムルコトトシタルハ證人ヲシテ如何ナル事件ニ付訊問ヲ受クヘキヤヲ知ラシムルヲ適當ト認メタルニ因ル第二項ハ現行法第百十五條第二項ト其ノ趣旨ヲ同シクス本條第三項ハ現行法第百十五條第三項ト同趣旨ニシテ異ナル處ハ但書ニ於テ急速ヲ要スル場合ヲ除外シ實際ノ必要ニ應セシメタルノ點ニアリ

本條第三項ノ猶豫期間ノ存セサル場合ニ於ケル證人供述ノ效力

（昭和七年(れ)第一六八號 同八年二月十四日第四刑事部判決）

證人ニ對スル召喚狀ノ送達ノ時ト出頭スヘキ時トノ間ニ刑事訴訟法第百九十四條第三項ノ猶豫期間存セサリシ場合ニ於テモ證人出頭シテ異議ヲ申立テサリシトキハ其ノ訊問ハ有效ナリ

第百九十五條　證人ニ對シテハ先ツ其ノ人違ナキカ否及第百八十六條第一項ニ規定スル關係アル者ナリヤ否ヲ取調フヘシ

第百八十六條第一項ニ規定スル關係アル者ニハ證言ヲ拒ムコトヲ得ル旨ヲ告クヘシ

〔理由書〕　本條第一項ハ現行法第百二十一條ト其ノ趣旨ヲ同シクス現行法ニ於テ氏名年齡等ヲ問フヘキ旨規定シタルハ人違ナキヤ否ヤヲ取調フルヲ目的トスルモノニシテ本條ト趣旨ヲ異ニスルモノニ非ス被告人ト親族其ノ他第百八十六條第一項ニ規定シタル關係ヲ有スル者ハ證言ヲ拒ム權利ヲ有ス然ルニ此等ノ者此ノ權利アルコトヲ知ラサル爲之ヲ行使セサル場合ナキヲ保スル能ハス故ニ本條第二項ニ於テ此等ノ者ニ證言拒絕ノ權アル旨ヲ告知スヘキモノ

ト爲シタリ

一　領事カ外國人ヲ證人トシテ訊問スル場合ト宣誓ノ要否
（大正十五年(れ)第五六號
昭和二年二月二十二日第六刑事部判決）

領事カ支那ニ於テ裁判權ヲ行使スルニ當リ支那人其ノ他ノ外國人ヲ證人トシテ訊問スルトキハ宣誓ヲ爲サシムル要ナキモノトス

二　證人ノ身分關係調書ノ遺脱ト證言ノ效力
（昭和九年(れ)第一一八三號
同年十二月五日第三刑事部判決）

豫審判事カ證人ヲ訊問スルニ當リ當時既ニ起訴セラレタル牽連事件ノ被告人トノ間ニ於ケル身分關係ノ調査ヲ爲サスシテ證人訊問ヲ爲シタル場合該證言ハ其ノ遺脱シタル被告人ニ對スル關係ニ於テハ證據力ヲ有セサルモノトス

第百九十六條　證人ニハ宣誓ヲ爲サシムヘシ但シ別段ノ規定アル場合ハ此ノ限ニ在ラス

（理由書）　別段ノ規定アル場合ノ外證人ヲシテ宣誓ヲ爲サシムルコトハ現行法ト異ナルコトナシ

一　證人訊問ノ手續ト宣誓資格ノ問査
（大正十二年(れ)第一八〇八號
同十三年二月二十七日第四刑事部判決）

證人ノ訊問ニ關シテ舊刑事訴訟法ニ規定スルカ如キ宣誓資格ノ問査ヲ爲ササルコトハ現行刑事訴訟法ノ下ニ在リテハ訴訟手續ノ違背ニ非ス

二　宣誓資格ノ問査ニ付舊刑事訴訟法ノ下ニ於テ違法ナル證人ノ供述ト現行刑事訴訟法ノ下ニ於ケル其ノ效力
（大正十二年(れ)第一八〇八號
同十三年二月二十七日第四刑事部判決）

舊刑事訴訟法ノ下ニ行ハレタル證人訊問ノ手續カ宣誓資格問査ノ規定ニ違背シタリトスルモ現行刑事訴訟法ノ施行後ハ同法第六百十六條第一項ノ規定ニ依リ同法ヲ適用シ其ノ證人ノ供述ハ無效ト認ムヘキモノトス

三　宣誓資格アル場合ニ宣誓ヲ爲サシメサリシ證人ノ供述
（大正十三年(れ)第九二九號
同年七月十二日第六刑事部判決）

宣誓資格ヲ有スル證人ニ宣誓ヲ爲サシメスシテ訊問シタルトキハ其ノ供述ハ證言タルノ效ナキモノトス

四　宣誓手續ノ履踐ト訊問調書ノ效力
（昭和三年(れ)第六九五號
同年六月十八日第五刑事部判決）

記錄中宣誓書存在セス又之ヲ作成セリト認ムヘキ形跡ナキ以上ハ當該證人又ハ通事ニ對スル訊問調書ハ無效ナリトス

五　公判廷外及公判廷ニ於ケル同一證人ノ訊問ト宣誓

（昭和三年（れ）一七七五號　同四年一月二十四日第五刑事部判決）

同一裁判所カ既ニ宣誓セシメタル證人ヲ重テ訊問スル場合ニ於テハ宣誓カ公判廷ニ於テ行ハレタルト將又公判廷外ニ於テ行ハレタルトヲ問ハス後ノ訊問ニ際シテハ更ニ宣誓セシムルコトヲ要セス

六　強制處分ニ於テ宣誓シタル證人ノ豫審ニ於ケル宣誓ノ要否

（昭和五年（れ）第一六六九號　同年十二月五日第四刑事部判決）

強制處分手續ニ於テ宣誓ヲ爲サシメタル證人ヲ更ニ豫審ニ於テ訊問スルトキハ新ニ宣誓ヲ爲サシムヘキモノトス

七　強制處分ニ於テ宣誓シタル鑑定人ノ豫審ニ於ケル宣誓ノ要否

（昭和六年（れ）第一五九三號　同年二月八日第一刑事部判決）

強制處分ニ於テ宣誓ヲ爲サシメタル鑑定人ヲ更ニ豫審ニ於テ訊問スルトキハ新ニ宣誓ヲ爲サシムヘキモノトス

八　共同被告人ノ追起訴ト證人ノ宣誓

（昭和七年（れ）第八二六號　同年九月五日第二刑事部判決）

甲乙共犯ノ被告事件ニ付豫審判事カ證人ニ對シ身分關係ヲ調査シ宣誓ヲ爲サシメタル上第一回ノ訊問ヲ爲シタル後同一事件ニ付更ニ丙カ共犯人トシテ追起訴セラレタル場合ニ於テ豫審判事カ同一證人ヲ再度訊問スル際甲乙ノ關係ニ於テハ更ニ宣誓ヲ爲サシムル要ナキモ丙ノ關係ニ於テハ新ニ身分關係ヲ調査シ宣誓ヲ爲サシムヘキモノトス

九　追起訴後ニ於ケル同一證人ノ訊問ト其ノ宣誓手續

（昭和八年（れ）第三〇一號　同年七月十日第一刑事部判決）

豫審判事カ被告人ニ對スル或事件ニ付宣誓ヲ爲サシメ證人ノ取調ヲ爲シタル後引續キ同一被告人ニ對スル牽連事件ヲ併セテ審理スル爲同一證人ヲ訊問スル場合ニ於テ宣誓資格ニ異動ナキコトヲ認メタルトキハ爾後ノ訊問ニ於テハ更ニ宣誓ヲ爲サシムルコトナク最初ノ宣誓ニ基キ之ヲ訊問スルヲ妨ケス

一〇　宣誓セシムヘキ證人ヲ宣誓セシメスシテ訊問シタル豫審訊問調書ノ證據力

（昭和九年（れ）第七九九號　同年九月三日第二刑事部判決）

被告人ノ五親等ノ血族タル證人ヲ宣誓セシメスシテ訊問シタル豫審調書ハ之ヲ罪證ニ供スヘカラサルモノトス

第百九十七條　宣誓ハ訊問前之ヲ爲サシムヘシ但シ宣誓ヲ爲

サシムヘキ者ナリヤ否ヤニ付疑アルトキハ訊問後之ヲ爲サシムルコトヲ得

〔理由書〕宣誓ハ訊問前之ヲ爲サシムルヲ本則ト爲スモ訊問ヲ爲シタル後ニ非サレハ宣誓ヲ爲サシムヘキヤ否ヤ疑ハシキ場合アルヲ以テ新ニ後段ノ規定ヲ設ケタリ

第百九十八條 宣誓ハ宣誓書ニ依リ之ヲ爲スヘシ

宣誓書ニハ良心ニ從ヒ眞實ヲ述ヘ何事テモ默祕セス又何事ヲモ附加セサルコトヲ誓フ旨ヲ記載スヘシ但シ訊問後宣誓ヲ爲ス場合ニ於テハ良心ニ從ヒ眞實ヲ述ヘ何事ヲモ默秘セス又何事ヲモ附加セサリシコトヲ誓フ旨ヲ記載スヘシ

裁判長ハ起立シテ宣誓書ヲ朗讀シ證人ヲシテ之ニ署名捺印セシムヘシ

〔理由書〕本條第一項第二項ハ現行法第百二十二條ト同趣旨ニシテ訊問後宣誓ヲ爲ス場合ヲ附加シタルニ過キス現行法ハ裁判所書記宣誓書ヲ讀ミ聞カス旨規定スルモ宣誓ノ形式ハ極メテ嚴肅ナルコトヲ要スルヲ以テ本條第三項ニ於テハ裁判長自ラ起立シテ之ヲ朗讀スルコトニ改メタリ此ノ場合ニ於テ被告人ハ勿論檢事、辯護人其ノ他法廷ニ在ル者悉ク起立スヘキコトハ明文ヲ俟タスシテ當然行ハルヘキコトナリ

一 證人宣誓ノ場合ニ於ケル起立

（大正十二年十二月五日 刑事第九五四六號刑事局長通牒）

證人ヲシテ宣誓セシムル場合ニハ裁判長自ラ起立シテ宣誓書ヲ朗讀スヘク此ノ場合ニ於テハ陪席判事及裁判所書記ハ勿論檢事、被告人、辯護人其ノ他法廷ニ在ル者悉ク起立スルコトト爲スヲ法ノ精神ニ適スルモノトス故ニ改正法施行ノ當初ニ於テ須ク此ノ法廷慣習ヲ樹立セサルヘカラス從テ萬一傍聽人等ニシテ故ナク起立ヲ肯セサル者アルトキハ裁判長ハ裁判所構成法第百九條ニ依リ不當ノ行狀ヲ爲ス者トシテ法廷ヨリ退斥セシムルヲ可トス

二 宣誓書ノ署名 （昭和六年(れ)第四三八號 同年五月十八日第二刑事部判決）

證人ノ宣誓書ノ署名ハ其ノ名ノミヲ自署スルヲ以テ足ル

第百九十九條 宣誓ヲ爲サシムヘキ證人ニハ宣誓前僞證ノ罰ヲ告クヘシ

〔理由書〕宣誓前僞證ノ罰ヲ諭告スルコトハ從來慣行セラルル所ナルモ明文ヲ置クヲ相當ト認メ本條ノ規定ヲ設ケタリ

證言ノ效力ト僞證罰ノ告知 （大正十三年(れ)第一八二六號 同年十一月二十九日第三刑事部判決）

證人ノ宣誓前僞證ノ罰ヲ告知セサリシトキト雖其ノ證言ノ有效ナルヲ妨ケス

第二百條　證人ノ宣誓ハ各別ニ之ヲ爲サシムヘシ

〔理由書〕　宣誓ノ重要ナル手續タルコトヲ認メ極メテ嚴肅ニ之ヲ行フヘキモノト爲シタル結果同時ニ爲サシムルコトヲ不當ト認メ必ス各別ニ爲サシムヘキモノト定ム

第二百一條　證人左ノ各號ノ一ニ該當スルトキハ宣誓ヲ爲サシメスシテ之ヲ訊問スヘシ

一　十六歲未滿ノ者

二　宣誓ノ本旨ヲ解スルコト能ハサル者

三　現ニ供述ヲ爲スヘキ事件ノ被告人ト共犯ノ關係アル者又ハ其ノ嫌疑アル者

四　第百八十六條第一項ニ規定スル關係アル者ニシテ證言ヲ拒マサルモノ

五　第百八十八條ノ場合ニ於テ證言ヲ拒マサル者

六　被告人ノ雇人又ハ同居人

前項第三號ノ規定ノ適用ニ付テハ犯人藏匿ノ罪、證憑湮滅ノ罪、僞證ノ罪、虛僞ノ鑑定通譯ノ罪及贓物ニ關スル罪ノ犯人ハ其ノ本犯ノ共犯ト看做ス

第一項ニ掲クル者宣誓ヲ爲シタルトキト雖其ノ供述ハ證言タルノ效力ヲ妨ケラルルコトナシ

〔理由書〕　本條ハ宣誓ヲ爲サシメスシテ訊問スヘキ場合ヲ規定ス證言ニ信ヲ措ク能ハサル場合ニ宣誓ヲ爲サシメサルコトハ近來ノ立法ノ傾向ナレトモ之ヲ概括的ニ規定スルトキハ法ノ運用上ノ支障尠カラサルヲ以テ本條ハ現行法ト同シク其ノ主要ナル場合ヲ列擧シテ規定スルニ止メタリ而シテ現行法ニ於テハ本條ニ列擧シタル者ノ外公權ヲ剝奪セラレ又ハ停止セラレタル者重罪事件又ハ重禁錮ノ刑ニ當ルヘキ輕罪事件ニ付公判ニ付セラレタル者並供述ヲ爲スヘキ事件ニ付曾テ訴ヲ受ケ證據不十分ノ爲免訴ト爲リタル者並民事原告人及之ト特種ノ關係アル者ノ證人ト爲ルコトヲ許サスシテ事實參考ノ爲宣誓セシメス之ヲ訊問スルコトヲ得ル旨ヲ規定スレトモ本條ニ於テハ此等ノ者ノ宣誓義務ヲ免除スヘキ理由ヲ認メサリシナリ本條第二項ニ列擧シタル罪ノ犯人カ其ノ本犯ノ被告事件ニ付爲ス證言ハ信ヲ措キ難キ點ニ於テ其ノ本犯ノ共犯ト爲ス證言ト異ナルコトナシ故ニ第二項ノ規定アリ

本條第一項ニ列擧シタル者ノ供述ハ決シテ證言タルノ效力ヲ有セサルニ非ラス而シテ偶々此等ノ者カ宣誓ヲ爲シテ供述シタルトキハ違法タルコトヲ免レサルモ之ヲ無效ニ歸セシムヘキ理由毫モ存セス即チ本條第三項ヲ以テ此ノ趣旨ヲ明ニス

一　參考人豫審調書ノ裁判書ニ於ケル表示方

（大正十三年(れ)第九八六號
同年七月十二日第三刑事部判決）

刑事訴訟法施行前ニ作成セラレタル參考人豫審調書ヲ其ノ施行後ニ證據トシテ裁判書ニ採用スルニハ證人豫審調書ト記載スルヲ以テ足ル

二 **刑事訴訟法施行前宣誓資格ナキ證人ヲ宣誓セシメタル訊問手續ト同法施行後ノ證據力**

（大正十三年（れ）第一六六號 同年九月十三日第四刑事部判決）

現行刑事訴訟法ノ施行前共犯トシテ訴追セラレタル他ノ被告人ヲ證人トシテ宣誓セシメテ訊問シタルトキハ當時ノ訴訟手續上無效ナルモ同法ノ施行後ハ無效トナラサルニ依リ之レカ供述ヲ證據ニ供スルヲ妨ケス

三 **共同被告人ノ追訴ト證人ノ宣誓**

（大正十四年（れ）第一一三一號 同年十二月二十六日第四刑事部判決）

檢事カ甲乙丙ニ對シ豫審ヲ請求シ豫審判事ハ證人ニ對シ宣誓ヲ爲サシメ第一回ノ訊問ヲ爲シタル後檢事カ更ニ丁ヲ其ノ共同被告人トシテ豫審ヲ請求シタル場合ニ於テ豫審判事カ其ノ被告事件ニ付同一ノ證人ヲ訊問スルニ際シ丁ニ關シ宣誓資格アルコトヲ確メナカラ特ニ宣誓ヲ爲サシメス證人トシテ第二回ノ訊問ヲ爲シタルトキハ其ノ證言ハ甲乙丙ニ關シテハ無效ナリ

四 **公判準備手續ニ依リ召喚シタル證人ノ訊問ト證人氏名ノ通知**

（大正十四年（れ）第二〇九七號 同十五年三月十日第四刑事部判決）

公判準備手續ニ依リ召喚シタル證人ヲ公判廷ニテ取調ヘタル以上ハタトヒ證人ノ氏名ヲ訴訟關係人ニ通知セサリシトスルモ其ノ供述ノ證言タル效力ヲ妨ケラルルコトナシ

五 **本條第一項第三號前段ニ該當スル場合**

（昭和四年（れ）第四二七號 同年五月三十日第二刑事部判決）

證人カ現ニ供述ヲ爲スヘキ事件ノ被告人ト共犯ノ關係アリトシテ有罪ノ確定判決ヲ受ケタル者ナルトキハ本條第一項第三號ニ依リ宣誓ヲ爲サシメスシテ之ヲ訊問スヘキモノトス

六 **身分關係ノ問査ヲ缺ク證人訊問調書ノ效力**

（昭和五年（れ）第一七九三號 同六年一月三十一日第三刑事部判決）

豫審ニ於ケル證人訊問調書ニ被告人トノ身分關係ノ問査ノ記載ヲ缺クモ同調書ノ無效ヲ來スモノニアラス

七 **本條第一項第五號ニ該當スル證人ト共犯者トノ身分關係調査**

（昭和八年（れ）第五六六號 同年五月廿九日第二刑事部判決）

證人ヲ甲被告人ノ犯罪事實ニ付刑事訴訟法第二百一條第一項第五

號ニ該當スル者トシテ宣誓ヲ爲サシメス訊問シタル場合ニ於テハ共犯者タル乙被告人トノ身分關係ヲ調査セサルモ該訊問調書ヲ乙被告人ノ罪證ニ供シ得ルモノトス

八　豫審ニ於ケル證人ノ訊問調書ト身分問査

（昭和九年(れ)第七五九號
同年九月四日第四刑事部判決）

豫審ニ於ケル證人訊問調書ニ刑事訴訟法第二百一條ノ規定ニ當該スルモノナリヤ否ヲ取調ヘタル旨ノ記載アルトキハ同法第百八十六條列擧ノ身分關係ヲモ問査シタル趣旨ナリト解スヘキモノトス

第二百二條　證人ノ供述證人若ハ之ト第百八十六條第一項ニ規定スル關係アル者ノ恥辱ニ歸シ又ハ其ノ財產上ニ重大ナル損害ヲ生スル虞アルトキハ宣誓ヲ爲サシメスシテ之ヲ訊問スルコトヲ得

〔理由書〕　本條ハ裁判所ノ裁量ニ依リ宣誓ヲ爲サシメスシテ訊問スルヲ得ヘキ場合ヲ規定シタルモノナリ卽チ證人ノ供述カ證人又ハ其ノ親族其ノ他ノ者ノ恥辱ニ歸シ又ハ其ノ財產ニ重大ナル損害ヲ生スル虞アル場合ニ於テハ其ノ供述ニ信ヲ措キ難キ場合多カルヘキヲ以テ裁判所ハ宣誓ヲ爲サシメスシテ之ヲ訊問スルヲ得ヘキモノト爲ス

第二百三條　證人ハ各別ニ之ヲ訊問スヘシ

後ニ訊問スヘキ證人在廷スルトキハ退廷ヲ命スヘシ

〔理由書〕　本條第一項ハ現行法第百二十七條ノ本文ト趣旨ヲ同シクス本條第二項ノ規定ハ第一項ヨリ生スル當然ノ結果ナリ

本條ニ違反スル證人訊問ノ效力

（昭和七年(れ)第八〇一號
同年八月二十五日第二刑事部判決）

刑事訴訟法第二百三條ハ訓示的規定ニ屬スルカ故ニ之ニ違背スルモ其ノ證人ノ供述ハ無效ニ非ス

第二百四條　事實發見ノ爲必要アルトキハ證人ト他ノ證人又ハ被告人ト對質セシムルコトヲ得

〔理由書〕　本條ハ現行法第百二十七條但書ト趣旨ヲ同シクス

第二百五條　證人ニハ訊問事項ニ付連絡シタル供述ヲ爲サシムヘシ

必要アル場合ニ於テハ證人ノ供述ヲ明白ナラシメ又ハ其ノ眞否ヲ判斷スル爲適當ナル訊問ヲ爲スヘシ

〔理由書〕　本條ハ證人訊問ニ關スル訓示的規定ナリ證人ノ訊問ハ眞情ヲ得ルニ最モ適當ナル方法ニ依ルヘク訊問スヘキ人ノ熟練ニ待ツコト多キカ故ニ法律ヲ以テ之ヲ制限スヘキ謂ハレナシ然レトモ訊問事項ヲ定メテ斷片的ニ問ヲ發シ之ニ對シテ斷片的ニ答ヲ求メ爲ニ證人ノ供述前後ノ連絡ヲ缺キ之ヲ閲ク者又ハ其ノ調書ヲ讀ム

者ヲシテ眞僞ヲ判斷スルニ由ナカラシムルカ如キ又押問答ノ爲證人ヲシテ支離滅裂ノ供述ヲ爲サシメ人ヲシテ了解ニ苦マシムルカ如キハ最モ拙劣ナル取調ナリ故ニ本條第一項ヲ以テ連絡シタル供述ヲ爲サシムヘキコトヲ示シ此ノ如キ弊ニ陷ルコトナカラシメムトシタルモノナリ

本條第二項ノ規定ハ殆ト言フヲ要セサル如クナルモ證人ノ陳述曖昧ナルモ之ヲ確ムルコトヲ爲サス又其ノ眞僞ニ付疑アルモ之ヲ判別スルコトヲ努メサルカ如キハ非常ナル怠慢ナルニ拘ラス時トシテ經驗ニ乏シキ審問官ノ陷リ易キ弊ナルヲ以テ特ニ此ノ規定ヲ示シ過誤ナカラシメンコトヲ期シタリ

一　證人訊問ト訊問事項ノ取捨　（大正十三年(れ)第二八六號 同年四月十七日第五刑事部判決）

證人訊問決定ノ際訊問事項ノ指定セラレタル場合ト雖裁判所ハ其ノ事項以外ニ亘リ臨機適切ナル訊問ヲ爲シ得ヘク又指定事項ニ付テモ之カ要否ヲ甄別シ適宜其ノ取捨ヲ爲シ得ヘキモノトス

二　證人訊問ト諭示　（昭和六年(れ)第七一八號 同年八月六日第二刑事部判決）

證人カ眞實ヲ述ヘサル傾向アル場合ニ於テハ豫審判事ハ眞實ヲ述ヘシムル爲適當ナル諭示ヲ爲スコトヲ得

第二百六條　證人ニハ其ノ實驗シタル事實ニ因リ推測シタル事項ヲ供述セシムルコトヲ得

前項ノ供述ハ鑑定ニ屬スル故ヲ以テ證言タルノ效力ヲ妨ケラルルコトナシ

〔理由書〕　證言ハ訴訟外ノ實驗ニ基キ過去ノ事實ヲ供述スルコトヲ本質トスルモノナリ本案ニ於テモ亦之ヲ認メサルニ非ス然ルニ實際ニ於テ證人ハ實驗シタル事實ヨリ推測シタル事項ヲ供述スルコトアリ而シテ其ノ推測ハ普通ノ智識ヲ以テ爲シ得ヘキモノアリ特別ノ智能ヲ以テスルニ非サレハ爲シ得ヘカラサルモノアリ特別ノ智能ヲ以テ推測シタル事項ノ供述ハ嚴格ノ意味ニ於テハ證言ニ非スシテ寧ロ鑑定ノ性質ヲ有ス而シテ多クノ場合ニ於テハ此ノ點ニ付疑ヲ生スルコトナカルヘシト雖時トシテハ實驗ト推測トノ間ニ明確ナル分界ヲナス能ハサルコトアリ又普通ノ智識ニ依ル推測ト特別ノ智能ニ依ル判斷ト分別スルコト極メテ困難ナル場合アリ故ニ推測ニ屬スルコトヲ理由トシテ別ニ鑑定人ノ宣誓ヲ要スルモノト爲スハ甚タ不便ナルノミナラス屢々宣誓ノ效力ニ疑ヲ生スルノ虞アリ之ニ由テ推測モ亦之ヲ證言ノ一部ト看做スヲ至當ト認メ又ハ其ノ性質鑑定ニ屬スルノ故ヲ以テ證言タルノ效力ヲ失ハシメサルモノトシ本條ノ規定ヲ設ケタリ

一　證人カ實驗セル事實ヨリ推測シタル事項ノ供述

（昭和二年(れ)第一〇一〇號 同年九月二十三日第一刑事部判決）

證人カ醫師トシテ被害者ヲ診察シタル關係上實驗セル事實ニ因リ推測シタル事項ニ付供述シタル場合ニ於テ其ノ供述ハ證言トシテ效力アルモノトス

二　被告人推測事項ノ供述ト證據

（昭和六年(れ)第一二一七號 同年十一月十九日第一刑事部判決）

被告人ノ實驗事實ニ因ル推測事項ノ供述ハ之ヲ斷罪ノ證據ニ供スルコトヲ得

第二百七條　第八十五條、第百三十六條及第百三十八條ノ規定ハ證人ノ訊問ニ付之ヲ準用ス

〔理由書〕　證人ハ被告人ト同シク出頭シタルトキハ速ニ之ヲ訊問スヘク證人裁判所構內ニ在ルトキハ召喚セサル場合ト雖之ヲ訊問スルコトヲ得ヘク其ノ訊問ハ裁判所書記ノ立會ヲ必要トシ聾者唖者ノ訊問ニ書面ヲ用フルコトヲ得ヘシ本條被告人ノ召喚竝被告人ノ訊問ニ關スル法條ヲ準用シテ其ノ義ヲ明ニス

第二百八條　證人ハ必要アル場合ニ於テハ裁判所外ニ之ヲ召喚シ又ハ其ノ所在ニ就キ之ヲ訊問スルコトヲ得

〔理由書〕　證人ノ出頭スヘキ場所ハ多クノ場合ニ於テハ裁判所ナリ然レトモ犯所其ノ他ノ場所ニ於テ證人ヲ訊問シ又ハ其ノ所在ニ付之ヲ訊問スル必要アル場合尠カラス現行法ニ於テモ第百十條、第百十五條、第百二十一條ニ同趣旨ノ規定アリ本案ハ之ヲ一括シテ本條ニ規定ス

第二百九條　親任官又ハ親任官ノ待遇ヲ受クル者ハ其ノ現在地ヲ管轄スル裁判所ニ於テ之ヲ訊問スヘシ

帝國議會ノ議員議會ノ開會中開會地ニ滯在スルトキハ其ノ滯在地ヲ管轄スル裁判所ニ於テ之ヲ訊問スヘシ

〔理由書〕　本條ノ趣旨現行法第百三十條ニ同シ現行法ノ如ク皇族證人ナル場合ノ規定ヲ設ケサルハ皇族ノ身位其ノ他ノ權義ニ關スル規定ハ皇室典範ノ示ス所ニ從ヒ特別ノ法規ニ讓ルヘキモノト爲シタルニ因ル

一　親任官又ハ親任官ノ待遇ヲ受クル者ニ對スル受命判事ノ證人訊問ト公開ノ要否

（昭和三年(れ)第一四九七號 同年十二月二十七日第二刑事部判決）

親任官又ハ親任官ノ待遇ヲ受クル者ト雖受命判事ヲシテ其ノ現在地ニ就キ證人トシテ之ヲ訊問セシムルコトヲ得ルモノニシテ其ノ訊問ハ公開スルヲ要セサルモノトス

二　國務大臣ノ前官禮遇ヲ賜ハレル者ニ對スル證人訊問

（昭和二年七月二十二日刑事第五四七四號刑事局長回答）

問　退官後猶ホ國務大臣トシテ前官ノ禮遇ヲ賜ハレル者ヲ刑事訴訟手續ニ於テ證人トシテ訊問スルニ刑事訴訟法第二百九條第一項ヲ適用スヘキモノナルヤ刑事訴訟法第二百九條第一項ノ規定ヲ單ニ優遇規定ト解スレハ右禮遇者ハ同條項ニ依リテ取扱フヘキモノナルカ如キモ同條項ヲ以テ國家樞要ノ職務ニ從事シ現在地ヲ離レシメ得サルカ故ニ設ケラレタル公益規定ナリト解スルトキハ右禮遇者ノ如キハ單ニ國家ノ功勞者トシテ優遇ヲ受クルニ止マリ別段法規上ノ職務ヲ有スル者ニアラサレハ右條項ノ適用ヲ受クヘキモノニアラサルヤニ思料セラル禮遇者ノ官制上ノ地位並其ノ取扱ニツキ疑義アリ（大阪所長）

答　刑事訴訟法第二百九條第一項ノ規定ハ親任官又ハ親任官ノ待遇ヲ受クルモノノ國務遂行上ノ職責ヲ重ンシ又他面ニ於テ斯ル地位ニ在ル者ヲ特ニ優遇スルノ趣旨ニ出テタルモノト解スヘク退官後猶ホ國務大臣トシテ前官ノ禮遇ヲ賜ハル者ハ同條項ニ所謂親任官ノ待遇ヲ受クル者ナルコトハ勿論ナルヲ以テ法規上ノ職務ヲ有セサル場合ト雖之ヲ優遇スルノ趣旨ニ照シ同條項ノ適用ヲ受クヘキモノト解スルヲ相當トス

但本人ノ承諾アル場合ハ此ノ條項ヲ適用セスシテ他ノ場所ニ於テ訊問スルモ差支ナシ

第二百十條　證人正當ノ事由ナクシテ宣誓又ハ證言ヲ拒ミタルトキハ檢事ノ意見ヲ聽キ決定ヲ以テ百圓以下ノ過料ニ處ス第百八十九條第一項但書ノ場合ニ於テ虛僞ノ宣誓ヲ爲シタルトキ亦同シ

前項ノ決定ニ對シテハ即時抗告ヲ爲スコトヲ得

〔理由書〕　本條ノ趣旨現行法第百二十六條ニ同シ罰金ヲ過料ニ改メタルハ第百九十條ニ付說明シタル所ニ同シ虛僞ノ宣誓ヲ爲シタル場合ヲ加ヘタルハ宣誓ヲ以テ證言ヲ拒ム理由ノ疏明ニ代フルヲ得ルノ制ヲ設ケタルヲ以テナリ

過料ニ處シタル證人ニ對シ其ノ處分確定後同一事項ニ付同一處分ヲ反覆スルノ可否

（大正十二年十二月十二日刑事第一〇三四一號刑事局長通牒）

問　第二百十條ヲ適用シテ過料ニ處シタル證人ニ對シ其ノ處分確定後再度宣誓又ハ證言ヲ拒ミタル時ハ同一處分ヲ反覆スルヲ妨ケサルモノト解シ可然哉（福岡檢事正）

答　貴見ノ通

第二百十一條　裁判所ハ必要アルトキハ決定ヲ以テ指定ノ場所ニ證人ノ同行ヲ命スルコトヲ得證人正當ノ事由ナクシテ

同行ヲ肯セサルトキハ之ヲ勾引スルコトヲ得

〔理由書〕 本條ノ趣旨現行法第百二十八條ニ同シ

第二百十二條 裁判所ニ於テ證人ヲ訊問スヘキトキハ部員ヲシテ之ヲ爲サシメ又ハ證人ノ現在地ノ豫審判事、區裁判所判事若ハ法令ニ依リ特別ニ裁判權ヲ有スル官署ニ之ヲ囑託スルコトヲ得

受託官署ハ受託ノ權限アル官署ニ轉囑スルコトヲ得

受託官署受託事項ニ付權限ヲ有セサルトキハ受託ノ權限アル官署ニ囑託ヲ移送スルコトヲ得

受命判事又ハ受託判事ハ證人ノ訊問ニ關シ裁判所又ハ裁判長ニ屬スル處分ヲ爲スコトヲ得但シ第百九十條及第二百十條ノ決定ハ裁判所亦之ヲ爲スコトヲ得

〔理由書〕 本條第一項ハ現行法第百九十一條ヲ修正シタルモノナリ現行法ハ證人正當ノ事故ニ因リ出頭スル能ハサルコトヲ疏明シタル場合ニ其ノ所在ニ就キ訊問セシムル旨ヲ規定スルモ狹キニ失スルヲ以テ裁判所ニ於テ訊問スヘキトキト改メタリ

本條第二項及第三項ノ規定ハ第百五十四條第二項第三項ト其ノ趣旨異ナルコトナシ

一 受託判事ノ證人訊問ト訴訟關係人ノ立會

（大正十三年(れ)第八五號 同年三月二十七日第二刑事部判決）

受託判事ノ爲ス證人訊問ニハ特別ノ規定アル場合ノ外訴訟關係人ヲ立會ハシムル要ナキモノトス

二 證人訊問ノ轉囑ト證人訊問調書ニ於ケル其ノ記載

（大正十四年(れ)第六八四號 同年六月十九日第一刑事部判決）

乙裁判所判事カ甲裁判所判事ノ囑託ニ因ル證人訊問ヲ丙裁判所判事ニ轉囑シタル場合ニ於テ記錄上其ノ事實ヲ明確ニ爲シ得ル以上ハ縱令證人訊問調書ニ乙裁判所判事ヨリ囑託ヲ受ケタル旨ノ記載アルノミニシテ轉囑ノ記載ナシトスルモ事實上適法ニ行ハレタル其ノ證人訊問ハ有效ナリ

三 證人訊問ノ囑託ト證據決定ノ施行

（大正十五年(れ)第一八七二號 昭和二年二月十日第二刑事部判決）

公判裁判所カ決定シタル證人ノ訊問ヲ其ノ所在地ノ區裁判所判事ニ囑託シタルトキハ受託判事ヨリ送致セル證人訊問調書ヲ公判廷ニ顯出スルニ非サレハ其ノ訊問ノ決定ハ完全ニ施行セラレタルモノト謂フヲ得ス

四 受託判事ノ證人訊問ト期日ノ通知

（昭和二年(れ)第一二四四號 同年十月二十五日第一刑事部判決）

證人ノ訊問ニ付公判裁判所ヨリ囑託セラレタル區裁判所判事カ辯護人ニ期日ノ通知ヲ爲サスシテ證人ノ訊問ヲ爲スハ違法ニ非ス

五　受託官署ノ證人訊問ト訴訟關係人ニ對スル右訊問期日ノ通知

（昭和八年(れ)第四〇八四號　同年六月十六日第四刑事部判決）

受託官署ノ爲ス證人訊問ニハ訴訟關係人ヲ立會ハシムルノ要ナク從テ又訴訟關係人ニ對シテ訊問期日ノ通知ヲ爲スヲ要セス

第二百十三條　豫審判事ハ證人ノ訊問ニ關シ裁判所又ハ裁判長ト同一ノ權ヲ要ス

〔理由書〕　證人訊問モ亦裁判所ヲ本位トシテ規定シタルヲ以テ本條ニ依リ豫審判事ノ權限ヲ定メ豫審ニ於テモ前數條ノ規定ニ從フヘキコトヲ示ス

第二百十四條　檢事ハ第百二十三條各號ノ場合又ハ現行犯人ヲ逮捕シ若ハ之ヲ受取リタル場合ニ於テ急速ヲ要スルトキハ公訴提起前ニ限リ第百八十四條乃至第二百十一條ノ規定ニ準シ證人ヲ訊問シ又ハ其ノ訊問ヲ他ノ檢事若ハ司法警察官ニ命令シ若ハ囑託スルコトヲ得

司法警察官ハ前項ノ場合ニ於テハ公訴提起前ニ限リ第百八十四條乃至第二百十一條ノ規定ニ準シ證人ヲ訊問シ又ハ其ノ訊問ヲ他ノ司法警察官ニ命令シ若ハ囑託スルコトヲ得

〔理由書〕　本條ハ檢事及司法警察官ノ爲ス證人訊問ニ關スル規定ナリ本條ニ規定スル場合ニ於テ檢事及司法警察官カ押收、搜索竝檢證ヲ爲シ得ヘキコトハ既ニ述ヘタル所ナリ同一ノ場合ニ於テ檢事及司法警察官ヲシテ證人ヲ訊問スルコトヲ得セシメタルハ之ト同一ノ理由ニ基クモノナリ

一　檢事又ハ司法警察官ハ召喚ニ應セサル證人ニ勾引狀ヲ發スルノ可否

（大正十二年十二月十二日　刑事第一〇三四一號刑事局長通牒）

問　本條ノ場合ニ於テ召喚ニ應セサル證人アルトキハ檢事又ハ司法警察官モ亦第百九十一條ニ依リ勾引狀ヲ發スルコトヲ得ト解シ可然哉（福島檢事正）

答　貴見ノ通

二　司法警察官獨立シテ爲シタル證人、鑑定人訊問又ハ檢證ノ爲メニ要シタル諸費用ノ支辨方

（大正十三年四月十七日　刑事第三五九〇號刑事局長回答）

問　刑事訴訟法ニ依リ司法警察官ノ取扱ニ係ル左記事項ニ付要スル費用ハ孰レモ直接檢事事務ニ屬スルヲ以テ司法警察官ノ旅費日當等其ノ身分ニ屬スルモノノ外ハ檢事局ニ於テ負擔相成候ヲ相當ト被存候得共一應御見承知度

尙明治十四年貴省達ニ依リ警部代理ヲ命セラレタル巡査ハ刑事

訴訟法第百二十三條ニ依リ檢事ノ命令アリタル場合司法警察官トシテ勾引狀ヲ發シ得ルモノト被存候處急速ヲ要スル際警部代理ヲ命セル巡査ニ付テハ其ノ氏名ヲ豫メ裁判所ヘ通牒候暇無之コト有之此ノ場合ト雖檢事ノ命令アリタルニ於テハ右巡査ニ於テ司法警察官トシテ勾引狀ヲ發シ得ルモノト存候得共是亦御意見承知致度（以下略）

記

一 檢事ノ命令ニ基キ司法警察官ニ於テ變死者又ハ變死者ノ疑アル死體ノ檢視ヲ爲シタル場合之ニ伴フ諸費

二 司法警察官カ檢證ヲ爲シタル場合之ニ伴フ諸費

三 司法警察官カ證人訊問、鑑定ノ命令ヲ爲シタル場合刑事訴訟法第二百十八條及第二百二十九條ニ依リ證人、鑑定人ノ請求ニ係ル旅費日當其ノ他ノ諸費（內務省警保局長問合）

答 司法警察官カ檢事ノ指揮又ハ命令ニ依ラス獨立シテ證人若ハ鑑定人ヲ訊問シ又ハ檢證等ヲ爲シタル場合證人、鑑定人ニ給スヘキ旅費、日當其ノ他之ニ伴フ諸費ハ從來檢事局ニ於テ之ヲ支給シタル事例無之現在ニ於テモ支給致難キモノト思料致候尚巡査ニシテ警部ノ代理ヲ命セラレタル場合ニ於テハ其ノ氏名ヲ豫メ裁判所ヘ通牒シアルト否トニ拘ラス司法警察官トシテ職務ヲ行ヒ得ルモノナルヲ以テ刑事訴訟法第百二十三條ニ依リ檢事ノ命令シタル勾引狀ヲ發スルコトヲ得ルハ勿論ノ儀ト存候ヘ共刑事訴訟法上嚴ニ司法警察官ト司法警察吏トヲ區別シタル趣旨ニ從ヒ巡査ヲシテ警部ノ代理ヲ爲サシムルハ眞ニ不得止場合ニ限ルヘキモノト思料被致候條此ノ點特ニ御留意相成度候

三 檢事ノ委囑ヲ受ケ作成シタル鑑定書ノ證據力

（昭和七年(れ)第七〇四號 同年七月八日第四刑事部判決）

檢事ハ刑事訴訟法第百二十三條各號ニ該當セサル場合又ハ現行犯人ヲ逮捕シ若ハ之ヲ受取リタルニ非サル場合ト雖犯罪捜査ノ爲必要ニ應シ鑑定ノ委囑ヲ爲スコトヲ得ヘク其ノ委囑ヲ受ケタル者カ任意ニ作成シタル鑑定書ハ無效ノモノニ非ス之ヲ罪證ニ供スルコトヲ妨ケス

第二百十五條 檢事又ハ司法警察官證人ヲ訊問スル場合ニ於テハ宣誓ヲ爲サシムルコトヲ得ス

〔理由書〕 本條ハ檢事又ハ司法警察官カ證人ヲ訊問スル場合ニ於テ宣誓ニ關シ特例ヲ定メタルモノナリ即チ裁判所カ證人ヲ訊問スル場合ハ宣誓ヲ爲サシムルヲ以テ原則トスルモノナルモ檢事又ハ司法警察官カ證人ヲ訊問スル場合ハ宣誓ヲ爲サシムルコトヲ得サルモノト爲シタリ蓋シ證人ノ供述ノ正確ヲ期スル目的ヨリ云フトキハ檢事又ハ司法警察官カ證人ヲ訊問スル場合ニ於テモ宣誓ヲ命スルヲ可トスヘキカ如シト雖宣誓ハ從來裁判所ニ對シテ之ヲ爲スモ

ノト爲シ來リタル一般的ノ觀念上宣誓ヲ爲サシメサルヲ穩當ト爲シ斯ク規定シタルモノナリ

第二百十六條　司法警察官證人ヲ訊問スル場合ニ於テハ司法警察吏ヲシテ立會ハシムヘシ

〔理由書〕證人訊問ニハ必ス裁判所書記ノ立會ヲ要スルコトト爲シ其ノ規定ハ第二百十四條ニ依リ檢事訊問ヲ爲ス場合ニ準用スヘキモノナリ司法警察官ノ爲ス訊問ニ付司法警察吏ノ立會ヲ必要トスルハ第百三十九條ト同一ノ趣旨ニ出ツ

司法警察官ノ職務ヲ行フ者被疑者若ハ證人ノ訊問ヲ爲ス場合ノ立會

（大正十三年三月十日 刑事第二四八〇號刑事局長通牒）

問　司法警察官カ被疑者若クハ證人ノ訊問ヲ爲ス場合ニ於テハ刑事訴訟法第百三十九條、第二百十六條ニ依リ司法警察官ヲシテ立會ハシムルコトヲ要ス然ルニ勅令第五百二十八號第四條第四號ニ依リ司法警察官ノ職務ヲ行フ者ニハ其ノ部下ニ司法警察吏ノ職務ヲ行フ附屬吏ナキ故ニ之ヲ立會セシムルコト能ハス就テハ該條ハ司法警察吏アル場合ニハ之ヲ立會セシムヘキモ之ナキ場合ニハ立會ヲ要セストノ趣旨ニ解シ可然哉將亦規範第二十八條ニ依リ司法警察吏タル巡査憲兵卒ニ援助ヲ求メ立會セシムヘキモノナリヤ（廣島檢事正）

答　司法警察官ノ職務ヲ行フ者刑事訴訟法第百三十條又ハ第二百十六條ニ依リ訊問ヲ爲ス場合ニ司法警察吏在ラサルトキハ司法警察官ノ職務ヲ行フ者ヲシテ立會ハシムルモ差支ナシ

第二百十七條　第二百十四條ノ規定ニ依リ證人ヲ過料ニ處シ又ハ之ニ賠償ヲ命スヘキトキハ證人ノ現在地ヲ管轄スル區裁判所ニ其ノ處分ヲ請求スヘシ

〔理由書〕證人ヲ過料ニ處スルノ規定ハ檢事及司法警察官ノ訊問スル場合ニ準用スヘキモノナルモ檢事又ハ司法警察官ハ自ラ裁判ヲ爲スコトヲ得サルヲ以テ本條ニ於テ其ノ請求ニ依リ裁判ヲ爲スヘキ裁判所ヲ定メタリ

第二百十八條　證人ハ旅費、日當及止宿料ヲ請求スルコトヲ得但シ正當ノ事由ナクシテ宣誓又ハ證言ヲ拒ミタル者ハ此ノ限ニ在ラス

〔理由書〕本條ハ證人ヲシテ旅費日當止宿料ヲ請求スルコトヲ得セシム唯正當ノ事由ナクシテ宣誓又ハ證言ヲ拒ミタル者ハ證人ノ義務ヲ盡サヽルヲ以テ之ヲ除外シタリ

一　強制處分ニ於テ訊問ヲ爲シタル證人又ハ鑑定人ニ對シ支給スル日當旅費等

（大正十三年三月二十八日 刑事第三〇一一號刑事局長回答）

問　刑事訴訟法第二百五十五條ニ依リ判事ノ呼出シタル證人鑑定

人ニ支給スヘキ日當旅費等ハ刑事訴訟費用法ニ據リ支給スヘキモノナリヤ將タ犯罪捜査ノ爲檢事ノ呼出シタル者トシテ支給スヘキモノナリヤ若シ後段ノ通ナリトスレハ其ノ支給額ハ檢事ニ於テ定ムヘキモノナリヤ將タ當該判事ニ於テ定ムヘキモノナリヤ（鳥取檢事正）

答　大正十年司法省令第十二號ニ依リ支給シ差支ナシ

二　鑑定命令ト鑑定事項ノ取捨（昭和八年(れ)第六一四號 同年六月二十六日第二刑事部判決）

刑事裁判所カ當事者ノ請求ニ基キ單ニ鑑定ヲ命スヘキ旨ノ決定ヲ爲シタル場合ニ於テハ當事者ノ申請シタル鑑定事項數多アルトキト雖之ニ拘束セラルルコトナク該事項中之カ要否ヲ甄別シ適宜其ノ取捨ヲ爲シ鑑定ヲ命シ得ルモノトス

第十四章　鑑　定

〔理由書〕現行法ハ鑑定ニ關スル規定ヲ豫審ノ章ニ置キタルモ第九章ニ述フルト同一ノ理由ニ依リ之ヲ總則中ニ規定シタリ

第二百十九條　裁判所ハ學識經驗アル者ニ鑑定ヲ命スルコトヲ得

〔理由書〕本條ノ趣旨現行法第百三十五條第一項ニ同シ現行法ニハ

犯罪ノ性質、方法、結果ヲ分明ナラシムル爲トアレトモ此ノ如ク目的ヲ限定スヘキ理由存セサルヲ以テ之ヲ削除セリ

第二百二十條　鑑定人ニハ鑑定ヲ爲ス前宣誓ヲ爲サシムヘシ

宣誓ハ宣誓書ニ依リ之ヲ爲スヘシ

宣誓書ニハ良心ニ從ヒ誠實ニ鑑定ヲ爲スヘキコトヲ誓フ旨ヲ記載スヘシ

〔理由書〕本條ノ趣旨現行法第百三十七條ニ同シ現行法ニ從ヘハ宣誓書ニ良心ニ從ヒノ文字ナキモ自ラ此ノ精神ヲ含ムモノト解スルヲ正當トスヘシ本條ハ此ノ趣旨ヲ以テ宣誓書ノ式ヲ改ムルコトトセリ

一　鑑定人及通事ノ宣誓（大正十三年一月十五日 刑事第三九一號刑事局長回答）

問　刑事訴訟法ニ依リ鑑定人及通事ニ宣誓ヲ爲サシムル場合ニ於テ同法第九十八條第三項ニ準シ裁判長起立シテ其ノ宣誓書ヲ朗讀シ在廷者一同ヲシテ起立セシムルヲ相當トスヘキヤ

（宮城院長）

答　刑事訴訟法ニ依リ鑑定人及通事ニ宣誓ヲ爲サシムル場合ニ於テハ證人宣誓ノ場合ト同樣ノ形式ニ從ヒ在廷者一同ヲシテ起立セシムヘキモノトス

二　鑑定人ノ宣誓ノ方式　（大正十四年（れ）第六一八號 同年六月九日第一刑事部判決）

刑事訴訟法第二百二十條ニ依リ宣誓ヲ爲スニハ必スシモ同條示ス所ノ文詞ヲ用フルコトヲ要セス宣誓ノ文詞ニシテ同趣旨ナル以上卽チ適法ノ宣誓タルヲ失ハサルモノトス

三　裁判所構成法第百十七條ニ依ル通事ト宣誓ノ義務　（大正十五年（れ）第一〇四號 同年三月二十七日第四刑事部判決）

裁判所書記カ裁判所構成法第百十七條ノ規定ニ基キ通事ヲ爲ス場合ニハ宣誓ノ義務ナキモノトス

四　地方裁判所書記ノ控訴院ニ於ケル通譯ト宣誓　（昭和五年（れ）第一〇四七號 同年九月一日第二刑事部判決）

地方裁判所書記カ上官ノ命ニ依リ控訴院書記ノ職務ヲ補助シ通譯ヲ爲ス場合ニ於テハ宣誓ヲ要セサルモノトス

第二百二十一條　鑑定ノ經過及結果ハ鑑定人ヲシテ鑑定書ニ依リ又ハ口頭ヲ以テ之ヲ報告セシムヘシ

鑑定人數人アルトキハ共同シテ報告ヲ爲サシムルコトヲ得

鑑定書ヲ差出シタル場合ニ於テ必要アルトキハ口頭ヲ以テ其ノ說明ヲ爲サシムルコトヲ得

〔理由書〕　本條ハ現行法第百四十條ニ相當ス現行法ニ於テハ鑑定人ハ常ニ鑑定書ヲ作ルヘキモノトセルモ簡單ナル事項ニ付テハ口頭ヲ以テ報告セシムルヲ便ト爲スカ故ニ本條ニ於テハ鑑定ノ手續及結果ハ書面又ハ口頭ヲ以テ報告セシムルコトトシ尙書面報告ノ場合ニ於テハ口頭ヲ以テ其ノ說明ヲ爲サシムルコトヲ得ルモノトス

鑑定人數人アル場合ニ於テハ各別ニ報告ヲ爲サシムヘキ場合アリ又共同シテ報告ヲ爲サシムヘキ場合アリ殊ニ複雜ナル事項ニ付キテハ數人ノ鑑定人相協力シテ研究ヲ遂ケ其ノ研究ノ結果ヲ共同シテ報告スヘキ場合ナシトセス其ノ孰レニ依ルヘキヤハ一ニ裁判所ノ定ムル所ニ從フ

一　鑑定命令ニ指定ノ計算期間ヲ超越シテ爲シタル鑑定ノ效力　（大正十三年（れ）第一二八四號 同年十一月二十八日第一刑事部判決）

鑑定命令ニ於テ一定ノ期間內ニ行ハレタル取引ノ證據金及其ノ代用品ノ額ヲ鑑定スヘキ旨ヲ命セラレタル場合ニ於テ鑑定人カ其ノ命令ノ期間ヲ超越シ數額ヲ算定シタルモ鑑定資料ニ供スル帳簿ノ記載其ノ他ノ關係上便宜長期ニ亘リ計算ヲ爲シ鑑定事項ヲ明ニスル場合ニハ其ノ鑑定ヲ以テ違法ナリト謂フヘカラス

二　鑑定命令ニ指示セル以外ノ資料ヲ判斷ニ供シタル鑑定ノ效力

（大正十三年(れ)第一二八四號
同年十一月二十八日第一刑事部判決）

鑑定人カ鑑定命令ニ於テ指示セル資料以外被告事件ノ記錄ニ存スル他ノ資料ヲ鑑定ノ用ニ供スルモ其ノ命令ニ特ニ鑑定資料ヲ制限セサル以上ハ其ノ鑑定ハ違法ニ非ス

三　鑑定書ト證據調手續

（大正十四年(れ)第七一八號
同年七月二日第五刑事部判決）

裁判所カ鑑定人ヲシテ鑑定ノ經過及結果ヲ鑑定書ニ依リ報告セシメタルトキハ其ノ鑑定書ニ付證據調手續ヲ爲スヘキモノトス

四　鑑定書ノ證據調

（大正十四年(れ)第一一四一號
同年十月八日第二刑事部判決）

鑑定人訊問ノ決定ニ基キ鑑定人ノ提出シタル鑑定書ニシテ之ヲ被告人ニ示スコトカ之ヲ朗讀シ若ハ要旨ヲ告クルヨリモ其ノ內容ヲ知悉セシムルニ適スル場合ニ於テ裁判所カ之ヲ公廷ニ顯出シテ被告人ニ示ストキハ之ニ依リ其ノ證據決定ハ履踐セラレタルモノトス

五　鑑定人數名アル場合ニ於ケル鑑定書ノ作成

（大正十五年(れ)第五四三號
同年五月二十日第五刑事部判決）

鑑定人數名ニ對シ箇箇ニ鑑定ヲ命シタリトスルモ鑑定事項カ同一ニシテ鑑定ノ經過及結果亦同一ナル以上數名ノ鑑定人ハ共同シテ一箇ノ鑑定書ニ依リ之ヲ報告スルヲ妨ケス

六　鑑定ノ經過ノ記載ヲ缺ク鑑定書ノ效力

（昭和二年(れ)第一〇五七號
同年十月四日第四刑事部判決）

鑑定書ニ鑑定ノ經過ノ記述ヲ缺クモ鑑定ハ無效ニ非ス

七　心神耗弱ナル法律上ノ用語ヲ使用シタル鑑定ノ效力

（昭和八年(れ)第四三八號
同年五月十八日第二刑事部判決）

鑑定人カ被告人ハ變質者ニシテ精神ニ障礙アリ其ノ程度輕ク事物ノ理非善惡ヲ辨識スル能力ヲ缺如スル程度ニ達セサルモノト判斷シ其ノ障礙ノ程度ヲ表示スルニ當リ偶心神耗弱ナル法律上ノ用語ヲ使用シタレハトテ該鑑定ヲ不法ト爲スニ足ラス

八　鑑定ヲ爲スヘキ特別智識ト裁判官ノ判斷

（昭和八年(れ)第一一二六號
同年十月十六日第二刑事部判決）

裁判所ニ鑑定ヲ爲スヘキ特別知識ナキ場合ト雖孰レノ鑑定カ正當ナリ否ヤヲ判斷スルニ差支ナシ

九 數人ノ鑑定人ノ鑑定ノ結果カ各異リタル場合ト其ノ效果

（昭和八年(れ)第一一二六號 同年十月十六日第二刑事部判決）

數人ノ鑑定人ノ鑑定結果カ各異リタルトキト雖必シモ其ノ結果ヲ不明ナリト觀ルヘキモノニアラス

第二百二十二條 裁判所ハ必要アル場合ニ於テハ鑑定人ヲシテ裁判所外ニ於テ鑑定ヲ爲サシムルコトヲ得

前項ノ場合ニ於テハ鑑定ニ關スル物ヲ鑑定人ニ交付スルコトヲ得

被告人ノ心神又ハ身體ニ關スル鑑定ヲ爲サシムニル付必要アルトキハ裁判所ハ期間ヲ定メ病院其ノ他ノ相當ノ場所ニ被告人ヲ留置スルコトヲ得

〔理由書〕 本條第一項第二項ニ規定スル所ハ現在明文ナキニ拘ハラス慣例上實行シ來レル所ナリ本條ニ於テハ之ヲ明示スルヲ妥當トシ前上ノ規定ヲ設ケタリ第三項ノ處分ハ鑑定ノ目的ヲ達スル爲ニ缺クヘカラサルモノナルモ現行法之ヲ定メス故ニ之ヲ明示シテ其ノ缺點ヲ補正シタリ

一 勾留中ノ被告人ヲ病院其ノ他ノ場所ニ留置シタルトキニ於ケル取扱方

（大正十三年二月二十五日 行丙第一九號行刑局長刑事局長回答）

問 刑事訴訟法第二百二十二條第三項被告人ノ心神又ハ身體ニ關スル鑑定ヲ爲サシムル必要アルトキハ裁判所ハ期日ヲ定メ病院其ノ他ノ相當ノ場所ニ被告人ヲ留置スルコトヲ得トアリ此ノ場合ニ於テハ勾留中ナルトキハ勾留ヲ取消サスシテ爲スヘキカ果シテ然リトセハ監獄法第四十三條同法施行規則第百十四條ニ依リ取扱フヘキモノナリヤ （秋田刑務所長）

答 保釋、責付又ハ勾留ノ執行停止等ノ方法ヲ採リ實際ノ必要ニ應スヘク處置スヘキモ然ラサル場合ハ收容者トシテ取扱フヘキモノトス

二 病院其ノ他ノ場所ニ留置シタルトキノ費用支辨方

（大正十三年四月二十一日 刑事第三六〇〇號刑事局長通牒）

問 第二百二十二條第三項ニ依リ被告人ヲ病院ニ留置シタル場合其ノ留置期間内ニ於ケル被告人ノ食料、間代ノ如キ費用ハ刑事訴訟費用法第三條第二項ニ所謂鑑定ニ付特別ニ要シタル費用トシテ刑事訴訟法第一編第十六章ノ規定ヲ適用スヘキモノナリヤ

答 貴見ノ通

（福井所長）

三 病院其ノ他ノ場所ニ留置スル決定ノ效力

（大正十三年四月二十一日刑事第三六〇〇號刑事局長通牒）

問　勾留ノ取消又ハ執行停止ノ決定ヲ為スコトヲ要セサルモノトセハ留置ノ決定ニ因リ勾留ハ當然其ノ執行ヲ停止セラルヘキモノナリヤ將タ勾留ノ效力ハ依然存續シ同法第百十一條第百十二條ノ規定ヲ適用シ得ヘキモノナリヤ（福井所長）

答　前段貴見ノ通

四　勾留中ノ被告人ノ心神又ハ身體ニ關スル鑑定ノ為メ留置決定ヲ為シタルトキノ勾留狀ノ效力

（大正十三年四月二十一日刑事第三六〇〇號刑事局長通牒）

問　勾留中ノ被告人ニ對シ刑事訴訟法第二百二十二條第三項ノ留置決定ヲ為ス場合ニ於テハ先ツ勾留ノ取消又ハ執行停止ノ決定ヲ為スヘキモノナリヤ將タ留置決定ノミヲ為スヘキモノナリヤ（福井所長）

答　後段貴見ノ通

第二百二十三條　鑑定人ハ鑑定ニ付必要アル場合ニ於テハ裁判所ノ許可ヲ受ケ身體ヲ検査シ死體ヲ解剖シ又ハ物ヲ毀壞スルコトヲ得

第百七十六條第二項乃至第四項ノ規定ハ前項ノ場合ニ之ヲ準用ス

〔理由書〕　鑑定ノ為必要トスル場合ニ於テ死體ヲ解剖シ墳墓ヲ發掘シ得ルコトハ現行法第百三十五條第二項ニ之ヲ規定ス本條ハ其ノ外身體ヲ検査シ又ハ物ヲ毀壞スルコトヲ得ヘキモノトシテ之ヲ補足シタリ

鑑定ノ場合ニ於テモ婦女ノ身體検査、死體ノ解剖、墳墓ノ發掘ヲ為スニ付特別ノ注意ヲ為スヘキコト當然ナルヲ以テ本條第二項ノ規定ヲ設ケ此ノ義ヲ明ニセリ

一　鑑定資料ノ範圍　（昭和四年(れ)第一四五七號同五年二月十三日第二刑事部判決）

鑑定命令ヲ以テ特ニ制限セサル以上鑑定人ハ自由ニ必要ナル事項ノ取調ヲ為シ之ヲ鑑定ノ資料ト為スコトヲ得ルモノトス

二　身體検査ヲ為ス鑑定人ト検査ヲ受クル者ノ陳述聽取　（昭和七年(れ)第一〇一七號同年十月十三日第一刑事部判決）

鑑定人カ人ノ身體検査ヲ為ス場合ニ於テ其ノ検査ニ必要ナル事項ニ付検査ヲ受クル者ノ陳述ヲ求ムルハ検査ノ方法ノ一ニ屬シ特ニ禁セラレサル限リ鑑定人ノ當然ニ為シ得ヘキ處置ナリトス

三　精神狀態ノ鑑定ト其ノ方法竝資料　（昭和八年(れ)第一一四九號同年十二月七日第一刑事部判決）

精神狀態ノ鑑定ヲ命スルニ當リ別段ノ指示ナキトキハ其ノ方法資料ハ鑑定人ノ任意ニ依リ之ヲ定ムルコトヲ得ルモノトス

第二百二十四條　鑑定人ハ鑑定ニ付必要アル場合ニ於テハ裁判長ノ許可ヲ受ケ書類及證據物ヲ閲覽シ若ハ謄寫シ又ハ被告人若ハ證人ノ訊問ニ立會フコトヲ得

鑑定人ハ被告人若ハ證人ノ訊問ヲ求メ又ハ裁判長ノ許可ヲ受ケ此等ノ者ニ對シ直接ニ問ヲ發スルコトヲ得

〔理由書〕本條所載ノ手續ハ鑑定ノ目的ヲ達スル爲必要ナルモノナリ故ニ之ヲ明示ス

第二百二十五條　裁判所ハ部員ヲシテ鑑定ニ付必要ナル處分ヲ爲サシムルコトヲ得但シ第二百二十二條第三項ニ規定スル處分ハ此ノ限ニ在ラス

〔理由書〕鑑定ヲ命スル手續又ハ鑑定ニ必要ナル處分ハ裁判所自ラ之ヲ行ハスシテ部員ニ命シテ之ヲ行ハシムルヲ得ヘキハ當然ナリ但シ第二百二十二條第三項ニ規定スル處分ハ事態頗ル重キヲ以テ之ヲ部員ニ委セス常ニ裁判所ノ判斷ニ待ツヘキモノト爲ス

第二百二十六條　裁判所ハ鑑定ヲ十分ナラストスルトキハ鑑定人ヲ增加シ又ハ他ノ鑑定人ニ命シテ鑑定ヲ爲サシムルコトヲ得

〔理由書〕本條ノ趣旨現行法第百三十九條ニ同シ

第二百二十七條　檢事及辯護人ハ鑑定ニ立會フコトヲ得

第百五十九條ノ規定ハ前項ノ場合ニ之ヲ準用ス

〔理由書〕本條ノ趣旨ハ前ニ押收搜索ニ關スル第百五十八條及第百五十九條ト異ナルコトナシ

第二百二十八條　第十三章ノ規定ハ勾引ニ關スル規定ヲ除クノ外鑑定ニ付之ヲ準用ス但シ檢事及司法警察官ハ第二百二十二條第三項ニ規定スル處分ヲ爲スコトヲ得ス

〔理由書〕本條ハ現行法第百三十六條、第百三十八條ト相當ス即チ鑑定ハ前ニ規定シタル事項ノ外證人ノ訊問ニ付定メタル規定ニ依ルヘキモノニシテ鑑定人ハ證人ノ如ク召喚ニ應セサルノ理由ニ依リ勾引スルコトヲ得サルノ差異アルノミ

檢事及司法警察官特定ノ場合ニ於テ押收搜索竝證人訊問ヲ爲シ得ヘキコトハ前ニ示スカ如シ檢事及司法警察官ハ同一ノ場合ニ於テ鑑定ヲ命シ裁判所ノ鑑定ニ付定メタル規定ニ準シテ處分ヲ爲スコトヲ得ヘシ唯第二百二十二條第三項ノ處分ハ事態重ク其ノ性質裁判所及豫審判事ノ外許容スヘカラサルモノナルヲ以テ之ヲ檢事及司法警察官ノ權限ニ屬セシメサルコトトセリ

檢事死體檢視處分ヲ爲シ引續キ檢證ヲ爲ストキ鑑定ヲ爲サシムルノ可否

（大正十三年三月五日）
（刑事第二一九七號刑事局長回答）

問　檢事變死者又ハ變死ノ疑アル死體ニ付檢視處分ヲ爲シ引續キ檢證ヲ爲ストキハ鑑定ヲ爲サシムルコトヲ得ルヤ（水戸檢事正）

答　刑事訴訟法第二百二十八條ニ依リ第二百十四條第一項ニ規定スル場合ニ該當スルトキハ鑑定ヲ爲サシムルコトヲ得

第二百二十九條　鑑定人ハ旅費、日當及止宿料ノ外鑑定料及立替金ノ辨償ヲ請求スルコトヲ得

〔理由書〕　現行法ニ於テハ鑑定料ヲ請求シ得ルコトヲ認メスト雖鑑定ハ特別ノ技能ト勞力ニ待ツモノ多ク時間ト費用ヲ要スル場合アルヘキヲ以テ之ヲ請求シ得ヘキモノトセリ

第二百三十條　裁判所ハ官署又ハ公署ニ鑑定ヲ囑託スルコトヲ得

第二百二十一條乃至第二百二十三條及第二百二十八條ノ規定ハ前項ノ場合ニ之ヲ準用ス但シ第二百二十一條第三項ノ規定ニ依ル鑑定書ノ說明ハ官署又ハ公署ノ指定シタル者ヲシテ之ヲ爲サシム

〔理由書〕　鑑定ハ專門ノ研究場、試驗場其ノ他相當ノ設備ヲ有スル官署又ハ公署ニ之ヲ囑託スルヲ便宜トスル場合尠カラサルヲ以テ本條ノ規定ヲ設ケタリ

本條第一項ノ鑑定ニ付テハ大體一般ノ鑑定ニ關スル規定ヲ適用スルモ個人ニ對シテ命シタルモノニ非サルヲ以テ宣誓ヲ爲サシムルコトヲ得ス是レ第二項ヲ以テ第二百二十一條以下ヲ準用スル所以ナリ又書面ノ報告ニ對スル口頭說明ハ之ヲ爲ス者ヲ明ニスル必要アリ是レ第二項末段ノ規定アル所以ナリ

一　官公署ニ鑑定又ハ飜譯ヲ囑託シタル場合ノ鑑定料及飜譯料

（大正十三年四月　刑事局決議）

決議　刑事訴訟法第二百三十條又ハ第二百三十五條ニ依リ鑑定又ハ飜譯ノ囑託ヲ受ケタル官署又ハ公署ハ鑑定料又ハ飜譯料ヲ請求スルコトヲ得ス

二　官公署ニ鑑定ヲ囑託シタル場合ニ於ケル鑑定料及旅費日當等支給

（昭和三年二月二十六日　刑事局長回答）

問　一、刑事訴訟法第二百三十條第一項ニ依リ官公署ニ鑑定ヲ囑託シタル場合ニ於テ請求ニ依リ鑑定料及旅費日當等ヲ支給シテ可ナリヤ

二、若シ右支給不可ナリトセハ鑑定ニ要シタル費用ヲ補償スル方法他ニナキヤ（岩國支部判事）

答　官公署ハ鑑定料等ノ請求ヲ爲スコトヲ得ス事實上鑑定ヲ擔當スル個人ニ鑑定料等ヲ支給スルヲ相當トスル事案ナラハ官公署ニ對スル囑託ヲ取消シ個人ニ鑑定ヲ命スルヲ適當トスヘク既ニ

官公署ニ於テ鑑定濟ナラハ費用支給ノ方法ナシ

三　官署ニ鑑定ノ囑託ヲ爲シタル場合刑訴費用法第三條第二項ニ依リ相當手當ヲ支給シ得ヘキヤ

（昭和四年四月九日　刑事局長回答）

問　本條ニ依リ他ノ官署ニ對シ鑑定ノ囑託ヲ爲シタル場合受託廳ニ於テ該鑑定ノ爲メ特ニ費用ヲ要シ又ハ實際其ノ鑑定ニ從事シタル吏員ニ對シ特別ノ技能ヲ要シタル點ニ付キ相當ノ手當ヲ給與スル必要アリト認メタルトキハ刑事訴訟費用法第三條第二項ニ依リ之ヲ支給シ得ヘキヤ（鳥取所長）

答　質疑ノ件ハ官署ノ請求アルモ支給スルコトヲ得ス事實上鑑定ヲ擔當シタル者ニ支給スルヲ相當トスル事案ナラハ官署ニ對スル囑託ヲ取消シ個人ニ鑑定ヲ命スルヲ適當ト思料ス既ニ官署ニ於テ鑑定濟ナラハ支給ノ方法ナシ

第二百三十一條　特別ノ智識ニ依リ知得タル過去ノ事實ニ付其ノ事實ヲ知リタル者ヲ訊問スル場合ニハ本章ノ規定ニ依ラス第十三章ノ規定ヲ適用ス

〔理由書〕本條ハ所謂鑑定證人ニ關スル規定ニシテ其ノ趣旨民事訴訟法第三百三十三條ニ同シ卽チ特別ノ智識ニ因リ知得タル過去ノ事實ニ付訊問スル場合ニハ其ノ知得タル事實カ特別ノ知識ニ因ルコトヲ理由トシテ其ノ證人タルコトヲ失ハシメサルモノトシ之ニ

證人訊問ニ關スル規定ヲ適用スルコトトセリ

第十五章　通譯

〔理由書〕本章ハ通譯及翻譯ニ關スル規定ヲ示シタルモノニシテ之ヲ現行法ノ如ク豫審ノ章ニ規定セスシテ總則中ニ規定シタル理由ハ第九章ニ於テ述フル所ト同シ

第二百三十二條　國語ニ通セサル者ヲシテ陳述ヲ爲サシムル場合ニ於テハ通事ヲシテ通譯ヲ爲サシムヘシ

〔理由書〕本條ハ現行法第百條第二項ニ相當ス而シテ現行法ニ被告人及對質人國語ニ通セサル場合トアルハ狹キニ失スルヲ以テ本條ヲ以テ之ヲ修正セリ

第二百三十三條　聾者又ハ啞者ヲシテ陳述ヲ爲サシムル場合ニ於テハ通事ヲシテ通譯ヲ爲サシムルコトヲ得

〔理由書〕聾者啞者文字ヲ解スルトキハ書面ヲ以テ問答スルコトヲ得ヘキモ此ノ方法ニ依ルコトヲ要セス適當ト認ムルトキハ通事ヲシテ通譯ヲ爲サシムルコトヲ得ルヲ便トス之ニ由テ現行法第百條第一項ヲ本條ノ如ク修正シタリ

第二百三十四條　國語ニ非サル文字又ハ符號ハ之ヲ翻譯セシムルコトヲ得

〔理由書〕國語ニ非サル文字又ハ符號ヲ飜譯セシムヘキコトハ勿論ナルモ現行法其ノ規定ヲ缺如スルヲ以テ新ニ本條ノ規定ヲ設ケタリ

第二百三十五條　裁判所ハ官署又ハ公署ニ飜譯ヲ囑託スルコトヲ得

〔理由書〕通譯ニ付テモ鑑定ト同シク特殊ノ事項ニ付テハ之ヲ官署公署ニ囑託スルコトヲ便宜ト爲スカ故ニ本條ヲ設ケタリ

第二百三十六條　第十四章ノ規定ハ通譯及飜譯ニ付之ヲ準用ス

〔理由書〕通譯及飜譯ハ其ノ性質ニ牴觸セサル限リ凡テ鑑定ニ關スル規定ニ準據スヘキモノナルヲ以テ本條ノ規定ヲ設ケタリ

第十六章　訴訟費用

〔理由書〕現行法ニハ訴訟費用ノ裁判ニ關シ僅ニ第二百一條ノ規定ヲ存スルニ過キスシテ不完全ナルカ故ニ本章ニ於テハ第二百三十七條乃至第二百四十五條ノ規定ヲ設ケ之ヲ詳細ニ規定スルコトトセリ

第二百三十七條　刑ノ言渡ヲ爲シタルトキハ被告人ヲシテ訴訟費用ノ全部又ハ一部ヲ負擔セシムヘシ

被告人ノ責ニ歸スヘキ事由ニ因リ生シタル費用ハ刑ノ言渡ヲ爲ササル場合ト雖被告人ヲシテ之ヲ負擔セシムルコトヲ得

〔理由書〕本條第一項ハ現行法第二百一條第一號ノ規定ニ字句ノ修正ヲ加ヘタルモノニシテ其ノ趣旨之ト異ナルコトナシ

現行法第二百一條第二項ノ規定ニ依レハ免訴又ハ無罪ノ言渡アリタル場合ニ於テハ公訴ニ關スル訴訟費用ハ常ニ國庫ノ負擔トシ被告人ノ責ニ歸スヘキ事由ニ因リ生シタル費用ト雖被告人ヲシテ之ヲ負擔セシムルコトヲ許サス本條ハ之ヲ改メ被告人ノ責ニ歸スヘキ事由ニ因リ生シタル費用ハ刑ノ言渡ヲ爲ササル場合ニ於テモ被告人ヲシテ負擔セシムルヲ得ヘキモノト爲ス凡ソ刑ノ言渡ヲ爲ササル場合ハ無罪免訴刑ノ免除又ハ公訴棄却ノ裁判ニ因リ訴訟手續ヲ終了スル場合ト上訴ノ取下アリタルトキノ如ク裁判ニ因ラスシテ訴訟手續ヲ終了スル場合トアリ被告人ノ責ニ歸スヘキ事由ニ因リ生シタル費用ヲ其ノ負擔ニ歸スルハ其ノ何レノ場合タルトヲ問ハサルナリ

一　訴訟費用ト召喚ヲ受ケサル鑑定人ニ支給シタル日當

（大正十五年(れ)第二〇三八號　昭和二年二月二十二日第六刑事部判決）

豫審又ハ公判ニ於テ召喚シタルニ非サルモ苟モ鑑定人トシテ訊問

シタル以上ハ之ニ支給セル日當ハ公訴ニ關スル訴訟費用ト爲スヘキモノトス

二　連續犯中無罪ト爲リタル部分ニ關スル訴訟費用負擔

（昭和八年（れ）第七二四號　同年七月七日第四刑事部判決）

數個ノ犯罪事實ヲ連續犯トシテ起訴シタル場合ハ縱令其ノ一部ヲ犯罪ノ證明ナシトシテ無罪ト爲スモ他ノ部分ニ付有罪トシテ刑ヲ言渡シタル以上ハ無罪ノ部分ニ關シテ要シタル訴訟費用ヲ被告人ノ負擔ト爲スヘキカ否カハ一ニ裁判所ノ裁量ニ依リテ定マル

三　證據調ニ因ル費用ノ負擔

（昭和五年（れ）第四八五號　同年六月十二日第四刑事部判決）

傷害罪トシテ公訴ノ提起アリタル事件ニ付裁判所カ證據調ノ結果傷害ノ事實ヲ認メス單ニ單純暴行罪トシテ處斷シタル場合ニ於テモ右證據調ニ因リ生シタル費用全部ヲ被告人ニ負擔セシムルハ違法ニ非ス

四　事件分離後ニ於ケル共同訴訟中ノ訴訟費用ノ裁判

（昭和七年（れ）第八五三號　同年九月八日第二刑事部判決）

共同被告人ニ對スル辯論ヲ分離シ其ノ中ノ一人ニ對シテ先ツ判決ヲ爲シ刑ノ言渡ヲ爲ス場合ニ於テハ訴訟費用ハ共同訴訟中ニ生シ

タルモノト雖其ノ者單獨ニテ負擔スヘキコトヲ命スヘキモノトス

第二百三十八條　共犯ノ訴訟費用ハ共犯人ヲシテ連帶シテ之ヲ負擔セシムルコトヲ得

〔理由書〕本條ハ共犯ニ關スル訴訟費用ノ負擔ニ付定メタルモノニテ刑事訴訟費用法第七條ヲ修正シテ本法中ニ規定シタルモノナリ

第二百三十九條　告訴又ハ告發ニ因リ公訴ノ提起アリタル事件ニ付被告人無罪又ハ免訴ノ裁判ヲ受ケタル場合ニ於テ告訴人又ハ告發人ニ故意又ハ重大ナル過失アルトキハ其ノ者ヲシテ訴訟費用ヲ負擔セシムルコトヲ得

〔理由書〕第二百三十七條ニ關シ說明シタル如ク現行法第二百一條第二項ノ規定ニ依レハ免訴又ハ無罪ノ言渡アルタルトキハ如何ナル事情アルモ公訴ニ關スル訴訟費用ハ常ニ國庫之ヲ負擔スルコトトナリ居レトモ告訴又ハ告發ニ因リ公訴ヲ提起シ無罪又ハ免訴ノ裁判アリタル場合ニ於テ告訴人又ハ告發人カ故意又ハ重大ナル過失ニヨリ不實ノ申告ヲ爲シタル場合ノ如キハ告訴人、告發人ニ其ノ實アルヲ以テ是等ノ者ヲシテ訴訟費用ヲ負擔セシムルヲ適當ナリト認メ其ノ旨ヲ規定セリ

第二百四十條　親告罪ニ付告訴ノ取消アリタル場合ニ於テハ告訴人ヲシテ訴訟費用ヲ負擔セシムルコトヲ得

〔理由書〕親告罪ハ告訴ヲ待テ後始メテ公訴ヲ提起シ得ヘク公訴

提起後ト雖告訴ヲ取消シタルトキハ刑ノ言渡ヲ爲スコトヲ得サルモノトス故ニ特別ノ明文ナキトキハ親告罪ニ付告訴ノ取消アリタルトキハ第二百三十七條第二項ノ適用アル場合ニ非サレハ國庫ニ於テ訴訟費用ヲ負擔セサルヘカラス然レトモ元來親告罪ニ關スル事件ハ告訴ニ基キテ發生シ又告訴人カ任意ニ取消ヲ爲スニ因リ消滅セシメタルモノナルヲ以テ其ノ取消アリタル場合ニ於テ告訴人ヲシテ訴訟費用ヲ負擔セシムルヲ適當ナリト認メ本條ノ如ク規定セリ

第二百四十一條　檢事ニ非サル者上訴ノ取下ヲ爲シタル場合ニ於テハ其ノ者ヲシテ上訴ニ關スル費用ヲ負擔セシムルコトヲ得

檢事ニ非サル者再審ノ請求ヲ取下ケタル場合ニ於テハ其ノ者ヲシテ再審ニ關スル費用ヲ負擔セシムルコトヲ得

〔理由書〕　檢事ニ非サル者上訴ノ取下ヲ爲シ又ハ再審ノ請求ヲ取下ケタル場合ニ於テ上訴又ハ再審ノ手續ハ無用ニ歸シ之ニ關シテ生シタル費用ハ上訴又ハ再審ノ請求ヲ爲シタル者ノ責ニ歸スヘキ場合多カルヘキヲ以テ之ヲシテ訴訟費用ヲ負擔セシメ得ルモノトセリ本條ハ取下ヲ爲シタル者被告人ナルト其ノ他ノ者ナルトヲ問ハス被告人ニ付テハ第二百三十七條第二項ノ適用ニ依リテモ同一ノ結果ヲ生スルコトアルヘシ

第二百四十二條　裁判ニ因リ訴訟手續終了スル場合ニ於テ被告人ヲシテ訴訟費用ヲ負擔セシムルトキハ職權ヲ以テ其ノ裁判ヲ爲スヘシ此ノ裁判ニ對シテハ本案ノ裁判ニ付上訴アリタルトキニ限リ不服ヲ申立ツルコトヲ得

〔理由書〕　被告人ニ對スル訴訟費用ノ裁判ハ本案ノ裁判ニ附隨スヘキモノナルヲ以テ本案ノ裁判ヲ爲ストキハ之ト同時ニ職權ヲ以テ裁判ヲ爲スヘキモノトス而シテ訴訟費用ニ關スル裁判ハ從タル裁判ナルヲ以テ本案ノ裁判ニ付上訴ヲ爲スニ非サレハ獨立シテ之ニ對シ不服ノ申立ヲ爲スコトヲ許ササルコトトセリ

一　訴訟費用ノ裁判ニ對スル不服

（昭和七年(れ)第六三六六號 同年七月一日第四刑事部判決）

本案ノ裁判ニ對スル上告ノ理由ナキトキハ訴訟費用ノ裁判ニ對スル不服ノ申立ハ之ヲ排斥スヘキモノトス

二　公訴ヲ棄却シ訴訟費用ノ負擔ヲ命スル裁判ニ對スル上訴

（昭和八年(れ)第五三號 同年三月廿日第一刑事部判決）

公訴ヲ棄却シタルニ拘ラス被告人ニ訴訟費用ノ負擔ヲ命シタル判決ニ付テモ訴訟費用ノ部分ノミニ對スル上訴申立ハ不適法ナリ

三　訴訟費用ノ裁判ニ對スル不服申立

（昭和九年(れ)第四八五號　同年六月十二日第四刑事部判決）

本案ノ裁判ニ對スル上告ノ理由ナキトキハ訴訟費用ノ裁判ニ對スル不服ノ申立ハ不適法ナリ

第二百四十三條　裁判ニ因リ訴訟手續終了スル場合ニ於テ被告人ニ非サル者ヲシテ訴訟費用ヲ負擔セシムルトキハ職權ヲ以テ別ニ其ノ決定ヲ爲スヘシ此ノ決定ニ對シテハ即時抗告ヲ爲スコトヲ得

〔理由書〕裁判ニ因リ訴訟手續終了スル場合ニ於テ被告人ニ非サル者例ヘハ第二百四十條ニ規定セル告訴人ノ如シ訴訟費用ヲ負擔スヘキコトヲ命スルトキハ本案ノ裁判ヲ受クル者ト訴訟費用ノ裁判ヲ受クル者ト相異ナルヲ以テ訴訟費用ノ裁判ハ本案ノ裁判ト分チテ別ニ決定ヲ以テ之ヲ爲スヘキモノトセリ此ノ場合ニ於テハ訴訟費用ノ裁判ハ獨立ノ運命ヲ有シ本案ノ裁判ニ拘ハラス之ニ對シテ抗告スルコトヲ得

第二百四十四條　裁判ニ因ラスシテ訴訟手續終了スル場合ニ於テ訴訟費用ヲ負擔セシムルトキハ最終ニ事件ノ繫屬シタル裁判所職權ヲ以テ其ノ決定ヲ爲スヘシ此ノ決定ニ對シテハ即時抗告ヲ爲スコトヲ得

〔理由書〕裁判ニ因ラスシテ訴訟手續終了スル場合ニ於テハ訴訟費用ニ關スル裁判ハ別ニ之ヲ爲ササルヘカラス而シテ其ノ裁判ハ最終ニ事件ノ繫屬シタル裁判所職權ヲ以テ之ヲ爲スヲ便トスルヲ以テ其ノ旨ヲ規定セリ

第二百四十五條　訴訟費用ノ負擔ヲ命スル裁判ニ於テ其ノ額ヲ定メサルトキハ執行ノ指揮ヲ爲スヘキ檢事之ヲ定ム

〔理由書〕訴訟費用ノ負擔ヲ命スル裁判ニ於テ其ノ數額ヲ定メタルトキハ其ノ額ニ從フヘキハ勿論ナレトモ若シ其ノ裁判ニ於テ之ヲ定メサルトキハ其ノ執行ヲ指揮スヘキ檢事ニ於テ刑事訴訟費用法ノ定ムル所ニ從ヒ算出シテ其ノ執行ヲ爲スヲ適當ナリト認メ其ノ旨ヲ規定セリ此ノ場合ニ於テ檢事ノ確定額ニ不服アル者ハ執行ニ對スル異議ノ申立ヲ爲シ得ヘキヤ言ヲ俟タス

第二編　第一審

第一章　捜査

〔理由書〕捜査ノ目的ハ公訴ノ提起及實行ノ爲必要ナル資料ヲ蒐集スルニ在リ犯罪ハ時日ヲ經過スルニ從ヒ漸次其ノ證跡ヲ失ヒ終ニハ其ノ存否ヲ判別スルコト能ハサルニ至ルヘキヲ以テ捜査ヲ爲ス

ニ當テハ迅速ニ事ヲ處理シ機會ヲ逸セサルコトニ留意シ克ク表裏ヲ識別シテ證據ノ保全ニ努メサルヘカラス然レトモ捜査ハ人ノ權利ニ至大ノ影響ヲ及ホスモノナルヲ以テ其ノ職ニ在ル者ハ愼重事ニ從ヒ常ニ越ユヘカラサルノ限界ヲ確守シ意ヲ人權ノ尊重ニ致ササルヘカラス本章ハ公益ノ要求ト個人ノ保護トヲ考察シテ適當ナル規定ヲ設ケ偏重ノ弊ナカラシメムコトヲ期セリ

第二百四十六條　檢事犯罪アリト思料スルトキハ犯人及證據ヲ捜査スヘシ

〔理由書〕　本條ハ現行法第四十六條ヲ改正シタルモノニシテ規定ノ趣旨之ト異ナルコトナシ現行法第四十六條ニハ捜査開始ノ原由トシテ特ニ例示スル所アレトモ檢事ハ原由ノ如何ヲ問ハス苟モ犯罪アリト思料スルトキハ常ニ捜査ヲ開始スヘキモノナレハ本條ニ於テハ例示ノ必要ナキモノト認メ之ヲ刪除シタリ

第二百四十七條　警視總監、地方長官及憲兵司令官ハ各其ノ管轄區域內ニ於テ司法警察官トシテ犯罪ヲ捜査スルニ付地方裁判所檢事ト同一ノ權ヲ有ス但シ東京府知事ハ此ノ限ニ在ラス

〔理由書〕　本條ハ現行法第四十七條第一項ヲ改正シタルモノナリ現行法ハ警視總監及地方長官ヲ擧ケ憲兵司令官ヲ脫ス本條ニ於テハ憲兵司令官ニモ亦同一ノ權限ヲ與フルノ必要アリト認メ之ヲ警視總監及地方長官ト同列ニ置クコトトセリ

第二百四十八條　左ニ揭クル者ハ檢事ノ補佐トシテ其ノ指揮ヲ受ケ司法警察官トシテ犯罪ヲ捜査スヘシ

一　廳府縣ノ警察官

一　憲兵ノ將校、準士官及下士

〔理由書〕　本條ハ現行法第四十七條第二項ヲ改正シタルモノナリ現行法ニ於テハ檢事ノ補佐機關タル司法警察官トシテ本條ニ定メタルモノノ外島司、郡長、林務官、市町村長等ヲ列記セルモ社會ノ變遷ニ伴ヒ各種ノ智識經驗ヲ有スル者ヲシテ犯罪捜査ノ任ニ當ラシムル必要アルコトヲ豫想スヘク又犯罪ノ行ハルル場所ニ依リ特種ノ機關ヲシテ之ニ當ラシムルヲ便トスル場合アルヘキヲ以テ本條ニ於テハ現行法ノ如ク之ヲ法文ニ列記限定スルコトヲ避ケ第二百五十條、第二百五十一條ニ依リ勅令ヲ以テ司法警察官吏ノ職務ヲ行フヘキモノヲ定メ得ルコトトセリ

一　告訴前ニ於ケル親告罪ノ捜査

（昭和七年(れ)第一二二二號　同年十月三十一日第二刑事部判決）

司法警察官ハ親告罪ニ付告訴前ニ於テモ捜査ヲ爲スコトヲ得

二　巡査部長ノ作成シタル聽取書ノ效力

（昭和七年(れ)一六一一號　同八年二月二十二日第三刑事部判決）

巡査部長カ司法警察官タル警部ヲ代理シ捜査上作成シタル聽取書ハ證據力ヲ有スルモノトス

（昭和八年(れ)第七五四號 同年七月十日第二刑事部判決）

三 巡査ト司法警察官ノ代理

巡査カ司法警察官ヲ代理スルハ其ノ職ヲ代理スルモノニシテ其ノ職ニ在ル特定ノ官吏ヲ代理スルモノニ非ス

四 違警罪即決處分ニ對スル正式裁判請求後司法警察官作成ノ聽取書ノ證據力

（昭和八年(れ)第四一一號 同年六月三日第三刑事部判決）

司法警察官ノ聽取書ハ違警罪即決處分ニ對スル正式裁判請求後ニ作成セラレタルモノト雖證據力ヲ有スルモノトス

第二百四十九條 左ニ掲クル者ハ檢事又ハ司法警察官ノ命令ヲ受ケ司法警察吏トシテ捜査ノ補助ヲ爲スヘシ

一 巡査

二 憲兵卒

〔理由書〕 現行法ハ巡査、憲兵卒ヲ捜査ノ補助機關ト認メ居レトモ其ノ根據ハ散在セル條文ニ求ムルノ外ナク之ニ關スル概括的ノ規定ヲ缺如セリ本條ハ此ノ缺點ヲ補正シタルモノナリ

司法警察官ノ聽取書作成ト司法警察吏ノ立會

（昭和七年(れ)第一六一六號 同八年二月三日第四刑事部判決）

司法警察官カ事件關係人ノ聽取書ヲ作成スル場合司法警察吏ノ立會ヲ要スルモノニ非ス

第二百五十條 前三條ニ規定スル者ノ外勅令ヲ以テ司法警察官吏ヲ定ムルコトヲ得

〔理由書〕 第二百四十八條ノ説明ヲ參照セハ其ノ理由明瞭ナリ

第二百五十一條 森林、鐵道其ノ他特別ノ事項ニ付司法警察官吏ノ職務ヲ行フヘキ者及其ノ職務ノ範圍ハ勅令ヲ以テ之ヲ定ム

〔理由書〕 第二百四十八條ノ説明ヲ參照セハ其ノ理由明瞭ナリ

第二百五十二條 第十一條第一項ノ規定ハ檢事及司法警察官吏ノ爲ス捜査ニ付之ヲ準用ス

〔理由書〕 本條ハ檢事及司法警察官吏管外ニ於テ職務ヲ執行シ得ル事ヲ定ム第十一條第一項ノ説明ヲ參照スレハ其ノ理由自ラ明ナリ

第二百五十三條 捜査ニ付テハ秘密ヲ保チ被疑者其ノ他ノ者ノ名譽ヲ毀損セサルコトニ注意スヘシ

〔理由書〕 檢事及司法警察官ハ犯罪アリト思料スル場合ニ於テハ捜査ヲ開始シテ其ノ存否ヲ探査スルノ職責ヲ有スルモノナリ而シテ捜査ニ着手スル當初ニアリテハ固ヨリ端緒ヲ得ルニ止マリ存否未

タ明カナラサルヲ以テ之ヲ明ニスル爲諸種ノ取調ヲ爲ササルヘカラス而シテ搜査ヲ進行スルニ當リテハ克ク秘密ヲ保ツニ非サレハ罪證ヲ湮滅セラルルノ虞アリ此ノ點ヨリ考察シテ搜査ノ秘密ヲ嚴守スルノ必要アルハ明カナリ又特ニ注意スヘキハ搜査ノ爲ニ關係人ノ取調ヲ爲ス場合ニ能ク秘密ヲ保タサル時ハ種々ノ疑惑ヲ生シ動モスレハ取調ヲ受ケタルノ一事ヲ以テ人ヲ罪人視シ其ノ甚シキニ至リテハ揣摩憶測ニ依リ紙上ニ虚僞ノ事實ヲ掲載シテ憚ラサル者アリ斯クノ如キハ良民保護ノ精神ニ背反スルモノナルヲ以テ愼ヲ加ヘテ搜査ノ漏洩ヲ防キ人ノ名譽ヲ傷ケサル事ヲ努メサルヘカラス特ニ本條ヲ設ケタル理由此ニ存ス

第二百五十四條　搜査ニ付テハ其ノ目的ヲ達スル爲必要ナル取調ヲ爲スコトヲ得但シ强制ノ處分ハ別段ノ規定アル場合ニ非サレハ之ヲ爲スコトヲ得ス

搜査ニ付テハ公務所ニ照會シテ必要ナル事項ノ報告ヲ求ムルコトヲ得

〔理由書〕　搜査ヲ爲スニ當リテハ其ノ目的ヲ達スルニ必要ナル限度ニ於テ各般ノ取調ヲ爲スヘキモノニシテ其ノ手段方法ノ如キハ之ニ從事スル者ノ知識ト經驗ニ待ツヘク一々之ヲ法文ニ掲クルコトヲ得ス之ニ對スル重要ナル制限ハ原則トシテ强制ノ處分ヲ用ユルコトヲ得サルニアリ即チ搜査ニ付强制ノ處分ヲ許スハ例外ニシテ特別ノ規定ニ基クコトヲ要ス現行犯處分其ノ他總則ニ依リ特ニ檢事及司法警察官ニ許シタル勾引　勾留、押收、搜索、被疑者及證人ノ訊問、鑑定ノ命令竝第二百五十三條ニ依リ判事ノ爲スヘキ各般ノ處分ノ如キハ搜査ノ階段ニ於テ認容スヘキ强制處分ノ最モ顯著ナルモノナリ

本條第二項ハ檢事及司法警察官ハ搜査ニ付公務所ニ照會シテ必要ナル事項ノ報告ヲ求ムル權アルコトヲ規定ス此ノ規定ニ依ルトキハ公務所ハ正當ノ事由ナクシテ請求ヲ拒絶スルヲ得サルモノトス

檢事ト聽取書ノ作成　（昭和八年(れ)第一二六二號 同年十一月六日第二刑事部判決）

檢事カ搜査ノ爲强制力ヲ用フルコトナク關係者ニ就キ其ノ任意陳述ヲ聽取シ聽取書ヲ作成スルコトハ法ノ禁スルトコロニ非ス

第二百五十五條　檢事搜査ヲ爲スニ付强制ノ處分ヲ必要トスルトキハ公訴ノ提起前ト雖押收、搜索、檢證及被疑者ノ勾留被疑者若ハ證人ノ訊問又ハ鑑定ノ處分ヲ其ノ所屬地方裁判所豫審判事又ハ所屬區裁判所ノ判事ニ請求スルコトヲ得

前項ノ規定ニ依ル請求ヲ受ケタル判事ハ其ノ處分ニ關シ豫審判事ト同一ノ權ヲ有ス

〔理由書〕　檢事檢證ヲ爲スニ付必要アル場合ニハ公訴提起前ト雖豫審判事又ハ區裁判所判事ニ强制處分ヲ請求スルコトヲ得即チ檢事

ハ總則ニ特例アル場合ノ外自ラ強制處分ヲ爲スコトヲ得サルモ判事其ノ請求ヲ受クルトキハ搜査ノ階段ニ於テモ必要ナル處分ヲ爲ササルヘカラス請求ヲ受ケタル判事ハ豫審判事ト同一ノ權ヲ有スルヲ以テ總則中豫審ニ適用アル規定及豫審ノ章ニ示シタル規定ハ皆本條ノ處分ニ適用スヘキモノナリ

一　強制搜査處分ノ請求ニ關スル注意事項

（大正十二年十二月五日刑事第九五四六號刑事局長通牒）

強制搜査處分ノ請求ニ關シテハ判檢事間ニ於テ充分ノ理解ト協調トヲ保ツニ非サレハ法ノ期待ヲ全フスルコト難シ故ニ之カ實際ノ運用ニ付テハ特ニ注意ヲ要スルモノ尠カラス左ニ之ニ關スル重要ナル事項ヲ掲ク

（一）強制搜査ノ處分ハ事案ノ情況ニ應シ通常搜査ノ方法ニ依リテ大體ノ取調ハ遂行スルコトヲ得ルモ特定ノ事項ニ付強制ノ處分ヲ爲スニ非サレハ搜査ノ目的ヲ達シ難キ場合ニ於テノミ之カ請求ヲ爲スヘク事案ノ取調ニシテ一定ノ計畫方針ノ下ニ統一連絡アル諸多ノ強制處分ヲ爲スノ要アル場合ノ如キハ豫審ヲ請求スルノ途ニ出ツヘキモノトス檢事ハ此ノ兩者ノ區別ヲ誤ラサルコトニ留意シ殊ニ強制搜査處分ノ請求權ヲ濫用スルノ弊ニ陷ラサル樣深甚ノ注意ヲ爲ササルヘカラス

（二）強制搜査ノ處分ヲ請求スルニ當リテハ之ヲ豫審判事ニ求ムヘキヤ又ハ區裁判所判事ニ求ムヘキヤハ豫メ一般的ニ又ハ各場合ニ付裁判長ト協議ヲ遂ケ裁判事務ニ支障ヲ生セシメサル樣注意セサルヘカラス

（三）判事強制搜査處分ノ請求ヲ受ケタルトキハ其ノ處分ノ要否ヲ判斷シテ應否ヲ決スルコトヲ得ス即チ其ノ請求ニシテ違法ニ非サル限リハ之ニ應スルノ義務アルモノトス判事ハ搜査手續ノ性質ニ鑑ミ最モ敏速ニ其ノ處分ヲ爲シ搜査ノ目的ヲ達成セシメムコトヲ期セサルヘカラス

二　被疑者ノ勾引ノミノ強制處分ノ請求ヲ爲スコトノ可否

（大正十一年十月七日刑事第五一三四號刑事局長通牒）

問　第二百五十五條被疑者ノ勾引ノミヲ請求スルコトヲ得サルヤ

（盛岡檢事正）

答　被疑者ノ勾引ハ之ヲ判事ニ請求スルコトヲ得ス但シ被疑者ノ訊問ノ請求ヲ受ケタル判事ハ第八十六條、第八十七條ニ依リ勾引ヲ爲スコトヲ得ヘシ

三　檢事ノ強制處分請求手續ト判事ノ權限範圍

（大正十二年十二月十二日刑事第一〇三四一號刑事局長通牒）

問　第二百五十五條ハ檢事ノ搜査處分進行上強制ノ處分ヲ必要

トスル場合ニ其ノ處分ヲ判事ニ攝行セシムルノ法意ナリトスレハ請求手續ハ其ノ處分事項ヲ箇箇ニ指定スヘク又判事ハ其ノ處分ヲ指定範圍ニ局限スヘキモノナリト解シ可然哉

果シテ然リトスレハ

(1) 請求ヲ受ケタル事項ニ關聯シテ猶豫ス可カラサル緊要處分アルモ尚且請求ナケレハ遂行スルコト能ハサルヤ

(2) 又請求ヲ受ケタル判事ハ其ノ處分ニ關シテハ豫審判事ト同一ノ權ヲ有スルヲ以テ押收及搜索ノ處分ニ付請求ヲ受ケタルトキハ第百六十九條及第百五十三條ニ依リ他ノ犯罪ニ關スル發見物ト雖顯著ナル證據物ハ假ニ之ヲ押收スルコトヲ得ルノ法意ヨリ考フレハ況ヤ當該事件ニ關スル物件ナルニ於テハ請求指定外ノ發見物ト雖之ヲ假押收スルヲ妨ケサルモノノ如シ如何（福岡檢事正）

答　檢事第二百五十五條ノ強制處分ヲ請求スヘキトキハ其ノ處分事項ヲ具體的ニ指定シ判事ハ其ノ指定セラレタル範圍內ニ限リ處分ヲ爲スヘキモノトス

(1) 貴見ノ通リ

(2) 貴見ノ通リ

四　檢事強制處分請求ノ形式　（大正十二年十二月十二日刑事第一〇三四一號刑事局長通牒）

問　第二百五十五條ニ依ル檢事ノ強制處分請求ニ付テハ別ニ明文ナキモ第二百九十條ノ規定ニ準シ然ルヘキヤ（札幌院長）

答　準用スヘキモノニ非ス

五　強制處分ニ因ル被疑者ノ勾留ニ訊問ノ要否　（大正十二年十二月十二日第一〇三四一號刑事局長通牒）

問　第二百五十五條ニ依ル被疑者ノ勾留ハ訊問ヲ爲シタル後ニアラサレハ爲スコトヲ得サルヤ（長崎檢事長）

答　貴見ノ通

六　檢事カ他廳ノ檢事ヨリ本條ニ依ル強制處分請求アリタキ旨囑託ヲ受ケタル場合ノ取扱方　（大正十三年一月二十九日刑事第一〇三五號刑事局長回答）

問　他廳檢事ヨリ本條ニヨリ強制處分ヲ求メラレタキ旨囑託アリタリ右囑託ニ應スヘキモノナリヤ（大阪檢事正）

答　事實上他廳檢事ノ囑託ニ應シ所屬廳ノ豫審判事又ハ所屬區裁判所ノ判事ニ處分ヲ請求シテ然ルヘシ

七　強制處分ニ於テ呼出シタル證人ノ旅費　（大正十三年三月十四日刑事局長回答）

問　刑事訴訟法第二百五十五條ニ依リ呼出シタル證人ニ大正十年

司法省令第十二號ニ依リ旅費ヲ支給シ差支ナキヤ（松江所長）

答　證人ニ旅費支給ノ件ハ裁判費ヨリ支給シ差支ナシ

八　强制處分ノ請求アリタル場合訊問ヲ爲サスシテ勾留スルノ可否

（大正十三年五月三日　刑事局長回答）

問　勾留ノ强制處分請求アリタル場合ニ於テ被疑者ヲ訊問セス直ニ勾留狀ヲ發スルコトヲ得ルヤ（大館區判事）

答　訊問セスシテ勾留スルコトヲ得ス

九　强制處分ノ囑託　（大正十三年十月十一日　刑事第一三六八九號刑事局長回答）

問　甲地方裁判所豫審判事ハ檢事ヨリ刑事訴訟法第二百五十五條第一項ノ請求ヲ受ケタルニ被疑者乙地方裁判所管內ニ住居ヲ有スルヲ以テ右請求ヲ受ケタル處分中被疑者ノ拘束並住居ノ捜索及押收ノ處分ヲ分割シテ乙地方裁判所豫審判事ニ囑託シタリ乙地方豫審判事ハ强制處分ニ關シテ囑託ノ規定ナシトノ理由ニ依リ該囑託ヲ拒絕シタリ然レトモ第二百五十五條第二項、第百二十二條、第九十四條、第百六十九條及第百五十四條等ノ規定ニ據レハ甲地方豫審判事ノ囑託ハ豫審處分トシテ一般的適法ノ處分ナルコト明カニシテ强制處分ニ限リ如上ノ適用ヲ除外シタル規定ナキ以上ハ是亦適法ノ處分ナリト解釋セサル可カラス若シ然ラスシテ乙地方豫審判事ノ見解ノ如ク斯ル場合ハ甲地方檢事

ハ他管轄ニ屬スル處分ハ之ヲ分割シテ乙地方檢事ニ囑託シ乙地方檢事ヨリ其ノ所屬豫審判事ニ請求セサル可ラサルモノトセハ徒ニ手數ヲ要スルノミナラス敏活ヲ旨トスル捜査處分ハ右無用ノ手續ノ爲メ時トシテ機宜ヲ失スルコトアル可ク執務上大ニ不便ニ有之要スルニ乙地方豫審判事ノ爲シタル囑託拒絕ハ不當ナリト信ス又第二百五十五條第一項ノ勾留處分ニハ勾引ヲ包含スルヤ（廣島檢事正）

答　檢事其ノ所屬裁判所ノ管轄區域外ニ於テ强制ノ處分ヲ必要トスルトキハ其ノ處分ヲ爲スヘキ地ヲ管轄スル裁判所所屬ノ檢事ニ囑託シ受託檢事ニ於テ其ノ所屬裁判所ノ判事ニ處分ヲ請求スヘキモノニシテ所屬裁判所ノ判事ニ對シ其ノ裁判所ノ管轄區域外ニ於テ爲スヘキ處分又ハ其ノ囑託ヲ請求スルコトヲ得スト雖モ判事適法ナル請求ヲ受ケタル後其ノ所屬裁判所管轄地域內ニ於テ强制處分ヲ爲スコト能ハサルニ至ルトキハ其ノ處分ヲ爲スヘキ地ノ判事ニ之ヲ囑託スルヲ妨ケス又刑事訴訟法第二百五十五條ニ所謂勾留中ニハ單ニ被疑者ヲ勾引スルカ如キヲ包含セサルモ被疑者ノ訊問ノ請求ヲ受ケタル判事ハ刑事訴訟法第八十六條、第八十七條ニ依リ勾引ヲ爲スコトヲ得ルモノトス

一〇　强制處分ノ囑託　（大正十四年五月一日　刑事第二四八〇號刑事局長通牒）

問　一、刑事訴訟法第二百五十五條ノ被疑者ノ勾留ハ他ノ裁判所ノ豫審判事又ハ區裁判所判事ニ請求ノ爲其ノ判事所屬裁判所ノ檢事ニ之ヲ囑託スルコトヲ得ルヤ之ヲ得ルモノトセハ

（イ）單ニ被疑者ニ對スル勾留狀發付ヲ求ムルノミニテ可ナルヤ將タ被疑事件ノ事實ヲ開示シ之ニ基キ訊問ノ上勾留狀發付アリ度キ旨ヲ求ムヘキモノナリヤ

（ロ）勾留スヘキ刑務所ヲ囑託檢事所屬地ノ刑務所ニ指定スヘキヲ求メ得ルヤ（樺太檢事正）

答　一ニ付テハ大正十三年十月二十日附刑事第一三六八九號通牒ニヨリ了知セラレタシ（前號參照）

（イ）後段貴見ノ通

（ロ）貴見ノ通

問　二、前項囑託ノ手續違法ナラサル場合ニ於テ囑託ヲ受ケタル檢事又ハ受託檢事ヨリ請求ヲ受ケタル豫審判事、區裁判所判事ハ其ノ囑託又ハ請求ヲ拒ミ得ルヤ

答　得ス

一一　強制處分ノ囑託（大正十五年十月一日刑事局長回答）

問　一、司法研究會ニ於テ決議シタル協定事項ノ效力ハ取扱方ヲ統一シタル協定トシテ之ニ準據スヘキモノナルヤ

二、刑事訴訟法第二百五十五條ニ依ル強制處分ノ囑託ハ「判事適法ナル請求ヲ受ケタル後其ノ所屬裁判所管轄區域内ニ於テ強制處分ヲ爲スコト能ハサルニ至リタル場合ノ外ハ管外判事ニ囑託スルコト能ハス」トノ通牒ハ依然トシテ維持セラルルヤ

三、檢事ハ裁判所管轄區域外ニ於テ強制處分ヲ爲ス必要ヲ認メ其ノ所屬裁判所判事ニ之ヲ請求シタル場合ニ於テ判事檢事ハ連行シテ事實發見ノ爲刑訴第十一條ニ依リ管轄區域外ニ出張シテ隨時必要ノ處分ヲ遂行スルモ妨ケナキヤ（福岡檢事正）

答　一、司法研究會ニ於ケル協議事項ノ決議ニ付テハ別ニ通牒アル迄ハ當然ニハ從前ノ通牒ヲ變更スルモノニアラス

二、貴見ノ通

三、刑事訴訟法第二百五十五條ニ依ル強制處分ノ場合ニ於テハ管轄區域外ニ於テ職務ヲ行フニ非サレハ事實ヲ發見シ得サル場合ハ稀有ノコトト思料セラル

一二　強制處分ニ依ル勾留期間（大正十三年三月五日刑事第二一九八號刑事局長回答）

問　刑事訴訟法第二百五十五條ノ規定ニ依リ被疑者ヲ勾留シ十日内ニ起訴セルトキハ其ノ勾留ノ期間如何（廣島檢事正）

答　二月

一三　強制處分中ノ被疑者ニ對スル檢事ノ捜査權

檢事ハ非現行犯ニ付强制處分ヲ請求シタル場合ト雖當該判事ノ職權行使ヲ妨ケサル限リ强制處分中ノ被疑者ノ任意陳述ヲ聽キ聽取書ヲ作成スル等普通ノ捜査ヲ爲スヲ妨ケス

（昭和七年(れ)第七八九號 同年八月八日第一刑事部判決）

一四　强制處分ニ於ケル訊問ト第三百一條

（昭和七年(れ)第一〇四七號 同年十二月二十四日第三刑事部判決）

刑事訴訟法第二百五十五條ニ依ル强制處分ニ於ケル訊問ニハ同法第三百一條ノ適用ナキモノトス

一五　豫審決定アリタル事實ト實質上連續犯ヲ組成スル被疑事實ニ關スル强制處分請求

（昭和九年(れ)第四六號 同年六月十三日第三刑事部判決）

豫審決定アリタル事實ト實質上連續犯ヲ組成スル事實ニ付テ當時兩事實間ニ連續犯ノ關係アルモノト觀察スルコト能ハサル場合ニ在リテハ之ヲ被疑事實トシテ强制處分ノ請求ヲ爲シ得ルモノトス

第二百五十六條　判事前條ノ處分ヲ爲シタルトキハ速ニ之ニ關スル書類及證據物ヲ檢事ニ送付スヘシ

第二百五十七條　第二百五十五條ノ規定ニ依リ被疑者ヲ勾留シタル事件ニ付十日內ニ公訴ヲ提起セサルトキハ檢事ハ速ニ被疑者ヲ釋放スヘシ

第二百五十五條ノ規定ニ依リ押收ヲ爲シタル事件ニ付公訴

ヲ提起セサル處分ヲ爲シタルトキハ檢事ハ速ニ押收物ヲ還付スヘシ但シ必要アル場合ニ於テハ公訴ノ時效完成スルニ至ル迄之ヲ保管スルコトヲ得

〔理由書〕　第二百五十六條及第二百五十七條ハ第二百五十五條ノ强制處分ヲ爲シタル後ニ履行スヘキ手續ヲ規定シタルモノナリ

第二百五十八條　犯罪ニ因リ害ヲ被リタル者ハ告訴ヲ爲スコトヲ得

〔理由書〕　本條乃至第二百七十七條ハ捜査ノ原因タル告訴告發ニ關スル規定ナリ

本條ハ現行法第四十九條ヲ改正シタルモノニシテ其ノ趣旨之ト異ナルコトナシ卽チ犯罪ニ因リ害ヲ受ケタルモノハ原則トシテ告訴ヲ爲シ加害者ノ處罰ヲ求ムル爲捜査ノ職權ヲ有スル官署ニ犯罪事實ノ申告ヲ爲スコトヲ得ル旨ヲ規定ス

一　共有物毀棄ニ對スル共有者一人ノ告訴ト公訴ノ提起

（大正十四年(れ)第六〇七號 同年六月十一日第二刑事部判決）

數人共有ノ立木ヲ毀棄シタル者アル場合ニ於テ共有者ノ一人カ告訴ヲ爲ストキハ檢事ハ其ノ犯罪ニ對シテ適法ニ公訴ヲ提起スルコトヲ得ルモノトス

二　親告罪タル連續犯ノ一部ニ對スル告訴ノ效力

（昭和五年(れ)第一八二一號 同年六月九日第二刑事部判決）

同一人ニ對スル數箇ノ名譽毀損ノ行爲カ連續一罪ヲ組成スル場合ニ於テ其ノ一部ニ付爲シタル告訴ハ其ノ全部ニ效力ヲ及ホスモノトス

三　告訴ノ動機ト其ノ效力　（昭和六年(れ)第八四二號 同年九月七日第一刑事部判決）

告訴權者カ犯罪ノ訴追ヲ求ムル意思ヲ以テ告訴ヲ提起シタル以上ハ動機ノ如何ハ告訴ノ效力ニ影響ナシ

四　正誤文掲載ノ請求ト告訴權ノ行使　（昭和九年(れ)第五六八號 同年六月二十九日第四刑事部判決）

正誤文ノ掲載ヲ請求スルハ新聞紙法ニ基ク被害者ノ權利ニシテ該權利ヲ行使シタレハトテ告訴權ヲ行使スルコトヲ得サルモノニ非ス

五　告訴權ノ拋棄　（昭和九年(れ)第五六八號 同年六月二十九日第四刑事部判決）

告訴權ハ之ヲ拋棄スルコトヲ得サルモノトス

第二百五十九條　祖父母又ハ父母ニ對シテハ告訴ヲ爲スコトヲ得ス

〔理由書〕本條ハ前條ニ對スル重要ナル例外ナリ子孫ニシテ其ノ父母祖父母ヲ告訴スルカ如キハ我國固有ノ道德ニ背反スルモノナリ法ヲ以テ之ヲ禁スルハ我良風美俗ヲ維持シ綱紀ノ廢頽ヲ防止スル所以ナリ

第二百六十條　被害者ノ法定代理人又ハ夫ハ獨立シテ告訴ヲ爲スコトヲ得

被害者死亡シタルトキハ其ノ配偶者、家督相續人、直系ノ親族又ハ兄弟姉妹ハ告訴ヲ爲スコトヲ得但シ被害者ノ明示シタル意思ニ反スルコトヲ得ス

前二項ノ規定ハ刑法第百八十三條ノ罪ニ付テハ之ヲ適用セス

〔理由書〕本條第一項ハ現行法第五十四條第二項ニ相當ス現行法第五十四條第二項ハ被害者ノ法律上ノ代理人ノミヲ擧クレトモ本條ニ於テハ被害者妻ナルトキハ夫ニモ亦告訴權ヲ與フルノ適當ナリト認メ之ヲ加ヘタリ

本條第二項ハ被害者死亡シタル場合ニ於ケル告訴權者ヲ定ム告訴權ハ一身ニ專屬スル權利ナルヲ以テ被害者ノ告訴權ハ相續人ニ移ルヘキモノニ非ス故ニ被害者死亡シタル場合ニ於テ法律ヲ以テ特ニ告訴ヲ爲シ得ヘキ者ヲ定メサルトキハ被害者ノ保護ヲ完ウスルコトヲ得サルニ至ルヘシ故ニ被害者ノ明示シタル意思ニ反セサル限リニ被害者ト密接ノ關係ヲ有スル家督相續人、直系親族及兄弟姉妹告訴ヲ爲シ得ヘキモノト定メタリ

刑法第百八十三條ニ規定セル姦通罪ニ付テハ告訴權本夫ニ專屬スルヲ以テ本條第一項及第二項ヲ適用スルノ餘地ヲ存セス

被害者ノ事實上ノ父ニ過キサル者ノ爲シタル告訴ノ效力
（昭和五年(れ)第一七五九號 同年十二月二十三日第四刑事部判決）

告訴人カ被害者ノ事實上ノ父ナルモ法律上未タ父タル身分ヲ有セサルトキハ其ノ告訴ハ親權者ノ告訴タル效力ナシ

第二百六十一條　被害者ノ法定代理人被疑者ナルトキ、被疑者ノ配偶者ナルトキ、被疑者ノ四親等内ノ血族若ハ三親等内ノ姻族ナルトキハ被害者ノ親族ハ獨立シテ告訴ヲ爲スコトヲ得

〔理由理〕　現行法第五十四條第二項ハ法律上ノ代理人カ無能力者ニ代リテ告訴ヲ爲シ得ヘキコトヲ定ムルニ止マリ法律上ノ代理人カ無能力者ノ爲ニ告訴ヲ爲シ得サル地位ニ在ル場合ニ付テハ何等ノ規定ヲモ設ケサル爲無能力者ノ保護ヲ完ウスルコト能ハス之ニ因テ本條ヲ設ケ其ノ不備ヲ補フコトトセリ

第二百六十二條　死者ノ名譽ヲ毀損シタル罪ニ付テハ死者ノ親族、遺族又ハ後裔ハ告訴ヲ爲スコトヲ得

名譽ヲ毀損シタル罪ニ付被害者告訴ヲ爲サスシテ死亡シタルトキ亦前項ニ同シ但シ被害者ノ明示シタル意思ニ反スルコトヲ得ス

〔理由書〕　刑法第二百三十條第二項ニ依レハ死者ノ名譽ヲ毀損シタル者誣罔ニ出テタル場合ニ於テハ之ヲ處罰ス然ルニ此ノ場合ニ於テ何人カ告訴權ヲ有スルヤ不明ナルヲ以テ本條第一項ノ規定ヲ設ケテ此ノ場合ニ於ケル告訴權者ヲ明示セリ

本條第二項ハ被害者其ノ名譽ヲ毀損セラレ告訴ヲ爲サスシテ死亡シタル場合ニ於テモ第一項ノ場合ト同シク親族、遺族又ハ後裔告訴ヲ爲シ得ルコトヲ定メタリ此ノ場合ニ於テモ第二百六十條ノ場合ト同シク被害者ノ明示シタル意思ニ反スルコトヲ得サルモノト爲ス

第二百六十三條　親告罪ニ付告訴ヲ爲スコトヲ得ヘキ者ナキ場合ニ於テハ管轄裁判所ノ檢事ハ利害關係人ノ申立ニ因リ告訴ヲ爲スコトヲ得ヘキ者ヲ指定スルコトヲ得

〔理由書〕　本條ハ前三條ノ規定ニ依リ告訴權ヲ有スルモノナキトキハ檢事ニ於テ利害關係人ノ申立ニ因リ告訴ヲ爲シ得ル者ヲ指定スルヲ得ヘキモノトシ偶々告訴權者ノ存在セサルカ爲親告罪ヲ罰スル能ハサルニ至ルノ憾ナカラシム

第二百六十四條　刑法第百八十三條ノ罪ニ付テハ婚姻解消シ又ハ離婚ノ訴ヲ提起シタル後ニ非サレハ告訴ヲ爲スコトヲ得ス再ヒ婚姻ヲ爲シ又ハ離婚ノ訴ヲ取下ケタルトキハ告訴ヲ取消シタルモノト看做ス

〔理由書〕　刑法第百八十三條ニ規定セル姦通罪ノ告訴ヲ爲スニハ婚

姻解消シ又ハ離婚ノ訴ヲ提起シタルコトヲ要スルコトトセリ本夫ノ一面ニ於テ姦夫姦婦ニ對シ姦通罪ノ告訴ヲ爲シ其ノ處罰ヲ請求シナカラ依然トシテ姦婦ト夫婦ノ關係ヲ持續スルカ如キハ告訴權ヲ正當ニ行使スルモノトイフヲ得サルノミナラス之カ爲往々告訴ヲ利用シ人ヲ恐喝スルカ如キ弊ヲ生スルコトナキヲ保セス是レ新ニ本條ヲ設クル所以ナリ

一 姦通ノ宥恕ト告訴權ノ消滅 （大正十四年(れ)第二〇六九號 同十五年三月十九日第六刑事部判決）

妻ノ姦通ヲ宥恕シタルトキハ姦通罪ニ於ケル夫ノ告訴權ハ消滅スルモノトス

二 告訴取消ニ因ル公訴棄却ノ判決確定ノ效果 （昭和六年(れ)第二五三號 同年七月六日第一刑事部判決）

數人ノ名譽ヲ毀損シタル連續犯ノ一部ニ付公訴棄却ノ判決確定スルモ他ノ部分ニ付有罪ノ判決ヲ爲スニ妨ナシ

第二百六十五條 親告罪ノ告訴ハ犯人ヲ知リタル日ヨリ六月ヲ經過シタルトキハ之ヲ爲スコトヲ得ス

刑法第二百二十九條但書ノ場合ニ於ケル告訴ハ婚姻ノ無效又ハ取消ノ裁判確定シタル日ヨリ六月内ニ之ヲ爲スニ非サレハ其ノ效力ナシ

〔理由書〕 親告罪ヲ訴追スルニハ告訴アルコトヲ要ス故ニ告訴權者カ告訴權ヲ行使セサル間ハ起訴スヘキヤ否全ク不定ノ狀態ニアリ永ク此ノ如キ狀態ヲ持續スルハ秩序ヲ害スルノ虞アリ之ニ由テ本案ハ一定ノ期間内ニ告訴ヲ爲サヽレハ告訴權ヲ消滅セシムルノ主義ヲ採リ之ヲ本條ニ規定セリ

一 告訴期間ノ起算點 （大正十三年七月二十五日 刑事第一〇九三六號刑事局長回答）

問 告訴人ハ自己ノ考案ニ係ル除草器ニ付大正七年四月三十日實用新案權ノ登錄ヲ經タリ然ルニ告訴人ハ大正十一年三月中其ノ實用新案權ヲ得タル物品ニ類似セル除草器カ他ニ販賣セラレ居ル事實ヲ發見シ之カ製作ヲ調査シタル末同年六月ニ至リ遂ニ被告訴人ノ製品販賣ニ係ルコトヲ知悉シタリト雖被告訴人ニ於テモ亦他ノ除草器ニ付實用新案權ノ登錄ヲ爲シ居リシ爲其ノ製作販賣セシ除草器カ果シテ告訴人ノ權利ヲ侵害シタルモノナルヤ否ヤニ關シ調査ノ上大正十三年一月三十日特許局ニ對シ被告訴人ヲ相手取リ實用新案權ノ範圍確認審決ノ請求ヲ爲シ同年四月三十日ニ至リ被告訴人ノ製作販賣セシ除草器ハ告訴人ノ有スル實用新案權ノ範圍ニ牴觸スルモノナリトノ審決ヲ受ケタルニ付同年六月十九日當局ニ對シ被告訴人ヲ相手取リ實用新案權利侵害ノ告訴ヲ提起セリ

右ノ事實ニシテ其ノ告訴ノ效力ノ有無ニ關シ左ノ二說ヲ生セリ

（一）消極説

刑事訴訟法第二百六十五條第一項ニ依レハ親告罪ノ告訴ハ犯人ヲ知リタル日ヨリ六月ヲ經過シタルトキハ之ヲ爲スコトヲ得サル旨ノ規定アリ蓋シ法律カ如此告訴權ノ行使ニ制限ヲ附シタル所以ハ其ノ一面ニハ自己ノ權利ノ侵害ヲ知ナカラ長年月其ノ權利ノ行使ヲ爲ササルハ所謂權利ノ上ニ眠ルモノナルヲ以テ之ヲ保護スルノ必要ナキト又他ノ一面ニ於テハ長ク權利ヲ不確定ノ狀態ニ置カシムルハ公安上不可ナリトノ理由ニ出ツルモノト思料ス而シテ本件告訴人ハ大正十一年六月ニ於テ既ニ自己ノ實用新案權ヲ得タル除草器ニ類似セル除草器ヲ製作セシモノハ被告訴人ナルコトヲ知悉シタリト云フヲ以テ其ノ時ヲ以テ犯人ヲ知リタルモノト論定セサルヘカラス然レハ本案告訴ハ既ニ犯人ヲ知リタル日ヨリ六月ヲ經過シタルモノナルヲ以テ期間後ノ告訴ニ係リ其ノ效ナキモノトス又本件ハ告訴人ニ於テ被告訴人ニ對シ權利ノ範圍確認審決ノ請求ヲ爲シタルコトアレトモ之カ爲告訴人ノ權利ニ何等ノ消長ヲ及ホスヘキモノニ非ス何トナレハ其ノ權利ノ範圍確認審決ノ請求ト告訴トハ固ヨリ並立シ得ヘキモノナルノミナラス其ノ之カ確認審決ノ請求ヲ爲スハ卽チ被告訴人ノ爲權利ヲ侵害セラレタル事實ヲ知悉シタルカ爲ナレハナリ況ンヤ第六百十六條第一項ニハ本法ハ本法施行前ニ生シタル事件ニ生シタル事件ニモ亦之ヲ適用スヘキ旨ノ規定アルニ於テオヤ然レハ本告訴ハ期間後ノ告訴ナルヲ以テ固ヨリ無效ナリト論定スヘキヲ相當トス

（二）積極説

告訴人カ其ノ實用新案權ヲ得タル除草器ニ似類セル除草器ヲ製作販賣セシ者カ被告訴人ナルコトヲ知リタルハ大正十一年六月ナルコトハ告訴人ノ肯定スル所ナリト雖被告訴人モ亦他ニ除草器ニ關シ實用新案權ノ登錄ヲ得アリシヲ以テ係爭除草器果シテ如何ナル範圍ニ於テ告訴人ノ權利ヲ侵害シタルヤ否ヤニ付調査ヲ遂ケ大正十三年一月三十日ニ至リ愈〻其ノ確信ヲ得タルヲ以テ特許局ニ對シ實用新案權範圍確認審決ノ請求ヲ爲シタルモノナレハ犯人ヲ知リタルトキハ卽チ大正十三年一月三十日ナリト認メサルヘカラス何トナレハ告訴人ハ大正十一年六月以來ハ種種ノ調査ニ沒頭シ居リテ毫モ權利ノ上ニ眠リタルコトナク自己ノ權利ノ侵害セラレタルコトヲ確認スルヤ直ニ權利範圍確認審決ノ請求ヲ爲シタルモノナレハナリ假リニ消極論者ノ如ク犯人ヲ知リタル時ヲ以テ大正十一年六月ナリトスルモ當時ノ法律ニハ告訴權行使ノ時期ニ何等ノ制限ナカリシヲ以テ第二百六十五條第一項ノ期間ハ新刑事訴訟法施行ノ日卽チ大正十三年一月一

日ヨリ起算スヘキヲ相當トス從テ本告訴ハ同年六月十九日ニ於テ提起セラレタルモノナレハ之ヲ有效ノ告訴ナリト論斷セサルヘカラス（奈良檢事正）

答　積極說ノ通

二　告訴期間ノ算定（昭和五年(れ)第一八六四號 同六年一月二十七日第四刑事部判決）

刑事訴訟法第二百六十五條第一項ノ期間ハ犯罪カ既遂タルト未遂タルトヲ問ハス其ノ終了後犯人ノ誰タルヤヲ知リタル日ヨリ起算スヘキモノトス

三　本條第一項ノ期間ト法定代理人ノ告訴（昭和八年(れ)第七八一號 同年七月二十日第二刑事部判決）

親告罪ニ付法定代理人カ告訴ヲ爲ス場合ニ於テ刑事訴訟法第二百六十五條第一項ノ期間ハ告訴權者ノ知リタルトキヨリ起算スヘキモノトス

第二百六十六條　告訴ヲ爲スコトヲ得ヘキ者數人アル場合ニ於テ一人ノ期間ノ懈怠ハ他ノ者ニ對シ其ノ效力ヲ及ホサス

〔理由書〕告訴權者數人アル場合ニ於テ各自獨立シテ告訴權ヲ有スルヲ以テ一人ノ期間ノ懈怠ハ他ノ告訴權者ニ影響ヲ及ホササルモノト爲ス

連續犯タル親告罪ニ付被害者ノ一人ヨリ爲シタル告訴取消ノ效果（昭和六年(れ)第二五三號 同年七月六日第一刑事部判決）

數人ノ名譽ヲ毀損シタル連續犯ニ付被害者ノ一人ヨリ告訴ノ取消アルモ其ノ一部ニ付公訴棄却ノ判決ヲ言渡スヘキモノニ非ス

第二百六十七條　告訴ハ第二審ノ判決アル迄之ヲ取消スコトヲ得

告訴ノ取消ヲ爲シタル者ハ更ニ告訴ヲ爲スコトヲ得ス

前二項ノ規定ハ請求ヲ待チテ受理スヘキ事件ニ付テノ請求ニ之ヲ準用ス

〔理由書〕本條ハ現行法第五十五條ヲ改正シタルモノナリ現行法ニ於テハ告訴取消ノ時期ニ制限ヲ附セサル爲上告審ニ於テ之ヲ取消シ第一審及第二審ニ於ケル審理ヲ徒勞ニ歸セシムルコトアリ思フニ告訴ノ取消ハ敢テ嫌忌スヘキニ非スト雖既ニ二審級ヲ經テ判決ノ言渡アリタルニ拘ハラス仍告訴ヲ維持スヘキヤ否ヲ決セサルカ如キハ誠實ニ權利ヲ行使スルモノト云フ事ヲ得サルモノトシ其ノ判決後ハ之ヲ許ササルコトトセリ

告訴ノ取消ヲ爲シタルトキハ告訴權ヲ喪失シ同一ノ事件ニ付再ヒ告訴ヲ爲スコトヲ得サルハ事理當然ナレトモ失權ノ事由ナルヲ以テ特ニ法文ヲ以テ之ヲ明ニセリ

現行刑事訴訟法ハ刑法以後ノ制定ニ係ルヲ以テ請求ヲ待チテ論スヘキ罪ニ關シ規定スル所ナシ故ニ本條ヲ以テ之ヲ補足セリ即チ刑

法ニ定ムル請求ヲ待チテ論スヘキ罪ハ元來親告罪ト同一ノ性質ヲ有スルモノナルヲ以テ其ノ請求ハ訴訟手續上告訴ト同一ニ取扱フモノトセリ

一　親告罪ノ告訴權拋棄（大正十二年十二月十二日刑事第一〇三四一號刑事局長通牒）

問　親告罪ノ告訴權ハ拋棄スルコトヲ得ルヤ（水戸檢事正）

答　得ス

二　相姦者ノ一方ハ第一審ノ有罪判決ニ服シ他方ノミ控訴ヲ申立控訴審ニ於テ無罪ノ言渡ヲ受ケ又ハ告訴取下アリタル場合ニ於テ有罪判決ニ服シタル者ニ對スル救濟（大正十三年三月三日刑事第二〇七〇號刑事局長回答）

問　甲男（相姦者）ハ第一審ノ有罪判決ニ服シ乙女（姦通者）ハ控訴ノ申立ヲ爲シ控訴審ニ於テハ無罪ヲ言渡シ該判決確定シタリ此ノ場合ニ於テ第四百五十一條ノ如キ規定ナキ爲メ甲男ニ對スル救濟ノ途ナキヤ（第四八五條第六號ニ依リ再審ノ請求ヲ爲シ得ル新證據ヲ發見シタル場合ハ格別）右ノ場合ニ於テ告訴ノ取下アリタルトキ亦同一ノ疑義ヲ生ス（宮城檢事長）

答　貴見ノ通

三　家宅侵入ニ因ル强姦ノ罪ト告訴取下ノ效果（大正十三年(れ)第二三一號同年四月五日第四刑事部判決）

家宅ニ侵入シ因テ强姦ヲ爲シタル犯罪カ被害者ノ告訴ニ基キ訴追セラレタル後告訴ノ取下アリタリトスルモ親告罪ニ非サル家宅侵入ノ點ニハ公訴權ノ消滅ヲ來タスコトナシ

四　相姦者ノ一人ニ對シ第二審判決アリタル後ノ告訴ノ取消（昭和三年(れ)第一一八四號同年十月五日第四刑事部判決）

告訴ノ取消ハ相姦者ノ一人ニ付第二審ノ判決アリタル以上ハ縱令他ノ一人カ未タ第二審ノ判決ノ宣告ヲ受クルニ至ラサルモ之ヲ爲スコトヲ得サルモノトス

五　親告罪ノ告訴權拋棄（昭和四年(れ)第一二九二號同年十二月十六日第二刑事部判決）

親告罪ノ告訴權ハ之ヲ拋棄スルコトヲ得ス

六　親告罪ノ告訴取消ノ效力（昭和五年一月十六日刑事局長回答）

問　甲男（相姦者）乙女（姦通者）ハ第一審ニ於テ共ニ有罪ノ判決ヲ受ケ何レモ控訴ノ申立ヲ爲シタル處其ノ後甲男ハ控訴ノ取下ヲ爲シ同人ニ對スル右判決確定シ乙女ノミ控訴審繫屬中乙女ニ對シ告訴人ヨリ告訴ノ取消ヲ爲シタリ此ノ場合ニ於テ乙女ニ對スル告訴ノ取消ハ其ノ效力アリヤ否ヤ（鳥取檢事正）

答　告訴ノ取消ハ效力アリト思考ス

七　本條ニ所謂判決アル迄ノ意義（昭和九年(れ)第八四〇號同年九月二十九日第三刑事部判決）

刑事訴訟法第二百六十七條第一項ニ所謂第二審ノ判決アル迄トアルハ第二審ノ判決アル迄トアル第二審判決ノ言渡アル迄トノ意義ナリトス

第二百六十八條　親告罪ニ付共犯ノ一人又ハ數人ニ對シテ爲シタル告訴又ハ其ノ取消ハ他ノ共犯ニ對シ亦其ノ效力ヲ生ス

前項ノ規定ハ請求ヲ待チテ受理スヘキ事件ニ付テノ請求又ハ其ノ取消ニ之ヲ準用ス

刑法第百八十三條ノ罪ニ付相姦者ノ一人ニ對シテ告訴又ハ其ノ取消アリタルトキハ他ノ者ニ對シ亦其ノ效力ヲ生ス

〔理由書〕本條ハ親告罪及請求ヲ待チテ論スヘキ事件ノ被告數人アル場合ニ於テ共犯ノ一人又ハ數人ニ對スル告訴又ハ告訴ノ取消ハ共犯全體ニ對シテ效アルヲ規定シ告訴不可分ノ原則ヲ明示セリ第二項ハ相姦者ヲ共犯ト同一ニ取扱フヘキコトヲ規定ス

親告罪ト競合セル牽連犯ノ審判ノ範圍

（昭和七年(れ)第二二九號　同年五月十二日第一刑事部判決）

強姦行爲ト住居侵入行爲トカ刑法第五十四條ノ牽連犯ヲ組成スル場合強姦罪ニ對スル告訴ナキトキト雖其ノ手段タル住居侵入罪ノミニ付審判ヲ爲スヲ妨ケス

第二百六十九條　何人ト雖犯罪アリト思料スルトキハ告發ヲ爲スコトヲ得

官吏又ハ公吏其ノ職務ヲ行フニ因リ犯罪アリト思料スルトキハ告發ヲ爲スヘシ

〔理由書〕本條ハ告發ニ關スル規定ナリ本條第一項ハ現行法第五十三條ニ相當シ本條第二項ハ現行法第五十二條第二項ニ相當スルモノニシテ其ノ趣旨相異ナルコトナシ

告發人ハ檢事ノ不起訴處分ニ對シテ抗告ヲ爲シ得ルヤ

（昭和七年一月二十二日刑事第二〇七號刑事局長通牒）

問　告發人ハ不起訴處分ニ對シ抗告ヲ爲シ得ルヤ

（理由）檢事ノ不起訴處分ニ對スル抗告ハ裁判所構成法第一四〇條ニ基クモノナルカ同條ニハ告訴人ニ限ルノ明文ナキモ刑訴第二九四條ニ告訴人ニ對シテハ公訴ヲ提起シ又ハ之ヲ提起セサル處分ヲ爲シタルトキハ速ニ其ノ旨ヲ告訴人ニ通知スヘキ旨ヲ規定シ告訴人ニ對シ特ニ私訴ノ提起又ハ檢事ノ處分ヲ不當トスルトキハ上官タル檢事ニ抗告ヲ爲シ得ヘキ機會ヲ與ヘタルモノナルニ告發人ニ對シテハ斯ル規定ナキヲ以テ抗告ヲ爲シ得サルモノナリト解スルモ裁判所構成法第一四〇條ノ趣旨ヲ積極ニ解スルモノアリ（山口地檢）

答　積極ニ解スルヲ可トス

第二百七十條　第二百五十九條ノ規定ハ告發ニ付之ヲ準用ス

〔理由書〕 告發ハ捜査ノ職權ヲ有スル官署ニ犯罪ヲ申告スルノ點ニ於テ告訴ト異ナルコトナシ故ニ告訴ニ關スル第二百五十九條ノ規定ハ告發ニ之ヲ準用ス殊ニ注意スヘキハ官吏、公吏ハ告發ノ義務ヲ有スルモノナリ官吏、公吏ヲシテ祖父母、父母ニ對シテ告發ヲ爲スノ義務ヲ負ハシムカ如キハ人倫ニ反スルノ甚シキモノナリ故ニ此ノ場合ニハ第二百五十九條ニ依ラシムルノ理由最顯著ナリトイフヘシ

第二百七十一條 告訴ハ代理人ニ依リテ之ヲ爲スコトヲ得告訴ノ取消ニ付亦同シ

〔理由書〕 本條ハ現行法第五十四條ヲ改正シタルモノナリ現行法ニ於テハ告發モ亦告訴ト同シク代理人ニ委任シテ爲シ得ヘキモノナレトモ告發ハ告訴ト異ナリ自己ノ救濟ヲ求ムルノ意ヲ包含セスシテ全ク公益ノ爲申告ヲ爲スニ止マルモノナリ故ニ本案ニ於テハ告發セントスル者ハ自ラ之レヲ爲スヘキモノトシ代人ヲ以テ爲スコトヲ許サヽルモノトセリ

第二百七十二條 告訴又ハ告發ハ書面又ハ口頭ヲ以テ檢事又ハ司法警察官ニ之ヲ爲スヘシ

〔理由書〕 本條ハ現行法第四十九條第一項、第五十一條、第五十二條、第五十三條ノ各一部ヲ一括シ規定シタルモノニシテ告訴告發ノ手續及告訴告發ヲ受クヘキ官署ヲ定メタルモノナリ

告訴狀ニ於ケル犯罪事實ノ表示ト告訴ノ效力
（昭和六年(れ)第九九八號 同年十月十九日第二刑事部判決）

告訴狀ニ其ノ告訴スル犯罪ヲ特定シ得ル程度ノ記載アル以上犯罪ノ日時、場所及態樣等ニ付詳細ノ記載ナキモ告訴ハ有效ナリ

第二百七十三條 檢事又ハ司法警察官口頭ノ告訴又ハ告發ヲ受ケタルトキハ調書ヲ作ルヘシ

第五十六條第三項乃至第五項ノ規定ハ前項ノ調書ニ付之ヲ準用ス

〔理由書〕 本條ハ現行法第五十一條第二項及第五十三條ノ一部ニ相當シ檢事及司法警察官口頭ノ告訴又ハ告發ヲ受ケタルトキハ調書ヲ以テ之ヲ明確ニスヘキコトヲ定ム

第二百七十四條 司法警察官告訴又ハ告發ヲ受ケタルトキハ速ニ之ニ關スル書類及證據物ヲ管轄裁判所ノ檢事ニ送付スヘシ

〔理由書〕 本條ハ現行法第四十九條第二項及第五十三條第二項ニ相當スルモノニシテ其ノ趣旨之ト異ナルコトナシ

一 司法警察官違警罪事件ニ付告訴ヲ受ケタル場合ノ取扱方
（大正十三年五月七日 刑事第四二二七號刑事局長回答）

問 司法警察官カ違警罪事件ニ付告訴ヲ受ケタル場合ニ於テモ刑事訴訟法第二百七十四條ニ依リ卽決處分ヲ爲サス檢事ニ送付ス

ヘキモノト解シ可然哉即チ告訴ニ係ル事件ハ違警罪即決例ノ適用ヲ受ケサルモノナリヤ（鹿兒島檢事正）

答 貴見ノ通

二 告發ノ取消（大正十三年十一月十四日刑事第一四二九九號刑事局長回答）

問 一、告發ノ取消ニ關シテハ刑訴第二百七十五條ノ規定アルノミニシテ告訴取消ノ場合ニ於ケル同第二百六十七條第一項ノ規定ナキモ元來一般ノ告發ハ告發者ノ任意ニ爲ス可キモノナレハ之レカ取消モ亦自由ニ爲シ得ヘキヲ以テ第二審ノ判決アル迄之ヲ取消スコトヲ得ルヤ

二、官公署ノ義務的告發ノ場合ハ職務上ノ義務ニ因ルモノナルヲ以テ一旦告發ヲ爲シタル以上ハ之ヲ取消スコトヲ得サル可シト雖モ告發後告發事實ノ誤認又ハ相違ノ點アルコトヲ發見シタルトキハ先キニ爲シタル告發ヲ維持スル必要ナキヲ以テ告發ヲ取消スコトヲ得可シト說クモノアリ實際上ノ取扱ニ關シテモ便宜ノ處分ナリト思料ス從テ右ノ場合ハ告發ヲ取消スコトヲ得ルヤ

三、前項告發ヲ取消スニ付テモ第二審判決アル迄之ヲ爲スコトヲ得ルヤ

四、間接國稅犯則者處分法第十七條ノ告發モ前第二、三項ニ準シテ之ヲ取消スコトヲ得ルヤ又ハ一般告發ノ場合ト同シク無制限ニ取消スコトヲ得ルヤ（告發ヲ爲シタル後通告ノ履行ヲ爲シタル場合何等ノ制限ナクシテ告發ヲ取消スコトヲ得ルトセハ實際上便宜ナリ）（廣島檢事正）

答 刑事訴訟法第二百六十九條第一項ノ告發ハ時期ノ制限ナク之ヲ取消スコトヲ得ルモ同條第二項ノ告發又ハ間接國稅犯則者處分法第十七條ノ告發ハ之ヲ取消スコトヲ得ス

第二百七十五條 第二百七十二條、第二百七十三條及前條ノ規定ハ告訴又ハ告發ノ取消ニ付之ヲ準用ス

〔理由書〕 本條ハ告訴、告發ノ取消ハ告發ト同一ノ手續ニ從フヘキコトヲ示シタルモノナリ

第二百七十六條 第二百七十二條、第二百七十三條及第二百七十四條ノ規定ハ自首ニ付之ヲ準用ス

〔理由書〕 告發ハ他人ノ犯罪事實ヲ申告シ自首ハ自己ノ犯罪事實ヲ申告スルモノニシテ二者犯罪事實ヲ申告スル點ニ於テハ其ノ性質ヲ同シクス故ニ自首ハ告發ト同一ノ法則ニ依ルヘキモノトシ本條ヲ設ケタリ

第二百七十七條 犯罪ニ關シ匿名ノ申告又ハ風說アル場合ニ於テハ特ニ其ノ出所ニ注意シ虛實ヲ探査スヘシ

〔理由書〕 檢事犯罪ニ付搜査ノ端緒ヲ發見スルトキハ直ニ搜査ヲ開始セサルヘカラス而シテ搜査ノ端緒ト爲ルヘキ告訴告發ハ申告者

其ノ名ヲ表示シ自己ノ責任ヲ以テ之ヲ爲スモノナリ此ノ場合ニ於テハ捜査官ハ申告者ヲ取調ヘ其ノ申告ノ根據ヲ確メ進ンテ各般ノ證憑ヲ蒐集シ申告セラレタル事實ノ有無ヲ判斷スルコトヲ得ヘシ匿名ノ申告又ハ風説ノ如キモノニ至リテハ捜査ノ端緒ト爲ラサルニ非スト雖元來責任アル申告者ナク其ノ根據明ナラス故ニ其ノ出所ニ付詳密ニ內偵ヲ遂ケ其ノ根據アルコトヲ確カメタル後ニ非サレハ輙ク犯罪ノ捜査ヲ開始スヘキモノニ非ス本條此ノ義ヲ明ニシ捜査官ノ輕擧ヲ戒ム

第二章　公訴

〔理由書〕　刑事訴訟ノ目的ハ科刑權ノ存否並範圍ヲ確定スルニ在リ而シテ現今ノ法制ハ彈劾式訴訟主義ヲ採用シ不告不理ヲ原則トス故ニ裁判所ハ請求アルニ非サレハ審判ヲ爲サス公訴ハ科刑權ノ確定ヲ要求スルモノニシテ之ニ依テ刑事訴訟ヲ開始ス

第二百七十八條　公訴ハ檢事之ヲ行フ

〔理由書〕　本條ハ現行法第一條ト其ノ趣旨ヲ同シクシ職權訴追主義ニ依ルコトヲ明ニス即チ犯罪ノ訴追ヲ國家ノ事務ト爲シ公訴權ノ行使ヲ國家ノ代表者タル檢事ノ專權ニ屬セシム

一　民事責任ノ消滅ト刑事訴追　（昭和五年(れ)第一四〇〇號 同年十月十六日第五刑事部判決）

刑法第二百四十六條第二項ノ犯罪行爲ニ因ル民事上ノ責任ヲ免レタリトスルモ該犯罪ニ付刑事訴追ヲ爲スニ妨ケナシ

二　有罪ノ判決確定後既判ノ犯行ト連續ノ意思ヲ以テ爲シタル犯行ト起訴　（昭和七年(れ)第一七一九號 同八年三月四日第六刑事部判決）

有罪ノ確定判決後ニ於ケル犯行ハ縱令其ノ犯行カ既判ノ犯行ト同一ノ罪名ニ觸レ而モ連續ノ意思ニ出テタル場合ト雖獨立ノ犯罪ヲ構成シ新ナル起訴ノ目的ト爲ルモノトス

三　檢事事務取扱警察官ノ公訴提起ノ效力　（昭和八年(れ)第一三八五號 同年十一月二十七日第一刑事部判決）

裁判所構成法第十八條第二項ニ依リ檢事ノ事務ヲ取扱フ警察官ハ有效ニ公訴ノ提起ヲナス權限ヲ有スルモノトス

四　最終ノ事實審ニ於ケル有罪判決言渡後ノ犯行ト起訴　（昭和八年(れ)第二〇二〇號 同九年三月十三日第四刑事部判決）

最終ニ事實ヲ審理シタル裁判所ノ有罪判決言渡後ニ於ケル犯行ハ縱令判示犯行ト同一ノ罪名ニ觸レ而モ連續ノ意思ニ出テタル場合ト雖獨立ノ罪ヲ構成シ新ナル起訴ノ目的ト爲ルモノトス

第二百七十九條　犯人ノ性格、年齡及境遇並犯罪ノ情狀及犯罪後ノ情況ニ因リ訴追ヲ必要トセサルトキハ公訴ヲ提起セサルコトヲ得

〔理由書〕　本條ハ犯罪訴追ニ付任意主義ヲ確立シタルモノナリ現行

刑事訴訟法ハ此ノ點ニ關シ何等ノ明文ヲ設ケスト雖現行刑法既ニ犯罪必罰ヲ主義トセス事情ヲ斟酌シテ執行ヲ猶豫スルノ制ヲ採用セリ蓋シ罰條ノ明文ニ入ルモノト雖モ之ニ刑ヲ加フルノ不可ナルモノアリ之ニ刑ヲ加フルノ可否未タ定マラサルモノアリ此ノ問題ハ起訴後ニ於テノミ生スルモノニアラス必スヤ起訴不起訴ヲ決スルニ付考慮セサルヘカラス是ヲ以テ現行刑事訴訟法ノ下ニアリテモ久シク任意主義ヲ實行シ豫期ノ如ク好結果ヲ收ムルコトヲ得タリ本案ハ亦此ノ主義ヲ採用シ法文ヲ以テ之ヲ明示ス

不起訴處分ト公訴權 （昭和二年(れ)第三七七號 同年五月七日第四刑事部判決）

檢事ノ不起訴處分ハ之ニ因リ公訴權ヲ消滅セシムルモノニ非ス

第二百八十條 公訴ハ檢事ノ指定シタル被告人以外ノ者ニ其ノ效力ヲ及ホサス

〔理由書〕 現行法ハ裁判官ノ職權追及ノ制ヲ認メ彈劾式主義即チ不告不理ノ原則ニ例外ヲ設ケタリ本案ニ於テハ此ノ例ニ從ハス國家ノ代表者タル檢事原告ノ地位ニ立チ被告ニ對シ訴追ヲ爲シ訴追ヲ受ケタル被告ハ當事者ノ地位ニ立チテ之ト對立シ裁判所ハ双方ノ上ニアリテ審判ノ職務ノミヲ行フヘキモノトシ檢事訴追ヲ爲スニ非サレハ絶對ニ刑事ノ審判ヲ爲スヲ得サルモノト爲シ不告不理ノ原則ヲ貫徹シタリ故ニ檢事公訴ノ提起ヲ爲スニ付テハ必ス被告人タルヘキ者ヲ指定スルコトヲ要シ公訴ノ效力ハ指定シタル被告人以外ニ及フヘカラサルモノト爲ス本條ハ此ノ義ヲ明ニシタルモノナリ

第二百八十一條 時效ハ左ノ期間ヲ經過スルニ因リテ完成ス

一 死刑ニ該ル罪ニ付テハ十五年
二 無期ノ懲役又ハ禁錮ニ該ル罪ニ付テハ十年
三 長期十年以上ノ懲役又ハ禁錮ニ該ル罪ニ付テハ七年
四 長期十年未滿ノ懲役又ハ禁錮ニ該ル罪ニ付テハ五年
五 長期五年未滿ノ懲役若ハ禁錮又ハ罰金ニ該ル罪ニ付テハ三年
六 刑法第百八十五條ノ罪ニ付テハ六月
七 拘留又ハ科料ニ該ル罪ニ付テハ六月

〔理由書〕 本條ハ現行法第八條ノ規定ヲ修正シ長期五年以上ノ有期刑ニ該ル罪及刑法第百八十五條ノ罪ニ付時效ノ期間ヲ短縮シタリ

一 非常習賭博ノ時效期間ニ關スル注意 （大正十二年十二月五日 刑事第九五四六號刑事局長通牒）

新法ハ非常習賭博罪ノ時效期間ヲ短縮シテ六月トナシタルヲ以テ舊時代ニ犯シタル此ノ種ノ行爲ニ付テモ其ノ時效期間ヲ六月ト爲ササルヘカラス然レトモ舊法時代ニ於テ犯行後六月ヲ經過シタル

後ト雖モ一年以內ニ於テ有效ニ公訴ヲ提起シタルトキハ刑訴第六百十六條第二項ニ依リ此ノ公訴提起ハ中斷ノ效アリト認メサルヘカラス其ノ他ノ中斷手續カ舊法時代ニ行ハレタルトキ亦同一ノ結論ニ達スヘキナリ（大審院）

二　違警罪卽決處分ノ時效　（昭和五年一月十三日刑事第三六〇號司法次官回答）

問　違警罪卽決例第二條第二項ニ依リ警察署長又ハ其ノ代理タル官吏カ卽決ノ言渡ヲ爲ス場合ニ於テ被告人所在不明ノ爲メ言渡書ヲ送達スルコト能ハサルトキハ犯罪ノ時ヨリ六ケ月ヲ經過スルニ依リ公訴權消滅シ從テ其ノ後被告人ノ所在判明スルモ該言渡書ヲ交付スルコト能ハサル儀ト被存候モ一應貴省ノ御意見承知致度（內務次官）

答　貴見ノ通リ

三　舊刑事訴訟法施行中ニ於テ起訴セラレタル犯罪ノ公訴時效　（大正十三年(れ)第一九九六號同年十二月五日第一刑事部判決）

舊刑事訴訟法施行中ニ於テ起訴セラレタル犯罪ニ付刑事訴訟法施行後ニ於テ起訴當時公訴時效ノ完成シタルヤ否ヲ判斷スル場合ニ於テハ舊法ノ規則ニ依ルヘキモノトス

四　公訴時效完成ノ主張ト刑事訴訟法第三百六十條第二項　（昭和七年(れ)第一四一〇號同年十一月二十八日第二刑事部判決）

公訴時效完成セリトノ主張ハ刑事訴訟法第三百六十條第二項ノ主張ニ該當セス

第二百八十二條　二以上ノ主刑ヲ併科シ又ハ二以上ノ主刑中其ノ一ヲ科スヘキ罪ニ付テハ其ノ重キ刑ニ從ヒ前條ノ規定ヲ適用ス

第二百八十三條　刑法ニ依リ刑ヲ加重又ハ減輕スヘキ場合ニ於テハ加重又ハ減輕セサル刑ニ從ヒ第二百八十一條ノ規定ヲ適用ス

〔理由書〕　時效ノ期間ハ現行法ノ如ク各犯罪ニ付定メタル重キ刑ヲ標準トシテ定ムヘキモノナルヲ以テ一ノ罪ニ付二個以上ノ主刑ヲ併科シ又ハ二個以上ノ主刑中其ノ一個ヲ科スヘキモノナルトキハ其ノ重キ刑ニ付定メタル期間ヲ以テ時效ノ期間ト爲スヘキハ當然ナリ又刑ヲ加重若ハ減輕スヘキ場合ニ於テハ加重減輕セサル刑ニ付定メタル期間ヲ以テ時效ノ期間ト爲スヲ相當トス然ルニ現行法此ノ點ニ付明文ヲ缺如ス兩條此ノ趣旨ヲ明ニシ現行法ノ不備ヲ補足ス

第二百八十四條　時效ハ犯罪行爲ノ終リタル時ヨリ進行ス

共犯ノ場合ニ於テハ最終ノ行爲ノ終リタル時ヨリ總テノ共犯ニ對シテ時效ノ期間ヲ起算ス

〔理由書〕　現行法第十條ニ於テハ犯罪ノ日ヨリ時效期間ヲ起算スヘ

キ旨規定シ犯罪行爲終了ノ日ヲ起算日トスヘキヤ將結果ノ發生シタル日ヲ起算日トスヘキヤ不明ナリ本案ハ判例ノ示ス所ヲ相當トシ本條第一項ヲ以テ犯罪行爲終了ノ日ヨリ時效期間進行スヘキコトヲ明ニス本條第二項ハ數人共犯ノ場合ニ關スル規定ニシテ現行法ノ不備ヲ補足シタルモノナリ

一　連續犯ト公訴時效　（昭和六年(れ)第六〇〇號　同年六月十二日第四刑事部判決）

連續犯公訴時效ハ其ノ最終ノ犯行完了ノ日ヨリ起算スヘキモノトス

二　連續罪ノ公訴時效　（昭和八年(れ)第三二八號　同年五月廿六日第四刑事部判決）

連續罪ノ公訴時效ハ其ノ罪ヲ構成スル各行爲中最後ノ行爲ノ終リタル時ヨリ進行スルモノトス

第二百八十五條　時效ハ公訴ノ提起、公判若ハ豫審ノ處分又ハ第二百五十五條ノ規定ニ依リ爲シタル判事ノ處分ニ因リ中斷ス但シ其ノ手續規定ニ違反シタル爲無效ナルトキハ此ノ限ニ在ラス

共犯ノ一人ニ對シテ爲シタル手續ニ因ル時效ノ中斷ハ他ノ共犯ニ對シ其ノ效力ヲ有ス

第二百八十六條　時效ハ中斷ノ事由ノ終了シタル時ヨリ更ニ進行ス

〔理由書〕　現行法第十一條ト其ノ趣旨ヲ同シクス唯本條ニ於テハ第二百五十五條ニ依リ公訴提起前判事ノ爲スヘキ强制處分ヲ認メタルヲ以テ之ヲ中斷ノ理由ニ加ヘタリ

第二百八十七條　時效ハ第三百五條第一項第二號ノ規定ニ依リ豫審手續ヲ中止シ又ハ第三百五十二條ノ規定ニ依リ公判手續ヲ停止シタル期間内ハ進行セス

〔理由書〕　被告人心神喪失ノ狀態ニ在ルノ故ヲ以テ豫審公判ノ手續ヲ進行セシメサル場合ニ於テハ時效ヲ進行セシムヘキ理由ナシ故ニ本條ヲ設ク

第二百八十八條　公訴ノ提起ハ豫審又ハ公判ヲ請求スルニ依リテ之ヲ爲ス

〔理由書〕　公訴ノ提起ハ豫審ヲ請求スルニ依リテ爲スモノト直ニ公判ヲ請求スルニ依リ爲スモノトアリ豫審ノ請求ヲ公訴提起前ノ手續ト爲スヘキヤ將之ヲ公訴ノ提起ト爲スヘキヤニ付議論アリシカ本條ニ於テハ之ヲ公訴ノ提起ト爲スコトニ決セリ

公判請求書ニ於ケル受訴裁判所表示ノ欠缺　（昭和三年(れ)第一九三七號　同四年四月十一日第二刑事部判決）

公判請求書ニ受訴裁判所ノ表示ナキ一事ヲ以テ其ノ請求書ヲ無效ナリト謂フヲ得ス

第二百八十九條　拘留又ハ科料ニ該ル事件ニ付テハ罰金以上ノ刑ニ該ル事件ト同時ニ取調ヲ爲スヘキ場合ニ限リ豫審ヲ請求スルコトヲ得

〔理由書〕　豫審ノ請求ハ拘留又ハ科料ニ該ル事件ニ付テハ之ヲ爲スコトヲ得サルヲ原則トシ罰金以上ノ刑ニ該ル事件ト同時ニ其ノ取調ヲ爲スヘキ場合ニ於テノミ此ノ例ニ依ラサルモノト爲ス現行法第六十二條ハ重罪ト輕罪トヲ區別シ重罪ニ付テハ必ス豫審ヲ請求スヘキモノト爲スモ本條ニ於テハ此ノ如キ區別ヲ認メス

第二百九十條　公訴ノ提起ハ書面ヲ以テ之ヲ爲スヘシ

豫審ノ請求ハ急速ヲ要スル場合ニ限リ口頭又ハ電報ヲ以テ之ヲ爲スコトヲ得口頭又ハ電報ヲ以テ豫審ノ請求ヲ爲シタルトキハ之ヲ調書ニ記載シ豫審判事裁判所書記ト共ニ署名捺印スヘシ

公判開廷中被告人ニ他ノ犯罪アルコトヲ發見シ公判ヲ請求スル場合ニ於テハ口頭ヲ以テ之ヲ爲スコトヲ得

〔理由書〕　本條ハ公訴提起ノ方式ヲ規定ス公訴提起ハ書面ヲ以テ爲スヲ原則トス豫審ノ請求急速ヲ要スル場合竝公判開廷中被告人ニ未タ起訴セサル犯罪アルコトヲ發見シタル場合ニ付例外ヲ設クルハ正式ノ書面ニ依ル能ハサルヲ以テナリ

一　豫審判事口頭又ハ電報ニテ豫審請求ヲ受ケタルトキ豫審受理調書作製ノ要否

（大正十二年十二月十二日刑事第一〇三四一號刑事局長通牒）

問　第二百九十條第二項ノ場合ニ於テハ豫審判事ハ別ニ豫審受理調書ヲ作成スヘキモノト解シ可然哉（福岡檢事正）

答　第二百九十條第二項ニ定ムル調書ノ外別ニ調書ヲ作成スルノ必要ナシ

二　公訴ノ提起ト罪名表示ノ欠缺

（大正十三年（れ）第二〇四二號同十四年一月二十四日第三刑事部判決）

豫審請求書ノ記載中罪名ノ表示ニ欠缺アルモ公訴提起ノ效力ニ影響ヲ及ホサス

三　公訴提起ト電話

（大正十四年（れ）第四三號同年七月四日第四刑事部判決）

電話ニ依ル公訴ノ提起ハ無效ナリ

第二百九十一條　公訴ヲ提起スルニハ被告人ヲ指定シ犯罪事實及罪名ヲ示スヘシ

被告人ノ指定ハ氏名ヲ以テシ氏名知レサルトキハ容貌、體格其ノ他ノ徵表ヲ以テスヘシ

〔理由書〕　公訴ハ科刑權ノ確定ヲ要求スルモノナルヲ以テ其ノ基礎ト爲ルヘキ犯罪事實ヲ擧示セサルヘカラス而シテ本案ニ於テハ不告不理ノ原則ヲ貫徹シ如何ナル場合ニ於テモ公訴ヲ以テ指定シタ

ル被告人以外ノ者ニ對シテ審判ヲ開始スルコトヲ得ス故ニ公訴ヲ以テ被告人ヲ指定スヘキハ當然ナリ唯被告人ノ指定ハ其ノ人ヲ確定スルヲ以テ足ル故ニ氏名知レタル者ハ必ス氏名ヲ以テスヘキモ氏名知レサル者ハ之ヲ確定スルニ足ルヘキ他ノ徴表ヲ以テセハ可ナリ

一　起訴狀ニ於ケル犯罪事實ノ表示

（大正十三年(れ)第一八一三號　同年十二月十八日第二刑事部判決）

起訴事實ノ表示ハ必スシモ起訴狀ニ其ノ內容ヲ記載スルコトヲ要セス記錄中ノ他ノ書類ヲ援用シテ其ノ內容ヲ明ニスルヲ妨ケス

二　密賣淫ノ媒合容止ト公訴ノ範圍

（大正十四年(れ)第四九九號　同年六月十一日第二刑事部判決）

密賣淫ノ媒合トシテ公訴ノ繫屬シタル場合ニ於テ裁判所カ密賣淫容止ノ事實ヲ認ムルモ公訴ノ範圍ヲ超越セルモノニ非ス

三　豫審判事カ檢事ノ明示スル公訴事實ニ連續犯又ハ牽連犯ノ關係アリトシテ公判ニ付シタル事實ト公訴ノ範圍

（大正十四年(れ)第六四九號　同年六月二十九日第二刑事部判決）

豫審判事カ檢事ノ公訴事實トシテ明示セサル犯罪行爲ヲ發見シ之ヲ檢事ノ明示シタル犯罪行爲ト連續犯又ハ牽連犯ノ關係ニアルモノトシテ公訴ニ付スルモ公判裁判所カ檢事ノ明示シタル公訴事實ニ付犯罪ノ證明ナキモノト認ムルトキハ豫審判事ノ發見シタル犯罪事實ハ公訴ノ範圍外ニ屬シ之ニ對シテハ本案ノ裁判ヲ爲スコトヲ得サルモノトス

四　賭博場開張幇助ノ起訴ト常習賭博ノ判決

（昭和三年(れ)第八二〇號　同年七月二日第五刑事部判決）

賭場開張ヲ幇助シタル旨ノ公訴事實ニ付審理ノ結果常習賭博罪ヲ構成スルモノト認定シ被告人ヲ處斷スルモ不法ニ非ス

五　具體的犯罪事實ヲ表示セサル公訴ノ適否

（昭和五年(れ)第九七二號　同年七月十日第二刑事部判決）

犯罪事實ノ具體的內容ヲ明確ニ表示セサル公訴提起ノ手續ハ無效トス

六　公訴事實ノ同一性ト罪名

（昭和八年(れ)第六九七號　同年七月三日第一刑事部判決）

數個ノ行爲ヲ包含スル事實關係ニ付公訴ノ提起アリタルトキハ其ノ如何ナル部分カ犯罪ヲ構成スルカニ付テ起訴ト判決トノ間ニ所見ノ相違アリテ二者罪名ヲ異ニスルコトアルモ公訴事實ノ同一性ニ影響スルモノニ非ス

七　豫審中新ニ發見セラレ起訴事實ト連續犯ノ關係アリトシテ公判ニ付セラレタル事實ト公訴ノ範圍

（昭和八年(れ)第六〇五號　同年七月十日第一刑事部判決）

豫審判事カ豫審取調中豫審請求書記載外ノ犯罪事實ヲ發見シ之ヲ

検事ノ明示シタル公訴事實ト連續犯ノ關係アルモノトシテ公判ニ付シタル場合ニ於テ公判裁判所カ検事ノ明示シタル公訴事實ニ付犯罪ノ成立ヲ認メサルトキハ豫審判事ノ發見シタル犯罪事實ハ公訴ノ範圍ニ屬スヘキモノニ非ス

八　利益供與罪ノ公訴ト衆議院議員選擧法第百一條違反罪ノ判決

（昭和八年(れ)第一一八七號 同年十二月十六日第二刑事部判決）

衆議院議員候補者カ當選ヲ得ル目的ヲ以テ選擧委員甲ニ運動報酬及投票買收金トシテ金一千圓ヲ供與シタル旨ノ公訴事實ニ付裁判所カ審理ノ結果同候補者カ選擧事務長ノ文書ニ依ル承諾ヲ得スシテ甲ニ選擧運動費用トシテ金一圓ヲ交付シタル旨認定スルモ公訴ノ提起ナキ事實ニ付審判ヲ爲シタルモノト云フヲ得ス

九　起訴事實ト判決事實ノ異同ト公訴ノ同一性

（昭和八年(れ)第一五八一號 同年十二月二十一日第一刑事部判決）

新聞記者其ノ他新聞關係者カ他人ニ面談シ新聞記者聯盟發會式ノ費用ニ充當スル等詐言ヲ弄シ金員ヲ騙取シタル旨ノ公訴ニ對シ判決ニ於テハ叙上ノ事實ヲ認メ尚相手方ニ於テ之ヲ拒絶スルニ於テハ不利益ナル事態ノ發生スルニ至ルヘキコトヲ以テ之ヲ恐喝シ金員ヲ交付セシメタリトノ事實ヲ認定スルカ如キハ公訴ノ目的ト爲リタル基礎ノ事實ニ變更ナキモノニシテ審判ノ請求ヲ受ケサル事件ニ付判決ヲ爲シタルモノト謂フヲ得ス

一〇　賭博開張圖利罪ニ對スル公訴ノ範圍ト取引所法第十一條ノ四第二項ノ犯罪事實

（昭和八年(れ)第一八七二號 同九年三月二日第四刑事部判決）

取引所ノ相場ニ依リ差金ノ授受ヲ目的トスル賭場ヲ開張シテ利ヲ圖リタリトノ公訴事實ト取引所ノ賣買取引ノ取次ヲ爲ス資格ナクシテ營業トシテ取次ヲ爲シタリトノ事實トハ同一ノ公訴範圍ニ屬スルモノトス

一一　取調請求書ト題スル書面ノ性質

（昭和八年(れ)第一八二一號 同九年三月五日第一刑事部判決）

検事カ特定ノ被告人及犯罪事實ヲ指定シ之ヲ以テ同一被告人ニ對スル豫審中ノ事實ト連續ノ關係アリトシテ豫審取調ヲ請求スルトキハ其ノ請求ハ豫審請求ノ性質ヲ有シ爾後其ノ事實ハ曩ニ豫審中ノ事實ト共ニ同一ノ公訴ノ內容ヲ組成ス

一二　検事ノ連續犯通知ノ效力

（昭和八年(れ)第一一八六號 同九年三月廿六日第二刑事部判決）

検事カ或ル犯罪事實ニ付公訴ヲ提起シタル後該事實ト連續犯ノ關係アリト認メタル他ノ犯罪事實ニ付審判ヲ求ムル爲新事實ヲ指定シ之ヲ裁判所ニ通知スルトキハ其ノ通知ニ係ル事實ハ爾後前起訴狀中ニ記載アリタルト同一ノ效果ヲ生スルモノトス

一三　詐欺ノ手段ト公訴ノ同一性

（昭和九年(れ)第三四八號
同年五月十四日第一刑事部判決）

詐欺ノ手段トシテ公判請求書ニモルヒネ類似ノ藥品ヲモルヒネナリト詐稱シタリトアルヲ判決ニ於テ右ノ外モルヒネノ密賣買ナリト誤信セシメタリト附加認定スルモ公訴事實ノ同一性ヲ害スルモノト謂フヲ得ス

一四　恐喝罪ノ公訴ト横領罪ノ認定

（昭和九年(れ)第六〇五號
同年七月六日第四刑事部判決）

人ヲ恐喝シテ金員ヲ交付セシメタリトノ公訴事實ト同人等ヨリ委託セラレタル該金員ヲ横領シタリトノ事實トハ同一ノ公訴範圍ニ屬スルモノトス

第二百九十二條　公訴ハ豫審終結決定又ハ第一審ノ判決アル迄之ヲ取消スコトヲ得

公訴ノ取消ハ理由ヲ記載シタル書面ヲ以テ之ヲ爲スヘシ

〔理由書〕　公訴提起ニ付任意主義ヲ採用シタルコトハ第二百八十一條ニ於テ說明シタル所ノ如シ既ニ任意主義ヲ採リ公訴提起ニ付檢事ノ處分權ヲ認メタル以上ハ理論上公訴提起後ト雖其ノ實行ニ付檢事ノ處分權ヲ認メ公訴ノ取消ヲ許スヲ相當トス又實際ニ於テモ公訴ヲ提起シタル當時ニ於テハ起訴ノ必要アリト爲シタルニ公訴提起後ノ取調ニ於テ起訴ヲ不適當ト爲ス新事實ヲ發見スル場合ナキニシモアラス斯ル場合ニ於テ裁判所ハ執行猶豫ノ言渡ヲ爲スコトヲ得ヘキモ執行猶豫ノ制タルヤ起訴猶豫又ハ宣告猶豫ト其ノ效果ヲ異ニシ有罪ノ裁判ヲ免レシムルコトヲ得サルモノナリ故ニ公訴提起前起訴ヲ猶豫スヘキ情狀分明ナレハ全ク起訴ヲ免カレ其ノ情狀公訴提起後ニ發見セラルルトキハ有罪ノ宣告ヲ受ケサルヘカラス斯クノ如キハ公平ヲ得タルモノト言フコトヲ得ス即チ此ヲ理論ニ照スモ之ヲ實際ニ顧ルモ公訴取消ノ制ヲ認ムル必要アルヤ言ヲ俟タス但シ既ニ裁判所ニ繫屬スル事件ニ付無制限ニ公訴ノ取消ヲ許ストキハ之ヲ惡用スルノ弊ヲ生スルコトアルヘシ本條ハ深ク此ノ點ヲ考慮シ豫審ヲ請求シタル事件ニ付テハ其ノ終結決定アルニ至ル迄公判ヲ請求シタル事件ニ付テハ第一審ノ判決アル迄取消ヲ爲スコトヲ得ヘキモノトシ其ノ以後ニ於テハ一切之ヲ許ササルモノトセリ又ハ公訴ノ取消ハ其ノ理由ヲ記載シタル書面ヲ以テ之ヲ爲スヘキコトトシ相當ノ理由ナクシテ恣ニ取消ヲ爲スノ弊ナカラシメンコトヲ期シタリ

一　公訴ノ取消ニ關スル注意事項

（大正十二年十二月五日
刑事第九五四六號刑事局長通牒）

公訴ノ取消ニ關スル規定ハ其ノ運用ヲ誤ルトキハ司法手續ノ威信ニ關スル重大ナル事態ヲ惹起スルヲ以テ公訴ノ取消ヲ爲スハ公訴

提起後ニ至リ新事實ヲ發見シ不起訴ヲ至當トスヘキ事情アリシコト明白ナリシ場合ニ限ルヘク苟モ外部ヨリ公正ヲ疑ハルルカ如キコトナキヲ期セサルヘカラス

二　親告罪ノ公訴取消　（大正十三年三月五日刑事第二一九八號刑事局長回答）

問　親告罪ニ付公訴提起後適法ニ告訴ノ取消アリタルトキ檢事ハ公訴ノ取消ヲ爲スコトヲ得ルヤ（廣島檢事正）

答　貴見ノ通

三　檢事ノ公訴取消ニ關スル通牒ニ付疑義　（大正十三年九月十五日刑事第一二六八五號刑事局長回答）

問　親告罪ノ公訴ニ付告訴ノ取消アリタル場合檢事ハ當然公訴取消ノ處分ヲ爲スコトヲ得ヘク大正十三年九月十五日付刑事第一一、七七五號通牒ニ依リ具申セサルモ差支ナキヤ（廣島檢事正）

答　貴見ノ通

四　親告罪ニ付告訴ノ取下アリタル場合ノ公訴取消　（大正十三年九月二十九日刑事局長回答）

問　親告罪ニ付告訴取下アリタルニ付檢事ニ於テ公判開廷ヲ俟タス公訴取消ノ手續ヲ爲シタシ（岐阜檢事正）

答　差支ナシ

五　違警罪即決例ニ依ル正式裁判ト檢事公訴ノ取消　（大正十二年十二月十二日刑事第一〇三四一號刑事局長通牒）

問　違警罪即決例ニ依ル正式裁判ニ付テ檢事ハ公訴取消ヲ爲シ得ルヤ（長崎檢事長）

答　得ス

六　略式命令ニ對シ正式裁判申立アリ公判繫屬中公訴取消ヲ爲シ得ルヤ　（昭和二年九月九日刑事局長回答）

問　略式命令ニ對シ正式裁判ノ申立アリテ事件公判ニ繫屬中公訴ノ取消ヲ爲シ得ルヤ（岐阜檢事正）

答　公訴ノ取消ヲ爲スコトヲ得ス

第二百九十三條　檢事事件其ノ所屬裁判所ノ管轄ニ屬セサルモノト思料スルトキハ書類及證據物ト共ニ其ノ事件ヲ管轄裁判所ノ檢事又ハ相當官署ニ送致スヘシ

前項ノ場合ニ於テ被疑者ニ對シ勾留ヲ繼續スル必要ナシト思料スルトキハ之ヲ釋放スヘシ

（理由書）　本條第一項ハ現行法第六十四條第一項ト其ノ趣旨ヲ同シクス第二項ハ當然ノ規定ナリ

第二百九十四條　告訴ニ係ル事件ニ付公訴ヲ提起シ又ハ之ヲ提起セサル處分ヲ爲シタルトキハ速ニ其ノ旨ヲ告訴人ニ通知スヘシ公訴ヲ取消シ又ハ事件ヲ他ノ裁判所ノ檢事若ハ相當官署ニ送致シタルトキ亦同シ

〔理由書〕 本條ノ趣旨現行法第六十三條ニ同シ

第三章 豫審

〔理由書〕 判決裁判所ノ審理ハ科刑權ノ存否並其ノ範圍ヲ確定スルヲ目的トシ豫審ノ審理ハ判決裁判所ニ於テ審理ヲ開始スヘキヤ否ヲ決スル爲必要ナル資料ヲ蒐集スルヲ目的トス本章ハ此ノ趣旨ニ基キ豫審ニ關スル規定ヲ設ケタリ

第二百九十五條 豫審ハ被告事件ヲ公判ニ付スヘキカ否ヲ決スル爲必要ナル事項ヲ取調フルヲ以テ其ノ目的トス

豫審判事ハ公判ニ於テ取調ヘ難シト思料スル事項ニ付亦取調ヲ爲スヘシ

〔理由書〕 本條ハ豫審ニ於ケル取調ノ範圍ヲ示スト共ニ豫審ノ本質ヲ暗示ス現行法第九十一條ニ豫審判事ハ事實發見ノ爲必要ナリトスル證據徵憑ヲ集取スヘシトアリ此ノ條文ハ限度ヲ示ササルヲ以テ其ノ範圍ニ付テハ區々ノ說ヲ爲スノ餘地アリ實際ノ取扱振トシテ豫審ノ取調ハ頗ル詳密ニ亘リ公判ニ於テハ多ク豫審調書ノ記載ヲ以テ證據ト爲シ直接審理主義ノ實ナクシテ間接審理ニ傾クノ弊アリ本條ハ取調ノ限度ニ付特ニ規定ヲ爲シ判決裁判所ニ於ケル直接審理ノ遂行ヲ現實ニスヘキコトヲ期シタリ唯證據ノ保全ハ訴訟ノ如何ナル階段ニ於テモ之ヲ怠ルヘカラス時期後ルルニ因リ證據ヲ逸スルコトアルヘケレハナリ故ニ公判ニ於テ取調難シト思料スル事項ニ付テハ公判維持ノ資料タルト被告ノ利益ト爲ルヘキ資料タルトヲ問ハス豫審ニ於テ之ヲ取調ヘ遺漏ナカラシムルコトヲ要ス即チ此ノ如キ事項ニ付公判ニ付スヘキヤ否ヲ決スル爲必要ナラサルコトヲ理由トシテ其ノ取調ヲ爲ササルハ豫審ノ本旨ニ背戾スルモノナリ

一 豫審取調ノ範圍ニ關スル注意事項

（大正十二年十二月五日 刑事第九五四六號刑事局長通牒）

改正法ハ公判中心主義ヲ採リ豫審ハ被告事件ヲ公判ニ付スヘキカ否ヲ決スルニ必要ナル取調ヲ爲スヘキモノト爲セリ從テ事件ノ取調ヲ豫審ニ集中シ公判ニ於テハ殆ト形式的ノ審理ヲ爲スニ止マルカ如キ從來往往見ル所ノ慣行ハ之ヲ改メサルヘカラス然レトモ改正法ノ下ニ於テハ豫審取調ノ範圍ハ相當ニ廣汎ニシテ手續上重要ナル地位ト價値トヲ有スルモノナリ故ニ豫審手續ヲ輕視スルカ如キ誤解ニ陷ラサラムコトヲ要ス

（一） 豫審手續ニ於テハ被告事件ヲ公判ニ付スヘキカ否ヲ決スルモノナルカ故ニ犯罪ノ具體的事實ヲ明ニスヘキモノニシテ單ニ犯罪構成ノ基本的事實ノ取調ヲ爲スヲ以テ足ルモノニ非ス例ヘ

ハ殺人罪ニ付其ノ手段財産罪ニ付被害額ノ如キモ亦豫審取調ノ範圍ニ屬ス

（二）處罰條件、法律上刑ヲ免除スル事由、公訴權消滅事由、訴訟條件其ノ他公訴棄却ノ原由タル事實ノ有無ハ豫審ニ於テ取調サルヘカラス

（三）犯罪ノ動機其ノ他ノ事情モ犯罪ノ成否ヲ判斷スルニ付必要ナルコト多シ故ニ多クノ場合ニ於テハ此等ノ事實ヲモ豫審ニ於テ取調サルヘカラス

（四）單純ニ刑ノ量定ノミニ關スル事實ハ原則トシテ之ヲ取調フルヲ要セス然レトモ公判ニ於テ取調ヘ難シト思料スル事項ニ付テハ豫審ニ於テ取調ヲ爲サルヘカラス而シテ所謂公判ニ於テ取調ヘ難シトハ公判ニ於テ取調其ノモノカ不能ナル場合ノミナラス取調可能ナルモ取調ノ目的ヲ達スルコト困難ナル場合ヲ包含スルモノナリ

以上ハ豫審取調ノ範圍ニ屬スル大綱ナリトス而シテ右範圍ニ屬スル事項ニ付如何ナル程度ニ證據ノ取調ヲ爲スヘキヤト云フニ固ヨリ犯罪事實ニ付確信ヲ得ルノ程度ニテ取調ヲ爲スヲ理想トシ犯罪事實ヲ肯定スル確信ヲ生シタルトキ公判ニ付スルヲ本則トスルモ豫審ノ公判準備タル性質ニ鑑ミ確信ノ程度ニハ達セサルモ公判ニ於テ審判スルヲ適當トスル程度ノ嫌疑アリト爲ストキハ公判ニ付スルノ決定ヲ爲スヘク免訴ノ決定ヲ爲スヘキモノニ非ス

二　不法ニ勾引セラレタル被告人ニ對スル豫審判事ノ訊問（昭和八年(れ)第七五九號 同年七月十八日第四刑事部判決）

豫審判事ハ假令被告人カ不法手續ニ因リ勾引セラレタル者ナリトスルモ適法ニ之ヲ訊問スルコトヲ得ルモノトス

第二百九十六條　豫審ニ於テハ取調ノ秘密ヲ保チ被告人其ノ他ノ者ノ名譽ヲ毀損セサルコトニ注意スヘシ

〔理由書〕　豫審ハ起訴ニ因リ開始シ形式上訴訟ノ一階段ヲ成スト雖其ノ目的トスル所ハ公判ノ前提トシテ各般ノ證據ヲ蒐集スルニ在リ故ニ捜査ト同シク密行ヲ旨トセサレハ其ノ目的ヲ達成シ難シ又被告人ハ既ニ訴訟當事者トシテ防禦權ヲ行使スヘキ地位ニ在ルモ未タ公判ニ付セラルルヤ否不明ノ狀態ニ在ルモノナリ然ルニ世人動モスレハ豫審ニ付セラレタルノ一事ヲ以テ之ヲ罪人視スルノ傾向アリ其ノ取調ヲ秘密ニスルニ非サレハ實際其ノ名譽ヲ保護スル能ハス故ニ本案ハ捜査ニ付設ケタル第二百五十三條ト同一ノ趣旨ヲ以テ本條ノ規定ヲ設ケタリ

一　豫審ノ秘密保持（大正十三年一月四日 刑事第一〇三九二號刑事局長通牒）

宮城控訴院長ヨリ甲號ノ通照會有乙號ノ通回答致候條爲御參考及通牒候也

（甲號）

先般會同ノ際御指示相成候事項中辯護士トノ協調ニ關シテハ歸任後在仙辯護士一同ヲ當院ニ會シ檢事長、所長、檢事正ノ列席ヲ求メ別紙事項ニ付其ノ意ノ存スル處ヲ懇示シタルニ會同者一同之ヲ諒シ退散シタルモ其ノ後辯護士一同會合其ノ實行上ニ關シ協議ヲ爲シタル際左記ノ如キ疑義ヲ生シタル趣會長ヨリ申出有之候

刑訴第二九六條ノ秘密ヲ保持スヘキハ勿論ナルモ同法第三九條第二項中ノ者ヨリ選任セラレ同第三〇三條第一項ノ處分請求ニ關シ其ノ委任者ト打合ヲ要スル場合ノ如キハ秘密嚴守ノ職責ナシト思料ス云々

右ニ對シ同様秘密保持ノ責任アル旨相答置候御意見モ御同様歟ト思料致候得共爲念一應拜承致置候間御回示ヲ煩上度

追テ別紙第五項ノ謄寫ニ付テハ豫審判事ノ許可ヲ受ケタル事務員ヲシテ之ヲ爲サシメ度旨申出有之候得共是亦辯護人本人ニノミ之ヲ許スヘキ旨申談シ置候ニ付此段申添候也

大正十二年十二月二十八日　宮城控訴院長

司法省刑事局長殿

（一）刑訴第二九六條ノ趣旨ニ從ヒ豫審ノ秘密ヲ嚴ニ保持セラレタキコト

（二）刑訴第三二四條第三項ノ請求ハ公判準備手續ニ於テ之ヲ爲シ公判期日ニハ一切ノ審理ヲ完了スルコトニ協力セラレタキコト

（三）刑訴第三三八條第三項ニ依ル直接訊問權ノ行使ハ適切ナル事項ニ局限セラレタキコト

（四）證人ノ宣誓ヲ嚴肅ナラシムル爲宣誓ノ際在廷者一同起立スルコト（刑訴第一九八條第三項）民事ニ付テモ亦同シ

（五）刑訴第四四條第二項ノ書類及第三項中豫審ニ於ケル證據物ノ謄寫ハ秘密保持ノ職責アル辯護人自ラ爲サレタキコト

（乙號）

司法省刑事局刑事第一〇三九二號大正十二年十二月三十日

司法省刑事局長

宮城控訴院長殿

本月二十八日附御照會ノ趣了承豫審ノ秘密保持ハ絶對ニ嚴守スルヲ要シ候儀ニ付本文及追書共貴見ノ通リ御處理相成候樣致度此段及回答候也

二　豫審中ノ事件ニ付辯護人ト委任者トノ事件ノ打合

（大正十三年二月二十三日刑事第一九三四號刑事局長通牒）

問　辯護人カ刑事訴訟法第三九條第二項中ノ者ヨリ選任セラレタルト被告人ヨリ選任セラレタル場合トヲ問ハス同第三〇三條第三項ノ處分請求ヲ爲スニ際シ其ノ委任者ト打合ハセヲ爲シ又ハ

被告人利益ノ反證ヲ提出スル事實ノ調査ヲ爲スニ際リ豫審處分ニ立會ヒタル爲知得タル事實ニ全然觸レサルニ於テハ打合セ又調査ヲ爲スニ由ナシ故ニ豫審處分ニ立合ヒタル經過等ニ觸レス單ニ立會シ知得タル實驗ニ基キ何何ノ事實ニ關シ利益ノ反證アリヤ否ヤト委任者ニ訊問スル如キハ法ノ禁止スル所ニアラサルヘキカ（福井檢事正）

答　辯護人ハ豫審ノ秘密保持ヲ害セサル限リ委任者ト事件ニ付打合ヲ爲スコトヲ得

第二百九十七條　豫審判事豫審中共犯アルコト又ハ他ノ犯罪アルコトヲ發見シタル場合ニ於テ急速ヲ要スルトキハ檢事ノ請求ヲ俟タス豫審ニ屬スル處分ヲ爲スコトヲ得

豫審判事前項ノ處分ヲ爲シタルトキハ速ニ其ノ旨ヲ檢事ニ通知スヘシ

第二百九十八條　檢事前條第二項ノ規定ニ依ル通知ヲ受ケタル場合ニ於テ豫審ヲ請求スヘキモノト思料スルトキハ速ニ其ノ手續ヲ爲スヘシ

豫審判事檢事ヨリ豫審ヲ請求セサル旨ノ通知ヲ受ケタルトキ又ハ前條第二項ノ規定ニ依ル通知ヲ爲シタル時ヨリ四十八時間內ニ豫審ノ請求ナキトキハ前條ノ處分ヲ繼續スルコトヲ得ス被疑者ヲ勾留シタルトキハ釋放ノ決定ヲ爲シ押收シタル物アルトキハ還付ノ決定ヲ爲スヘシ

〔理由書〕　現行法第百四十二條ハ檢事ノ豫審請求ヲ待タスシテ豫審ヲ開始シ之ヲ進行スル場合ヲ認ムレトモ本條ハ之ヲ採ラス唯豫審判事カ檢事ノ請求ニ因リ豫審ヲ開始シタル後共犯又ハ他ノ犯罪アルコトヲ知リ之ニ對シ急速ノ處分ヲ必要トシ檢事ノ請求ヲ待ツノ暇ナキコトアリ斯ル場合ニ於テハ其ノ急ニ應スル爲必要ナル處分ヲ爲サシムルコトヲ相當トシ第二百九十九條第一項ヲ設ケタリ豫審判事ノ處分ハ審理ノ開始ニ非ス審理ノ開始ハ檢事ノ起訴ニ待タサルヘカラス故ニ豫審判事前上ノ處分ヲ爲シタルトキハ速ニ其ノ旨ヲ檢事ニ通知シ檢事ハ四十八時間內ニ豫審ノ請求ヲ爲スヘキヤ否ヲ決スヘキモノナリ而シテ檢事豫審ノ請求ヲ爲サヽルトキハ豫審判事ハ其ノ處分ヲ繼續シテ行フコトヲ得ス是レ不告不理ノ原則ヨリ生スル當然ノ結果ナリ

第二百九十九條　豫審判事ハ豫審處分ニ付其ノ裁判所ノ豫審判事ニ補助ヲ求ムルコトヲ得

〔理由書〕　豫審事件中重大且複雜ナルモノアリ又被告人多數ニ上ルコトアリ此ノ如キ場合ニ於テ一人ノ手ヲ以テ處理スルトキハ往々時機ヲ失シ適當ナル結果ヲ見ル能ハサルノ虞アリ是レ本條ノ規定ヲ設クル所以ナリ

第三百條　豫審判事ハ被告人ヲ訊問スヘシ

豫審判事ハ被告人ノ所在ニ就キ之ヲ訊問スルコトヲ得

〔理由書〕 豫審判事ノ爲ス被告人ノ訊問ハ裁判所内ニ於テ爲スヲ原則トス然レトモ被告人疾病其ノ他ノ事由ニ因リ出頭スルコト能ハサル場合アリ又特別ノ事由ノ爲所在ニ就キ訊問スルヲ便宜トスル場合アリ此ノ如キ場合ニ於テハ必スシモ召喚シテ訊問スルニ及ハス本條ハ此ノ義ヲ明ニシタルモノナリ現行法第七十四條ハ同趣旨ナルモ其ノ適用ノ範圍狹キニ失スルヲ以テ之ヲ修正シタリ

第三百一條 豫審判事ハ豫審終結決定前被告人ニ對シ嫌疑ヲ受ケタル原由ヲ告知シ辯解ヲ爲サシムヘシ但シ被告人正當ノ事由ナクシテ出頭セサルトキハ此ノ限ニ在ラス

〔理由書〕 被告人ハ訴訟當事者トシテ辯護權ヲ行使シ得ヘキ地位ニ在ルモノナリ然ルニ嫌疑ノ原由ヲ知ラサルトキハ適當ナル辯解ヲ爲スコト能ハサル爲不利益ナル推斷ヲ受クルニ至ルヘシ此ノ如キハ防禦權ノ行使ヲ阻害スルモノニシテ被告人ノ地位ヲ保護スル所以ニ非サルナリ故ニ豫審ノ終了ニ先チ被告人ニ對シ嫌疑ヲ受ケタル原由ヲ告知シテ辯解ヲ爲サシムヘキモノト定ム然レトモ被告人正當ノ事由ナクシテ出頭セサルトキハ此ノ手續ヲ履行スルヲ得ス更ニ其ノ出頭ヲ待ツハ徒ニ豫審ノ終結ヲ遲延スルノ嫌アリ且正當ノ事由ナクシテ出頭セサルハ被告人ノ怠慢ニ外ナラサルヲ以テ斯ル場合ニ於テハ其ノ手續ヲ爲サスシテ豫審ヲ終了スルヲ適當トス

本條ノ告知ト調書ノ記載 （昭和七年(れ)第四六四號 同年七月一日第四刑事部判決）

豫審判事カ刑事訴訟法第三百一條ニ基キ被告人ニ告知シタル嫌疑ノ原由ハ必スシモ之ヲ具體的ニ調書中ニ記載スルコトヲ要セス

第三百二條 豫審判事公判ニ於テ召喚シ難シト思料スル證人ヲ訊問スル場合ニ於テハ檢事及辯護人ハ其ノ訊問ニ立會フコトヲ得

第百五十九條ノ規定ハ前項ノ場合ニ之ヲ準用ス

〔理由書〕 檢事及辯護人ハ豫審ニ於ケル證人訊問ニ立會ハサルヲ原則トス然レトモ後日公判ニ呼出シ難キ證人ハ公判ニ於テ訊問スルノ機會ナク豫審判事ノ訊問ニ立會フニ非サレハ親シク之ニ接シテ其ノ證言ヲ聽クノ機會ナカルヘシ故ニ本條ヲ設ケ檢事及辯護人ニ立會ノ權ヲ與ヘ急速ヲ要スル場合ノ外訊問ノ日時及場所ヲ之ニ通知スヘキモノト爲ス

第三百三條 檢事、被告人又ハ辯護人ハ豫審中何時ニテモ必要トスル處分ヲ豫審判事ニ請求スルコトヲ得

檢事ハ豫審ノ進行ヲ妨ケサル限リ書類及證據物ヲ閲覽スルコトヲ得

辯護人ハ豫審判事ノ許可ヲ受ケ書類及證據物ヲ閲覽スルコトヲ得

〔理由書〕 本條ハ現行法第六十八條ノ規定ヲ修正シ被告人及辯護人

モ檢事ト同シク其ノ必要トスル處分ヲ豫審判事ニ請求シ得ヘキモノトス本條ハ書類及證據物ノ閲覽ニ付テモ現行法ノ規定ヲ改メ檢事ハ閲覽ノ權ヲ有スルモ之カ爲豫審ノ進行ヲ妨クルコトヲ得サルモノトシ辯護人ハ豫審判事ノ許可ヲ受クルコトヲ條件トシ檢事ト等シク閲覽スルコトヲ得ルモノトス

第三百四條　豫審判事ハ公務所ニ照會シテ必要ナル事項ノ報告ヲ求ムルコトヲ得

〔理由書〕　豫審判事カ取調ヲ爲スニ當リテハ公務所ニ照會シテ取調ニ付必要ナル事項ノ報告ヲ得ルコトヲ便利トスル場合尠カラス殊ニ警察官署ニ對シテ此ノ要求ヲ爲シ得ヘキモノトスルハ最モ必要ナリ現行法ノ下ニ於テモ實際上斯クノ如キ取扱ヲ爲スト雖法規上依ルヘキノ根據ナシ故ニ本條ヲ以テ之ヲ明ニシ照會ヲ受ケタル公務所ニ於テハ所要ノ報告ヲ爲スノ義務ヲ有スルモノト爲シタリ

豫審判事ニ對スル公務所ノ自發的報告ト之ヲ錄取シタル書面ノ性質

（大正十三年(れ)第二三八三號 同十四年三月九日第二刑事部判決）

豫審判事ハ取調ニ必要ナル事項ニ付テハ公務所ヨリ自發的ニ爲シタル報告ト雖之ヲ受クルコトヲ得ルモノニシテ其ノ報告ヲ錄取シタル書面ハ刑事訴訟法第三百四十三條第一項ノ書類ニ該當セス

第三百五條　豫審判事ハ左ノ場合ニ於テハ檢事ノ意見ヲ聽キ

決定ヲ以テ豫審手續ヲ中止スルコトヲ得

一　被告人ノ所在分明ナラサルトキ

二　被告人心神喪失ノ狀態ニ在ルトキ

前項ノ決定ハ之ヲ送達セス

〔理由書〕　豫審ノ取調ハ被告本人ノ訊問ヲ爲スニ非サレハ其ノ目的ヲ達スルコト能ハサル場合多シ然ルニ被告人ノ所在分明ナラサルトキ又ハ被告人心神喪失ノ狀態ニアルトキハ其ノ訊問ヲ爲スコトヲ得ス故ニ斯ノ如キ場合ニ於テハ檢事ノ意見ヲ聽キ豫審手續ヲ中止スルノ決定ヲ爲スコトヲ得セシム

被勾留ノ被告人心神喪失等ノ事由ニ依リ公判又ハ豫審ニ出頭スルコト能ハサルトキノ取扱

（大正十三年二月十六日 行甲第一八五號行刑局長通牒）

第三百五條第一項第二號ニ依リ被告人心神喪失ノ狀態ニ在ルトキハ豫審手續ヲ中止スルコトヲ得ヘク又第三百五十二條第一項及第二項ニヨリ被告人心神喪失ノ狀態ニアルトキ又ハ疾病ニ因リ出頭スルコト能ハサルトキハ公判手續ヲ停止スヘキモノナルカ故ニ右事由ノ發生シタル場合ニ於テハ事由及若釋放セスシテ引續キ勾留スルトキハ豫後ノ見込ヲ具シ速ニ裁判所又ハ豫審判事ニ通報スルヲ要ス

第三百六條　豫審判事被告事件ニ付取調ヲ終ヘタルトキハ書

類及證據物ヲ檢事ニ送付シテ其ノ意見ヲ求ムヘシ

第三百七條　檢事豫審判事ノ取調十分ナラスト思料スルトキハ事項ヲ指示シテ取調ヲ請求スルコトヲ得

豫審判事檢事ノ請求ニ應シタルトキハ更ニ其ノ取調ニ關スル書類及證據物ヲ檢事ニ送付スヘシ請求ニ應セサルトキハ速ニ其ノ旨ヲ通知スヘシ

第三百八條　檢事前二條ノ規定ニ依リ書類及證據物ノ送付ヲ受ケタルトキハ速ニ意見ヲ付シテ之ヲ豫審判事ニ還付スヘシ

〔理由書〕　第三百六條乃至第三百八條ハ現行法第百六十一條、第百六十二條ヲ修正シタル規定ニシテ豫審手續終了ニ關スルモノナリ

第三百九條　被告事件裁判所ノ管轄ニ屬セサルトキハ豫審判事ハ決定ヲ以テ管轄違ノ言渡ヲ爲スヘシ

第三百十條　豫審判事ハ其ノ所屬裁判所ノ管內ニ在ル區裁判所ノ管轄ニ屬スル事件ニ付管轄違ノ言渡ヲ爲スコトヲ得ス

豫審判事審理ノ結果管外區裁判所ノ事件ニテ土地管轄ヲ異ニスル場合被告人ヨリ異議ノ申立ナキトキノ取扱方

（大正十二年十二月十二日刑事第一〇三四一號刑事局長通牒）

問　第三百十條ニ依レハ豫審判事審理ノ結果事件區裁判所ノ管轄ニ屬スルモノト思料スルトキハ管外區裁判所ノ管轄ニ屬スヘキ事件ハ管轄違ノ決定ヲ爲ササルヘカラサルカ如シト雖次條ニ依レハ被告ノ申立ナケレハ土地管轄ニ付テハ管轄違ノ言渡ヲ爲スコトヲ得サル規定アルヲ以テ結局被告人ノ異議ナキ場合ニ於テハ常ニ總テ之ヲ其ノ所屬地方裁判所ノ公判ニ付スル決定ヲ爲スヘキモノト解シ可然哉（福岡檢事正）

答　管轄違ノ言渡ヲ爲スヘキモノトス

第三百十一條　豫審判事ハ被告人ノ申立ニ因ルニ非サレハ土地管轄ニ付管轄違ノ言渡ヲ爲スコトヲ得ス

〔理由書〕　第三百九條乃至第三百十五條ハ豫審終結決定ニ關スル規定ヲ網羅ス第三百九條乃至第三百十一條ハ事物及土地ノ管轄ニ付豫審判事ノ爲スヘキ決定ニ關スルモノナリ第三百九條ハ原則ヲ示シ現行法第三百六十三條ノ如ク豫審ヲ求メラレタル事件カ豫審判事ノ屬スル地方裁判所ノ管轄ニ屬セサルトキハ管轄違ノ言渡ヲ爲スヘキモノトス第三百十條及第三百十一條ハ前示ノ原則ニ對スル例外ヲ示ス第三百十條ニ依レハ豫審判事ハ其ノ管內ニ在ル區裁判所ノ管轄ニ屬スル事件ニ付管轄違ノ言渡ヲ爲スコトヲ得ス此ノ規定ハ下級裁判所ノ管轄スル事件ヲ上級裁判所ノ管轄ニ屬スルモノト爲スニ因ルヤ將管轄權ヲ有セサルモ尙ホ管轄違ノ言渡ヲ爲スヲ得ストスルモノアカル議論アレトモ結果ニ於テ何等ノ差異ナキヲ

以テ强テ解決スルモ實益アルヲ見ス第三百十一條ハ第三百九條ニ對スル重要ナル制限ナリ我國ノ如ク統一シタル裁判權ノ下ニ劃一ノ制ヲ布キ全國到ル所構成ヲ同シクスル裁判所ヲ有スル國柄ニテハ土地ノ管轄ニ關スル規定ヲ施行スル必要ナク被告人異議ナキ限リハ管轄違ノ言渡ヲ爲サヽルヲ相當トスヘシ第三百十一條ノ規定ヲ設ケタルハ此ノ趣旨ニ從フモノナリ

第三百十二條 公判ニ付スルニ足ルヘキ犯罪ノ嫌疑アルトキハ豫審判事ハ決定ヲ以テ被告事件ヲ公判ニ付スル言渡ヲ爲スヘシ

前項ノ決定ニハ罪トナルヘキ事實及法令ノ適用ヲ示スヘシ

〔理由書〕 本條ハ豫審ノ取調ニ依リ公判ヲ開クニ足ルヘキ罪證アリト認メタル場合ニ於テ爲スヘキ決定ニ關スルモノニシテ現行法第百六十七條第一項第百六十九條第一項ト其ノ趣旨ヲ同シクス此ノ決定ハ罪ノ有無ヲ斷スルモノニ非ス公判ヲ開クニ足ルヘキ犯罪ノ嫌疑アルヤ否ヲ決スルモノナリ是レ豫審ノ性質ニ基ク當然ノ結果ナリ本條第二項ハ決定ニ記載スヘキ要件ヲ示ス卽チ此ノ決定ニハ判決裁判所ノ判斷ヲ求ムヘキ事實ト之ニ對スル法令ノ適用ヲ示スヘキモノナリ

一 豫審判事ニ罪中ノ一部ニ付犯罪ノ嫌疑ナシト認メタル場合ト豫審終結決定

（大正十五年(れ)第一〇一號 同年三月十六日第一刑事部判決）

豫審判事ニ罪中ノ一部ノ事實ニ付公判ニ付スルニ足ルヘキ嫌疑ナカリシコトヲ認メタル場合ニ於テハ其ノ嫌疑アル部分ニシテ判決裁判所ノ判斷ヲ受クヘキ事實ト之ニ對スル法令ノ適用ヲ示シテ公判ニ付スル言渡ヲ爲セハ足リ其ノ公判ニ付スルニ足ル嫌疑ナキ事實ニ付特ニ免訴ノ言渡ヲ爲スヘキモノニ非ス

二 豫審請求書所揭ノ行爲ニ對シ連續犯牽連犯又ハ包括的一罪ノ關係ニ在ル行爲ト豫審判事ノ權限

（昭和七年(れ)第九〇〇號 同年九月二十七日第四刑事部判決）

豫審判事ハ其ノ取調中檢事ノ公訴事實トシテ明示シタル行爲ト連續犯、牽連犯又ハ包括的一罪ノ關係ニ在ル行爲ヲ發見シタルトキハ此等ノ行爲ニ付テモ公判ニ付スルノ決定ヲ爲スヘキ職責アルモノトス

第三百十三條 被告事件罪ト爲ラス又ハ公判ニ付スルニ足ルヘキ犯罪ノ嫌疑ナキトキハ豫審判事ハ決定ヲ以テ免訴ノ言渡ヲ爲スヘシ

第三百十四條 左ノ場合ニ於テハ豫審判事ハ決定ヲ以テ免訴ノ言渡ヲ爲スヘシ

一 確定判決ヲ經タルトキ

二 犯罪後ノ法令ニ因リ刑ノ廢止アリタルトキ

三　大赦アリタルトキ
四　時效完成シタルトキ
五　法令ニ於テ刑ヲ免除スルトキ

〔理由書〕第三百十三條及第三百十四條ハ現行法第百六十五條ヲ修正シテ豫審終結決定ヲ以テ免訴ノ言渡ヲ爲スヘキ場合ヲ定メタルモノナリ第三百十三條ハ被告事件罪トナラス又ハ公判ヲ開クニ足ルヘキ罪證具ハラサル場合ニ免訴ノ決定ヲ爲スヘキコトヲ定ム此ノ決定ハ事件ノ實體ニ關スルモノナリ第三百十四條ニ依ル免訴ノ決定ハ公訴權ノ存セサルコト（多クノ場合ニ於テハ公訴權ノ消滅）ヲ理由トスルモノニシテ事件ノ實體ニ關セサルモノナリ現行法ハ同一ノ條文ヲ以テ兩者ヲ規定スルモ本法ハ其ノ性質ノ相異ナルコトニ留意シ兩者ヲ分別シ各別條ニ之ヲ規定シタリ

第三百十五條　左ノ場合ニ於テハ豫審判事ハ決定ヲ以テ公訴ヲ棄却スヘシ
一　被告人ニ對シテ裁判權ヲ有セサルトキ
二　第三百十七條ノ規定ニ違反シテ公訴ヲ提起シタルトキ
三　公訴ノ取消ニ因リ公訴棄却ノ決定アリタル事件ニ付更ニ公訴ヲ提起シタルトキ
四　公訴ノ提起アリタル事件ニ付同一裁判所ニ公訴ヲ提起シタルトキ
五　告訴又ハ請求ヲ待チテ受理スヘキ事件ニ付告訴又ハ請求ノ取消アリタルトキ
六　公訴ノ取消アリタルトキ
七　被告人死亡シ又ハ被告人タル法人存續セサルニ至リタルトキ
八　第九條又ハ第十條ノ規定ニ依リ審判ヲ爲スヘカラサルトキ
九　公訴提起ノ手續其ノ規定ニ違反シタル爲無效ナルトキ

〔理由書〕本案ハ免訴ト公訴棄却トヲ區別ス卽チ免訴ハ公訴權ノ存在セサル場合卽チ始メヨリ存在セサルカ又ハ一旦存在シタルモ後ニ至リ消滅シタル場合ニ言渡スヘキモノトシ公訴棄却ハ適法ナル公訴ノ存在セサル場合ニ言渡スヘキモノトス而シテ免訴ノ決定確定シタルトキハ第三百十七條ニ該當スル場合ニ限リ更ニ公訴ヲ提起スルコトヲ得ルモノト爲シ公訴棄却ノ決定アリタルトキハ條件ヲ具ヘテ更ニ公訴權ヲ實行スルコトヲ妨ケス本條ハ豫審終結決定ヲ以テ公訴棄却ヲ言渡スヘキ場合ヲ規定シタルモノナリ

第九條第一項及第十條第一項ノ場合ニ該當シ公訴棄却ノ決定アリタルトキト檢事ノ再起訴
（大正十二年十二月十二日刑事第一〇三四一號刑事局長通牒）

問　第九條第一項及第十條第一項ノ場合ニ該當シ第三百十五條及

第三百六十五條ニ依リ公訴棄却ノ決定アリタルトキハ檢事ハ更ニ其ノ事件ヲ相當廳ニ起訴スヘキモノト解シ可然哉（福岡檢事正）

答 起訴スヘキモノニ非ス

第三百十六條 第三百九條及第三百十三條乃至前條ノ決定ニ對シテハ卽時抗告ヲ爲スコトヲ得

（理由書） 管轄違、免訴、公訴棄却ノ言渡ニ對シテ卽時抗告ヲ爲スコトヲ得元來抗告ハ裁判所ノ決定ニ對シテ爲スモノナリ而シテ豫審終結決定ハ抗告ノ關係ニ於テ之ヲ裁判所ノ決定ト同一ニ取扱フコトトセリ

第三百十七條 免訴ノ決定確定シタルトキハ左ノ場合ニ限リ同一事件ニ付公訴ヲ提起スルコトヲ得

一 新ナル事實又ハ證據ヲ發見シタルトキ

二 決定若ハ其ノ基礎ト爲リタル取調ニ關與シタル判事、公訴ノ提起若ハ其ノ基礎ト爲リタル搜査ニ關與シタル檢事又ハ第二百五十五條ノ規定ニ依リ公訴提起ノ基礎ト爲リタル處分ヲ爲シタル判事被告事件ニ付職務ニ關スル罪ヲ犯シタルコト確定判決ニ因リ證明セラレタルトキ但シ決定ヲ爲ス前判事又ハ檢事ニ對スル公訴ノ提起アリタル場合ニ於テハ決定ヲ爲シタル豫審判事其ノ事實ヲ知ラサリシトキニ限ル

（理由書） 豫審終結決定ハ科刑權ノ有無ヲ確定スルモノニ非ス故ニ免訴ノ決定確定スルモ一定ノ條件ノ下ニ更ニ公訴ヲ提起スルコトヲ妨ケス現行法第百七十五條ハ新ナル證憑アルトキニ限リ再訴ヲ許スモ本條ハ新ナル事實又ハ證據ヲ發見シタルトキハ再訴ヲ許スヘキモノトシ之ヲ補正セリ加之本條ハ一ノ重要ナル再訴ノ原因ヲ附セリ卽チ事件ノ取調ニ關與シタル判事又ハ檢事其ノ事件ニ付職務上ノ罪ヲ犯シタルコト確定判決ニ依リ證明セラレ爲ニ決定ノ正確ナルコトニ信ヲ措キ難キ場合ニハ再訴ヲ許スヘキモノト爲ス此ノ原因ハ確定判決ニ對スルトキハ再審ノ理由ト爲ルヘキナリ

第三百十八條 免訴、公訴棄却又ハ管轄違ノ言渡ヲ爲シタルトキハ勾留セラレタル被告人ニ對シテハ放免ノ言渡アリタルモノトス

公訴棄却又ハ管轄違ノ言渡ヲ爲ス場合ニ於テハ豫審判事ハ勾留狀ヲ存シ又ハ新ニ之ヲ發スルコトヲ得

勾留狀ヲ存シ又ハ新ニ之ヲ發シタル事件ニ付三日內ニ公訴ヲ提起セス又ハ管轄裁判所ノ檢事ニ事件ヲ送致セサルトキハ檢事ハ直ニ被告人ヲ釋放スヘシ被告事件ノ送致ヲ受ケタル檢事五日內ニ公訴ヲ提起セサルトキ亦同シ

（理由書） 免訴、公訴棄却又ハ管轄違ノ決定アリタル場合ニ於テハ

原則トシテ被告人ノ勾留ヲ繼續スヘキモノニ非ス故ニ其ノ決定アリタルトキハ勾留ヲ受ケタル被告人ニ對シ放免ノ言渡アリタルモノト爲ス故ニ檢事ハ放免ノ言渡ナキモ勾留ヲ解カサルヘカラス免訴ノ決定アリタル場合ニ於テハ再訴ヲ爲シ得ルモ新ナル事實又ハ證據ノ發見等條件ノ具備スルコトヲ必要トスルモノナレハ急速ニ爲シ得ヘキモノニ非ス反之公訴棄却又ハ管轄違ノ決定アリタル場合ニ於テハ直ニ有效ナル公訴ヲ提起シ得ルモノナリ故ニ公訴棄却又ハ管轄違ノ決定ヲ爲ス場合ニ於テハ豫審判事ハ既ニ發シタル勾留狀ヲ存シ又ハ新ニ勾留狀ヲ發シ勾留ヲ繼續スルコトヲ得ルモノトス而シテ豫審判事ノ決定ヲ以テ勾留ヲ繼續スルハ本ト檢事ノ再起訴ヲ慮リテ爲スモノナレハ檢事一定ノ期間内ニ公訴ヲ提起セサルトキハ被告人ヲ釋放セサルヘカラス

勾留中ノ被告人ニ對シ免訴、公訴棄却、管轄違又ハ無罪、免訴、刑ノ免除等ノ言渡アリタル場合ノ釋放方
（大正十三年二月十六日行甲第一八五號行刑局長通牒）

舊法ハ豫審免訴等ノ場合ニ於テ勾留セラレタル被告人ニ對シ放免ノ言渡ヲ爲スヘキ旨規定セルモ新法ニ於テハ決定主文ニ特ニ放免ノ旨ヲ記載スルヲ要セス第三百十八條ニ依リ免訴、公訴棄却、管轄違ノ言渡アリタルトキハ當然放免ノ言渡アリタルモノトスト雖刑務所ニ於テハ檢事其ノ他勾留執行指揮官ノ命令書ニ依ツテ決スヘキモノトス

第三百七十一條ノ無罪、免訴、刑ノ免除、刑ノ執行猶豫、公訴棄却、管轄違、罰金又ハ科料ノ言渡ヲ爲シタルトキニ於テモ勾留セラレタル被告人ニ付亦同シ

第三百十九條　免訴、公訴棄却又ハ管轄違ノ言渡ヲ爲シタル事件ニ付押收物アルトキハ押收ヲ解ク言渡アリタルモノトス但シ必要アル場合ニ於テハ押收ヲ存續スルコトヲ得

押收ヲ存續シタル事件ニ付三日内ニ公訴ヲ提起セス又ハ管轄裁判所ノ檢事ニ事件ヲ送致セサルトキハ檢事ハ其ノ押收ヲ解クヘシ被告事件ノ送致ヲ受ケタル檢事五日内ニ公訴ヲ提起セサルトキ亦同シ

〔理由書〕前條規定ノ趣旨ハ押收物ニモ之ヲ適用スルヲ相當トシ其ノ旨ノ規定ヲ爲シタリ

第四章　公判

〔理由書〕公判ハ判決裁判所ニ於テ科刑權ノ存否並範圍ヲ確定スル爲行ハルルモノニシテ刑事訴訟手續ノ中樞ヲ爲スモノナリ公判ハ彈劾式訴訟主義ヲ基礎トシ檢事ハ國家ヲ代表シテ訴追者ノ地位ニ立チテ科刑權ノ確定ヲ請求シ被告ハ防禦權ノ主體トシテ檢事ト對立シ裁判所ハ其ノ間ニ立チテ審判ヲ爲スヘキモノトシ形式上三個

ノ訴訟主體ヲ認ム而シテ彈劾主義ヲ嚴正ニ貫徹スル爲不告不理ノ原則ニ對スル一切ノ例外ヲ廢止シ如何ナル場合ニ於テモ檢事ノ起訴セサル事件ニ對シテ審理ヲ開始スルヲ得サルモノトセリ

本章ハ現行法ト同シク職權主義ヲ採リ公訴取消ノ外當事者ノ處分權ヲ認メス實質的眞實發見主義ヲ本旨トシ形式的眞實發見主義ヲ排斥シ自由心證主義ニ則リテ形式的證據主義ニ依ラス嚴ニ口頭辯論主義ヲ守リ書面審理ヲ許サス直接審理主義ハ何レノ立法ニ於テモ嚴正ニ之ヲ貫徹シ得ヘキモノニ非ス本章又之ヲ勵行セス眞實發見ノ爲間接審理ニ依ルコトヲ得ヘキモノト爲ス

公判ハ期日ニ公判廷ヲ開キ三個ノ訴訟主體會合シテ辯論ヲ爲シ裁判ヲ爲スヲ以テ本體ト爲スト雖公判手續中ニハ期日ニ於ケル審判ノ外其ノ準備ト爲ルヘキ手續アリ又公判中之ニ附隨スル手續アリ是等ノ手續ハ公判廷ニ於テ爲スヘキモノニ非スト雖公判手續ノ一部タルヲ失ハサルナリ本章ハ公判手續ノ順序ニ從ヒ分テ三節ト爲シ第一節ヲ公判準備第二節ヲ公判手續第三節ヲ公判ノ裁判ト爲ス

本章ニ於ケル規定ハ現行法ノ形式ヲ改メテ面目ヲ一新シタル外實際ノ必要ニ鑑ミテ現行法ノ缺點ヲ補正シタル點少シトセス今之ヲ略述セハ事案ニ付裁判官ノ腦裡ニ總括的印象ヲ得セシムル爲訴訟材料ノ集中ヲ計リ可成公判ノ審理ヲ連續シテ行ハシムルコトトシ公判ニ顯ハレタル事實及證據ニ付裁判官ノ記憶ヲ消失セサル間ニ

訴訟ヲ終結セシメントシタル點是ナリ此ノ目的ヲ達スル爲一面ニ於テ特ニ公判準備ノ手續ニ關スル規定ヲ設ケ期日前ニ於テ充分ニ公判ノ材料ヲ整理セシムルコトトシ一面ニ於テ辯論更新ノ規定ヲ設ケ如何ナル事由ニ因ルモ引續キ十五日以上開廷セサルトキハ辯論ヲ更新スルコトヲ要スルモノト爲シ尙計算其ノ他繁雜ナル事件ニ付受命判事ヲシテ公判廷外ニ於テ訴訟材料ヲ整理シテ報告ヲ爲サシムルノ制ヲ新設シテ取調ノ便ヲ計リタリ惟フニ此等ノ規定ハ口頭辯論主義ノ眞價ヲ保持スル爲最モ必要ナルハ勿論職權主義並實質的眞實發見主義ノ貫徹ヲ期スル爲最モ有效ナルモノニシテ現行法ニ改正ヲ加ヘタル主要ノ點ニ屬スルモノナリ

第一節　公判準備

〔理由書〕公判ノ準備トシテハ公判期日ヲ定メ公判ノ取調ニ付必要ナル人ヲ召喚シ證據ノ準備及保全ノ爲適當ナル處分ヲ爲スニアリ現行法ニ於テモ公判準備ニ關スル規定存スト雖全カラサルカ故ニ特ニ公判準備ニ關スル節ヲ設ケ之ヲ補正セリ

第三百二十條　裁判長ハ公判期日ヲ定ムヘシ

公判期日ニハ被告人、辯護人及輔佐人ヲ召喚スヘシ

第八十四條及第九十九條ノ規定ハ辯護人及輔佐人ノ召喚ニ付之ヲ準用ス

公判期日ハ之ヲ檢事ニ通知スヘシ

〔理由書〕本條ハ現行法第二百十三條ヲ修正シタルモノナリ公判ノ請求アルトキハ當然公判期日ヲ指定スヘキモノニシテ其ノ指定ハ裁判長ノ職權ニ屬ス期日ニハ檢事其ノ他ノ訴訟關係人ヲ公判廷ニ會合セシムヘキモノナリ故ニ被告人、辯護人及輔佐人ヲ召喚シ尙檢事ニ之ヲ通知ス

一 辯護人ニ對スル召喚手續ノ欠缺ト辯護權ノ行使（大正十三年(れ)第一九二號 同年四月一日第一刑事部判決）

辯護人ハ適法ニ召喚ヲ受ケサルモ現ニ公判期日ニ出廷シ辯論ニ關與シタル以上ハ辯護權ノ行使ヲ妨碍セラレタルモノト謂フヘカラス

二 判決言渡期日ト辯護人ニ對スル通知ノ要否（大正十三年(れ)第一三〇一號 同年九月十九日第六刑事部判決）

裁判所カ判決言渡ノ爲ニノミ開ク公判期日ハ必スシモ辯護人ニ對シ之カ通知ヲ爲スコトヲ要スルモノニ非ス

三 判決言渡手續ト辯護人及被告人ノ召喚（大正十四年(れ)第二九七號 同年六月十日第四刑事部決定）

裁判所ニ於テ判決言渡期日ヲ變更シテ新ニ期日ヲ指定シタル場合ニハ其ノ期日ニ必スシモ辯護人ヲ召喚スルコトヲ要セサルモ被告人ニ對シ召喚手續ヲ爲サスシテ不出頭ノ儘判決ヲ言渡スハ違法ナリ

四 公判期日ニ辯護人ヲ召喚セスシテ訊問シタル被告人ノ供述ノ證據力（大正十五年(れ)第一三八號 同年三月二十九日第二刑事部決定）

裁判所カ辯護人ノ一人ニ對シ公判期日ニ適法ナル召喚ヲ爲サスシテ公判ヲ開廷シ其ノ辯護人ノ立會ナクシテ被告人ヲ訊問シタル場合ニ於テハ其ノ供述ハ之ヲ證據ト爲スコトヲ得ス

五 陪審事件ノ辯護人ニ對スル公判期日ノ召喚狀送達ト猶豫期間（昭和四年(れ)第一四〇四號 同五年一月二十四日第四刑事部判決）

陪審事件ノ辯護人ニ對スル公判期日ノ召喚狀ノ送達ト公判期日トノ間ニハ七日ノ猶豫期間ヲ存スルノ要ナキモノトス

六 判決言渡期日指定時刻ト判決ノ言渡（昭和五年(つ)第二六號 同年十月十一日第三刑事部決定）

判決言渡期日ヲ日及時ヲ以テ指定シタル場合ニ於テ言渡ハ該時刻前ニ之ヲ爲スヲ得サルモ其ノ時刻後ニ之ヲ爲スヲ妨ケス

七 辯護權ノ拋棄ト手續上ノ瑕疵（昭和六年(れ)第二三三號 同年五月七日第一刑事部判決）

公判期日ニ辯護人ヲ召喚セスシテ審理シタル手續上ノ瑕疵ハ被告人ニ於テ其ノ辯護人ノ辯護ノ件ヲ拋棄スル旨陳述スルモ之カ爲除

去セラルヘキモノニ非ス

八　翌日ニ亘レル公判期日ノ同一性

（昭和六年(れ)第六八五號 同年七月二十六日第一刑事部判決）

公判手續ノ進行中公判期日カ翌日ニ亘ルモ期日ノ同一性ヲ失フモノニ非ス

第三百二十一條　第一回ノ公判期日ト被告人ニ對スル召喚狀ノ送達トノ間ニハ少クトモ三日ノ猶豫期間ヲ存スヘシ

被告人異議ナキトキハ前項ノ猶豫期間ヲ存セサルコトヲ得

〔理由書〕　本條ハ現行法第二百十五條ヲ修正シタルモノナリ即チ地方裁判所以上ニ於テハ辯論準備ノ爲第一回ノ期日ト被告人ニ對スル召喚狀ノ送達トノ間ニハ少クトモ三日ノ猶豫期間ヲ存スルコトヲ相當トシ現行法ニ於ケル二日ノ猶豫期間ヲ延長シ區裁判所ニ於テハ法律上猶豫期間ヲ與フルノ必要ナキモノト爲シ判事ノ裁量ニ一任シ尙地方裁判所以上ニ於テモ被告人異議ナキトキハ猶豫期間ヲ與フルコトヲ要セサルモノトセリ

一　猶豫期間ヲ與ヘサル被告人ノ召喚ト公判手續ノ適否

（昭和四年(れ)第五八二號 同年七月四日第二刑事部判決）

第一審第一回ノ公判期日ト被告人ニ對スル召喚狀ノ送達トノ間ニ

三日ノ猶豫期間ヲ存セサルモ被告人ニ於テ該期日ニ出頭シ異議ナク辯論シタルトキハ其ノ公判手續ハ違法ニ非ス

二　猶豫期間ヲ與ヘサル召喚ニ付被告人ノ異議ナキ場合ト辯護權ノ不法制限

（昭和九年(れ)第三一一號 同年五月七日第二刑事部判決）

第一回公判期日ト被告人ニ對スル召喚狀ノ送達トノ間三日ノ猶豫期間ヲ存セサルモ被告人ニ於テ該期日ニ出頭シ異議ナキ旨ヲ述ヘタルトキハ之カ爲辯護人ノ辯護權ノ不法制限トナラス

三　第二回以後ノ公判期日ト猶豫期間

（昭和九年(れ)第一〇〇三號 同年十月十一日第二刑事部判決）

第二回以後ノ公判期日ニ於ケル召喚ニハ猶豫期間ヲ存スル要ナキモノトス

第三百二十二條　裁判長ハ公判期日ヲ變更スルコトヲ得

公判期日ノ變更ニ關スル請求ヲ却下スル命令ハ之ヲ送達スルコトヲ要セス

〔理由書〕　現行法ニ於テモ期日ノ變更ヲ認ムルハ疑ヲ容レサル所ナリト雖明文ナキカ故ニ本案ハ其ノ不備ヲ補充スル爲明文ヲ設ケ之ヲ裁判長ノ職權ニ屬セシメタリ訴訟關係人ハ期日ノ變更ヲ請求スルコトヲ得ルモ裁判長ハ命令ヲ以テ之ヲ却下スルコトヲ得ヘキハ勿論ナリ而シテ其ノ命令ハ送達スルヲ要セサルモノト爲ス

一　公判期日變更請求却下ト辯護權ノ制限　（昭和八年(れ)第一二六九號　同年十一月十六日第一刑事部判決）

裁判長カ被告人ト親族關係アル辯護人ノ爲シタル公判期日變更請求ヲ却下スルモ辯護權ノ行使ヲ不法ニ制限シタリト爲スヲ得ス

二　判決宣告期日ト辯護人ノ召喚　（昭和九年(れ)第一二四六號　同年十一月二十日第四刑事部判決）

判決宣告期日ヲ變更シテ新ニ期日ヲ指定シタル場合ニハ其ノ期日ニ必スシモ辯護人ヲ召喚スルコトヲ要セサルモノトス

第三百二十三條　裁判所ハ第一回ノ公判期日ニ於ケル取調準備ノ爲公判期日前被告人ノ訊問ヲ爲シ又ハ部員ヲシテ之ヲ爲サシムルコトヲ得

檢事及辯護人ハ前項ノ訊問ニ立會フコトヲ得

訊問ヲ爲スヘキ日時及場所ハ豫メ之ヲ檢事及辯護人ニ通知スヘシ但シ急速ヲ要スルトキハ此ノ限ニ在ラス

〔理由書〕　本條ハ現行法第二百三十七條ヲ修正シタルモノナリ抑モ現行法ハ重罪事件ニ付テノミ被告人ノ豫備訊問ヲ認メ之ヲ公判開始ノ要件ト爲シリト雖實際ニ於テハ重罪事件ナレハトテ必スシモ豫備訊問ヲ爲スノ要ナキ場合アルト同時ニ重罪以下ノ事件ニ付テモ之ヲ必要トスル場合アルヲ以テ之ヲ重罪事件ニ限ルハ其ノ當ヲ得ス之ニ由テ本條ハ總テノ事件ニ付豫備訊問ヲ爲シ得ヘキコトヲ定メ之ヲ裁判所ノ裁量ニ委スルコトトシ尙豫備訊問ヲ爲ストキハ檢事及辯護人ヲシテ之ニ立會ハシムルコトヲ相當ナリト認メ其ノ旨ヲ規定セリ

一　公判準備手續ノ活用ト公判期日ノ指定ニ關スル注意事項　（大正十二年十二月五日刑事第九五四六號刑事局長通牒）

（一）　公判ノ要諦ハ成ルヘク一回ノ公判期日ニ訴訟材料ノ全部ヲ法廷ニ顯現セシメテ各訴訟主體ヲシテ一擧ニ之ヲ攻究セシムルコトヲ得シムルニ在リ而シテ公判ノ審理ヲ一回ノ開廷ニ依リテ完了セントセハ公判準備ノ手續ニ於テ訴訟材料ヲ整備スルヲ要ス之レ改正法ニ於テ公判準備ニ關スル規定ヲ設ケタル所以ナルヲ以テ之ヲ活用スヘキ現行法ノ下ニ於ケル重罪下調手續ト同視スルナカランコトヲ要ス

（二）　事件複雜ナルカ被告人多數ナル等ノ爲一回ノ公判期日ニ審理ヲ完了スルヲ得サル場合尠シトセス斯ノ如キ場合ニ於テハ翌日又ハ近接スル日時ニ審理ヲ續行シテ公判ヲ終結セシムルコトヲ期スヘク多クノ日時ヲ隔テテ次回ノ公判期日ヲ開クカ如キ從來ノ慣行ハ之ヲ一新スルヲ要ス

二　本條第三項ノ通知　（大正十三年(れ)第一三五六號　同年十月七日第一刑事部判決）

刑事訴訟法第三百二十三條第三項ニ依ル通知ハ各場合ニ於テ裁判

所ノ相當ト認ムル所ニ從ヒ期日前ニ書面其ノ他適宜ノ方法ニ依リ豫シメ之ヲ爲スヲ以テ足ル

三　公判期日前ノ證據調ト決定書ノ要否

（大正十三年（れ）第一八五五號 同年十二月四日第二刑事部判決）

公判期日前檢證及證人訊問ヲ爲ス場合ニ於テハ必スシモ決定書ノ作成ヲ要セサルモノトス

四　公判準備手續ニ於ケル被告人訊問調書ノ效力

（大正十三年（れ）第一八九六號 同年十二月十二日第一刑事部決定）

刑事訴訟法第三百二十三條ニ依リ訊問シタル被告人供述ヲ錄取セル調書ハ法令ニ依リ作成シタル訊問調書ニシテ有效ニ之ヲ證據ニ供シ得ヘキモノトス

五　書類ヲ援用シテ訊問セル調書ト證據力

（大正十三年（れ）第一八九六號 同年十二月十二日第一刑事部決定）

公判ノ準備手續ニ於テ記錄中ノ書類ヲ援用シテ訊問シ被告人カ其ノ記載事實ヲ承認シタル場合ニ於テ裁判所ハ被告人ノ其ノ事實ヲ供述シタルモノトシテ之ヲ證據ニ供スルニハ訊問調書ト共ニ其ノ書類ニ付テモ證據調ヲ爲スコトヲ要ス

第三百二十四條　裁判所ハ公判期日ニ於ケル取調準備ノ爲公判期日前證據物若ハ證據書類ノ提出ヲ命シ又ハ證人、鑑定

人、通事若ハ飜譯人ニ對シ召喚狀ヲ發スルコトヲ得

前項ノ規定ニ依リ召喚狀ヲ發シタル證人、鑑定人、通事又ハ飜譯人ノ氏名ハ直ニ之ヲ訴訟關係人ニ通知スヘシ

檢事、被告人又ハ辯護人ハ第一項ノ規定ニ依ル處分ヲ裁判所ニ請求スルコトヲ得

前項ノ請求ヲ却下スルトキハ決定ヲ爲スヘシ

〔理由書〕　期日前ニ於ケル證據調ノ準備ニ付現行法ノ規定スル所ハ第百九十二條ニ檢事、被告人等ノ請求ニ因リ呼出ス證人ノ氏名目錄ハ開廷ヨリ一日前之ヲ相手方ニ送達スヘシトノ規定アルニ止マリ頗ル不完全ナリ本條ハ其ノ不備ヲ補ヒ裁判所ハ公判準備ノ爲職權又ハ請求ニ因リ公判期日前證據物又ハ證據書類ノ提出ヲ命シ證人、鑑定人等ニ對シテ召喚狀ヲ發スルコトヲ得ヘキモノト爲シ召喚狀ヲ發シタル證人等ノ氏名ハ直ニ之ヲ訴訟關係人ニ通知スヘク其ノ請求ヲ却下スルトキハ決定ヲ爲スヘキコトヲ定メタリ此ノ如ク期日前準備整フトキハ公判ニ於ケル取調ハ連續シテ之ヲ爲スコトヲ得隨テ事件ノ終結ヲ迅速ナラシメ多クハ一回ノ開廷ヲ以テ事件ヲ終了スルコトヲ得事件複雜ナル爲一回ヲ以テ終了スルコト能ハサル場合ト雖連續シテ審理スルコトヲ得ルヲ以テ今日ノ如ク數週日ノ後次回ノ期日ヲ開クカ如キコトナキニ至ルヘシ而シテ右示ス所ハ第一回公判期日前ノミナラス第二回以後ノ期日ニ於テモ亦

其ノ適用アルヤ勿論ナリ

一　證人ヲ召喚スヘキ場合ノ取扱手續

（大正十三年一月十七日 刑事第五七六號刑事局長回答）

問　刑事訴訟法第三百二十四條第一項ニ依リ證人ヲ召喚スヘキモノト決シタル場合ニハ決定書作成ヲ要スルヤ（上田區判事）

答　刑事訴訟法第三百二十四條第一項ニ依リ證人ヲ召喚スヘキ場合ニ於テハ特ニ決定書ヲ作成スルノ要ナキモノト思料ス

二　公判準備期日ニ於ケル證據調ノ請求及之ニ對スル裁判等ヲ調書ニ記載セシムルノ可否

（大正十三年三月十日 刑事第二四八〇號刑事局長通牒）

問　公判準備ニ於ケル證據調ノ請求及之ニ對スル裁判ノ如キハ之ヲ調書ニ記載スルノ途ナキヤ

甲說　凡ソ新刑事訴訟法ニ於テ書記カ作成スヘキ調書ハ總則第六章ニ規定アル場合ニ限ルモノトス然ルニ公判準備ニ於ケル一切ノ訴訟手續ヲ記載スヘキ調書ノ作成ニ付テハ何等ノ規定ナキヲ以テ之ヲ作成スルヲ得ス只準備手續ニ於ケル被告人等ノ訊問、檢證、押收又ハ搜索ニ付テハ總則第六章ノ規定ニ從ヒ各場合ニ適應セル調書ヲ作成スヘキニ止マリ證據調ノ請求及之ニ對スル裁判ノ如キハ素ヨリ之ヲ該調書ニ記載スヘキモノニ非サルナリ

乙說　總則第六章中ニハ公判準備ニ於ケル調書ヲ作成スヘキ旨ノ明文ナキモ公判準備ニ於ケル訴訟手續一切ヲ記載スヘキ調書ヲ作成スルハ實際ニ於テ極メテ必要ニシテ法律ノ精神亦恐クハ此ニ存スルナラン現ニ本省ヨリ送付ニ係ル用紙書式中公判準備調書ナル雛形ノ存在ニ徵スルモ之ヲ推知シ得ヘシ云云

（廣島院長）

答　公判準備期日ニ於テ證據調ノ請求又ハ之ニ對スル裁判アリタルトキハ之ヲ調書ニ記載スルコトヲ得

三　公判準備ノ爲ニスル證據調請求ト裁判所ノ取扱

（大正十三年(れ)第一六八六號 同年十月二十八日第一刑事部判決）

訴訟關係人ヨリ公判準備ノ爲證人ノ召喚ヲ請求シタル場合ニ於テ裁判所カ其ノ請求ヲ援用シタルトキハ直ニ召喚狀ヲ發スルノ手續ヲ爲ス

四　公判準備手續ニ於ケル書類取寄ノ申請ト許否ノ裁判

（大正十五年(れ)第一五四二號 同年十一月十一日第二刑事部判決）

公判期日ニ於ル取調準備ノ爲辯護人ノ爲シタル書類取寄ノ申請ト雖公判ニ於ケル辯論ニ因リ其ノ申請ハ之レヲ拋棄シタルモノト認メ得ヘキ場合ノ如キハ特ニ許否ノ裁判ヲ爲スノ要ナシ

五　公判準備ノ爲ニスル證據調請求ト裁判所ノ取扱

（昭和七年(れ)第二二五號 同年五月五日第一刑事部判決）

訴訟關係人ヨリ公判準備ノ爲證人ノ召喚ヲ請求シタル場合ニ於テ裁判所カ其ノ請求ヲ正當ナリト認メタルトキハ證據決定ヲ爲スヘキモノナルモ特ニ決定書ヲ作成セス直ニ其ノ證人ニ對シ召喚狀ヲ發スルヲ以テ足ル

第三百二十五條　檢事、被告人又ハ辯護人ハ公判期日前證據物又ハ證據書類ヲ裁判所ニ提出スルコトヲ得

〔理由書〕 檢事、被告人、辯護人ハ公判期日前證據物、證據書類ノ提出ヲ命スル處分ヲ裁判所ニ請求シ得ヘキコトハ前條ニ之ヲ規定ス檢事、被告人、辯護人ハ又裁判所ノ命令ヲ待タス自ラ進テ之ヲ裁判所ニ提出スルコトヲ得此ノ如クスルトキハ裁判所ハ期日前之ヲ受ケ豫メ檢閲スルコトヲ得ヘキヲ以テ公判ノ進行ヲ迅速ナラシムルノ便アリ

第三百二十六條　裁判所ハ證人疾病其ノ他ノ事由ニ因リ公判期日ニ出頭スルコト能ハスト思料スルトキハ公判期日前之ヲ訊問スルコトヲ得

第三百二十三條第二項及第三項ノ規定ハ前項ノ場合ニ之ヲ準用ス

一　事件審判ノ併合分離ト其ノ決定ノ告知　（昭和七年(れ)第一五八八號 同八年三月廿八日第四刑事部判決）

裁判所カ事件審判ノ併合分離ヲ爲ス場合ニハ必スシモ之ニ關スル

決定ヲ宣告スルコトヲ要セス

二　審理ヲ更新スヘキ公判ニ於ケル被告事件ノ陳述前ニ爲シタル證據決定　（昭和八年(れ)第九一九號 同年九月二十七日第三刑事部判決）

審理ヲ更新スヘキ公判ニ於テ證人訊問ノ申請アリタル場合ニ於テハ檢事ノ被告事件ノ陳述前ト雖證據決定ヲ爲シ得ルモノトス

三　併合審理ト裁判所ノ權限　（昭和八年(れ)第一三三號 同年十二月十一日第一刑事部判決）

公判ニ於テ併合審理ヲ爲スト否トハ裁判所ノ職權ニ屬ス

第三百二十七條　裁判所ハ公判期日前鑑定若ハ飜譯ヲ爲サシメ又ハ押收、捜索若ハ檢證ヲ爲スコトヲ得

〔理由書〕 期日前ニ於テ取調ノ準備ヲ爲シ得ルハ前ニ示スカ如シ然レトモ取調自體ハ期日ニ爲ス可モノニシテ期日前取調殊ニ證據調ヲ爲スハ公判ノ本旨ニ反スルモノナルヲ以テ之ヲ爲サヽルヲ原則トス然リト雖特別ノ事由ノ存スルカ爲ニ之ヲ爲スコトヲ必要トスル場合ナキニ非ス證據保全ノ爲ニスル場合ノ如キ是ナリ又處分ノ性質上期日前之ヲ爲スコトヲ妨ケサルモノアリ故ニ本條ハ例外トシテ期日前ノ取調ヲ認メタリ即チ公判期日ニ出頭スルコト能ハスト認ムヘキ證人アルトキハ第三百四條ト同一ノ趣旨ニ依リ期日前之ヲ訊問スルコトヲ得次ニ鑑定及飜譯ハ其ノ性質上公判ニ於テ爲スヲ要スルモノニ非ス多クハ書面ヲ以テ爲スモノナルヲ以テ公判

前之ヲ爲サシメ之ヲ公判ニ於テ示セハ可ナリ押收、捜索、検證亦然リ押收捜索ハ證據物ヲ集取スルノ手段ナリ其ノ結果收取シタル證據物ハ公判ニ於テ取調フヘキモノナルモ手段タル押收、捜索ハ公判前之ヲ爲スヲ妨ケス検證ハ多クノ場合裁判所ニ於テ爲スモノニシテ公判廷ニ於テ爲スヘキモノニ非ス公判廷以外ニ於テ爲スヘキ検證ハ期日前ニ之ヲ爲シ其ノ結果ヲ公判廷ニ於テ示セハ可ナリ第三百二十六條、第三百二十七條ハ前ニ述フル所ノ趣旨ヲ明ニス

第三百二十八條　裁判所ハ公判期日前公務所ニ照會シテ必要ナル事項ノ報告ヲ求ムルコトヲ得

〔理由書〕　第三百四條ト其ノ趣旨異ナルコトナシ

辯論終結後ニ於ケル町條例謄本ノ取寄ト證據調ノ要否（昭和七年(れ)第一二五四號 同年十一月十七日第二刑事部判決）

裁判所ハ辯論終結後町役場ニ照會シテ町條例ノ謄本ノ送付ヲ受クルモ之ニ對シ陳述ヲ爲ス機會ヲ被告人ニ與フルノ要ナキモノトス

第二節　公判手續

第三百二十九條　公判期日ニ於ケル取調ハ公判廷ニ於テ之ヲ爲スヘシ

公判廷ハ判事、検事及裁判所書記列席シテ之ヲ開ク

〔理由書〕　公判準備ノ手續ハ公判廷ニテ行フヘキモノニ非スト雖期日ニ於ケル取調ハ公判ノ本體ヲ爲スモノニシテ必ス公判廷ニテ之ヲ行フヘキモノナリ本條此ノ義ヲ明ニス現行法ハ明文ノ缺如スルモ趣旨ヲ異ニスルモノニ非ス

一　公判ノ取調ニ關スル注意事項（大正十二年十二月五日 刑事第九五四六號刑事局長通牒）

改正法ハ公判中心主義ヲ採ルヲ以テ公判ノ審理ハ固ヨリ其ノ趣旨ニ適合セサルヘカラスト雖必シモ直接審理ヲ必要トスルモノニ非サルカ故ニ公判ニ於ケル取調ニ付テハ深ク各事件ノ内容被告人ノ主張證據關係等ヲ考慮シテ適當ノ取調ヲ爲サムコトヲ期セサルヘカラス卽チ豫審ノ取調ニ重キヲ置キテ被告人ノ辯解ヲ輕視シ公判ニ於テハ殆ント形式的ノ審理ヲ爲スニ止ルカ如キ弊ニ陷ラサラムコトヲ努ムルト同時ニ豫審ニ於ケル訊問調書ハ證據ト爲ルモノナルヲ以テ固ヨリ之ヲ利用スルコトヲ得ヘク悉ク人證トシテ公判廷ニ喚問スルコトヲ要スルモノニ非サルコトヲ注意セサルヘカラス

二　判決ノ言渡ヲ爲ササル裁判長ノ署名捺印シタル言渡調書ノ效力（昭和九年(れ)第九一一號 同年十月九日第四刑事部判決）

判決言渡調書ニ裁判長トシテ署名捺印シタル者ト公判廷ニ裁判長トシテ列席シタリト記載セラレアル者トカ各異ナルトキハ該公判調書ハ無效ナルモノトス

第三百三十條　被告人公判期日ニ出頭セサルトキハ別段ノ規

定アル場合ヲ除クノ外開廷スルコトヲ得ス

〔理由書〕本案ハ缺席審判ノ制ヲ認メス蓋シ現行法ニ規定スル缺席審判ノ場合ニ於テモ實質的眞實ヲ以テ裁判ノ基礎ト爲スヲ要スルコト勿論ナリト雖被告人在廷セサルトキハ審理自ラ形式ニ流レ易ク又檢事ノ主張ノミヲ聽キテ被告ノ辯解ヲ聽カサルカ爲事實ノ眞相ヲ穿ツ能ハサル場合多カルヘク畢竟スルニ口頭辯論ノ原則ニ反シ實體的眞實發見主義ト矛盾スル處アリ是レ本條ノ規定アル所以ナリ

罰金以下ノ刑ニ該ル控訴ノ審判（大正十五年（れ）第一九二四號　昭和二年二月四日第六刑事部判決）

控訴裁判所ハ罰金以下ノ刑ニ該ル事件ニ付被告人出頭セサルトキハ更ニ期日ヲ定メス被告人ノ陳述ヲ聽カスシテ判決ヲ爲スコトヲ得ルモノトス

第三百三十一條　罰金以下ノ刑ニ該ル事件ノ被告人ハ代理人ヲシテ出頭セシムルコトヲ得但シ裁判所ハ本人ノ出頭ヲ命スルコトヲ得

〔理由書〕本條ハ例外トシテ被告人ノ出頭ナクシテ開廷スルコトヲ得ル場合ヲ規定ス即チ罰金以下ノ刑ニ該ルヘキ事件ハ事態重カラス代人ヲ以テ辯スルモ不可ナルヲ見ス故ニ本人ノ自身出頭ヲ必要トセス代人ヲシテ出頭セシメ得ルモノト爲ス但シ裁判所本人ノ出頭ヲ必要トスルトキハ之ヲ命スルコトヲ妨ケス

第三百三十二條　被告人ハ公判廷ニ於テ身體ノ拘束ヲ受クルコトナシ但シ之ニ看守者ヲ附スルコトヲ得

〔理由書〕本條ハ現行法第百七十七條ト其ノ趣旨異ナル所ナシ

身體ノ不拘束ト公判始末書ノ記載（大正十三年（れ）第一〇九號　同年三月二十七日第二刑事部判決）

被告ニシテ保釋中ノ者ナルトキハ公判始末書ニ特別ノ記載ナキ以上ハ公判廷ニ於テモ拘束ヲ受ケサリシモノナルコト明ナリトス

第三百三十三條　被告人ハ裁判長ノ許可アルニ非サレハ退廷スルコトヲ得ス

裁判長ハ被告人ヲシテ在廷セシムル爲相當ノ處分ヲ爲スコトヲ得

〔理由書〕被告人ハ在廷ノ義務ヲ有スルモノナリ故ニ裁判長ハ適當ノ方法ヲ以テ在廷ヲ強制スルコトヲ得ヘシ現行法ノ下ニテモ本條ノ如ク實行シ來リ何等ノ支障ナカリシモ明文ヲ缺如セルカ故ニ本條ヲ以テ之ヲ補足シ其ノ義ヲ明ニセリ

第三百三十四條　死刑又ハ無期若ハ短期一年以上ノ懲役若ハ禁錮ニ該ル事件ニ付テハ辯護人ナクシテ開廷スルコトヲ得ス但シ判決ノ宣告ヲ爲ス場合ハ此ノ限ニ在ラス

辯護人出頭セサルトキ又ハ辯護人ノ選任ナキトキハ裁判長

ハ職權ヲ以テ辯護人ヲ附スヘシ

〔理由書〕 本條ハ現行法第二百三十七條ニ定ムル强制辯護ノ制ト其ノ趣旨異ナル所ナシ卽チ現行法ノ重罪事件ニ相當スル事件ノ辯論ニ付テハ辯護人ノ出廷アルコトヲ必要トシ被告人ノ選任シタル辯護人ナキトキ又ハ其ノ辯護人出頭セサルトキハ裁判長職權ヲ以テ辯護人ヲ附スヘキモノトス官選辯護ニ關スル規定ハ總則ニ詳ナリ

一 辯護人ヲ要スル事件ニ付辯護人ノ辯論後辯護人ナクシテ爲シタル審理

（大正十三年(れ)第七九九號 同年六月十六日第二刑事部決定）

辯護人ヲ要スル事件ニ於テハ辯護人カ事件ノ辯護ヲ終リタル後ト雖辯護人ナクシテ開廷シ審理ヲ爲シタルトキハ其ノ審理ニ基ク判決ハ破毀ヲ免レサルモノトス

二 辯護人ナクシテ開廷スルコトヲ得サル事ト辯護人ヲ附スル職權

（大正十五年(れ)第七七四號 同年十二月十六日第二刑事部判決）

死刑又ハ無期若ハ短期一年以上ノ懲役若ハ禁錮ニ該ル事件ニ付被告人多數ニシテ辯論數日ニ亘ル見込アル場合ニ於テハ各被告人カ辯護人ヲ選任シタルトキト雖其ノ出頭スルコトヲ得サル場合ニ處スル爲裁判長ハ豫メ職權ヲ以テ辯護人ヲ附スルコトヲ得

三 官選辯護人ノ不出頭ト辯護權ノ制限

（大正十五年(れ)第一七九一號 昭和二年一月三十一日第五刑事部判決）

被告人ノ自選シタル辯護人カ出頭セサルコトヲ條件トシテ官選セラレタル辯護人ハ縱令召喚ヲ受ケサル爲公判期日又ハ證據調期日ニ出頭セサリシ場合ト雖被告人ノ自選辯護人カ右各期日ニ出頭シテ其ノ手續ニ立會ヒタル以上ハ之ヲ目シテ辯護權ノ行使ヲ制限シタルモノト謂フヲ得ス

四 辯論再開決定及證據決定ノ言渡ト辯護人在廷ノ要否

（昭和八年(れ)第九五四號 同年八月十日第二刑事部判決）

判決言渡期日ニ於テ辯論再開決定及證據決定ノ言渡ヲ爲スニハ刑事訴訟法第三百三十四條ニ規定セル事件ニ關スルトキト雖辯護人ノ在廷ヲ必要トセス

第三百三十五條 左ノ場合ニ於テ辯護人出頭セサルトキ又ハ辯護人ノ選任ナキトキハ檢事ノ意見ヲ聽キ辯護人ヲ附スルコトヲ得

一 被告人二十歳未滿又ハ七十歳以上ナルトキ
二 被告人婦女ナルトキ
三 被告人聾者又ハ啞者ナルトキ
四 被告人心神喪失者又ハ心神耗弱者タル疑アルトキ
五 其ノ他必要ト認ムルトキ

〔理由書〕本條ハ裁判所ノ裁量ヲ以テ辯護人ヲ附スルコトヲ得ヘキ場合ヲ規定スルモノニシテ大體現行法第百七十九條ノ二ト異ナル所ナキモ特ニ未成年者及老衰者ヲ保護スルノ精神ヲ以テ之ニ修正ヲ加ヘタリ

第三百三十六條　事實ノ認定ハ證據ニ依ル

一　自白ノミニ依ル犯罪事實ノ認定
（大正十二年(れ)第一五九九號 同十三年一月二十五日第一刑事部判決）

被告人犯罪事實ヲ自白シタル場合ニ於テ被告人ノ自白ノミニ依リ犯罪事實ヲ認定スルモ不法ニ非ラサルコトハ新舊刑事訴訟法ノ解釋上同一ニ歸スルモノトス

二　共同被告人ノ供述ノ證據力
（大正十二年(れ)第一八八六號 同十三年二月九日第四刑事部判決）

共同被告人ノ供述モ亦眞實發見ノ資料タルニ適スルヲ以テ之ヲ證據トシテ犯罪事實ヲ認定スルヲ妨ケス

三　公判ニ於テ取調ヲ爲ササル證據書類ヲ罪證ニ供シタル判決
（大正十二年(れ)第一九五九號 同十三年二月二十六日第一刑事部決定）

公判ニ於テ取調ヲ爲ササル證據書類ヲ援用シ他ノ證據ト綜合シテ有罪ノ事實ヲ認定セル判決ハ縦令他ノ證據ノミニ依テ有罪ノ事實ヲ認定シ得ヘキ場合ナリトスルモ仍ホ違法タルヲ免レス

四　間接證據ト事實認定
（大正十三年(れ)第二三三四號 同十四年三月二十五日第三刑事部判決）

間接證據ニ因リ事實ノ認定ヲ爲スコトヲ妨ケス

五　地方長官ノ發スル訓令
（大正十四年(れ)第一三五三號 同年十二月十二日第四刑事部判決）

地方長官ノ發スル訓令モ亦法令ノ一種ニシテ證據理由ノ説明中ニ雜ヘテ引用スル場合ニ於テモ前ニ證據手續ヲ爲スヲ要セス

六　證據ニ依リテ認メタル事實ニ基ク他ノ事實ノ推認
（昭和二年(れ)第八四五號 同年十二月二十四日第三刑事部判決）

證據ニ依リテ認メタル事實ニ基キ他ノ事實ヲ推認スルハ卽チ證據ニ依リ事實ヲ認定スルモノニ外ナラス

七　聽取書謄本ノ證據能力
（昭和四年(れ)第九八九號 同年十月二十二日第四刑事部判決）

檢事ノ聽取書謄本ニ於ケル供述記載ヲ罪證ニ供スルハ不法ニ非ス

八　性行經歷ト犯罪事實ノ認定
（昭和四年(れ)第八二八號 同年十一月十六日第三刑事部判決）

犯人ノ性行經歷カ犯罪行爲ト交渉ヲ有スル場合ニ在リテハ其ノ交渉スル限度ニ於テ當該犯罪事實認定ノ資料ト爲スヲ妨ケス

第三百三十七條　證據ノ證明力ハ判事ノ自由ナル判斷ニ任ス

〔理由書〕事實ハ證據ニ依リテ之ヲ認定スヘキモノトシ證據ニ基カサル事實ノ認定ハ之ヲ違法トス各種證據ノ證明力ハ判事ノ自由心

證ニ從フヘキモノトシ法律ヲ以テ證據ノ價ヲ定ムルコトナシ兩條ハ此ノ義ヲ明ニスルモノニシテ其ノ趣旨現行法ト異ナルコトナシ

一　刑ノ量定ト被告人ノ前科　（大正十二年(れ)第一六三五號　同十三年二月一日第一刑事部判決）

刑ヲ量定スル場合ニ於テ被告人ノ前科ノ如キモ亦刑ヲ量定スル一資料トスルコトヲ妨ケス

二　裁判所會計事務章程ト證據調手續　（大正十二年(れ)第一四九八號　同年十月九日第五刑事部判決）

裁判所會計事務章程ハ之ヲ判決ニ引用スルニ方リ證據調手續ヲ爲スノ要ナシ

三　自白ノ取消ト證據力　（大正十四年(れ)第二四六號　同年四月十日第一刑事部判決）

被告人ノ爲シタル自白ハ後之ヲ取消スモ其ノ自白ノ證據力ニ消長ナシ

四　法第三百四十三條ニ依リ採用シ得ヘキ聽取書ト豫審調書ト併存スル場合ノ取捨　（大正十三年(れ)第二三五六號　同十四年五月二十一日第五刑事部判決）

同一人ニ對シ刑事訴訟法第三百四十三條第一項第一號乃至第三號ニ依リ採用シ得ヘキ檢事又ハ司法警察官作成ノ聽取書ト豫審調書等ト併存スル場合ニ於ケル取捨判斷ハ判事ノ自由ナル裁量ニ依リ決定スヘキモノトス

五　確定判決謄本ノ證據力　（昭和三年(れ)第一六七七號　同四年二月七日第二刑事部判決）

確定判決ノ謄本ハ之ヲ犯罪構成事實ノ證據ト爲スコトヲ得

六　事件關係ノ表示ナキ聽取書ノ證據能力　（昭和四年(れ)第九八九號　同年十月二十二日第四刑事部判決）

檢事ノ聽取書ニ事件關係ノ表示ナシトスルモ之ヲ證據ニ供シ得ヘキモノトス

七　民事判決ノ事實ノ認定ト刑事裁判所ノ判斷　（昭和六年(れ)第八七三號　同年十月一日第一刑事部判決）

民事判決ノ理由タル事實ノ認定ハ刑事裁判所ノ判斷ヲ羈束セス

八　證據調ノ限度ト裁判所ノ職權　（昭和六年(れ)第九九七號　同年十月二十二日第一刑事部判決）

公判ニ於テ證據調ヲ爲スヘキ限度ヲ定ムルハ刑事訴訟法第三百四十二條ノ如キ例外的規定アル場合ヲ除ク外裁判所ノ自由ナル裁量ニ任セラレタルモノトス

九　文書ノ寫眞ノ證據力　（昭和六年(れ)第一七八二號　同七年三月十七日第二刑事部判決）

文書ノ寫眞ト雖裁判所カ原本ト相違ナキモノト認ムルトキハ之ヲ罪證ニ供スルコトヲ得

一〇　人ノ心理現象ヲ認定スヘキ證據　（昭和七年(れ)第七五三號　同年八月八日第一刑事部判決）

人ノ心理現象ト雖其ノ人自身ノ供述以外ノ證據ニ依リ之ヲ認定スルヲ妨ケス

一一 翌日ニ亙ル豫審訊問ノ効力（昭和七年(れ)第八一〇號 同年九月十二日第二刑事部判決）

豫審訊問ノ手續進行中偶々翌日ニ至ルコトアルモ之カ爲ニ當然其ノ手續ヲ無效ト爲スヘキニ非ス

一二 公判手續ノ行ハレタル事實ト其ノ證據（昭和七年(れ)第九〇〇號 同年九月二十七日第四刑事部判決）

公判手續カ適法ニ行ハレタルコトハ公判調書ノミニ依リ之ヲ證明シ得ヘキモ事實上公判手續ノ行ハレタルヤ否ハ公判調書以外ノ證據ニ依リ判斷スルヲ妨ケス

一三 幼兒ノ證言ト採證ノ自由（昭和八年(れ)第五五九號 同年六月廿四日第三刑事部判決）

假令八才ノ兒童ノ證言ト雖意思能力アルモノト認メ得ル以上之ヲ採證ニ供シ得ルモノトス

一四 自白ノ證據力（昭和八年(れ)第二七號 同年七月六日第一刑事部判決）

自白ノ信憑力ハ後日其ノ取消アリタリヤ否ニ關セス他ノ證據ト等シク裁判所ノ自由心證ニ依リ判斷スヘキモノナリトス

一五 追起訴前ニ於ケル豫審調書ノ證據力（昭和八年(れ)第三〇一號 同年七月十日第一刑事部判決）

或被告事件ニ付適法ニ作成セラレタル訊問調書又ハ鑑定書ハ其ノ

作成後ノ追起訴ニ係ル被告事件ノ罪證ト爲スヲ妨ケス

一六 他事件ノ書類ノ證據力（昭和八年(れ)第一四三六號 同年十二月八日第四刑事部判決）

區裁判所ノ事件ニ付テハ縱令他事件ノ檢事聽取書ト雖現ニ證據トシテ提出セラレアル以上其ノ實質當該事件ニ何等ノ交渉ヲ有セサル場合ニ非サル限リ裁判所ハ之ヲ斷罪ノ證據ニ供スルヲ妨ケス

第三百三十八條 被告人訊問及證據調ハ裁判長之ヲ爲スヘシ

陪席判事ハ裁判長ニ告ケ被告人、證人、鑑定人、通事又ハ翻譯人ヲ訊問スルコトヲ得

檢事又ハ辯護人ハ裁判長ノ許可ヲ受ケ被告人、證人、鑑定人、通事又ハ翻譯人ヲ訊問スルコトヲ得

被告人ハ必要トスル事項ニ付共同被告人、證人、鑑定人、通事又ハ翻譯人ヲ訊問スヘキコトヲ裁判長ニ請求スルコトヲ得

〔理由書〕 本條ハ現行法第百九十四條ヲ修正シタルモノナリ公判ニ於ケル審理ノ內容ヲ形成スヘキ取調ハ裁判長ノ職權ニ屬スルモ裁判長ハ裁判所ノ機關トシテ之ヲ爲スモノナリ卽チ本條ニ依リ被告人ノ訊問及證據調ヲ爲スハ裁判長ノ獨立ノ職權ニ屬スルモノニ非スシテ裁判所ノ機關トシテ有スル職權ニ屬スルモノナリ陪席判事ノ爲ス訊問亦然リ裁判長ニ告クルコトヲ要スルハ裁判所ノ構成ニ關スル法規ニ照シ其ノ理由明ナリ現行法ニテハ辯護人ハ被告人、

證人、鑑定人等ニ對シテ直接訊問ヲ爲スコトヲ得サルモ本條ハ正當ナル辯護權ノ行使ヲ完カラシムル爲辯護人モ檢事ト同シク裁判長ノ許可ヲ受ケ直接ニ訊問ヲ爲シ得ルコトトセリ

一　辯護人ノ公判以外ノ場所ニ於ケル直接訊問權

（大正十三年二月二十三日 刑事第一九三四號刑事局長通牒）

問　刑事訴訟法第三二三條、第三五一條、第三二六條、第三二四條第二項、第三〇二條ノ規定ニヨリ辯護人カ其ノ取調ニ立會ヒタル場合ニ於テハ辯護人ハ被告人、證人等ニ對シ直接訊問權アリト認ムヘキカ（福井檢事正）

答　辯護人カ刑事訴訟手續ニ於テ被告人等ヲ直接ニ訊問シ得ルハ刑事訴訟法第三百三十八條第三項ノ規定ニ依リ公判ニ於テノミ認容セラレタルトコロニシテ豫審其ノ他ニ於テハ特段ノ規定ナキヲ以テ假令訊問取調ニ立會フコトヲ得ル場合ト雖辯護人自ラ訊問ヲ爲スコトヲ得ス

二　公判ニ於ケル辯護人ノ發言權

（大正十三年二月二十三日 刑事第一九三四號刑事局長通牒）

問　刑事訴訟法第三三八條第三項ノ場合ニ於テ辯護人ノ發問ニ對シ檢事ノ裁判長ニ對シ爲スヘキ注意的發言權ヲ認ムルニ於テハ反對ノ場合ニ於テハ辯護人ニモ亦同一發言權ヲ認ムヘキカ（福井檢事正）

答　被告人等ヲ公判ニ於テ直接ニ訊問スルノ許可ヲ檢事又ハ辯護人ニ與フルト否トハ一ニ裁判長ノ決スルトコロニシテ裁判長ニ於テ其ノ許可ヲ與ヘタル以上ハ檢事タルト辯護人タルトヲ問ハス濫ニ他ノ訊問ノ當否ヲ云爲シ裁判長ニ對シ其ノ差止ヲ請求スル等裁判長ノ專權ニ容喙スヘキモノニ非ス

三　證據調ノ限度

（大正十三年(れ)第一九四六號 同年十二月二十日第三刑事部判決）

事實裁判所ハ刑事訴訟法第三百四十二條ノ如キ特別規定アル場合ヲ除ク外自由ニ證據調ノ限度ヲ定ムルコトヲ得ルモノニシテ當該事件ノ一切ノ證據ニ付公判廷ニ於テ之カ取調ヲ爲スコトヲ要スルモノニ非ス

四　書類取寄決定ノ施行ト審理ノ更新

（大正十三年(れ)第二〇八二號 同十四年一月三十日第一刑事部判決）

取寄決定ニ基キ取寄セタル民事訴訟記錄ヲ公判ニ顯出シ決定ノ施行ヲ爲シタル以上ハ其ノ後審理ヲ更新シタル場合ニ於テ更ニ之ヲ公廷ニ顯出セサルモ違法ニ非ス

五　公判ニ於ケル被告人ノ供述ト證據調

（昭和五年(れ)第八七三號 同年七月十九日第三刑事部判決）

公判ニ於ケル被告人ノ供述ハ特別ノ證據調手續ヲ經由スルヲ須タス直ニ之ヲ罪證ニ供スルコトヲ得

六　共同被告人ノ訊問ト其ノ範圍

（昭和七年（れ）第一三三六號
同九年五月六日第四刑事部判決）

共同被告人タル甲ノ瀆職事實ト乙ノ瀆職事實トカ別個ノ事實關係ニ屬スルトキト雖事實ノ眞相ヲ認識スルニ必要ナル限リ乙ノ瀆職事實ニ關シ甲ヲ被告人トシテ訊問スルコトヲ妨ケサルモノトス

七　辯論終結後ノ證據調ノ請求

（昭和九年（れ）第九一三號
同年十月十日第三刑事部判決）

辯論終結後ノ證據調ノ請求ニ對シテハ裁判ヲ爲スノ要ナシ

第三百三十九條　裁判長ハ證人其ノ他ノ者被告人又ハ或傍聽人ノ面前ニ於テ十分ナル供述ヲ爲スコトヲ得サルヘシト思料スルトキハ其ノ供述中之ヲ退廷セシムルコトヲ得被告他ノ被告人ノ面前ニ於テ十分ナル供述ヲ爲スコトヲ得サルヘシト思料スルトキ亦同シ

前項ノ規定ニ依リ被告人ヲ退廷セシメタル場合ニ於テ共同被告人、證人其ノ他ノ者ノ供述終リタルトキハ被告人ヲ入廷セシメ供述ノ要旨ヲ告クヘシ

〔理由書〕　本條ハ現行法第九十七條ト其ノ趣旨異ナルコトナシ

一　證人ノ訊問中被告人ヲ退廷セシメタル場合ニ於ケル證言ノ告知ト圖面ノ展示

（大正十四年（れ）第二六五號
同年四月十三日第二刑事部判決）

被告人ヲ退廷セシメテ證人ノ訊問ヲ爲スニ當リ圖面ヲ示シテ供述ヲ徴シタル場合ニ於テ圖面ニ依ラサルモ被告人ヲシテ證言ノ要旨ヲ了解セシメ得ルトキハ其ノ證言ノ告知ヲ爲スニハ必スシモ被告人ニ圖面ヲ示スノ要ナキモノトス

二　證人訊問ノ爲ニスル傍聽人ノ退廷處分

（大正十五年（れ）第九四三號
同年七月二十四日第三刑事部判決）

證人訊問ニ際シ判事カ刑事訴訟法第三百三十九條ニ依リ多數ノ傍聽人中ノ一部ノ者ヲ指定除外シテ其ノ餘ノ者ニ退廷ヲ命シタルハ特定ノ傍聽人ニ對スル退廷處分ヲ爲シタルモノトス

第三百四十條　證據書類ハ裁判長之ヲ朗讀シ若ハ其ノ要旨ヲ告ケ又ハ裁判所書記ヲシテ之ヲ朗讀セシムヘシ

單ニ風說又ハ素行ヲ記載シタル書類ニシテ人ノ名譽ヲ毀損スル虞アルモノハ之ヲ朗讀スルコトヲ得ス

前項ノ書類ハ之ヲ被告人ニ示シ被告人文字ヲ解セサルトキニ限リ其ノ要旨ヲ告クヘシ

〔理由書〕　本條ハ證據調中證據書類取調ノ手續ヲ規定シタルモノナリ現行法第二百十九條第二項ニ於テハ必要ナル調書其ノ他證據書類ハ書記ヲシテ其ノ內容ヲ朗讀セシメテ取調ヲ爲スヘキコトヲ規定スルモ本條ニ於テハ裁判長自ラ之ヲ朗讀シ又ハ之ヲ朗讀セスシテ其ノ要點ヲ摘示スルヲ以テ足ルモノト爲ス而シテ單ニ風說又ハ素行ニ關スル記載ニシテ被告人被害者其ノ他ノ者ノ名譽ヲ毀損ス

ル虞アルモノハ之カ朗讀ヲ禁シ之ヲ證據ト爲スノ必要アルトキハ之ヲ被告人ニ示シテ閲覽スルヲ得セシメ若シ被告人文字ヲ解セサルトキハ其ノ要旨ヲ告ケ其ノ意義ヲ了解セシムルニ止ムヘキモノトス是レ人ノ名譽ヲ重ンスルノ趣旨ニ出テタルモノニシテ現行法ニ此ノ規定ナキハ不備トイハサルヘカラス素ヨリ現今ニ於テモ熟練シタル判事ハ常ニ考慮ヲ怠ラサルヲ以テ法文ニ拘泥シテ不當ノ結果ニ陥ルカ如キコトナキハ内外齊シク首肯スル所ナリ然レトモ之ヲ慣行ニ委ネ明文ヲ設ケサルトキハ弊害ノ絶無ナルコトヲ期シ難シ之ニ由テ本條ヲ設ケ現行法ノ不備ヲ補正シタリ

一　證據方法タル海難報告書寫ノ性質

（大正十二年(れ)第一六五一號
同十三年一月二十一日第二刑事部判決）

被告カ船長ヲシテ虚僞ノ海難報告書ヲ作成セシメ其ノ寫ヲ保險者ニ提出シ因テ以テ保險金ノ支拂ヲ請求シタル事件ニ於テ其ノ事實ニ關スル證據トシテ裁判所ニ提出セラレタル右海難報告書ノ寫ハ刑事訴訟上證據物ニ屬シ證據書類ニ該當セス

二　官廳ノ回答ニ對スル證據調ノ方法

（大正十三年(れ)第一〇二號
同年三月十八日第一刑事部判決）

裁判所カ其ノ照會ニ對スル他官廳ノ回答書ヲ接受シタル場合ニ公判ニ於テ口頭ニテ其ノ内容ヲ被告人ニ告知シタルトキハ適法ノ證據調アリタリト謂フヘク讀聞ノ様式ヲ執ラサリシトスルモ違法ニ非ス

三　被告人供述ノ分割ト證據ノ取捨

（大正十三年(れ)第一〇二號
同年三月十八日第一刑事部判決）

被告人ノ前後ノ供述カ一括シテ分離スヘカラサル一個ノ觀念ヲ構成スルモノニ非サルトキハ其ノ一ヲ取リ他ヲ捨ツルモ違法ニ非ス

四　公判手續更新前ノ被告人供述ノ證據力

（大正十三年(れ)第八二四號
同年六月二十八日第三刑事部判決）

公判手續更新前ノ被告人ノ供述ヲ罪證ニ供スルニハ其ノ供述ヲ記載シタル公判調書ニ付證據調ノ手續ヲ爲スコトヲ必要トス

五　判決ノ證據理由ノ説明中ニ法令ノ一種ヲ引用スル場合ト證據調手續ノ要否

（大正十四年(れ)第一五三一號
同年十一月三十日第二刑事部判決）

明治四十二年六月鐵道院總裁達第四七八號保線從事員服務規程ハ保線從事員ノ執務上遵守スヘキ抽象的規則ヲ定メタルモノニシテ一種ノ法令ニ屬スルヲ以テ之ヲ判決ニ於ケル證據理由ノ説明中ニ掲ヘテ引用スルモ之カ證據調ノ手續ヲ爲スノ要ナキモノトス

六　鑑定書ト其ノ證據調方法

（大正十五年(れ)第九六七號
同年八月四日第三刑事部判決）

鑑定書ニ付證據調ヲ爲スニハ鑑定ノ結果ヲ朗讀シ又ハ其ノ要旨ヲ告クルヲ以テ足リ鑑定ノ方法又ハ理由ノ説明中朗讀ニ適セサルモノハ必スシモ之ヲ被告人ニ示スノ要ナキモノトス

七　**辯護人カ公判廷ニ提出シタル證據書類ト其ノ取調**（昭和二年（れ）第一七一七號　同三年二月二十一日第四刑事部判決）

辯護人カ被告ノ利益ノ爲ニ公判廷ニ提出シタル證據書類ハ特ニ之ヲ被告ニ示シ其ノ意見辯解ヲ徵スルノ要ナキモノトス

八　**質取始末書ト證據書類**（昭和三年（れ）第五二八號　同年五月三十日第三刑事部判決）

質取主カ其ノ質取ノ顚末ヲ記載シテ之ヲ捜査官廳ニ提出シ刑事記錄中ニ編綴セラレタル質取始末書ハ刑事訴訟法第三百四十條ニ所謂證據書類ニ外ナラサルモノトス

九　**寫眞ヲ示サレテ爲シタル證言ノ證據調**（昭和五年（れ）第二六八號　同年五月三日第三刑事部判決）

寫眞ヲ示サレテ爲シタル證言カ其ノ寫眞ニ拘ルコトナク全然獨立ノモノナルニ於テハ其ノ證據調ヲ爲スニハ寫眞ヲ示スコトヲ要セス

一〇　**公判手續更新前ニ於ケル被告人ノ供述ト證據調**（昭和五年（れ）第七九〇號　同年七月十日第四刑事部決定）

公判手續更新前ノ公廷ニ於ケル被告人ノ供述ハ之ヲ記載シタル公判調書ニ付證據調ヲ爲スニ非サレハ證據ニ供スルヲ得ス

一一　**證據書類ノ意義**（昭和六年（れ）第一五五三號　同七年二月十八日第一刑事部判決）

刑事訴訟法第三百四十條ニ所謂證據書類トハ當該訴訟ニ關シ作成セラレ證據ノ用ニ供セラルル書面ヲ指稱ス

一二　**鑑定書添付ノ寫眞ノ證據調**（昭和六年（れ）第一五六一號　同七年二月二十五日第一刑事部判決）

瓦斯焜爐ノ瓦斯ヲ放出シテ點火シフライパンニ入レタル溶解セルヘットヲ之ニ濺キ掛ルトキニ於ケル引火狀態ニ關スル鑑定書ニ付證據調ヲ爲スニ當リ右鑑定書ニ添付シタル瓦斯焜爐ノ形狀ヲ示セル寫眞ヲ展示セサリシトスルモ其ノ寫眞ナクシテ鑑定ノ要旨ヲ知リ得ル場合ニハ右證據調ハ適法ナリ

一三　**前審公判調書記載ノ供述カ他ノ文書ノ記載ト相俟ツテ一定ノ意義ヲ爲ス場合ト證據調**（昭和七年（れ）第二〇九號　同年五月五日第一刑事部判決）

前審公判調書記載ノ供述カ豫審決定書ノ記載ト相俟テ被告人ノ供述カ公訴事實ヲ認ムル趣旨ト爲ル場合ニ之ヲ罪證ニ供スルニハ證據調ニ際シ右前審公判調書ト共ニ豫審終結決定書ヲ讀聞ケルコトヲ要ス

一四　**豫審決定書記載ノ事實ヲ肯認シタル供述ノ採證**（昭和七年（れ）第八二三號　同年九月六日第四刑事部判決）

裁判長ノ解示シタル豫審決定書記載ノ犯罪事實ヲ肯認シタル被告人ノ供述ハ同決定書ニ付證據調ヲ爲ササルモ之ヲ罪證ニ供スルヲ妨ケス

一五　**診斷書ト證據書類**（昭和八年（れ）第一一八二號　同年十月二十三日第二刑事部判決）

强姦致傷事件ノ訴訟ニ關シ被害者ヨリ捜査官廳ニ提出シ證據トシテ記錄中ニ編綴セラレタル被害創傷ニ對スル診斷書ハ刑事訴訟法第三百四十條ニ所謂證據書類ニ外ナラサルモノトス

一六　鑑定書ト其ノ證據方法　（昭和八年(れ)第一五六〇號 同九年二月九日第四刑事部決定）

鑑定書ニ付證據調ヲ爲スニハ鑑定ノ結果ヲ朗讀シ又ハ其ノ要旨ヲ告クルヲ以テ足リ鑑定ノ方法又ハ理由等ノ説明ニ便スル爲鑑定書中ニ掲ケタル寫眞又ハ圖面等朗讀ニ適セサルモノハ證據ニ援用セサル限リ必スシモ之ヲ被告人ニ示スノ要ナキモノトス

一七　豫審請求書ノ記載ヲ援用シタル豫審調書ノ證據調　（昭和九年(れ)第一一九號 同年三月三十一日第二刑事部決定）

豫審調書記載ノ被告人ノ供述ノ內容カ豫審請求書ノ記載ト相俟ツニ非サレハ一定ノ意義ヲ有セサル場合其ノ供述ノ內容ヲ罪證ニ供スルニハ該豫審調書ト共ニ豫審請求書ヲモ讀聞ケ被告人ヲシテ之ニ對スル意見反證提出ノ機會ヲ與ヘサルヘカラス

一八　公判外ノ鑑定ト其ノ證據調　（昭和九年(れ)第一四七號 同年四月十四日第三刑事部判決）

鑑定ヲ爲スヘキ旨ノ證據決定ニ基キ裁判所檢證現場ニ於テ鑑定人ヲ訊問シ鑑定命令ヲ爲シ鑑定人ハ書面ヲ以テ鑑定ノ結果ヲ報告シタル場合爾後ノ公判ニ於テ裁判長該鑑定書ヲ公廷ニ顯出セシメ其ノ要旨ヲ告ケタルトキハ證據調ハ完全ニ履践セラレタルモノトス

第三百四十一條　據證物ハ裁判長之ヲ被告人ニ示スヘシ

證據物中書面ノ意義證據ト爲ルモノニ付テハ被告人文字ヲ解セサルトキハ其ノ要旨ヲ告クヘシ

〔理由書〕　本條ハ證據調中證據物取調ノ手續ヲ規定ス現行法第百九十八條第二項ニ依レハ證據物ノ取調ハ之ヲ被告人ニ示シテ爲スヘキモノトスレトモ證據物中書面ノ內容卽チ意義證據ト爲ルモノアリ此ノ如キモノハ之ヲ見ルモ其ノ意義ヲ解セサレハ證據調ノ目的ヲ達スル能ハス故ニ文字ヲ解セサル被告人ニハ其ノ書面ノ要旨ヲ告クヘキモノトス

一　辯護人カ被告人ノ利益ノ爲提出シタル證據物件ニ付取調ノ要否　（大正十二年(れ)第二〇六一號 同十三年三月十八日第一刑事部判決）

被告人ノ利益ニ引用スル爲辯護人ヨリ提出シタル證據物件ニ付テハ特ニ被告人ニ示シテ辯解セシムルヲ要セス

二　證據物ノ證據調手續　（大正十三年(れ)第一四九七號 同年十月八日第四刑事部判決）

證據物ノ證據調手續ハ被告人ニ對スル事實取調ノ終了後ニ之ヲ爲スニ限ルコトナク事實ノ訊問中之ヲ示シテ問ヲ發シ被告人ヲシテ答辯ヲ爲サシムルコトニ依リ之ヲ爲スヲ妨ケサルモノトス

三　證據物タル書面ノ意義證據ト爲ルモノト其ノ證據調　（大正十三年(れ)第二〇三三號 同十四年三月二十四日第六刑事部判決）

證據物タル書面ノ意義證據ト爲ルモノニ付テハ其ノ證據物ヲ被告人ニ展示シタル以上被告人ニ於テ文字ヲ解セサル故ヲ以テ其ノ要旨ノ告知ヲ請求セサル限リハ必スシモ其ノ要旨ヲ被告人ニ告知スルヲ要セス

四　誣告事件ノ記錄ニ於ケル誣告者ノ告訴狀

（大正十四年(れ)第一四五八號 同年十一月六日第一刑事部判決）

誣告事件ノ記錄ニ編綴セル誣告者ノ告訴狀ハ刑事訴訟法第三百四十一條ニ所謂證據物ナリトス

五　證據物中書面ノ意義證據トナル場合ノ證據調手續

（大正十五年(れ)第七二一號 同年六月十六日第三刑事部判決）

證據物中書面ノ意義證據トナル場合ニハ被告人文字ヲ解スルトキト雖裁判長カ之ヲ被告人ニ展示スルニ代ヘテ其ノ書面ヲ朗讀シ又ハ其ノ要旨ヲ告ケタルトキハ其ノ證據調手續ハ適法ニ行ハレタルモノトス

第三百四十二條　公判期日前訴訟關係人ヨリ提出シタル證據物及證據書類ハ公判廷ニ於テ之ヲ取調フヘシ第三百二十六條乃至第三百二十八條ノ規定ニ依リ作成シ又ハ集取シタルモノニ付亦同シ但シ訴訟關係人ニ異議ナキモノニ付テハ之ヲ取調ヘサルコトヲ得

〔理由書〕　公判期日前訴訟關係人ヨリ提出シタル證據物書類竝期日前裁判所ノ爲シタル取調ノ結果裁判ノ資料ト爲スニハ公判ニ於テ證據調ノ方式ニ從ヒ其ノ取調ヲ爲スコトヲ要ス公判廷ニ於テ證據調ノ方式ニ從ヒ取調ヲ爲ササルモノハ裁判所ニ於テ之ヲ裁判ノ根據ト爲スコトヲ得サルハ勿論訴訟關係人モ亦之ヲ攻擊防禦ノ方法ニ用キルコトヲ得ス故ニ裁判所之ヲ裁判ノ資料ト爲サントセハ之ヲ取調ヘサルヘカラス裁判所ニ其ノ意ナシトスルモ訴訟關係人ニ於テ之ヲ攻擊防禦ノ用ニ供スルヲ得ルヲ以テ恣ニ其ノ取調ヲ省略スルヲ得ス即チ裁判所之ヲ裁判ノ資料ト爲スノ意ナク訴訟關係人モ亦之ヲ攻擊防禦ノ方法ニ援用スルノ意ナキトキ初メテ其ノ取調ヲ省略スルヲ得ルナリ本條但書ハ訴訟關係人異議ナケレハ之ヲ取調ヘスシテ證據ニ供スルヲ得ルノ趣旨ト解スヘキモノニ非ス

一　公判ニ於ケル證據取調ノ程度

（大正十四年(れ)第二四〇號 同年四月七日第一刑事部判決）

刑事訴訟法第三百四十二條ニ依リテ公判ニ於テ取調ヲ要スル證據以外ニ屬スル證據物及證據書類ニ付取調ヲ爲ササリシトスルモ必スシモ訴訟手續上ノ違法ヲ來スモノニ非ス

二　公判廷ニ於テ取調フヘキ證據

（大正十四年(れ)第一五八六號 同十五年二月二十四日第三刑事部判決）

刑事訴訟法第四百十條第十三號ニ法律ノ規定ニ依リ公判廷ニ於テ取調フヘキ證據ノ取調ヲ爲ササリシトキトアルハ同法第三百四十

二條ノ如ク特ニ法律ノ明文ヲ以テ公判廷ニ於テ取調フヘキコトヲ規定シタル場合ニ其ノ取調ヲ爲サザリシトキヲ指稱スルモノトス

三　本條ニ所謂公判期日前訴訟關係人ヨリ提出シタル證據物及證據書類ノ意義（大正十四年(れ)第一六一七號　同十五年六月十九日第四刑事部判決）

刑事訴訟法第三百四十二條ニ所謂公判期日前訴訟關係人ヨリ提出シタル證據物及證據書類トハ同一審級ニ於テ訴訟關係人ヨリ公判期日前提出シタル證據物及證據書類ヲ謂ヒ第一審ニ於テ提出シタルモノニ付テハ第二審ニ於ケル公判期日前ニ提出シタル證據ト謂フヲ得ス

四　本條ト豫審判事ノ檢證調書（昭和六年(れ)第九九七號　同年十月二十二日第一刑事部判決）

豫審判事ノ檢證調書ハ刑事訴訟法第三百四十二條ノ規定ニ基キ公判廷ニ於テ取調ヲ爲スコトヲ必要トスル證據書類ニ該當セス

五　本條ト法令ノ謄本（昭和七年(れ)第一二五四號　同年十一月十七日第二刑事部判決）

法令ノ謄本ハ刑事訴訟法第三百四十二條ニ係リ取調ヲ要スル證據ニ非ス

六　心神喪失又ハ心神耗弱ノ主張ニ對スル判斷ト證據說明（昭和八年(れ)第二一五號　同年五月三日第三刑事部判決）

心神喪失又ハ心神耗弱ノ状態ニ在リトノ主張ニ付テハ公判廷ニ於テ取調ヲ爲サザル證據ニ依リ之カ判斷ヲ示スモ違法ニ非ス

第三百四十三條　被告人其ノ他ノ者ノ供述ヲ錄取シタル書類ニシテ法令ニ依リ作成シタル訊問調書ニ非サルモノハ左ノ場合ニ限リ之ヲ證據ト爲スコトヲ得

一　供述者死亡シタルトキ

二　疾病其ノ他ノ事由ニ因リ供述者ヲ訊問スルコト能ハサルトキ

三　訴訟關係人ノ異議ナキトキ

區裁判所ノ事件ニ付テハ前項ニ規定スル制限ニ依ルコトヲ要セス

〔理由書〕　本條ハ證據ノ能力ニ關スル現行法ノ主義ニ重要ナル改正ヲ加ヘタルモノナリ現行法ニ於テハ區裁判所タルト地方裁判所タルトヲ問ハス被告人、被害者其ノ他ノ者ノ供述ヲ錄取シタル書類ハ法令ニ依リ作成シタル訊問調書ニ非サルモノ（所謂聽取書、盜難口頭屆書ノ類）ト雖モ證據能力アリト爲シ之ヲ以テ事案ヲ斷スルノ資料ト爲シタリト雖斯ノ如キハ直接審理主義ト相容レサルコト遠ク妥當ヲ缺クヲ以テ本條ニ於テハ證據能力ニ制限ヲ加ヘ地方裁判所ニ於テハ原則トシテ斯ノ如キ書類ヲ證據ト爲スコトヲ得サルモノトセリ抑モ直接審理主義ヲ貫徹セントセハ人證ハ裁判所ノ直接ニ取調ヘタルモノ卽チ裁判所ノ自ラ聽取リタルモノニ限ラサ

ルヘカラス然レトモ斯ノ如キハ實際ニ適セサルヲ以テ本條ニ於テハ法令ニ依リ作成シタル訊問調書ハ證據書類トシテ證據能力ヲ有スルモノトシ唯法令ニ依ラスシテ人ノ供述ヲ錄取シタルモノノミヲ排斥スルコトトセリ尙此ノ原則ハ之ヲ絕對ニ貫クコトナク實情ニ顧ミテ之ニ例外ヲ認メ嚴ニ失シテ事ヲ誤ルノ弊ナカラシメンコトヲ期シタリ卽チ供述者カ死亡シタル場合竝疾病其ノ他ノ事由ニ因リ訊問スルコト能ハサル場合ニハ正式ニ之ヲ訊問スルコトヲ得サルヲ以テ既ニ作成セラレタル非公式ノ書面ヲ證據ニ供スルコトヲ妨ケス又檢事、被告人其ノ他ノ訴訟關係人カ之ヲ證據ト爲スコトニ付異議ナキ場合ニ於テハ其ノ證據能力ニ制限ヲ加ヘサルコトトセリ尙輕微ナル事件ヲ管轄スル區裁判所ニテハ嚴格ノ方式ニ依ラシムルノ要ナク寧ロ實際ノ便益ニ從フヲ可トシテ證據能力ニ右ノ如キ制限ヲ附セサルヲ妥當ト認メ第二項ノ規定ヲ設ケタリ

一 「區裁判所ノ事件」ノ範圍（大正十三年三月三日 刑事第二〇七一號刑事局長通牒）

問 刑事訴訟法第三百四十三條第二項ノ「區裁判所ノ事件」中ニハ豫審ヲ經サル短期一年未滿ノ懲役、禁錮、罰金、拘留、科料ニ該ル罪（裁判所構成法第十六條）ニ付テハ假令地方裁判所カ第一審トシテ審理スル場合ヲモ包含スルヤ又ハ區裁判所カ第一審トシテ審理スル事件ニ限ルヤ（宮城檢事長、）

答 後段貴見ノ通

二 本條ニ所謂區裁判所ノ事件ノ解釋（大正十三年八月十二日 刑事局長回答）

問 刑事訴訟法第三百四十三條第二項ノ「區裁判所ノ事件」トハ區裁判所カ第一審トシテ審理スル事件ニ限ル旨本年三月三日宮城控訴院檢事長ノ問合ニ對シ御回答有之候處本年一月三十日大審院第三刑事部ニ於テ爲シタル判決ニハ「區裁判所ノ管轄ニ屬スル事件ニ在リテハ同條第一項ノ制限ニ依ラスシテ如何ナル審級ニ於テモ之ヲ證據トナスコトヲ得ヘキモノト解スルヲ相當トス」トアリ前段御回答ト解釋ヲ異ニシ事件取扱上疑義アリ（廣島檢事正）

答 大正十三年三月三日刑事第二〇七一號通牒ノ通リト思考ス

（本條一參照）

三 本條第二項ノ意義（大正十二年(れ)第一六六一號 同十三年一月三十日第三刑事部判決）

刑事訴訟法第三百四十三條第二項ノ規定ハ區裁判所ノ管轄ニ屬スル事件ニ付テハ第一項各號ノ制限ニ從フコトヲ要セス如何ナル審級ニ於テモ第一項所揭書類ヲ證據ト爲スコトヲ得トノ趣旨ニ解スヘキモノトス

四 本條第一項ノ書類ト訴訟關係人ノ異議ナキコトノ證明（大正十三年(れ)第九六〇號 同年七月二十二日第一刑事部決定）

訴訟關係人ノ異議ナキ場合ニ於テ法令ニ依ラスシテ作成シタル被

告人其ノ他ノ者ノ供述ヲ錄取セル書類ヲ證據ニ援用スルニハ其ノ異議ナキコトカ公判調書ノ記載其ノ他一件記錄上ニ於テ明確ナルコトヲ要ス

五　聽取書ト本條第一項ノ制限　（大正十三年(れ)第二〇七一號　同十四年一月二十九日第二刑事部決定）

檢事ノ聽取書ノ如キ法令ニ依リ作成シタル訊問調書ニ非サル書類ハ刑事訴訟法施行前ニ作成セラレタルモノト雖同法施行後ニ於テハ同法第三百四十三條第一項第一號乃至第三號ノ場合ニ非サル限リ地方裁判所ノ事件ニ付證據ト爲スコトヲ得サルモノトス

六　巡査ノ作成シタル盜難屆錄取書ト本條第一項ノ書類　（大正十五年(れ)第一一〇七號　同年九月二十七日第二刑事部決定）

巡査カ盜難者ノ口頭ヲ以テ屆出テタル被害ニ關スル供述ヲ錄取シタル書面ハ刑事訴訟法第三百四十三條第一項ニ所謂被告人其ノ他ノ者ノ供述ヲ錄取シタル書類ニシテ法令ニ依リ作成シタル訊問調書ニ非サルモノニ該當ス

七　公判後ノ聽取書ノ證據力　（昭和三年(れ)第一七九號　同年三月十六日第四刑事部判決）

被告事件ノ公判繫屬後檢事ノ作成シタル聽取書ト雖必スシモ證據力ヲ有セサルモノニ非ス

八　地方裁判所事件記錄中ノ聽取書ト本條第二項　（昭和四年(れ)第九八九號　同年十月二十二日第四刑事部判決）

地方裁判所事件記錄中ノ檢事聽取書ヲ區裁判所事件ノ證據ニ援用スルハ不法ニ非ス

九　調書ノ謄本ノ證明力　（昭和六年(れ)第三〇五號　同年七月九日第一刑事部判決）

調書ノ謄本ハ其ノ原本ト同樣ノ證明力ヲ有ス

一〇　辯護人ヨリ異議ナキ旨陳述シタル證據ト其ノ說示　（昭和六年(れ)第六八五號　同年七月二十二日第一刑事部決定）

辯護人ヨリ檢事及司法警察官ノ聽取書ヲ證據ト爲スコトニ異議ナキ旨ヲ陳述シ被告人等ヨリ反對ノ意思ヲ表示セサル限リ之ヲ證據トシテ說示スルニ妨ケナシ

一一　强制處分請求後ノ請求書ノ證據力　（昭和七年(れ)第七〇四號　同年七月八日第四刑事部判決）

强制處分請求後檢事ノ作成シタル聽取書ト雖之ヲ罪證ニ供スルコトヲ妨ケス

一二　正式裁判請求後ノ司法警察官聽取書ノ證據力　（昭和七年(れ)第八〇四號　同年八月三十日第四刑事部判決）

違警罪卽決言渡ニ對スル正式裁判請求後作成シタル司法警察官ノ聽取書ト雖必シモ證據力ヲ有セサルモノニ非ス

一三　私人作成ノ始末書ノ證據力　（昭和七年(れ)第一五〇八號　同年十二月二十日第四刑事部判決）

當該事件ニ付私人ノ作成シタル始末書ト雖之ヲ證據ト爲スコトヲ得ルモノトス

一四　聽取書ト訊問調書ノ併存スル場合ト本條第二項

（昭和七年(れ)第一七七二號 同八年二月二十四日第四刑事部判決）

區裁判所ノ管轄ニ屬スル事件ニ在リテハ被告人其ノ他ノ者ノ供述ヲ錄取セル書類ニシテ法令ニ依リ作成シタル訊問調書ニ非サルモノハ法令ニ依リ作成シタル訊問調書ノ存スルトキト雖之ヲ證據ト爲スコトヲ得ルモノトス

一五　供述者ノ死亡ト本條ノ適用

（昭和八年(れ)第五六六號 同年五月廿九日第二刑事部判決）

法令ニヨリ作成シタル訊問調書アルトキト雖其ノ供述者死亡シタルトキハ裁判所ハ訊問調書ニ非サル供述錄取書類ヲ證據ニ供シ得ルモノトス

一六　本條第二項ニ所謂區裁判所ノ事件ノ意義

（昭和八年(れ)第六一一號 同年七月一日第三刑事部判決）

刑事訴訟法第三百四十三條第二項ニ所謂區裁判所ノ事件トハ區裁判所ノ管轄ニ屬スル事件ヲ指稱シ其ノ事件カ上級審ニ移リタル後ト雖第三百四十三條第一項各號ノ制限ニ依ルコトヲ要セス

一七　法令ニ依リ作成シタル訊問調書ノ存在ト本條

（昭和九年(れ)第五四三號 同年六月二十九日第四刑事部判決）

法令ニ依リ作成シタル訊問調書存スルトキト雖爾餘ノ供述錄取書類ハ供述者死亡シタル場合ニ在リテハ之ヲ地方裁判所ノ事件ニ付證據ト爲スコトヲ得ルモノトス

第三百四十四條　證據調ノ請求ノ却下ハ決定ヲ以テ之ヲ爲スヘシ

新期日ノ指定其ノ他別段ノ手續ヲ必要トスル證據調ハ決定ニ依リ之ヲ爲スヘシ

〔理由書〕　證據調モ亦裁判長其ノ獨立ノ職權ヲ以テ爲スモノニ非スシテ裁判所ノ機關トシテ行フモノナリ故ニ如何ナル範圍ニ於テ證據ノ取調ヲ爲スヘキヤハ裁判長自ラ決スヘキモノニ非スシテ裁判所ノ決定ニ依ルヘキモノナリ然レトモ卽時ニ爲シ得ヘキ證據調ニ付テハ裁判所ノ決定ヲ經テ然ル後之ヲ爲スノ要ナク之ヲ裁判長ニ一任シテ可ナリ唯證據調ノ請求ヲ却下スル場合及新期日ノ指定其ノ他別段ノ手續ヲ必要トスル證據調ニ付テハ裁判所決定ヲ爲スヲ至當トス本條叙上ノ趣旨ヲ明ニス

一　證據決定ノ施行

（大正十三年(れ)第九六號 同年三月十八日第一刑事部判決）

裁判所カ證人訊問ノ決定ヲ爲シタル後公判ニ於テ其ノ證人ヲ訊問シタルトキハ其ノ證人ノ供述ニ付被告人ノ意見ヲ徴セサリシトス

ルモ證據決定ハ完全ニ施行セラレタルモノトス

二　公判ニ於ケル證據調ノ請求ト公判手續ノ更新

（大正十三年（れ）第八一二號 同年七月二日第三刑事部決定）

公判ニ於テ辯護人ノ爲シタル證人喚問ノ申請ハ其ノ後公判手續ヲ更新シタルカ爲ニ其ノ效力ヲ失フモノニ非ス

三　證人申請ニ關スル決定ノ留保ト許否ノ裁判ヲ要セサル場合

（大正十三年（れ）第一九五九號 同年十二月二十日第四刑事部判決）

裁判所カ證人喚問ノ申請ニ關スル決定ヲ留保シタル場合ト雖後ノ公判ニ於ケル辯論ニ因リ其ノ申請ハ之ヲ取上ケタルモノト認メ得ヘキ場合ニハ特ニ許否ノ裁判ヲ爲スノ要ナシ

四　證據調請求ト唯一ノ證據方法

（大正十三年（れ）第二〇二五號 同十四年一月二十一日第四刑事部判決）

刑事訴訟ニ於テ當事者ノ爲シタル證據調ノ請求カ民事訴訟ノ例ニ照セハ所謂唯一ノ證據方法ニ該當スル場合ト雖裁判所ハ其ノ審判上ニ必要ナルト否トヲ標準トシテ之カ許否ヲ決スヘキモノトス

五　辯論終結後ノ再開及證據調ノ請求ニ對スル決定ノ要否

（大正十五年（れ）第一一七六號 同年九月二十三日第二刑事部判決）

辯論終結後ノ再開及證據調ノ請求ニ對シテハ決定ヲ爲スノ要ナキモノトス

六　書類取寄ノ照會ニ對シ寫ノ送附アリタル場合ト不服ノ申立

（昭和二年（れ）第一八一五號 同三年五月二十四日第二刑事部判決）

裁判所カ辯護人ノ申請ニ係ル書類ノ取寄ヲ公務所ニ照會スル決定ヲ爲シタルモノニ付其ノ寫ノ送付アリタル場合ニ於テ之ヲ公判廷ニ顯出シテ被告人ニ示シタルニ被告人及辯護人カ其ノ原本ノ送付ニ非サル點ニ關シ何等ノ異議ヲ述ヘサルトキハ後日ニ至リ取寄書類ノ原本ニ非サルノ故ヲ以テ不服ヲ申立ツルコトヲ得サルモノトス

七　證據調ノ却下ト辯護權ノ制限

（昭和三年（れ）第一七九〇號 同四年一月三十一日第五刑事部判決）

辯護人ニ證據調ノ請求ヲ爲スヘキ機會ヲ與ヘタル以上ハ其ノ請求アリタル場合ニ之ヲ却下スルモ不法ニ辯護權ヲ制限シタルモノト爲スヲ得ス

八　證人訊問ノ不能ヲ明ニスル爲ノ調書ト證據決定ノ施行

（昭和六年（れ）第七〇號 同年三月二十三日第二刑事部判決）

受命判事カ證人ニ對シ訊問ヲ試ミタルモ不能ニ終リタル場合ニ於テ其ノ不能ナルコトヲ明ニスル爲作成シタル調書ハ之ヲ公判廷ニ顯出セサルモ證據決定ヲ適法ニ施行セサルモノト謂フヲ得ス

第三百四十五條　裁判長被告人ニ對シ第百三十三條ノ訊問ヲ

爲シタル後檢事ハ被告事件ノ要旨ヲ陳述スヘシ

前項ノ陳述終リタルトキハ被告人訊問及證據調ヲ爲スヘシ

一　公判ニ於ケル被告事件ノ陳述前ニ爲シタル證據決定

（大正十二年(れ)第一八九九號　同十三年三月二十五日第一刑事部判決）

公判ニ於テ證人訊問ノ申請アリタル場合ニ於テハ檢事ノ被告事件ノ陳述前ト雖證據申請ノ決定ヲ爲スコトヲ得ルモノトス

二　被告事件ノ陳述前ニ於テ爲シタル證人訊問

（大正十二年(れ)第一八九九號　同十三年三月二十五日第一刑事部判決）

公判ニ於ケル審理手續ハ刑事訴訟法第三百四十五條ノ順序ニ依ルヲ普通トスルモ必要アル場合ニハ被告事件ノ陳述ニ先チ證人訊問ヲ爲スコトヲ妨ケス

三　連續犯ト起訴ノ範圍

（大正十二年(れ)第一九〇四號　同十三年三月二十六日第三刑事部判決）

連續犯ヲ構成スヘキ事實ノ一部分ニ付檢事カ起訴ノ手續ヲ爲シ公判ニ於テ之カ陳述ヲ爲シタルトキハ他ノ部分ノ陳述ナシト雖裁判所ハ其ノ事實全部ノ審判ヲ爲スコトヲ得

四　第二審ニ於ケル檢事ノ被告事件ノ陳述

（大正十三年(れ)第八五號　同年三月二十七日第二刑事部判決）

第二審ニ於テモ檢事ハ被告事件ノ要旨ヲ陳述スルコトヲ要シ之ヲ聽カスシテ爲シタル口頭辯論ハ判決ノ基本ト爲スコトヲ得サルモノトス

五　被告人ノ訊問中ニ爲シタル證據調ノ效力

（大正十三年(れ)第九六一號　同年七月十日第二刑事部判決）

證據調ハ被告人ノ訊問中ニ便宜之ヲ爲スヲ妨ケサルモノトス

六　檢事ノ控訴ト控訴趣旨陳述ノ要否

（大正十三年(れ)第一四五七號　同年十一月二十一日第六刑事部判決）

檢事カ控訴ヲ申立タル事件ニ付第二審公判ノ際檢事ヨリ其ノ控訴趣旨ノ陳述ヲ爲ササルモ不法ニ非ス

七　控訴趣旨ノ陳述ト第二審ノ審判手續

（大正十四年(れ)第四六二號　同年五月十五日第一刑事部判決）

第二審ノ公判ニ於テハ檢事カ被告事件ノ陳述ヲ爲シタル以上ハ控訴ノ趣旨ノ陳述ナシト雖審判スルニ妨ケナキモノトス

八　連續犯ノ一部ニ付檢事陳述ヲ爲ササル場合ト審判ノ範圍

（昭和七年(れ)第七二一號　同年七月十八日第一刑事部判決）

公判審理ニ於テ檢事カ連續犯ヲ構成スヘキ關係ニ在ル事實ノ一部ニ付陳述ヲ爲ササリシトスルモ其ノ他ノ部分ニ付陳述アリタルトキハ裁判所ハ其ノ事實全部ノ審判ヲ爲スコトヲ得

九　被告人ノ訊問中ニ於ケル證據調

（昭和九年(れ)第四六八號　同年六月八日第四刑事部判決）

公判ニ於ケル審理手續ハ刑事訴訟法第三百四十五條所定ノ順序ニ依ルヲ普通ト爲スモ審理ノ狀況ニ依リ必シモ此ノ順序ニ遵フコトヲ要セス被告人ニ對スル事實ノ訊問中證據調ヲ爲スヲ妨ケス

第三百四十六條　區裁判所ニ於テ被告人自白シタルトキハ訴訟關係人異議ナキトキニ限リ他ノ證據ヲ取調ヘサルコトヲ得

被告人ノ自白アリタル場合ト證據調　（大正十三年(れ)第一六三〇號　同年十月三十日第五刑事部決定）

地方裁判所ニ於テ被告人ノ自白アリタルヲ以テ證據調ヲ爲ササルトキハ刑事訴訟法第四百十條第十三號ニ該當スル違法ヲ來タスモノトス

第三百四十七條　裁判長ハ各個ノ證據ニ付取調ヲ終ヘタル毎ニ被告人ニ意見アリヤ否ヲ問フヘシ

裁判長ハ被告人ニ對シ其ノ利益ト爲ルヘキ證據ヲ提出スルコトヲ得ヘキ旨ヲ告クヘシ

一　公判ニ於ケル被告人ノ供述ト證據調　（大正十三年(れ)第六六四號　同年五月二十九日第五刑事部判決）

公判ニ於ケル共同被告人ノ供述ヲ證據ト爲スニハ特ニ意見ヲ問フノ要ナシ

二　證據調ト利益ノ證據提出ノ告知　（大正十三年(れ)第一四九九號　同年十月十四日第六刑事部判決）

被告人ニ對シ利益ト爲ルヘキ證據ヲ提出スルコトヲ得ヘキ旨ノ告知ハ證據調中一回之ヲ爲スヲ以テ足リ必スシモ各個ノ證據ニ付各別ニ告知スルコトヲ要スルモノニ非ス

三　被告人ノ利益ノ爲申請シタル證人ノ供述ト意見ヲ徵スルノ要否　（大正十三年(れ)第六二五號　同年五月二十六日第二刑事部判決）

被告人カ自己ノ利益ノ爲申請シタル證人ヲ訊問シタル場合ニ於テハ其ノ證言ニ付被告人ニ意見ノ有無ヲ問フノ要ナキモノトス

四　證據調ニ關スル本條第一項ノ手續　（大正十四年(れ)第五八一號　同年六月三十日第六刑事部判決）

公判ニ於テ取調ヘタル各個ノ證據ニ付一括シテ被告人ノ意見ヲ徵スルモ不法ニ非ス

五　陪審公判ト利益ノ證據提出ノ告知　（昭和四年(れ)第八五六號　同年十月八日第一刑事部判決）

刑事訴訟法第三百四十七條第二項ノ規定ハ陪審公判手續ニ於テモ之ヲ遵守スルコトヲ要シ之ニ違背スルトキハ上告ノ理由ト爲スコトヲ得

六　記錄取寄ノ證據決定ノ施行　（昭和六年(れ)第一一六五號　同年十一月十二日第一刑事部判決）

記錄取寄ノ證據決定ヲ爲シタル場合其ノ取寄セタル記錄ヲ公判廷ニ顯出セシメ被告人ニ之ヲ示シタルトキハ該證據決定ハ完全ニ施行セラレタルモノトス

七　公判廷ニ於ケル共同被告人ノ供述ト證據調

（昭和六年(れ)第一七八二號　同七年三月十七日第二刑事部判決）

公判廷ニ於ケル共同被告人ノ供述ヲ證據ト爲スニハ特ニ被告人ノ意見ヲ問フノ要ナシ

八　證人カ他ノ證據書類ヲ引用シテ供述シタル場合ト證據調手續

（昭和七年(れ)第五八三號　同年七月二日第二刑事部判決）

證人カ他ノ證據書類ヲ引用シテ供述シタル場合ニ於テ其ノ證據書類カ既ニ證據調ヲ經タルトキ又ハ該證據書類ニ記載セラルル事項ヲ證人ニ於テ詳細供述シタルトキハ其ノ證據調手續ハ單ニ證人ノ供述ノミニ付被告人ノ意見ヲ徵スルヲ以テ足ル

九　書證ヲ示サレテ爲シタル證言ノ證據調

（昭和七年(れ)第一五九九號　同八年二月十五日第二刑事部判決）

證人ノ證言ニシテ押收ノ書證ヲ示サレタルモノニ係リ之ヲ內容トセルトキハ之カ證據調ヲ爲スニハ右證言ニ付意見アリヤ否ヤヲ問ヒタル外該書證ヲモ示スヘキモノトス

一〇　被告人ノ利益ノ爲ニ辯護人ノ申請シタル在廷證人ノ訊問ト本條

（昭和九年(れ)第四五一號　同年六月十六日第三刑事部判決）

被告人ノ利益ノ爲ニ辯護人ノ申請シタル在廷證人ノ訊問ヲ爲シ其ノ趣旨ノ證言アリタル場合ニ於テハ必スシモ該證人訊問終了後裁判長ハ特ニ被告人ニ對シ之ニ對スル意見ノ有無ヲ問ヒ竝利益ノ證據ヲ提出シ得ヘキ旨ノ告知ヲ爲ササルヘカラサルモノニ非ス

第三百四十八條　檢事、被告人又ハ辯護人ハ裁判長ノ處分ニ對シテハ異議ノ申立ヲ爲スコトヲ得

裁判所ハ前項ノ申立ニ付決定ヲ爲スヘシ

一　公判ニ於ケル異議ノ申立

（大正十四年(れ)第七〇號　同年六月二十三日第五刑事部決定）

刑事訴訟法第三百四十八條ノ異議申立ハ公判中ニ於ケル裁判長ノ處分ニ對シ同一ノ公判廷ニ於テノミ之ヲ爲スコトヲ得ルモノトス

二　裁判長ノ處分ニ對スル異議申立ト抗告

（大正十四年(つ)第三九號　同十五年二月三日第三刑事部決定）

裁判長ノ處分ニ對スル異議申立ヲ却下スル決定ニ對シテハ抗告ヲ爲スコトヲ得ス

三　公判期日指定ニ對スル異議申立

（昭和四年(れ)第一四〇四號　同五年一月二十四日第四刑事部判決）

公判期日ノ指定ニ對スル異議申立ニ付テハ裁判ヲ爲スノ要ナキモ

ノトス

第三百四十九條 證據調終リタル後檢事ハ事實及法律ノ適用ニ付意見ヲ陳述スヘシ

被告人及辯護人ハ意見ヲ陳述スルコトヲ得

被告人又ハ辯護人ニハ最終ニ陳述スル機會ヲ與フヘシ

〔理由書〕 第三百四十五條乃至第三百四十九條ハ公判ニ於ケル審理ノ順序ヲ規定シタルモノニシテ現行法第二百十八條、第二百十九條、第百九十八條、第百九十九條、第二百二十條ト其ノ趣旨異ナルコトナシ

第三百四十五條乃至第三百四十九條ノ規定ヲ綜合シテ考フレハ公判ニ於ケル審理ノ順序ハ裁判長先ツ被告人ニ人違ナキコトヲ確メ檢事ノ被告事件陳述ヲ以テ辯論ヲ開始シ被告人ノ訊問及證據調ニ入リ之ヲ終リタル後檢事及相手方其ノ意見ヲ陳述スヘキモノナリ

一 **被告人ノ最終ノ陳述** （大正十三年(れ)第九四三號 同年七月七日第二刑事部判決）

辯護人ニ最終ニ陳述ヲ爲サシメタル以上ハ被告人ニ最終ニ陳述ヲ爲サシムル要ナシ

二 **法律上減免ノ原由タル事實上ノ主張ト證據調終了後ノ辯論ニ於ケル檢事ノ陳述** （大正十三年(れ)第二三七九號 同十四年三月十四日第四刑事部決定）

檢事カ事實ヲ審理スル裁判所ノ公判ニ於テ被告人ノ犯罪ハ心神耗弱中ノ行爲ナルヲ以テ法定ノ減輕ヲ爲スヘキモノナル旨ヲ陳述スルハ刑事訴訟法第三百六十條第二項ニ所謂法律上刑ノ減免ノ原由タル事實上ノ主張ヲ爲スモノニ該當シ其ノ陳述カ證據調終了後事實及法律ノ適用ニ付意見ヲ述フル場合ニ在リタルト他ノ場合ニ在リタルトニ依リ性質ヲ異ニスルモノニ非ス

三 **本條第一項ノ適用** （大正十五年(れ)第五六八號 同年五月二十五日第六刑事部判決）

證據調終リテ檢事カ事實及法律ノ適用ニ付意見ヲ陳述シタル後證據調ノ請求アリ之ヲ却下シタルモノナルトキハ檢事ハ更ニ被告事件ニ付意見ヲ陳述スルノ要ナキモノトス

四 **檢事ノ意見陳述ト辯論ノ終結** （昭和五年(れ)第一九〇〇號 同六年二月二十六日第一刑事部判決）

證據調終リタル後意見陳述ノ機會ヲ與ヘタル以上檢事ノ意見陳述ナキモ辯論ヲ終結スルニ妨ケナシ

五 **辯護人不出頭ノ爲其ノ辯論ヲ聽カスシテ爲シタル判決ノ適否** （昭和八年(れ)第四六〇號 同年五月廿五日第四刑事部判決）

開廷ニ辯護人ヲ要セサル事件ノ審判ニ付テハ不出廷ノ辯護人ノ辯論ヲ聽カスシテ辯論ヲ終結スルモ違法ニ非ス

六 **辯護人ノ申請ニ基ク記錄取寄決定ト其ノ施行** （昭和九年(れ)第九五三號 同年十月八日第二刑事部判決）

辯護人ノ申請ニ基ク證據決定ニヨリ他ノ刑事事件ノ記錄ヲ取寄セ之ヲ法廷ニ顯出シ其ノ被告人ノ他ノ辯護人ニ於テ其ノ中一部ヲ援用シタル場合ニ於テハ其ノ記錄ヲ被告人ニ示シ其ノ意見反證ヲ求メサルモ該證據決定ハ完全ニ施行セラレタルモノトス

第三百五十條　裁判所ハ必要アル場合ニ於テハ辯論ヲ再開スルコトヲ得

〔理由書〕　現行法ニハ辯論再開ノ規定ナシト雖實際ニ於テハ必要ニ應シテ之ヲ爲シ其ノ適法ナルコトニ付疑ヲ懷ク者アルヲ聞カス本條此ノ趣旨ヲ法文ニ明示シタルニ過キス

第三百五十一條　裁判所ハ計算其ノ他繁雜ナル事項ニ付公判廷ニ於テ取調フルコトヲ不便トスルトキハ部員ヲシテ其ノ取調ヲ爲サシムルコトヲ得此ノ場合ニ於テハ受命判事ハ豫審判事ト同一ノ權ヲ有ス

檢事及辯護人ハ前項ノ取調ニ立會フコトヲ得

受命判事ハ取調ノ結果ニ付報告ヲ爲スヘシ

〔理由書〕　公判ノ審理ハ期日ニ於ケル辯論ヲ本體ト爲ス然リト雖計算其ノ他繁雜ナル事項ニ付公判廷ニ於テ取調フルコトヲ不便トスルトキハ民事訴訟ノ計算事件ニ於ケルカ如ク部員ヲシテ公判廷外ニ於テ其ノ取調ヲ爲サシムルコトヲ相當トス現行法ニハ其ノ規定ナキカ故ニ錯綜極リナキ事項ニ付テモ常ニ公判廷ニ於テ取調フル

コトヲ必要トシ裁判所及訴訟關係人不便ヲ感スルコト尠ナシトセス本條ハ此ノ缺點ヲ補正シ實際ノ必要ニ應スル爲受命判事ニ豫審判事ト同一ノ職權ヲ與ヘ之ヲシテ訴訟材料ヲ整理シテ事件ノ關係ヲ明ナラシメ尙現存ノ材料ヲ以テ充分ナラストスルトキハ新ナル材料ヲ集取スルコトヲ得セシメ其ノ取調結了シタルトキハ其ノ結果ヲ判決裁判所ニ報告セシメ判決裁判所ハ其ノ報告ニ基キ審判ヲ爲スヘキモノトス受命判事ノ取調ヘタル結果ハ判決ノ資料ト爲ルヘキモノナレハ檢事及辯護人ノ立會フコトヲ得セシメタリ故ニ第二項ヲ設ク

第三百五十二條　被告人心神喪失ノ狀態ニ在ルトキハ檢事ノ意見ヲ聽キ決定ヲ以テ其ノ狀態ノ繼續スル間公判手續ヲ停止スヘシ但シ無罪、免訴、刑ノ免除又ハ公訴棄却ノ裁判ヲ爲スヘキ事由明白ナル場合ニ於テハ被告人ノ出頭ヲ待タス直ニ其ノ裁判ヲ爲スコトヲ得

被告人疾病ニ因リ出頭スルコト能ハサルトキハ檢事ノ意見ヲ聽キ決定ヲ以テ出頭スルコトヲ得ルニ至ル迄公判手續ヲ停止スヘシ

第三百三十一條ノ規定ニ依リ代理人ヲシテ出頭セシメタル場合ニ於テハ前二項ノ規定ヲ適用セス

〔理由書〕　本條ハ公判手續停止ニ關スル規定ニシテ現行法第百八十

三條ニ修正ヲ加ヘタルモノナリ被告人心神喪失ノ狀態ニアリト雖無罪、免訴、刑ノ免除又ハ公訴棄却等被告人ニ利益ナル裁判ヲ爲スヘキ事由明白ナル場合ニ於テハ被告人ノ出頭ヲ待タスシテ開廷シ之ニ對シ其ノ裁判ヲ爲スモ不當ニ非ス故ニ斯ル場合ニ於テハ實際ノ便益ヲ稽ヘ公判手續ヲ停止セスシテ審判ヲ爲スコトヲ得ル旨ヲ定メタリ

一　公判手續ノ停止　（昭和三年二月二十三日 刑事第一一四號刑事局長回答）

問　罰金以下ノ刑ニ該ル罪ニ非サル事件第一審ノ公判ニ繋屬後被告人所在不明ト爲リタル場合ニ於テ裁判所ハ公判審理手續ノ停止決定ヲ爲スコトヲ得サルヤ、右決定ハ時效停止ノ效力アルモノト爲スコトヲ得サルヤ

刑ノ威力ヲ全フセントスル刑事訴訟法特有ノ目的ノ爲ニ刑事訴訟手續ハ特ニ間斷ナク其ノ進行ヲ圖リ其ノ終結ヲ急クヲ以テ其ノ原則ト爲スモ審理上此ノ原則ニ依ルヘカラサル障礙存スルニ於テハ其ノ障礙ノ存スル間一時其ノ進行ヲ止メサルヘカラサルコトアルハ勿論ナリ而シテ之ヲ止ムルニ當リ或ハ別ニ決定ヲ爲サス事實上審理ノ停止ヲ爲スモ妨ナシ（林刑訴要論五四〇頁）或ハ決定ヲ以テ審理ヲ停止スルコトアリ現行刑事訴訟法ハ忌避ノ申立アリタル場合ニ必ス審理ヲ停止スヘキコトヲ命定（第三十條）スルト共ニ場合ヲ列擧シ公判ニ於テ必ス審理ヲ停止スヘキコト（第三百五十二條）及豫審ニ於テ審理ヲ中止スルコトヲ得ルコト（第三百五條）並ニ右停止決定及中止決定ニ對スル公訴時效ノ停止ノ效果（第二百八十八條）ヲ規定スト雖此等法律規定ノ場合以外ノ場合卽チ本問ノ如キ場合ニ於テ裁判所カ審理ノ停止決定ヲ爲シ得ヘキヤ若シ之ヲ肯定シ得ルトキハ之ニ時效ノ停止ノ效果ヲ認メ得ヘキヤニ付何等明文上積極的規定ヲ置カサルト共ニ又之ヲ禁止スル消極的規定ヲ設ケス學說判例等ノ徵スヘキモノヲ發見セサルハ勿論一二ノ學者稀ニ此ノ點ニ付論及スル者ナシトセサルモ理據必ラスシモ明カナラス是レ本問ノ因テ生スル所以タリ惟フニ本問題カ前記ノ如ク明文ナキ場合ニ於ケル刑事法ノ解釋問題タルノ故ヲ以テ直チニ制限的ニ消極的ニ解スヘキニ非サルコトハ毫末ノ疑ヲ容レサルカ故ニ何等明文ノ存セサルコト前記ノ如キ場合ニ於テ解釋ノ基準タルヘキモノハ言フマテモ無ク結局案件ノ場合ニ於テ公判審理ノ停止決定制度殊ニ公訴時效停止ノ效果アル停止決定ノ制度ヲ設ケタル立法理由タル事情ノ存在スルヤ否ヤニ歸着セサルヲ得サルナリ

仍テ右審理停止ノ制ノ趣旨トスル所ヲ考フルニ忌避ノ場合ノ停止ハ忌避其モノノ性質上其ノ目的ヲ達センカ爲メ審理ノ停止セラルヘキハ多言ヲ要セサル所ニシテ第三百五十二條ノ場

合及第三百五條第二號ノ場合ハ被告人ノ身體ニ存スル障礙ノ爲メ被告人ヲシテ十分ニ其ノ防禦權ヲ行使セシムルコト能ハサルヲ顧慮シタル規定ト解スヘク第三百五條第一號ノ場合ハ實體的眞實發見主義ニ基ク規定ナリト認ムヘキモノトス（平沼刑訴要論）而シテ現行法ニ於テハ罰金以下ノ刑ニ該ル罪ニ非サル事件ニ付キテハ代理人ヲ出頭セシムルコトヲ許サス（第三百三十一條）又缺席判決ノ制度ヲ廢シタルヲ以テ（第三百三十條）前記ノ如キ事件ノ第一審ノ公判ニ於テ未タ何等公判ヲ開カサルニ先タチ被告人逃走シ所在不明ト爲リタル場合ノ如キハ裁判所ハ被告人ニシテ逮捕セラレサル限リ永久ニ法律上審理判決シ能ハサル狀況ニ立至ルヘキコト明瞭ナリ而シテ現行法カ缺席判決ノ制ヲ廢シタルハ其ノ口頭辯論ノ原則ニ反スルノミナラス又實ニ實體的眞實發見主義ト矛盾スルモノト爲シタルニ因ル（平沼刑訴要論五〇二頁）然ラハ刑事訴訟法第三百五條第一號カ前述ノ如ク豫審ニ於テ被告人所在不明ノ場合審理ノ進行ハ法律上必スシモ之ヲ妨ケサルニ拘ラス尙實體的眞實發見ノ必要上ヨリ審理ノ中止ヲ爲シ得ヘキコトヲ認メタル以上公判ニ於テ同樣ニ實體的眞實發見ノ要求ヨリ缺席判決ヲ廢シ其ノ結果被告人所在不明ナル爲メ公判ニ出頭セサルニ於テハ審理ノ進行ヲ許サルルモノト迄爲シタル場合ニ

於テハ一層強キ理由ヲ以テ之カ停止ヲ爲シ得ルモノト解セサルヘカラス蓋シ孰レノ場合ニ於テモ事實上審理ノ進行ヲ止メラルルハ眞實發見ナル同一要求ニ基クモノナルニ拘ラス豫審ニ於テ審理ノ進行ハ法律上妨ケサルニ尙停止決定ヲ以テ審理ノ進行ヲ止ムルモノト解釋シ却テ法律上審理ノ進行ヲ許容セサル公判ノ右場合ニ於テ停止決定ニ因リ事件ノ進行ヲ止メ得スト爲スカ如キハ甚シキ不權衡ト謂ハサルヘカラス

次ニ事實上審理ノ停止ヲ爲スノミニテハ裁判所ノ意思明白ヲ缺ク嫌アルノミナラス豫審若クハ公判ニ於テ終局的裁判ヲ爲シ得サル場合ニ於テ一時的ニモセヨ兎ニ角訴訟事件ニ付假ニ取扱上ノ結末ヲ付クル爲メ裁判所カ其ノ意志表示ヲ爲スコトハ明確ヲ尊フ刑事訴訟手續ニ於テ殊ニ其ノ事件處理ノ體裁上ヨリ見ルモ甚其ノ必要アル所ニシテ斯ノ如キハ亦停止決定立法ノ趣旨トスル所ノ一ト認ムルニ足ル然ラハ此ノ點ヨリスルモ案件ノ場合ニ單純ニ事實上審理ヲ停止シ被告人逮捕セラレサル限リ永久ニ事件ヲ其ノ儘ニ審理中ノ事件トシテ放置スルカ如キ取扱ニ出テス其ノ所在不明ノ事實ヲ知ルヤ直ニ停止決定ヲ爲スヲ以テ最モ適當ナル處置ト解セラル第三ニ現行法ハ第二百八十七條ニ於テ第三百五條ノ中止決定及第三百五十二條ノ停止決定ニ付公訴時效停止ノ效力ヲ認メタルヲ以テ公訴

時效停止ノ必要アル場合ナルコトハ亦停止決定言渡ノ要件ト認ムヘキコト明カナリ而シテ此ノ點ヨリ考フルトキハ案件ノ場合ニ於テモ裁判所ハ尙期日召喚狀ノ公示送達ヲ爲スコトニ依リ公訴時效ノ中斷ヲ爲シ得サルニ非スト雖モ（第二百八十五條參照）又永年事實上審理停止ノ間裁判所カ該送達手續ヲ遺忘シタル等ノ事由ニヨリ往往被告人ヲシテ不當ニ時效完成ノ利益ヲ得セシムルノ危險ヲ生ス然ラハ公訴時效停止ノ效力アル停止決定ヲ案件ノ場合ニ認ムルコトニ因リ案件ノ場合ニ極メテ適切ナル結果ヲ收メ得ヘキコト明カナリ尤モ右停止決定ニ時效停止ノ效力ヲ認ムルトキハ所在不明等ニ依リ公訴時效進行ノ機會ヲ認メタル公訴時效制度ニ關スル法律ノ趣旨ニ反セサルヤノ疑アリ然レトモ所在不明ノ場合ト謂ヒ期日召喚狀ノ公示送達ニヨリ何時ニテモ公訴時效ノ中斷セラルヘキ故ニ此ノ點ニ關スル所在不明ニヨル被告人ノ利益ハ絕對ノモノニアラサルノミナラス既ニ被告人豫審ニ於テ所在不明ト爲リタル場合ニ法律カ其ノ中止決定ニ付時效停止ノ效果ヲ認メタル以上公判ニ於テ同樣ノ場合ニ同一ノ效力ヲ認ムルモ特ニ被告人ニ對シ不利益ヲ强ユルモノト謂フヘカラス尙最後ニ本問ハ假ニ積極的ニ解シ得ヘキモノトスルトキハ本問ノ場合ニ公判審理ノ進行ヲ止ムル決定ハ勿論裁判所カ任意的ニ之ヲ爲スモノナルノ點ヨリ見レハ停止決定ト呼ハス中止決定ト呼フヲ相當トセサルカ（第三百五十二條、第三百五條）（神戸所長、

答　理論トシテハ御意見ノ通リ積極說ヲ主張スルノ餘地ナキニ非スト思考スレトモ實際慣例トシテハ一般的ニ消極說ニ從ヒ居リ所在不明者ニ付テハ第三百五十二條但書ノ準用モ認メサル取扱慣例モアリ當分從前ノ例ニ依リ取扱相成度シ

二　公判手續ノ停止ノ狀態カ新舊二法ニ亘ル場合ニ於ケル公判手續ノ更新

（大正十三年(れ)第五六二號　同年五月十二日第五刑事部決定）

舊法ノ下ニ於テ開廷セル公判ノ審理ヲ刑事訴訟法施行後十五日以上ヲ過キ進行スルトキハ手續ノ更新ヲ要ス

三　保釋取消ニ關スル疑義ノ件　（昭和八年十一月二十七日　刑事第一六四九號刑事局長回答）

問　刑事訴訟法第三百五十二條第一項ニヨリ被告人心神喪失ノ狀態ニ在ルモノトシテ其ノ狀態ノ繼續スル間公判手續停止決定アリタルモノニ對シ之カ公判準備手續ノ爲メ被告人ノ保釋ヲ取消ス必要アル場合ニ於テハ先ツ右停止決定ヲ取消スヲ相當ト思料候ヘ共停止決定ヲ取消サスシテ保釋ノミノ取消ヲ爲シ得ルヤ

（盛岡檢事正）

答　保釋ノ取消ハ刑事訴訟法第三百五十二條ニ所謂公判手續ノ中ニ包含セラレサルモノト解スヘク從テ本件ニ於テハ公判停止ノ

決定ヲ取消スコトナクシテ直ニ保釋ノミノ取消ヲ爲スモ支障ナキモノトス

四　公判手續停止決定取消ノ要否ヲ決スル爲命シタル鑑定ト證據調ノ要否

（昭和九年(れ)第四六八號　同年六月八日第四刑事部判決）

刑事訴訟法第三百五十二條第一項所定ノ公判手續停止ノ決定ヲ取消スヘキヤ否ヲ決スル爲被告人ノ心神狀況ヲ鑑定セシメタル場合ニ於テ其ノ鑑定書ハ之ヲ公判廷ニ顯出シテ證據調ヲ爲スノ要ナキモノトス

第三百五十三條　開廷後被告人ノ心神喪失ニ因リ公判手續ヲ停止シ又ハ其ノ他ノ事由ニ因リ引續キ十五日以上開廷セサリシ場合ニ於テハ公判手續ヲ更新スヘシ

一　公判手續ノ更新ト其ノ審理ノ程度

（大正十三年(れ)第五八一號　同年六月二十四日第六刑事部判決）

裁判所カ公判手續ヲ更新スル場合ニハ更ニ新ニ判決ノ基本ト爲ルヘキ事實及證據調ヲ爲スヲ以テ足リ必スシモ更新前ニ於ケル公判ト同一ノ審理手續ヲナスコトヲ要セス

二　本條適用ノ範圍

（大正十三年(れ)第八四〇號　同年六月二十四日第一刑事部判決）

刑事訴訟法第三百五十三條ハ辯論續行ニ關スル規定ニシテ辯論終結後ノ手續ニ關スルモノニ非ス

三　破毀ノ理由共同被告人ニ共通ナル場合

（昭和二年(れ)第一〇四二號　同年十一月十二日第三刑事部決定）

被告人甲ノミノ提出ニ依リ上告論旨ニ依リ更新手續ノ欠缺ヲ理由トシテ同被告人ノ利益ノ爲ニ原判決ヲ破毀スル場合ニハ甲ト共ニ共犯者トシテ原審ニ於テ審理セラレ之ニ基ク判決ニ對シ適法ニ上告ヲ爲シタル被告人乙ノ爲ニモ亦原判決ヲ破毀スヘキモノトス

四　公判手續ヲ更新セスシテ爲シタル證人訊問

（昭和四年(れ)第一四〇九號　同五年二月七日第四刑事部判決）

公判手續ヲ更新スヘキ場合ニ於テ之ヲ爲スコトナク曩ニ爲シタル決定ニ基キ證人ノ訊問ヲ爲シタルトキト雖其ノ公判ノ調書ニ於ケル該證人ノ供述記載ハ之ヲ罪證ニ供シ得ルモノトス

五　公判手續ノ更新ト同決定ノ效力

（昭和六年(れ)第三〇六號　同年五月十四日第二刑事部判決）

裁判所カ被告事件ニ付公開停止ノ決定ヲ言渡シタルトキハ其ノ效力ハ以後ノ公判期日ニ及フモノニシテ引續キ十五日以上開廷セサリシ爲公判手續ヲ更新スル場合ト雖更ニ之カ決定ヲ爲スコトヲ要セス

六　公判手續ノ更新ト附帶控訴ノ效力

（昭和七年(れ)第一八四三號　同八年三月二十二日第三刑事部判決）

公判ニ於テ檢事ノ爲シタル附帶控訴ノ申立ハ其ノ後ノ公判手續ノ更新ニ依リテ其ノ效力ヲ失フモノニ非ス

七　公判手續ヲ更新セスシテ爲シタル證人訊問

（昭和八年(れ)第九一九號　同年九月二十七日第三刑事部判決）

公判手續ヲ更新スヘキ場合ニ於テ之ヲ爲スコトナク曩ニ爲シタル決定ニ基キ證人ノ訊問ヲ爲シタルトキト雖其ノ公判調書ニ於ケル該證人ノ供述記載ハ之ヲ罪證ニ供シ得ルモノトス

八　審理更新ト辯論ノ分離又ハ再開ノ決定

（昭和九年(れ)第七一〇號　同年八月一日第三刑事部判決）

刑事訴訟法第三百五十三條ニ所謂公判手續ノ更新トハ判決ノ基本トナルヘキ口頭辯論ヲ更新スルコトヲ意味シ辯論ノ分離又ハ再開ノ決定ノ如キ裁判所ノ訴訟指揮ニ關スル裁判ハ其ノ決定手續ヲ更新スヘキモノニ非ス

第三百五十四條　開廷後判事ノ更迭アリタルトキハ公判手續ヲ更新スヘシ但シ判決ノ宣告ヲ爲ス場合ハ此ノ限ニ在ラス

〔理由書〕　第三百五十三條、第三百五十四條ハ辯論更新ニ關スル規定ニシテ現行法第百八十三條第二項、第二百九條ヲ整理シタルモノナリ引續キ十五日以上開廷セサリシ場合ニ於テハ公判ニ顯ハレタル事實及證據裁判官ノ記憶ニ止マラサルコトアルヘシ又開廷後判事ノ更迭アリタル場合ニ於テハ新ニ加リタル判事ハ更迭前ノ審理ニ參與セス此ノ兩個ノ場合ニ於テ公判手續ノ更新ヲ爲スハ口頭辯論主義ヨリ生スル當然ノ結果ナリ唯判決ノ宣告ハ審理既ニ結了シタル後ニ爲スヘキモノナリ而シテ審理結了後前條ニ示シタル事由生スルモ口頭辯論ノ繼續ヲ破ルコトナシ故ニ判決ノ宣告ノミノ爲ニ審理ヲ更新スヘキ理由毫モ存セサルモノナリ

一　證據決定後ノ更迭ト公判ニ於ケル證據調

（大正十三年(れ)第一九五號　同年四月五日第四刑事部判決）

證據決定ヲ爲シタル後判事ニ更迭アルモ決定ノ施行トシテ公判以外ニ於テ證據調ヲ爲スニハ審理ノ更新ヲ爲スノ要ナシ

二　判決ノ宣告ト判事ノ更迭

（昭和四年(れ)第一五五六號　同五年二月十八日第一刑事部判決）

判決ノ宣告ヲ爲ス判事ハ必スシモ裁判ヲ爲シタル判事ナルコトヲ要セサルモノトス

三　辯論再開期日ニ於ケル職權證據調ノ決定言渡ト審理更新ノ要否

（昭和八年(れ)第一二三五號　同年十一月二日第一刑事部判決）

辯論ヲ再開シタル期日ニ職權ヲ以テ證據調ノ決定ヲ言渡ス場合ニハ裁判所ヲ構成スル判事ニ更迭アルモ公判手續ノ更新ヲ要セサルモノトス

第三節　公判ノ裁判

〔理由書〕公判ノ裁判ハ事件ヲ終局スルモノト事件ノ終局前ニ爲スモノトアリ終局前ノ裁判ハ總則ニ定メタル管轄ニ關スル法規ニ依ル裁判ト訴訟手續ニ關スル諸般ノ裁判トヲ包含シ其ノ訴訟手續ニ關スルモノハ公判ノ辯論中公判廷ニ於テ爲スモノト其ノ準備手續又ハ之ニ附隨スル手續トシテ公判廷以外ニ爲スモノトアリ是等ハ皆決定ヲ以テ爲スヘキモノナリ事件ノ終局スル裁判ハ被告事件ニ對シ爲スモノト然ラサルモノトアリテ判決ヲ以テ爲スヲ本則トシ決定ヲ以テ爲スハ特種ノ場合ニ限ル本節規定スル所ハ事件ノ終局スル裁判ニ關スルモノナリ

第三百五十五條　被告事件裁判所ノ管轄ニ屬セサルトキハ判決ヲ以テ管轄違ノ言渡ヲ爲スヘシ

第三百五十六條　地方裁判所ハ其ノ管内ニ在ル區裁判所ノ管轄ニ屬スル事件ニ付管轄違ノ言渡ヲ爲スコトヲ得ス但シ檢事ノ意見ヲ聽キ決定ヲ以テ管轄權ヲ有スル區裁判所ニ事件ヲ移送スルコトヲ得

第三百五十七條　裁判所ハ被告人ノ申立ニ因ルニ非サレハ土地管轄ニ付管轄違ノ言渡ヲ爲スコトヲ得ス

管轄違ノ申立ハ被告事件ニ付供述ヲ爲シタル後ハ之ヲ爲スコトヲ得ス

管轄違ノ申立ハ豫審ヲ經タル事件ニ付テハ豫審判事ニ對シテ其ノ申立ヲ爲シタルトキニ非サレハ之ヲ爲スコトヲ得ス

〔理由書〕第三百五十五條乃至第三百五十七條ハ管轄違ノ言渡ニ關スルモノナリ管轄違ノ言渡ハ皆判決ヲ以テ之ヲ爲スヘキモノニシテ總則ニ依リ審判ヲ移ス裁判ノ如ク決定ヲ以テ爲スヘキモノニ非ス受訴裁判所事件ニ付事物管轄ヲ有セサルトキハ管轄違ヲ言渡スヲ本則トス唯地方裁判所ハ其ノ管内ニ在ル區裁判所ノ管轄ニ屬スル事件ニ付テハ管轄違ノ言渡ヲ爲スコトヲ得ス其ノ趣旨豫審ニ關スル第三百十條ニ規定スル所ニ同シ唯公判ニ於テハ豫審ト異ナリ必スシモ自ラ審判スルヲ要セス管轄裁判所ヲシテ審判ヲ爲サシムルコトヲ便宜トスルトキハ事件ヲ其ノ區裁判所ニ移送スルコトヲ得ヘシ其ノ趣旨第九條第二項ニ同シ受訴裁判所事件ニ付土地管轄ヲ有セサル場合ニ於テモ管轄違ノ言渡ヲ爲スヘキモノナルモ土地管轄ハ裁判所ノ職權ヲ以テ調査スヘキ事項ト爲サスシテ被告人ノ申立ヲ待チテ調査スヘキモノトシ被告人ノ申立アル場合ニ限リ土地管轄ニ付管轄違ノ言渡ヲ爲スコトヲ得ヘキモノトセリ而シテ被告人ノ申立ヲ爲スヘキ時期ニ付テモ制限ヲ附スルヲ相當ト認メ豫審ヲ經タル事件ニ付テハ豫審判事ニ對シテ其ノ申立ヲ爲シタルトキニ限リ公判ニ於テ管轄違ノ申立ヲ爲スコトヲ得ヘキモノトシ豫審ヲ經サル事件ニ付テハ被告事件ニ付供述ヲ爲シタル後ハ管轄違

ノ申立ヲ爲スコトヲ得サルコトトセリ其ノ理由第三百十一條ニ說示シタル所ニ同シ

第三百五十八條　被告事件ニ付犯罪ノ證明アリタルトキハ第三百五十九條ノ場合ヲ除クノ外判決ヲ以テ刑ノ言渡ヲ爲スヘシ

刑ノ執行猶豫ハ刑ノ言渡ト同時ニ判決ヲ以テ其ノ言渡ヲ爲スヘシ

〔理由書〕　本條ハ刑ノ言渡ヲ爲ス判決ニ付規定シ之ト共ニ刑ノ執行猶豫ノ言渡ヲ爲ス形式ヲ定ム而シテ其ノ趣旨現行刑事訴訟法第二百三條刑法施行法第五十四條ト異ナル所ナシ

第三百五十九條　被告事件ニ付刑ヲ免除スルトキハ判決ヲ以テ其ノ旨ノ言渡ヲ爲スヘシ

〔理由書〕　現行法ハ刑ノ免除ノ言渡ニ付何等ノ規定ヲ設ケサルヲ以テ刑法ノ運用ニ付疑義ヲ生スルノ餘地ヲ存ス本條ハ其ノ缺點ヲ補正シ犯罪ノ證明アル事件ニ付刑ヲ免除スヘキモノナルトキハ法律上當然免除スヘキ場合ナルト法律ニ依リ裁判所ノ裁量ヲ以テ免除スヘキ場合ナルトヲ問ハス判決ヲ以テ其ノ旨ノ言渡ヲ爲スヘキモノト定ム

刑ノ免除ヲ言渡ス判決ハ犯罪事實ヲ認メタル結果ナルヲ以テ刑ノ言渡ト同シク之ヲ有罪判決トス本條ニ有罪判決ト稱スルハ皆兩者ヲ包含スルモノナリ

第三百六十條　有罪ノ言渡ヲ爲スニハ罪ト爲ルヘキ事實及證據ニ依リ之ヲ認メタル理由ヲ說明シ法令ノ適用ヲ示スヘシ

法律上犯罪ノ成立ヲ阻却スヘキ原由又ハ刑ノ加重減免ノ原由タル事實上ノ主張アリタルトキハ之ニ對スル判斷ヲ示スヘシ

一　判決ノ證據說明ニ關スル注意

（大正十二年十二月五日
刑事第九五四六號刑事局長通牒）

案スルニ新法ノ下ニ於テハ判決ノ證據上ノ理由ハ從來ノ如ク證據ノ內容ヲ示シ之ヲ綜合判斷シタルコトヲ揭ケ事實認定ノ理由ト爲スコトヲ妨ケスト雖亦證據ノ內容ヲ揭ケスシテ心證ノ憑據ヲ說明スルヲ以テ足レリトス唯證據ノ內容ヲ揭ケサル場合ニハ證人ノ訊問調書其ノ他ノ證據方法ニ依リ犯罪構成事實ノ如何ナル點ヲ認メタルヤヲ說明スルニ非サレハ證據上ノ理由不明ニシテ其ノ理由ノ當否ヲ判斷スルコト能ハス從テ單ニ證據方法ヲ列記スルカ如キハ理由不備タルヲ免レス而シテ上記何レノ說明方法ヲ採ルヘキヤハ各場合ニ依リテ異ナルヘキモ大要直接ニ犯罪事實ヲ證明スルヲ得ル場合ト否トニ依リテ方法ヲ異ニスルニ至ルヘシ直接ニ犯罪事實ヲ證明スルニ足ルヘキ證言又ハ自白アルトキハ其ノ內容ヲ示シテ證據事由ヲ付スルヲ便ト爲スヘク又證據材料ハ直接ニ犯罪事實ヲ

證明セスシテ徵憑事實ヲ認メシムルニ止マリ此ノ徵憑事實ヨリ犯罪事實ヲ推理スヘキ場合ニハ證人ノ訊問調書等ニ依リ徵憑事實ヲ認メタルコトヲ說明シ更ニ之ヨリ犯罪事實ヲ推理シタルコトヲ說明スルヲ可トス此ノ推理ノ說明ニ當リテハ理論ト實驗律トニ反セサルコトヲ特ニ注意スルヲ要ス

判決理由中被告人ノ供述又ハ證言ヲ引用スル場合ニハ可成其ノ證言ノ記載アル調書ノ第何回訊問ナルコトヲ示シ又記錄ノ頁數ヲモ併セ示シ置クヲ便トス（大審院）

二　所謂判斷ヲ示スノ意義　（大正十二年十二月十二日 刑事第一〇三四一號刑事局長通牒）

問　第三百六十條第二項ノ所謂判斷ヲ示ストハ斷案セシ理由ヲ示スノ要ナキ法意ナリト解シ可然哉（福岡檢事正）

答　斷案ノ理由ハ法律上必シモ之ヲ說示スルノ要ナシト雖之ヲ說示スルヲ妥當トス

三　判決中數回同一事實ヲ說示シタル場合ト證據擧示　（大正十二年(れ)第一六五九號 同十三年一月二十二日第一刑事部判決）

判決ノ或一部ニ於テ證據ヲ擧示シタル以上ハ他ノ部分ニ於テ同一事實ヲ說示スルニ當リ重テ證據ヲ擧示スルノ要ナキモノトス

四　犯罪事實ノ否認ト犯罪ノ成立ヲ阻却スヘキ原由　（大正十二年(れ)第一六七八號 同十三年一月二十四日第二刑事部判決）

單純ナル犯罪事實ノ否認ハ刑事訴訟法第三百六十條第二項ニ所謂法律上犯罪ノ成立ヲ阻却スヘキ原由タル事實上ノ主張ニ該當セス

五　賭博開張罪ト賭博者ニ關スル證據說示　（大正十二年(れ)第一七〇八號 同十三年一月二十八日第二刑事部判決）

賭場ニ於テ賭博ヲ爲シタル者ノ多少及其ノ誰ナルヤハ賭場開張ノ成立ニ影響ナク從テ利益ヲ得ルノ目的ヲ以テ賭場ヲ開設シ甲外數名ヲシテ賭博ヲ爲サシメタル事實ヲ認メタル判決ニ於テ甲ノ賭博ヲ爲シタル點ニ付證據ヲ擧示セサルモ爾餘ノ事實ニ付證據ヲ擧示セル以上證據理由不備ノ違法アルモノト謂フヲ得ス

六　精神病者監護法第三條第一項但書ノ規定ノ性質　（大正十二年(れ)第一八八四號 同十三年二月十五日第一刑事部判決）

精神病者監護法第三條第一項但書ノ規定ハ同法第十七條第一項前段ノ犯罪ノ成立ヲ阻却スヘキ理由ト爲ルモノトス

七　刑事訴訟法ニ於ケル罪ト爲ルヘキ事實　（大正十二年(れ)第一八八四號 同十三年二月十五日第一刑事部判決）

有罪判決ニ說示スヘキ罪ト爲ルヘキ事實トハ犯罪ヲ構成スヘキ積極的要件タル法律事實ノ謂ニシテ犯罪ノ成立ヲ阻却スヘキ理由ナシトスル消極的要件ヲ指稱スルモノニ非ス

八　證據ト犯罪事實トノ關係　（大正十二年(れ)第二〇三〇號 同十三年二月二十三日第三刑事部決定）

他事件ノ爲蒐集シタル證據ニシテ其ノ實質當該事件ニ何等ノ交涉

ヲ有セサル場合ニ之ヲ斷罪ノ資料ニ供シタルハ不法ナリ

九　一罪ヲ構成スル數個ノ創傷ニ關スル證據說明

（大正十二年(れ)第二〇四三號 同十三年二月二十九日第一刑事部判決）

數個ノ創傷ヲ他人ニ負ハシメタル事實ヲ判示シタル場合ニ於テ其ノ中或ル創傷ニ關シテ之ヲ認メタル證據ヲ缺如セル違法アリトスルモ犯人ノ加ヘタル創傷ノ全體ヨリ觀察シテ犯罪ノ構成及其ノ科刑ニ影響ナキ限リハ判決ヲ破毀スルノ理由ト爲スニ足ラス

一〇　一個ノ過失ニ因リ數人ヲ死傷ニ致シタル犯罪事實ノ判示

（大正十二年(れ)第一八五六號 同十三年三月五日第三刑事部判決）

一個ノ過失ニ依リ數人ヲ死傷ニ致シタル案件ニ在リテハ之ニ對スル最重ノ刑ヲ定ムルニ付必要ナル程度ニ於テ包括的ニ犯罪事實ヲ判示スルヲ以テ足リ必シモ各被害者ノ氏名創傷ノ程度等ヲ逐一詳示スルノ要ナシ

一一　本條第二項ニ所謂法律上刑ヲ加重減免スヘキ原由ノ意義

（大正十二年(れ)第二一一八號 同十三年三月十一日第六刑事部判決）

刑事訴訟法第三百六十一條第二項ニ所謂法律上刑ヲ加重減免スヘキ原由トハ刑ノ裁量ノ標準トナルヘキ犯罪ノ動機其ノ他諸般ノ情狀以外ノ事實ニシテ其ノ事實存在スルニ於テハ刑ヲ加重減輕又ハ免除スヘキモノト法律カ特ニ規定シタル理由ヲ指稱スルモノトス

一二　犯罪事實ノ認定ト證據說示

（大正十二年(れ)第二〇二二號 同十三年三月二十五日第六刑事部決定）

事實裁判所カ犯罪事實ヲ認定スルニハ必ス證據ニ依リ之カ理由ヲ明示スルコトヲ要スルヲ以テ其ノ認定シタル事實ニ付判文上ニ於テ證據上ノ理由ヲ付スルニ當テハ其ノ認定ノ因テ生シタル證據ノ內容ハ必スシモ具體的ニ之ヲ明示スルノ要ナシト雖如何ナル證據及證據ノ如何ナル部分ニ依リテ如何ナル事實ヲ認定シタルモノナリヤハ判文記載ノ事實ト相俟テ其ノ內容ヲ推知シ得ヘキ程度ニ於テ之ヲ說示シ其ノ推理判斷ノ由來スル所ヲ明確ニセサルヘカラス

一三　商標法第三十四條第一號前段所定ノ犯罪事實ノ判示方法

（大正十三年(れ)第二〇四號 同年四月一日第一刑事部判決）

商標法第三十四條第一號前段所定ノ犯罪事實ヲ認定スルニハ商標ヲ使用セントスル目的物ハ他人カ登錄ヲ受ケタル商標ヲ以テ其ノ製造加工等ニ係ルコトヲ表彰スル特定ノ商品ト同一又ハ類似ナルコトヲ判示スルヲ以テ足リ必スシモ物ノ同一又ハ類似ノ識別ニ關シ種類構造若ハ用途等ヲ具體的ニ說明スルヲ要セス

一四　證據說示ノ不備ト上告理由

（大正十三年(れ)第二六三號 同年四月八日第六刑事部判決）

一ノ犯罪事實ヲ認定スル資料トシテ判決ニ揭ケタル數個ノ證據中或一ノ證據說示ニ不備ノ點アリトスルモ爾餘ノ證據ニ依リ犯罪事實ヲ認定スルニ足ルニ於テハ上告ノ理由トナスヲ得サルモノトス

一五　薄張合百及天賽ト稱スル賭博ノ方法ト顯著ナル事實

（大正十三年(れ)第九六〇號　同年七月二十二日第一刑事部判決）

薄張又ハ合百ナル賭博方法及天賽賭博ノ方法ハ裁判上顯著ナル事實ニ屬スルヲ以テ其ノ方法ノ判示及證據說示ヲ要セス

一六　證據說明ト訴訟記錄中ノ引用

（大正十三年(れ)第一〇八九號　同年八月九日第三刑事部決定）

證據說明ハ判決書自體ニ依リテ證據ノ內容ヲ了知スルコトヲ得ヘキ程度ニ於テ判示スルヲ要シ刑事訴訟法第四百五條ニ規定スルカ如キ特別ナル場合ヲ除クノ外訴訟記錄中ノ他ノ文書ノ記載ヲ引用シテ其ノ判示ニ代フルヲ得ス

一七　誣告罪ノ事實判示

（大正十三年(れ)第一六七一號　同年十月二十九日第四刑事部決定）

郵便ヲ以テ人ヲ誣告スル犯罪事實ノ判示ニハ誣告ニ關スル書面ヲ發シタルコトノミヲ以テ足レリトセス其ノ到着シタルコトヲ明確ニスルコトヲ要ス

一八　犯罪日時ノ表示

（大正十三年(れ)第一九二八號　同年十二月十七日第三刑事部判決）

犯罪ノ日時ヲ判示スルニ曆陰ニ依ルモ違法ナリト謂フヲ得ス

一九　公務執行妨害罪ニ於ケル暴行ノ判示

（大正十三年(れ)第二二四三號　同十四年二月二十四日第六刑事部決定）

暴行ヲ以テ公務ノ執行ヲ妨害シタル犯罪事實ヲ判示スルニハ其ノ暴行ノ事實ヲ具體的ニ明示スルヲ要ス

二〇　未遂罪ト法律ノ適用

（大正十三年(れ)第二二三七號　同十四年三月六日第六刑事部判決）

或犯罪ノ未遂罪ヲ罰スルニハ判決ニ其ノ未遂ヲ罰スル法條ノ適用ヲ爲シタルコトヲ明ニセサルヘカラス

二一　自首ノ事實ノ主張ト本條第二項トノ關係

（大正十四年(れ)第九九號　同年三月十八日第四刑事部判決）

辯護人ニ於テ被告人カ犯行ノ發覺前官ニ自首シタル旨ノ事實ヲ主張スルハ刑事訴訟法第三百六十條第二項ノ法律上刑ノ減免ノ原由タル事實上ノ主張ニ該當セス

二二　約束手形僞造事件ニ於ケル作成名義人承諾ノ主張ト本條第二項

（大正十四年(れ)第二八五號　同年五月六日第四刑事部判決）

約束手形僞造ニ關スル被告事件ニ付手形振出人名義人ノ承諾ヲ得テ作成シタル旨ノ事實ヲ主張スルハ刑事訴訟法第三百六十條第二項ノ法律上犯罪ノ成立ヲ阻却スヘキ原因タル事實上ノ主張ニ該當セス

二三　人ノ住居ニ使用セス又ハ人ノ現在セサル建造物ノ燒燬罪ト證據說明

（大正十四年(れ)第六〇〇號　同年六月九日第一刑事部判決）

人ノ住居ニ使用セス又ハ人ノ現在セサル建造物ヲ燒燬セル事實ヲ認定スルニハ必スシモ燒燬セル建造物ニ付人ノ住居ニ使用セス又ハ人ノ現在セサル證據ヲ明示スルコトヲ要セス

二四　中止犯タル事實ノ陳述ト法律上減免ノ原由タル事實上ノ主張

（大正十四年(れ)第七一七號 同年七月一日第四刑事部決定）

被告人カ犯罪ノ實行ニ着手シタルモ自己ノ意思ニ因リ之ヲ止メタル旨ノ事實ヲ陳述スルハ刑事訴訟法第三百六十條第二項ニ所謂法律上刑ノ減免ノ原由タル事實上ノ主張ヲ爲スモノニ該當ス

二五　故意犯ノ事件ニ於テ過失犯ナリトスル主張ト本條第二項

（大正十四年(れ)第一〇〇三號 同年九月二十四日第二刑事部判決）

故意ヲ以テ汽車ノ往來ノ危險ヲ生セシメタリトノ被告事件ニ於テ過失ニ因リ汽車ノ往來ノ危險ヲ生セシメタルモノナリト主張スルハ刑事訴訟法第三百六十條第二項ニ所謂法律上犯罪ノ成立ヲ阻却スヘキ原由又ハ刑ノ加重減免ノ原由タル事實上ノ主張ニ該當セス

二六　業務上ノ注意義務ト證據ノ說示

（大正十四年(れ)第九七五號 同年十月二十一日第三刑事部判決）

業務上過失傷害被告事件ノ判決ニ於テ業務上ノ注意義務發生ノ原因タル事實ヲ證據ニ依リ認定シタル以上ハ直ニ其ノ事實ニ基キ如何ナル注意ヲ用ウルヲ相當トスルヤヲ判斷スルヲ得ルモノトス

二七　賭博場開張罪ノ事實判示

（大正十四年(れ)第一九八四號 同十五年二月二十二日第五刑事部判決）

賭博場開張罪ノ事實ヲ認ムル判決ニハ必スシモ賭博場ニ於テ行ハレタル賭博ノ種類方法ヲ具體的ニ判示スルヲ要セス

二八　刑ノ執行猶豫ノ主張ト本條第二項トノ關係

（大正十五年(れ)第八三六號 同年七月三日第四刑事部判決）

刑ノ執行猶豫ヲ與フヘキ事由アリトノ主張ハ刑事訴訟法第三百六十條第二項ニ所謂法律上刑ノ減免ノ原由タル事實上ノ主張ニ該當セス

二九　僞證罪ノ事實判示

（昭和二年(れ)第一五七〇號 同三年一月二十三日第二刑事部判決）

僞證罪ノ事實ヲ判示スルニハ法律ニ依リ宣誓シタル證人カ如何ナル虛僞ノ陳述ヲ爲シタルカヲ具體的ニ說明スルヲ以テ足リ其ノ陳述ノ內容カ本案係爭事實ト如何ナル關係ニアルカハ必スシモ之ヲ判示スルノ要ナキモノトス

三〇　賭博ノ常習ト證據理由ノ不備

（昭和二年(れ)第一六七號 同年三月二十三日第四刑事部決定）

裁判所カ被告人ニ賭博ノ常習アルコトヲ認定シタル證據理由ノ說明ヲ爲スニ當リ單ニ判示賭博ノ犯情ニ徵シ之ヲ認メタル旨說示セルノミニテ判文中常習ノ事實ヲ推認スルニ足ルヘキ犯情ノ記載ナキトキハ其ノ證據說明ハ理由不備ノ違法アルモノトス

三一　賭博常習者ニ非サル旨ノ主張ト本條第二項トノ關係

（昭和二年(れ)第一七九號 同年三月二十六日第四刑事部判決）

常習賭博ノ行爲アリトシテ訴追セラレタル被告事件ニ付被告人ノ賭博常習者ニ非サルコトヲ主張スルハ刑事訴訟法第三百六十條第二項ニ規定スル刑ノ減免ノ原由タル事實上ノ主張ニ該當ス

三二　本條第二項ノ事實上ノ主張ニ對スル判斷ト證據說明

（昭和二年（れ）第二六四號　同年四月十八日第五刑事部判決）

刑事訴訟法第三百六十條第二項ニ所謂法律上犯罪ノ成立ヲ阻却スヘキ原由又ハ刑ノ加重減免ノ原由タルヘキ事實ハ罪ト爲ルヘキ事實ニ屬セサルカ故ニ之カ主張ニ對スル判斷ハ證據ニ依リ其ノ理由ヲ說示スルノ要ナキモノトス

三三　犯罪構成事實以外ノ事實認定ト不法ノ證據

（昭和二年（れ）第七四五號　同年七月十六日第六刑事部判決）

犯罪構成事實以外ノ事實認定ノ資料トシテ不法ノ證據ヲ供スルモ該不法ハ判決ニ影響ヲ及ホササルコト明白ナレハ之ヲ以テ上告ノ理由ト爲スコトヲ得サルモノトス

三四　本條第二項ニ所謂法律上犯罪ノ成立ヲ阻却スヘキ原由タル事實上ノ主張ノ意義

（昭和二年（れ）第六九七號　同年七月十二日第六刑事部判決）

刑事訴訟法第三百六十條第二項ニ所謂法律上犯罪ノ成立ヲ阻却スヘキ原由タル事實上ノ主張トハ犯罪構成要件以外ノ事實ニシテ法律上犯罪ノ不成立ニ歸スヘキ原由タル事實上ノ主張ノ意義ニ解スヘキモノトス

三五　前審公判調書記載ノ供述カ他ノ文書ノ記載ト相須テ一定ノ意義ヲ爲ス場合ト證據調

（昭和二年（れ）第九七四號　同年十月二十一日第一刑事部決定）

前審公判調書ノ記載ト略式命令請求書ノ記載ト相須テ被告人ノ供述カ公訴事實ヲ自認シタル趣旨ト爲ル場合ニ其ノ趣旨ニ於テ之ヲ罪證ニ供スルニハ證據調ニ際シ公判調書ト共ニ略式命令請求書ヲ讀聞カスコトヲ要ス

三六　墮胎教唆ノ犯罪事實ノ判示

（昭和二年（れ）第一二七四號　同年十月二十一日第一刑事部判決）

墮胎罪ノ教唆ニ關スル犯罪事實ヲ判示スルニハ實行正犯ノ犯罪行爲ヲ具體的ニ說示スルニ非サレハ理由不備ノ違法アルヲ免レス

三七　正當防衞ノ誤想ト法律上犯罪ノ成立ヲ阻却スヘキ原由タル事實上ノ主張

（昭和二年（れ）第一四二五號　同年十二月十二日第二刑事部判決）

加害行爲ハ急迫不正ノ侵害アリト誤想シタル爲正當防禦ノ目的ニ出テタルモノナリトノ主張ハ刑事訴訟法第三百六十條第二項ニ所謂法律上犯罪ノ成立ヲ阻却スヘキ原由タル事實上ノ主張ニ該當セス

三八　警察犯處罰令第二條第十八號ノ罪ト醫療ヲ妨ケタル事實ノ判示

（昭和二年（れ）第一〇四〇號　同年十二月二十三日第一刑事部判決）

祈禱類似ノ行爲ニ因リ警察犯處罰令第二條第十八號ノ罪ヲ犯シタル者ニ對シ醫療ヲ妨ケタル事實ヲ判示スルニハ必スシモ病者ノ受ケ又ハ受ケントスル醫療行爲ノ何タルヤヲ認ムルヲ要セス醫師ノ治療ヲ受ケ又ハ受ケントスル意思アル病者ヲシテ祈禱類似ノ行爲ニ因リテ其ノ治療ヲ受クルコトヲ止メ又ハ中絶セシメタル事實ヲ認ムルヲ以テ足ル

三九　**出版法第二十二條ノ罪ノ判示**

（昭和三年(れ)第五四九號
同年五月二十二日第四刑事部判決）

出版法第二十二條ノ罪ヲ判示スルニ當リテハ印刷物カ文書圖畫ナルコトヲ明ニシ其ノ印刷物カ同法第三條ノ適用ヲ受クヘキモノナルコトヲ知ラシムルニ足ル程度ニ於テ内容ヲ示ササルヘカラス

四〇　**本條第二項ニ規定スル事實上ノ主張ニ對スル判斷ト其ノ說示**

（昭和四年(れ)第二四一號
同年四月三十日第一刑事部判決）

刑事訴訟法第三百六十條第二項ニ所謂犯罪ノ成立ヲ阻却スヘキ原由又ハ刑ノ加重減免ノ原由タル事實上ノ主張ニ對シテハ判文上其ノ判斷ヲ示スヲ以テ足リ判決ニ於テ特ニ事實上ノ主張ヲ掲記シ並其ノ當否ニ付判斷ノ理由ヲ說明セサルモ違法ニ非ス

四一　**公訴時效完成ノ主張ト本條第二項**

（昭和五年(れ)第一六六一號
同年十一月二十五日第一刑事部判決）

公訴ノ時效完成シタリトノ主張ハ刑事訴訟法第三百六十條第二項ノ主張ニ該當セス

四二　**酩酊ニ因ル心神喪失ノ主張ト本條第二項及之ニ對スル判示**

（昭和六年(れ)第一一八五號
同年十一月十二日第一刑事部判決）

一　犯行當時酩酊ノ結果心神喪失ノ狀態ニ在リタル旨ノ陳述ハ刑事訴訟法第三百六十條第二項ニ所謂法律上犯罪ノ成立ヲ阻却スヘキ原由タル事實上ノ主張ニ該當ス

二　右主張ニ對シ判決ニ於テ被告人カ犯行當時心神耗弱ノ狀態ニ在リタル旨判示シタルトキハ同法第三百六十條第二項ノ判斷ヲ示シタルモノトス

四三　**墮胎罪ヲ斷スル判決ト受胎ノ時期**

（昭和六年(れ)第一五二二號
同七年二月一日第二刑事部判決）

墮胎罪ヲ斷スル判決ニ於テハ必スシモ受胎ノ時期ヲ明示スルコトヲ要セス

四四　**犯罪事實ノ判示ト連續犯**

（昭和六年(れ)第一七三三號
同七年三月十四日第一刑事部判決）

刑事訴訟法第三百六十條ニ所謂罪ト爲ルヘキ事實トハ犯罪ノ構成ニ必要ナル具體的事實ヲ指稱スルモノナルモ連續一罪ヲ組成スヘキ數多ノ行爲ノ内容ヲ判示スルニ當リテハ常ニ必スシモ其ノ各箇

ノ行爲ノ内容ヲ一々具體的ニ判示スルコトヲ要スルモノニ非スシテ其ノ數多ノ行爲ニ共通セル犯罪ノ手段方法其ノ他ノ事實ヲ具體的ニ判示スルノ外其ノ連續シタル行爲ノ始期終期ヲ明ニシ且其ノ行爲カ財產上ノ犯罪ニシテ被害者又ハ贓額ニ異同アルトキノ如キハ被害者中或ル者ノ氏名ヲ表示スルノ外他ハ其ノ員數ヲ掲ケ贓額ハ其ノ合算額ヲ表示スル等因テ其ノ行爲ノ内容カ同一罪質ヲ有スル複數ノモノタルコトヲ知リ得ヘキ程度ニ具體的ナルヲ以テ足ルモノトス

四五　心神喪失ノ主張ト本條第二項ノ判示（昭和六年(れ)第一八〇六號 同七年三月十七日第二刑事部判決）

犯行當時心神喪失ノ狀況ニ在リタリ然ラストスルモ心神耗弱ノ狀況ニ在リタル旨ノ主張ニ對シ判決ニ於テ被告人カ犯行當時心神耗弱ノ狀況ニ在リタル旨判示シタルトキハ心神喪失ノ狀況ニ在リタル旨ノ主張ニ對シテモ刑事訴訟法第三百六十條第二項ノ判斷ヲ示シタルモノトス

四六　法律ノ錯誤ノ主張ト本條第二項（昭和七年(れ)第一三八號 同年四月二十一日第二刑事部判決）

被告人ノ行爲カ法律ノ錯誤ニ出テタリトノ主張ハ刑事訴訟法第三百六十條第二項ニ所謂法律上犯罪ノ成立ヲ阻却スヘキ原由又ハ刑ノ減免ノ原由タル事實上ノ主張ニ該當セス

四七　犯罪ノ時ノ表示ナキ判決（昭和七年(れ)第三三六號 同年五月三日第四刑事部判決）

犯罪ノ時ノ表示ヲ缺如スル判決ハ理由不備ノ違法アルモノトス

四八　犯罪事實ノ否認ト犯罪ノ成立ヲ阻却スヘキ原由（昭和七年(れ)第二〇九號 同年五月五日第一刑事部判決）

手形僞造行使罪ヲ認メタル案件ニ於テ被告人カ振出シタル他人名義ノ手形ハ有價證券自體トシテ行使シタルモノニ非サルヲ以テ本件ハ行使ノ目的ヲ要件トスル有價證券ノ僞造ト見ルヲ得ス」トノ公廷ニ於ケル被告人ノ主張ハ單純ナル犯罪事實ノ否認ニシテ刑事訴訟法第三百六十條第二項ニ所謂犯罪ノ成立ヲ阻却スヘキ原因タル事實上ノ主張ニ該當セス

四九　連續犯ノ認定ト證據說示（昭和七年(れ)第四〇一號 同年五月三十日第一刑事部判決）

短期間ニ同種行爲ヲ反覆累行シタル事跡ニ依リ連續犯タルコトヲ認定シタルトキハ更ニ之ニ對スル證據ヲ擧示スルヲ要セス

五〇　本條第二項ノ主張ト判示方法（昭和七年(れ)第五一三號 同年六月十六日第一刑事部判決）

刑事訴訟法第三百六十條第二項ノ所謂事實上ノ主張ヲ判決ニ掲クルニ當リテハ其ノ要旨ヲ記載スルヲ以テ足ル

五一　自首ト本條第二項ニ所謂法律上刑ノ減免ノ原由タル事實上ノ主張（昭和七年(れ)第五〇五號 同年六月二十日第一刑事部判決）

自首ヲ爲シタリトノ事實上ノ主張ハ刑事訴訟法第三百六十條第二項ニ所謂法律上刑ノ減免ノ原由タル事實上ノ主張ニ該當セス

五二 夢中ニテ犯罪手段ニ付記憶ナカリシ旨ノ主張ト本條
(昭和七年(れ)第七五〇號 同年七月二十五日第一刑事部判決)

傷害ノ用ニ供シタル鉈ヲ如何ニシテ取上ケ之ヲ如何ナル順序ニテ使用シタルヤ夢中ニテ覺ナキ旨ノ辯解ノ如キハ刑事訴訟法第三百六十條第二項ニ所謂法律上犯罪ノ成立ヲ阻却スヘキ原由タル事實上ノ主張ト云フヲ得ス

五三 沒收不能ノ理由ト本條
(昭和七年(れ)第一二二三號 同年十二月三日第五刑事部判決)

沒收不能ノ理由ハ證據ヲ擧示シテ之ヲ説明スルノ要ナシ

五四 心神喪失ノ主張ト心神耗弱ノ主張
(昭和七年(れ)第一四二一號 同年十二月八日第一刑事部判決)

被告人カ心神喪失者ナリトノ主張ト心神耗弱者ナリトノ主張トハ全然別箇ニシテ前者ハ後者ヲ包含スルモノニ非ス

五五 公務員タルコトノ判示方法
(昭和七年(れ)第一四七六號 同年十二月十六日第四刑事部判決)

公務員タルコトヲ判示スルニハ官職名ヲ示ス等法令上公務員タルコトヲ知ルヲ得ヘキ事實ヲ判示スルヲ以テ足リ其ノ任命者及職務ニ從事スル資格ニ關スル法令上ノ根據ハ必シモ之ヲ判文ニ明示スルコトヲ要セス

五六 刑法第三條ノ適用ト其ノ判示
(昭和七年(れ)第一五六八號 同八年一月廿七日第四刑事部判決)

刑法第三條ハ之ヲ適用シタル趣旨判文上明瞭ナル以上ハ特ニ之カ適用ヲ明示セサルモ違法ニアラス

五七 連續犯ノ一部無罪ト其ノ判示方
(昭和七年(れ)第一六九九號 同八年三月四日第三刑事部判決)

連續犯トシテ起訴セラレタル數個ノ事實中其ノ一部ヲ有罪トスル裁判ヲ爲シタルトキハ其ノ他ノ部分ニ付特ニ無罪ノ明示ナキモ訴ヲ受ケタル事實ニ付裁判セサル違法アリト爲スヲ得ス

五八 證據ノ內容ト其ノ説明
(昭和八年(れ)第七三號 同年三月廿三日第一刑事部判決)

證據ノ內容ハ判文記載ノ犯罪事實ト相俟ツテ推知セラレ得ヘキ程度ニ於テ説明スルヲ以テ足リ必スシモ之ヲ具體的ニ謄寫又ハ抄寫シテ擧示スルヲ要セサルモノトス

五九 衆議院議員選擧法第百十二條第四號ノ罪ト其ノ判示方
(昭和八年(れ)第一一五號 同年四月十五日第三刑事部判決)

選擧ニ關シ投票買收費並選擧運動報酬トシテ包括的ニ金錢ノ供與ヲ受ケタル場合ニ於テハ此ノ兩者ノ金額ヲ區別シテ判示セサルモ理由不備ノ違法アリト謂フヲ得ス

六〇　失火罪ノ判示ト刑法第百八條第百九條明示ノ要否

（昭和八年(れ)第二八六號　同年五月一日第二刑事部判決）

刑法第百十六條第一項ノ規定ヲ適用スルニハ同法條ニ該當スル物ヲ具體的ニ判示スルヲ以テ足リ燒燬シタル物カ同法第百八條ニ記載シタル物ナリヤ將又第百九條ニ記載シタル物ナリヤニ付其ノ法條ヲ明示スルヲ要セス

六一　通貨僞造ニ非スシテ模造ナリトノ主張ト本條第二項

（昭和八年(れ)第六一八號　同年六月十九日第二刑事部判決）

通貨僞造行使被告事件ニ於テ被告人ノ行爲ハ通貨僞造ニ非スシテ模造ナリトノ主張ハ刑事訴訟法第三百六十條第二項ニ所謂法律上犯罪ノ成立ヲ阻却スヘキ原由又ハ刑ノ減免ノ原由タル事實上ノ主張ニ該當セス

六二　犯罪ノ場所ニ關スル證據ノ缺如

（昭和八年(れ)第六四五號　同年六月廿二日第一刑事部判決）

犯罪ノ場所ハ罪トナルヘキ事實ニ非サルカ故ニ場所ニ關スル刑罰法規適用ノ當否ニ付判定スル必要アル場合ノ外證據ニ依リ之ヲ認メタル理由ヲ明示スルノ要ナキモノトス

六三　檢證ノ請求却下ト其ノ理由ヲ示スコトノ要否

（昭和八年(れ)第六九〇號　同年六月二十九日第二刑事部判決）

裁判所ハ檢證ノ請求ヲ却下シタル場合判決ニ於テ特ニ其ノ請求理由ニ對スル判斷ヲ示スコトヲ要スルモノニ非ス

六四　從犯ナリトノ事實上ノ主張ト本條第二項

（昭和八年(れ)第六五九號　同年八月二十三日第三刑事部判決）

共同正犯ナル事實ヲ認定セル以上從犯ナリトノ事實上ノ主張アルモ特ニ判斷ヲ示スコトヲ要セス

六五　紙幣僞造器械製造罪ニ付僞造中止ノ主張ト本條第二項

（昭和八年(れ)第九八〇號　同年九月二十九日第四刑事部判決）

外國ニ於テ流通スル紙幣僞造ノ目的ヲ以テ其ノ器械ヲ製造シタリトノ事件ニ付テハ紙幣僞造ヲ中止シタリトノ主張ハ刑事訴訟法第三百六十條第二項ノ事實上ノ主張ニ該當セス

六六　被害者ト被告人トノ身分關係ノ認定

（昭和八年(れ)第一〇五二號　同年十一月十日第四刑事部判決）

判文中被害者ト被告人トノ間ニ刑法第二百四十四條ノ身分關係アル旨ノ記載ナキトキハ其ノ關係ナキモノト認メタル趣旨ナリト解スヘキモノトス

六七　親告罪ノ告訴ト判文記載ノ要否

（昭和八年(れ)第八八二號　同年十月十九日第一刑事部判決）

親告罪ニ於ケル告訴ノ有無存否ノ事實ノ如キハ必スシモ之ヲ判文

ニ記載シ證據説明ヲ爲スヲ要スルモノニ非ス

六八　不可抗力ノ主張ト本條第二項　（昭和八年(れ)第一二二二號 同年十月三十日第二刑事部判決）

業務上過失傷害被告事件ニ於テ被告人ニ過失ナク全ク不可抗力ナリトノ主張ハ刑事訴訟法第三百六十條第二項ニ所謂法律上犯罪ノ成立ヲ阻却スヘキ原由タル事實上ノ主張ニ該當セス

六九　犯罪事實ノ認定ト證據説示　（昭和八年(れ)第一二八四號 同年十一月二十一日第四刑事部判決）

證據ノ內容ハ之ヲ逐一具體的ニ掲載スルヲ要セサルモ判文記載ノ事實ト對照シテ其ノ內容ノ如何ナルモノナルカヲ推知シ得ヘキ程度ニ於テ之ヲ説示スルヲ要スルモノトス

七〇　牽連犯ノ一部無罪ノ理由ヲ説明セサル判決ノ解釋　（昭和八年(れ)第一七三七號 同九年二月八日第一刑事部判決）

裁判所カ牽連犯トシテ審理ノ請求ヲ受ケタル事實ノ一部ニ付審理ノ結果犯罪ノ成立ヲ認メス又ハ犯罪ノ證明ナキ場合ニ於テ判決理由中ニ其ノ無罪タルヘキコトノ説明ヲ加ヘサルトキト雖該判決ハ右犯罪事實ヲ否定シタルモノト解スヘキモノトス

七一　犯情輕重ナキ想像上ノ數罪ニ關スル判示　（昭和八年(れ)第一七三號 同九年二月八日第一刑事部判決）

數個ノ印鑑證明書ノ內容形式全ク同一ニシテ之ヲ一括行使スル場合ニ於テ其ノ犯情ニ輕重ナキモノト認メラルルトキハ孰レノ犯情重キカヲ判示セサルモ違法ニアラス

七二　判示事實ト同趣旨ナル證據ノ擧示方　（昭和九年(れ)第二三六號 同年五月三十一日第一刑事部判決）

證據ノ內容カ判決ニ認定スル犯罪事實ト一致スル場合ニ於テ證據ヲ擧示スルニ付其ノ內容カ判示事實ト同趣旨ナル旨説明スルハ畢竟證據ノ內容ヲ示ス方法ナリトス

七三　罪ト爲ルヘキ事實ニ對スル法律見解ノ陳述ト本條第二項ノ主張　（昭和九年(れ)第六三四號 同年七月十四日第三刑事部判決）

罪ト爲ルヘキ事實ニ對スル法律上ノ見解ノ陳述ハ刑事訴訟法第三百六十條第二項ニ所謂法律上犯罪ノ成立ヲ阻却スヘキ原由又ハ刑ノ加重減免ノ原由タル事實上ノ主張ニ該當セサルモノトス

七四　障礙未遂ノ主張ト本條第二項　（昭和九年(れ)第七八七號 同年八月九日第一刑事部判決）

障礙未遂ナリトノ事實上ノ主張ハ刑事訴訟法第三百六十條第二項ニ所謂法律上刑ノ減免ノ原由タル事實上ノ主張ニ該當セス

七五　公判請求書ヲ引用シタル證據説明　（昭和九年(れ)第七八六號 同年八月卅日第二刑事部判決）

證據説明ヲ爲スニ當リ被告人ノ供述內容ヲ示ス爲ニ之ト同一ノ記

載アル公判請求書ヲ引用スルハ違法ニ非ス

七六　本條第二項ノ事實上ノ主張ニ對スル判斷ト證據調（昭和九年(れ)第七七三號 同年九月七日第四刑事部判決）

公判廷ニ於テ證據調ノ手續ヲ履マサル證據ニ依リ刑事訴訟法第三百六十條第二項ニ所謂事實上ノ主張ニ對スル判斷ヲ示スモ違法ニ非ス

七七　證據力ナキ第一審公判調書ノ內容ヲ肯認シタル第二審ニ於ケル被告人ノ供述ノ證據力（昭和九年(れ)第八四五號 同年九月十七日第二刑事部判決）

第二審裁判長カ第一審公判調書中ニ於ケル被告人ノ供述記載ヲ讀聞ケ訊問シタルニ對シ其ノ通リ相違ナキ旨ヲ陳ヘタル第二審公判ニ於ケル被告人ノ供述ハ第一審公判調書カ證據力ナキ場合ト雖之ヲ同趣旨ノ供述トシテ罪證ニ供スルヲ得ルモノトス

七八　欺罔手段ト共ニ眞實ナル手段ノ併用セラレタル場合ニ於ケル事實ノ判示方（昭和九年(れ)第一〇七四號 同年十月二十三日第四刑事部判決）

欺罔手段ト共ニ眞實ナル手段カ併用セラレタル場合ニ於テ眞實ナル手段ノ判示方ヲ省略シ單ニ欺罔手段ニ因ル財物騙取ノ事實ノミヲ判示シテ詐欺罪ヲ認定スルモ違法ニ非ス

七九　常習賭博ト起訴ノ範圍（昭和九年(れ)第一一五一號 同年十一月廿二日第一刑事部判決）

常習賭博罪ノ起訴ノ範圍ハ起訴事實ヲ基礎トシテ之ト合シテ一個ノ常習賭博罪ヲ構成スヘキ總テノ事實ニ及フヘキモノトス

八〇　常習賭博ノ起訴ト賭博行爲ノ常習幇助（昭和九年(れ)第一一五一號 同年十一月廿二日第一刑事部判決）

常習トシテ賭博ヲ爲シタリトノ事實ト賭博行爲ヲ常習トシテ幇助シタリトノ事實トハ犯罪加功ノ態樣ヲ異ニスルニ過キサルモノニシテ前者ノ起訴事實中ニハ後者ノ事實ヲ包含ス

八一　現物取引ニシテ賭博行爲ニ非ストノ主張ト本條第二項（昭和九年(れ)第一一五一號 同年十一月廿二日第一刑事部判決）

本件取引ハ現物取引ニシテ賭博行爲ニ非ストノ主張ハ賭博罪ノ構成要件タル事實ノ否認ニ過キスシテ犯罪成立阻却ノ原由タル事實上ノ主張ニ非ス

八二　誣告ノ事實ト其ノ證據資料（昭和九年(れ)第一三三五號 同年十二月廿日第二刑事部判決）

誣告ノ事實ヲ斷スルニ當リ必シモ告訴狀ヲ引用スルコトヲ要スルモノニ非ス他ノ證據ニ依リ之ヲ認定スルヲ妨ケス

第三百六十一條　區裁判所ニ在リテハ上訴ノ申立ナキ場合又ハ判決宣告ノ日ヨリ七日間內ニ判決書ノ謄本ノ請求ナキ場合ニ於テ判決主文並罪ト爲ルヘキ事實ノ要旨及適用シタル罰條ヲ公判調書ニ記載セシメ之ヲ以テ判決書ニ代フルコト

ヲ得

〔理由書〕本條ハ區裁判所ニ於ケル判決書ノ特例ヲ定メタルモノナリ即チ特定ノ場合ニ於テハ判決書ヲ作ラスシテ判決ノ要旨ヲ公判調書ニ記載セシメ以テ判決書ニ代用スルコトヲ得ルモノト爲シタルモノナリ

一　區裁判所ノ判決ニ關スル注意事項

（大正十二年十二月五日
刑事第九五四六號刑事局長通牒）

改正法ハ區裁判所ニ在リテハ上訴ノ申立ナキ場合又ハ判決宣告ノ日ヨリ七日内ニ判決書ノ謄本ノ請求ナキ場合ニ於テハ判決書ヲ作成セスシテ判決ノ要領ヲ公判調書ニ記載セシムルヲ以テ足ルモノト爲シタリ然レトモ之カ實際ノ運用ニ付テハ一面手續ヲ簡捷ニシテ能率ノ增進ヲ圖ラムトスル法ノ精神ニ副ハムコトヲ期スルト共ニ他面ニ於テハ判事ノ職務ニ對スル態度氣風等ニ及ホス影響ヲ顧念シ又判決ノ執行指揮ニ付テノ關係ヲモ考慮セサルヘカラス

二　判決記載ノ公判調書ノ保存

（大正十二年十二月十二日
刑事第一〇三四一號刑事局長通牒）

問　公判調書ノ一部トシテ判決記載ノ用紙ヲ定メラレタルモ裁判所名、裁判宣告日、被告人ノ住所年齢等ハ公判調書ノ前部ト相待テ了知シ得ヘク獨立シテ判決書ト同様ノ效用ヲ爲サス然モ公判調書ノ全部ヲ判決原本ト同様ニ永久保存スルコトハ非常ノ不便アリ此ノ點ニ關シテハ特ニ何等カノ便法ヲ設ケラルル御見込ナリヤ（名古屋檢事長）

答　目下特ニ便法ヲ設クル見込ナシ

三　區裁判所ニ於テ判決書ヲ作成セスシテ公判調書ニ記載セシメ判決ニ代フルトキノ裁判言渡ヲ成ス場合ノ取扱方

（大正十二年十一月十二日
刑事第一〇三四一號刑事局長通牒）

問　第三百六十一條ニ依レハ區裁判所ハ上訴ナキ場合ハ公判調書ニ判決主文等ヲ記載セシメ判決書ニ代ユルコトヲ得然レトモ第六十六條ニ依レハ判決ヲ爲ストキハ裁判書ヲ作成スルヲ要件トス故ニ裁判ヲ爲ストキハ必ス作成シタル裁判書若ハ之ニ代フル公判調書ナカルヘカラス然ルニ又第六十二條ニ依レハ公判調書ノ整理期間ハ五日内ナルヲ以テ其ノ整理前ニ於テハ如何ニ之ヲ取扱フヲ可トスルヤ（福岡檢事正）

答　區裁判所ニ於テ判決ヲ爲ストキハ必シモ判決書ヲ作ラスシテ之ヲ公判調書ニ記載セシメ以テ判決ニ代フルコトヲ得ル法意ナリ而シテ之カ實際ノ運用ニ當テハ大正十二年十二月附刑事第九五四六號改正刑事訴訟法實施ニ關スル注意事項第八項ニ依リ了知セラルヘシ（本條一參照）

四　上訴申立ナキ場合ノ異議並上訴權回復ノ請求ヲ許ス決定確定シタル場合ノ判決書作成ニ付テノ取扱方

（大正十三年三月三日
刑事第二〇六八號刑事局長回答）

問　第三百六十一條ニ所謂上訴ノ申立ナキ場合トハ上訴期間內ノミニ上訴ノ申立ナカリシ場合ヲ云フヤ果シテ然リトセハ上訴期間內ニ上訴申立ナク且謄本請求モナカリシ爲公判調書ニ記載セシメテ判決ニ代用シタル處其ノ後上訴權回復ノ請求ヲ許ス決定確定シタルトキハ更ニ判決書ヲ作成スルノ要アリヤ此ノ時判事旣ニ判決書ヲ作成スル能ハサル事情（死亡其他）發生シタル場合ハ如何ニ處理スルヤ（高千穗區檢事）

答　作成ノ要アリ事實上作成不能ノトキハ其ノ儘差置クノ外ナシ

（大正十三年三月三日刑事第二〇六八號刑事局長回答）

五　公判調書ニ記載セスシテ判決書ヲ作成シタル場合ノ判決書ノ記載要項

問　區裁判所ニ於テ第三百六十一條ノ場合ニハ公判調書ニ記載セシメスシテ判決主文並罪トナルヘキ事實ノ要旨及適用シタル罰條ノミヲ具備スル判決書ヲ作成シ得ルヤ（高千穗檢事）

答　證據ニ依リ罪トナルヘキ事實ヲ認メタル理由ヲ示ササル判決書ヲ作成スルヲ得ス

（大正十三年三月三日刑事第二〇六八號刑事局長回答）

六　所謂公判調書ニ記載セシメトノ意義

問　區裁判所ニ於テ判決ヲ爲ストキハ第六十六條ノ例外トシテ必シモ判決書ヲ作成セス公判調書ニ記載セシメ判決ニ代用セシム

ル法意ナリトセハ第三百六十一條ニ所謂公判調書ニ記載セシメトハ判決宣告ノ際ニ公判調書ニ記載ヲ命シタル場合ヲ謂フヤ將又判決宣告後ト雖上訴申立ナク且七日內ニ判決謄本ノ請求ナカリシ場合モ公判調書ニ附記セシムルモ判決代用ノ效アリト解スヘキヤ

果シテ後段ノ如シトセハ宣告後判決ヲ公判調書ニ記載セシメサル內判事判決書ヲ作成スル能ハサル事情（死亡其他）發生シタルトキハ如何ニ處理スルヤ（高千穗區檢事）

答　判決調書ノ記載方ニ付テハ大正十二年十二月五日刑事第九五四六號注意事項第八ニ依リ了知セラレタシ（本條一參照）事實上判決書ヲ作成スル能ハサルトキハ其ノ儘差置クノ外ナシ

七　無罪ノ判決モ公判調書ニ記載セシメテ判決書ニ代フルコトヲ得ルヤ

（大正十三年十一月十九日刑事第一四八七〇號刑事局長通牒）

問　區裁判所ニ於テ無罪ノ判決アリタル場合ニ刑事訴訟法第三百六十一條ニ依リ之ヲ公判調書ニ記載セシメテ判決書ニ代フルコトヲ得ルヤ（奈良檢事正）

答　貴見ノ通リ

第三百六十二條　被告事件罪ト爲ラス又ハ犯罪ノ證明ナキトキハ判決ヲ以テ無罪ノ言渡ヲ爲スヘシ

〔理由書〕 本條ハ無罪ノ言渡ヲ爲スヘキ判決ニ付テ規定ス無罪ノ判決モ亦總則ニ於ケル第四十九條ノ適用ヲ受ケ理由ヲ付スヘキモノナルカ故ニ結局現行法第二百三條第二項ト異ナル所ナシ

公判裁判所カ檢事ノ明示シタル公訴事實ニ付犯罪ノ成立ヲ認メサル場合ト之ニ對スル裁判ノ主文

（昭和八年(れ)第六〇五號 同年七月十日第一刑事部判決）

公判裁判所ハ其ノ犯罪ノ成立ヲ認メサル公訴事實ニ付テハ主文ニ於テ無罪ノ言渡ヲ爲スヘク又豫審中ニ發見セラレタル事實ニ付テハ裁判ヲ爲スコトナク唯判文中之ニ對スル公訴ノ提起ナキニ因リ裁判ヲ爲ササル旨ヲ説明スルニ止ムヘキモノトス

第三百六十三條 左ノ場合ニ於テハ判決ヲ以テ免訴ノ言渡ヲ爲スヘシ

一 確定判決ヲ經タルトキ
二 犯罪後ノ法令ニ因リ刑ノ廢止アリタルトキ
三 大赦アリタルトキ
四 時效完成シタルトキ

〔理由書〕 本條ハ判決ヲ以テ免訴ノ言渡ヲ爲スヘキ場合ニ關スル規定ニシテ大體豫審ニ於ケル第三百十四條ト其ノ範圍異ナルコトナシ唯公判ニ於テハ第三百五十九條ヲ以テ刑ノ免除ノ判決ニ付特ニ規定ヲ設ケタルヲ以テ本條ニハ其ノ場合ヲ包含セス

第三百六十四條 左ノ場合ニ於テハ判決ヲ以テ公訴ヲ棄却スヘシ

一 被告人ニ對シテ裁判權ヲ有セサルトキ
二 第三百十七條ノ規定ニ違反シテ公訴ヲ提起シタルトキ
三 公訴ノ取消ニ因リ公訴棄却ノ決定アリタル事件ニ付更ニ公訴ヲ提起シタルトキ
四 公訴ノ提起アリタル事件ニ付更ニ同一裁判所ニ公訴ヲ提起シタルトキ
五 告訴又ハ請求ヲ待チテ受理スヘキ事件ニ付告訴又ハ請求ノ取消アリタルトキ
六 公訴提起ノ手續其ノ規定ニ違反シタル爲無效ナルトキ

一 **親告罪ニ付告訴ヲ待タスシテ公訴ヲ提起シタル後告訴アリタル場合ノ公訴提起ノ效力**

（大正十三年三月三日 刑事第二〇六九號刑事局長回答）

問 告訴又ハ請求ヲ待テ受理スヘキ事件ニ付之ヲ待タスシテ公訴ヲ提起シタル後告訴又ハ請求アリタル場合ニ於テハ公訴手續有效ト認メ得ヘキヤ或ハ第三百六十四條第六項ニ依リ公訴ヲ棄却スヘキヤ（奈良檢事正）

答 後段貴見ノ通リ

二 **連續犯タル親告罪ノ公訴事實中告訴ナカリシ部分ト裁判ノ言渡**

連續犯タル親告罪ノ公訴事實中或部分ニ付告訴ナカリシトキハ其ノ部分ニ關シテハ之ヲ論セサル旨ヲ判示スルヲ以テ足リ公訴棄却ノ言渡ヲ爲スヘキモノニ非ス

（大正十三年(れ)第一六四九號 同年十月二十八日第六刑事部判決）

三　公訴棄却ノ申立ト其ノ裁判

公訴ノ不適法ヲ理由トスル公訴棄却ノ申立カ其ノ理由ナキトキハ裁判所ニ於テ特ニ其ノ申立ヲ棄却スル言渡ヲ爲スヲ要セス

（大正十四年(れ)第一七四九號 同十五年一月二十日第四刑事部判決）

四　裁判權ヲ有セサルコトヲ理由トスル非常上告ノ裁判

被告事件ニ付裁判權ヲ有セサルニ拘ラス公訴ヲ受理シ本案判決ヲ爲シタルトキハ訴訟手續法令ニ違反スルモノニシテ之ヲ理由トシ非常上告ヲ爲スニ於テハ單ニ原審カ被告ニ對シ本案判決ヲ爲シタル訴訟手續ヲ破毀スヘキモノトス

（大正十五年(そ)第一號 同年二月十八日第二刑事部判決）

五　陸軍軍人タル身分取得前ノ犯人ニ對スル裁判權

陸軍軍人カ其ノ身分ノ發生前犯シタル罪ニ付通常裁判所ニ起訴セラレ判決前軍人タル身分ヲ取得シタルトキハ被告事件ハ軍法會議ノ裁判權ニ屬スルモノニシテ通常裁判所ハ之ニ對シ裁判權ヲ有セス

（大正十五年(れ)第六二一號 同年七月五日第五刑事部判決）

六　民事訴訟ヲ手段トセル親族間ノ詐欺事件ト告訴ノ取消

民事訴訟ヲ提起シ裁判所ヲ欺罔シテ相手方ヨリ財物ヲ騙取セントシタル詐欺事件ニ於テ訴訟當事者間ニ親族關係アルカ爲告訴ヲ待テ其ノ罪ヲ論スヘキ場合ニ相手方ヨリ告訴ノ取消アリタルトキハ公訴棄却ノ裁判ヲ爲スヘキモノトス

（大正十五年(れ)第一七七一號 昭和二年一月二十六日第三刑事部判決）

七　連續犯ト二箇ノ起訴

檢事カ被害者ヲ異ニスル二箇ノ橫領行爲アリトシ前後二回ニ之カ公訴ヲ提起シタル場合ニ於テ裁判所カ連續ノ一罪トシテ認定シタルトキト雖後ノ起訴ニ付公訴棄却ノ判決ヲ爲スヘキモノニ非ス

（昭和七年(れ)第一二六二號 同年十一月二十四日第二刑事部判決）

八　第二審カ公訴ノ提起ナキ事實ニ付爲シタル有罪判決ト上告審ノ判決

檢事ノ明示スル公訴事實ト之ト連續關係アルモノトシテ第一審ノ認定シタル事實トニ付第二審カ前者ニ付テハ證明ナキモノトシテ犯罪ノ成立ヲ認メス後者ニ付テノミ犯罪成立ヲ認メ有罪判決ヲ爲シタル場合ニ於テハ上告審ハ原判決ヲ破毀シテ公訴ヲ棄却スヘキモノトス

（昭和七年(れ)第八九五號 同年十二月二十四日第三刑事部判決）

九　牽連犯ノ一部カ親告罪ニシテ告訴ナキ場合ノ處分

（昭和八年（れ）第一一三八號 同年十月十九日第二刑事部判決）

公訴ニ係ル牽連犯ノ一部カ親告罪ニシテ告訴ナキ爲之ヲ論スヘカラサルトキハ判決理由中ニ其ノ旨ヲ說示シ他ノ部分ノミニ付處斷ヲ爲シ親告罪ノ部分ニ付特ニ公訴棄却ノ言渡ヲ爲スヘキモノニ非ス

第三百六十五條　左ノ場合ニ於テハ決定ヲ以テ公訴ヲ棄却スヘシ

一　公訴ノ取消アリタルトキ

二　被告人死亡シ又ハ被告人タル法人存續セサルニ至リタルトキ

三　第九條又ハ第十條ノ規定ニ依リ審判ヲ爲スヘカラサルトキ

前項ノ決定ニ對シテハ即時抗告ヲ爲スコトヲ得

〔理由書〕本條ハ公判ニ於テ公訴ヲ棄却スヘキ場合ヲ定ムル所ハ豫審ニ於ケル第三百十五條ニ定ムル場合ト異ナル所ナシ唯判決ヲ以テ言渡ス場合ト決定ヲ以テ言渡ス場合トヲ區別スルハ事ノ輕重ニ依ル第三百六十四條ニ定ムル場合ニ於テハ必ス辯論ヲ經サルヘカラス第三百六十五條ニ定ムル場合ニハ公訴消滅シタルコト又ハ其ノ不適法ニ繫屬スルコト明白ナレハ別ニ口頭辯論ヲ經テ判決ヲ爲スノ必要ヲ見ス故ニ公判廷ヲ開カス決定ヲ以テ終局スヘキモノト爲ス

第三百六十六條　被告人陳述ヲ肯セス、許可ヲ受ケスシテ退廷シ又ハ秩序維持ノ爲裁判長ヨリ退廷ヲ命セラレタルトキハ其ノ陳述ヲ聽カスシテ判決ヲ爲スコトヲ得

第三百六十七條　罰金以下ノ刑ニ該ル事件又ハ罰金以下ノ刑ニ處スヘキモノト認ムル事件ニ付被告人出頭セサルトキハ其ノ後ノ取調ニ因リ禁錮以上ノ刑ニ處スヘキモノト認ムル場合ヲ除クノ外被告人ノ陳述ヲ聽カスシテ判決ヲ爲スコトヲ得

〔理由書〕判決ハ口頭辯論ニ基キ之ヲ爲スヘキコトヲ原則トスルハ第四十八條ノ規定スル所ナリ而シテ口頭辯護ハ被告ノ陳述ヲ聽クヲ本則トス兩條此ノ本則ニ對スル例外ヲ示ス第三百六十六條ハ現行法第百八十二條ニ相當シ別ニ說明ヲ要セス第三百六十七條ハ現行法第二百二十六條ノ一部ニ相當シ罰金以下ノ刑ニ該ルヘキ事件ニ付被告人出頭セサルトキハ其ノ陳述ヲ聽カスシテ判決ヲ爲スヘキモノトシ尚起訴ハ罰金以下ニ該ルモノトセルモ裁判所罰金以下ニ該ルモノト認ムルトキハ同一ノ取扱ヲ爲スコトヲ得唯何レノ場合ニ於テモ後ノ取調ニ依リ禁錮以上ニ該ルヘキモノト認ムルニ至リタルトキハ爾後其ノ手續ニ依ルコトヲ得サルモノナリ

現行法ハ其ノ第百八十二條ノ場合ニハ被告人ノ在廷セサルニ拘ハラス對席判決ヲ爲シ本條第三百六十六條ト結果ヲ異ニセス其ノ第二百二十六條ノ場合ニハ總テ缺席判決ヲ爲シ其ノ判決ニ對シテ故障ヲ許スヘキモノト爲ス本條ハ全然闕席判決ノ制ヲ認メス第三百六十七條ノ場合ニ於テモ被告人出頭シタル場合ト同シク判決ヲ爲シ控訴上告ニ依ルノ外之ニ對シテ不服ヲ申立ツルノ途ナキモノトス

一　共同被告人ト本條ノ適用（昭和六年(れ)第一四六九號 同七年二月二十二日第一刑事部判決）

刑事訴訟法第三百六十七條ノ規定ハ刑ノ言渡ヲ受クヘキ被告人ヲ對象トスルモノニシテ從テ同規定ハ共同被告事件ニ在リテモ各被告人ニ付之ヲ適用スヘキモノトス

二　罰金以下ノ刑ニ處スヘキモノト認ムル事件ト控訴ノ審判（昭和八年(れ)第二〇一號 同年四月十七日第一刑事部判決）

控訴裁判所ハ罰金以下ノ刑ニ處スヘキモノト認ムル事件ニ付被告人出頭セサルトキハ其ノ後ノ取調ニ依リ禁錮以上ノ刑ニ處スヘキモノト認ムル場合ヲ除クノ外更ニ期日ヲ定メス被告人ノ陳述ヲ聽カスシテ判決ヲ爲スコトヲ得ルモノトス

第三百六十八條　辯論終結ノ後ハ被告人出頭セスト雖宣告ニ依リ判決ヲ告示ス

〔理由書〕　判決ハ總テ公判廷ニ於テ宣告スヘキモノナリ辯論ノ期日ニハ原則トシテ被告人ノ在廷ヲ要スルモ宣告ノ期日ニハ之ヲ必要トセス卽チ宣告ハ被告人在廷セサルモ告知ノ效力ヲ生スルモノトス現行法ニハ明文ナシト雖同一ノ例ニ從フ

判決言渡期日ニ於ケル辯論ノ分離又ハ再開ノ決定ノ效力（昭和九年(れ)第七一〇號 同年八月一日第三刑事部判決）

適法ニ開廷サレタル判決言渡期日ニ於テ被告人不出頭ノ儘辯論ノ分離又ハ再開ノ決定ヲ爲スモ違法ニ非ス

第三百六十九條　有罪ノ判決ヲ告知スル場合ニハ被告人ニ對シ上訴期間及上訴申立書ヲ差出スヘキ裁判所ヲ告知スヘシ

〔理由書〕　本條ハ上訴期間竝上訴申立書ヲ差出スヘキ裁判所ヲ告知スヘキコトヲ定ム現行法第二百七條ニ於テハ上訴期間ノ告知ヲ爲スヘキ旨ヲ示スモ上訴申立書ヲ差出スヘキ裁判所ヲ告知スルコトヲ定メサルカ故ニ往々ニシテ上訴申立人ヲ誤リ爲ニ上訴權ヲ喪失スルニ至リタル例アリ卽チ實際ノ必要ニ顧ミテ本條ノ規定ヲ設ケタルモノナリ

無罪ノ判決ト被告人ノ上訴（昭和七年(れ)第一三五八號 同年十一月二十一日第二刑事部判決）

犯罪ノ證明ナシトノ理由ニ因リ無罪ヲ言渡シタル判決ニ對シテハ被告人ハ上訴權ナシ

第三百七十條　裁判長ハ判決ノ告知ヲ爲シタル後被告人ニ對

シ將來ヲ戒ムル爲適當ナル訓諭ヲ爲スコトヲ得

〔理由書〕　本條ハ極メテ重要ナル訓示規定ナリ被告人ニ對スル判決ノ言渡ハ莊重ニ之ヲ爲シ被告人ヲシテ克ク判決ノ內容ヲ知悉セシムルト共ニ之ヲシテ裁判ニ心服セシムルコトヲ努メサルヘカラス又場合ニ依リテハ被告人ニ對シ將來ヲ戒メ再ヒ刑辟ニ觸ルルコトナカラシムル爲適切ナル訓諭ヲ與フルヲ相當トスルコトアリ此ノ如キハ判決ノ效果ヲ全クスル爲裁判長ノ當ニ努ムヘキ所ニシテ徒ニ形式ニ拘泥シ實ヲ收ムルニ意ヲ用ヰサルハ職務ニ忠ナル所以ニ非ス此ノ義ヲ明ニスル爲特ニ本條ヲ設ク

第三百七十一條　無罪、免訴、刑ノ免除、刑ノ執行猶豫、公訴棄却、管轄違、罰金又ハ科料ノ言渡ヲ爲シタルトキハ勾留セラレタル被告人ニ對シテハ放免ノ言渡アリタルモノトス

公訴棄却又ハ管轄違ノ言渡ヲ爲ス場合ニ於テハ裁判所ハ勾留狀ヲ存シ又ハ新ニ之ヲ發スルコトヲ得

勾留狀ヲ存シ又ハ新ニ之ヲ發シタル事件ニ付三日內ニ公訴ヲ提起セス又ハ管轄裁判所ノ檢事ニ事件ヲ送致セサルトキハ檢事ハ直ニ被告人ヲ釋放スヘシ被告事件ノ送致ヲ受ケタル檢事五日內ニ公訴ヲ提起セサルトキ亦同シ

一　放免ノ言渡ト釋放ノ時期　（大正十三年三月三日刑事第二〇六八號刑事局長回答）

問　第三百七十一條勾留中ノ被告人ニ對シ無罪、免訴、刑ノ免除、刑ノ執行猶豫又ハ罰金科料ノ言渡アリタル場合ハ判決宣告ト共ニ釋放スヘキモノニシテ判決確定マテ勾留ヲ許サル法意ナリヤ　（高千穗檢事）

答　刑事訴訟法第三百七十一條第一項ニ依ル放免ノ言渡ハ裁判確定スルニ非サレハ執行スルコトヲ得ス

二　無罪免訴ノ釋放方ニ關スル件　（昭和八年五月司法官會同ノ際ニ於ケル書記長及監督書記協議事項）

問　勾留中ノ被告人ニ對シ無罪、免訴、刑ノ免除、刑ノ執行猶豫又ハ罰金、科料ノ言渡アリタル場合釋放ニ關シ左記二樣ノ回答アルモ兩者相矛盾セサルモノト解シ可然ヤ

左記

(1)　（司法省刑事局刑事第二〇六八號）　（大正十三年三月三日高千穗區裁判所檢事局問合刑事局長回答　刑事訴訟法質疑回答錄）

問　第三百七十一條勾留中ノ被告人ニ對シ無罪免訴刑ノ免除刑ノ執行猶豫又ハ罰金科料ノ言渡アリタル場合ハ判決宣告ト共ニ釋放スヘキモノニシテ判決確定迄勾留ヲ許サル法意ナリヤ

答　刑事訴訟法第三百七十一條第一項ニ依ル放免ノ言渡ハ裁判確定スルニ非サレハ執行スルヲ得ス

(2)　（明治三十九年一月六日民刑甲第二〇六號民刑局長通牒）（大審院長檢事總長各控訴院長檢事長地方裁判所長檢事正宛）　民刑局刑事先例彙纂

問　執行猶豫ノ裁判ヲ受ケタルモノ勾留セラレアルトキ檢事上訴ヲ爲サントスル場合ノ外ハ直チニ解放スヘキモノトス如何

答　解放スルヲ妥當トス

答　矛盾セサルモノト解ス

尚ホ(2)ノ通牒ハ檢事ニ對シテ上訴權ノ拋棄ヲ認メサリシ舊刑事訴訟法ニ關スルモノナルコトニ留意セラレ度シ

第三百七十二條　押收シタル物ニ付沒收ノ言渡ナキトキハ押收ヲ解ク言渡アリタルモノトス

公訴棄却又ハ管轄違ノ言渡ヲ爲ス場合ニ於テハ裁判所ハ押收ヲ存續スルコトヲ得

押收ヲ存續シタル事件ニ付三日内ニ公訴ヲ提起セス又ハ管轄裁判所ノ檢事ニ事件ヲ送致セサルトキハ檢事ハ其ノ押收ヲ解クヘシ被告事件ノ送致ヲ受ケタル檢事五日内ニ公訴ヲ提起セサルトキ亦同シ

〔理由書〕　本條ハ豫審ニ於ケル第三百十八條及第三百十九條ノ規定ト其ノ趣旨ヲ同シクス

第三百七十三條　押收シタル贓物ニシテ被害者ニ還付スヘキ理由明白ナルモノハ之ヲ被害者ニ還付スル言渡ヲ爲スヘシ

贓物ノ對價トシテ得タル物ニ付被害者ヨリ交付ノ請求アリタルトキハ前項ノ例ニ依ル

假ニ還付シタル物ニ付別段ノ言渡ナキトキハ還付ノ言渡アリタルモノトス

前三項ノ規定ハ民事訴訟ノ手續ニ從ヒ利害關係人ヨリ其ノ權利ヲ主張スルコトヲ妨ケス

〔理由書〕　押收物贓物ナルモ別段ノ規定ナキトキハ之ヲ差出人ニ還付スヘキ筋合ニシテ被害者ニ交付スルコトヲ得サルヘシ刑法施行法第六十一條ニ於テハ之ニ重要ナル例外ヲ認メ贓物犯人ノ手ニ在ルトキハ被害者ニ還付スヘキ言渡ヲ爲スヘキモノト定ム本條第一項ハ其ノ規定ニ修正ヲ加ヘ犯人ノ手ニ在ルト否トヲ問ハス被害者ニ還付スヘキ理由明白ナル場合ニ於テハ被害者ノ請求ナシト雖之ニ還付スヘキ言渡ヲ爲スモノトシ又同一ノ場合ニ於テ贓物ノ對價トシテ得タル物アルトキハ被害者ノ請求ニ因リ之ニ交付スルノ言渡ヲ爲スヘキモノトス

押收ニ關スル規定ニ依リ假リニ還付シタル物ハ判決ニ依リ更ニ其ノ歸屬ヲ定ムヘキモノナリ若シ別段ノ言渡ナキトキハ其ノ儘還付ノ言渡アリタルモノト爲ス本條第二項此ノ義ヲ明ニス

以上示ス所ノ處分ハ物ノ權利ヲ確定スルモノニ非サルカ故ニ利害關係人ハ民事訴訟ノ手續ニ依リ其ノ權利ヲ主張スルコトヲ妨ケサルナリ本條第三項此ノ義ヲ明ニス

一　被害金混同シテ區別ヲ爲シ能ハサル場合ノ還付方法

（昭和七年一月二十二日 刑事第二〇七號刑事局長通牒）

問　被告人數人ヨリ金錢ヲ騙取シ之ヲ混同シ一部ヲ費消シ殘ヲ證據品トシテ押收シタルニ裁判ノ結果之カ證據物件ハ各被害者ニ還付スルトノ判決アリタルモノアリ然ルニ被害金ハ混同シテ之カ區別ヲ爲シ能ハサルモノアルトキハ各被害者ノ連名ノ受領證ヲ徵シ一同ニ之ヲ還付スヘキヤ（山口地檢）

答　各被害明瞭ナル場合ハ其ノ額ニ按分シテ還付スヘク然ラサル場合ハ貴見ノ如キ方法又ハ其ノ他適宜ノ處置ヲ講シテ還付スヘキモノトス

二　押收物還付ノ言渡ナキ場合ニ於ケル檢事ノ處分

（昭和七年(つ)第四二號 四年十一月廿一日第一刑事部決定）

押收物ニ付還付ノ言渡ナカリシ場合ニ於テ檢事ノ爲シタル押收物ノ還付處分ニ付テモ檢事所屬ノ裁判所ニ其ノ處分ノ取消又ハ變更ヲ請求スルコトヲ得

三　被害者死亡ノ場合ニ於ケル押收贓物ノ還付方

（昭和八年(れ)第一四四九號 同年十二月七日第一刑事部判決）

被害者カ死亡シタル場合ニ押收ノ贓物ヲ被害者ノ相續人ニ還付スル言渡ヲ爲スハ刑事訴訟法第三百七十三條ノ趣旨ニ適スルモノトス

四　詐欺ニ因ル保險契約ニ基ク保險金ト被害者ニ還付ノ言渡ヲ爲シヘキ場合

（昭和八年(れ)第一七二六號 同九年二月八日第二刑事部判決）

詐欺ニ因リ保險契約ニ基キ受取リタル保險金ニシテ押收ニ係ルモノハ之ヲ被害者ニ還付スル言渡ヲ爲スヘキモノトス

第三百七十四條　刑ノ執行猶豫ノ言渡ヲ取消スヘキ場合ニ於テハ刑ノ言渡ヲ受ケタル者ノ現在地又ハ最後ノ住所地ヲ管轄スル區裁判所ノ檢事其ノ裁判所ニ請求ヲ爲スヘシ

前項ノ請求アリタルトキハ裁判所ハ被告人又ハ其ノ代理人ノ意見ヲ聽キ決定ヲ爲スヘシ此ノ決定ニ對シテハ即時抗告ヲ爲スコトヲ得

〔理由書〕　本條ハ現行法施行法第五十六條ノ規定ト其ノ趣旨大體ニ於テ異ナルコトナシ唯現行法ハ地方裁判所ヲシテ之ヲ管轄セシメタルモ本條ハ之ヲ區裁判所ニ改メタリ

一　押收ノ通貨ト贓物ノ還付處分

（大正十四年(れ)第一二七號 同年三月二十六日第二刑事部判決）

押收ニ係ル通貨數個アル場合ニ於テ其ノ内若干個ヲ贓物トシテ被害者ニ還付スル言渡ヲ爲スニ當リテハ必スシモ還付スヘキモノヲ特定スルノ要ナキモノトス

二 領事裁判ニ於テ執行猶豫ノ言渡ヲ受ケ更ニ内地ニ於テ犯罪ヲ犯シ處刑セラレタル場合ノ執行猶豫ノ取消

（大正十五年九月十一日 刑事局長回答）

問 甲者大正十五年六月二十五日在奉天日本總領事館ニ於テ詐欺竊盗罪ニ因リ懲役十月ニ處セラレ三ヶ年間執行猶豫ノ言渡ヲ受ケタル者ナル處該猶豫期間中内地ニ於テ更ニ竊盗罪ヲ犯シ大正十五年八月十三日當區裁判所ニ於テ懲役一年ニ處セラレタリ右執行猶豫ノ言渡ハ之ヲ取消スコトヲ得ルモノト思考スルモ疑義アリ指示ヲ乞フ（宇都宮監督判事）

答 貴見ノ通リ

第三百七十五條 刑法第五十二條又ハ第五十八條ノ規定ニ依リ刑ヲ定ムヘキ場合ニ於テハ其ノ犯罪事實ニ付最終ノ判決ヲ爲シタル裁判所ノ檢事其ノ裁判所ニ請求ヲ爲スヘシ

前項ノ請求アリタルトキハ裁判所ハ被告人又ハ其ノ代理人ノ意見ヲ聽キ決定ヲ爲スヘシ此ノ決定ニ對シテハ即時抗告ヲ爲スコトヲ得

〔理由書〕 本條ハ現行法施行法第五十三條ノ規定ト其ノ趣旨異ナルコトナシ

第三編 上訴

第一章 通則

〔理由書〕 本編ハ現行法ト同シク上訴ヲ控訴、上告及抗告ノ三種ト爲シ本章ニ於テ之ニ共通スル法則ヲ定ム

第三百七十六條 上訴ハ檢事又ハ被告人之ヲ爲スコトヲ得

〔理由書〕 本條ハ上訴權ノ訴訟當事者ニ屬スルコトヲ定メタルモノニシテ現行法第二百四十二條ヲ修正シタルモノナリ現行法第二百四十二條第一項ニハ檢事其ノ他訴訟關係人トアレトモ檢事及被告人以外ノ訴訟關係人ニ付テハ別條ニ定ムルヲ適當ト認メテ之ヲ本條ニ加ヘス又現行法第二百四十二條第二項ニ定ムル所ハ特ニ法ノ明文ヲ俟タサルヲ以テ之ヲ削除シタリ

一 併合罪ノ一部ニ對スル被告人ノミノ上訴ト審理ノ範圍

（大正十五年(れ)第一四三三號 同年十月二十六日第一刑事部判決）

第一審裁判所ニ於テ併合罪ノ一部ニ對シ有罪ノ言渡ヲ爲シ他ノ一部ヲ無罪ト爲シタル場合ニ於テ被告カ其ノ有罪ノ判決ニ對シ上訴ヲ爲シタルモ檢事ヨリ上訴ノ申立ナキトキハ無罪ノ部分ハ第二審裁判所ノ審理範圍ヨリ脫離スルモノトス

二 **電報ニ依ル上告申立**（昭和六年(れ)第三〇號 同七年一月二十七日第三刑事部判決）

電報ニ依ル上告申立ハ不適法ナリ

三 **想像上數罪ニ對スル判決ノ一部ニ付不服アルコトヲ理由トスル檢事控訴ノ效力**（昭和九年(れ)第五〇五號 同年七月廿三日第一刑事部判決）

想像上ノ數罪トシテ起訴セラレタル一罪ニ付有罪ヲ言渡シ他ノ罪ニ付テハ證明十分ナラスト判斷シタル判決ニ對シ檢事カ控訴ヲ爲シタルトキハ其ノ不服ノ理由カ證明不十分ト判斷シタル點ニアルモ公訴事實全部ニ付移審ノ效力ヲ生ス

第三百七十七條 檢事又ハ被告人ニ非サル者ニシテ決定ヲ受ケタルモノハ抗告ヲ爲スコトヲ得

〔理由書〕 本條ハ訴訟當事者以外ノ者決定ヲ受ケタル場合ニ於テハ抗告權其ノ者ニ屬スルコトヲ定メタルモノニシテ現行法ニハ之ニ關スル特別ノ明文ナシト雖其ノ趣旨ニ於テ異ナルコトナシ

第三百七十八條 被告人ノ法定代理人、保佐人又ハ夫ハ被告人ノ爲獨立シテ上訴ヲ爲スコトヲ得

〔理由書〕 本條ハ現行法第二百四十四條ヲ修正シタルモノニシテ法定代理人ノ外保佐人及夫ニモ亦獨立ノ上訴權アルコトヲ認メタルモノナリ

一 **被告人ノ法定代理人、保佐人、夫以外ノ輔佐人ノ上訴權**（大正十二年二月二日 刑事第六四八號刑事局長通牒）

問 被告人ノ法定代理人、保佐人、夫以外ノ輔佐人ハ獨立シテ上訴ヲ爲シ得サルヤ（第四十七條第三項、第三百七十八條、第三百七十九條參照）（函館所長）

答 貴見ノ通リ

二 **被告人ノ同意ヲ得スシテ上訴ノ拋棄又ハ取下ノ申立書ヲ提出シタル場合ノ取扱方**（大正十三年二月二十三日 刑事第一七八一號刑事局長行刑局長通牒）

被告人上訴ノ拋棄又ハ取下ヲ爲ス爲刑事訴訟法第三百七十八條ニ規定スル者ノ同意ヲ得ルコトヲ要スル場合ニ於テ其ノ同意ヲ得スシテ拋棄又ハ取下ノ申立書ヲ差出シタルトキハ裁判所又ハ刑務所ハ被告人ニ對シテ右ノ同意ヲ得ルニ非レハ之ヲ爲スコトヲ爲サル旨ヲ注意シ其ノ要件ヲ具備スルニ至リタル後檢事ニ通知スル樣致度

三 **被告人ノ上訴拋棄ニ同意シタル法定代理人、保佐人又ハ夫ノ上訴權**（大正十四年九月十四日 刑事局長回答）

問 被告人ノ上訴權拋棄ニ同意シタル法定代理人、保佐人又ハ夫ト雖更ニ刑訴第三百七十八條ノ上訴ヲ爲シ得ルヤ（福島檢事正）

答　上訴ヲ爲スコトヲ得ス

第三百七十九條　原審ニ於ケル代理人又ハ辯護人ハ被告人ノ爲上訴ヲ爲スコトヲ得但シ被告人ノ明示シタル意思ニ反スルコトヲ得ス

〔理由書〕本條ハ現行法第二百四十三條ヲ修正シタルモノニシテ原審ニ於ケル代理人モ辯護人ト同シク上訴ヲ爲スコトヲ得ルモノトセリ

代理人及辯護人ハ獨立ノ上訴權ヲ有スルモノニ非ス故ニ被告人ノ明示シタル意思ニ反シテ上訴ヲ爲スコトヲ得ス

一　辯護人ノ上訴ニ對シ反對ノ意思ヲ明示シタル場合ノ上訴ノ效力ト執行

（昭和三年十月二十五日刑事局長回答）

問　原審辯護士ヨリ控訴ヲ申立タル後被告ハ反對ノ意思ヲ明示シタリ原審ハ控訴期間最終ノ本日控訴申立棄却ノ決定ヲ爲ス之カ即時抗告期間中ハ一般控訴ノ場合ト同様刑ノ執行ヲ見合可然哉（和歌山檢事正）

答　反對ノ意思ノ明示カ公判調書ニ記載セラレ又ハ書面ヲ以テ爲サレタルモノニシテ事實上控訴ノ取下ト看做サルモノナレハ後ノ控訴申立棄却ノ決定ノ如何ニ拘ハラス刑ノ執行ヲ爲シ得ヘク然ラサレハ刑法第三百八十二條、第三百八十五條ニヨリ抗告ノ

拋棄又ハ取下ノ申立ヲ爲スニ非サレハ直ニ刑ノ執行ヲ爲シ得サルモノトス

二ノ一　辯護士ノ爲シタル控訴ヲ被告ニ於テ取下ケタル場合ト其ノ刑ノ執行

（昭和三年十月二十四日刑事局長回答）

問　辯護士ノ控訴ヲ被告ニ於テ取下ケヲナサハ直ニ刑執行ヲナシ可然哉（和歌山檢事正）

答　控訴棄却ノ決定アリタル後ニ取下ヲ爲スハ不當ナリト思料ス決定ニ對スル即時抗告ノ申立ヲ拋棄スル手續ヲ爲サシメテハ如何

二ノ二　辯護士ノ爲シタル控訴ヲ被告ニ於テ取下ケタル場合ト其ノ刑ノ執行

（昭和三年十月二十七日刑事第九五八六號刑事局長回答）

問　本日抗告拋棄ニヨリ執行ヲ指揮シ置キタリ決定ノ如何ニ不拘刑執行ヲ爲シ得ヘシトセハ刑事訴訟法第四百六十二條裁判執行停止ノ規定トノ關係ハ如何（和歌山檢事正

答　首題ノ件ハ單ニ控訴棄却ノ決定アリトスルモ既ニ前ニ實質上控訴ノ取下アリトセハ最早被告人ニ於テ爭フ要ナク又被告人ノ爭ニ基因シテ後決定ノ爲サレタルモノニアラサレハ斯ル場合ハ刑事訴訟法第四百六十二條ニ拘ラス刑ノ執行ヲ爲スモ差支ナシ

三　被告人ノ上訴取下ト原審辯護人ノ上訴申立トノ關係

（大正十三年（れ）第四〇九號　同年四月二十八日第二刑事部判決）

被告人カ上訴ノ取下ヲ爲シタルトキハ其ノ上訴權ハ消滅スルヲ以テ原審ニ於ケル辯護人ハ被告人ノ爲上訴ヲ爲スコトヲ得サルモノトス

四　上訴ヲ爲スコトヲ得ル原審辯護人

（大正十四年（れ）第一〇五五號　同年九月二十九日第六刑事部判決）

被告人ノ爲上訴ヲ爲スコトヲ得ル原審辯護人ハ訴訟カ原審ニ繫屬セル時ニ於テ辯護人タリシ者ニ限ルモノトス

五　原審辯護人ノ控訴申立ト被告人ノ代理委任

（大正十四年（れ）第一三六二號　同年十一月十三日第一刑事部判決）

原審辯護人カ被告人ノ爲ニ控訴スルニ當リ其ノ申立書ニ被告ノ代理人トシテ之ヲ爲ス旨ヲ記載シ其ノ委任狀ヲ添付スルモ上訴ノ效力ヲ妨ケス

六　上告ヲ爲シタル第二審辯護人ト上告趣意書ノ提出

（昭和六年（れ）第一四二號　同年四月二十三日第二刑事部決定）

第二審ニ於ケル辯護人ハ被告人ノ爲上告ヲ爲シタル場合ト雖上告審ニ於ケル辯護人トシテ選任セラルルニアラサレハ上告趣意書ヲ提出スルコトヲ得ス

七　第一審判決後選任セラレタル辯護人ト控訴ノ申立

（昭和七年（れ）第一四三〇號　四年十二月一日第二刑事部判決）

第一審判決宣告後ニ於テ被告人ノ選任シタル辯護人ハ被告人ノ爲控訴ヲ爲スコトヲ得サルモノトス

第三百八十條　上訴ハ裁判ノ一部ニ對シテ之ヲ爲スコトヲ得其ノ部分ヲ限ラサルトキハ裁判ノ全部ニ對シテ爲シタルモノトス

〔理由書〕　本條ハ一部上訴ニ關スル法則ヲ定メタルモノナリ現行法ハ控訴ニ關シテ第二百五十一條ノ規定ヲ置クニ止マリ上訴及抗告ニ關シテ規定スル所ナキモ法則ヲ異ニスヘキ理由ナキヲ以テ本案ニ於テハ上訴ノ通則トシテ本條ヲ設ケ之ヲ控訴、上告及抗告ニ共通スヘキモノトセリ

一　併合罪中無罪ノ部分ニ對シ檢事ヨリ又ハ有罪ノ部分ニ對シ被告人ヨリ申立タル控訴ノ範圍

（大正十三年三月三日　第二〇六九號刑事局長回答）

問　併合罪中ノ一個ノ犯罪ニ對シテ無罪ノ判決アリタルトキ其ノ部分ニ付檢事ヨリ控訴アリタル場合又ハ有罪ノ部分ニ付被告人ヨリ控訴アリタル場合ニ前段ハ全部ノ控訴後段ハ一部ノ控訴ナリヤ又ハ各一部ノ控訴ナリヤ（奈良所長）

答　後段貴見ノ通

二　選擧權及被選擧權ヲ停止セサル旨ノ宣告ト一部上訴

（昭和五年(れ)第一四四五號 同年十月九日第五刑事部判決）

選擧權及被選擧權ヲ停止セサル旨ノ宣告ハ刑ノ言渡ト不可分ナルヲ以テ一部上訴ヲ爲スコトヲ得サルモノトス

三　連續犯ノ公訴事實ニ付有罪及無罪ノ判決アリタル場合ト上訴裁判所ノ審判

（昭和八年(れ)第一五〇四號 同九年三月十三日第四刑事部判決）

連續犯ノ公訴ニ付裁判ヲ爲スニ當リ公訴事實ノ一部ニ對シ無罪ノ判決其ノ他ノ部分ニ對シ有罪ノ判決ヲ爲シタルトキ無罪ノ判決ニ對シ上訴ナク有罪ノ判決ニ付上訴アリタル場合ニハ上訴裁判所ハ有罪判決主文ニ關スル公訴事實ニ付審判ヲ爲スヘキモノトス

第三百八十一條　上訴ノ提起期間ハ裁判告知ノ日ヨリ進行ス

〔理由書〕本條ハ上訴提起期間ノ起算點ヲ定メタルモノナリ現行法ニハ第二百五十條、第二百七十一條、第二百九十五條等ニ於テ各上訴ニ付之ヲ定メタルモ一括シテ之ヲ定ムルヲ相當ト認メ上訴ノ通則トシテ本條ヲ設ケタリ

上訴期間ノ始期終期

（大正十三年二月二十五日 行丙第一九號行刑局長刑事局長回答）

問　法第百十三條勾留ノ期間及法第三百八十一條上訴ノ提起期間ハ同法第八十一條ヲ適用スヘキトノ說又勾留當日又ハ裁判告知ノ當日及最終日休日ナルトキモ期間ニ算入スヘキトノ說アリ何レカ可ナルヤ（秋田刑務所長）

答　勾留期間ノ計算ハ刑事訴訟法第八十一條中時效期間計算ノ例ニ依ルヘク上訴ノ提起期間ハ同條計算ノ原則ニ依ルヘキモノトス

第三百八十二條　檢事、被告人又ハ第三百七十七條ニ規定スル者ハ上訴ノ拋棄又ハ取下ヲ爲スコトヲ得但シ被告人ハ第三百七十八條ニ規定スル者ノ同意ヲ得ルニ非サレハ拋棄又ハ取下ヲ爲スコトヲ得ス

〔理由書〕本條ハ訴訟當事者及訴訟當事者ニ非スシテ裁判ヲ受ケタル者ノ上訴ノ拋棄又ハ取下ニ關スル規定ニシテ現行法ヲ修正シタル點ヲ擧クレハ第一現行法ハ第二百四十六條ヲ以テ取下ニ關スル規定ヲ定ムルニ止マリ拋棄ニ關スル規定ヲ定メサルヲ以テ之ヲ補正シ第二現行法ハ被告人ノ上訴取下ヲ認メ檢事ノ上訴取下ヲ認メサルモ本案ハ檢事ニ公訴ノ取消ヲ許スノ主義ヲ採リタルヲ以テ之ニ照應シテ檢事モ亦被告ト同シク上訴ノ拋棄又ハ取下ヲ爲スコトヲ得ルモノト爲シ第三被告人ノ上訴ノ拋棄又ハ取下ニ付一定ノ制限ヲ附シ第三百七十八條ニ依リ獨立ノ上訴權ヲ有スル者ノ同意ヲ得スシテ拋棄又ハ取下ヲ爲スコトヲ得サルモノト爲ス

一　同意ヲ得ルコト能ハサル場合被告人ノ上訴ノ拋棄又ハ取下ノ效力

問　未成年者タル被告人カ上訴ノ拋棄又ハ取下ヲ爲ス場合ニ於テ（昭和四年司法官合同ノ際ニ於ル書記長及監督書記協議事項）刑事訴訟法第三百七十八條例示ノ者カ遠隔ノ地ニ在リ又ハ旅行中其ノ居所一定セサル爲メ法定期間内ニ其ノ同意ヲ得ル能ハサルコト明カナル場合ハ被告人單獨拋棄又ハ取下ヲ有效トシテ取扱差支ナキヤ

理由　被告人ノ上訴拋棄又ハ取下ニ關スル件ニ付大正十四年一月十七日刑事第三四四號刑事局長ノ通牒ハ本問ノ如キ場合ト雖モ刑事訴訟法第三百八十二條但書ノ規定ハ其ノ適用ナシトノ趣旨ニ解シ得ヘキモ實際ノ取扱上之ヲ明確ニスルノ必要アリ（松山地檢）

答　有效トシテ取扱フヘキモノニ非ス通牒ハ明カニ斯ル場合ヲ包含セス

二　錯誤ニヨル上訴拋棄（昭和七年(れ)第一三二〇號同年十一月二十二日第四刑事部判決）

刑事訴訟法ニ於テハ上訴拋棄カ錯誤ニ基ク場合ト雖之ヲ無效ト爲スヘキニ非ス

三　妻並未成年者等ノ上訴拋棄又ハ取下ニ關スル件（昭和九年司法官會同ノ際ニ於ル書記長及監督書記協議事項）

問　夫行衛不明ナルトキハ妻タル被告人ハ單獨ニ控訴ノ取下ヲ爲スコトヲ得ル旨ノ法曹會ノ決議（法曹雜誌第十二卷第三號八七頁參照）ハ大正十四年一月十七日刑事第三四四號刑事局長通牒ト牴觸スルカ如ク思料セラルルモ該決議ハ之ヲ實行シテ差支ナキヤ尙該決議ハ獨リ妻タル被告人ノ場合ノミニ限ラス刑訴第三百七十八條列示ノ者ノ同意ヲ要スル被告人ノ場合ニ於テモ同趣旨ト解シ之ヲ實行スルモ差支ナキヤ（松山地檢）

答　大正十四年一月ノ刑事局長通牒ノ文意ハ明確ヲ缺クカ如キモ其ノ趣旨ハ生死不明ノ如キ場合ハ同意ヲ得ルニ由ナキヲ以テ其ノ適用ナキモノトノ意ニ解セラレタシ

四　控訴取下ノ效果（昭和九年司法官會同ノ際ニ於ル書記長及監督書記協議事項）

問　被告人第一審ニ於テ有罪判決ヲ受ケ控訴ノ申立ヲ爲シタルモ上告提起期間中ニ控訴ヲ取下ケ檢事ハ上訴權ヲ拋棄シタリ然ラハ第一審判決ハ控訴取下ノ日ニ確定スルヤ將又上告提起期間經過ノ日ニ確定スルヤ（鳥取地檢）

答　控訴ノ取下アリタルトキハ一般ノ通則ニ依リ上訴權喪失スヘキヲ以テ取下ノ日ヲ以テ確定スヘキモノト思考ス

第三百八十三條　第三百七十八條ニ規定スル者ハ被告人ノ同意ヲ得テ上訴ノ取下ヲ爲スコトヲ得

〔理由書〕　本條ハ當事者ニ非スシテ獨立ノ上訴權ヲ有スル者卽チ法

定代理人、保佐人及夫ノ爲スヘキ上訴ノ取下ニ關スル規定ニシテ此等ノ者ハ一旦上訴ヲ爲シタルトキハ被告ノ同意ヲ得スシテ取下ヲ爲スコトヲ得サルモノト定ム

一　第四十七條第一項掲記ノ者カ補佐人トナリタル場合ト補佐人トナラサル場合ニ於ケル資格並上訴取下ニ被告人ノ同意ノ要否

（大正十二年四月十九日 刑事第一八〇一號刑事局長通牒）

問　第四十七條第一項掲記ノ者カ未タ輔佐人タル屆出ヲ爲ササル場合ト屆出ヲ爲シ輔佐人トナリタル場合ト其ノ資格ニ變更ヲ生スヘキヤ若變更ヲ生スヘキモノトセハ輔佐人タラサル法定代理人、保佐人又ハ夫ハ第三百八十三條ノ規定ニ依リ被告ノ同意ヲ得サレハ上訴ノ取下ヲ爲スコトヲ得サルモ輔佐人トナリタル同人等ハ本條第二項ニ依リ獨立シテ取下ヲ爲スコトヲ得ヘキモノト爲スヘキカ如シ如何（大正十一年十月九日刑第五一三五號通牒參考）（福井所長）

答　第四十七條第一項掲記ノ者カ輔佐人タル屆出ヲ爲スモ其ノ本來ノ資格ヲ喪フモノニアラサルヲ以テ其ノ申立タル上訴ヲ取下ケントスル場合ニハ第三百八十三條ノ規定ニ從ヒ被告人ノ同意ヲ要スルモノトス

二　被告人ノ上訴抛棄又ハ取下

（大正十四年一月十七日 刑事局長回答）

問　被告人上訴ノ抛棄又ハ取下ヲ爲ス爲刑事訴訟法第三百七十八

條ニ規定スル者ノ同意ヲ要スル場合ニ被告人未成年ニシテ其ノ當時法定代理人ナキカ又ハ其ノ所在不明ノトキト雖尚右同意ヲ要スヘキヤニ關シ左ノ二說アリ何レヲ可トスルヤ（佐賀所長）

（甲）刑事訴訟法第三百八十二條但書ノ規定ハ被告人ノ法定代理人現存シ而モ其ノ同意ヲ求メ得ヘキ場合ニ限リ之ヲ要スヘキ趣旨ニ解スヘキモノナルカ故ニ本問題ノ場合ニハ其ノ同意ヲ要セストノ說

（乙）未成年者ノ被告人カ上訴ノ抛棄又ハ取下ヲ爲スニハ必ス法定代理人ノ同意ヲ要スヘキモノナルカ故ニ其ノ當時法定代理人ナキカ又ハ所在不明ノ場合ハ其ノ選任ヲ得タル上之カ同意ヲ得ルニ非サレハ上訴ノ抛棄又ハ取下ヲ爲スヲ得ストノ說

答　刑事訴訟法第三百八十二條但書ノ規定ハ同法第三百七十八條ニ列示セル者ノ現存スル場合ニノミ其ノ適用アルモノニシテ其ノ所在不明ナルト否トニ依リ異ルトコロナシト雖如上ノ者ノ現ニ存セサル場合ニハ其ノ適用ナキモノトス

第三百八十四條　上訴抛棄ノ申立ハ原裁判所ニ之ヲ爲スヘシ

上訴取下ノ申立ハ上訴裁判所ニ之ヲ爲スヘシ訴訟記錄ヲ上訴裁判所又ハ上訴裁判所檢事ニ送付スル前上訴ノ取下ヲ爲ス場合ニ於テハ其ノ申立書ヲ原裁判所ニ差出スコトヲ得

〔**理由書**〕本條ハ上訴ノ抛棄又ハ取下ノ申立ヲ受クヘキ裁判所ヲ定

メタルモノナリ現行法ハ第二百四十六條ニ於テ上訴ノ取下ヲ爲シ得ル旨ヲ定ムルニ止マリ其ノ申立ヲ受クヘキ裁判所ヲ定メサルカ爲疑義ヲ生スルヲ以テ本條ハ明文ヲ以テ之ヲ指定シタリ

第三百八十五條　上訴ノ拋棄又ハ取下ノ申立ハ書面ヲ以テ之ヲ爲スヘシ但シ公判廷ニ於テハ口頭ヲ以テ之ヲ爲スコトヲ得此ノ場合ニ於テハ其ノ申立ヲ調書ニ記載スヘシ

〔理由書〕　本條ハ上訴ノ拋棄又ハ取下ノ方式ヲ定メタルモノナリ現行法ハ上訴ノ取下ヲ認ムルモ其ノ方式ヲ定メス卽チ本條ヲ以テ之ヲ補正ス

被告人上訴ノ拋棄又ハ上訴期間內ニ上訴ノ取下ヲ爲シタル事件ニ付檢事モ亦上訴ノ意思ナキ場合ニ於ケル刑ノ執行指揮ノ取扱方ニ關スル件

（大正十三年二月十九日刑事第一七七一號刑事局長通牒）

被告人カ上訴ノ拋棄ヲ爲シ又ハ上訴期間內ニ上訴ノ取下ヲ爲シタル事件ニ付檢事ニ於テ上訴ノ意思ナキ場合ニ於テハ刑事訴訟法第三百八十四條及第三百八十五條ニ則リ檢事ヨリ上訴拋棄ノ申立ヲ爲シタル上直ニ刑ノ執行ヲ指揮スル樣致度依命及通牒候也

第三百八十六條　上訴ノ拋棄又ハ取下ヲ爲シタル者ハ其ノ事件ニ付更ニ上訴ヲ爲スコトヲ得ス

〔理由書〕　本條ハ上訴ノ拋棄又ハ取下ノ效果ヲ定メタルモノナリ現行法ハ上訴ノ取下ヲ認ムルモ其ノ效果ニ付規定セス卽チ本條ヲ以テ之ヲ補正ス

一　上訴權ヲ拋棄シタル場合ノ判決ノ確定力

（大正十二年十二月十二日刑事第一〇三四一號刑事局長通牒）

問　上訴權拋棄ノ場合ハ檢事、被告人及辯護人等共ニ適法ノ拋棄ヲ爲シタルトキト雖其ノ效果ハ單ニ失權ニ止マリ期間經過後ニアラサレハ判決ノ確定力ヲ生セスト解スルヲ正當トスルヤ（福岡檢事正）

答　總テノ上訴權者カ適法ニ上訴權ヲ拋棄シタルトキハ上訴期間ノ滿了前ト雖判決ノ確定力ヲ生ス

二　監獄ニアル被告人上訴拋棄ニヨリ裁判確定シタル場合ニ於ケル刑期計算

（大正十三年八月二十一日刑事第一一八七〇號刑事局長回答）

問　本年五月二十九日附刑事第六〇七號ヲ以テ監獄ニ在ル被告人上訴拋棄又ハ取下ニ依リ裁判確定シタル場合ニ於ケル刑期計算ハ上訴拋棄ノ申立書又ハ取下書ヲ刑務所長又ハ其代理者ニ差出シタル日ヨリ起算スヘキ旨通牒有之候處右通牒ハ左記設例ノ場合ニアリテハ孰レモ各項末段記載之通取扱ヒ可然趣旨ニ有之哉刑法第二十三條ニ刑期ハ裁判確定ノ日ヨリ起算ストノ明文モ有之刑期起算日ハ裁判確定日以前ニ之ヲ定ムヘキヤ（盛岡檢事正）

記

(イ) 大正十三年八月一日判決
八月二日被告人上訴拋棄ノ申立書ヲ刑務所長ニ差出シ
八月五日檢事上訴拋棄同日確定
右場合ニアリテハ刑期起算日ハ之ヲ八月二日トスヘキヤ

(ロ) 大正十三年八月一日判決
八月二日被告人上訴拋棄ノ申立書ヲ刑務所長ニ差出シ檢事ノ上訴拋棄ナク控訴期間經過ニヨリ八月九日確定
右場合ニアリテハ刑期起算日ハ之ヲ八月二日トスヘキヤ

(ハ) 大正十三年八月一日判決
卽日檢事上訴拋棄
八月三日被告人上訴拋棄ノ申立書ヲ刑務所長ニ差出シ同日確定
右場合ニアリテハ刑期起算日ハ之ヲ八月三日トスヘキヤ

答 本年五月二十九日附刑事第六五〇七號通牒ノ趣旨ハ監獄ニ在ル被告人上訴ノ拋棄又ハ取下ヲ爲シタルカ爲直ニ裁判確定スルニ至リタル場合ノミヲ指スモノニシテ被告人上訴ノ拋棄又ハ取下ヲ爲スモ尚他ニ上訴權ヲ有スル者ノ存スル場合ヲ包含セス斯ル場合ニ於テハ總テ上訴權ヲ行使シ得サル狀態ニ立到リタルトキ初メテ裁判確定シ其ノ時ヨリ刑期ヲ起算スヘク裁判確定前ニ逆リテ刑期ヲ起算スル趣旨ニ非サルコト勿論ニシテ從テ設例

(イ)(ロ)ノ場合ハ孰レモ前期通牒ノ場合ニ該當セス(ハ)ノミ之ニ相當スルヲ以テ其ノ趣旨ニ從ヒ八月三日ヨリ刑期ヲ起算スヘキモノトス

三 **監獄ニアル被告人上訴拋棄ニヨリ裁判確定シタル場合ニ於ケル刑期計算**
(大正十三年九月九日刑事第一二四七一號刑事局長回答)

問 本年五月二十九日刑事第六五〇七號通牒ハ被告人カ上訴ノ拋棄又ハ取下ヲ爲シタルニヨリ裁判確定シタル場合卽チ被告人ノ上訴ノ拋棄又ハ取下カ直ニ裁判ヲ確定セシムル場合ニ於ケル趣旨ナリヤ或ハ被告人ハ拋棄又ハ取下ヲ爲シタル後ニ於テ檢事ノ拋棄又ハ取下ニヨリ裁判ノ確定ヲ來シタル場合ヲモ包含スル趣旨ナルヤ裁判確定シタル場合ナル文旨ニ疑義アリ(松山檢事正)

答 貴見前段ノ通

四 **監獄ニアル被告人上訴拋棄ニヨリ裁判確定シタル場合ニ於ケル刑期計算**
(大正十三年九月九日刑事第一二四七〇號刑事局長回答)

問 刑務所ニ在ル被告人上訴拋棄ヲ爲シ檢事ニ於テ上訴ノ意思ナキトキハ刑期計算ハ上訴權拋棄申立書ヲ刑務所ノ長又ハ其ノ代理者ニ差出シタル日ヨリ起算スルコトハ大正十三年五月二十九日刑事第六五〇七號ヲ以テ通牒相成候處右ハ檢事ノ上訴權拋棄モ同一日中ニ爲サレタルトキハ之ニ則ルヘキコト疑義ナシト雖

當該事件ニ付檢事ノ上訴抛棄カ其ノ翌日又ハ數日後ニ於テセラルルコトアリ此ノ場合ニ於テハ刑ハ檢事ノ上訴權抛棄ノ日ニ確定スルモノトシ刑期起算日ト爲ス實例アリ後者ノ場合右實例ニ依ル方正當ナリヤ（大分刑務所長）

答 貴見ノ通

第三百八十七條 第三百七十六條乃至第三百七十九條ノ規定ニ依リ上訴ヲ爲スコトヲ得ル者自己又ハ代人ノ責ニ歸スヘカラサル事由ニ因リ上訴ノ提起期間內ニ上訴ヲ爲スコト能ハサリシトキハ原裁判所ニ上訴權回復ノ請求ヲ爲スコトヲ得

〔理由書〕 本條ハ上訴權回復ノ請求ヲ爲シ得ヘキ場合並其ノ請求ヲ受クヘキ裁判所ヲ定メタルモノナリ現行法第二百四十七條ハ上訴ヲ爲スコト能ハサリシ原因ヲ天災其ノ他避クヘカラサル事變ニ限ルモ本條ハ其ノ範圍ヲ擴張シ自己又ハ代人ノ責ニ歸スヘカラサル事由ニ因ルトキハ總テ上訴權回復ノ請求ヲ爲シ得ヘキモノトセリ又現行法ニ於テハ此ノ請求ハ上訴裁判所ニ之ヲ爲スヘキモノトセルモ本條ハ之ヲ改メテ原裁判所ニ爲スヘキモノトセリ蓋シ上訴權回復ノ原由存スルヤ否ヲ調査スルニ便ナラシメムカ爲ナリ

一 上告趣意書ノ提出ト本條 （大正十四年(つ)第一〇號 同年三月二十四日第一刑事部決定）

上告趣意書ノ提出ニ付テハ刑事訴訟法第三百八十七條ノ上訴權回復ニ關スル規定ノ適用ナシ

二 監獄ニ在ル被告人ノ抗告申立書カ裁判所ニ到達セサリシ場合ト上訴權回復ノ請求 （大正十四年(つ)第二四號 同年十月二日第六刑事部決定）

監獄ニ在ル被告人カ抗告ノ提起期間內ニ抗告申立書ヲ監獄ノ長又ハ其ノ代理者ニ差出シタルトキハ縱令其ノ申立書カ抗告裁判所ニ到達セサリシトスルモ抗告申立ハ其ノ效アルヲ以テ斯ノ場合ニハ上訴權回復ノ請求ヲ爲スヘキモノニ非ス

三 上訴權回復ノ事由 （昭和五年(つ)第四號 同年二月十五日第三刑事部決定）

上訴不能ノ理由カ上訴權者又ハ其ノ代人ノ故意又ハ過失ニ基カサル限リ上訴權回復ノ請求ヲ爲スコトヲ得ルモノトス

四 郵便物延滯ニ因ル上訴期間ノ經過ト上訴權ノ回復 （昭和五年(つ)第四號 同年二月十五日第三刑事部決定）

年末郵便物ノ輻輳ニ因リ其ノ集配事務ノ遲滯スヘキ顯著ナル事實ニ注意ヲ拂ハスシテ上告申立書ヲ郵便ニ依リ發送シ二日延著シタルカ爲上告期間ヲ經過シタルトキハ上告權者又ハ其ノ代人ノ責ニ歸スヘカラサル事由アリト云フコトヲ得ス

五 檢束ト上訴權回復ノ請求 （昭和八年(つ)第三號 同年三月十六日第一刑事部判決）

上訴權ヲ有スル者カ行政執行法ニ依リ檢束セラレタル場合ト雖檢束行政官廳ニ於テ上訴權ノ行使ヲ妨害シタル事實ノ存セサル限リ刑事訴訟法第三百八十七條ニ依リ上訴權回復ノ請求ハ許サルヘキ

モノニ非ス

六　本條ニ所謂代理人ノ意義　（昭和八年(つ)第一號 同年四月廿六日第三刑事部決定）

刑事訴訟法第三百八十七條ニ所謂代人中ニハ本人ノ補助機關トシテ本人ノ依頼ヲ受ケ上訴ニ關スル書面ノ作成其ノ提出取次等本人ノ上訴ニ必要ナル諸般ノ事實行爲ヲ代行スル者ヲモ包含ス

第三百八十八條　上訴權回復ノ請求ハ事由ノ止ミタル日ヨリ上訴ノ提起期間ニ相當スル期間内ニ書面ヲ以テ之ヲ爲スヘシ

上訴權回復ノ原由タル事實ハ之ヲ疏明スヘシ

上訴權回復ノ請求ヲ爲ス者ハ其ノ請求ト同時ニ原裁判所ニ上訴ノ申立書ヲ差出スヘシ

〔理由書〕本條ハ上訴權回復ノ請求ヲ爲ス手續ヲ定メタルモノニシテ現行法第二百四十七條ニ修正ヲ加ヘタルモノナリ

第三百八十九條　原裁判所ハ檢事ノ意見ヲ聽キ上訴權回復ノ請求ヲ許スヘキカ否ノ決定ヲ爲スヘシ此ノ決定ニ對シテハ即時抗告ヲ爲スコトヲ得

〔理由書〕本條ハ上訴權回復ノ請求ニ對スル裁判手續ヲ定メタルモノニシテ現行法第二百四十八條第二項ニ相當ス現行法第二百四十八條第一項ニ示シタル事項ハ之ヲ左ノ事項ト併合シ多少ノ修正ヲ加ヘ之ヲ一括シテ第三百九十三條ニ規定シタリ又現行法ハ此ノ裁

判ニ對シテ不服ノ申立ヲ爲スコトヲ許ササリシモ本條ハ即時抗告ノ方法ニ依リ不服ノ申立ヲ爲スコトヲ得ルモノトセリ

一　正式裁判請求權回復請求事件ト再抗告　（昭和七年(つ)第三七號 同年八月二十六日第四刑事部決定）

正式裁判請求權回復ノ請求ヲ棄却シタル決定ニ對スル抗告ニ付抗告裁判所ノ爲シタル決定ニ對シテハ再抗告ハ之ヲ許スヘカラサルモノトス

二　原審辯護人ヨリ上訴シタルヘシト輕信シタル場合ト上訴權回復ノ請求　（昭和九年(つ)第二二號 同年八月廿七日第二刑事部決定）

原審辯護人ヨリ上訴シタルヘシト輕信シ被告人自身上訴セスシテ上訴期間ヲ徒過シタル場合ハ上訴權回復ノ請求ヲ爲スコトヲ得ス

第三百九十條　上訴權回復ノ請求アリタルトキハ原裁判所ハ前條ノ決定ヲ爲ス迄裁判ノ執行ヲ停止スル決定ヲ爲スコトヲ得

前項ノ決定ヲ爲ストキハ被告人ニ對シ勾留狀ヲ發スルコトヲ得

〔理由書〕本條ハ上訴權回復ノ請求ノ效果ヲ定メタルモノニシテ現行法ニハ之ニ關スル規定ナキヲ以テ之ヲ補正シタルモノナリ

第一項ニ依リ裁判ノ執行ヲ停止スルトキハ既決ノ囚人ヲ出監セシ

ムル場合ヲ生スルヲ以テ第一項ノ規定ヲ設ケタリ

第三百九十一條　監獄ニ在ル被告人上訴ヲ爲スニハ監獄ノ長又ハ其ノ代理者ヲ經由シテ申立書ヲ差出スヘシ此ノ場合ニ於テ上訴ノ提起期間內ニ申立書ヲ監獄ノ長又ハ其ノ代理者ニ差出シタルトキハ上訴ノ提起期間內ニ上訴ヲ爲シタルモノト看做ス

被告人自ラ申立書ヲ作ルコト能ハサルトキハ監獄ノ長又ハ其ノ代理者ハ之ヲ代書シ又ハ所屬吏員ヲシテ之ヲ代書セシムヘシ

監獄ノ長又ハ其ノ代理者ハ原裁判所ニ申立書ヲ送付シ且之ヲ受取リタル年月日時ヲ通知スヘシ

〔理由書〕　本條ハ在監者ノ上訴申立ニ關スル特別ノ手續ヲ定メタルモノニシテ現行法第二百四十五條ヲ補正シタルモノナリ

一　被勾留ノ被告人ノ上訴申立等ヲ爲シタルトキノ取扱
（大正十三年二月十六日 行甲第一八五號行刑局長通牒）

第三百九十一條及第三百九十二條ニ依リ勾留セラレタル被告人ノ上訴申立書ハ刑務所長又ハ其ノ代理者ニ申立書ヲ差出シタルトキニ於テ上訴ヲ爲シタルモノト看做ス關係上右申立書ヲ受付タル際ハ左記甲樣式ノ上訴簿ヲ備ヘ之ニ左記乙樣式ノ通知書ヲ添付シ速ニ原裁判所ニ送付シテ上訴簿受領印欄ニ係員ノ捺印ヲ求ムヘシ

（甲樣式）　上訴簿

書類送付月日	裁判所受領印	申立書ノ種類	刑務所長又ハ其ノ代理者ニ於テ受付ケタル年月日時	受領者印	被告人氏名	備考

記載例

一、申立書ノ種類欄ニハ控訴申立書、上告申立書、抗告申立書、控訴取下又ハ抛棄ノ申立書、上訴權回復ノ請求、刑執行ニ對スル疑義又ハ異議ノ申立及其ノ取下書等區別シテ記入スルコト

一、備考欄ニハ文書番號及被告人ノ爲ニ代書シタル場合ハ其ノ事實及事由ノ概略ヲ記入スルコト

（乙様式）

文書番號

被告事件名　氏　名

右ハ別紙上訴申立書ヲ提出シ大正　年　月　日午前午後　時　分之ヲ受領ス

右及通知候也

大正　年　月　日

廳印

何々刑務所長何　某印

又ハ其ノ代理者官　氏　名印

原裁判所宛

第三百九十一條ニ依リ被告人自ラ上訴申立書ヲ作ルコト能ハス代書シタルモノハ本文ヲ被告人ニ讀聞セタル上第七十四條第二項ノ規定ニ基キ代書シタル者ニ於テ其ノ事由ヲ記載シテ署名捺印スヘシ

上訴取下又ハ抛棄ノ申立書上訴權回復ノ請求書疑義又ハ異議ノ申立及其ノ取下書ヲ提出スル場合被告人之ヲ作ルコト能ハサルトキハ右ニ準シ取扱フヘシ

二　拘留中ノ被告人ト上告趣意書提出期間

（大正十三年（つ）第二八號　同年十二月二十五日第二刑事部決定）

上告申立人カ適法ノ期間内ニ上告趣意書ヲ差出シタルヤ否ハ其ノ勾留ヲ受ケタルト否トニ區別ナク總テ上告裁判所ニ到達シタル時ヲ標準トシテ決スヘキモノトス

三　刑事訴訟法施行前差出シタル再審請求書カ其ノ施行後裁判所ニ到達シタル場合

（大正十四年(つ)第一號 同年三月十八日第三刑事部決定）

刑事訴訟法施行前在監受刑人ヨリ監獄ノ長ニ差出シタル再審請求書カ其ノ施行後裁判所ニ到達シタル場合ニハ刑事訴訟法施行ト同時ニ再審ノ請求アリタルモノトス

四　監獄ニ在ル被告人ノ控訴申立

（大正十五年(れ)第二七八號 同年五月二十六日第四刑事部判決）

監獄ニ在ル被告人控訴ヲ爲スニ當リ控訴申立書ヲ控訴期間内ニ原裁判所ニ提出シタルトキハ法廷ノ機關ヲ經由セサル場合ト雖其ノ申立ハ有效ナリ

五　勾留中ノ上告申立人ト上告趣意書差出期間

（昭和八年(れ)第一五一九號 同年十二月九日第三刑事部判決）

勾留中ノ上告申立人カ上告趣意書ヲ差止ス場合ト雖刑事訴訟法第四百二十三條所定ノ期間内ニ該書面カ上告裁判所ニ到達スルコトヲ要スルモノトス

六　在監者ノ上訴申立ト其ノ受理日附

（昭和九年司法官會同ノ際ニ於ル書記長及監督書記協議事項）

問　監獄ニ在ル被告人上訴ヲ爲シタル時申立書ヲ監獄ノ長又ハ其ノ代理者ニ於テ受理シタル日ト裁判所ニ於テ受理シタル日ト相異ル時ハ裁判所ニ於テ受理シタル日ヲ以テ上訴ノ日ト爲シ上訴期間内ニ裁判所カ申立書ヲ受理セサリシ場合ノミ監獄ノ長又ハ其ノ代理者ニ於テ受理シタル日ヲ以テ上訴ノ日ト爲スヘキヤ

（鳥取地檢）

答　監獄ノ長又ハ其ノ代理者ニ於テ受理シタルトキヲ以テ上訴ノ日ト爲スヘキモノニシテ期間内ニ裁判所ニ到達スルト否トニ拘ラサルモノト解ス被告人ニ利益ノ爲取下拋棄ノ場合モ同樣ニ取扱ハルヘキモノト思考ス

第三百九十二條　前條ノ規定ハ監獄ニ在ル被告人上訴ノ拋棄若ハ取下又ハ上訴權回復ノ請求ヲ爲ス場合ニ之ヲ準用ス

〔理由書〕　本條ハ在監者ノ上訴申立ニ關スル特別手續ヲ上訴ノ拋棄取下及上訴權回復ノ請求ニ準用スヘキ旨ヲ定メタルモノニシテ現行法ノ不備ヲ補正シタルモノナリ

一　監獄ニ在ル被告人上訴拋棄又ハ取下ヲ爲シ裁判確定シタル場合ノ刑期計算方

（大正十三年五月二十九日刑事第六五〇七號刑事局長通牒）

監獄ニ在ル被告人上訴拋棄又ハ取下ニヨリ裁判確定シタル場合ニ於ケル刑期計算ハ上訴拋棄ノ申立書又ハ取下書ヲ刑務所ノ長又ハ其ノ代理者ニ差出シタル日ヨリ起算スヘキモノトス

二　上訴拋棄又ハ取下ニヨリ裁判確定シタル場合刑期計算方

（大正十三年七月十七日刑事第一〇五五二號刑事局長回答）

問 刑務所ニ在ル被告人上訴權拋棄又ハ取下ヲ爲シ檢事ハ其ノ翌日ニ於テ上訴權拋棄裁判確定シタル場合ノ刑期計算方ニ付本年五月二十九日刑事第六五〇號御通牒ニ基キ被告人ノ上訴權拋棄ノ日ヨリ起算スヘキモノトセルモノアリ又檢事ノ上訴權拋棄アル迄ハ未確定ナルヲ以テ檢事ノ上訴權拋棄シタル日ヲ以テ起算日トセルモノアリ右ハ何レヲ可トスヘキヤ（三重刑務所長）

答 本年五月二十九日刑事第六五〇七號通牒ハ被告人ノ上訴權拋棄ニヨリテ裁判確定スヘキ場合ノミヲ指スモノニシテ檢事ニ上訴權アル場合ハ裁判未確定ノ場合ナレハ當然本通牒ニ包含セサルモノトス

第三百九十三條 上訴、上訴ノ拋棄若ハ取下又ハ上訴權回復ノ請求アリタルトキハ裁判所書記ハ速ニ之ヲ對手人ニ通知スヘシ

〔理由書〕 本條ハ上訴ノ申立、拋棄、取下又ハ上訴權回復ノ請求アリタルトキハ裁判所書記ハ之ヲ對手人ニ通知スヘキコトヲ定メタルモノナリ現行法ハ控訴申立ノ場合ニ付第二百五十四條ニ上告申立ノ場合ニ付第二百七十三條ニ又上訴權回復請求ノ場合ニ付第二百四十八條ニ規定ヲ設クルモ其ノ他ノ場合ニ付規定ヲ缺如セリ本條ハ一括シテ之ヲ規定スルト共ニ其ノ不備ヲ補正シタリ

上訴申立書等ノ檢事ニ對スル通知書省略方ノ件

（昭和八年司法官會同ノ際ニ於ル書記長及監督書記協議事項）

問 刑事訴訟法第三百九十三條ニ依リ裁判所書記カ檢事ニ對スル通知ハ上訴申立書等各書類欄外上部ニ末記雛形ノ印判ヲ押捺シ通知月日ヲ記入シテ送付シ主任檢事之ニ認印スルコトトシ通知書ヲ省略スルコトヲ得ルヤ（宮崎地）

通知	月	日	印 ― 檢事
記號送付	月	日	印 ― 書記

答 所問ノ如キ取扱ハ違法ナリト云ヒ難キモ用紙モ定メラレアルコトナルヲ以テ從來通リ通知書ヲ添ヘテ爲サレ度シ

第二章 控訴

第三百九十四條 控訴ハ區裁判所又ハ地方裁判所ニ於テ爲シタル第一審ノ判決ニ對シテ之ヲ爲スコトヲ得

〔理由書〕 本條ハ控訴ハ如何ナル裁判ニ對シ之ヲ爲スコトヲ得ルヤヲ定メタルモノニシテ現行法第二百五十條ヲ修正シタルモノナリ即チ現行法ハ本案ノ判決ト本案前ノ判決トヲ區別シテ規定スルモ改正法ニ定メタル判決ハ皆終局判決ニシテ本案前ノ判決ニ相當スルモノナキヲ以テ現行法ノ如キ區別ヲ示スノ必要ナキニ至レリ

第三百九十五條 控訴ノ提起期間ハ七日トス

〔理由書〕　本條ハ控訴ノ提起期間ヲ定メタルモノナリ現行法ハ第二百五十二條第一項ニ於テ控訴ノ提起期間ヲ五日ト爲シタレトモ短キニ失スルモノト認メ之ヲ延長シ又同條第二項ニ闕席判決ニ對シ故障ヲ爲シ得ヘキ場合ニ付特別ノ規定ヲ定メタルモ本條ハ闕席判決ヲ認メサルヲ以テ之ヲ削除シタリ

第三百九十六條　控訴ヲ爲スニハ申立書ヲ第一審裁判所ニ差出スヘシ

〔理由書〕　本條ハ控訴ノ申立書ヲ差出スヘキ裁判所ヲ定メタルモノニシテ現行法第二百五十四條ニ字句ノ修正ヲ加ヘタルニ過キス

一　控訴申立書ノ宛名ト控訴ノ效力
（大正十五年(れ)第二七八號　同年五月二十六日第四刑事部判決）

控訴申立人カ控訴申立書ノ宛名ニ控訴裁判所ヲ表示セスシテ原裁判所ヲ表示スルモ之ヲ原裁判所ニ提出スル以上ハ控訴申立ノ效力ヲ生ス

二　控訴申立書ヲ直ニ控訴裁判所ニ郵送シタル場合ト控訴申立ノ效力
（昭和八年(れ)第四四五號　同年五月廿二日第一刑事部判決）

控訴申立書ヲ郵便ニ依リ控訴裁判所ニ提出シタルトキハ控訴裁判所ヨリ廻送セラレタル該申立書カ控訴申立期間內ニ第一審裁判所ニ到著シタル場合ニ限リ控訴申立ノ效力ヲ生ス

第三百九十七條　控訴ノ申立法律上ノ方式ニ違反シ又ハ控訴權消滅後ニ爲シタルモノナルトキハ第一審裁判所ハ檢事ノ意見ヲ聽キ決定ヲ以テ之ヲ棄却スヘシ此ノ決定ニ對シテハ即時抗告ヲ爲スコトヲ得

〔理由書〕　本條ハ第一審裁判所カ控訴ノ申立ヲ不適法ト認メタル場合ニ關スル手續ヲ定メタルモノニシテ現行法第二百五十五條ニ相當ス而シテ現行法第二百五十五條ハ控訴提起期間ヲ經過シタル場合ノミニ付規定ヲ設ケタルニ止マリ不備ヲ免レサルヲ以テ之ヲ補正シタリ

第三百九十八條　前條ノ場合ヲ除クノ外第一審裁判所ハ訴訟記錄及證據物ヲ其ノ裁判所ノ檢事ニ送付シ檢事ハ之ヲ控訴裁判所ノ檢事ニ送付スヘシ

控訴裁判所ノ檢事ハ訴訟記錄及證據物ヲ其ノ裁判所ニ送付スヘシ

被告人監獄ニ在ルトキハ第一審裁判所ノ檢事ハ被告人ヲ控訴裁判所所在地ノ監獄ニ移スヘシ

〔理由書〕　本條ハ第一審裁判所カ控訴ノ申立ヲ適法ト認メタル場合ニ關スル手續ヲ定メタルモノナリ現行法第二百五十六條ノ規定ハ其ノ趣意ニ於テ異ナルコトナシト雖法文周密ヲ欠クヲ以テ之ヲ補正シタリ

第三百九十九條　控訴裁判所ノ檢事ハ辯論ノ終結ニ至ル迄附帶控訴ヲ爲スコトヲ得

〔理由書〕　本條ハ附帶控訴ニ關スル規定ニシテ現行法第二百五十九條ヲ修正シタルモノナリ卽チ現行法ニ於テハ控訴ノ相手ハ附帶控訴ヲ爲スコトヲ得ル旨ヲ定メタルモ原裁判所ノ檢事及被告ハ皆主タル控訴ヲ爲シ得ヘキ地位ニ在リ之ニ附帶控訴ヲ許スヘキ理由毫モ存セサルヲ以テ本條ハ附帶控訴ヲ爲スノ權アル者ヲ控訴裁判所ノ檢事ニ限レリ又現行法ハ附帶控訴ハ第二審判決アル迄之ヲ爲スコトヲ得ルモノト爲シタルモ本條ハ辯論終結後ハ之ヲ爲スコトヲ得サルモノトセリ辯論終結ノ後附帶控訴ヲ爲シ之ヲ再開スルカ如キハ體ヲ失スルヲ以テナリ

一　附帶控訴ト審理手續　（大正十三年(れ)第八五號 同年三月二十七日第二刑事部判決）

第二審ニ於テ事實及證據ノ取調ヲ終リタル後檢事カ附帶控訴ヲ爲スモ既ニ裁判所ノ爲シタル審理ニ基キ之ヲ爲シタル場合ニ於テハ裁判所ハ更ニ附帶控訴ニ付被告人ノ訊問及證據調ヲ爲スノ必要ナク被告人ニ對シ辯論ヲ爲スノ機會ヲ與フルヲ以テ足ルモノトス

二　附帶控訴申立ノ方式　（大正十三年(れ)第七二八號 同年六月十一日第三刑事部判決）

附帶控訴ノ申立ハ公判廷ニ於テハ口頭ヲ以テ之ヲ爲スコトヲ得ルモノトス

三　附帶控訴ニ因リ刑ヲ加重シタル場合ト控訴ノ當否　（大正十三年(れ)第七二八號 同年六月十一日第三刑事部判決）

被告人ノ控訴ニ附帶シテ檢事カ控訴ヲ爲シ第二審裁判所ニ於テ刑ヲ加重シタル爲被告ノ控訴ハ其ノ理由アルモノト云フヲ得ス

四　附帶控訴ノ申立　（大正十三年(れ)第二一〇四號 同十四年十二月二日第五刑事部判決）

附帶控訴ハ控訴裁判所ノ檢事ノミ之ヲ爲スコトヲ得ヘク被告人ハ之ヲ爲スコトヲ得サルモノト解スルヲ相當トス

五　檢事ノ附帶控訴ト控訴審ノ裁判　（大正十四年(れ)第五三四號 同年十二月十一日第一刑事部判決）

第二審裁判所カ被告事件ヲ審判スルニ當リ檢事ノ附帶控訴アルモ其ノ被告事件ヲ審理シ裁判ヲ爲スヲ以テ足リ附帶控訴ノ理由アリヤ否ヲ特ニ宣言スル要ナキモノトス

第四百條　控訴ノ申立法律上ノ方式ニ違反シ又ハ控訴權消滅後ニ爲シタルモノナルトキハ控訴裁判所ハ判決ヲ以テ控訴ヲ棄却スヘシ

〔理由書〕　本條ハ控訴裁判所ニ於テ控訴ノ申立ヲ不適法ト認メタル場合ニ關スル手續ヲ定メタルモノニシテ現行法第二百六十條ニ相當ス而シテ現行法第二百六十條ハ控訴提起期間ヲ經過シタル場合ノミニ付規定ヲ爲スニ止マルヲ以テ其ノ不備ヲ補足シタリ

一 第一審判決ノ言渡アリタルコトノ明確ナラサル場合ニ於テ爲シタル控訴申立

（大正十三年(れ)第四三八號 同年五月六日第一刑事部判決）

第一審ノ裁判言渡アリタルヤ否ヤヲ確認スルヲ得サル場合ニ於テ申立テタル控訴ハ控訴權ノ發生セサル事件ニ付爲シタルニ歸シ不適法タルヲ免レス

二 不法ニ控訴ヲ棄却シタル判決ト事件ノ差戻

（昭和四年(れ)第一五二五號 同五年二月二十四日第五刑事部判決）

控訴裁判所カ控訴棄却ノ判決ヲ爲シタルトキハ上告裁判所ハ原判決ヲ破毀シ事件ヲ原裁判所ニ差戻スヘキモノトス

三 判決言渡調書ノ欠缺ト控訴ノ效力

（昭和四年(れ)第一五二五號 同五年二月二十四日第五刑事部判決）

判決言渡調書ナキモ判決ノ言渡アリタル事實ヲ認メ得ル場合ニハ該判決ニ對スル控訴申立ヲ不適法トシテ棄却スヘキモノニアラス

四 不適法ナル判決ト檢事ノ被告事件ノ陳述

（昭和七年(れ)第一四三〇號 同年十二月一日第二刑事部判決）

控訴ノ申立法律上ノ方式ニ違反シタルトキハ控訴裁判所ハ檢事ノ被告事件ノ陳述ヲ聽クコトナク判決ヲ以テ控訴ヲ棄却スヘキモノトス

第四百一條 控訴裁判所ハ前條及第四百二條ノ場合ヲ除クノ外被告事件ニ付更ニ判決ヲ爲スヘシ

第一審裁判所不法ニ管轄ヲ認メタル場合ニ於テ控訴裁判所其ノ事件ニ付第一審ノ管轄權ヲ有スルトキハ第一審ノ判決ヲ爲スヘシ

〔理由書〕 控訴ハ事件ニ付覆審ヲ爲スモノニシテ控訴裁判所ハ全ク原審ト獨立シテ審理ヲ爲シ原審ノ判決ノ當否ニ關係ナク更ニ事案ニ對シテ判決ヲ爲スヘキモノナリ本條第一項此ノ義ヲ明ニス現行法ハ第二百六十一條ニ於テ原判決相當ナルトキハ控訴ヲ棄却シ原判決不當ナルトキハ之ヲ取消スヘキモノト爲シタレトモ覆審ノ主義ヲ徹底スルトキハ此ノ規定ヲ存スヘキ謂レナク事件ニ付控訴ノ判決ヲ爲ストキハ第一審判決ハ之ト符合スルト否トヲ問ハス當然消滅ニ歸スヘキモノナリ

本條第二項ハ現行法第二百六十三條本文ト其ノ趣旨ヲ同フシ字句ニ修正ヲ加ヘタルニ過キス而シテ其ノ但書ヲ削除シタルハ本條ニ於テハ豫審ヲ經由スルコトヲ要スル事件ナキヲ以テナリ

一 控訴理由ノ有無ニ關スル判斷

（大正十二年十二月十二日刑事第一〇三四一號刑事局長通牒）

問 控訴理由ノ有無ハ大審院送付ノ注意事項第五ニ記載セル趣旨ニ依リ原審ニ於ケル裁判所ノ構成其ノ他重要ナル訴訟手續ニ關シテモ形式上ノ瑕瑾ハ一切之ヲ顧慮スルノ必要ナク專ラ實質的

ニノミ判斷スヘキモノナリヤ（名古屋檢事長）

答　貴見ノ通

二　控訴審ニ於テ立會檢事ハ常ニ被告事件ノ陳述ヲ爲スコトノ要否

（大正十二年十二月十二日刑事第一〇三四一號刑事局長通牒）

問　控訴審ハ純然タル覆審裁判ナルヲ以テ立會檢事ハ常ニ被告事件ノ陳述ヲ爲スヘキモノナルヤ（福岡檢事正）

答　貴見ノ通リ

三　第二審判決ノ言渡ト第一審判決トノ關係

（大正十三年(れ)第二八九號同年四月十七日第二刑事部判決）

控訴裁判所カ本案ニ付判決ヲ爲ストキハ第一審判決ハ當然其ノ效力ヲ失フモノニシテ之ト符合セサル場合ト雖取消スヘキモノニ非ス

四　控訴審ノ判決カ第一審判決ニ及ホス效力

（大正十三年(れ)第四五〇號同年五月二日第一刑事部判決）

第一審判決ハ控訴審ノ判決ニ因リ全部其ノ效力ヲ失フモノトス

五　控訴裁判所ノ判決

（大正十三年(れ)第四五〇號同年五月二日第一刑事部判決）

控訴裁判所ハ控訴事件ニ付テハ新ニ審理判決ヲ爲スヘキモノトス

六　不法ニ管轄ヲ認メタル第二審判決ト上告審ノ判決

（大正十四年(れ)第一七二二號同年十二月二十二日第一刑事部判決）

地方裁判所カ其ノ管轄ニ屬スル事件ニ付不法ニ管轄ヲ認メタル區裁判所ノ判決ニ對スル控訴ヲ受理シ第二審トシテ審理ノ上判決ヲ爲シタルトキハ上告審ニ於テ其ノ判決ヲ破毀シ事件ヲ地方裁判所ニ移送スヘキモノトス

七　控訴理由ナキ旨ノ記載

（昭和六年(れ)第一七三二號同七年三月十四日第一刑事部判決）

第二審判決書ノ末尾ニ本件控訴ハ理由ナシト記入スルカ如キハ上級審カ下級審ノ判決ノ當否ヲ批判シタルモノニ非スシテ單ニ第二審ノ判決カ第一審ノ判決ト同一ニ歸シ控訴ノ理由ナカリシコトヲ示シテ執行上ノ便宜ニ供シタルモノト解スヘキモノトス

八　刑事訴訟ニ於ケル控訴ノ判決ト第一審判決ノ批判

（昭和七年(れ)第四五三號同年六月六日第一刑事部判決）

刑事訴訟ノ控訴審ニ於テハ第一審判決ノ當否ヲ審査シテ控訴ノ理由アリヤ否ヲ判示スルノ要ナキモノトス

九　第一審判決原本ノ欠缺ト控訴ノ效力

（昭和八年(れ)第九七五號同年九月三十日第三刑事部判決）

第一審裁判所カ判決ヲ宣告シタルコト公判調書ニ依リ明確ナル以上判決原本ノ作成ナキトキト雖有效ニ控訴ヲ爲スコトヲ得ルモノニシテ控訴裁判所ハ被告事件ニ付更ニ審理判決ヲ爲スヘキモノトス

第四百二條　第一審裁判所不法ニ管轄違ヲ言渡シ又ハ公訴ヲ

棄却シタルトキハ判決ヲ以テ事件ヲ第一審裁判所ニ差戻スコトヲ得

〔理由書〕本條ハ第一審裁判所管轄權ヲ有スルニ拘ハラス管轄違ノ言渡ヲ爲シ又ハ公訴適法ナルニ拘ハラス公訴棄却ノ言渡ヲ爲シタル場合ヲ定メタルモノナリ現行法ハ第二百六十二條第二項ニ於テ管轄違ノ言渡ヲ爲シタル場合ノミヲ定メ公訴棄却ノ言渡ヲ爲シタル場合ヲ定メサルヲ以テ本條ハ之ヲ補正シタリ又現行法ハ必ス差戻ヲ爲スヘキモノト爲シタルモ本條ハ差戻スコトヲ得ルモノト爲シ直ニ第二審ノ判決ヲ爲スヤ將第一審裁判所ニ差戻シテ更ニ判決ヲ爲サシムヘキヤハ其ノ裁量ヲ以テ決スヘキモノトシ實際ノ事情ニ適合セシメムコトヲ期セリ

控訴審ニ於テ本條ノ場合ニ差戻ヲ爲サスシテ判決ヲ爲ストキノ取扱方（大正十二年十二月十二日刑事第一〇三四一號刑事局長通牒）

問　控訴審ニ於テ第四百二條ノ場合ニ差戻シヲ爲サスシテ判決ヲ爲ストキハ實質ハ第一審判決ナルモ法規上總テノ場合ニ於テ第二審判決トシテ取扱フヘキモノト解シ可然哉（福岡檢事正）

答　貴見ノ通

第四百三條　被告人控訴ヲ爲シタル事件及被告人ノ爲ニ控訴ヲ爲シタル事件ニ付テハ原判決ノ刑ヨリ重キ刑ヲ言渡スコトヲ得ス

〔理由書〕本條ハ被告人控訴ヲ爲シ又ハ被告人ノ爲ニ控訴ヲ爲シタル事件ニ對シ控訴裁判所ノ爲スヘキ判決ニ付制限ヲ定メタルモノニシテ現行法第二百六十五條ヲ修正シタルモノナリ即チ現行法ニ於テハ原判決ヲ被告人ノ不利益ニ變更スルコトハ總テ之ヲ許ササルモノト爲セルモ斯ノ如キ制限ハ廣キニ失シ且不當ニ控訴裁判所ヲ拘束スルノ嫌アルヲ以テ本條ニ於テハ原判決ノ刑ヨリ重キ刑ヲ言渡スコトヲ得サルコトニ止メ事實ノ認定並附隨處分ノ如キハ原判決ニ拘ハラス其ノ相當ト認ムル所ニ從ヒ判決スルコトヲ得ルモノトセリ

一　**未決勾留日數ノ通算日數ヲ減少スル裁判ト本條ノ所謂重キ刑ニ變更スル裁判**（大正十二年十二月十二日刑事第一〇三四一號刑事局長通牒）

問　控訴審ニ於テ未決勾留日數ノ通算日數ヲ減少スル裁判ト雖尚第四百三條ニ所謂重キ刑ノ變更ニ包含スルヤ（福岡檢事正）

答　貴見ノ通

二　**檢事カ附帶控訴ヲ爲シ第二審ニ於テ刑ヲ加重シタルトキ被告人ノ控訴モ理由アルモノト謂フヲ得ルヤ**（昭和七年一月二十二日刑事第二〇七號刑事局長通牒）

問　大審院ノ判例ニ依レハ被告人ノ控訴ニ附帶シテ檢事カ控訴ヲ爲シ第二審裁判所ニ於テ刑ヲ加重シタル爲被告ノ控訴ハ其ノ理由アルモノト云フヲ得ストアリ然ルニ行刑局長ノ回答ニ依レハ

検事ノ附帶控訴ニ依リ原判決ト符合セサル判決言渡アリタルトキハ結局被告人ノ控訴モ理由アルニ歸スル旨回答アリ右孰レニヨリ取扱フヘキヤ

（參照）一、大正十三年六月十一日大審院判決（十三年判例集五八九頁）

一、鳥取地方検事正問合ニ對スル同年七月二十六日付行丙第一三四三號行刑局長回答（廣島控檢）

答 當分ノ內從來通取扱ハレ度シ

三 訴訟費用ト第一審判決ノ不利益變更（大正十三年(れ)第二〇九五號 同十四年二月二日第二刑事部判決）

被告人控訴ヲ爲シタル事件及被告人ノ爲ニ控訴ヲ爲シタル事件ニ付テモ訴訟費用ノ如キハ控訴審ノ判決ニ於テ第一審判決ヨリ重キ負擔ヲ被告人ニ對シ命スルコトヲ得ルモノトス

四 正式裁判ノ請求棄却ト第二審判決（大正十三年(れ)第二三一二號 同十四年四月四日第三刑事部判決）

第一審裁判所カ正式裁判ノ請求ヲ適法トシ略式命令ニ於ケルヨリモ輕キ刑ノ言渡ヲ爲シ之ニ對シ被告人ヨリ控訴ヲ爲シタル事件ニ付控訴裁判所ニ於テ正式裁判ノ請求ヲ不適法トシテ棄却スルヲ妨ケス

五 原判決ノ刑ヨリ重キ刑ノ言渡

（大正十五年(れ)第一四五一號 同年十月二十六日第一刑事部判決）

第一審ニ於テ併合罪ヲ以テ論スヘキ二個以上ノ犯罪ニ付各別ニ刑ヲ言渡シ第二審ニ於テ之レヲ併合審理シタル場合ニ於テ第一審ニ於テ各別ニ言渡シタル刑期ヲ合算シタル範圍內ニ於テ刑法第四十七條末段ノ制限ニ從ヒ刑ヲ量定シテ言渡シタルトキハ第一審ニ於テ各別ニ言渡シタル刑ニ比シテ重キモ刑事訴訟法第四百三條ニ違背シタルモノト謂フヘカラス

六 原判決ノ不利益變更（昭和二年(れ)第六八〇號 同年六月二十四日第一刑事部判決）

横領被告事件ニ付言渡シタル第二審判決ノ科刑カ第一審判決ト同一ナルトキハ縱令横領金額ヲ多額ニ認定スルモ第一審判決ヲ不利益ニ變更シタルモノト謂フヲ得サルモノトス

七 衆議院議員選擧法第三百七十條第一項ノ規定ヲ適用セサル旨ノ宣告ナキ場合ト本條ノ違反（昭和三年(れ)第五六二號 同年五月十七日第二刑事部判決）

第一審裁判所カ衆議院議員選擧法第百三十七條第一項ノ規定ヲ適用セサル旨ノ宣告ヲ爲シタル事件ニ付被告人ノミ控訴ヲ爲シタル場合ニ於テ控訴裁判所カ第一審判決ト同一ノ主刑ヲ言渡シナカラ叙上ノ規定ヲ適用セサル旨ノ宣告ヲ爲ササルハ刑事訴訟法第四百三條ニ違反スルモノトス

八 罰金刑ニ對スル勞役場留置ノ言渡ト本條

（昭和三年(れ)第八〇二號 同年六月二十五日第二刑事部判決）

第一審判決カ罰金刑ニ對スル勞役場留置ノ言渡ヲ遺脫シタル事件ニ付被告人ノミ控訴ヲ爲シタル場合ニ於テ第二審判決カ勞役場留置ノ言渡ヲ爲スハ刑事訴訟法第四百三條ニ違反スルモノトス

九　未決勾留ノ日數ヲ算入セサル刑ノ執行猶豫ノ言渡ト本條

（昭和三年(れ)第六〇〇號 同年六月二十八日第五刑事部判決）

第一審判決ノ未決勾留日數ヲ本刑ニ算入シタルニ第二審判決ニ於テ之ヲ算入セスシテ刑ノ執行猶豫ノ言渡ヲ爲シタルハ刑事訴訟法第四百三條ニ違反シタルモノト謂フヲ得ス

一〇　第二審カ第一審ト異ナル犯罪事實ヲ認メテ同一ノ刑ヲ言渡シタル場合ト本條

（昭和三年(れ)第一三七六號 同年十月十二日第一刑事部判決）

第一審判決カ住居侵入强盜傷人放火及殺人未遂ノ犯罪ヲ認メテ被告人ヲ無期懲役ニ處シタル事件ニ付第二審判決ニ於テ住居侵入强盜傷人ノ犯罪ノミヲ認メテ同シク無期懲役ノ刑ヲ言渡シタルハ原判決ヨリ重キ刑ヲ言渡シタルモノニ非ス

一一　被告人ノ利益ノ爲ニ爲ス檢事ノ控訴ト本條ノ控訴

（昭和五年(れ)第六八號 同年四月九日第三刑事部判決）

檢事カ被告人ノ利益ノ爲ニ控訴ヲ爲シタル場合ト雖刑事訴訟法第四百三條ニ所謂被告人ノ爲ニ控訴ヲ爲シタル事件ニ該當セス

一二　本條ニ所謂原判決ノ刑ヨリ重キ刑

（昭和七年(れ)第七二六號 同年七月十八日第一刑事部判決）

刑事訴訟法第四百三條ニ所謂原判決ノ刑ヨリ重キ刑ヲ言渡スコトヲ得ストハ原判決主文ノ刑ヲ重キニ變更スルコトヲ許サルノ趣旨ナリトス

一三　本條ト刑ノ輕重

（昭和七年(れ)第九〇一號 同年九月二十九日第一刑事部判決）

第一審判決カ懲役一月ノ言渡ヲ爲シタル被告事件ノ控訴ニ付第二審ニ於テ罰金四十圓ニ處シ罰金不完納ノ場合ニ於ケル勞役場留置期間ヲ四十日ト定メテ言渡ヲ爲スモ原判決ノ刑ヨリ重キ刑ノ言渡ヲ爲シタルモノニ非ス

一四　追徵金ノ增額ト本條

（昭和七年(れ)第一〇〇九號 同年十月十三日第一刑事部判決）

第二審判決カ第一審判決ニ比シ輕キ主刑ヲ言渡シタルトキハ追徵金ヲ增額スルモ爲ニ其ノ刑ヲ第一審判決ノ刑ヨリ重シト爲スヲ得ス

一五　本條ノ意義

（昭和七年(れ)第一六七五號 同八年三月一日第三刑事部判決）

刑事訴訟法第四百三條ニ所謂「原判決ノ刑ヨリ重キ刑ヲ言渡ス」トハ判決主文ニ於ケル科刑ヲ原判決ニ比シ重カラシムルノ意ニシテ

第二審ニ於テ第一審ヨリモ少額ノ被害金額ヲ認ムルモ第一審ト同一ノ刑ヲ言渡スヲ妨ケサルモノトス

一六 檢事ノ控訴シタル事件ニ於ケル檢事ノ求刑ト量刑（昭和八年（れ）第六四一號 同年六月二十二日第一刑事部判決）

檢事カ第一審ノ量刑ヲ不當トシテ控訴ヲ申立テタル事件ニ於テハ控訴裁判所ハ自由ノ裁量ヲ以テ刑ノ量定ヲ爲シ得ルモノニシテ檢事ノ求刑ノ限度ニ制限セラルヘキモノニ非ス

一七 第一審ニ於テ負擔セシメサリシ訴訟費用ヲ第二審ニ於テ負擔セシムルノ可否（昭和八年（れ）第七二四號 同年七月七日第四刑事部判決）

第一審カ被告人ニ負擔セシメサリシ訴訟費用ト雖第二審ニ於テ負擔セシムルヲ妨ケス

一八 本條ノ趣旨（昭和八年（れ）第一六四一號 同九年二月一日第一刑事部判決）

控訴審ニ於テ第一審カ認定シタル犯罪事實ニ付其ノ一部分ノ成立ヲ認メス又ハ其ノ罪質ヲ輕ク認定スルモ第一審ト同一ノ刑ノ言渡ヲ爲シタル場合ハ刑事訴訟法第四百三條ノ趣旨ニ反スルモノニアラス

一九 本條ノ法意（昭和九年（れ）第四六六號 同年六月十三日第三刑事部判決）

本條ノ規定ハ控訴判決ニ於テハ第一審判決ノ主文ノ刑ト對照シ實質上之ヨリ重キ刑ノ言渡ヲ爲スコト能ハサルノ謂ナリトス

二〇 正式裁判ノ量刑ト本條（昭和九年（れ）第一三六二號 同年十二月十七日第二刑事部判決）

略式命令ニ對スル正式裁判ニ關シテハ刑事訴訟法第四百三條ノ適用ナシ

第四百四條 被告人出頭セサルトキハ更ニ期日ヲ定ムヘシ被告人正當ノ事由ナクシテ其ノ期日ニ出頭セサルトキハ其ノ陳述ヲ聽カスシテ判決ヲ爲スコトヲ得

〔理由書〕 本條ハ被告人闕席ノ場合ニ於ケル手續ヲ定メタルモノニシテ現行法第二百六十六條ヲ修正シタルモノナリ本法ニ於テハ被告人第一審ノ公判期日ニ出頭セサルトキハ開廷スルコトヲ得サルヲ原則ト爲シタレトモ控訴審ニ於テ此ノ原則ヲ貫クハ適當ナラスト認メ被告人再度闕席スルトキハ開廷スルコトヲ得ルモノト爲シ此ノ場合ニ於テハ通常ノ手續ニ從ヒ事件ニ付審理判決ヲ爲スヘキモノト定ム現行法ハ控訴申立人闕席シタルトキハ闕席判決ヲ以テ控訴ヲ棄却シ相手方闕席シタルトキ申立人ノ陳述ヲ聽キ闕席判決ヲ爲スヘキ旨規定スルモ其ノ本條ト相容レサルヤ言ヲ俟タス

一 控訴審ニ於ケル公判期日ト本條ノ適用（大正十四年（れ）第八〇三號 同年七月十七日第六刑事部判決）

第二審裁判所ニ於テハ第一回ノ公判期日タルト其ノ後ノ公判期日タルトヲ問ハス被告人出頭セサルトキハ更ニ期日ヲ定ムヘク被告人正當ノ事由ナクシテ其ノ期日ニ出頭セサルトキニ非サレハ其ノ

陳述ヲ聽カスシテ判決ヲ爲スコトヲ得サルモノトス

二　公判期日不出頭ノ正當事由ト其ノ開陳ノ時期（昭和五年(れ)第一七〇號 同年三月二十七日第五刑事部判決）

一　被告人カ證人トシテ檢事局ニ出頭スル事實ハ控訴審ニ於ケル自己ノ第二回公判期日ニ出頭セサル正當ノ事由トナラス

二　控訴審ニ於ケル第二回公判期日ニ被告人ノ出頭シ難キ正當事由ノ開陳ハ遲クトモ該期日開廷マテニ之ヲ爲スコトヲ要ス

第四百五條　控訴裁判所ノ判決ニハ第一審ニ示シタル事實及證據ヲ引用スルコトヲ得

〔理由書〕　本條ハ控訴裁判所カ判決ヲ爲ス場合ニ於テ其ノ認定シタル事實及事實認定ノ資料タル證據第一審判決ニ示シタルモノト同一ナル場合ニ於テ其ノ記載ヲ引用スルコトヲ得ルモノト爲ス是レ現行法ノ認メサル所ニシテ本條ノ之ヲ採用シタル所以ハ蓋シ斯ノ如キ場合ニ於テハ其ノ引用ニ依リ當事者ヲシテ判決ノ趣旨ヲ了知セシムルコトヲ得ルヲ以テ控訴裁判所ノ判決ニ累ネテ同一ノ事項ヲ示スノ必要ナク判事ハ之ニ因リテ無用ノ勞ヲ省キ其ノ餘力ヲ他ノ有用ナル事務ニ利用スルコトヲ得テ其ノ益スルトコロ尠カラサルニ由ルモノナリ

第二審判決ノ理由ニ關スル注意（大正十二年十二月五日 刑事第九五四六號刑事局長通牒）

新法ニ於テハ第二審判決ニ第一審判決ニ示シタル事實及證據ヲ引用スルヲ許シタルモ第二審判決ニ於テ第一審又ハ第二審ニ於テ受ケタル勾留ノ日數ヲ通算スル言渡ヲ爲スコトアルヘキハ言ヲ俟タサル所ナリ（大審院）

第四百六條　第三百六十三條ノ規定ニ該當スル事件ニ付第一審裁判所公訴ヲ棄却セサリシトキハ決定ヲ以テ公訴ヲ棄却スヘシ此ノ決定ニ對シテハ即時抗告ヲ爲スコトヲ得

〔理由書〕　本條ハ第一審裁判所公訴棄却ノ決定ヲ爲スヘキ場合ニ之ヲ爲ササリシトキハ控訴裁判所ニ於テ公訴棄却ノ決定ヲ爲スヘキ旨ヲ定メタルモノナリ此ノ場合ニ於テ控訴裁判所ノ決定アルトキハ第一審ノ判決ハ當然消滅ニ歸スヘキモノナリ

第四百七條　第二編中公判ニ關スル規定ハ別段ノ規定アル場合ヲ除クノ外控訴ノ審判ニ付之ヲ準用ス

〔理由書〕　本條ハ控訴ノ審判手續ニ付テハ總テ第一審公判ノ規定ヲ準用スヘキコトヲ定メタルモノニシテ現行法第二百五十八條ニ修正ヲ加ヘタルモノナリ即チ現行法ハ地方裁判所ノ第一審ニ關スル規定ヲ適用スルモノト爲シタモ本條ニ依レハ控訴ノ審判ヲ爲ス場合ニ於テ第一審公判ノ規定ニ從フヘキモノナレハ控訴院ノ控訴審判ニハ地方裁判所ノ公判ニ關スル規定ヲ準用シ地方裁判所ノ控訴審判ニハ區裁判所ノ公判ニ關スル規定ヲ準用スルコトト爲ル是レ覆審主義ヲ採用シタル當然ノ結果ナリ

第三章　上告

〔理由書〕本章ハ上告ニ關スル法規ニ重大ナル改正ヲ加ヘテ根本ノ主義ヲ一變シタリ今其ノ要綱ヲ擧クレハ第一、現行法ニ於テハ上告ハ第二審ノ判決ニ對シテノミ爲シ得ヘキモノト定メタルモ本章ニ於テハ場合ヲ限リ第一審ノ判決ニ對シテモ之ヲ爲スコトヲ得ヘキモノト爲シ第二、現行法ニ於テハ上告ハ法令ニ違反スルコトヲ理由トスルトキニ限リ之ヲ許シタルモ本章ニ於テハ法令違反ヲ理由トスル場合ノ外一定ノ條件ノ下ニ重大ナル事實ノ誤認アルコト刑ノ量定甚シク不當ナルコト並再審開始ノ原由ニ該當スル事由アルコトヲ理由トシテ上告ヲ爲スコトヲ得ヘキモノト爲シ第三、現行法ニ於テハ上告裁判所ハ上告論旨ニ付テノミニ付審理スヘキモノト爲シタレトモ本章ニ於テハ上告裁判所ハ一定ノ事項ニ付職權ヲ以テ調査スルコトヲ得ヘキモノト爲シ第四、現行法ニ於テハ上告理由アル場合ニ於テハ原判決ヲ破毀シテ他ノ裁判所ニ移送スルヲ原則ト爲シタレトモ本章ニ於テハ原則トシテ移送ノ制ヲ廢シ原判決ヲ破毀スルトキハ上告裁判所自ラ事實ノ審理ヲ爲シ被告事件ニ付判決ヲ爲スヘキモノト定メタルハ其ノ最顯著ナルモノナリ

第四百八條　上告ハ第二審ノ判決ニ對シテ之ヲ爲スコトヲ得

〔理由書〕本條ハ上告ハ原則トシテ第二審判決ニ對シテ之ヲ爲スヘキコトヲ定メタルモノニシテ現行法第二百六十七條ニ修正ヲ加ヘタルモノナリ現行法ニハ地方裁判所又ハ控訴院ノ第二審判決ニ對シテ爲スヘキ旨ヲ示セトモ第二審判決ハ地方裁判所又ハ控訴院以外ニ於テ爲スモノニ非サルコトハ構成法ノ規定ニ依リ明白ナルヲ以テ裁判所ノ名ヲ表示スルノ要ナキモノトシテ之ヲ削除シタリ又現行法ハ本案前ノ判決ト本案ノ判決ヲ區別シテ規定スルモ控訴ノ章ニ於テ説示シタルカ如ク全ク其ノ要ナキニ至リタルヲ以テ其ノ部分ヲ削除シタリ

第四百九條　上告ハ第四百十二條乃至第四百十五條ニ規定スル場合ノ外法令ノ違反ヲ理由トスルトキニ限リ之ヲ爲スコトヲ得

〔理由書〕本條乃至第四百十五條ハ前條ヲ承ケ第二審判決ニ對スル上告ニ關スル規定ヲ揭ク本條ハ如何ナル場合ニ上告ヲ爲スコトヲ得ルヤヲ定メタルモノナリ本條ハ現行法ト同シク法令違反ヲ理由トスルトキ上告ヲ許スヘキモ現行法ノ如ク上告ノ理由ヲ法令違背ニ限定セス其ノ他特定事由アル場合ニ上告ヲ爲スコトヲ得ヘキモノト爲ス是レ現行法第二百六十八條ニ一大改正ヲ加ヘタルモノナリ

一　犯罪ノ證明ナキモノトシテ無罪ヲ言渡シタル場合ノ檢事ノ上告

（大正十三年三月五日刑事第二一九八號刑事局長回答）

問　犯罪ノ證明ナキモノトシテ無罪ノ判決言渡アリタルトキ檢事ハ刑事訴訟法第百四十四條ニ依リ上告ヲ爲スコトヲ得ルヤ（廣島檢事正）

答　重大ナル事實ノ誤認アルコトヲ疑フニ足ルヘキ顯著ナル事由アルトキハ貴見ノ通

二　少年ノ年齡ト上告ノ理由

（大正十三年(つ)第二一一二五號　同十四年二月五日第二刑事部判決）

第二審判決當時十八歲未滿ナルニ因リ少年法第十八條ヲ適用シ不定期刑ノ言渡ヲ受ケタル者カ上告ヲ爲シタル後十八歲以上ニ達シタル事實アリタル場合ニ之ヲ法令ノ違反トシテ上告ノ理由ト爲スコトヲ得ス

三　被告人ニ不利益ナル上告理由

（昭和七年(れ)第一一〇五號　同年四月十八日第一刑事部判決）

第二審判決カ連續一罪ト認メタル二箇ノ橫領行爲ヲ獨立セル二罪トシ併合罪トシテ處分スヘシトスル論旨ハ右判決ヲ被告人ニ不利益ニ是正シメントスルモノニシテ上告理由トシテ許スヘキニアラス

四　犯人單獨居住ノ家屋ニ對スル放火罪ト不利益上告論旨

（昭和七年(れ)第二二五號　同年五月五日第一刑事部判決）

犯人單獨居住ノ家屋ニ放火シタル犯罪ニ付刑法第百九條第一項ヲ適用シタルヲ非難シテ同法第百八條ヲ適用スヘキモノナリトノ主張ハ不利益論旨ナリ

五　控訴理由ナシトノ附記ト上告理由

（昭和七年(れ)第四五三號　同年六月六日第一刑事部判決）

控訴判決ノ末尾ニ控訴理由ナキ旨ノ附記アルニ對シ之ヲ論難スルハ上告適法ノ理由ト爲ラサルモノトス

六　略式命令又ハ第一審判決ニ對スル非難ト上告理由

（昭和八年(れ)第五五七號　同年六月八日第一刑事部判決）

第二審判決ヲ對象トスル上告ニ在リテハ略式命令又ハ第一審判決ノ不法ヲ攻擊スルモ上告論旨トシテ適法ナラス

七　訴訟手續ノ瑕疵ト審理更新

（昭和八年(れ)第五八一號　同年六月十二日第一刑事部判決）

原審ニ於テ前後二回ニ公判ヲ開廷シ後ノ公判ニ於テ審理ヲ更新シタルトキハ前回公判手續ニ瑕疵アルモ之ヲ以テ原審判決ノ瑕疵ト爲スコトヲ得ス

八　法律ニ對スル服從義務ノ否認ト上告理由

（昭和八年(れ)第七二九號　同年七月六日第一刑事部判決）

現行法律ニ對スル服從義務ヲ否認スル論旨ハ上告適法ノ理由トナ

ラス

第四百十條　左ノ場合ニ於テハ常ニ上告ノ理由アルモノトス

一　法律ニ從ヒ判決裁判所ヲ構成セサリシトキ

二　職務ノ執行ヨリ除斥セラルヘキ判事審判ニ關與シタルトキ

三　判事偏頗ノ虞アリトシテ忌避セラレ其ノ忌避ノ申立理由アリト認メラレタルニ拘ハラス審判ニ關與シタルトキ

四　審理ニ關與セサリシ判事判決ニ關與シタルトキ

五　不法ニ管轄又ハ管轄違ヲ認メタルトキ

六　不法ニ公訴ヲ受理シ又ハ之ヲ棄却シタルトキ

七　審判ノ公開ニ關スル規定ニ違反シタルトキ

八　別段ノ規定アル場合ヲ除クノ外被告人出頭スルコトナクシテ審判ヲ爲シタルトキ

九　公判廷ニ於テ被告人ノ身體ヲ拘束シタルトキ

十　法律ニ依リ辯護人ヲ要スル事件又ハ決定ニ依リ辯護人ヲ附シタル事件ニ付辯護人出頭スルコトナクシテ審理ヲ爲シタルトキ

十一　不法ニ辯護權ノ行使ヲ制限シタルトキ

十二　檢事ノ爲ス被告事件ノ陳述ヲ聽カスシテ審判ヲ爲シタルトキ

十三　法律ニ依リ公判ニ於テ取調フヘキ證據ノ取調ヲ爲ササリシトキ

十四　公判ニ於テ爲シタル證據調ノ請求ニ付決定ヲ爲スヘキ場合ニ於テ之ヲ爲ササリシトキ

十五　公判ニ於テ爲シタル異議ノ申立ニ付決定ヲ爲ササリシトキ

十六　法律ニ依リ公判手續ヲ停止シ又ハ更新スヘキ事由アル場合ニ於テ之ヲ停止シ又ハ更新セサリシトキ

十七　被告人又ハ辯護人ニ最終ニ陳述スル機會ヲ與ヘサリシトキ

十八　審判ノ請求ヲ受ケタル事件ニ付判決ヲ爲サス又ハ審判ノ請求ヲ受ケサル事件ニ付判決ヲ爲シタルトキ

十九　判決ニ理由ヲ附セス又ハ理由ニ齟齬アルトキ

二十　判決ニ示スヘキ判斷ヲ遺脫シタルトキ

二十一　判決書ニ判事ノ署名若ハ捺印又ハ契印ヲ缺キタルトキ

〔理由書〕本條ハ所謂絕對的上告理由ト爲ルヘキ事由ヲ揭ケ現行法第二百六十九條ニ修正ヲ加ヘタルモノナリ卽チ現行法第二百六十九條ニ列記シタルモノノ內第六號及第十號ヲ削リ別ニ十數個ノ事項ヲ加ヘ尙其ノ字句ニ修正ヲ施シ其ノ不備ヲ補正シタル點アリ

本條列記スル所其ノ法令ノ違反タルヤ明白ナリ然レトモ第四百十一條ニ示スカ如ク法令ノ違反ハ上告ノ理由ト爲ルモノト爲ラサルモノトアリ本條示ス所ハ第四百十一條ニ拘ハラス如何ナル場合ニ於テモ之ヲ上告ノ理由ト爲シ得ヘキモノナリ

一　審判請求ヲ受ケタル事件ニ付判決ヲ爲サザル違法　（大正十二年(れ)第二一三三號　同十三年三月七日第一刑事部決定）

縣會議員選擧違反及文書僞造行使被告事件ニ付有罪ヲ言渡セル判決ノ全部ニ對シ被告人ハ控訴ヲ申立テ而モ第二審公判ニ於テ右申立ノ一部ヲ取下ケタル明確ノ事實存セサル場合ニ於テ文書僞造行使罪ノミニ付判決ヲ爲シ縣會議員選擧違反被告事件ニ付何等審判スル所ナカリシハ違法ナリ

二　牽連罪ノ一部ニ對スル公訴ノ提起ト審判ノ範圍　（大正十三年(れ)第二三一號　同年四月五日第四刑事部判決）

人ノ住居スル家宅ニ侵入シテ二個ノ竊盜行爲ヲ爲シタル牽連罪ニ付豫審請求書豫審終結決定ノ記載竝檢事被告事件ノ陳述ハ其ノ家宅侵入ト一個ノ竊盜行爲トニ限局セラレタリトスルモ裁判所ハ職權ニ因ル審判ノ結果トシテ他ノ竊盜行爲ノ事實ヲモ確定スルコトヲ得ルモノトス

三　共同被告人ノ一名ニ對スル公判手續ノ違法　（大正十四年(れ)第一六八號　同年四月二十四日第一刑事部判決）

共同被告人ノ一名ニ付檢事ノ被告事件ノ陳述ヲ聽カス審理シタル違法ハ當該被告人ノ公判手續ヲ無效ナラシムルニ止マリ他ノ被告人ノ公判手續ニハ何等ノ影響ヲ及ホササルモノトス

四　公開停止ノ決定アリタル場合ニ於ケル審理ノ公行ト上告ノ理由　（昭和二年(れ)第一一一三號　同年十月三十一日第二刑事部判決）

公判裁判所カ其ノ言渡シタル公開停止ノ決定アリタル場合ニ於テ審理ヲ公行スルモ之ヲ以テ上告ノ理由ト爲スコトヲ得サルモノトス

五　公判手續更新前ノ公判調書ト證據調　（昭和六年(れ)第九六一號　同年十月二十九日第一刑事部判決）

公判手續更新前ノ公判調書ニ付證據調ヲ爲スヤ否ハ更新後ノ裁判所ノ裁量ニ屬スルモノトス

六　被告人ヨリ辯護人宛ノ信書不着ト辯護權ノ制限　（昭和六年(れ)第一七九七號　同七年三月十四日第一刑事部判決）

在監中ノ被告人ヨリ其ノ利益ト爲ルヘキ事實上ノ主張竝立證ヲ爲サシムル爲其ノ選任ニ係ル辯護人ニ宛テ提出シタル信書カ公判期日前辯護人ニ到着セサリシトスルモ辯護權ヲ不法ニ制限シタルモノト謂フヲ得ス

七　僞造通貨行使詐欺ノ起訴ト審判ノ範圍　（昭和七年(れ)第四四四五號　同年六月六日第一刑事部判決）

僞造通貨ヲ行使シテ詐欺ヲ爲シタル事實ニ付裁判所カ審理ノ上僞造通貨行使ノ罪ヲ認定シタル以上詐欺ノ點ニ付更ニ別箇ノ判斷ヲ爲ス必要ナシ

八 收賄幇助ノ公訴ト贈賄幇助 （昭和七年(れ)第四六四號 同年七月一日第四刑事部判決）

收賄幇助トシテ公判ニ付セラレタル事實ニ付裁判所カ審理ノ結果贈賄幇助ノ事實ヲ認定スルモ公訴ノ範圍ヲ超越スルモノニ非ス

九 詐欺横領ト公訴ノ範圍 （昭和八年(れ)第六九七號 同年七月三日第一刑事部判決）

被告人カ他人ヨリ財物ノ交付ヲ受ケテ之ヲ費消シタリトノ事實關係ニ付檢事カ詐欺罪トシテ起訴シタル場合ニ判決ニ於テ之ヲ横領罪ト認定スルモ公訴ノ範圍ヲ脱スルモノニ非ス

一〇 第一審ノ訴訟手續ノ不法ト上告論旨 （昭和八年(れ)第一九六三號 同九年三月二十四日第三刑事部判決）

第一審ノ訴訟手續カ法令ニ違反スルコトヲ主張スル論旨ハ上告理由トシテ適法ナラス

一一 豫審手續ノ不法ト上告論旨 （昭和八年(れ)第一九六三號 同九年三月二十四日第三刑事部判決）

豫審手續ノ不法ヲ論難スル論旨ハ上告理由トシテ適法ナラス

一二 併合罪ノ起訴ト公判裁判所ノ判決 （昭和八年(れ)第一九六三號 同九年三月二十四日第三刑事部判決）

檢事カ併合罪トシテ數個ノ恐喝事實ヲ指示シテ豫審請求ヲ爲シ豫審判事亦之ヲ併合罪トシテ公判ニ付スル旨ノ豫審終結決定ヲ爲シタル場合ニ於テ公判裁判所審理ヲ遂ケタル末數個ノ恐喝事實中或ル恐喝事實ニ付犯罪ノ成立ヲ認メサルトキハ縱令成立セハ其ノ數個ノ恐喝事實カ連續犯ヲ組成スヘキ關係ニ在ルモノト解スヘキトキト雖其ノ無罪タルヘキ行爲ニ付テハ主文ニ於テ其ノ旨ノ判決ヲ爲ササルヘカラス

一三 證據調ノ限度及證據ノ取捨判斷ト上告理由 （昭和八年(れ)第二〇九九號 同九年四月十八日第三刑事部判決）

證據調ノ限度ヲ定メ取調ヘタル證據ノ取捨判斷ヲ爲スハ事實裁判所ノ職權ニ屬シ之カ當否ノミヲ云爲スル論旨ハ上告適法ノ理由トナラス

第四百十一條 前條ノ場合ヲ除クノ外法令ニ違反シタルコトアリト雖判決ニ影響ヲ及ホササルコト明白ナルトキハ之ヲ上告ノ理由ト爲スコトヲ得ス

〔理由書〕 本條ハ判決ニ影響ヲ及ホササル法令違反ハ前條ニ定メタル場合ノ外上告ノ理由ト爲スコトヲ得サル旨ヲ定メタルモノナリ現行法ハ其ノ趣旨ニ於テ之ト異ナル所ナシト雖明文ヲ缺クカ爲疑義ヲ生スルノ餘地アリ故ニ本條ヲ以テ之ヲ明ニシタリ

判決ノ實體ニ法令ノ違反アルトキ之ヲ上告ノ理由ト爲シ得ヘキコ

ト言ヲ俟タス判決ノ實體ニ存セサルモ之ニ影響ヲ及ホスヘキモノ亦然リ如何ナル法令違反カ判決ニ影響ヲ及ホスヘキヤハ各場合ニ於テ上告裁判所ノ決スヘキ問題ナリ

一　單一罪ノ事實ヲ連續犯トシテ處斷シタル判決ト上告ノ理由

（大正十三年(れ)第一〇六七號　同年七月二十九日第六刑事部判決）

銃砲火藥類取締法第三條第一項ニ違背シ行政官廳ノ許可ヲ受ケスシテ二回ニ銃砲類ヲ賣却シ營業行爲ヲ爲シタル者ハ包括的一個ノ犯罪トシテ處罰スヘキモノニシテ個個ノ行爲ニ對シ連續犯トシテ處斷スヘキモノニ非サレハ之ニ刑法第五十五條ヲ適用シタルハ違法ヲ免レスト雖結局一罪ヲ以テ處斷シタルモノナレハ單一罪トシテ處斷シタルト刑ノ量定其ノ他ニ於テ異ナル所ナク前示違法ハ判決ニ影響ヲ及ホササルヲ以テ上告ノ理由ト爲スコトヲ得ス

二　證據調ヲ爲ササル證據ヲ罪證ニ供シタル場合ト其ノ違法カ判決ニ及ホス影響

（昭和二年(れ)第一四四七號　同年十二月十三日第四刑事部判決）

適法ナル證據調ヲ經サル證據ヲ罪證ニ供スルハ違法ナリト雖醫師ノ免許ナクシテ百數十名ヲ診察治療シ私ニ醫業ヲ營ミタル犯罪事實ノ認定ニ對シ其ノ患者中ノ一人ノミニ關スル認定ノ資料タルニ過キサルトキハ其ノ違法ハ判決ニ影響ヲ及ホササルコト明ナルモノトス

三　判決ニ影響ナキ採證ノ不法

（昭和三年(れ)第一四八四號　同年十月二十六日第四刑事部判決）

賭博常習ノ事實ヲ認定スルニ當リ十三年前ノ賭博前科ニ關スル前科調書ノ記載ヲ採テ罪證ニ供スルハ不法ナリト雖之ヲ除外スルモ他ノ證據ニ因リ優ニ其ノ事實ヲ認定シ得ルニ於テハ上告ノ理由トナラス

四　證據説明ノ瑕疵ト本條

（昭和七年(れ)第一一一七號　同年四月十八日第一刑事部判決）

或證據説明ノ内容ニ瑕疵アルトキト雖他ノ證據ヲ綜合考覈シテ犯罪事實ヲ認メ得ヘキトキハ右瑕疵ハ刑事訴訟法第四百十一條ニ所謂判決ニ影響ヲ及ホササルコト明白ナル場合ニ該當ス

五　被告人ノ人違ナキコトヲ確ムルニ足ルヘキ事項ノ訊問欠缺ト上告ノ理由

（昭和七年(れ)第一七八七號　同八年三月十五日第三刑事部判決）

裁判所カ被告人ノ人違ナキコトヲ調査確認シテ事件ヲ審理シ而モ實際人違ナカリシ以上裁判長カ檢事ノ被告事件陳述前被告人ニ對シテ其ノ人違ナキコトヲ確ムルニ足ルヘキ事項ノ訊問ヲ爲ササルモ之ヲ以テ上告ノ理由ト爲スコトヲ得サルモノトス

六　警察犯處罰令第二條第十七號及第十八號ト擬律錯誤

（昭和八年(れ)第一四六五號　同年十二月四日第一刑事部判決）

警察犯處罰令第二條第十八號ニ該當スル行爲ニ對シ同條第十七號

ヲ適用シタル場合ニハ擬律錯誤ノ違法アルモトノス

七　連續犯ノ一部ニ關スル證據理由不備ト上告理由

（昭和九年(れ)第八七一號 同年九月二十七日第二刑事部決定）

連續犯ノ一部ニ付證據理由不備ノ違法アルニ過キサル場合ト雖附加刑タル沒收ニ代ル追徴ニ影響ヲ及ホスヘキトキハ上告ノ理由トナルモノトス

第四百十二條　刑ノ量定甚シク不當ナリト思料スヘキ顯著ナル事由アルトキハ之ヲ上告ノ理由ト爲スコトヲ得

〔理由書〕（第四百十四條ノ理由參照）

（林政府委員）　此ノ刑ノ量定ト云フノハ刑期又ハ金額ノ量定ト云フ狹イ意味テハナイ刑ニ關スル一切ノ裁量處分ヲ包含スル意味テアリマス從テ執行猶豫ヲシナイ場合ニシナイコトカドウモ著シク不當タト認ムヘキ顯著ナル理由カアレハ無論是カ理由トナル之ニ反シテ執行猶豫ヲシタ場合ニソレカ不當テアルト云フコトカ顯著テアレハソレモ上告ノ理由トナル斯ウ云フコトニ本條立案ノ際ニ十分意見カ出マシテサウ云フ意味テ本條カ出來テ居リマス

一　刑ノ量定中ニハ執行猶豫ノ言渡ヲ爲シ又ハ爲ササル事ヲモ包含スルヤ

（大正十三年三月三日 刑事第二〇七〇號刑事局長回答）

問　刑ノ執行猶豫ヲ言渡シ又ハ言渡ヲ爲ササルコトカ甚シク不當

ナリト思料スヘキ顯著ナル事由アルモ上告ヲ爲スコトヲ得サルヤ（第四百十二條ニ所謂「刑ノ量定中」）ニハ刑ノ執行猶豫ヲ包含セサルヤ（宮城檢事長）

答　刑ノ量定トハ刑ニ關スル一切ノ裁量處分ヲ包含セルヲ以テ刑ノ執行猶豫ヲ包含ス

二　選擧權ノ停止ト上告ノ理由

（昭和二年(れ)第一七六五號 同三年三月五日第二刑事部判決）

衆議院議員選擧法第百三十七條第二項ヲ適用セサルコトヲ不當トスル上告理由ハ刑事訴訟法第四百十二條ニ該當ス

三　新事實ニ基キタル上告理由

（昭和二年(れ)第一三五一號 同年十一月十九日第三刑事部判決）

訴訟記錄及原裁判所ニ於テ取調ヘタル證據ニ現ハレサル事實ニ基キ原判決ノ事實誤認ヲ主張スルハ上告理由トシテ適法ナラス

第四百十三條　再審ノ請求ヲ爲シ得ヘキ場合ニ該ル事由アルトキハ之ヲ上告ノ理由ト爲スコトヲ得

〔理由書〕（第四百十四條ノ理由參照）

第四百十四條　重大ナル事實ノ誤認アルコトヲ疑フニ足ルヘキ顯著ナル事由アルトキハ之ヲ上告ノ理由ト爲スコトヲ得

〔理由書〕　第四百十二條乃至第四百十四條ハ本章ニ於テ新ニ採用シタル規定ニシテ上告ノ觀念ニ根本的ノ變更ヲ加ヘタルモノナリ上

告ハ法令違反ヲ第一ノ理由ト爲スヘキハ當然ナリ然レトモ上告ノ制ヲ設ケタル根本ノ理由ニ遡リテ考フルニ其ノ最終ノ目的ハ不當ノ判決ヲ更正スルニ在リ而シテ形式上法ノ適用ニ誤リナキモ裁判ノ實質不當ナル場合アリ殊ニ事實ノ認定法令ノ手續ニ違反スル點ナクシテ其ノ甚シク實情ト異ナルコトヲ疑フヘキ顯著ナル事由存スルコトアリ刑ノ適用ハ法ノ範圍ヲ超ヘサルモ犯情ニ比シ甚シク重キニ失シ又輕キニ失スルモノト認ムヘキ場合アリ此ノ如キ場合ニ形式ニ於テ何等議スヘキ點ナキモ人皆其ノ實質ノ甚シク不當ナルヲ疑ヒ人ヲシテ心服セシムルヲ得サルハ明ナリ若シ此ノ如キモノ回ヲ累ヌルトキハ終ニ民衆ヲシテ法ノ適用ニ侮蔑ノ念ヲ懷カシムルニ至リ何ヲ以テカ大中至正ヲ期スルコトヲ得ムヤ卽チ本法ハ上告ノ終局ノ目的ニ考ヘ第四百十二條及第四百十四條ヲ新設シタリ第四百十三條ノ規定ハ現行法ニ存セサル所ナレトモ判決確定前再審ノ原由ヲ發見シタル場合ニ於テハ上告ノ方法ニ依リテ救濟ヲ求ムルコトヲ得ヘキハ當然ニシテ其ノ事由現ニ存スルニ拘ラス之ヲ申立ツルノ途ナク已ムヲ得ス判決ヲ確定スルニ至ラシメ之ヲ待テ然ル後再審ニ因リ救濟ヲ求ムヘキモノトスルカ如キハ法制ノ當ヲ得タルモノニ非ス是レ第四百十三條ヲ設ケタル所以ナリ

一　構成要素ノ選擇的ニ定マル犯罪事實ノ確定ト事實ノ誤認
（大正十五年(れ)第五八二號　同年五月二十七日第二刑事部判決）

衆議院議員選擧法第八十七條第一項第一號ノ罪ハ單ニ供與ノ申立ヲ爲スト現ニ供與ヲ爲ストヲ問ハス成立スルモノニシテ此ノ如ク犯罪ノ構成要素カ選擇的ニ定マル場合ニ於テハ其ノ一カ認メ得ラレサルトキト雖他ノ一カ認メ得ラルル限重大ナル事實ノ誤認アルコトヲ疑フニ足ルヘキ顯著ナル事由アリト爲スコトヲ得ス

二　自首ノ有無ニ關スル誤認ト上告理由
（大正十五年(れ)第六五一號　同年六月七日第五刑事部判決）

自首ノ有無ニ關スル事實ノ誤認ハ上告ノ理由ト爲ラス

三　本條ノ上告理由ト新證據
（昭和八年(れ)第五八六號　同年六月五日第二刑事部判決）

上告審ニ新ナル證據ヲ提出シ之ニ依リ刑事訴訟法第四百十四條ニ所謂重大ナル事實ノ誤認ヲ主張スルコトハ之ヲ許スヘカラス

四　上告審カ本條ニ規定スル事由アリト認メ事實審理ヲ爲シタル場合ニ於ケル上告審ノ判決
（昭和七年(れ)第一二三七號　同八年六月二十九日第一刑事部判決）

上告審ニ於テ刑事訴訟法第四百十四條ニ規定スル事由アリト認メ事實審理ヲ爲シタルトキハ審理ノ結果原審ト同一ノ判決ヲ爲ストキト雖同法第四百四十七條第四百四十八條ニ則リ原判決ヲ破毀シ更ニ被告事件ニ付判決ヲ爲スヘキモノトス

第四百十五條　判決アリタル後刑ノ廢止若ハ變更又ハ大赦アリタルトキハ之ヲ上告ノ理由ト爲スコトヲ得

〔理由書〕 判決後刑ノ廢止、變更又ハ大赦アリタル場合ハ之ヲ法令違反ト同一視シ上告ノ方法ニ依リテ之カ救濟ヲ求ムルコトヲ得ヘキモノト爲スヲ相當トス現行法之ニ關スル規定ヲ缺如スルニ拘ハラス實際ノ運用ニ於テハ法令ノ違背トシ上告ノ理由ト爲シ得ヘキモノトセリ現今ノ慣例ハ其ノ精神ニ於テ不可ナキコト勿論ナルモ法文ノ根據薄弱ナリ故ニ本條ヲ以テ其ノ趣旨ヲ明確ニセリ

第四百十六條 左ノ場合ニ於テ區裁判所又ハ地方裁判所ニ於テ爲シタル第一審ノ判決ニ對シ控訴ヲ爲サスシテ上告ヲ爲スコトヲ得

一 判決ニ依リ定リタル被告事件ノ事實ニ付法令ヲ適用セス又ハ不當ニ法令ヲ適用シタルコトヲ理由トスルトキ

二 判決アリタル後刑ノ廢止若ハ變更又ハ大赦アリタルコトヲ理由トスルトキ

〔理由書〕 本條ハ一定ノ場合ニ於テ區裁判所又ハ地方裁判所ノ第一審判決ニ對シ上告ヲ爲スコトヲ得ル旨ヲ定メタルモノニシテ現行ノ制度ニ一大改正ヲ加ヘタルモノナリ其ノ理由トスル所ハ第一審判決ニ示シタル事實ノ認定ニ不服ナキ場合ニ於テモ控訴ノ審判ヲ得ルニ非サレハ絶對ニ上告裁判所ノ判斷ヲ求ムルコトヲ得サルモノト爲スハ實際上迂遠ニシテ毫モ此ノ如ク定ムル必要ナク斯ノ如キ場合ニ於テハ直ニ上告裁判所ノ判斷ヲ求ムルコトヲ得セシムルヲ適當ナリト認メタルニ因ル而シテ本條カ其ノ上告ヲ爲シ得ヘキ場合ヲ第一號及第二號ニ定メタル理由アルトキニ限リタルハ同號ニ定メタル以外ノ理由ニ因リ不服ヲ申立ツル場合ニ於テハ常ニ事實ノ覆審ヲ爲スノ必要ヲ生シ控訴裁判所ノ判斷ヲ求ムルヲ相當トスルカ故ナリ

本條ハ控訴ヲ爲サスシテ上告ヲ爲スコトヲ得ル旨ヲ規定セリ故ニ控訴ヲ爲シタル場合ニ於テハ上告ヲ爲スモ其ノ效ナキヤ明ナリ

一 第一審ノ審理手續及採證ノ違法ト本條ノ上告理由
（昭和五年(れ)第五四五號 同年七月十七日第五刑事部判決）

第一審ニ於ケル審理手續及採證ノ違法ハ刑事訴訟法第四百十六條ニ於ケル上告理由トナラス

二 第一審判決ニ對スル上告
（昭和六年(れ)第九七五號 同年十月十四日第三刑事部判決）

第一審判決カ公訴ノ範圍ニ屬セサル事實ヲ認定シタルヲ不法ナリトシテ直ニ上告ヲ爲スコトヲ得ス

三 第一審判決ニ對スル上告ト訴訟手續違反
（昭和六年(れ)第一五四一號 同七年二月八日第一刑事部判決）

第一審判決ニ對シ控訴ヲ爲サスシテ直ニ上告ヲ爲ス場合ニ於テハ第一審ノ手續カ法令ニ違反シタルコトヲ理由トスルヲ許サス

四　第一審判決ニ對スル上告理由

（昭和八年(れ)第七七號 同年三月二十三日第一刑事部判決）

證據ノ取捨判斷事實認定ノ非難乃至原判決ノ認定セサル事實ヲ前提トシテ擬律ノ非難ヲ試ムルカ如キハ第一審判決ニ對スル上告理由ト爲スヲ得ス

第四百十七條　第一審ノ判決ニ對スル上告ハ控訴ノ申立アリタルトキハ其ノ效力ヲ失フ但シ控訴ノ取下又ハ控訴棄却ノ裁判アリタルトキハ此ノ限ニ在ラス

〔理由書〕　本條ハ第一審判決ニ對シ上告ノ申立ヲ爲シタル場合ニ對手人控訴ノ申立ヲ爲シタルトキハ其ノ上告ハ效力ヲ失フ旨ヲ定メタルモノナリ但シ控訴ヲ取下ケタルトキ又ハ期間經過若ハ形式ノ不備ヲ理由トシテ控訴ヲ棄却シタルトキハ控訴其ノ效力ヲ失フヲ以テ上告ハ控訴ナカリシ場合ト同シク其ノ效力ヲ有スヘキ筋合ナリ

第四百十八條　上告ノ提起期間ハ五日トス

〔理由書〕　本條ハ上告ノ提起期間ヲ定メタルモノナリ現行法ハ第二百七十一條ニ於テ上告ノ提起期間ヲ三日ト爲シタレトモ短キニ失スルモノト認メ之ヲ改メタリ

上告申立書ヲ提出スヘキ裁判所

（大正十四年(つ)第三〇號 同年十月二十九日第五刑事部決定）

上告申立書ヲ上告提起期間内ニ原裁判所ニ差出ササルトキハ縱令直接ニ上告裁判所ニ差出スモ其ノ上告ノ申立ハ不適法ナリトス

第四百十九條　上告ヲ爲スニハ申立書ヲ原裁判所ニ差出スヘシ

〔理由書〕　本條ハ上告ノ申立書ヲ差出スヘキ裁判所ヲ定メタルモノニシテ現行法第二百七十三條第一項ニ字句ノ修正ヲ加ヘタルニ過キス而シテ上告申立アリタルトキハ之ヲ對手人ニ通知スルヲ以テ足ルモノトシ第三百九十三條ニ他ノ場合ト併セテ之ヲ規定シタルヲ以テ現行法第二百七十三條第二項ノ規定ハ之ヲ削除シタリ

第四百二十條　上告ノ申立法律上ノ方式ニ違反シ又ハ上告權消滅後ニ爲シタルモノナルトキハ原裁判所ハ檢事ノ意見ヲ聽キ決定ヲ以テ之ヲ棄却スヘシ此ノ決定ニ對シテハ即時抗告ヲ爲スコトヲ得

〔理由書〕　本條ハ原裁判所ニ於テ上告ノ申立ヲ不適法ト認メタル場合ニ之ヲ棄却スヘキ旨ヲ定メタルモノニシテ現行法第二百七十四條ニ修正ヲ加ヘタルモノナリ

裁判ノ不利益ヲ定ムル標準

（大正十三年(つ)第二三號 同年十一月二十七日第五刑事部決定）

裁判カ被告人ニ不利益ナルヤ否ハ其ノ主文ヲ標準トシテ定ムルコトヲ要ス

第四百二十一條　前條ノ場合ヲ除クノ外原裁判所ハ訴訟記錄ヲ其ノ裁判所ノ檢事ニ送付シ檢事ハ之ヲ上告裁判所ノ檢事ニ送付スヘシ

上告裁判所ノ檢事ハ訴訟記錄ヲ其ノ裁判所ニ送付スヘシ

〔理由書〕　本條ハ原裁判所ニ於テ上告ノ申立ヲ適法ト認メタル場合ニ關スル手續ヲ定メタルモノニシテ現行法第二百七十五條ニ字句ノ修正ヲ加ヘタルニ過キス

第四百二十二條　上告裁判所ハ遲クトモ最初ニ定メタル公判期日ノ五十日前ニ其ノ期日ヲ上告申立人及對手人ニ通知スヘシ

最初ニ公判期日ヲ定ムル前辯護人ノ選任アリタルトキハ前項ノ通知ハ辯護人ニ之ヲ爲スヘシ

〔理由書〕　（第四百二十三條ノ理由參照）

上告申立人ニ對シ本條第一項ノ通知ヲ爲サスシテ爲シタル上告審ノ審判

（昭和七年(そ)第一一號 同年十一月十一日第四刑事部判決）

上告裁判所カ上告申立人ニ對シ刑事訴訟法第四百二十二條第一項ノ通知ヲ爲サスシテ公判ヲ開キ事件ニ付審判ヲナスハ法令ニ違反スルモノトス

第四百二十三條　上告申立人ハ遲クトモ最初ニ定メタル公判

期日ノ十五日前ニ上告趣意書ヲ上告裁判所ニ差出スヘシ

〔理由書〕　兩條ハ公判期日ノ通知、上告趣意書ノ提出竝其ノ時期ニ關スル規定ニシテ現行法第二百七十七條及第二百七十八條ト全ク趣旨ヲ同シクシ之ニ字句ノ修正ヲ加ヘタルニ過キス

一　外國語ヲ用ヒタル上告趣意書ノ無效

（大正十三年(れ)第一二五四號 同年九月二日第六刑事部決定）

外國語ヲ用ヰテ記載セル上告趣意書ハ其ノ效力ナキモノトス

二　共同辯護人ノ上告論旨ノ援用

（大正十三年(れ)第一二八四號 同年十一月二十八日第一刑事部判決）

同一被告人ノ共同辯護人カ相互ニ他人ノ提出セル上告趣意書ヲ援用スルハ實用ナキニ歸ス

三　上告趣意書ノ提出ト電報

（大正十三年(れ)第二三〇一號 同十四年二月二十八日第四刑事部決定）

上告趣意書ヲ差出スニハ書面ヲ以テスルコトヲ要シ電報ニ依ルコトヲ容サス

四　上告理由ナキコトヲ記載スル書面ト上告趣意書

（昭和七年(れ)第六〇四號 同年六月二十四日第四刑事部判決）

原判決ニ對スル上告ノ理由ナキコトヲ記載スルニ止マル書面ハ其ノ表題ノ如何ニ拘ラス上告趣意書ト爲スニ足ラス

五 勾留中ノ上告申立人ト趣意書提出期間 （昭和八年（れ）第一五一九號 同年十二月九日第三刑事部判決）

勾留中ノ上告申立人カ上告趣意書ヲ差出ス場合ト雖刑事訴訟法第四百二十三條所定ノ期間内ニ該書面カ上告裁判所ニ到達スルコトヲ要スルモノトス

第四百二十四條 上告ノ對手人ハ最初ニ定メタル公判期日ノ十五日前迄附帶上告ヲ爲スコトヲ得

前項ノ上告ハ上告趣意書ヲ上告裁判所ニ差出シテ之ヲ爲スヘシ

〔理由書〕 本條ハ上告對手人ノ附帶上告申立ニ關スル法則ヲ定メタルモノニシテ現行法第二百七十九條ト其ノ趣旨ヲ同シクシ之ニ字句ノ修正ヲ行ヘタルニ過キス

上告審ニ於ケル事實審理ト附帶上告 （昭和五年（れ）第一五四八號 同六年四月二十二日第三刑事部判決）

檢事ノ附帶控訴ニ關スル刑事訴訟法第三百九十九條ハ上告審ニ於ケル事實審理ニ準用スルヲ得ス

第四百二十五條 上告趣意書ニハ上告ノ理由ヲ明示スヘシ

訴訟手續ノ法令ニ違反スルコトヲ理由トスル場合ニ於テハ違反ニ關スル事實ヲ表示スヘシ

第四百十二條及第四百十四條ノ場合ニ於テハ訴訟記錄及原裁判所ニ於テ取調ヘタル證據ニ現ハレサル事實ヲ援用スルコトヲ得ス

第四百十三條ノ場合ニ於テハ事實ヲ表示シ其ノ證據ヲ差出スヘシ

〔理由書〕 本條ハ主トシテ上告趣意書ニ記載スヘキ事項ヲ定メタルモノナリ現行法ニハ之ニ關スル規定ナシト雖本法ハ之ヲ定ムルヲ相當ト認メ殊ニ本法ニ於テ新ニ認メタル事項ヲ上告ノ理由トスル場合ニ付特ニ規定スルノ必要アルヲ認メタルヲ以テ新ニ本條ヲ設ケタリ本條第一項ハ當然ノ規定ナリ第二項訴訟手續ノ違法ナルコトヲ理由トスル場合ニ違法トスル事實ヲ示ス旨ヲ定ム蓋シ訴訟手續ノ違背ニ付テハ上告裁判所ニ於テ事實ヲ調査スルノ必要アリ苟モ訴訟手續ノ違法ナルコトヲ主張スル者ハ調査スヘキ事實ヲ擧示セサルヘカラス第三項ハ重大ナル事實ノ誤認又ハ量刑ノ不當ヲ理由トスル場合ニ於テ全ク顯ハレサル新事實ヲ根據トスルヲ得サルコトヲ示シ一面上告ノ本來ノ性質ヲ保持スルト共ニ濫訴ノ弊ナカラシメンコトヲ期シタリ第四項ハ事理當然ニシテ説明ヲ要セス

一 相被告辯護人ノ上告理由ノ援用ト相被告人ノ死亡 （昭和三年（れ）第六七號 同年五月二十四日第二刑事部判決）

被告人ノ辯護人カ相被告辯護人ノ上告理由ヲ援用シタル場合ニ於テ其ノ相被告人カ公判前死亡シタル爲公訴棄却ノ決定アリタルトキハ援用ノ效ナキモノトス

二　相被告人ノ上告趣意書引用ト其ノ上告取下ノ效果
（昭和七年(れ)第一〇一九號 同年十月二十六日第三刑事部判決）

相被告人上告趣意書引用ノ效力ハ其ノ被告人カ公判前ニ上告ノ取下ヲ爲シタルトキハ消滅ニ歸スルモノトス

三　上告理由ノ明示ナキ上告趣意書
（昭和八年(れ)第三九五號 同年六月二十一日第三刑事部決定）

被告人ハ辯護人ト連署シタル辯護屆ヲ提出シタルモ辯護人ノ差出シタル上告趣意書ニハ相被告人ノ事ノミニ係リ右被告人ニ關スル上告理由ノ明示ナキトキハ結局上告趣意書ヲ差出ササルニ歸スルモノトス

四　他ノ事件ノ上告趣意書引用
（昭和九年(れ)第八五九號 同年九月二十九日第三刑事部判決）

他ノ刑事部ニ繫屬セル他ノ事件ノ爲ニ他ノ被告人ヨリ提出セル上告趣意書ヲ引用シ又ハ他ノ事件ノ記錄ヲ自己ノ上告趣意書ニ於ケル上告理由ノ證據ニ引用スルカ如キハ法ノ許容セサル所ナリ

第四百二十六條　上告裁判所上告趣意書ヲ受取リタルトキハ速ニ其ノ謄本ヲ對手人ニ送達スヘシ

〔理由書〕本條ハ上告趣意書ヲ受取リタル場合ニ於ケル手續ヲ定メタルモノニシテ現行法第二百八十條ニ字句ノ修正ヲ加ヘタルニ過キス

第四百二十七條　上告申立人期間内ニ上告趣意書ヲ差出ササルトキハ上告裁判所ハ檢事ノ意見ヲ聽キ決定ヲ以テ上告ヲ棄却スヘシ

〔理由書〕本條ハ上告趣意書ヲ差出ササル場合ノ手續ヲ規定シタルモノナリ現行法第二百八十五條ハ判決ヲ以テ上告ヲ棄却スヘキモノト爲シタレトモ本條ハ決定ヲ以テスルヲ適當ト認メ之ヲ修正シタリ

第四百二十八條　上告ノ對手人ハ上告趣意書ノ謄本ノ送達ヲ受ケタル日ヨリ十日内ニ答辯書ヲ上告裁判所ニ差出スコトヲ得

檢事對手人ナルトキハ重要ト認ムル上告ノ理由ニ付答辯書ヲ差出スヘシ

上告裁判所答辯書ヲ受取リタルトキハ速ニ其ノ謄本ヲ上告申立人ニ送達スヘシ上告申立人辯護人ヲ選任シタルトキハ其ノ送達ハ辯護人ニ之ヲ爲スヘシ

〔理由書〕本條ハ答辯書ニ關スル法則ヲ定メタルモノニシテ現行法第二百八十一條ニ修正ヲ加ヘタルモノナリ今修正ノ要旨ヲ示セハ第一、現行法ハ答辯書提出期間ヲ五日ト爲スモ短キニ失スルヲ以テ之ヲ十日ト改メ第二、重要ナル論點ニ付檢事ニ答辯書ヲ差出ス義務アルコトヲ規定シ第三、辯護人ノ選任アリタル場合ニ於テ答

辯書ノ謄本ヲ本人ニ送達スヘキヤ又ハ辯護人ニ送達スヘキヤ疑アルヲ以テ之ヲ明ニセリ

第四百二十九條　裁判長ハ部員ヲシテ上告申立書、上告趣意書及答辯書ヲ檢閲シテ報告書ヲ作ラシムルコトヲ得

〔理由書〕本條ハ受命判事ノ報告書作成ニ關スル規定ニシテ現行法第二百八十二條ニ字句ノ修正ヲ加ヘタルニ過キス

第四百三十條　上告審ニ於テハ辯護士ニ非サル者ヲ辯護人ニ選任スルコトヲ得ス

〔理由書〕本條ハ第四十條第二項ニ對スル例外ヲ定メタルモノナリ現行法ニ於テハ上告裁判所ニ於ケル辯護人ニ付特ニ規定スル所ナク唯第二百八十三條ニ於テ辯護士ニ非サル者ノ辯論ヲ禁スルニ止マル本條ハ上告裁判所ニ於ケル辯護人ノ資格ヲ辯護士ニ限定ス蓋シ實際上ハ現行法ニ於テモ第二百八十三條アルヲ以テ同一ノ結論ヲ生スヘケレトモ公廷ノ辯護人トシテ爲スヘキ行爲アルヲ以テ本條ノ如ク定ムルヲ正確ト爲ス

第四百三十一條　上告審ニ於テハ被告人ノ爲ニスル辯論ハ辯護人ニ非サレハ之ヲ爲スコトヲ得ス但シ第四百四十四條第一項ノ規定ニ依リ被告事件ニ付更ニ審理ヲ爲ス場合ハ此ノ限ニ在ラス

〔理由書〕本條ハ上告裁判所ニ於テ被告人ノ爲ニスル辯論ハ辯護人之ヲ爲スヘク被告人自ラ之ヲ爲スコトヲ得サルヲ原則トス之ヲ前條ノ規定ト合セテ考フレハ本條ノ原則トスル所ハ現行法第二百八十三條ノ定ムル所ト異ナルコトナシ右ノ原則ニハ一ノ制限アリ卽チ本條ニ於テハ上告裁判所ニ於テ被告事件ニ付更ニ審理ヲ爲スヘキ場合アリ此ノ場合ニ於テハ被告人モ亦自ラ辯論ヲ爲スコトヲ得ルモノト爲ササルヘカラス是レ本條但書ノ規定アル所以ナリ

第四百三十二條　公判期日ニハ受命判事ハ辯論前報告書ヲ朗讀スヘシ

檢事及辯護人ハ上告趣意書ニ基キ辯論ヲ爲スヘシ

〔理由書〕本條ハ公判期日ニ於ケル手續ヲ規定シタルモノニシテ現行法第二百八十三條第二項及第三項ニ字句ヲ加ヘタルニ過キス

第四百三十三條　辯護人出頭セサルトキ又ハ辯護人ノ選任ナキトキハ法律ニ依リ辯護人ヲ要スル場合又ハ決定ニ依リ辯護人ヲ附シタル場合ヲ除クノ外檢事ノ陳述ヲ聽キ判決ヲ爲スヘシ

〔理由書〕本條ハ公判期日ニ辯護人出頭セス又ハ辯護人ノ選任ナキ場合ニ於ケル手續ヲ規定シタルモノニシテ現行法第二百八十四條ト其ノ趣旨ヲ同シクス唯上告審ニ於テモ法律又ハ裁判所ノ決定ニ依リ辯護人ヲ必要トスル場合アルヲ以テ此ノ場合ヲ慮リ現行法ニ修正ヲ加ヘタリ

第四百三十四條　上告裁判所ハ上告趣意書ニ包含セラレタル事項ニ限リ調査ヲ爲スヘシ

裁判所ノ管轄、公訴ノ受理及判決ニ依リ定リタル事實ニ對スル法令ノ適用ノ當否ニ付テハ職權ヲ以テ調査ヲ爲スコトヲ得判決アリタル後ニ於ケル刑ノ廢止若ハ變更又ハ大赦ニ付亦同シ

第二審判決ニ對スル上告事件ニ於テハ第四百十二條乃至第四百十四條ニ規定スル事由ニ付職權ヲ以テ調査ヲ爲スコトヲ得

〔理由書〕　本條ハ上告裁判所ニ於ケル審理ノ範圍ヲ定メタルモノナリ現行法ハ當事者ヨリ提出シタル趣旨ニ付テノミ審理スヘキモノト爲スト雖事件既ニ上告ニ繫屬シタル以上ハ特殊ノ事項ハ職權ヲ以テ審理スルコトヲ得ヘキモノト爲スヲ適當ト認メタリ即チ第一項ニ於テハ現行法ト同シク上告趣意書ニ包含セラレタル事項ニ限リ審理スルヲ原則トスル旨ヲ定メ第二項及第三項ニ於テ職權ヲ以テ調査スルコトヲ得ヘキ事項ヲ示シ上告論旨ニ此等ノ事項ヲ揭ケスト雖之ヲ調査シテ原判決ノ當否ヲ審究スルヲ得ルモノト爲ス而シテ第一項及第二項ハ總テノ場合ニ共通シ第三項ハ第一審判決ニ對スル上告ノ場合ニ適用セス

一　本條第二項ノ解釋　（大正十二年（れ）第二一三七號 同十三年三月十七日第五刑事部判決）

刑事訴訟法第四百三十四條第二項ノ職權調査ハ適法ナル上告ノ存在ヲ前提トスヘキモノトス

二　上告人ノ不利益ナル上告論旨　（昭和八年（れ）第一五二一號 同年十二月十一日第一刑事部判決）

第二審判決カ二箇ノ犯罪ヲ併合罪トシ一箇ノ刑ヲ以テ處斷シタルヲ不當トシ二罪トシテ二箇ノ刑ヲ言渡スヘキヲ主張スル上告論旨ハ上告人ノ爲不利益ナル論旨ナリトス

第四百三十五條　上告裁判所ハ裁判所ノ管轄、公訴ノ受理及訴訟手續竝第四百十三條ニ規定スル事由ニ關シテハ事實ノ取調ヲ爲スコトヲ得

前項ノ取調ハ部員ヲシテ之ヲ爲サシメ又ハ豫審判事若ハ區裁判所判事ニ之ヲ囑託スルコトヲ得此ノ場合ニ於テハ受命判事及受託判事ハ豫審判事ト同一ノ權ヲ有ス

受命判事又ハ受託判事必要ト認ムルトキハ檢事及辯護人ヲシテ前項ノ取調ニ立會ハシムルコトヲ得

受命判事又ハ受託判事ハ取調ノ結果ニ付報告ヲ爲スヘシ

〔理由書〕　本條ハ上告趣意書ニ依リ調査スル場合ト職權ヲ以テ調査スル場合トヲ問ハス上告ノ理由トナルヘキ事項ニ付事實ノ取調ヲ爲スコトヲ得ル場合竝其ノ手續ヲ定メタルモノナリ現行法ニハ之ニ關スル規定ナキカ爲疑義ヲ生スルノ餘地アリ殊ニ本法ニ於テハ

再審ノ請求ヲ爲シ得ヘキ原由アルトキハ之ヲ上告ノ理由ト爲スコトヲ得ルモノト爲シタルヲ以テ此ノ場合ニ於テハ其ノ事由ニ付必然事實ノ取調ヲ爲サヽルヘカラス故ニ本條第一項ニ事實ノ取調ヲ爲スコトヲ得ヘキ場合ヲ定メ第二項以下ニ於テ其ノ手續ニ關スル規定ヲ設ケタリ

公訴受理ノ當否ト上告裁判所ニ於ケル其ノ事實ノ取調

（昭和三年(れ)第六三三號 同年六月二十七日第三刑事部判決）

上告裁判所ハ公訴ノ受理ノ當否ニ關シテハ事實審理ノ決定ヲ爲サスシテ刑事訴訟法第四百三十五條ニ依リ部員ヲシテ事實ノ取調ヲ爲サシムルコトヲ得ス

第四百三十六條 第一審判決ニ對スル上告事件ニ付テハ第四百三十四條第一項及第二項ノ調査ヲ爲シタルトキハ直ニ判決ヲ爲スヘシ

〔理由書〕 本條ハ第一審判決ニ對スル上告事件ノ審判ニ關スル法則ヲ定メタルモノナリ第一審判決ニ對スル上告ノ場合ニ於テハ上告論旨及職權調査ニ屬スル事項ヲ審査シテ直ニ判決ヲ爲スヘキモノナリ

即チ前條調査ノ結果破毀スヘキ理由ナキトキハ直ニ上告ヲ棄却シ破毀スヘキ事由アルトキハ他ノ事項ヲ調査スルコトナク直ニ原判決ヲ破毀シ事件ニ付キ判決ヲ爲スヘキモノナリ

第四百三十七條 第二審判決ニ對スル上告事件ニ付テハ先ツ上告ノ理由ト爲ルヘキ法令ノ違反及第四百十五條ニ規定スル事由ニ付調査ヲ爲スヘシ

〔理由書〕 本條乃至第四百四十四條ハ第二審判決ニ對スル上告事件ノ審判ニ關スル法則ヲ定メタルモノナリ本條ハ第二審判決ニ對スル上告事件ニ付テハ先ツ上告ノ理由トナルヘキ法令ノ違反及判決後刑ノ廢止又ハ大赦アリタルヤ否ノ事項ヲ調査スヘキモノトナス而シテ此ノ點ノ調査ヲ了リタル後調査ノ結果ノ異ナルニ從ヒ第四百四十條以下四條ノ規定ニ依ルヘキモノトス

第四百三十八條 不法ニ管轄若ハ管轄違ヲ認メ又ハ公訴ヲ受理シ若ハ棄却シタルコトヲ理由トシテ原判決ヲ破毀スヘキ場合ニ於テハ他ノ事項ヲ調査セスシテ直ニ判決ヲ爲スヘシ

〔理由書〕 前條ニ依リ法令ノ違背ニ付キ調査ヲ爲シタル結果原判決ニ於テ不法ニ管轄若ハ管轄違ヲ認メ又ハ公訴ヲ受理シ若ハ棄却シタル瑕瑾アルコトヲ發見シ此ノ理由ニ依リ原判決ヲ破毀スヘキトキハ他ノ事項ノ調査ヲ爲サスシテ直ニ判決ヲ爲スヘキモノトス即チ此ノ場合ニ於テハ直ニ第四百四十七條ニ依リ原判決ヲ破毀シ不法ニ管轄違ヲ認メ又ハ公訴ヲ棄却シタルモノナルトキハ第四百四十九條ニ依リ事件ヲ原裁判所又ハ第一審裁判所ニ差戻シ不法ニ管轄ヲ認メタルモノナルトキハ第四百五十條ニ依リ事件ヲ管轄裁判

所ニ移送シ不法ニ公訴ヲ受理シタルモノナルトキハ第四百四十八條ニ依リ公訴棄却ノ判決ヲ爲スヘキモノナリ

第四百三十九條　事實ノ確定ニ影響ヲ及ホササル法令ノ違反又ハ判決アリタル後刑ノ廢止若ハ大赦アリタルコトヲ理由トシテ原判決ヲ破毀シ無罪又ハ免訴ノ言渡ヲ爲スヘキ場合ニ於テ第四百十三條又ハ第四百十四條ニ規定スル事由ニ因ル檢事ノ上告ナキトキハ他ノ事項ヲ調査セスシテ直ニ判決ヲ爲スヘシ

〔理由書〕　第四百三十七條ニ依リ調査ヲ爲シタル結果原判決ニ前條ニ示シタル法令違反ナク他ニ法令違反ノ點アリテ其ノ違背カ毫モ事實ノ確定ニ影響ヲ及ホサス且原判決ニ於テ確定シタル事實ニ基キ無罪又ハ免訴ノ言渡ヲ爲スヘキモノナルトキ又ハ判決後刑ノ廢止若ハ大赦アリタルニ因リ免訴ノ言渡ヲ爲スヘキモノナルトキハ檢事ヨリ再審ノ請求ヲ爲シ得ヘキ原因アルコト又ハ事實ノ誤認アルコトヲ理由トシテ上告ヲ爲シタル場合ノ外ハ該法律違反又ハ判決後刑ノ廢止若ハ大赦アリタル事由ニ基キテ直ニ判決ヲ爲シ此ノ事項ニ付テハ調査ヲ爲ササルコトヲ定メタルモノナリ卽チ此ノ場合ニ於テハ第四百四十七條第四百四十八條ニ依リ原判決ヲ破毀シ更ニ事件ニ付無罪又ハ免訴ノ言渡ヲ爲ス可モノナリ蓋シ本條ノ場合ニ於テ被告人ヨリ原判決ノ認定シタル事實ヲ否定スル趣旨ニ於

テ他ノ事項ヲ上告理由ト爲シタルトキハ之ニ付テモ調査スルヲ相當トスルカ如キモ結局無罪又ハ免訴ノ言渡ヲ爲スヘキモノナル以上ハ强テ其ノ有無ヲ確ムル要ナカルヘシ又理論上職權ヲ以テ他ノ事項ヲ調査スルノ餘地ナキニ非サルモ檢事ヨリ第四百十三條又ハ第四百十四條ニ依ル上告ヲ爲シ事實ノ認定ヲ攻擊スル場合ノ外ハ實際ニ於テ原判決ヲ以テ爲シタル事實ノ確定ヲ是認シ强テ之ニ向テ調査スルノ步ヲ進ムルノ要ナカルヘク且既ニ事實ノ確定ヲ動カササルモノトスル以上ハ無罪又ハ免訴ヲ言渡スノ外ナキモノナレハ刑ノ量定ニ付是非ヲ云爲スルノ餘地ナク結局他ノ事項ニ付審査ヲ爲スハ無用ニ歸スルモノト見テ可ナルヘシ

第四百四十條　事實ノ確定ニ影響ヲ及ホスヘキ法令ノ違反ヲ理由トシテ原判決ヲ破毀スヘキモノト認ムルトキハ決定ヲ以テ事實ノ審理ヲ爲スヘキ旨ヲ言渡スヘシ

〔理由書〕　本條ハ第四百三十七條ニ依リ法令違背ニ付調査ヲ爲シタル結果原判決ニ法令違背ノ點アリテ該違背カ事實ノ確定ニ影響ヲ及ホスヘキモノナルトキハ上告裁判所ハ直ニ判決ヲ爲サス先ツ決定ヲ以テ事實ノ審理ヲ爲スヘキ旨ヲ言渡スヘキコトヲ定メタルモノナリ現行法ニ從ヘハ此ノ場合ニ於テハ原判決ヲ破毀シ更ニ事實ノ審判ヲ爲サシムル爲移送ノ判決ヲ爲スヘキモノナルモ本條ハ他ノ裁判所ニ移送セスシテ自ラ事實ノ審理ヲ爲スヘキモノトス而シ

テ事實ノ審理ヲ爲シタル後第四百四十七條第四百四十八條ニ依リ原判決ヲ破毀シ更ニ事件ニ付判決ヲ爲スヘキモノナリ此ノ場合ニ他ノ事項ニ付調査ヲ爲スノ必要ナキヤ言ヲ俟タス

第四百四十一條　前三條ノ場合ヲ除クノ外上告裁判所ハ第四百三十七條ノ調査ヲ終ヘタル後第四百十二條乃至第四百十四條ニ規定スル事由ヲ調査スヘシ

〔理由書〕本條ハ第四百三十七條ニ依リ調査ヲ爲シタル結果前三條ノ場合ニ該當セサルコトヲ認メタルトキハ第四百十二條乃至第四百十四條ニ記載シタル事由ニ付調査ヲ爲スヘキコトヲ定メタルモノナリ前三條ノ場合ニ該當セサル場合ハ第一、全然法令違反竝判決後ニ於ケル刑ノ廢止又ハ大赦ナキ場合第二、事實ノ確定ニ影響ヲ及ホス法令違反竝判決後ニ於ケル刑ノ廢止又ハ大赦ナクシテ事實ノ確定ニ影響ヲ及ホササル法令ノ違背アリ其ノ確定シタル事實ニ對シテ法律上無罪又ハ免訴ヲ言渡スヘキモノニ非サルトキ第三、前上ノ場合ニ於テ檢事ヨリ第四百十三條又ハ第四百十四條ニ依ル上告ヲ爲シタル場合是ナリ而シテ此ノ三個ノ場合中判決後ニ於ケル刑ノ變更アル場合ト然ラサル場合トアルヘキハ勿論ナリ以上示シタル三個ノ場合ニ於テハ其ノ程度ノ調査ノ結果ニ依リ當然判決ヲ破毀スヘキ事明ナル場合ト然ラサル場合トアリ卽チ第一ノ場合ニハ判決後ニ於ケル刑ノ變更アリタル場合ノ外其ノ程度ノ調査ニテハ未タ破毀ノ原由ナキモノナリ隨テ他ニ上告ノ原由ト爲ルヘキ事項アリヤ否ヲ調査セサレハ上告ヲ棄却スヘキヤ否ヲ決スル能ハス他ノ場合ニ於テハ其ノ程度ノ調査ニテ破毀ノ原由アルコトハ明ナリ然レトモ他ノ事項ヲ調査セサレハ破毀シテ如何ナル判決ヲ爲スヘキヤ不明ナリ故ニ本條ハ此等ノ場合ニハ他ノ事項卽チ第四百十二條乃至第四百十四條ニ記載シタル事項アリヤ否ヲ調査スヘキモノト爲ス其ノ調査ハ上告趣意書ニ基キ爲スモノト職權ヲ以テ爲スモノトアルハ勿論ナリ

第四百四十二條　上告裁判所第四百十二條乃至第四百十四條ニ規定スル事由ナキコト明白ナリト認ムルトキハ其ノ點ニ付辯論ヲ聽カスシテ判決ヲ爲スコトヲ得

〔理由書〕本條ハ第四百十二條乃至第四百十四條ニ記載シタル事由ニ基ク上告アリタル場合ニ於テ其ノ事由ナキコト明白ナルトキハ其ノ點ニ付テハ辯論ヲ聽カスシテ判決ヲ爲スコトヲ得ヘキ旨ヲ定メタルモノナリ卽チ此ノ場合ニ於テハ第四百三十七條ノ調査ノ結果ニ依リ判決ヲ爲スヘキモノニシテ第四百四十六條ニ依リ上告ヲ棄却シ又ハ第四百四十七條第四百四十八條ニ依リ原判決ヲ破毀シ事件ニ付更ニ判決ヲ爲スヘキモノナリ此ノ如ク定メタルハ第四百十二條乃至第四百十四條ノ事由アリヤ否ハ書面審理ニテ之ヲ判斷スルヲ得ヘク強テ辯論ヲ聽クノ要ナク一々公廷ヲ開クトキハ鄭重

ニ過キ反テ時間ヲ空費スル誹ヲ免レサルヲ以テナリ

第四百四十三條　上告裁判所第四百十二條乃至第四百十四條ニ規定スル事由アリト認ムルトキハ検事ノ意見ヲ聽キ決定ヲ以テ事實ノ審理ヲ爲スヘキ旨ヲ言渡スヘシ

〔理由書〕　本條ハ上告裁判所カ第四百十二條乃至第四百十四條ニ記載シタル事由アリト認メタル場合ニ於ケル手續ヲ定メタルモノニシテ此ノ場合ニ於テハ検事ノ意見ヲ聽キ決定ヲ以テ事實ノ審理ヲ爲スヘキ旨ヲ言渡スヘキモノナリ卽チ上告趣意書ニ基キ調査シタル場合ト職權ヲ以テ調査シタル場合トヲ問ハス上告裁判所ニ於テ刑ノ量定甚シク不當ナリト思料スヘキ顯著ナル事由、再審ノ原由ト爲ルヘキ事由又ハ重大ナル事實ノ誤認アルコトヲ疑フニ足ルヘキ顯著ナル事由アリト認ムルトキハ更ニ事件ニ付判決ヲ爲ス爲決定ヲ以テ事實ノ審理ヲ開始スヘキモノトス是レ卽チ現行法ニ認メサル新例ニシテ上告ノ制度ニ加ヘタル一大改正ナリ

併合罪トシテ起訴セラレタル被告事件ト上告審ニ於ケル事實審理ノ決定

（大正十四年(れ)第一一八一號　同年十二月二十二日第六刑事部決定）

懲役刑ニ當ル甲乙丙被告事件カ併合罪ニ在ルモノトシテ起訴セラレ第二審裁判所ハ甲被告事件ニ對シテ無罪乙被告事件ニ對シテ有罪ノ判決ヲ爲シ兩事件ニ對シテ上告申立アリタル場合ニ於テ上告

審カ甲被告事件ニ付無罪ノ言渡ヲ爲シタル第二審判決ハ重大ナル事實ノ誤認アルコトヲ疑フニ足ルヘキ顯著ナル事由在ルモノト認メタルトキハ甲乙丙被告事件ニ付事實ノ審理ヲ爲スヘキ旨ノ決定ヲ言渡スヘキモノトス

第四百四十四條　上告裁判所事實ノ審理ヲ爲スヘキ旨ヲ言渡シタルトキハ被告事件ニ付更ニ審理ヲ爲スヘシ

公判廷ニ於テ取調フルコトヲ不便トスル事項ノ取調ハ部員ヲシテ之ヲ爲サシメ又ハ豫審判事若ハ區裁判所判事ニ之ヲ囑託スルコトヲ得此ノ場合ニ於テハ受命判事及受託判事ハ豫審判事ト同一ノ權ヲ有ス

受命判事又ハ受託判事必要ト認ムルトキハ検事及辯護人ヲシテ前項ノ取調ニ立會ハシムルコトヲ得

受命判事又ハ受託判事ハ取調ノ結果ニ付報告ヲ爲スヘシ

〔理由書〕　本條ハ第四百四十條及前條ノ規定ニ依リ事實審理ヲ爲スヘキ旨ヲ言渡シタル場合ニ於ケル手續ヲ定メタルモノナリ被告事件ニ付更ニ審理ヲ爲ストイフハ第一審及第二審ニ於テ爲スカ如ク公訴ニ付審理スルノ謂ナリ此ノ審理ハ第一審及第二審ニ付定メタル法規ニ從テ爲スヘキモノナルコト第四百五十五條ノ定ムル所ナリ卽チ此ノ場合ニ於テハ原則トシテ定數ノ判事、検事及裁判所書記ト共ニ公判廷ニ列席シテ取調ヲ爲スヘキモノナリ但シ公判廷ニ

於テ取調フルコトヲ不便トスル事項ハ或ハ部員ヲシテ之ヲ爲サシメ或ハ豫審判事又ハ區裁判所判事ニ之ヲ囑託スルコトヲ得ヘシ

上告裁判所ニ於テ更ニ事實審理ヲ爲スヘキ旨言渡シタルトキノ被告人移送方

（大正十三年二月十六日行甲第一八五號行刑局長通牒）

上告裁判所ニ於テ勾留セラレタル被告人ニ對シ更ニ事實審理ヲ爲スヘキ旨言渡シタルトキハ上告裁判所所在地ノ市谷刑務所ニ被告人ヲ移送スヘク其ノ移送官廳ハ押送規則ニ據ルハ勿論此ノ場合ニハ第四百五十五條及第三百九十八條第二項ニ依リ控訴裁判所ノ檢事ノ移送指揮ニ依ルヘキモノトス

第四百四十五條　上告ノ申立法律上ノ方式ニ違反シ又ハ上告權消滅後ニ爲シタルモノナルトキハ判決ヲ以テ上告ヲ棄却スヘシ

〔理由書〕　本條乃至第四百五十條ハ上告裁判所ニ於ケル判決ノ體樣ヲ定メタルモノニシテ第一審決判ニ對スル上告ト第二審判決ニ對スル上告トニ共通スル規定ナリ本條ハ上告裁判所ニ於テ上告ノ申立ヲ不適當ト認メタル場合ニ關スルモノニシテ現行法第二百八十五條第一號ニ修正ヲ加ヘタルモノナリ此ノ場合ハ全ク事件ニ付判決ヲ爲スモノニ非サルヲ以テ審理中何時ニテモ之ヲ爲スコトヲ得ヘキハ勿論ナリ

公訴ニ付上告ナキ場合ノ私訴上告ト本條

（昭和五年(れ)第一〇八六號同年九月二日第四刑事部判決）

公訴ニ付無罪ノ判決アリタル爲私訴却下ノ判決アリタル場合ニ於テ私訴ノミニ付テノ上告ハ不適法トシテ棄却スヘキモノトス

第四百四十六條　上告理由ナキトキハ判決ヲ以テ之ヲ棄却スヘシ

〔理由書〕　本條ハ上告ノ理由ナキ場合ニ關スルモノニシテ現行法ハ第二百八十五條第三號ニ之ヲ規定スルモ本法ニ於テハ獨立ノ法案ヲ設ケテ之ヲ規定スルコトト爲シタリ本條上告ノ理由ナキ場合トイフハ上告趣旨ニ基キ調査シタル結果ナルト職權調査ノ結果ナルトヲ問ハス法律ニ上告ノ理由トシテ揭ケタル事項ナキヲイフ第四百三十七條ノ調査ヲ了リタル後第四百三十八條乃至第四百四十條ニ該當スルトキハ常ニ原判決ヲ破毀スヘキモノナレハ本條ヲ適用スルコトナカルヘシ即チ進テ第四百四十一條ニ依ル調査ヲ爲シ破毀ノ事由ナキコトヲ認メタルトキ本條ノ判決ヲ爲スヘキモノナリ

一　併合罪タル事件ノ一部免訴ト判決

（昭和二年(れ)第一六〇六號同三年二月十五日第三刑事部判決）

第二審裁判所カ併合罪トシテ各別ニ刑ヲ併科シタル場合ニ其ノ判決全部ニ對シ上告申立アリタルトキ上告審カ其ノ一ニ付免訴ヲ言

渡スヘキモノト認定シタルトキハ之ニ關スル部分ノミヲ破毀スヘキモノトス

二　豫審終結決定ト上告論旨（昭和八年(れ)第一五二五號　同年十二月一日第一刑事部判決）

豫審終結決定ノミニ對スル非難ハ上告適法ノ理由トナラス

第四百四十七條　上告理由アルトキハ判決ヲ以テ原判決ヲ破毀スヘシ

〔理由書〕　本條ハ上告ノ理由アル場合卽チ上告趣意ニ基クト職權調査ニ依ルトヲ問ハス上告ノ理由ト爲スヘキ事項アリト認メタル場合ニ原判決ヲ破毀スヘキモノト爲ス而シテ破毀ノ結果上告裁判所ニ於テ直ニ事件ニ付判決ヲ爲スヘキ場合ト差戻又ハ移送ノ判決ヲ爲スヘキ場合トアルヲ以テ別條ニ於テ其ノ區別ヲ明ニセリ現行法第二百八十四條ニ於テ破毀ノ結果ヲ合セテ規定スルモ本法ハ前述ノ如ク之ヲ分離シテ別條ト爲シタリ

第四百四十八條　前條ノ規定ニ依リ原判決ヲ破毀スルトキハ第四百四十九條及第四百五十條ノ場合ヲ除クノ外被告事件ニ付更ニ判決ヲ爲スヘシ

〔理由書〕　本條ハ上告裁判所原判決ヲ破毀スルトキハ次ノ二條ニ規定シタル例外ノ場合ヲ除クノ外被告事件ニ付自ラ判決ヲ爲スヘキコトヲ定メタルモノナリ卽チ第四百三十六條並第四百三十八條及第四百三十九條ニ依ル場合ハ勿論第四百四十條及第四百四十三條ニ依リ事實ノ調査ヲ爲スヘキ場合ニ於テモ常ニ上告裁判所自ラ事件ニ付判決ヲ爲スヘキモノナリ之レ卽チ他ノ條項ト相照應シテ現行法ノ主義ニ一大變革ヲ加ヘタルモノナリ蓋シ現行法ハ原判決ヲ破毀スルトキハ他ノ裁判所ニ事件ヲ移送シテ審判セシムルヲ原則ト爲スヲ以テ移送ヲ受ケタル裁判所ハ新ニ記錄ヲ調査スルニ非サレハ審理ニ着手スルコトヲ得ス故ニ繁雜ナル事件ニ付テハ手續ノ進行遲延スルコト甚タシク其ノ審判ニ瑕瑾アル爲再ヒ破毀シタル場合ノ如キハ數年ヲ經テ落着ヲ見ル能ハス殆ト人ノ遺忘シタルニ及ヒ始メテ結局ノ判決ヲ爲シタル例尠ナカラス斯ノ如キハ裁判ノ目的ヲ達スル所以ニ非サルコト言ヲ俟タス最高裁判所ニ於テ下級裁判所ノ裁判ヲ破毀スル上ハ自ラ事件ニ付結局裁判ヲ爲スノ至當ナルコトハ多年ノ經驗ニ徵シ明ナリ本條ヲ以テ此ノ改正ヲ斷行シタルノ理由此ニ存ス

本條ハ被告事件ニ付有罪又ハ無罪、免訴ノ言渡ヲ爲ス場合ノ外公訴棄却ノ言渡ヲ爲ス場合ヲ包含ス

第四百四十九條　不法ニ管轄違ヲ言渡シ又ハ公訴ヲ棄却シタルコトヲ理由トシテ原判決ヲ破毀スルトキハ判決ヲ以テ事件ヲ原裁判所ニ差戻スヘシ但シ必要アルトキハ事件ヲ第一審裁判所ニ差戻スコトヲ得

〔理由書〕　本條ハ卽チ不法ニ管轄違ヲ認メ又ハ公訴ヲ棄却シタル場

合ニ關スルモノニシテ此ノ場合ニ於テハ原審未タ被告事件ニ付判決ヲ爲サヽルモノナルヲ以テ之ヲ差戻シ法ノ命スル所ニ隨ヒ更ニ審判ヲ爲サシムルヲ相當トス其ノ第一審ニ差戻シ得ヘキコトヲ定メタルハ第一審ニ於テモ被告事件ニ付判決ヲ爲サヽル場合アルヲ以テナリ

控訴ヲ不適法トシテ棄却シタル第二審判決ヲ破毀スル場合ト事件ノ差戻　（大正十四年（れ）第一三六二號　同年十一月十三日第一刑事部判決）

第二審裁判所カ控訴ヲ不適法トシテ棄却シタル事件ニ付上告審ニ於テ其ノ控訴ヲ適法ト認メ原判決ヲ破毀スル場合ニハ事件ヲ原裁判所ニ差戻スヘキモノトス

第四百五十條　不法ニ管轄ヲ認メタルコトヲ理由トシテ原判決ヲ破毀スルトキハ判決ヲ以テ事件ヲ管轄控訴裁判所又ハ管轄第一審裁判所ニ移送スヘシ

〔理由書〕　本條ハ原判決ニ管轄ヲ不法ニ認メタル瑕瑾アル場合ニ關スルモノニシテ此ノ場合ニハ事件正當ニ管轄權ヲ有スル裁判所ノ審判ヲ經サルモノナレハ更ニ審判ヲ爲サシムル爲管轄權ヲ有スル裁判所ニ移送スヘキモノナリ之ヲ控訴裁判所ニ移送スヘキヤ將第一審裁判所ニ移送スヘキヤハ上告裁判所ノ見ル所ニ依ル

第四百五十一條　被告人ノ利益ノ爲ニ原判決ヲ破毀スル場合ニ於テ破毀ノ理由上告ヲ爲シタル共同被告人ニ共通ナルトキハ其ノ共同被告人ノ爲ニモ原判決ヲ破毀スヘシ

〔理由書〕　本條ハ數人ノ共同被告人上告ヲ爲シタル場合ニ其ノ一人ノ提出シタル上告論旨他ノ共同被告人ニ共通スルモノナルトキハ其ノ上告論旨ニ基キ他ノ共同被告人ノ利益ノ爲原判決ヲ破毀シ得ヘキモノト爲ス本條ハ現行法第二百八十九條第二項ニ相當ス然ルニ現行法ハ一面原因ヲ限定スルト共ニ一面上告ヲ爲サヽル者ニ利益ヲ及ホシ事理ニ適セス且實際ニ於テ不當ノ結果ヲ生スルヲ以テ本條ヲ以テ之ニ修正ヲ加ヘタリ

本條ニ該當スル場合　（大正十三年（れ）第二七二號　同年五月二十四日第三刑事部判決）

火藥類ノ讓渡ノ資格ナキ被告人甲カ其ノ讓受ノ資格ナキ被告人乙ニ火藥類ヲ讓渡シタル事實ニ付各別ニ其ノ火藥沒收ノ刑ヲ科セル有罪判決ノ言渡ヲ受ケ各自之ニ對シテ上告ヲ申立テ上告審ニ於テ併合審理ノ結果沒收ノ言渡ニ對スル乙ノ上告論旨ヲ理由アリト認メテ原判決ヲ破毀スルトキハ甲ノ爲ニモ原判決ヲ破毀スヘキモノトス

第四百五十二條　被告人上告ヲ爲シ又ハ被告人ノ爲ニ上告ヲ爲シタル事件ニ付テハ原判決ノ刑ヨリ重キ刑ヲ言渡スコトヲ得ス

〔理由書〕　本條ハ被告人上告ヲ爲シ又ハ被告人ノ爲ニ上告ヲ爲シタ

ル事件ニ付爲スヘキ判決ニ關スル制限ヲ定メタルモノニシテ現行法第二百九十一條ニ修正ヲ加ヘタルモノナリ本條ニ付テハ第四百三條ニ付説明シタル所ヲ參照スヘシ

一　本條ノ適用

（昭和二年（れ）第八二五號 同年十二月二十二日第二刑事部判決）

罰金刑ニ該當スル事件ニ付原判決カ科料ヲ言渡シタル場合ニ於テ被告人ノミ上告ヲ爲シタルトキハ其ノ科料ノ金額ト同一若ハ少額ノ罰金ヲ言渡スコトヲ得ス

二　上告審ニ於テ原審ノ言渡サザル勞役場留置ノ言渡ヲ爲シタル場合ト刑ノ輕重

上告審カ被告人ノミノ上告ニ基キ事實ノ審理ヲ爲シタル上原判決ヲ破毀シ更ニ判決ヲ爲ス場合ニ於テ原判決ノ罰金刑ヨリモ輕キ罰金刑ヲ言渡ス以上ハ縱令原審カ罰金刑ニ對スル勞役場留置ノ言渡ヲ爲サス上告審ニ於テ之カ言渡ヲ爲スモ原判決ノ刑ヨリ重キ刑ヲ言渡シタルモノト爲スヲ得サルモノトス

（昭和九年（れ）第一〇六九號 同年十二月十二日第三刑事部判決）

第四百五十三條　判決書ニハ上告ノ趣意及重要ナル答辯ノ要旨ヲ記載スヘシ

〔理由書〕本條ハ上告審ニ於ケル判決ニ記載スヘキ事項ヲ定メタルモノナリ現行法ハ答辯ヲ記載スヘキモノト爲ササルモ本條ハ答辯中重要ナルモノニ付テハ其ノ要旨ヲ記載スルヲ適當ト認メタリ

第四百五十四條　原裁判所不法ニ公訴棄却ノ決定ヲ爲ササリシトキハ決定ヲ以テ公訴ヲ棄却スヘシ

〔理由書〕本條ハ公訴棄却ノ決定ヲ爲スヘキ場合ニ原裁判所其ノ決定ヲ爲ササリシトキハ上告裁判所ニ於テ公訴棄却ノ決定ヲ爲スヘキ旨ヲ定メタルモノナリ此ノ場合ニ於テ原判決消滅ニ歸スヘキハ事理當然ナリ

第四百五十五條　第二編中公判ニ關スル規定ハ別段ノ規定アル場合ヲ除クノ外上告ノ審判ニ付之ヲ準用シ第四百四十四條ノ規定ニ依リ被告事件ニ付更ニ審理ヲ爲ス場合ニ於テハ尚本編第二章ノ規定ヲ準用ス

〔理由書〕上告ノ審判ニ付テハ上告ノ性質ニ戻ラス且特ニ規定スル所ニ牴觸セサル限リ第一審公判ノ規定ニ從フヘキモノナリ又被告事件ニ付更ニ審理ヲ爲スヘキ場合ニ於テハ控訴ノ規定ヲモ之ニ準用スヘキモノナリ

第四章　抗告

第四百五十六條　抗告ハ特ニ即時抗告ヲ爲シ得ヘキコトヲ定メタル場合ノ外裁判所ノ爲シタル決定ニ對シテ之ヲ爲スコトヲ得但シ別段ノ規定アル場合ハ此ノ限ニ在ラス

〔理由書〕本章ハ抗告ヲ單純ナル抗告ト卽時抗告トニ分別セリ而シテ卽時抗告ヲ許スヘキ場合ハ特ニ各本條ニ於テ之ヲ規定ス單純ナル抗告ハ裁判所ノ爲シタル決定ニ對シテ之ヲ許スヲ原則トシ之ヲ許サヽル場合ハ特ニ之ヲ規定ス現行法ハ第二百九十三條ヲ以テ抗告ヲ許サヽルヲ原則トシ特ニ定メタル場合ニ限リ之ヲ許スヘキモノト爲ス本條ハ之ヲ適當ナラストシ前上ノ如ク規定セリ

公開停止ノ決定竝分離審理決定ニ對スル抗告
（昭和七年(つ)第二〇號　同年五月十二日第二刑事部決定）

公開停止ノ決定竝分離審理ノ決定ニ對シテハ抗告ヲ爲スコトヲ得ス

第四百五十七條　裁判所ノ管轄又ハ訴訟手續ニ關シ判決前ニ爲シタル決定ニ對シテハ特ニ卽時抗告ヲ爲シ得ヘキコトヲ定メタル場合ヲ除クノ外抗告ヲ爲スコトヲ得ス

前項ノ規定ハ勾留、保釋、押收又ハ押收物ノ還付ニ關スル決定及鑑定ノ爲ニスル被告人ノ留置ニ關スル決定ニ付之ヲ適用セス

〔理由書〕本條ハ前條ニ所謂別段ノ規定ニ該當スルモノニシテ裁判所ノ管轄又ハ訴訟手續ニ關シ判決前ニ爲シタル決定ニ對シテハ各本條ニ於テ特ニ卽時抗告ヲ爲シ得ヘキコトヲ定メタル場合ノ外一般ニ抗告ヲ許サヽルモノトシ特ニ之ヲ許スヘキ場合ハ之ヲ第二項ニ定ム第二項ヲ以テ特例ヲ設ケタルハ人身權及財產權ノ消長ニ關スルコト輕カラサルニ由ル

證據調請求却下ノ決定ニ對スル抗告
（大正十三年(つ)第一四號　同年九月二十六日第一刑事部決定）

證據調却下ノ決定ニ對シテハ抗告ヲ爲スコトヲ得サルモノトス

第四百五十八條　抗告ハ卽時抗告ヲ除クノ外何時ニテモ之ヲ爲スコトヲ得但シ原決定ヲ取消スモ實益ナキニ至リタルトキハ此ノ限ニ在ラス

〔理由書〕（第四百五十九條ノ理由書參照）

一　取消ノ實益ナキニ至リタル決定ニ對スル卽時抗告
（昭和七年(つ)第四一號　同年九月九日第四刑事部決定）

原決定ヲ取消スモ何等ノ實益ナキニ至リタル場合ニ於テハ該決定ニ對シ卽時抗告ヲ爲スコトヲ得ス

二　忌避申立却下ト實益ナキ卽時抗告
（昭和八年(つ)第三六號　同九年二月二十三日第四刑事部決定）

被告人カ判事忌避申立却下ノ決定ニ對シ卽時抗告ヲ爲シタルモ裁判所ハ審理ヲ進メ有罪ノ判決ヲ爲シ被告人ヨリ上訴權ヲ拋棄シ該判決確定シタル以上原決定ヲ取消スモ何等實益ナキヲ以テ卽時抗告ノ申立ハ之ヲ許スヘキモノニ非ス

第四百五十九條　卽時抗告ノ提起期間ハ三日トス

〔理由書〕兩條ハ抗告ヲ爲シ得ヘキ時期ヲ定メタルモノナリ現行法第二百九十五條ハ抗告ノ期間ハ裁判ノ送達アリタル日ヨリ三日ト爲シタレトモ本法ハ抗告ノ種類ニ從ヒテ之ヲ區別シ卽時抗告ノ提起期間ヲ三日トシ單純抗告ハ何時ニテモ之ヲ爲スコトヲ得ヘキモノトス唯時期ヲ失シタル爲之ニ依リ裁判ヲ變更スルモ何等ノ實益ナキニ至リタルトキハ之ヲ許スヘキ事由毫モ存セサルヲ以テ第四百五十八條但書ヲ以テ其ノ趣旨ヲ明ニセリ

第四百六十條　抗告ヲ爲スニハ申立書ヲ原裁判所ニ差出スヘシ

原裁判所抗告ヲ理由アリトスルトキハ決定ヲ更正スヘシ抗告ノ全部又ハ一部ヲ理由ナシトスルトキハ申立書ヲ受取リタル日ヨリ三日內ニ意見書ヲ附シテ之ヲ抗告裁判所ニ送付スヘシ

〔理由書〕本條ハ抗告ヲ爲スノ手續竝抗告申立書ヲ受ケタル原裁判所ニ於テ履ムヘキ手續ヲ定メタルモノニシテ現行法第二百九十六條ノ規定ハ豫審判事ノ決定ニ對スル抗告ニモ併セテ規定スレトモ本法ハ之ヲ別條ニ規定シタルヲ以テ本條中ニ之ヲ包含セス其ノ他ハ現行法ノ字句ニ修正ヲ加ヘタルニ過キス

第四百六十一條　抗告ハ卽時抗告ヲ除クノ外裁判ノ執行ヲ停止スル效力ヲ有セス但シ原裁判所ハ檢事ノ意見ヲ聽キ決定ヲ以テ抗告ノ裁判アル迄執行ヲ停止スルコトヲ得

抗告裁判所ハ檢事ノ意見ヲ聽キ決定ヲ以テ裁判ノ執行ヲ停止スルコトヲ得

〔理由書〕（第四百六十二條理由書參照）

第四百六十二條　卽時抗告ノ提起期間內及其ノ申立アリタルトキハ裁判ノ執行ヲ停止ス

〔理由書〕兩條ハ抗告ニ因ル原裁判所ノ執行停止ニ關スル規定ナリ現行法ハ二三ノ場合ニ付執行停止ノ效力ヲ定ムルニ止マリ一般的ノ規定ヲ設ケス本條ハ卽時抗告ニ關シテハ其ノ提起期間及其ノ申立アリタルトキヨリ確定ニ至ルマテ原裁判ノ執行ヲ停止スヘキモノトシ單純抗告ニ付テハ抗告ノ申立アルモ執行ヲ停止セサルヲ本則トシ唯原裁判所又ハ抗告裁判所ノ裁量ヲ以テ執行停止ノ決定ヲ爲シ得ヘキモノト爲ス

第四百六十三條　原裁判所必要ト認ムルトキハ訴訟記錄及證據物ヲ抗告裁判所ニ送付スヘシ

抗告裁判所ハ訴訟記錄及證據物ノ送付ヲ求ムルコトヲ得

〔理由書〕本條ハ訴訟記錄及證據物ノ送付ニ關スル規定ナリ現行法ハ豫審終結決定ニ對スル抗告ニ付キ之ヲ設クルニ止マリ一般ノ場合ニ全ク缺如スルヲ以テ本條ヲ以テ之ヲ補正シタリ

第四百六十四條　抗告裁判所ハ檢事ノ意見ヲ聽キ決定ヲ爲ス

ヘシ

〔理由書〕本條ハ抗告裁判所ノ手續ヲ定メタルモノニシテ現行法第二百九十七條ニ字句ノ修正ヲ加ヘタルニ過キス

第四百六十五條　抗告裁判所ハ豫審終結決定ニ對スル抗告ニ付必要アル場合ニ於テハ部員ヲシテ事實ノ取調ヲ爲サシムルコトヲ得此ノ場合ニ於テハ受命判事ハ豫審判事ト同一ノ權ヲ有ス

受命判事ハ取調ノ結果ニ付報告スヘシ

〔理由書〕本條ハ豫審終結決定ニ對スル抗告ニ關シ抗告裁判所ニ於ケル特別ノ手續ヲ定メタルモノニシテ現行法第二百九十八條ニ修正ヲ加ヘタルモノナリ

第四百六十六條　抗告ノ手續其ノ規定ニ違反シタルトキ又ハ抗告理由ナキトキハ抗告ヲ棄却スヘシ

抗告理由アルトキハ原決定ヲ取消シ必要アル場合ニ於テハ更ニ裁判ヲ爲スヘシ

〔理由書〕本條ハ抗告ニ對スル裁判ニ付キ規定シタルモノニシテ現行法第二百九十七條第三百條ニ修正ヲ加ヘ併セテ一條ト爲シタルモノナリ現行法ノ規定ハ原裁判ヲ取消ストキハ常ニ自ラ裁判ヲ爲スモノノ如ク解セラレ疑義ヲ生スルノ餘地アルヲ以テ本條ニ於テハ必要アル場合ニ於テ更ニ裁判ヲ爲スヘキ旨ヲ定メ疑義ヲ生スルノ餘地ナカラシメタリ

第四百六十七條　抗告裁判所ノ決定ハ之ヲ原裁判所ニ通知スヘシ

〔理由書〕現行法ニ明文ナキハ缺點ナリ本條ハ實際上ノ必要ニ顧ミテ新設シタルモノニシテ現行法ノ不備ヲ補正シタルモノナリ

第四百六十八條　第四百六十條、第四百六十三條及前條ノ規定ハ豫審終結決定ニ對スル抗告ニ付之ヲ準用ス

〔理由書〕抗告ニ關スル法條ハ當然豫審終結決定ニ對スル即時抗告ニ適用スヘキモノナリ唯其ノ法條中原裁判所トアルハ豫審判事ヲ包含セサルモノト解セサルヘカラス故ニ原裁判所ニ關シテ定メタル法規ハ當然豫審終結決定ニ對スル抗告ニ付之ヲ適用スルヲ得ス然ルニ第四百六十條、第四百六十三條及前條中原裁判所ニ關シテ定メタル法規ハ豫審判事ニ關シテモ之ヲ定ムルノ必要アリ本條ヲ設ケタルハ此ノ必要アルニ由ル

第四百六十九條　抗告裁判所ノ決定ニ對シテハ抗告ヲ爲スコトヲ得ス但シ左ニ揭クル抗告ニ付テノ決定ニ對シテハ即時抗告ヲ爲スコトヲ得

一　公判ニ於ケル公訴棄却ノ決定ニ對スル抗告

二　控訴ノ申立ヲ棄却スル決定又ハ上訴權回復ノ請求ニ付テノ決定ニ對スル抗告

三　再審ノ請求ニ付テノ決定ニ對スル抗告

四　刑法第五十二條又ハ第五十八條ノ規定ニ依リ刑ヲ定ムル決定ニ對スル抗告

五　裁判ノ疑義又ハ刑ノ執行ノ異議ニ付テノ決定ニ對スル抗告

六　證人、鑑定人、通事、翻譯人其ノ他ノ者ノ受ケタル決定ニ對スル抗告

〔理由書〕本條ハ再抗告ヲ許ス場合ヲ規定シタルモノナリ現行法ハ抗告ノ相手方ヨリ爲スモノノ外再抗告ヲ認メサレトモ本條ニ於テハ特ニ重要ト認ムル決定ニ付テハ抗告人タルト相手方タルトヲ問ハス之ニ對シテ再抗告ヲ爲シ得ヘキモノトセリ

一　抗告裁判所トシテ大審院ノ爲シタル決定ニ對スル抗告

（大正十三年(つ)第九號 同年七月一日第一刑事部決定）

刑事訴訟法第四百六十九條但書第三號ハ抗告裁判所カ再審ノ請求ニ付テノ決定ニ對スル抗告ニ付爲シタル決定ニ對シテハ即時抗告ヲ爲スコトヲ許スモ右決定ハ抗告裁判所カ上級審ヲ有スル場合ニ限ルモノニシテ大審院カ抗告裁判所トシテ爲シタル決定ニ對シテハ適用ナキモノトス

二　本條第六號ノ「其ノ他ノ者」ノ意義

（大正十四年(つ)第一六號 同年六月二十九日第五刑事部決定）

刑事訴訟法第四百六十九條第六號ノ其ノ他ノ者ニハ訴訟當事者タル被告人若ハ被告人ノ地位ニ立ツヘキ者ヲ包含セス

三　本條第二號前段ト正式裁判請求申立ヲ却下シタル決定

（大正十四年(つ)第一六號 同年六月二十九日第五刑事部決定）

本條第二號ノ控訴ノ申立ヲ棄却スル決定中ニハ正式裁判請求申立ヲ却下シタル決定ヲ包含セサルモノトス

四　忌避申立却下決定ニ對スル再抗告

（昭和七年(つ)第三號 同年二月一日第二刑事部決定）

忌避申立却下決定ニ對スル抗告事件ニ付抗告裁判所ノ爲シタル決定ニ對シテハ抗告ヲ爲スコトヲ得サルモノトス

五　忌避申立却下決定ニ對スル再抗告

（昭和九年(つ)第一七號 同年六月二十九日第四刑事部決定）

忌避申立却下ノ裁判ニ對スル抗告裁判所ノ決定ニ對シテハ再抗告ヲ爲スコトヲ得サルモノトス

六　地方裁判所ノ二審判決ニ對スル再審請求棄却決定ニ對スル抗告ト審理裁判所

（昭和九年(つ)第三三號 同年十一月二十九日第一刑事部決定）

地方裁判所カ第二審トシテ爲シタル判決ニ對スル再審請求ニ付棄却ノ決定ヲ爲シタル場合ニ於テハ之ニ對スル抗告裁判所ハ控訴院ニ非スシテ大審院ナリトス

第四百七十條　裁判長、受命判事又ハ豫審判事左ニ掲クル裁判ヲ爲シタル場合ニ於テ不服アル者ハ判事所屬ノ裁判所ニ其ノ裁判ノ取消又ハ變更ヲ請求スルコトヲ得

一　忌避ノ申立ヲ却下スル裁判

二　勾留、保釋、押收又ハ押收物ノ還付ニ關スル裁判

三　鑑定ノ爲被告人ノ留置ヲ命スル裁判

四　證人、鑑定人、通事又ハ飜譯人ニ對シテ過料又ハ費用ノ賠償ヲ命スル裁判

區裁判所判事前項第一號ノ裁判ヲ爲シ又ハ受託判事トシテ前項第二號乃至第四號ノ裁判ヲ爲シタル場合ニ於テハ其ノ裁判所ヲ管轄スル地方裁判所ニ其ノ裁判ノ取消又ハ變更ヲ請求スルコトヲ得

第一項第四號ノ裁判ノ取消又ハ變更ノ請求ハ其ノ裁判アリタル日ヨリ三日内ニ之ヲ爲スヘシ

前項ノ請求期間内及其ノ請求アリタルトキハ裁判ノ執行ヲ停止ス

〔理由書〕本條ハ裁判長、受命判事、豫審判事又ハ區裁判所判事ノ爲シタル裁判ニ對シ不服アル場合ノ救濟方法ヲ定メタルモノナリ現行法ハ保釋ヲ許サル豫審判事ノ裁判及證人、鑑定人ニ對シ豫審判事ノ言渡シタル裁判ニ對スル不服ノ方法ニ付規定スルニ止マ

ルヲ以テ本條ハ其ノ不備ヲ補ヒ第一項及第二項ニ於テ不服ノ申立ヲ爲シ得ヘキ裁判及其ノ申立ヲ受クヘキ裁判所ヲ定メ第三項ニ於テ其ノ申立ノ期間及其ノ申立ニ因ル執行停止ノ效力ヲ定メタリ本條ニアル區裁判所判事ノ裁判ト區裁判所ノ決定トハ區別アリ區裁判所ノ決定ニ對シテハ抗告ヲ許スヘキモノニシテ本條ニ依ルヘキモノニ非ス

第四百七十一條　檢事ノ爲シタル勾留、押收又ハ押收物ノ還付ニ關スル處分ニ不服アル者ハ檢事所屬ノ裁判所ニ其ノ處分ノ取消又ハ變更ヲ請求スルコトヲ得

司法警察官ノ爲シタル押收又ハ押收物ノ還付ニ關スル處分ニ不服アル者ハ司法警察官ノ職務執行地ヲ管轄スル區裁判所ニ其ノ處分ノ取消又ハ變更ヲ請求スルコトヲ得

〔理由書〕本條ハ檢事又ハ司法警察官ノ爲シタル處分ニ不服アル者ハ一定ノ場合ニ於テ裁判所ニ其ノ取消又ハ變更ノ請求ヲ爲シ得ヘキ旨並其ノ請求ヲ受クヘキ裁判所ヲ定メタルモノナリ現行法之ヲ認メサルモ本法ハ其ノ必要アルモノトシ新ニ本條ヲ設ケタリ

第四百七十二條　前二條ニ規定スル請求ヲ爲スニハ請求書ヲ管轄裁判所ニ差出スヘシ

〔理由書〕本條ハ前二條ニ依ル請求ノ方式ヲ定メタルモノナリ

第四百七十三條　第四百六十一條、第四百六十三條、第四百

六十四條、第四百六十六條及第四百六十七條ノ規定ハ第四百七十條又ハ第四百七十一條ノ請求アリタル場合ニ之ヲ準用ス

〔理由書〕 本條ハ第四百七十條及第四百七十一條ノ請求ニ付テハ抗告ニ因ル裁判ノ執行停止、訴訟記錄及證據物ノ送付、抗告申立ヲ受ケタル裁判所ノ手續、抗告ニ對スル裁判及其ノ裁判ノ通知ニ關スル規定ヲ準用スヘキコトヲ定メタルモノナリ

第四百七十四條 第四百七十條及第四百七十一條ノ請求ニ付爲シタル決定ニ對シテハ抗告ヲ爲スコトヲ得ス但シ第四百七十條第四號ノ裁判ノ取消又ハ變更ノ請求ニ付爲シタル決定ニ對シテハ卽時抗告ヲ爲スコトヲ得

〔理由書〕 本條ハ第四百七十條及第四百七十一條ノ請求ニ付爲シタル決定ニ對シテ不服ノ申立ヲ爲スコトヲ許ス場合ト然ラサル場合トヲ區別シ之ヲ許ス場合ニ於テハ卽時抗告ノ方法ニ依ルヘキコトヲ定メタルモノナリ

檢事ノ押收物還付處分ニ關スル不服ニ對スル裁判所ノ決定ト抗告

（昭和七年（つ）第四二號 同年十一月二十一日第一刑事部決定）

檢事ノ爲シタル押收物ノ還付ニ關スル處分ニ付取消又ハ變更ノ請求ニ付裁判所ノ爲シタル決定ニ對シテハ抗告ヲ許ササルモノトス

第四編　大審院ノ特別權限ニ屬スル訴訟手續

〔理由書〕 本編ノ規定ハ現行法第七編ニ相當ス大審院ノ特別權限ニ屬スル事件ハ事態重大ニシテ一般ノ規定ヲ以テ律シ難シ故ニ構成法之ニ關シテ特別權限ノ法規ヲ定ム刑事訴訟手續ニ關シテモ亦特例ヲ設クルノ必要アリ卽チ本編ハ現行法第七編ト同シク此ノ特例ヲ定ムルモノナリ唯一般ノ例規ニシテ本編ニ定メタル特別ノ規準ニ戾ラサルモノハ皆之ニ依ラシメテ可ナリ故ニ本編此ノ義ヲ明ニス

第四百七十五條 裁判所構成法第五十條第二號ニ揭クル大審院ノ特別權限ニ屬スル罪ニ付テハ檢事總長搜査ヲ爲スヘシ

〔理由書〕 本條乃至第四百七十八條ハ大審院ノ特別權限ニ屬スル罪ノ搜査ニ付規定ヲ設ク

本條ハ現行法第三百十條第一項ト同シク大審院ノ特別權限ニ屬スル事件ノ搜査ハ檢事總長ノ職權ニ屬スルコトヲ明ニス

第四百七十六條 控訴院、地方裁判所又ハ區裁判所ノ檢事ハ檢事總長ノ指揮ヲ受ケ大審院ノ特別權限ニ屬スル罪ニ付搜

査ヲ爲スヘシ

〔理由書〕 現行法第三百十條第三項ニ依レハ地方裁判所及區裁判所ノ檢事ハ獨立シテ搜査ヲ爲シ檢事總長ニ報告ヲ爲スヘキモノナリ本條ハ之ヲ改メ皆檢事總長ノ指揮ヲ受ケテ搜査ヲ爲スヘキモノトシ且控訴院檢事ヲ除クヘキ理由ナキヲ以テ之ヲ加ヘタリ檢事總長カ大審院檢事ニ命シテ其ノ職權ニ屬スル事項ヲ擔任セシムルコトヲ得ルハ裁判所構成法第五十六條ニ依リ明ナルヲ以テ此ノ點ニ付テハ明文ヲ設ケス

第四百七十七條 第二百四十七條、第二百四十八條又ハ第二百五十條ニ規定スル司法警察官ハ檢事總長ノ指揮ヲ受ケ大審院ノ特別權限ニ屬スル罪ニ付搜査ヲ爲スヘシ

第二百四十九條又ハ第二百五十條ニ規定スル司法警察吏ハ檢事又ハ司法警察官ノ命令ヲ受ケ搜査ノ補助ヲ爲スヘシ

〔理由書〕 現行法ハ第三百十條第二項ヲ以テ司法警察官モ檢事ト同シク獨立シテ搜査ヲ爲シ檢事總長ニ報告スヘキコトヲ定メタルモ本條ハ之ヲ改メ司法警察官モ亦檢事總長ノ指揮ヲ受ケ搜査ヲ爲スヘキモノトシ且搜査ノ補助ヲ爲スヘキ司法警察吏ヲ定メタリ

第四百七十八條 檢事又ハ司法警察官大審院ノ特別權限ニ屬スル罪アリト思料スルトキハ直ニ檢事總長ニ報告スヘシ急速ヲ要スル場合ニ於テハ報告前搜査ニ付必要ナル處分ヲ爲スコトヲ得

〔理由書〕 檢事總長ハ大審院ノ特別權限ニ屬スル罪ニ付搜査權ヲ有シ檢事及司法警察官ハ其ノ指揮ヲ受ケ搜査ニ從事スヘキモノナリ故ニ檢事及司法警察官ニ於テ其ノ罪アリト思料スルトキハ直ニ檢事總長ニ報告シテ其ノ指揮ヲ待タサルヘカラス然レトモ事急ナルニ當リテハ臨機ノ處置ヲ要スルコトアリ故ニ此等ノ諸官ハ報告前搜査ニ付必要ナル處分ヲ爲シ得ヘキモノトセリ

第四百七十九條 檢事總長搜査ヲ爲シタル後大審院ノ特別權限ニ屬スル罪アリト思料スルトキハ豫審ヲ請求スヘシ

〔理由書〕 本條及次條ハ公訴ノ提起ニ關スル規定ナリ檢事總長搜査ヲ終リ大審院ノ特別權限ニ屬スル事件ハ必ス豫審ヲ經由スヘキモノニシテ直ニ公判ヲ開クヘキモノニ非ス現行法第三百十三條ノ定ムル所又之ニ同シ

第四百八十條 檢事總長ハ大審院ノ特別權限ニ屬スル事件ト牽連スル他ノ事件ニ付併セテ豫審ヲ請求スルコトヲ得

〔理由書〕 大審院ノ特別權限ニ屬スル犯罪ニ牽連スル事件ハ併セテ豫審ニ付スルヲ便宜トスル場合アリ是レ新ニ第四百八十條ノ規定ヲ設クル所以ナリ

第四百八十一條 大審院ハ檢事總長ノ請求ニ因リ前條ノ規定ニ依リ豫審ヲ請求シタル事件ヲ管轄地方裁判所ノ豫審判事

ニ移送スルコトヲ得

〔理由書〕 檢事總長ニ於テ前條ニ依リ併セテ起訴シタル牽連事件ノ併合審理ヲ行フノ必要ナシト認メタルトキハ本則ニ立戻リ之ヲ管轄裁判所ノ豫審ニ付スルヲ至當トス此ノ場合ニ於テ大審院ハ檢事總長ノ請求ニ因リ之ヲ分離シテ管轄地方裁判所ノ豫審判事ニ移送スルコトヲ得ヘキモノトス

第四百八十二條 大審院長ヨリ豫審ヲ命セラレタル判事被告事件ニ付取調ヲ終ヘタルトキハ意見書ヲ添ヘ書類及證據物ヲ大審院ニ送付スヘシ

〔理由書〕 檢事總長ヨリ豫審ノ請求アリタルトキハ大審院長ハ裁判所構成法第五十五條ニ依リ判事ヲ指定シテ豫審ヲ命ス豫審ヲ命セラレタル判事ハ一般ノ規定ニ從ヒ被告事件ノ取調ヲ爲シ取調ヲ了リタルトキハ意見書ヲ添ヘ書類及證據物ヲ大審院ニ送付スヘキモノトス即チ豫審ヲ命セラレタル判事ハ一般ノ場合ト異ナリ意見ヲ付スルニ止マリ決定ヲ爲スヘキモノニ非ス本條此ノ義ヲ明ニス其ノ趣旨現行法第三百十四條ト同一ナリ

第四百八十三條 大審院ハ檢事總長ノ意見ヲ聽キ左ノ區別ニ從ヒ決定ヲ爲スヘシ

一 被告事件公判ニ付スヘキモノト認ムルトキハ公判ヲ開始スル決定

二 被告事件下級裁判所ノ管轄ニ屬スルモノト認ムルトキハ管轄權ヲ有スル裁判所ニ之ヲ移送スル決定

三 被告事件前二號ノ規定ニ該當セサル場合ニ於テハ第三百十三條乃至第三百十五條ノ規定ニ準シ免訴シ又ハ公訴ヲ棄却スル決定

〔理由書〕 前條ニ示スカ如ク豫審判事ハ意見ヲ付シ決定ヲ爲サス公判ヲ開クヘキヤ否ハ檢事總長ノ意見ヲ聽キ大審院之ヲ決ス本條ハ其ノ趣旨ニ從ヒ大審院自ラ決定ヲ爲スヘキコトヲ規定ス大審院ノ決定ハ大體豫審判事ノ爲ス豫審終結決定ト同一ノ區別ニ從フモノナリ即チ豫審判事公判ニ附スル決定ヲ爲スヘキ場合ニ該當スルトキハ公判開始ノ決定ヲ爲シ其ノ免訴又ハ公訴棄却ノ決定ヲ爲スヘキ場合ニ該當スルトキハ免訴又ハ公訴棄却ノ決定ヲ爲ス唯被告事件下級裁判所ノ管轄ニ屬スルモノト認ムルトキハ管轄違ノ言渡ヲ爲サス又其ノ院ノ公判ニ付スルコトナク之ヲ管轄裁判所ニ移送ス本條ハ現行法第三百十五條ト略其ノ趣旨ヲ同シクスルモ現行法ハ公訴棄却ノ場合ヲ認メサルノ不備アリ殊ニ特別裁判所ノ管轄ニ屬スル事件ニ付管轄違ノ裁判ヲ爲スヘキモノトシタルハ事理ニ適セス因テ本條ヲ以テ之ヲ補正シタリ

第四百八十四條 第二編ノ規定ハ別段ノ規定アル場合ヲ除クノ外大審院ノ特別權限ニ屬スル事件ニ付之ヲ準用ス

〔理由書〕本條ハ現行法第三百十六條ト其ノ趣旨ヲ同シクス卽チ公訴、豫審、公判ノ手續ハ本編特ニ定ムルモノニ牴觸セサル限リ總テ第一審ニ關スル一般ノ法規ニ依ルヘキモノト爲ス

第五編　再　審

〔理由書〕凡ソ判決ハ確定力ヲ有スルニ依リ其ノ威信ヲ保持シ得ヘク容易ニ判決ノ確定ヲ覆スコトヲ得ルニ於テハ判決ニ對スル信頼ハ地ヲ掃フニ至ルヘシ然レトモ刑事ノ判決ハ實質的眞實ヲ以テ其ノ生命トスルヲ以テ判決確定後ニ至リ新ナル資料ノ現ハルルニ因リ其ノ眞實ニ符合セサルコト明瞭ナルニ至リ又ハ其ノ眞實ニ符合セサルノ疑顯著ナルニ至リタル場合ニ於テモ仍絶對ニ判決ノ確定力ヲ尊重セムトスルハ形式ニ拘ルニ過キ反テ法ノ威信ヲ失墜スルノ誹ヲ免レス故ニ再審ノ制度ヲ設ケ一定ノ範圍内ニ於テ實質的眞實要求ノ爲ニ判決ノ形式的確定力ヲ覆スコトヲ得ルモノトセリ
再審ノ制度ハ孰レモ實質的眞實ノ要求ニ從ヒ判決ノ確定力ニ例外ヲ認ムルモノナリ而シテ其ノ例外ヲ認ムル範圍ニ關シ廣狹二個ノ法制アリ其ノ狹キモノハ單ニ受刑者ノ利益ノ爲メニノミ再審ノ請求ヲ爲スコトヲ許スモノニシテ佛法及現行法之ニ依ル其ノ廣キモノハ單ニ受刑者ノ利益ノ爲ノミナラス其ノ不利益ノ爲メニモ再審ノ請求ヲ爲スコトヲ許スモノニシテ獨、墺、供、那等ノ法律皆之ニ依ル本法ハ廣キニ從フヲ可トシ後者ヲ採用セリ
再審ノ管轄及手續ニ關シテハ再審ノ請求ニ付テノ審判ト事件ニ付再審ノ審判トヲ分別シ再審ノ請求ニ付テノ審判ヲ上告裁判所ノ權限ニ屬セシメ事件ニ付テノ再審ノ審判ヲ事實裁判所ノ權限ニ屬セシムル制度ト兩者共ニ之ヲ原判決ヲ爲シタル裁判所ノ權限ニ屬セシムル制度トアリ現行法ハ前ノ制度ヲ採用シ本編ハ後ノ制度ヲ採用シタリ

第四百八十五條　再審ノ請求ハ左ノ場合ニ於テ有罪ノ言渡ヲ爲シタル確定判決ニ對シテ其ノ言渡ヲ受ケタル者ノ利益ノ爲ニ之ヲ爲スコトヲ得

一　原判決ノ證據ト爲リタル證據書類又ハ證據物確定判決ニ因リ僞造又ハ變造ナリシコト證明セラレタルトキ

二　原判決ノ證據ト爲リタル證言、鑑定、通譯又ハ飜譯確定判決ニ因リ虚僞ナリシコト證明セラレタルトキ

三　有罪ノ言渡ヲ受ケタル者ヲ誣告シタル罪確定判決ニ因リ證明セラレタルトキ但シ誣告ニ因リ有罪ノ言渡ヲ受ケタルトキニ限ル

四　原判決ノ證據ト爲リタル通常裁判所又ハ特別裁判所ノ裁判確定裁判ニ因リ變更セラレタルトキ

五　特許權、實用新案權、意匠權又ハ商標權ヲ害シタル罪ニ因リ有罪ノ言渡ヲ爲シタル事件ニ付其ノ權利ノ無效ノ審決確定シタルトキ又ハ無效ノ判決アリタルトキ

六　有罪ノ言渡ヲ受ケタル者ニ對シテ無罪若ハ免訴ヲ言渡シ、刑ノ言渡ヲ受ケタル者ニ對シテ刑ノ免除ヲ言渡シ又ハ原判決ニ於テ認メタル罪ヨリ輕キ罪ヲ認ムヘキ明確ナル證據ヲ新ニ發見シタルトキ

七　原判決若ハ前審ノ判決若ハ其ノ判決ノ基礎ト爲リタル取調ニ關與シタル判事、豫審終結決定若ハ其ノ基礎ト爲リタル取調ニ關與シタル判事、公訴ノ提起若ハ其ノ基礎ト爲リタル捜査ニ關與シタル檢事又ハ第二百五十五條ノ規定ニ依リ公訴提起ノ基礎ト爲リタル處分ヲ爲シタル判事被告事件ニ付職務ニ關スル罪ヲ犯シタルコト確定判決ニ因リ證明セラレタルトキ但シ原判決ヲ爲ス前判事又ハ檢事ニ對シテ公訴ノ提起アリタル場合ニ於テハ原判決ヲ爲シタル裁判所其ノ事實ヲ知ラサリシトキニ限ル

〔理由書〕　再審ノ請求ヲ爲シ得ヘキ範圍ニ關シ廣狹二個ノ法制アリテ本法ニ於テ廣義ノ法制ヲ採用シタルコトハ概論ニ一言シタル所ナリ而シテ其ノ孰レノ法制ヲ勝レリトスルヤハ刑事判決ノ確定力並實質的眞實ノ要求ニ重キヲ措クヘキ程度如何ニ依リ自ラ其ノ解決ヲ異ニスヘキモノナリ刑事判決ノ確定力ヲ絕對ニ尊重スルモノトセハ何等ノ問題ヲ生セサルヘシ既ニ再審ノ制度ヲ設ケテ刑事判決ノ實質的眞實ニ適合セシメムカ爲ニ或範圍ニ於テ確定力維持ノ原則ニ例外ヲ設クルコトヲ必要トスル以上ハ獨リ之ヲ被告人ノ利益ノ爲ニスルノミナラス更ニ一歩ヲ進メテ其ノ不利益ニ歸スル場合ニモ亦之ヲ許スヲ適當トスヘシ蓋シ理論ヲ貫ケハ眞實ニ符合セサル判決ヲ更正スル必要ハ此ノ兩者ノ間ニ於テ毫モ之ヲ區別スヘキモノニ非サルヘシ然レトモ法制ハ理論ニ拘泥スヘキモノニ非ス必スヤ社會ノ實情ニ顧ミテ之ヲ定メサルヘカラス兩方面ニ渉ル法制ヲ認ムルト同時ニ再審ノ原因ニ廣狹ノ差ヲ定ムルハ已ムヲ得サルナリ本法ハ之ヲ考慮シ適當ノ制ヲ立テタルモノナリ

本條ハ現行法第三百一條ニ相當スルモノニシテ被告人ノ利益ノ爲ニ再審ノ請求ヲ爲シ得ヘキ場合ヲ規定ス其ノ不利益ノ爲ニスル場合ハ之ヲ次條ニ規定ス本條ニ依テ再審ノ請求ニ因リ變更ヲ求ムヘキ確定判決ハ刑ノ言渡ヲ爲シタルモノノ外刑ノ免除ヲ言渡シタルモノヲ包含ス故ニ現行法ニ刑ノ言渡ニ對シテ爲ストアルヲ修正シテ有罪ノ言渡ヲ爲シタル判決ニ對シテ爲スヘキモノトセリ本條所謂有罪ノ言渡ヲ爲シタル判決ハ刑ノ言渡ト刑ノ免除ノ言渡トヲ併

セ稱スルモノニシテ其ノ第一審ニ於テ確定シタルモノナルト第二審ニ於テ確定シタルモノナルト將上告審ニ於テ爲シタル破毀自判ノ判決ナルトヲ問ハサルナリ

本條ハ再審ノ原由トシテ七個ノ事由ヲ列擧ス第一號ハ現行法第三百一條第五號ニ「公正證書ヲ以テ訴訟記錄ニ僞造又ハ錯誤アルコトヲ證明シタルトキ」トアルヲ修正シ一面證明ノ資料ト爲ルヘキ公正證書ヲ確定判決ニ制限シ他面訴訟記錄トアルヲ改メテ原判決ノ憑據トナリタル證據書類又ハ證據物トシ再審ノ原由ト爲ルヘキ僞造又ハ變造ノ場合ヲ擴張シタリ

第二號第三號ハ現行法第三百一條第四號ニ「被告人ヲ陷害シタル罪ニ因テ刑ノ言渡ヲ受ケタル者アルトキ」トアルニ相當ス唯兩者ノ間廣狹ノ差アルノミ

第四號ハ現行法第三百一條第六號ニ「判決ノ憑據ト爲リタル民事上ノ判決他ノ確定トナリタル判決ヲ以テ廢棄若ハ破毀セラレタルトキ」トアルヲ修正シタリ即チ判決ノ憑據トナリタル裁判ヲ獨リ民事上ノ判決ニ制限スヘキ理由ナキカ故ニ本條ハ廣ク通常裁判所又ハ特別裁判所ノ裁判トシ其ノ遺脫ヲ補充シタリ

第五號ハ各號ニ列擧シタル場合ニ包含セラレサルモノトシテ衆議院委員會ニ於テ本號ヲ追加セラル

第六號ハ現行法第三百一條第一號乃至第三號ニ列擧シタル場合ニ該當ス現行法ノ列擧シタル場合ハ孰レモ原判決ヲ覆スニ足ルヘキ明確ナル證據ノ存スル場合ナリ唯現行法ハ列擧シテ場合ヲ限定セルヲ以テ再審ノ事由ヲ類似ノ場合ニ擴張スル能ハサルノ缺點アリ本條ハ無罪、免訴、刑ノ免除若ハ輕キ罪ヲ認ムヘキ明確ナル證據ヲ新ニ發見シタル場合ニハ常ニ再審ノ事由アルモノトシ彼是權衡ヲ失フノ憾ナカラシメンコトヲ期シタリ

第七號ニ所謂判事、檢事ノ職務ニ關スル犯罪トハ事件ニ關シテ瀆職ノ行爲アルヲ謂フ事件ニ關シ賄賂ヲ收受シ取調ヲ爲スニ當リ暴行若ハ凌虐ノ行爲ヲ爲シタル場合ノ如シ原判決ニ關與シタル判事ニ職務上ノ犯罪アルコトヲ發見シタル場合ニ於テハ其ノ正確ヲ疑フヘキハ勿論ナリ其ノ判決ニ關與セサルモ判決ノ基礎ドナリタル取調ニ關與シタル判事職務上ノ罪ヲ犯シタル場合モ亦同シ前審ノ判決ハ多クノ場合ニ於テ原判決ノ材料ト爲ルヘキモノナリ即チ第一審ノ取調ハ第二審ノ材料ト爲ル場合アリ第二審ノ審判ハ上告審ニ於ケル破毀自判ノ基礎ト爲ルヘキ場合多シ故ニ其ノ判決又ハ基礎ト爲リタル取調ニ關與シタル者ニ職務上ノ犯罪アル場合ニ於テモ疑惑ヲ除キ威信ヲ維持スル爲再審ヲ爲スヲ至當トス豫審、捜査又ハ公訴ノ提起ニ關與シタル判事及檢事ハ審判ニ關與セサルモ其ノ審判ニ材料ヲ供スル者ニシテ被告事件ノ基礎ヲ作成スルモノナリ故ニ此等ノ者ニ職務上ノ犯罪アルトキハ事件ノ成立ニ關シテ疑

ヲ挾マサルヲ得ス既ニ事件ノ成立ニ關シテ疑ヲ挾ムヘキ理由存スレハ之ヲ基礎ト爲シタル審判ニ付テモ其ノ正確ヲ疑フヘキ理由ナシト謂フヘカラス故ニ此ノ如キ場合ニ於テモ再審ノ原由アルモノト定メタリ爰ニ一ノ例外ヲ認ムヘキハ原判決ヲ爲ス前判事又ハ檢事ノ職務上ノ犯罪ニ付公訴ノ提起アリタル場合ニ於テ原裁判所其ノ事實ヲ認知シタルトキハ其ノ影響ヲ斟酌シテ審判ヲ爲スヘキカ故ニ其ノ犯罪アリタルコトヲ再審ノ事由ト爲スノ理由存セサルナリ故ニ第七號ニ但書ヲ設ケテ其ノ趣旨ヲ明ニシタリ本號ハ現行法第三百一條第四號ニ「被告人ヲ陷害シタル罪ニ因リ刑ノ言渡ヲ受ケタル者アルトキ」トアル一部ニ該當スレトモ陷害ハ瀆職罪ノ全部ヲ包含セス又陷害中ニハ判事、檢事ノ外司法警察官吏ノ瀆職罪ノ一部ヲモ包含ス卽チ彼是相符合セサルヤ明ナリ

一　再審ノ原由ト明確ナル證據ノ新發見

（大正十三年(つ)第四號　同年九月六日第四刑事部決定）

有罪ノ言渡ヲ爲シタル確定判決ニ對シ新ニ發見シタル證據カ其ノ判決ノ基礎ト爲リタル事實ノ認定ニ影響ヲ及ホスヘキモノナル以上ハ刑事訴訟法第四百八十五條第六號ニ所謂明確ナル證據ヲ新ニ發見シタルニ該當スルモノトス

二　再審ノ請求ト沒收又ハ訴訟費用ノ裁判ニ對スル不服

（昭和六年(つ)第六號　同年四月二十三日第二刑事部決定）

再審ノ請求ハ單ニ沒收ノ言渡又ハ訴訟費用裁判ノ不當ヲ理由トシテ之ヲ爲スコトヲ得ス

三　本條第二項ノ律意

（昭和七年(れ)第一八二九號　同八年六月八日第一刑事部判決）

再審ノ原由ヲ規定スル刑事訴訟法第四百八十五條第二號ニ原判決ノ證據ト爲リタル證言、鑑定、通譯又ハ飜譯確定判決ニ因リ虛僞ナリシコト證明セラレタルトキトハ再審ノ對象ト爲ルヘキ判決ニ於テ事實確定ノ基礎ト爲リタル證言、鑑定等カ他ノ確定判決ニ因リテ虛僞ナリシコト證明セラレタル場合ヲ指稱スルノ義ニシテ原判決カ其ノ證言、鑑定等ヲ事實確定ノ資料ト爲ササリシトキノ如キハ之ヲ以テ再審ノ事由ト爲スコトヲ得サルモノトス

第四百八十六條　再審ノ請求ハ左ノ場合ニ於テ有罪ノ言渡ヲ爲スヘキ事件ニ付無罪若ハ免訴ノ言渡ヲ爲シタル確定判決刑ノ言渡ヲ爲スヘキ事件ニ付刑ノ免除ノ言渡ヲ爲シタル確定判決、相當ノ罪ヨリ輕キ罪ニ付有罪ノ言渡ヲ爲シタル確定判決又ハ不法ニ公訴ヲ棄却シタル確定判決ニ對シテ之ヲ爲スコトヲ得

一　前條第一號、第二號、第四號又ハ第七號ニ規定スル原由アルトキ

二　死刑又ハ無期若ハ短期一年以上ノ懲役若ハ禁錮ニ該ル罪ヲ犯シタル者無罪又ハ相當ノ罪ヨリ輕キ罪ニ付有罪ノ

言渡ヲ受ケタル後裁判上又ハ裁判外ニ於テ其ノ事實ヲ陳述シタルトキ

三　死刑又ハ無期若ハ短期一年以上ノ懲役若ハ禁錮ニ該ル罪ヲ犯シタル者刑ノ免除若ハ免訴又ハ公訴棄却ノ言渡ヲ受ケタル後裁判上又ハ裁判外ニ於テ其ノ原由ナカリシコトヲ陳述シタルトキ

〔理由書〕本條ハ一定ノ場合ヲ限リ被告人ノ不利益ニ歸スヘキ再審ノ請求ヲ爲シ得ヘキコトヲ定メタルモノニシテ現行法之ヲ認メサルハ前ニ述フルカ如シ本條ハ再審ノ理由トシテ第一號乃至第三號ヲ規定ス第一號ハ前條第一號、第二號、第四號、第七號ニ記載シタル原由ヲ以テ再審ノ事由ト爲スモノナリ此等ノ原由ニ付テハ既ニ前條ニ於テ說明シタルヲ以テ爰ニ再述セス第二號ハ無罪ノ言渡ヲ受ケタル者裁判所又ハ裁判所外ニ於テ罪ヲ犯シタルコトヲ自白シ又ハ刑ノ言渡ヲ受ケタル者其ノ言渡サレタル罪ヨリ重キ罪ヲ犯シタルコトヲ自白シタルトキ無罪又ハ刑ノ言渡ヲ爲シタル確定判決ニ對シテ再審ノ請求ヲ爲シ得ヘキモノト爲ス此ノ如キ場合ニ於テハ判決ノ眞實ニ反スルコトヲ疑フニ足ル顯著ナル事由アルモノニシテ之ヲ放置スルトキハ裁判ノ威信ヲ損シ公益ニ及ホス害尠カラサルモノアルヲ以テナリ此ノ規定ハ總テノ場合ニ適用スヘキモノニ非ス之ヲ適用スルハ犯人ノ犯シタル罪死刑、無期又ハ短期一年以上ノ自由刑ニ該ル罪ニ限ル之ヲ重キ罪ニ限リタルハ短キ罪ヲ放置スルモ公益ヲ害スルコト甚シカラサルヲ以テナリ又自白ニ限リ自白以外ノ證明方法ヲ許ササルハ被告人ノ地位ヲ永ク不安ナラシムルノ不當ナルコトヲ慮リタルニ由ルモノナリ

第三號ハ刑ノ免除、免訴又ハ公訴棄却ノ言渡ヲ受ケタル者裁判上又ハ裁判外ニ於テ其ノ原由ナカリシコトヲ自白シタルトキハ前號ト同一ノ範圍ヲ以テ再審ノ請求ヲ爲スコトヲ得ヘキモノト爲ス其ノ理由ハ前條ニ說明セル所ト同一ナルヲ以テ爰ニ之ヲ再述セス

第四百八十七條　再審ノ請求ハ左ノ場合ニ於テ控訴ヲ棄却シタル確定判決ニ對シテ之ヲ爲スコトヲ得

一　第四百八十五條第一號又ハ第二號ニ規定スル原由アルトキ

二　原判決又ハ其ノ基礎ト爲リタル取調ニ關與シタル判事ニ付第四百八十五條第七號ニ規定スル原由アルトキ

第一審ノ確定判決ニ對シテ再審ノ請求ヲ爲シタル事件ニ付再審ノ判決アリタル後ハ控訴棄却ノ判決ニ對シテ再審ノ請求ヲ爲スコトヲ得ス

〔理由書〕再審ノ請求ハ事實認定ノ不當ヲ理由トシテ事件ニ付爲シタル判決ノ確定力ヲ滅却シ其ノ事件ニ付更ニ判決ヲ受クルヲ目的トス故ニ事件ニ付爲シタル第一審、第二審又ハ上告審ノ判決ニ對

シ再審ノ請求ヲ爲シ得ヘキハ當然ナリ控訴棄却ノ判決ハ違式ノ控訴ヲ排斥スルニ止ルモノニシテ事件ニ付爲シタル判決ニ非ス然レトモ控訴ヲ棄却スルトキハ事件ニ付爲シタル第一審ノ判決ハ確定スルニ至ルヘシ故ニ控訴棄却ノ判決ノ確定力ヲ滅却スルトキハ之ト同時ニ控訴ヲ復活シテ第一審判決ノ確定力ヲ滅却スル結果ヲ生シ更ニ事件ノ審判ヲ爲サヽルヘカラサルニ至ルヘシ是レ本條ヲ以テ控訴棄却ノ確定判決ニ對シ再審ノ請求ヲ許ス所以ナリ

本條ニハ再審ノ原由トシテ第一號及第二號ノ規定ヲ揭ク

第一號ハ第四百八十五條第一號第二號ニ記載シタル原由アルトキ再審ノ請求ヲ許スヘキモノト爲ス控訴棄却ノ判決ハ控訴ノ申立法律上ノ方式ニ違ヒ又ハ期間ヲ遵守セサリシコトヲ理由トスルモノナルヲ以テ之ニ對シテ再審ノ請求ヲ爲シ得ルハ右ニ示ス所ノ事由カ訴訟手續ニ付控訴裁判所ノ取調ヘタル事項ニ關シテ存スル場合ナルハ言ヲ俟タス

第二號ハ原判決又ハ其ノ基礎ト爲リタル取調ニ關與シタル判事ニ瀆職ノ行爲アリタル場合ニ再審ノ請求ヲ許スヘキモノト爲ス第二號ニ於テ原判決又ハ其ノ基礎ト爲リタル取調ニ關與シタル判事ニ瀆職ノ行爲アリタル場合ニ限定スルハ其ノ他ノ判事又ハ檢事ニ瀆職行爲アルモ控訴棄却ノ判決ニ何等ノ影響ヲモ及ホスヘキモノニ非サルヲ以テナリ

控訴ヲ棄却スルトキハ第一審ノ判決確定スヘキヲ以テ控訴棄却ノ判決ニ對シテ再審ノ請求ヲ爲シ得ヘキ場合ニ於テ同時ニ第一審ノ確定判決ニ對シテモ再審ノ請求ヲ爲スコトヲ得ヘシ此ノ場合ニ於テ若シ第一審ノ確定判決ニ對スル再審ノ請求ヲ理由アルモノトシテ再審開始ノ決定ヲ爲シ進ンテ事件ニ付再審ノ判決ヲ爲シタルトキハ第一審ノ確定判決ハ其ノ效力ヲ失フ第一審ノ確定判決既ニ其ノ效力ヲ失フトキハ控訴棄却ノ判決ニ對スル再審ノ請求ハ全ク其ノ意義ヲ有セサルニ至ルヘシ故ニ第一審ノ確定判決ニ對シテ再審ノ請求ヲ爲シタル事件ニ付再審ノ判決アリタルトキハ控訴棄却ノ判決ニ對シテ再審ノ請求ヲ爲スコトヲ得サルモノトス本條第二項ノ規定ハ即チ此ノ趣旨ヲ明ニシタルモノナリ

第四百八十八條　再審ノ請求ハ左ノ場合ニ於テ上告ヲ棄却シタル判決ニ對シテ之ヲ爲スコトヲ得

一　第四百三十五條ノ規定ニ依リ取調ヘタル事實ニ付第四百八十五條第一號又ハ第二號ニ規定スル原由アルトキ

二　原判決又ハ其ノ基礎ト爲リタル取調ニ關與シタル判事ニ付第四百八十五條第七號ニ規定スル原由アルトキ

第一審又ハ第二審ノ確定判決ニ對シテ再審ノ請求ヲ爲シタル事件ニ付再審ノ判決アリタル後ハ上告棄却ノ判決ニ對シテハ再審ノ請求ヲ爲スコトヲ得ス

〔理由書〕　上告棄却ノ判決ハ上告ノ申立法律上ノ方式ニ違ヒ又ハ期

間ヲ遵守セサリシコトヲ理由トスル場合ト上告理由ナキニ因ル場合トアリ其ノ孰レノ場合タルトヲ問ハス上告棄却ノ判決ハ事件ニ付爲ス判決ニ非ス然レトモ控訴ヲ棄却スル場合ト同シク上告ヲ棄却スルトキハ事件ニ付爲シタル第一審又ハ第二審判決ハ確定スルニ至ルヘキヲ以テ控訴棄却ノ判決ニ付説明シタル如ク上告棄却ノ判決ニ對シテモ亦再審ノ請求ヲ許スヲ至當トス是レ本條ヲ設ケタル所以ナリ其ノ再審請求ノ事由ハ之ヲ第一號及第二號ニ掲ク第一號ハ上告裁判所カ第四百三十五條ノ規定ニヨリ取調ヘタル事實ニ付第四百八十五條第一號、第二號ニ記載シタル原由アリタルトキ上告ヲ棄却スル判決ニ對シテ再審ノ請求ヲ爲シ得ヘキモノト爲ス不適法トシテ上告ヲ棄却シタル判決ニ對シテ再審ノ請求ヲ爲シ得ル場合ハ本號所定ノ原由カ訴訟手續ニ關シテ取調ヘタル事實ニ付存スル場合ナルハ明白ナリ上告ヲ理由ナシトシテ上告ヲ棄却スル判決ニ對シテ再審ノ請求ヲ爲シ得ル場合ニハ本號所定ノ原因カ訴訟手續ニ關シテ取調ヘタル事實ニ付存スル場合ト第四百三十五條ニ依リ取調ヘタル他ノ事實ニ付存スル場合トアリ

第二號ハ上告棄却ノ判決又ハ其ノ基礎ト爲リタル取調ニ關與シタル判事ニ瀆職ノ行爲アリタルトキ再審ノ請求ヲ爲シ得ヘキモノトスルモノニシテ其ノ趣旨前條第二號ニ同シ

本條第二項ノ規定ハ前條第二項ノ規定ト其ノ趣旨異ナルコトナシ

第四百八十九條　第四百八十五條乃至前條ノ規定ニ從ヒ確定判決ニ因リ犯罪ノ證明セラレタルコトヲ再審ノ原由ト爲スヘキ場合ニ於テ其ノ確定判決ヲ得ルコト能ハサルトキハ其ノ事實ヲ證明シテ再審ノ請求ヲ爲スコトヲ得但シ證據ナキノ理由ニ因リ確定判決ヲ得ルコト能ハサルトキハ此ノ限ニ在ラス

〔理由書〕　第四百八十五條乃至第四百八十八條ニ依レハ證據書類若ハ證據物ノ僞造、變造、虚僞ノ證言、鑑定、通譯、翻譯又ハ誣告竝事件ニ關與シタル判事、檢事ノ職務ニ關スル犯罪ヲ以テ再審ノ理由ト爲ス場合ニハ確定判決ニ依リ再審ノ原由タル犯罪事實ヲ證明セサルヘカラス然ルニ被告人ノ死亡、逃亡又ハ時效ノ完成等ノ事由ニ因リ公訴ヲ實行スルコト能ハサルトキハ確定判決ヲ得ヘキ途ナキニ至リ若シ證明ノ方法ヲ確定判決ニ限ルトキハ再審ノ原由タル事實ノ存在スルニ拘ハラス再審ノ請求ヲ爲スコトヲ得サルニ至ルヘシ斯ノ如キハ證明方法ヲ制限スルニ依リ不當ニ再審ノ途ヲ杜絶スルモノナルヲ以テ本條ハ斯ル場合ニ確定判決以外ノ證明資料ニ依リ再審ノ原由タル事實ヲ證明シテ再審ノ請求ヲ爲スコトヲ得ルモノトセリ本條但書ヲ以テ證據ナキノ理由ニ因リ確定判決ヲ得ルコト能ハサル場合ヲ除外シタルハ事理當然ニシテ説明ヲ要セス

第四百九十條　再審ノ請求ハ別段ノ規定アル場合ヲ除クノ外

原判決ヲ爲シタル裁判所之ヲ管轄ス

〔理由書〕 本條ハ再審ノ請求ヲ管轄スヘキ裁判所ヲ規定ス前ニ述フルカ如ク現行法ハ再審ノ請求ニ付テノ審判ト事件ニ對スル再審ノ審判トヲ分チテ前者ヲ上告裁判所ノ權限ニ屬セシメ後者ヲ原裁判所ト同等ノ裁判所ノ權限ニ屬セシメタルモ本條ハ兩者ヲ分離セスシテ共ニ原判決ヲ爲シタル裁判所ノ權限ニ屬セシムルヲ原則トス是レ一面原裁判所ノ事件ニ對スル關係ヲ考慮シテ之ヲ適當ト爲シタルニ由リ一面手續ヲ簡易ナラシメントスルノ趣旨ニ出ツ此ノ原則ニ對スル例外ハ之ヲ次條ニ規定ス

第四百九十一條 判決ノ一部第二審ニ於テ確定シ其ノ部分ニ對スル再審ノ請求ニ付再審開始ノ決定アリタルトキハ第一審ニ於テ確定シタル部分ニ對スル再審ノ請求ハ控訴裁判所之ヲ管轄ス

判決ノ一部上告審ニ於テ確定シ其ノ部分ニ對スル再審ノ請求ニ付再審開始ノ決定アリタルトキハ第一審又ハ第二審ニ於テ確定シタル部分ニ對スル再審ノ請求ハ上告裁判所之ヲ管轄ス

〔理由書〕 本法第三百八十條ニ依レハ上訴ハ裁判ノ一部ニ對シテ之ヲ爲スコトヲ得故ニ裁判ノ一部第二審ニ於テ確定シ他ノ一部第一審ニ於テ確定スル場合アルヘシ斯ル場合ニ第二審ニ於テ確定シタ

ル部分ニ對スル再審ノ請求ニ付再審開始ノ決定アリタルトキハ第二審裁判判ハ第一審ニ於テ確定シタル部分ニ對スル再審ノ請求ヲ管轄スルモノトス是レ併合罪ニ付二個ノ刑ヲ言渡スカ如キ不都合ヲ避ケントスルノ趣旨ニ出ツルモノナリ判決ノ一部上告審ニ於テ確定シ他ノ一部第一審又ハ第二審ニ於テ確定シタル場合ニ於テモ同樣ノ規定ニ從フ

本條ノ場合ニ於テ再審開始ノ決定前爲スヘキ手續ハ第五百條ニ之ヲ規定ス

第四百九十二條 有罪ノ言渡ヲ受ケタル者ノ利益ノ爲ニスル再審ノ請求ハ左ニ掲クル者之ヲ爲スコトヲ得

一 管轄裁判所ノ檢事

二 有罪ノ言渡ヲ受ケタル者

三 有罪ノ言渡ヲ受ケタル者ノ法定代理人、保佐人及夫

四 有罪ノ言渡ヲ受ケタル者死亡シ又ハ心神喪失ノ狀態ニ在ル場合ニ於テハ其ノ配偶者、家督相續人、直系ノ親族及兄弟姉妹

第四百八十五條第七號、第四百八十七條第二號又ハ第四百八十八條第二號ニ規定スル原由ニ因ル再審ノ請求ニシテ有罪ノ言渡ヲ受ケタル者ノ利益ノ爲ニスルモノハ有罪ノ言渡ヲ受ケタル者ノ行爲罪ヲ犯スニ至ラシメタル場合ニ於テハ

檢事ニ非サレハ之ヲ爲スコトヲ得ス
第四百八十六條ノ規定ニ依ル再審ノ請求ハ管轄裁判所ノ檢事之ヲ爲スコトヲ得第四百八十七條又ハ第四百八十八條ノ規定ニ依ル再審ノ請求ニシテ第一項ノ規定ニ該當セサルモノニ付亦同シ

〔理由書〕本條第一項ハ有罪ノ言渡ヲ受ケタル者ノ利益ノ爲ニ再審ノ請求ヲ爲シ得ヘキ者ヲ規定ス此ノ規定ヲ以テ現行法第三百二條ヲ修正シタル點ヲ擧クレハ同條第一號乃至第三號ニ刑ノ言渡ヲ爲シタル裁判所ノ檢事、控訴裁判所及上告裁判所ノ檢事トアルヲ管轄裁判所ノ檢事ニ改メ更ニ請求權ヲ有スル者ノ範圍ヲ擴張シ有罪ノ言渡ヲ受ケタル者ノ法定代理人、保佐人及夫ニ請求權ヲ附與シ又受刑者死亡シ又ハ心神喪失ノ状態ニ在ル場合ニ於テハ家督相續人及一定ノ親族ニ請求權ヲ附與シタルコト是ナリ事件ニ關與シタル判事、檢事ノ瀆職罪ヲ原由トスル再審ノ請求ハ受刑者ノ行爲ニ因リ瀆職罪ヲ犯スニ至ラシメタル場合ニ於テハ檢事ニ非サレハ請求ヲ爲スコトヲ得サルモノトス是レ原因ノ發生ニ付責任ヲ有スル者ハ之ヲ已レノ利益ニ引用スルヲ得サルモノト爲シタルニ由ルモノナリ被告人ノ不利益ニ歸スヘキ再審ノ請求ヲ爲シ得ヘキ者ハ管轄裁判所ノ檢事ナリ本條第三項之ヲ明ニス

再審ノ請求ト委任代理　（昭和四年(れ)第五號 同年五月二十日第二刑事部判決）
有罪ノ言渡ヲ受ケタル者ノ委任ニ因リ爲シタル再審ノ請求ハ不適法ナリ

第四百九十三條　檢事ニ非サル者再審ノ請求ヲ爲ス場合ニ於テハ辯護人ヲ選任スルコトヲ得
前項ノ規定ニ依ル辯護人ノ選任ハ再審ノ決定アル迄其ノ效力ヲ有ス

〔理由書〕本條ハ再審ノ請求ニ付辯護人ヲ選任シ得ヘキコト並其ノ選任ノ效力ヲ規定ス再審開始ノ決定アリタル後辯護人ヲ選任シ得ヘキコトハ一般ノ規定ニ依リ明ナリ本條ニ示ス所ハ再審開始前ニ於ケル選任ナリ

第四百九十四條　再審ノ請求ハ刑ノ執行終リ又ハ其ノ執行ヲ受クルコトナキニ至リタルトキト雖之ヲ爲スコトヲ得

〔理由書〕被告人ノ利益ノ爲ニスル再審ノ請求ハ被告人ノ爲ニ刑ヲ減輕シ又ハ其ノ寃枉ヲ雪カントスルニ在ルヲ以テ刑ノ執行ヲ終リ又ハ時效ノ完成等ニ依リ執行ヲ受クルコトナキニ至リタルトキト雖尚之ヲ爲スコトヲ得シメサルヘカラス是レ本條ノ設ケアル所以ニシテ其ノ趣旨現行法第三百三條ニ同シ

第四百九十五條　第四百八十六條ノ規定ニ依ル再審ノ請求ハ判決確定後公訴ノ時效期間ニ相當スル期間ヲ經過シタル後ニ於テハ之ヲ爲スコトヲ得ス第四百八十七條又ハ第四百八

十八條ノ規定ニ依ル再審ノ請求ニシテ第四百九十二條第一項ノ規定ニ該當セサルモノニ付亦同シ

〔理由書〕被告人ノ不利益ノ爲ニスル再審ノ請求ハ判決確定後時效期間ヲ經過シタル後ニ於テハ之ヲ爲スコトヲ得ス是レ犯罪後時效期間ヲ經過スルニ因リ公訴權消滅スル趣旨ヨリ考フレハ當然ニシテ特ニ明文ヲ要セサルカ如シト雖前條トノ關係上疑ヲ生スルノ虞アルヲ以テ特ニ本條ヲ設ケタリ

第四百九十六條　再審ノ請求ハ刑ノ執行ヲ停止スル效力ヲ有セス但シ管轄裁判所ノ檢事ハ再審ノ請求ニ付テノ決定アル迄刑ノ執行ヲ停止スルコトヲ得

〔理由書〕再審ノ請求ニ因リ當然刑ノ執行ヲ停止スルモノトセハ濫訴ノ弊ヲ生スル虞ナキヲ保セス然レトモ絶對ニ停止ヲ爲スコトヲ得ストスルモ亦膠柱ノ嫌ナキ能ハス故ニ停止スヘキヤ否ヲ執行指揮ノ權ヲ有スル管轄裁判所檢事ノ裁量ニ任シタリ再審ノ請求ニ付テノ決定アル迄トシタルハ再審開始ノ決定アリタル後ハ第五百六條ニ依リ執行停止ノ要否ヲ裁判所ノ裁量ニ任シタルヲ以テナリ

再審ノ請求アリタルトキノ取扱竝再審ノ爲メ刑ノ執行ヲ停止スル命令アリタルトキノ取扱

（大正十三年二月十六日 行甲第一八五號行刑局長通牒）

第四百九十六條及第五百六條第二項ニ依リ再審ノ請求アリト雖檢事ヨリ執行停止ノ指揮アラサルカ又ハ第五百六條第二項ニ依リ執行停止ノ決定アラサル限リハ自由刑ノ執行ヲ停止スルノ效力ヲ有セサルモノトス尚其ノ自由刑ノ執行ヲ停止スル命令書アリタルトキハ監獄法第六十五條ニ依リ釋放ノ手續ヲ執ルヘキモノトス

第四百九十七條　再審ノ請求ヲ爲スニハ其ノ趣意書ニ原判決ノ謄本、證據書類及證據物ヲ添ヘ之ヲ管轄裁判所ニ差出スヘシ

〔理由書〕現行法第三百四條ヲ修正シタルモノナリ

一　再審ノ請求ト證人ノ取調

（大正十三年（つ）第三〇號 同十四年二月二十八日第四刑事部決定）

再審請求者ノ申出テタル證人ハ必スシモ之ヲ取調ヘサルヘカラサルモノニ非ス事實ノ取調ヲ爲ス場合ニ於テ當該判事其ノ必要ト認ムル證人ノ取調ヲ爲スヲ以テ足ルモノトス

二　再審請求ト他ノ再審請求記錄ニ存スル原判決謄本ノ引用

（昭和八年（つ）第三一號 同年十一月十一日第三刑事部判決）

原判決ノ謄本ヲ趣意書ニ添附スルコトハ再審請求ノ要件ニシテ他ノ再審請求記錄ニ存スル原判決ノ謄本ヲ引用シテ之ニ代フルコトヲ得サルモノトス

第四百九十八條　再審ノ請求ハ之ヲ取下クルコトヲ得

再審ノ請求ヲ取下ケタル者ハ同一ノ原由ニ因リ更ニ再審ノ請求ヲ爲スコトヲ得ス

〔理由書〕 再審ノ請求ハ之ヲ取下ケ得ヘキコトヲ明ニス取下ノ時期ハ再審ノ判決アル迄ナリ一タヒ取下ヲ爲シタル者更ニ同一ノ事由ニ因リ再審ノ請求ヲ爲スコトヲ得サルハ事理明白ナリ

第四百九十九條 第三百八十五條、第三百九十一條及第三百九十三條ノ規定ハ再審ノ請求又ハ其ノ取下ニ付之ヲ準用ス

〔理由書〕 別ニ說明ヲ要セス

第五百條 第四百九十一條第一項ノ場合ニ於テ第一審裁判所控訴裁判所ノ再審開始ノ決定前再審ノ請求ヲ受ケタルトキハ決定ヲ以テ事件ヲ控訴裁判所ニ送致スヘシ

第四百九十一條第二項ノ場合ニ於テ第一審裁判所又ハ控訴裁判所上告裁判所ノ再審開始ノ決定前再審ノ請求ヲ受ケタルトキハ決定ヲ以テ事件ヲ上告裁判所ニ送致スヘシ

〔理由書〕 第四百九十一條ハ上級裁判所ニ於テ再審開始ノ決定ヲ爲シタルトキハ下級裁判所ノ判決ニ對スル再審ノ請求ハ當然上級裁判所ノ管轄ニ屬スヘキコトヲ規定シタリ本條ハ上級裁判所ニ於テ再審開始ノ決定ヲ爲ス以前ニ下級裁判所ニ於テ再審ノ請求ヲ受ケタルトキハ決定ヲ以テ事件ヲ上級裁判所ニ送致スヘキコトヲ定ム是レ第四百九十一條ノ規定ヨリ生スル當然ノ結果ナリ上級裁判所カ再審開始ノ決定ヲ爲シタル後下級裁判所ニ於テ再審ノ請求ヲ受ケタルトキハ管轄違ノ言渡ヲ爲スヘキコト事理當然ナルヲ以テ此ノ場合ニ付テハ別ニ明文ヲ設ケス

第五百一條 第一審ノ確定判決ト控訴ヲ棄却シタル確定判決トニ對シテ再審ノ請求アリタルトキハ控訴裁判所ハ決定ヲ以テ第一審裁判所ノ訴訟手續終了スルニ至ル迄訴訟手續ヲ停止スヘシ

〔理由書〕 控訴棄却ノ判決ト第一審判決トニ對シ同時ニ再審ノ請求ヲ爲シ得ヘキコトハ前ニ說明シタル所ナリ然レトモ控訴棄却ノ確定判決ニ對スル再審ノ請求ハ其ノ目的第一審判決ノ確定力ヲ滅却セントスルニ在ルヲ以テ同時ニ兩者ニ對シ再審ノ請求アリタルトキハ先ツ第一審ノ確定判決ニ對スル再審手續ヲ進行セシメ其ノ終了ニ至ル迄控訴審ニ於ケル訴訟手續ヲ停止スルヲ以テ相當トス若シ第一審判決ニ對スル再審ノ請求ニ付再審ノ判決アリタルトキハ控訴棄却ノ判決ニ對スル再審ノ請求ハ不用ニ歸シ其ノ取調ノ程度如何ニ拘ハラス之ヲ棄却スヘキモノナレハナリ手續ヲ停止スルニ止メ直ニ再審ノ請求ヲ棄却セサルハ第一審判決ニ對スル再審ノ請求ヲ取下ケ又ハ之ヲ棄却スル場合ニハ更ニ手續ヲ進行スルノ必要アルヲ以テナリ

第五百二條　第一審又ハ第二審ノ確定判決ト上告ヲ棄却シタル判決トニ對シテ再審ノ請求アリタルトキハ上告裁判所ハ決定ヲ以テ第一審裁判所又ハ控訴裁判所ノ訴訟手續終了スルニ至ル迄訴訟手續ヲ停止スヘシ

〔理由書〕本條ハ第一審又ハ第二審ノ確定判決ト上告棄却ノ確定判決トニ對シ同時ニ再審ノ請求アリタルトキハ上告裁判所ハ決定ヲ以テ第一審又ハ第二審ノ訴訟手續終了ニ至ル迄訴訟手續ヲ停止スヘキコトヲ定ムルモノニシテ前條ト同一ノ趣旨ニ出ツルモノナリ

第五百三條　再審ノ請求ヲ受ケタル裁判所ハ必要アル場合ニ於テハ部員ヲシテ再審ノ原由ニ付事實ノ取調ヲ爲サシメ又ハ豫審判事若ハ區裁判所判事ニ其ノ取調ヲ囑託スルコトヲ得此ノ場合ニ於テハ受命判事及受託判事ハ豫審判事ト同一ノ權ヲ有ス

受命判事又ハ受託判事必要ト認ムルトキハ檢事及辯護人ヲシテ前項ノ取調ニ立會ハシムルコトヲ得

受命判事又ハ受託判事ハ取調ノ結果ニ付報告ヲ爲スヘシ

〔理由書〕本條ハ再審ノ原由ニ付事實ノ取調ヲ爲ス場合ニ於テ受命判事又ハ受託判事ヲシテ之ヲ爲サシムルヲ得ヘキ旨ヲ規定シ尚受命判事及受託判事ノ權限ヲ定ム

第五百四條　再審ノ請求法律上ノ方式ニ違反シ又ハ請求權消滅後ニ爲シタルモノナルトキハ決定ヲ以テ之ヲ棄却スヘシ

〔理由書〕本條ハ再審ノ請求ヲ不適法トスル場合ニ於ケル裁判ノ方式ヲ規定ス本條ニ於テ請求權消滅後ニ爲シタル再審ノ請求ニ付規定シタルハ第四百九十五條ノ規定アルニ由ル

第五百五條　再審ノ請求ヲ理由ナシトスルトキハ決定ヲ以テ之ヲ棄却スヘシ

前項ノ決定アリタルトキハ同一ノ原由ニ因リ再審ノ請求ヲ爲スコトヲ得ス

〔理由書〕本條第一項ハ再審ノ請求其ノ理由ナキ場合ニ於ケル裁判ノ方式ヲ規定ス第二項ハ決定ノ既判力ヲ認ム

第五百六條　再審ノ請求ヲ理由アリトスルトキハ再審開始ノ決定ヲ爲スヘシ

再審開始ノ決定ヲ爲シタルトキハ決定ヲ以テ刑ノ執行ヲ停止スルコトヲ得

〔理由書〕現行法第三百七條ニハ上告裁判所ニ於テ再審ノ原由アルコトヲ認メタルトキハ原判決ヲ破毀シテ事件ヲ原審ト同等ノ他ノ裁判所ニ移送スヘク移送ヲ受ケタル裁判所ハ通常ノ規定ニ從ヒ審判ヲ爲スヘキコトヲ定ム本條ハ再審請求ノ審判ト事件ニ付テノ再審ノ審判トヲ區別セスシテ孰レモ原判決ヲ爲シタル裁判所ノ管轄

ニ屬セシメタルヲ以テ管轄裁判所ニ於テ再審ノ請求ヲ理由アリトシタルトキハ先ツ再審開始ノ決定ヲ爲シ然ル後第五百十一條ニ依リ事件ニ付審理ヲ遂ケ再審ノ裁判ヲモ爲スヘキモノナリ再審開始ノ決定ハ原判決ヲ破毀スルノ效力ヲ生セス故ニ再審ノ判決アル迄請求ヲ取下クルコトヲ得ヘシ

再審開始ノ決定ヲ爲シタルトキハ決定ヲ以テ刑ノ執行ヲ停止スルコトヲ得ルモノトシ其ノ要否ヲ裁判所ノ裁量ニ任シタリ

第五百七條　第五百一條ノ場合ニ於テ第一審裁判所再審ノ判決ヲ爲シタルトキハ控訴裁判所ハ決定ヲ以テ再審ノ請求ヲ棄却スヘシ

〔理由書〕　第一審ノ確定判決ト控訴棄却ノ確定判決トニ對シ再審ノ請求アリタル場合ニ於テ控訴審ノ訴訟手續ヲ停止スヘキコトハ第五百一條ノ規定スル所ナリ而シテ第一審裁判所カ再審開始ノ決定ヲ爲シ進ンテ事件ニ付再審ノ裁判ヲ爲シタルトキハ控訴審ニ於ケル再審ノ請求ハ其ノ必要ナキニ至ルヲ以テ決定ヲ以テ之ヲ棄却スヘキモノトス本條ハ此ノ義ヲ明ニス

第一審裁判所カ再審ノ請求ノ取下アリタルカ爲又ハ再審ノ請求ヲ棄却スル決定ヲ爲シタルニ因リ再審ノ判決ヲ爲スニ至ラスシテ其ノ手續ヲ終了シタルトキハ控訴裁判所ハ再審ノ請求ヲ棄却スル決定ヲ爲スヲ得ス更ニ曩ニ停止シタル手續ヲ開始續行スヘキモノトス

第五百八條　第五百二條ノ場合ニ於テ第一審裁判所又ハ控訴裁判所再審ノ判決ヲ爲シタルトキハ上告裁判所ハ決定ヲ以テ再審ノ請求ヲ棄却スヘシ

〔理由書〕　本條ノ趣旨前條ニ同シ

第五百九條　再審ノ請求ニ付決定ヲ爲ス場合ニ於テハ請求ヲ爲シタル者及其ノ對手人ノ意見ヲ聽クヘシ第四百九十二條第一項第三號ニ揭クル者請求ヲ爲シタル場合ニ於テハ尙有罪ノ言渡ヲ受ケタル者ノ意見ヲ聽クヘシ

〔理由書〕　再審ノ請求ニ付決定ヲ爲ス場合ハ第五百四條乃至第五百八條ニ規定ス此ノ場合ニ於テ關係人ノ意見ヲ聽クハ事理當然ナリ

第五百十條　第五百四條、第五百五條、第五百六條第一項、第五百七條又ハ第五百八條ノ決定ニ對シテハ卽時抗告ヲ爲スコトヲ得

〔理由書〕・再審ノ請求ヲ棄却スル決定ニ對シテ抗告ヲ爲シ得ヘキ者ハ再審ヲ請求シタル者ニシテ再審開始ノ決定ニ對シ抗告ヲ爲シ得ヘキ者ハ再審請求者ノ對手人ナリ

第五百十一條　裁判所ハ再審開始ノ決定確定シタル事件ニ付テハ第五百條、第五百七條及第五百八條ノ場合ヲ除クノ外

其ノ審級ニ從ヒ更ニ審判ヲ爲スヘシ

〔理由書〕 抗告期間ノ經過ニ因リ再審開始ノ決定確定シタルトキハ管轄裁判所ハ其ノ審級ニ從ヒ事件ニ付更ニ審判ヲ爲スヘキモノトス第五百條ノ場合ニハ再審開始ノ決定ヲ爲シタル後事件ヲ控訴裁判所又ハ上告裁判所ニ送致スヘク第五百七條及第五百八條ノ場合ニハ再審開始ノ決定ヲ爲シタル後再審ノ請求ヲ棄却スヘキモノナリ此ノ如キ場合ニ於テ前條ノ規定ニ依ルヘカラサルハ言ヲ俟タス

第五百十二條 死亡者又ハ回復ノ見込ナキ心神喪失者ノ利益ノ爲ニ再審ノ請求ヲ爲シタル事件ニ付テハ公判ヲ開カス檢事及辯護人ノ意見ヲ聽キ判決ヲ爲スヘシ此ノ場合ニ於テ再審ノ請求ヲ爲シタル者辯護人ヲ選任セサルトキハ裁判長ハ職權ヲ以テ辯護人ヲ附スヘシ

有罪ノ言渡ヲ受ケタル者ノ利益ノ爲ニ再審ノ請求ヲ爲シタル事件ニ付再審ノ判決ヲ爲ス前有罪ノ言渡ヲ受ケタル者死亡シ又ハ心神喪失ノ状態ニ在リテ回復ノ見込ナキニ至リタルトキ亦前項ニ同シ

前二項ノ規定ニ依リ爲シタル判決ニ對シテハ上訴ヲ爲スコトヲ得ス

第四十三條ノ規定ハ第一項又ハ第二項ノ規定ニ依リ辯護人ヲ附スル場合ニ之ヲ準用ス

〔理由書〕 死亡者又ハ回復ノ見込ナキ心神喪失者ノ爲ニ再審ノ請求ヲ爲シタル場合ニハ初ヨリ被告人ナク又ハ被告人アルモ之ヲ訊問スルヲ得サルナリ審理中被告人死亡シ又ハ回復ノ見込ナキ心神喪失ノ状態ニ陷リタル場合亦同シ此等ノ場合ニハ公判廷ニ出頭スヘキ被告人ナキヲ以テ公判ヲ開カス單ニ檢事及辯護人ノ意見ヲ聽キ判決ヲ爲スヘキモノトス若シ辯護人ナキトキハ第四十三條ノ規定ニ準シ裁判長職權ヲ以テ辯護人ヲ附スヘキモノナリ而シテ右ノ如ク公判ヲ開カスシテ爲シタル判決ニ對シテハ上訴ヲ爲スコトヲ許サス蓋スルニ一般ノ場合ニ於テ被告人死亡シタルトキハ決定ヲ以テ公訴ヲ棄却スヘキモノナリ此ノ場合ニハ死者ノ爲確定判決ヲ動カスコトヲ目的トシテ訴訟ヲ爲スモノナルヲ以テ此ノ法則ニ依ルヘキモノニ非サルヤ言ヲ俟タス又一般ノ場合ニ被告人心神喪失ノ状態ニ在ルトキハ公判手續ヲ停止スヘキモノナルモ此ノ場合ニハ速ニ判決ヲ爲スヲ以テ被告人ノ利益ト爲スコト多カルヘク一旦確定シタル判決ノ運命ヲ長ク不安ノ状態ニ在ラシムルコトノ相當ナラサルヲ慮リ此ノ法則ニ依ラサルモノトセリ

第五百十三條 第四百八十六條ノ規定ニ依リ再審ノ請求ヲ爲シタル事件ニ付再審ノ判決ヲ爲ス前有罪ノ言渡ヲ受ケタル者又ハ被告人タリシ者死亡シタルトキハ再審ノ請求及其ノ

請求ニ付爲シタル決定ハ其ノ效力ヲ失フ第四百八十七條又ハ第四百八十八條ノ規定ニ依ル再審ノ請求ニシテ第四百九十二條第一項ノ規定ニ該當セサルモノニ付亦同シ

〔理由書〕被告人ノ不利益ノ爲ニ爲ス再審ノ請求ハ之ニ對シ新ニ有罪ノ言渡又ハ原判決ノ認メタルモノヨリ重キ罪ノ言渡ヲ得ルニ在ルヲ以テ若シ被告人審理中ニ死亡スルトキハ其ノ再審ノ請求ハ其ノ目的ヲ失フニ至ルヘシ故ニ再審ノ請求及其ノ請求ニ付爲シタル決定ハ效力ヲ失フヘキモノトス

第五百十四條　有罪ノ言渡ヲ受ケタル者ノ利益ノ爲ニ爲シタル再審ニ於テハ原判決ノ刑ヨリ重キ刑ヲ言渡スコトヲ得ス

〔理由書〕本條ハ控訴及上告ノ章ニ示シタル類似ノ規定ト其ノ趣旨ヲ同シクスルモノナリ

第五百十五條　有罪ノ言渡ヲ受ケタル者ノ利益ノ爲ニ爲シタル再審ニ於テ無罪ノ言渡ヲ爲シタルトキハ官報及新聞紙ニ掲載シテ其ノ判決ヲ公示スヘシ

〔理由書〕本條ハ無罪者ノ名譽ヲ囘復スル爲裁判所ノ職權ヲ以テ爲スヘキ處置ヲ定ム

再審ニ於テ無罪ノ言渡ヲ爲シタルトキノ判決公示ノ範圍（大正十三年九月十九日　刑事局長回答）

問　刑事訴訟法第五一五條所定ノ公示ハ判決全文ヲ要スルヤ又ハ主文ノミニテ足ルヤ其ノ公示スヘキ範圍如何（盛岡所長）

答　全文ヲ公示スルヲ要ス

第六編　非常上告

〔理由書〕本編定ムル所ノ非常上告ハ判決ノ確定後法令ノ違背ヲ理由トシテ判決又ハ訴訟手續ノ破毀ヲ求ムルモノニシテ法律ノ適用ヲ統一スルヲ以テ其ノ目的トス佛國刑事訴訟法ニハ法律ノ利益ノ爲ニスル上告ノ制度アリ其ノ目的トスル所亦法律適用ノ統一ニ在リ大體ニ於テ本編ト主義ヲ同シクスルモノナリ

現行法ハ單ニ判決カ被告人ニ不利益ナル場合ニ於テノミ非常上告ヲ許スヘキモノトシ且其ノ理由ヲ限定セリ即チ法律ニ於テ罰セサル行爲ニ對シ刑ヲ言渡シ又ハ相當ノ刑ヨリ重キ刑ヲ言渡シタル場合ニ於テノミ非常上告ヲ爲スヘキモノトセリ而シテ現行法ニ於ケル非常上告ヲ目的トスル所ハ法律適用ノ統一ヨリハ寧ロ被告人ノ救濟ニ在リ故ニ其ノ範圍及效果ノ本編ト異ナルハ當然ナリ

第五百十六條　判決確定後其ノ事件ノ審判法令ニ違反シタルコトヲ發見シタルトキハ檢事總長ハ大審院ニ非常上告ヲ爲スコトヲ得

〔理由書〕本條ハ佛國法ト同シク廣ク法令違反ヲ理由トシテ非常上

告ヲ爲シ得ヘキコトヲ規定シ現行法ノ如ク理由ヲ限定セス非常上告ハ法律適用ノ統一ヲ目的トスルモノニシテ之ヲ申立ツルノ權ハ檢事總長ニ屬シ其ノ管轄ハ大審院ニ屬ス

一 新法施行前起訴ニ係ル時效完成ノ事件ニ對スル科刑ノ判決確定シタル場合ノ處理法

（大正十二年十二月十二日刑事第一〇三四一號刑事局長通牒）

問 新法施行以前常習賭博トシテ起訴シタル被告事件ニ付裁判所ハ該公訴事實ヲ普通賭博ト認定シ時效完成ヲ看過シテ科刑シ其ノ判決確定シタリ

（一）以上ノ場合ハ新法第五百十六條所定ノ所謂「法令ニ違反シタルコト」ニ該當スルヤ否ヤ

（二）法令違反ヲ發見シタル事實新法施行以前ニアリタル場合ニ新法施行後ニ於テ之ニ新法ヲ遡及セシメテ非常上告ヲ爲シ得ルヤ否ヤ

（三）新法第五百十六條ノ發見者ハ單ニ檢事總長ノミナルヤ將其ノ他ノ者ヲモ包含スルトセハ何人ナルヤ

前段二ノ事項消極ニ決スヘキモノト假定シタル場合ニ檢事總長カ新法施行後ニ發見シタルトキハ縱令其ノ他ノ者カ新法施行以前ニ發見シタル事實アリトスルモ非常上告ヲ適法ニ爲シ得ルヤ否ヤ（青森所長）

答 （一）該當ス

（二）非常上告ヲ爲スコトヲ得

（三）本條ハ非常上告ノ申立權ヲ檢事總長ニ限リタル趣旨ニシテ申立ノ事由ハ必シモ檢事總長自ラ之ヲ發見スルコトヲ要セス

二 略式命令ト非常上告

（昭和二年（そ）第一號同年四月二日第三刑事部判決）

略式命令ニ對シ非常上告ヲ爲シ得ルモノトス

三 略式命令ト非常上告

（明和八年（そ）第一號同年七月六日第一刑事部判決）

非常上告ハ確定判決ト同一ノ效力ヲ生シタル略式命令ニ對シテモ之ヲ爲スコトヲ得ルモノトス

第五百十七條 非常上告ヲ爲スニハ其ノ理由ヲ記載シタル申立書ヲ大審院ニ差出スヘシ

〔理由書〕 本條ハ非常上告ヲ爲ス手續ヲ規定ス

第五百十八條 公判期日ニハ檢事ハ申立書ニ基キ陳述ヲ爲スヘシ

〔理由書〕 本條ハ公判ノ手續ヲ定ム

第五百十九條 非常上告ヲ理由トスルトキハ判決ヲ以テ之ヲ棄却スヘシ

〔理由書〕（第五百二十一條理由書參照）

第五百二十條　非常上告ヲ理由アリトスルトキハ左ノ區別ニ從ヒ判決ヲ爲スヘシ

一　原判決法令ニ違反シタルトキハ其ノ違反シタル部分ヲ破毀ス但シ原判決被告人ノ爲不利益ナルトキハ之ヲ破毀シ被告事件ニ付判決ヲ爲ス

二　訴訟手續法令ニ違反シタルトキハ其ノ違反シタル手續ヲ破毀ス

〔理由書〕（第五百二十一條理由書參照）

上告趣意書ヲ提出シ得ヘカラシムヘキ場合ト非常上告事件ノ裁判（昭和七年（そ）第一號 同年十一月十一日第四刑事部判決）

非常上告事件ニ於テ原判決被告人ニ不利益ナルカ爲之ヲ破毀スルトキト雖上告申立人ヲシテ上告趣意書ヲ提出シ得ヘカラシムヘキ場合ハ直ニ被告事件ニ付裁判ヲ爲スヘキニ非ス

第五百二十一條　非常上告ノ判決ハ前條第一號但書ノ規定ニ依リ爲シタルモノヲ除クノ外其ノ效力ヲ被告人ニ及ホサス

〔理由書〕　第五百十九條乃至第五百二十一條ハ非常上告ニ對スル判決並其ノ效力ニ付規定ス

本條ニ於テハ非常上告其ノ理由アルトキハ原判決又ハ訴訟手續ノ法令ニ違反シタル部分ヲ破毀シ判決自體ヲ破毀セス而シテ破毀ノ效果ハ被告人ニ及ハサルヲ原則トス是レ非常上告ノ目的カ法律適用ノ統一ニ在ルヲ以テナリ此ノ原則ニ對スル例外ハ法令ニ違反シタル判決カ被告人ノ爲不利益ナルトキナリ此ノ場合ニ於テハ判決自體ヲ破毀シ被告事件ニ付更ニ判決ヲ爲シ其ノ效力ヲ被告人ニ及ホスモノトス

第五百二十二條　第四百三十四條第一項及第四百三十五條ノ規定ハ非常上告ニ付之ヲ準用ス

〔理由書〕　非常上告ノ審判ハ上告趣意書ニ基キ爲スモノニシテ職權調査ヲ許サス然レトモ第四百三十五條ニ示シタル事實ノ調査ヲ爲スコトヲ得ヘシ

第七編　略式手續

〔理由書〕　本編ノ規定ハ大正二年法律第二十號刑事略式手續法ヲ以テ規定シタル簡易裁判手續ニ相當スルモノニシテ刑事訴訟手續ノ一部タルヲ失ハサルヲ以テ之ヲ刑事訴訟法中ニ編入シタリ本編ト現行法トハ大體ニ於テ規定ヲ同シクス唯本編ニ於テハ現行法ニアル豫告ノ規定ヲ廢止シタリ蓋シ略式命令ニ對シテハ常ニ正式裁判ノ申立ヲ爲スコトヲ得ヘキモノニシテ之ヲ發スル前豫告ヲ爲シ異議ノ申出ヲ爲スヘキコトヲ告知スル如キハ徒ニ手續ヲ複雜ナラシムルニ止マリ毫モ實益ナキヲ以テナリ

第五百二十三條　區裁判所ハ檢事ノ請求ニ因リ其ノ管轄ニ屬スル事件ニ付公判前略式命令ヲ以テ罰金又ハ科料ヲ科スルコトヲ得

前項ノ場合ニ於テハ沒收ヲ科シ其ノ他附隨ノ處分ヲ爲スコトヲ得

略式命令ハ被告人ニ裁判書ノ謄本ヲ送達シテ之ヲ爲ス

裁判所書記本人ニ謄本ヲ交付シタルトキハ送達アリタルモノト看做ス

〔理由書〕　略式命令ヲ以テ科スヘキ刑ハ財産刑ニ限リ自由刑ハ極メテ輕微ナルモノト雖之ヲ科スルコトヲ得ス刑ニ伴フ附隨ノ處分ハ如何ナルモノト雖刑ト共ニ之ヲ言渡スコトヲ得沒收、追徵、其ノ他特別法ニ於テ刑ニ附加シテ科スヘキ制裁皆然リ略式命令ハ謄本ヲ送達スルニ依リ效力ヲ生ス而シテ送達ハ正式ノ手續ニ依ルヲ要セス書記謄本ヲ交付セハ送達ノ效力ヲ生ス

略式命令謄本ニ金額ヲ誤記シタル場合ノ送達ノ效力

（大正十五年十一月二十日刑事第九三七三號刑事局長回答）

問　略式命令原本ハ罰金四十圓ナルニ謄本ニ罰金三十圓ト誤記シテ檢事及被告人ニ送達シ正式裁判申立期間ヲ經過シタル場合謄本記載ノ罰金三十圓ヲ徵收スルノミニテ差支ナキヤ

甲說

略式命令ハ刑事訴訟法第五百二十三條第三項ニヨリ裁判書ノ謄本ヲ送達シテ之レヲ爲スヘキモノニシテ其ノ送達ニ依リ被告人ニ對シ效力ヲ生スヘキモノナルコトハ判決カ言渡ニ依リテ效力ヲ生スルト同一ナリ而シテ判決書記載ノ刑期ト判決言渡ノ刑期ト相齟齬シタル場合ニ於テハ常ニ其ノ言渡シタル處ニ從ヒテ其ノ效力ヲ定ムヘキハ大阪地方裁判所檢事正代理ノ照會ニ對スル大正十三年二月六日刑事第一二六七號貴局ノ通牒ニヨリ明カニシテ隨テ本問ノ場合ニ於テハ檢事ハ謄本記載ノ罰金三十圓ヲ徵收シ原本トノ差額十圓ハ不徵收處分ニ付ス可キモノトス

乙說

謄本ハ原本ノ寫ニ外ナラサルヲ以テ原本ト相違スル點殊ニ其ノ主要部分タル主文ニ相違シタル場合ノ如キハ謄本トシテノ效力ナク隨テ被告人ニ送達ノ效力ヲ生スルモノニアラス大正六年刑乙第一二六八三號法務局長回答モ同趣旨ニシテ要スルニ本問ノ場合ニ於テハ略式命令ハ未確定ノ狀態ニアルモノニシテ更ニ原本ト相違ナキ謄本ヲ送達スルノ外ナキモノトス

（名古屋區檢事）

答　乙說ヲ可トス

第五百二十四條　略式命令ノ請求ハ公訴ノ提起ト同時ニ書面

ヲ以テ之ヲ爲スヘシ

〔理由書〕本條略式命令請求ノ手續ヲ規定ス即チ公訴ト同時ニ爲スヘク之ト分離スルヲ得ス

略式命令ノ請求ト檢事ノ求刑　（昭和五年(れ)第五四一號 同年六月三日第一刑事部判決）

略式命令ノ請求ハ其ノ書面ニ刑ノ量定ニ關スル檢事ノ意思ヲ記載セサルモ無效ニ非ス

第五百二十五條　前條ノ請求アリタル場合ニ於テ其ノ事件略式命令ヲ爲スコトヲ得ス又ハ之ヲ爲スコトヲ相當ナラスト思料スルトキハ通常ノ規定ニ從ヒ審判ヲ爲スヘシ

〔理由書〕裁判長ハ公訴ト同時ニ略式命令ノ請求ヲ受クルカ故ニ請求違法ナルトキ又ハ之ニ依リ略式命令ヲ發スルコトヲ相當ナラストスルトキハ別ニ裁判ヲ爲サスシテ一般ノ手續ニ從ヒ公判ヲ開キテ審判ヲ爲スヘキモノトス

第五百二十六條　裁判書ニハ罪ト爲ルヘキ事實、適用シタル法令科スヘキ刑及附隨ノ處分並謄本ノ送達アリタル日ヨリ七日内ニ正式裁判ノ請求ヲ爲スコトヲ得ヘキ旨ヲ示スヘシ

〔理由書〕本條裁判書ノ要件ヲ規定ス

第五百二十七條　略式命令ヲ發シタルトキハ檢事ニ裁判書ノ謄本ヲ送達スヘシ

〔理由書〕本條ハ略式命令ノ謄本ヲ檢事ニ送達スヘキコトヲ定メタ

ルモノニシテ別ニ說明ヲ要セス

第五百二十八條　略式命令ヲ受ケタル者ハ謄本ノ送達アリタル日ヨリ七日内ニ正式裁判ノ請求ヲ爲スコトヲ得

正式裁判ノ請求ハ略式命令ヲ爲シタル裁判所ニ書面ヲ以テ之ヲ爲スヘシ正式裁判ノ請求アリタルトキハ裁判所ハ速ニ其ノ旨ヲ檢事ニ通知スヘシ

〔理由書〕（五百三十條理由書參照）

一　略式命令ノ失效ト正式裁判　（大正十三年(れ)第二三一二號 同十四年四月四日第三刑事部判決）

略式命令ハ正式裁判ノ請求ニ因リ爲シタル判決ノ確定シタルトキハ其ノ效力ヲ失フモノトス

二　略式命令ノ一部ニ對スル正式裁判ノ請求ト公判審理ノ範圍　（大正十五年(れ)第二〇七六號 昭和二年三月三日第二刑事部判決）

同一被告人ノ數個ノ犯罪ニ對シ一通ノ略式命令書ニ依リ各別ニ刑ヲ科シタル場合ニ於テ被告人カ其ノ一罪ニ關スル部分ニ對シテノミ正式裁判ノ請求ヲ爲シタルトキハ公判審理ノ範圍ハ其ノ部分ニ限局セラレ他ノ罪ニ關スル部分ハ前示請求ノ爲確定ヲ妨ケラルルモノニ非ス

三　略式命令ニ對スル正式裁判ノ請求ト其ノ代理　（昭和五年(れ)第一五一〇號 同年十二月四日第五刑事部判決）

略式命令ニ對スル正式裁判ノ請求ニ付テハ代理ヲ許ササルモノトス

第五百二十九條　第三百八十七條乃至第三百九十條ノ規定ハ正式裁判ノ請求ニ付之ヲ準用ス

〔理由書〕（第五百三十條理由書參照）

第五百三十條　正式裁判ノ請求ハ第一審ノ判決アル迄之ヲ取下クルコトヲ得

〔理由書〕第五百二十八條乃至第五百三十條ハ正式裁判ノ申立ニ關スル規定ニシテ別ニ説明ヲ要セス

第五百三十一條　正式裁判ノ請求法律上ノ方式ニ違反シ又ハ請求權消滅後ニ爲シタルモノナルトキハ檢事ノ意見ヲ聽キ決定ヲ以テ之ヲ棄却スヘシ此ノ決定ニ對シテハ即時抗告ヲ爲スコトヲ得

正式裁判ノ請求ヲ適法トスルトキハ通常ノ規定ニ從ヒ審判ヲ爲スヘシ此ノ場合ニ於テハ略式命令ニ拘束セラルルコトナシ

〔理由書〕正式裁判ノ請求アリタル場合ニ於テ其ノ請求不適法ナルトキハ之ヲ棄却シ適法ナルトキハ一般ノ手續ニ從ヒ審判ヲ爲スヘキコトヲ定ム此ノ場合ニ於テ略式命令ハ判決アル迄效力ヲ失ハサルモ審判ハ之ニ拘束セラルルコトナシ

略式命令ニ對スル正式裁判請求棄却ノ決定ト再抗告
（昭和七年（つ）第三二號）
（同年七月五日第四刑事部決定）

略式命令ニ對スル正式裁判請求棄却ノ決定ニ對スル即時抗告ヲ棄却シタル決定ニ對シテハ更ニ抗告ヲ爲スコトヲ得ス

第五百三十二條　正式裁判ノ請求ニ因リ判決ヲ爲シタルトキハ略式命令ハ其ノ效力ヲ失フ

〔理由書〕正式ニ判決ヲ爲スニ因リ略式命令其ノ效力ヲ失フハ當然ナリ

第五百三十三條　略式命令ハ正式裁判ノ請求期間ノ經過又ハ其ノ請求ノ取下ニ因リ確定判決ト同一ノ效力ヲ生ス正式裁判ノ請求ヲ棄却スル裁判確定シタルトキ亦同シ

〔理由書〕略式命令確定スルトキハ確定判決ト同一ノ効力ヲ有スルカ故ニ判決ト同シク之ヲ執行スルヲ得ヘク又之ニ對シテ再審ノ請求ヲ爲スコトヲ得ヘシ

第八編　裁判ノ執行

〔理由書〕本編ハ現行法第八編第一章ニ相當ス現行法ハ主トシテ刑ヲ言渡シタル裁判ノ執行ニ付規定スルモ本編ハ一切ノ裁判ニ關シ執行ノ準則ヲ定メタリ

第五百三十四條　裁判ハ確定シタル後之ヲ執行ス但シ別段ノ規定アル場合ハ此ノ限ニ在ラス

〔理由書〕 本條ハ執行ノ時期ヲ規定シ現行法第三百十七條第一項ト趣旨ヲ同シクス裁判ハ確定ノ後執行スヘキモノニシテ確定前執行スルハ特別ノ規定アル場合ニ限ル裁判ハ確定後直チニ之ヲ執行スルヲ原則トス此ノ原則ニ依ラサルハ死刑執行ノ如ク特別ノ命令ヲ要シ又ハ特ニ執行ノ停止ヲ爲スヘキ場合ナリ

一　上訴權ノ回復ト原判決ノ執行
（大正十四年(れ)第一一四〇號 同年十月十三日第一刑事部判決）

上訴權回復ノ請求ヲ許ス決定ヲ爲シタル場合ニハ縦令被告人カ原判決ノ執行ヲ終了シタルニセヨ之ヲ以テ確定判決ノ執行ト爲スコトヲ得ス

二　罰金科料其ノ他納付義務者ノ全然知ラサル代納ト其ノ效果
（昭和八年司法官會同ノ際ニ於ル書記長及監督書記協議事項）

問　罰金其ノ他ノ徴收金ニ付納付義務者ノ全然關知セサル代納モ執行トシテ有效ナリヤ

理　由

納付義務者ノ知ラサル代納モ一般ニ之ヲ許シ居ルモノノ如シ而シテ之カ一時ニ完納ノ場合ハ事實上別段問題ヲ惹起スル虞ナシト信スルモ分納ニ依リ時效ヲ中斷スルハ果シテ妥當ナリヤ（福岡地檢）

答　納付義務者ノ全然關知セサル代納ハ刑罰ノ專屬的性質上許容シ難シ然レトモ本人以外ノ者カ金錢其ノ他ヲ本人ノ爲メニ納付セントスルトキハ事務處理ノ實際ニ於テ一々本人ノ關知セルト否トヲ探究スルニ及ハス即チ本人ノ代理人又ハ使者トシテ納付スルモノト認メタルトキハ之ヲ徴收スヘキコト當然ナリ尚ホ本人ノ關知セサル代納ノ許スヘカラサルコト前述ノ如キヲ以テ斯ル場合ニ强テ徴收スルモ固ヨリ時效ヲ中斷スルコトナシ

三　留置一日ニ滿タサル金額ノ徴收方法
（昭和八年司法官會同ノ際ニ於ル書記長及監督書記協議事項）

問　左記ノ如ク言渡サレタル科料ニ付勞役場留置執行中殘日數ニ對スル科料ノ納入ヲ申出タル場合貳圓ニ滿タサル金額卽壹圓ニ對スル勞役日數一日ハ既執行ニ入ルヘキヤ又未執行トシテ該日數ニ對スル金額ヲ徴收スヘキヤ（松山地檢）

記

被告人某ヲ科料拾五圓ニ處ス
右科料ヲ完納セサルトキハ貳圓ヲ壹日ニ換算シタル期間勞役場ニ留置ス
但シ貳圓ニ滿タサル金額ハ壹日ニ之ヲ換算ス

答　未執行トシテ該日數ニ對スル金額ヲ徴收スルコトヲ相當トス

四　無資力不納決定處分ヲ爲シタル後幾部納付アリタル場合ノ處理法

（昭和八年司法官會同ノ際ニ於ル書記長及監督書記協議事項）

問　過料又ハ裁判費用金若ハ追徴金等ニ付無資力ノ事由ヲ以テ不納決定處分ニ付シタル後幾部納入ノ申出アリタル時ハ納入ノ部分ノミニ付更ニ調定ノ手續ヲ爲シ差支ナキヤ若差支ナシトスレハ殘額ノ部分ニ付テハ承認アリタルモノト看做シ時效中斷ノ效ヲ生スルヤ（鳥取地檢）

答　全額ニ付調定手續ヲ爲シ納入申出アリタル分ハ之ヲ徴收スヘシ

此ノ場合時效ハ中斷ス

五　金壹圓ヲ被告人三名ヨリ追徴ストノ判決ノ執行方法

（昭和八年司法官會同ノ際ニ於ル書記長及監督書記協議事項）

問　金一圓ヲ被告人三名ヨリ追徴ストノ判決ノ執行方法如何民法ノ規定ニ依リ平等分割義務ニ因ルトセハ厘以下ノ徴收方法（追徴金ハ端數計算法ヲ適用セス）（山口地檢）

答　平等分割ノ上各被告人ヨリ徴收スヘキモノトス而シテ其ノ執行ニ付キ引例ノ場合ハ三十三錢三厘ヲ徴收シ毛以下ハ切捨ツルコトトナル

收入印紙ハ規定上一厘二厘アルモ目下ノ處印刷局ニ於テ發行セサル爲不能ナリ

厘錢ニ付テハ其ノ理由ヲ申出ツレハ全國日本銀行代理店支店ニ於テ交換スル筈ナリ

六　罰金又ハ科料留置一日ノ割合ニ滿タサル端數額ノ納付ト處理方法

（昭和八年司法官會同ノ際ニ於ル書記長及監督書記協議事項）

問　罰金又ハ科料ノ分納ニ際シ留置一日ノ割合ニ滿タサル端數額ノ納付ト處理方法如何

例ヘハ罰金六十圓留置二十日ニ對シ內金二十圓ノ分納願出アリタルトキハ留置一日ノ割合ニ滿タサル端數金二圓ハ刑法第十八條末項ニ依レハ之ヲ徴收スルコトヲ得サルカ如シト雖十圓又ハ五圓ノ收入印紙ヲ以テ郵送シ來リタルカ如キ場合ニ於テハ端數ノミ返還ヲ爲スヲ得ス去リトテ全額ノ返還ヲ爲スカ如キハ妥當ナラサルヲ以テ端數ヲ含ミタル儘之カ徴收ノ手續ヲ爲サンカ後日殘額不完納ノ爲メ留置執行ヲ爲ス場合支障ヲ生シ最後ニ殘リタル端數金一圓ハ結局執行不能ニ終ルコトアルヘシト思考ス（奈良地檢）

答　嚴格ナル法律論トシテハ一日分ニ滿タサル端數ハ之ヲ徴收スルヲ得ス從テ所問ノ如キ場合ハ收入印紙自體ヲ兩換シ端數ノ一圓又ハ二圓ニ相當スル印紙ヲ返還スルコトトナル

然レトモ取扱上ノ便法トシテハ一應送付全額ヲ收納シ他日殘額ヲ徴收スルコト能ハサルニ至リタルトキハ其ノ端數ヲ誤納トシテ本人ニ返還シタル上不納全額ニ相當スル留置處分ヲ爲スモ非難スヘキニ非サルヘシ

第五百三十五條　裁判ノ執行ハ其ノ裁判ヲ爲シタル裁判所ノ檢事之ヲ指揮ス但シ其ノ性質上裁判所又ハ裁判長、受命判事、豫審判事又ハ區裁判所判事ノ爲スヘキモノハ此ノ限ニ在ラス

上訴ノ裁判又ハ上訴ノ取下ニ因リ下級裁判所ノ裁判ヲ執行スヘキ場合ニ於テハ上訴裁判所ノ檢事其ノ執行ヲ指揮ス但シ訴訟記錄下級裁判所ニ在ルトキハ其ノ裁判所ノ檢事之ヲ指揮ス

〔理由書〕　本條ハ刑ノ執行ヲ指揮スヘキ者ヲ定ム

裁判ノ執行ハ其ノ裁判ヲ爲シタル裁判所ノ檢事之ヲ指揮スルヲ原則トス本條但書ニ該當シ性質上檢事以外ノ者ノ指揮ヲ必要トスルモノハ檢證、捜索、證據決定ノ執行ノ如キモノヲ云フ特ニ明文アルハ第百條但書ノ場合ナリ現行法第三百二十條第一項ニハ上告裁判所ヨリ命ヲ受ケタル裁判所ノ檢事亦執行指揮ヲ爲スヘキ旨規定スルモ本條ハ之ヲ刪除シタリ

上訴ノ裁判又ハ上訴ノ取下ニ因リ下級裁判所ノ裁判ヲ執行スヘキ場合ニハ訴訟記錄通常上級裁判所ニ在ルヲ以テ上級裁判所ノ檢事其ノ執行ノ指揮ヲ爲スヲ本則トス訴訟記錄カ未タ上級裁判所ニ送付セラレサル前又ハ其ノ既ニ下級裁判所ニ返還セラレタル後ニ於テハ下級裁判所ノ檢事裁判ノ執行ヲ指揮スヘキモノトス

一　刑ノ言渡後軍人タル身分ニ得喪アリタル場合ニ於ケル刑ノ執行指揮方

（陸軍省法務局長宛昭和五年八月十三日刑事第七六〇八號刑事局長行刑局長照會）

曩ニ昭和四年八月六日附司法省刑事局刑事第七、一九〇號照會ニ對シ陸普第三、八一二號ヲ以テ御回答相成候次第モ有之候ニ就テハ罰金又ハ勞役場留置ニ付テモ右協定ノ趣旨ニ準シ特ニ囑託ニ依ル場合ハ格別檢事又ハ檢察官ハ夫夫罰金ニ付テハ刑ノ言渡ヲ受ケタル者ニ對シ直接ニ納付命令ヲ發シ又勞役場留置處分ニ付テハ直接陸軍衞戍刑務所長又ハ刑務所長ニ對シ其ノ執行ヲ指揮シ得ヘキモノト思料セラレ候モ爲念御意見承知致度及照會候

回　答（昭和五年八月十六日陸普第三五七五號陸軍省副官回答）

首題ノ件ニ關シ本年八月十三日附司法省刑事局刑事第七六〇八號ヲ以テ當省法務局長ヘ照會ノ趣了承右ハ貴見ノ通異存無之但シ取扱上ハ從前通囑託相成樣致度

二　刑ノ言渡後軍人タル身分ニ得喪アリタル場合ニ於ケル刑ノ執行指揮ニ關スル件

昭和四年八月六日　刑事局長
行刑局長

陸軍省法務局長殿
海軍省法務局長殿

非軍人ニ對スル刑ノ執行指揮ニ關スル件

照會

軍法會議ニ於テ處斷セラレタル非軍人ニ對スル刑ノ執行指揮ニ付テハ軍法會議檢察官ヨリ檢事ニ對シ其ノ執行ヲ囑託スル場合ハ格別必スシモ囑託スルヲ要セスシテ普通刑務所ニ對シ直接ニ指揮ヲ爲シ得ヘキモノト認ムルコトハ既ニ御協議濟ニ相成居候ニ付テハ通常人ニシテ普通裁判所ニ於テ刑ノ言渡ヲ受ケタル後軍人タル身分ヲ取得シタル場合ニハ刑事訴訟法第五百三十五條ニ依リ檢事ヨリ直接軍監獄ニ對シ該刑ノ執行指揮ヲ爲シ得ルモノト思料致居候モ爲念貴局ノ御意見承知致度候

（乙號）

陸普第三八一二號

昭和四年八月十五日

陸軍省副官

司法省刑事局長殿

（海軍省法務局長宛　昭和五年八月十三日刑事第七六〇八號刑事局長行刑局長照會）

嚢ニ昭和四年八月六日附司法省刑事局刑事第七一九〇號照會ニ對シ海法第九九號ヲ以テ御回答相成候ニ付テハ罰金又ハ勞役場留置ニ付テモ右協定ノ趣旨ニ準シ特ニ囑託ニ依ル場合ハ格別檢事又ハ檢察官ハ夫夫罰金ニ付テハ刑ノ言渡ヲ受ケタル者ニ對シ直接ニ納付命令ヲ發シ又勞役場留置處分ニ付テハ直接海軍刑務所長又ハ刑務所長ニ對シ其ノ執行ヲ指揮シ得ヘキモノト思料セラレ候モ爲念御意見承知致度及照會候

回答（昭和五年八月十九日海法第一〇二號海軍省法務局長回答）

本月十三日司法省刑事局刑事第七六〇八號ヲ以テ御照會ニ係ル首題ノ件ハ罰金又ハ勞役場留置ニ付テモ昨年協定ノ趣旨ニ準シ處理シ得ルモノト思料致候

三　刑ノ言渡後軍人タル身分ニ得喪アリタル場合ニ於ケル回訓刑ノ執行指揮ニ關スル件（檢事總長、檢事長、檢事正、刑務所長宛昭和五年九月五日刑事第九三四三號刑事局長、行刑局長通牒）

本年五月會同ノ際質疑ノ向モ有之標記ノ件ニ關シ別紙甲號ノ通陸海軍法務局長ヘ照會致候處乙號及丙號ノ通夫夫回答有之候爲御參考差進候

（甲號）

司法省刑事局刑事第七一九〇號

司法省行刑局長殿

非軍人ニ對スル刑ノ執行指揮ニ關スル件回答

首題ノ件ニ關シ司法省刑事局刑事第七、一九〇號ヲ以テ當省法務局長ヘ照會ノ趣了承通常人ニシテ普通裁判所ニ於テ刑ノ言渡ヲ受ケタル後軍人タル身分ヲ取得シタルモノニ對スル刑ノ執行指揮ニ付テハ檢事ヨリ陸軍軍法會議檢察官ニ對シ其ノ執行ヲ囑託スル場合ハ格別檢事ヨリ直接陸軍監獄長ニ對シ其ノ指揮ヲ爲シ得ルモノト認ムルコトニ異存無之

（丙號）

海法第九九號

昭和四年八月十五日　海軍省法務局長

司法省刑事局長殿

司法省行刑局長殿

非軍人ニ對スル刑ノ執行指揮ニ關スル件回答

本月六日司法省刑事局、刑事第七一九〇號ヲ以テ御照會ノ件ニ關シテハ軍人ニシテ海軍軍法會議ニ於テ刑ノ言渡ヲ受ケタル後軍人タル身分ヲ失ヒ普通刑務所ニ於テ刑ノ執行ヲ受クヘキ場合ニ軍法會議檢察官カ普通刑務所ニ對シ海軍軍法會議法第五百一條ニ依リ該刑ノ執行ヲ指揮シ得ルト同樣普通人ニシテ普通裁判所ニ於テ刑ノ言渡ヲ受ケタル後海軍軍人タル身分ヲ取得シタル場合ニハ刑事訴訟法第五百三十五條ニ依リ檢事ヨリ海軍刑務所ニ對シ該刑ノ執行ヲ指揮シ得ルモノト思料致候

四　刑期起算日ニ關スル件（昭和九年七月十七日刑事第一一二三五號刑事局長回答）

問　昭和七年十一月二十二日福岡地方裁判所ニ於テ治安維持法違反事件ニ依リ懲役二年六月ノ判決ヲ受ケ控訴申立ヲ爲シ保釋々放中再ヒ治安維持法違反罪ヲ犯シ目下當廳豫審ニ繼續中ニシテ豫審判事ノ勾留狀執行肩書刑務所ニ在監接見禁止中ノモノニ有之候處本年六月八日右懲役二年六月刑ニ對シ控訴取下ヲ爲シ其ノ申立書ヲ肩書刑務所ヘ差出シ同刑務所長ニ於テ受理ノ手續ヲ爲シ判決確定シタルモノニシテ今回該刑執行方長崎控訴院檢事ヨリ囑託相受候ニ付テハ之カ刑期起算日ニ付當廳ニ於テハ大正三年二月長崎檢事正問合ニ對シ刑甲第四六號法務局長回答ノ保釋中他ノ事件ニ付勾留シタル場合刑期計算方ノ件ニ從ヒ執行着手ノ日ヲ以テ刑期ヲ起算スヘキヲ相當トスル意見ナル處囑託廳ニ於テハ昭和七年六月裁判所書記長、監督書記及本省屬事務打合會會議錄刑事局關係第三問解答ノ趣旨ニ依リ確定日ヨリ起算スルヲ相當ナリトノ意見ニシテ疑義有之候條至急何分ノ御指示相仰度（神戸檢事正）

答　貴見ノ通リ

追テ昭和七年六月裁判所書記長及監督書記事務打合會ニ於ケル趣旨ハ稍明確ヲ缺ク嫌ナキニ非サルモ大正三年二月刑甲第四六號法務局長回答ト其ノ趣旨ヲ異ニスルモノニ無之モノトス

第五百三十六條　裁判執行ノ指揮ハ書面ヲ以テ之ヲ爲シ之ニ裁判書又ハ裁判ヲ記載シタル調書ノ謄本又ハ抄本ヲ添付スヘシ但シ刑ノ執行ヲ指揮スル場合ヲ除クノ外裁判書ノ原本謄本若ハ抄本ハ調書ノ謄本若ハ抄本ニ認印シテ之ヲ爲スコトヲ得

〔理由書〕　本條ハ執行指揮ノ方式ヲ規定ス

一審ノ保釋許可ニ對シ二審ニ保證金ヲ提出シタル場合受入レノ可否

（昭和八年司法官會同ノ際ニ於ケル書記長及監督書記協議事項）

問　第一審ニ於テ保釋許可決定アリタルモ保證金ヲ提出セスシテ事件ハ二審ニ移リ記錄ノ送付ト共ニ身柄ノ移監ヲ了シタル後ニ於テ保證金ヲ二審廳ノ保管物取扱主任官ニ提出シタル場合ハ之ヲ受入レ二審廳ノ檢事ニ於テ釋放指揮ヲ爲スヲ便宜トセスヤ

（長崎控檢）

答　二審廳ノ檢事ニ於テ指揮スルモ違法ニ非スト信ス即チ刑事訴訟法第五百三十五條第二項但書ノ趣旨ヲ類推擴張スルコトハ法理上支障ナク而シテ之ヲ類推スルニ因リ合理的ナル結果ニ到達スヘキカ故ニ右ノ如ク解スルナリ

第五百三十七條　二以上ノ主刑ノ執行ハ罰金及科料ヲ除クノ外其ノ重キモノヲ先ニス但シ檢事ハ重キ刑ノ執行ヲ停止シ他ノ刑ノ執行ヲ爲サシムルコトヲ得

〔理由書〕　本條ハ二以上ノ主刑ノ執行ノ順序ヲ規定シ先ツ重キモノヲ先ニシ輕キモノヲ後ニスルヲ原則トス但シ檢事ハ之ニ反スル順序ニ從ヒ執行ヲ爲スコトヲ得ヘシ現行法第三百十七條第二項ノ趣旨ト異ナルコトナシ

第五百三十八條　死刑ノ執行ハ司法大臣ノ命ニ依ル

〔理由書〕　本條乃至第五百四十三條ハ死刑ノ執行ニ關スル規定ナリ本條ハ現行法第三百十八條第二項ニ相當シ死刑ハ司法大臣ノ命ヲ俟テ執行スヘキコトヲ規定ス司法大臣特赦ノ奏請ヲ爲スヘキヤ否ヲ考査シ然ル後執行スヘキヤ否ヲ決定スルハ當然ノ順序ナリ單ニ刑重キカ故ニ手續ヲ鄭重ニスルト謂フニアラス

第五百三十九條　死刑ヲ言渡シタル判決確定シタルトキハ檢事ハ速ニ訴訟記錄ヲ司法大臣ニ差出スヘシ

〔理由書〕　本條ハ前條ヨリ生スル當然ノ結果ニシテ現行法第三百十八條第一項ト其ノ趣旨異ナルコトナシ

第五百四十條　司法大臣死刑ノ執行ヲ命シタルトキハ五日内

ニ其ノ執行ヲ爲スヘシ
〔理由書〕現行法第三百十八條第二項ハ三日內トス本條ハ五日內ト改メタリ

第五百四十一條 死刑ノ執行ハ檢事及裁判所書記ノ立會ニテ之ヲ爲スヘシ
檢事又ハ監獄ノ長ノ許可ヲ得タル者ニ非サレハ刑場ニ入ルコトヲ得ス
〔理由書〕現行法第三百十八條第二項ニ同シ

第五百四十二條 死刑ノ執行ニ立會ヒタル裁判所書記ハ執行始末書ヲ作リ檢事及監獄ノ長ト共ニ之ニ署名捺印スヘシ
〔理由書〕現行法第三百二十一條ニ同シ

第五百四十三條 死刑ノ言渡ヲ受ケタル者心神喪失ノ狀態ニ在ルトキハ司法大臣ノ命ニ因リ執行ヲ停止ス
死刑ノ言渡ヲ受ケタル婦女懷胎ナルトキハ司法大臣ノ命令ニ因リ執行ヲ停止ス
前二項ノ規定ニ依リ死刑ノ執行ヲ停止シタル場合ニ於テハ痊癒又ハ分娩ノ後司法大臣ノ命令アルニ非サレハ執行ヲ爲スコトヲ得ス
〔理由書〕現行法第三百十八條第三項ニ同シ

第五百四十四條 懲役、禁錮又ハ拘留ノ言渡ヲ受ケタル者心神喪失ノ狀態ニ在ルトキハ刑ノ言渡ヲ爲シタル裁判所ノ檢事又ハ刑ノ言渡ヲ受ケタル者ノ現在地ヲ管轄スル地方裁判所ノ檢事ノ指揮ニ因リ其ノ痊癒ニ至ル迄執行ヲ停止ス
〔理由書〕本條乃至第五百四十六條ハ自由刑ノ執行停止ニ關スル規定ナリ本條ハ現行法第三百十九條第二項第一號ニ相當ス現行法ハ停止ヲ爲スト否トヲ檢事ノ自由裁量ニ任シタルモ本條必ス停止スヘキモノト定ム蓋シ心神喪失者ニ對スル刑ノ執行ハ科刑ノ目的ニ反スルヲ以テナリ

第五百四十五條 前條ノ規定ニ依リ刑ノ執行ヲ停止シタル場合ニ於テハ檢事ハ刑ノ言渡ヲ受ケタル者ヲ監護義務者又ハ市町村長ニ引渡シ病院其ノ他適當ノ場所ニ入レシムルコトヲ得
刑ノ執行ヲ停止セラレタル者ハ前項ノ處分アル迄之ヲ監獄ニ留置シ其ノ期間ヲ刑期ニ算入ス
〔理由書〕本條第一項ハ刑ノ執行停止ニ於ケル心神喪失者ノ保護處分ニ關スル規定ナリ第二項ハ其ノ處分ヲ爲スニ至ル迄ハ之ヲ監獄ニ留置シ其ノ期間ヲ刑期ニ算入スヘキコトヲ定ム刑ノ執行停止後ニ於ケル留置ハ刑ノ執行ニ非サルモ特ニ被告ノ利益ヲ慮リ此ノ規定ヲ設ケタルモノナリ

第五百四十六條 懲役、禁錮又ハ拘留ノ言渡ヲ受ケタル者ニ

付左ニ掲クル事由アルトキハ刑ノ言渡ヲ爲シタル裁判所ノ檢事又ハ刑ノ言渡ヲ受ケタル者ノ現在地ヲ管轄スル地方裁判所ノ檢事ノ指揮ニ因リ刑ノ執行ヲ停止スルコトヲ得

一　刑ノ執行ニ因リ著シク健康ヲ害スルトキ又ハ生命ヲ保ツコト能ハサル虞アルトキ
二　七十歳以上ナルトキ
三　受胎後百五十日以上ナルトキ
四　分娩後六十日ヲ經過セサルトキ
五　刑ノ執行ニ因リ回復スヘカラサル不利益ヲ生スル虞アルトキ
六　祖父母又ハ父母七十歳以上又ハ癈篤疾ニシテ侍養ノ子孫ナキトキ
七　其ノ他重大ル事由アルトキ

〔理由書〕　本條ハ重大ナル事由ニ因リ自由刑ノ執行ニ着手シ又ハ之ヲ持續スルヲ適當ナラスト認ムル場合ニ其ノ執行ヲ停止スルヲ得ヘキモノト爲ス現行法第三百十九條ニ於テモ此ノ趣旨ヲ認ムレトモ其ノ範圍狹キニ失スルヲ以テ本條ニ於テハ之ヲ擴張シタリ即チ第一號ヲ以テ生命ヲ保ツ能ハサル虞アル場合ノ外著シク健康ヲ害スルトキ執行ノ停止ヲ許シ第三號ヲ以テ現行法ニ受胎後七月以上トアルヲ百五十日以上ト改メ分娩後一月トアルヲ六十日ニ延長シ尚老者ヲ保護スル趣旨ヲ以テ第二號ヲ設ケ孝道ヲ重ンスルノ趣旨ヲ以テ第六號ヲ置キ可成過重ノ害ヲ免レシムルノ趣旨ヲ以テ第五號ヲ設ケ最終ニ第七號ヲ以テ概括的ノ規定ヲ置キ實情ヲ酌ミ機宜ノ處置ヲ爲シ得ルノ餘地ヲ與フルコトトセリ

一　自由刑ノ言渡ヲ受ケタル者ノ刑ノ執行停止ノ手續並ニ停止者ノ處遇等

（大正十三年二月十六日
行甲第一八五號行刑局長通牒）

裁判執行ノ全編ハ行刑ノ實體並手續ヲ規定スル重要ナル部分ナルヲ以テ行刑官吏トシテ之ヲ悉知セサルヘカラサルハ勿論十分研究ヲ要スヘキモノアリ殊ニ刑ノ執行停止ノ如キハ職責上是カ運用ニ付愼重ナル考慮ヲ要ス

第五百四十四條ノ心神喪失ノ狀態ニ在ル者ニ對シテ刑ノ執行ヲ停止スルニハ十分ナル鑑別診斷ヲ經タル上ニ於テ之ヲ爲シ刑ノ執行ヲ停止シタル上ハ受刑者ニ相違ナキモ刑ノ執行ニアラス從テ處遇上ニ付テモ考慮シ分界シタル場所ニ拘禁シテ刑事被告人ニ對スル處遇ニ準シ取扱フヘキモノトス而シテ之ヲ監護義務者又ハ市町村長ニ引渡シ病院其ノ他適當ナル場所ニ入レシムルニ付檢事ト協調シテ速ニ處分シ法意ヲ十分ニ貫徹スル樣注意スヘシ

第五百四十條第一號乃至第四號ノ場合ニ付テハ適當ノ保護者アルモノハ道義上及行刑ノ目的ヲ達スル上ヨリ速ニ刑ノ執行停止ヲ爲

スヘシ

同條第五號ノ場合ニ於テハ刑ノ執行停止ヲ爲スカ又ハ此レカ訴訟事件ニシテ一時的又ハ急迫ナル場合ニ於テハ明治三十六年五月監丙第一一五九號通牒及大正十二年行甲第八八四號通牒ノ場合ノ外ニ付テモ出所ヲ許シ若他刑務所ニ移送ヲ要スル場合ニ於テハ其ノ旅費ハ本人ニ於テ自辨セシムヘク自辨シ得サル者ニ對シテハ情狀ニ依リ刑務所ニ於テ移送スルモ妨ケナシ

同條第六號ノ場合ニ於テハ老齡若ハ癈疾ニシテ顧ルトコロナキ直系尊屬ヲ侍養スルハ我國固有ノ惇風良俗ヲ發揮スル所以ニシテ又一面ニハ父母ノ眞善ナル慈意ノ至情ニ靈感シテ心機一轉シ醇正善良ニ復歸スル動機トモナルコト多カルヘキヲ以テ可成之ニ侍養ノ機會ヲ與フヘシ

同條末號ノ其ノ他重大ナル事由アルトキハ前記各號ノ規定ノ適用ニ依リ略盡スヘシト雖尙右ニ準スル重大ナル事由アルトキハ之ヲ補足スル趣旨ニ於テ設ケラレタル規定ニシテ此レカ一例ヲ擧示スレハ本人入所後兩眼ヲ盲シ又ハ不具癈疾トナリ作業不能他人ノ介輔ヲ要シ到底行刑ノ目的ヲ達スルコト能ハサル場合ノ如キモノヲ指スモノトス

二　違警罪卽決例ニ依ル拘留刑ト刑執行停止指揮者
（昭和八年司法官會同ノ際ニ於ル書記長及監督書記協議事項）

問　違警罪卽決例ニ依リ警察署長ニ於テ言渡シタル拘留刑ノ執行中刑事訴訟法第五百四十六條掲記ノ事由ノ發生シタルトキハ檢事ニ於テ刑執行停止ノ指揮ヲ爲スヘキモノナルヤ、若然リトセハ此ノ場合區裁判所檢事ニ於テハ之ヲ爲スコトヲ得サルヤ（岐阜地檢）

答　檢事ノ指揮ニ依ルヘキモノニ非スシテ其ノ卽決處分ヲ爲シタル警察官ノ指揮ニ俟ツヘキモノト思料ス本件ノ如キ場合ニ於ケル先例アリ卽チ明治四十二年九月二十五日民刑甲第一四三號通牒ヲ參照セラレタシ

第五百四十七條　死刑、懲役、禁錮又ハ拘留ノ言渡ヲ受ケタル者拘禁中ニ非サルトキハ檢事ハ執行ノ爲之ヲ召喚スヘシ
召喚ニ應セサルトキハ逮捕狀ヲ發スヘシ

〔理由書〕　本條ハ被告人拘禁中ニ非サル場合ニ於テ檢事ハ先ツ受刑者ヲ召喚シ其ノ召喚ニ應セサルトキ始メテ逮捕狀ヲ發スヘキモノトシ現行法第三百十九條第二項ノ制ヲ改メタリ

體刑執行ノ爲被告人ニ出頭ヲ命スル檢事ノ呼出狀ニ付召喚狀ノ形式及所定ノ手續ノ要否
（昭和四年司法官會同ノ際ニ於ル書記長及監督書記協議事項）

問　體刑執行ノ爲被告人ニ出頭ヲ命スル檢事ノ呼出ハ（呼出端書ヲ用ユ）之ヲ刑訴第五百三十七條ノ召喚ト看做スヘキヤ（召喚

狀ヲ發スヘシトノ規程ナク又其ノ形式ヲ要セスト思料ス）或ハ其ノ召喚ハ刑訴第八十四條ノ召喚狀ノ形式ニ從ヒ且所定ノ手續ヲ要スルヤ（宮城控檢）

答　括弧内ハ貴見ノ通リニシテ檢事ノ呼出葉書ニテ足ルト思考ス勿論逮捕狀發付ノ要件トモ爲ルヘキ手續ナルヲ以テ成ルヘク正確ナル手續ヲ履行セラルルコトヲ希望スルモ法定ノ形式ヲ履ムヲ要スルモノニ非ス

問　召喚狀ノ形式ヲ以テ呼出スモ違法ニ非スヤ（宮城控檢）

答　違法ニ非ス

第五百四十八條　死刑、懲役、禁錮又ハ拘留ノ言渡ヲ受ケタル者逃亡シタルトキ又ハ逃亡スル虞アルトキハ檢事ハ直ニ逮捕狀ヲ發シ又ハ司法警察官ヲシテ之ヲ發セシムルコトヲ得

〔理由書〕（第五百五十條理由書參照）

第五百四十九條　死刑、懲役、禁錮又ハ拘留ノ言渡ヲ受ケタル者ノ現在地ヲ覺知スルコト能ハサルトキハ檢事ハ檢事長ニ人相書ヲ送付シ其ノ逮捕ヲ請求スルコトヲ得

請求ヲ受ケタル檢事長ハ其ノ管内ノ檢事ヲシテ逮捕狀ヲ發シ逮捕ノ手續ヲ爲サシムヘシ

〔理由書〕（第五百五十條理由書參照）

第五百五十條　逮捕狀ニハ刑ノ言渡ヲ受ケタル者ノ氏名、住居、年齡、刑名、刑期其ノ他逮捕ニ必要ナル事項ヲ記載シ檢事又ハ司法警察官之ニ記名捺印スヘシ

必要アル場合ニ於テハ逮捕狀ニ人相書ヲ添付スヘシ

〔理由書〕第五百四十八條乃至第五百五十條ハ孰レモ本法ニ於テ新設シタルモノナリ其ノ意義明瞭ニシテ說明ノ要ナシ

第五百五十一條　逮捕狀ハ勾引狀ト同一ノ效力ヲ有ス

〔理由書〕現行法第三百十九條第二項ハ檢事ノ發シタル逮捕狀ハ勾引狀ト同一ノ效力ヲ有スルモノト爲ス本條ハ之ニ勾引狀ノ效力ヲ與ヘ勾留狀ノ效力ヲ與ヘス第五百四十八條ニ依リ司法警察官ヲシテ之ヲ發セシムルコトヲ許シタルハ其ノ勾留狀ノ效力ヲ有セサルコトヲ前提トスルモノナリ

一　逮捕狀ノ執行ニ依ル刑期起算點

（大正十二年十二月十二日刑事第一〇三四一號刑事局長通牒）

問　逮捕狀執行ノ際刑期起算ハ入監ノ時ヨリ初ムヘキカ或ハ逮捕ノ時ヨリ初ムヘキカ（廣島檢事長）

答　後段貴見ノ通

二　逮捕狀ノ效力

（大正十四年三月四日刑事局長回答）

問　現行法ニ於テハ舊法ト異リ逮捕狀ノ效力ヲ勾引狀ト同一トナシタルカ故ニ逮捕執行ノ際刑期ノ計算ハ入監ノ時ヨリ始ムヘキニ非スヤ（臺灣高等法院檢察官長）

答　逮捕狀執行ノ時ヨリ刑期ヲ計算スヘキモノトス

第五百五十二條　逮捕狀ノ執行ニ付テハ勾引狀ノ執行ニ關スル規定ヲ準用ス

〔理由書〕　本條ハ前條ノ結果ニシテ當然ノ規定ナリ

第五百五十三條　罰金、科料、沒收、追徵、過料、沒取、訴訟費用又ハ費用賠償ノ裁判ハ檢事ノ命令ニ因リ之ヲ執行ス

此ノ命令ハ執行力アル債務名義ト同一ノ效力ヲ有ス

前項ノ裁判ノ執行ニ付テハ民事訴訟法ヲ準用ス但シ執行前裁判ノ送達ヲ爲スコトヲ要セス

〔理由書〕　本條乃至第五百五十五條ハ財產刑及過料訴訟費用ノ執行ニ關シ規定ス

本條ハ現行法第三百二十條第二項ニ改正ヲ加ヘタルモノナリ其ノ要點ハ現行法ニ示シタル罰金、科料、沒收、追徵及訴訟費用ノ裁判ノ外過料、沒取、費用賠償ノ裁判ヲ揭ケ總テ同一ノ規定ニ依リ執行スヘキモノトシ尙檢事ノ發シタル命令ノ效力ヲ定メテ解釋ニ付疑義ナカラシメ其ノ執行ニ付テハ民事訴訟法ノ規定ヲ準用スルコトトシ其ノ手續ヲ明確ニシタルニ在リ第二項ニ但書ヲ加ヘタルハ裁判ノ送達ヲ以テ執行ノ前提トスル規定ヲ刑事事件ニ適用スルヲ適當ナラスト認メタルニ由ル

一　私訴費用ヲ國庫ニテ立替支辨シタル從當事者ヨリ回收スルノ手續

（大正十三年十月六日新潟地方裁判所提出議題議決）

議題

私訴費用ハ當事者ヲシテ豫納セシメサルヲ以テ證人、鑑定人等ニ支給スヘキ旅費日當等ハ國庫ヨリ立替支給スルノ外ナシト雖之ヲ費用負擔ヲ命セラレタル當事者ヨリ回收スルニハ如何ナル手段ニ依ルヘキモノナルカ

議決（刑事局）

刑事訴訟法第五百五十三條ニ準據シ檢事ノ訴訟費用徵收命令ニ依リ徵收スヘキモノトス

二　大赦アリタル場合ニ於ケル訴訟費用ノ徵收方

（昭和二年四月八日刑事第二四一五號刑事局長通牒）

昭和二年勅令第十一號大赦令ニ依リ赦免セラレタル被告事件ノ訴訟費用ニシテ未徵收ノモノハ之ヲ徵收シ得ルヤ否ニ關シ往往疑ヲ懷ク向有之哉ニ候處刑ノ言渡ヲ爲シタル場合ニ於テ被告人ニ負擔セシメタル訴訟費用ハ之ヲ徵收セサルヲ相當トスヘク唯刑ノ言渡ヲ爲ササル場合ニ於テ被告人又ハ告訴人若ハ告發人ヲシテ負擔セ

シメタル訴訟費用（刑事訴訟法第二百三十七條第二項、第二百三十九條參照）ニ付テハ假令起訴ノ罪名カ大赦令第一條ニ掲クル罪ニ該當スルモノナリトスルモ之ヲ徴收スルコトヲ妨ケサルモノト思考ス

三 郵便貯金通帳ニ對シ沒收ノ裁判確定シタル場合ノ沒收ノ執行手續

（昭和七年一月二十二日 刑事第二〇七號刑事局長通牒）

問 賭博事件ノ證據物トシテ押收シタル郵便貯金通帳ニ對シ沒收ノ裁判確定シタル場合該言渡ノ效力ハ單ニ貯金通帳其ノモノノミノ沒收ニ止マルヤ又ハ其ノ內容タル貯金拂戻請求權ヲモ沒收剝奪スヘキモノナリヤ又之カ沒收ノ執行トシテハ如何ナル手續ヲ爲スヘキモノナリヤ

參照 事案ハ甲乙ノ兩名カ賭博ヲ爲シ貯金通帳ノ名義人タル甲カ金十二圓ヲ負ケタルトコロ所持金ナカリシ爲現金代用トシテ右貯金通帳（一冊現在高十一圓五十錢）及認印一個ヲ乙ニ交付シタルモノナリ右ハ差蒐リタル實際問題ニシテ其ノ解釋及執行ノ手續ニ付疑義アリ先例、省議、學說等一應取調ヘタルモ未タ依據スヘキモノヲ發見セス當廳ニ於テハ左ノ兩說アリ記シテ參考ニ供ス

（甲說） 附加刑ノ本旨ニ鑑ミ本件沒收言渡ノ效力ハ通帳其ノモノノミナラス其ノ內容卽チ貯金拂戻請求權ニ及フヘキモノトス（權利ハ沒收シ得ストノ學說アルモ積極ヲ通說ト信ス）蓋シ甲乙ノ間ニ於ケル右通帳ノ授受ハ其ノ內容タル權利ヲ目的トシテ行ハレタルモノナル已ナラス犯罪行爲ニ因リ得タル利益ヲ剝奪スル沒收刑ノ趣旨ニ從ヒ沒收裁判ノ主旨モ亦通帳其ノモノノミニ止マラス其ノ內容タル權利ヲ目標トシテ下サレタルモノト解スヘケレハナリ而シテ之カ沒收執行ノ手續トシテ檢事局ヨリ所轄貯金局ニ裁判ノ趣旨ヲ通知シ且執行機關タル檢事ノ手ニテ貯金請求ノ手續ヲ爲シ拂渡ヲ受ケタル金員ヲ國庫ニ收納スルノ方法ニ出ツルヲ相當ト信ス又若シ沒收言渡カ郵便通帳ノ如キモノニ非スシテ個人間ニ於ケル貸借證書（適法有效ニ成立セル在來ノ債權證書）ノ如キモノニ係ル場合ハ其ノ債權ニ付テハ前記同樣執行機關タル檢事債務者ヨリ之カ取立テヲ爲シ國庫ニ收納スヘキモノトス

（乙說） 沒收言渡ノ效力ハ單ニ貯金通帳其ノモノヲ沒收スルノミニテ其ノ內容タル權利ヲ剝奪スルモノニ非ス蓋シ刑法第十九條ニ所謂物トハ有體物ヲ意味スルモノナルカ故民法等ノ規定ニヨリ動產ト看做サルル無記名債權又ハ之ニ準スヘキ有價證券ノ如キハ證書其ノモノト共ニ權利ヲ沒收スル效果ヲ生スヘキモ斯クノ如キ性質ヲ有セスシテ單ニ權利證明ノ具タルニ過キサル證

書通帳ノ如キモノニ對スル沒收ハ物其ノモノノミヲ沒收スル效力ヲ有スルニ止マルモノト解セサルヘカラス從テ本件郵便貯金通帳ノ如キモ內容タル貯金拂戾請求權ヲ剝奪スルモノニ非ス故ニ之カ執行方法トシテハ通帳名義人ニ於テ郵便貯金通帳ノ再下附ヲ受ケ貯金拂戾ヲ受クルカ如キ結果ヲ生スルモ亦止ムヲ得サルモノト謂ハサルヘカラス普通ノ債權證書ヲ沒收シタル場合ノ如キ亦同一ナリト（岡山地檢）

答　乙說ヲ可トス

四　沒收物ノ處分方法　（昭和七年一月二十二日刑事第二〇七號刑事局長通牒）

問　沒收ノ裁判アリタル領置中ノ郵便爲替ニシテ差出人ニ於テ當該爲替ノ拂戾停止手續ヲ爲シタルモノナル時又ハ拂戾ヲ爲シタルモノナル時若クハ小爲替ニシテ再度證書ノ交付ヲ受ケ既ニ差出人ニ於テ小爲替金ヲ受領シタルモノナルトキハ之カ沒收處分トシテハ單ニ無價物トシ爲替券ノ廢棄ヲ爲スニ止メ可然哉

理由　沒收ノ裁判アリタル郵便爲替券又ハ小爲替券ハ沒收ノ事由ヲ證券ノ餘白ニ明示シ檢事局ニ於テ現金ニ換價シ會計係ニ引繼可然ト思料スルモ差出人ニ於テ拂渡停止ノ手續ヲ爲シタル時又ハ拂戾ヲ爲シタル時若クハ小爲替ニテ再度證書ノ交付ヲ受ケ差出人ニ於テ既ニ小爲替金ヲ受取リタルモノナルトキハ現金ニ換價スルコト不能ナルヲ以テ單ニ此ノ事由ヲ明ニシ無價物トシテ廢棄ヲ爲シ可然ト思料ス如何（鳥取地檢）

答　貴見ノ通リ

五　追徵金ノ徵收方　（昭和七年一月二十二日刑事第二〇七號刑事局長通牒）

問　甲乙兩名共犯ノ漁業法違反事件ニ付略式手續ヲ以テ甲乙兩名ヨリ二十圓ヲ追徵スル旨命令シ甲ハ該命令確定シタルモ乙ハ正式裁判ノ請求ヲ爲シ審理ノ結果事實認定ニ異動ヲ生シタル爲メ乙ヨリ二圓五十錢ヲ追徵スル旨言渡シ該判決確定スルニ至レリ右追徵金徵收ニ付左ノ三說アリ孰レヲ可トスヘキヤ

（甲說）甲ヨリ二十圓ヲ徵收シ乙ヨリハ二圓五十錢ヲ徵收セス

理由　確定裁判タル略式命令ニ於テ言渡シタル漁獲物全部ノ價格ニ相當スル追徵金額ハ動カスヘカラサルモノナルヲ以テ共犯者ノ一人タル甲ヨリ該略式命令確定ト同時ニ其ノ金額ヲ徵收スヘク既ニ甲ヨリ漁獲物ノ全部ニ相當スル金額ヲ徵收シ尙乙ヨリ二圓五十錢ヲ徵收セハ價格以上ノ追徵ヲ爲スコトトナルヲ以テナリ

（乙說）甲ヨリ乙ニ對スル確定判決言渡金額二圓五十錢ヲ控除シタル額卽チ十七圓五十錢ヲ徵收シ乙ヨリ二圓五十錢ヲ徵收スヘキモノトス

理由　漁獲物全部ノ價格ニ相當スル金額ヲ徵收スルヘキモノナルモ甲說ニ從ヘハ乙ハ不當ニ追徵ヲ免カルル結果ヲ生スル

ヲ以テナリ

（丙説）甲ヨリ其ノ平等負擔額ニ相當スル略式命令所掲金額ノ二分ノ一卽チ十圓ヲ徵收シ乙ヨリ判決言渡確定額二圓五十錢ヲ徵收スヘキモノトス

理由　本問略式命令ニ於テ言渡サレタル金額ハ共犯者兩名ニ於テ平等ニ分割負擔スヘキモノナルヲ以テ甲ニ對シテハ該命令確定シタルニ依リ其ノ分擔額十圓ヲ徵收シ乙ニ對シテハ正式裁判請求ノ結果該命令ハ效力ヲ失ヒタルヲ以テ新ニ言渡サレタル確定判決ニ基キ二圓五十錢ヲ徵收スルヲ相當ス

判例　大審四五年刑八四四頁同五年刑一三一六頁　同四二年刑五三二頁

學説　評論一一卷刑法一二二頁

判決總攬刑法一〇二頁　同續刑法四五七頁同諸法令中卷七九四頁等參照

意見　丙説ヲ可ナリト思考ス（大津地檢）

答　貴見ノ通

第五百五十四條　沒收又ハ租稅其ノ他ノ公課若ハ專賣ニ關スル法令ノ規定ニ依リ言渡シタル罰金若ハ追徵ハ刑ノ言渡ヲ受ケタル者判決確定後死亡シタル場合ニ於テハ相續財産ニ就キ之ヲ執行スルコトヲ得

刑ノ言渡ヲ受ケタル者ノ死亡ニ非サル事由ニ因リ相續開始シタルトキハ罰金、沒收又ハ追徵ハ相續財産ニ就キ之ヲ執行スルコトヲ得

〔理由書〕刑ハ一身ニ止マルヲ以テ原則トス從テ判決確定後被告人死亡シタルトキハ之ヲ執行スルヲ得サルモノトセサルヘカラス本條第一項ハ財産刑ニ付此ノ點ニ關スル重要ナル例外ヲ認メタリ沒收ハ犯人ニ對スル刑ナルモ其ノ性質上物ニ追隨スヘキモノナリ故ニ死亡ニ因リ相續開始スルトキハ相續財産ニ就キ之ヲ執行スヘキモノト爲ス租稅ニ關スル法規其ノ他公ノ收入ヲ目的トシテ罰金又ハ追徵ヲ料スル法令ヲ適用スル場合ニ於テ被告人ノ死亡ニ依リ執行スルヲ得サルモノトセハ法規ノ目的ヲ達スル能ハス故ニ此ノ場合ニ於テモ特ニ相續財産ニ就キ執行スヘキモノト爲ス

本條第二項ハ死亡ニ非サル事由ニ依リ相續開始シタル場合ニ付規定ス例ハ隱居、入夫婚姻、入夫ノ離婚、國籍喪失ノ場合ノ如シ斯ル場合ニ於テ受刑者仍生存スルヲ以テ之ニ對シテ執行スルヲ得ヘキハ言ヲ俟タス然ルニ沒收ハ前ニ示スカ如ク物ニ追隨スヘキモノナリ其ノ他財産刑ハ特定物ニ追隨セサルモ受利者ノ財産ニ就キ執行スヘキモノナリ而シテ死亡ニ因ラスシテ相續開始スル場合ニ於テハ財産刑ノ執行ヲ免ルルノ目的ニ出ツルコトナキヲ保セス假令故意ニ出テサルモ受刑者ニ財産ナキトキハ之ニ對シテ執行スルモ

實益ナシ故ニ弊ヲ防キ刑ノ目的ヲ達スル爲本項ヲ設ク本項財産刑ノ範圍ヲ罰金、沒收、追徵ニ限リタルハ輕微ナルモノニ及ホスノ必要ナキヲ以テナリ

一　相續財産ニ就罰金等ノ財産刑ノ執行ヲ爲スヘキ場合ノ形式

（大正十二年十二月十二日　刑事第一〇三四一號刑事局長通牒）

問　第五百五十四條ノ相續財産刑ノ執行ヲ爲ス手續ハ相續人ニ對シテ執行スヘキ性質ノモノニアラサルヘキヲ以テ如何ナル形式ニ依リ執行スルヲ正當トスヘキヤ（福岡檢事正）

答　民事局長ト協議ノ上追テ回答ス

（參照）（大正十二年十二月二十八日　民事第七一七三號福岡檢事正宛民事局長回答）

相續財産ニ就キ財産刑ノ執行ヲ爲ス場合ノ取扱方ニ關スル件

客月二十六日記第五七七號ヲ以テ刑事局長宛御照會中標記ノ件ハ今日配付ノ徵收命令書用紙ノ被徵收者ノ住居、氏名、年齢欄ニ被告ノ住居、氏名、年齢ノ外相續人ノ住居、氏名竝ニ其ノ相續タルコトヲ表示シ且備考欄ニ被告何某死亡又ハ其ノ他ノ事由ニ因リ相續開始シタルヲ以テ相續財産ニ就キ執行ヲ爲スヘキ旨ヲ記載スルヲ相當ト思考致候此段本官ヨリ及回答候也

二　本條規定以外ノ罰金追徵竝ニ科料若ハ訴訟費用ニ付刑ノ言渡ヲ受ケタル者死亡シタルトキノ徵收方

（昭和四年五月三十日　刑事第五〇五〇號刑事局長通牒）

刑事訴訟法第五百五十四條規定以外ノ罰金、追徵竝ニ科料及過料若ハ訴訟費用ハ刑ノ言渡ヲ受ケタル者死亡シタルトキハ之ヲ其ノ相續財産ヨリ徵收スルコトヲ得ルヤニ關シ往往疑義ヲ挾ム向有之哉ニ承知致候處前示ノ中訴訟費用ニ付テハ刑ノ言渡ヲ受ケタル者其ノ裁判確定後死亡シタルトキハ之ヲ徵收スルコトヲ得レトモ罰金、追徵竝ニ科料及過料ニ付テハ之ヲ徵收スルコトヲ得サル義ト思考ス

第五百五十五條　法人ニ對シ罰金、科料、沒收、又ハ追徵ヲ言渡シタル場合ニ於テ其ノ判決確定後合併ニ因リ消滅シタルトキハ合併後存續スル法人又ハ合併ニ因リ設立シタル法人ニ對シテ執行スルコトヲ得

〔理由書〕　本條ハ法人ノ合併ニ因リ消滅シタル場合ニ付規定ス合併ニ因ラサル解散ノ場合ニ於テハ破産又ハ清算手續アルヲ以テ別ニ問題ヲ生セス合併ニ因ル解散ノ場合ニハ敍上手續ナク合併後ニ存續スル法人又ハ合併ニ因リ設立シタル法人ハ執行ヲ受クヘキ財産ヲ承繼スルモノナレハ之ニ對シテ財産刑ノ執行ヲ爲シ得ヘキモノト爲シタリ

第五百五十六條　上訴申立後ノ未決勾留ノ日數ハ左ノ例ニ依リ之ヲ本刑ニ通算ス

一　檢事ノ上訴ナルトキハ勾留日數ノ全部

二　檢事ニ非サル者ノ上訴ニシテ其ノ理由アルトキハ勾留日數ノ全部

前項ノ規定ニ依ル通算ニ付テハ未決勾留一日ヲ刑期ノ一日又ハ金額ノ一圓ニ折算ス

上告裁判所判決ヲ破毀シタル後ノ未決勾留ハ上告中ノ未決勾留日數ニ準シ之ヲ通算ス

〔理由書〕本條ハ未決勾留日數ノ通算ニ關シ規定ス未決勾留日數ノ通算ニ付テハ法定主義ト裁定主義トノ別アリ刑法ハ裁定主義ヲ採リ未決勾留日數ノ全部又ハ一部ヲ本刑ニ通算スルコトヲ得ルモノトシ其ノ裁量ヲ裁判所ノ自由ニ任シタリ本法ハ上訴申立以後ノ未決勾留日數ニ關シテハ刑法ノ規定ニ依ラス法規ヲ以テ之ヲ一定スルヲ可トシ檢事ハ刑ヲ執行スルニ當リ法規ノ定ムル所ニ從ヒ必ス其ノ全部又ハ一部ヲ本刑ニ通算スヘキモノトセリ本條第一項及第二項ハ通算ノ範圍及標準ヲ示シ第三項ハ上告裁判所ニ於テ原判決ヲ破毀シタル後移送又ハ差戻ニ因リ第一審又ハ第二審ニ繫屬スル間ノ未決勾留ヲ如何ニ取扱フヘキヤニ付疑ヲ生スルヲ以テ之ヲ上告中ノ未決勾留日數ニ準シ通算スヘキモノト定メタリ

一　被告人ニ於テ上訴シ其ノ理由ナキトキト未決勾留ノ通算方

（大正十二年十二月十二日刑事第一〇三四一號刑事局長通牒）

問　未決勾留通算ハ刑法ニ於テハ裁定主義ヲ採リタルモ訴訟法ハ上訴申立後ノ勾留通算ニ付テハ法定主義ヲ採リ檢事ノ執行ニ屬セシメタリ然ラハ被告人上訴シテ理由ナキトキハ其ノ間ノ勾留日數ハ全然通算スヘカラサルモノナルヤ又ハ刑法ノ原則ニ依リ裁定通算ヲ妨ケサルヤ（福岡檢事正）

答　後段貴見ノ通リ

二　改正法施行後判決確定シタル場合ニ於テ舊法ノ未決勾留日數ノ通算

（大正十三年一月二十五日行甲第一四四號行刑局長回答）

問　檢事上訴又ハ被告ノ上訴ニシテ理由アル場合ニ於テ該判決確定カ新法施行後ナルトキハ新法施行前ノ未決勾留日數ヲモ通算スヘキヤ（宮城檢事長）

答　貴見ノ通

問　新法施行前言渡シタル控訴判決ニ對シ上告申立ヲ爲シ新法施行後之ヲ取下ケ確定シタル處該判決ハ控訴理由アリトシテ第一審判決ヲ取消シ未決勾留九十日ヲ算入シタリ然ルニ控訴申立ノ前日マテノ未決勾留日數ハ八十日ニシテ控訴申立後保釋出監マテノ未決勾留日數ハ六十日ナルニヨリ前問新法施行前ノ未決勾留日數ヲモ通算スヘキモノトセハ先ツ法定ノ六十日ヲ通算シ裁判上ノ算入九十日ノ内八十日ヲ控訴申立前ノ未決勾留日數ニ算

入スヘキヤ（同上）

答　法定ノ日數及裁判上ノ算入日數併テ百四十日ヲ通算スヘキモノトス

三　上訴申立後ノ未決勾留日數ヲ通算スル始期終期
（大正十三年一月二十五日甲行第一四四號行刑局長回答）

問　上訴申立後ノ未決勾留日數ヲ通算スル始期及終期ハ左記何レニ依ルヤ（宮城檢事長）

始　期

（一）　上訴申立ノ日
（二）　原判決言渡ノ日
（三）　原判決ノ確定スヘカリシ日

終　期

（一）　上訴判決言渡ノ日
（二）　控訴判決ノ確定スヘカリシ日

答　始期ハ上告申立ノ日、終期ハ上告申立ナカリシトキハ控訴判決ノ確定スヘキ日、上告申立アリタルトキハ上告申立ノ前日

四　檢事ノ上訴中ニハ檢事ノ附帶控訴ヲ包含スルヤ
（大正十三年三月一日刑事第一九四三號刑事局長行刑局長回答）

問　刑事訴訟法第五百五十六條第一項第一號ニ所謂檢事ノ上訴中ニハ檢事ノ附帶控訴ヲモ包含スルヤ（大阪檢事長）

答　包含セス

五　所謂檢事ニ非サル者ノ上訴ニシテ其ノ理由アルモノト爲スノ標準
（大正十三年三月一日刑事第一九四三號刑事局長行刑局長回答）

問　同條第一項第二號ニ所謂檢事ニ非サル者ノ上訴ニシテ其ノ理由アリト爲ス標準ニ付例ヘハ連續犯ノ犯罪箇數ノ增減又ハ一罪中ノ被害數額ノ增減變更ノ如キハ其ノ程度ノ如何ヲ問ハス其ノ理由アルモノト爲ササルカ如シ如何（大阪檢事長）

答　貴見ノ通

六　新法施行前ノ未決勾留日數ノ通算
（大正十三年三月十五日行甲第三六六號行刑局長通牒）

問　新刑事訴訟法第五百五十六條ノ通算未決勾留ハ新刑事訴訟法實施後ノ分ノミヲ通算スヘキヤ又ハ新刑事訴訟法實施前ニ於ケル勾留ヲモ通算スヘキヤ（札幌檢事正）

答　後段貴見ノ通

七　被告ノ控訴理由アリ更ニ被告ヨリ上告ヲ爲シ上告棄却若ハ上告取下アリタルトキノ未決勾留日數通算方
（大正十三年三月十五日行甲第三六六號行刑局長通牒）

問　被告ノ控訴理由アリ更ニ被告ヨリ上告ヲ爲シ上告棄却若ハ上告取下ヲ爲シタル場合ニ於ケル通算方法（札幌檢事正）

一、控訴申立ノ日ヨリ上告申立ノ日迄ナリヤ

二、控訴申立ノ日ヨリ上告申立ノ前日迄ナリヤ

二、控訴申立ノ日ヨリ控訴判決確定ノ前日迄ナリヤ

四、上告申立期間内ニ取下ケタル場合ハ取下ノ日迄ナリヤ

答　控訴申立ノ前日迄上告取下アリタルトキト雖亦同シ

八　監獄ノ長又ハ其ノ代理者ニ上訴ノ申立書ヲ差出シタル場合ノ通算スヘキ勾留期間ノ起算點

（大正十三年三月二十日刑事第二七三八號刑事局長行刑局長通牒）

問　刑事訴訟法第三百九十一條第一項後段ニ依リ上訴ノ申立書ヲ監獄ノ長又ハ其ノ代理者ニ差出シタル場合右申立書差出ノ日ヲ以テ上訴申立ノ日トシ第五百五十六條ノ通算日數ハ其ノ翌日ヨリ起算スルヤ又ハ該申立書カ原裁判所ニ到達シタル日ヲ以テ上訴申立ノ日ト認メ其ノ翌日ヨリ起算スルヤ若シ前段ノ如ク解スヘキモノトセハ第三百九十一條第一項前段ノ場合モ亦同一ニ解スヘキヤ（廣島檢事正）

答　刑事訴訟法第三百九十一條ニ依リ上訴ノ申立ヲ爲シタルトキハ前段ノ場合ト後段ノ場合トヲ問ハス第五百五十六條ノ未決勾留ノ日數ハ監獄ノ長又ハ其ノ代理者ニ申立書ヲ差出シタル日ヨリ起算スヘキモノトス

九　未決勾留日數算入方

（大正十三年四月二十八日行甲第五四三號行刑局長通牒）

問　判決ヲ以テ言渡シタル未決勾留ノ算入ニ付左記ノ通リ疑義有

之候ニ付何分ノ御回示相願度（鳥取檢事正）

記

一　第一審裁判所カ大正十二年十月二十四日被告人ヲ勾留シ審理ノ結果無罪ノ言渡ヲ爲シ其ノ判決ニ對シ同年十一月二十日檢事カ上訴申立ヲ爲シ（檢事ノ上訴迄未決勾留二十七日）第二審ニ於テハ同年十二月十五日有罪ノ判決ヲ爲スト同時ニ未決勾留日數三十日ヲ本刑ニ算入スル旨ノ言渡ヲ爲シ且即日保釋出所セシメタリ（檢事上訴後保釋迄ノ勾留日數二十六日）然ルニ被告ハ右判決ニ對シ上訴申立ヲ爲シ大正十三年三月二十日上告棄却ノ判決アリテ第二審判決通リ裁判確定シ其ノ未決勾留日數ノ算入方ニ付左ノ二說アリ何レヲ可トスヘキヤ

甲說　檢事上訴後ノ未決勾留日數全部ハ法第五百五十六條適用ノ結果當然本刑ニ算入セラレ判決ニ掲ケタル未決勾留通算ノ目的トナラス從ツテ檢事ノ上訴前ニ於ケル未決勾留ヲ通算スヘキ筋合ナルモ本件ノ場合ハ其ノ日數二十七日ニシテ判示ノ三十日ニ滿タサルニ依リ現存スル未決勾留日數以上ノ日數ヲ通算スヘキ旨言渡シタル執行不能ノ判決ト同樣ニ取扱ヒ通算シ得ヘキ二十七日丈ヲ算入シ其ノ餘ヲ不問トス

乙說　第二審裁判所ハ判決言渡當時現存スル未決勾留日數五十三日ノ内三十日ヲ通算スル旨言渡シタルモノニ係リ五十三日

ハ全部本刑ニ算入スヘキ趣旨ニアラス故ニ檢事上訴後ノ未決勾留日數ヲモ加ヘタル五十三日ヨリ三十日ヲ通算スヘク此ノ場合刑事訴訟法第五百五十六條ノ通算卽チ法定ノ通算ト裁判上ノ通算ト重複（上訴後ノ二十六日間ハ重複ス）スルモ法律上之ヲ禁止スル條項ナキニ依リ判決當時豫想セサル法定ノ通算ハ裁判上ノ通算ニ吸收セラルヘキモノトス

答　甲說ヲ相當トス

一〇　被告ノ控訴理由ナク檢事ノ附帶控訴理由アリタル場合ノ未決勾留通算方

（大正十三年七月二十六日 行丙第一三四三號行刑局長通牒）

問　被告ノ控訴ハ理由ナク檢事ノ附帶控訴理由アリシ場合ニ於ケル未決勾留日數通算ニ付左ノ數說アリ疑義ヲ生シ候條至急何分ノ御回示相成度候也（鳥取檢事正）

第一說　刑事訴訟法第五百五十六條第一項第一號ニ依リ檢事カ附帶控訴ノ申立ヲ爲シタル以後ノ未決勾留日數ヲ本刑ニ通算スヘシ

第二說　刑事訴訟法第五百五十六條第一項第一號ハ主タル上訴ニ付テ規定シタルモノニシテ附帶控訴ニ適用ナシ而シテ同條第一項第二號ハ檢事ノ主タル上訴以外ノ一切ノ上訴ヲ包含スヘキヲ以テ本問ノ場合モ亦之ニ該當シ被告控訴申立以後ノ未決勾留日數全部ヲ本刑ニ通算スヘキモノナリ

第三說　刑事訴訟法第五百五十六條ハ主タル上訴ニ付規定シタルモノナレハ附帶控訴ノ申立ハ同條未決勾留日數通算ニ關係ナシ

答　檢事ニ非サル者ノ控訴ニ附帶シテ檢事カ控訴ヲ爲シタル事件ニ付實質ニ於テ原判決ト符合セサル判決ヲ言渡シタルトキハ檢事ニ非サル者ノ控訴モ結局其ノ理由アルニ歸スルヲ以テ刑事訴訟法第五百五十六條第一項第二號ニ則リ檢事ニ非サル者ノ上訴申立後ノ未決勾留日數全部ヲ本刑ニ通算スヘキモノト思料ス

一一　未決勾留ノ法定通算

（大正十四年六月二日 刑事局長回答）

問　新法時ニ確定シタル被告控訴舊法時ノ二審判決ニシテ單ニ一審ノ未決勾留日數ノミヲ增加シタルモノモ尙控訴理由アリトシ法定未決勾留ノ通算ヲ爲スヘキヤ（廣島控檢）

答　未決勾留ノ法定通算ヲ爲スヘキモノトス

一二　自由刑ト金刑ト併科セラレ自由刑ニ對シテハ執行猶豫ヲ言渡サレ未決勾留日數ノ法定通算アル場合ニ於テ該未決勾留日數ヲ金刑ニ通算スルノ可否

（大正十五年六月十五日 行甲第九一三號刑事局長行刑局長回答）

問　自由刑ト金刑ト併科セラレ自由刑ニ對シテハ執行猶豫ヲ言渡

サレ未決勾留日數ノ法定通算アル場合ニ於テ其ノ未決勾留日數ハ直ニ金刑ニ通算スルヲ相當ト思料スレトモ反對論者ハ未決勾留日數ハ自由刑ニ通算スルヲ原則トシ自由刑ニ對スル執行猶豫ノ期間滿了ニ依リ通算不能ニ終リタルトキ金刑ニ通算スヘキモノナリト主張スレトモ法文上何等ノ根據ナキノミナラス執行猶豫期間滿了又ハ執行猶豫取消サルルニ至ル迄ハ金刑ニ對スル執行モ執行不能ノ狀態ニ措カサルヘカラス又若シ猶豫期間三年以上ノモノニ付テハ遂ニ金刑ハ時效完成スルニ至リ極メテ不合理ノ結果ヲ生ス孰レヲ相當トスルヤ（釧路檢事正）

答　前說ヲ相當トス

一三　刑執行猶豫ヲ取消サレタル場合ノ法定未決勾留日數ノ通算

（昭和四年二月五日刑事第一二三八號刑事局長回答）

問　拘束ノ儘起訴セラレタル少年法ノ適用ヲ受クヘキ被告人カ一審裁判所ノ判決ニ對シ被告人ヨリ控訴ヲ申立テ第二審裁判所ニ於テ執行猶豫ノ言渡ヲ受ケ該判決カ確定シ釋放セラレタリ然ルニ被告人ハ右猶豫期間內ニ更ニ罪ヲ犯シ他ノ裁判所ニ於テ不定期刑ニ處セラレタル爲前ノ執行猶豫ノ取消決定ニ依リ其ノ刑ノ執行ヲ爲ス場合ニ於テハ刑事訴訟法第五百五十六條第一項第二號ニ依リ被告人控訴申立後釋放迄ノ未決勾留日數ヲ本刑ヘ通算アルヘキ筈ナリト思料スルモ果シテ右法定未決勾留ヲ通算スヘ

キモノナリヤ否ヤ（岩國少年刑務所長）

答　貴見ノ通

一四　檢事ノ附帶控訴ノミ理由アリトシ控訴審カ第一審ヨリ重キ刑ヲ言渡シタル場合ニ於ケル未決勾留日數ノ通算

（昭和四年五月二十九日刑事第四八〇四號刑事局長回答）

問　刑事訴訟法第五百五十六條第一項第一號ノ檢事ノ上訴中ニハ附帶控訴ヲ包含セサルヲ以テ（大正十三年三月一日附刑事第一九四三號大阪控訴院檢事長問合ニ對スル回答）檢事ノ爲シタル附帶控訴ノミニ理由アリトシ控訴審カ第一審ヨリ重キ刑ヲ言渡シタル場合ニ於テ未決勾留日數ノ通算ヲ如何ニ取扱フヘキカニ付左記疑義アリ果シテ其ノ何レニ準據スヘキヤ（福岡檢事正）

記

被告人ハ召集不應ニ依リ昭和三年十二月二十八日飯塚區裁判所ニ於テ禁錮一月ニ處セラレ卽日控訴シ本年二月五日福岡地方裁判所第二審公判ニ於テ檢事ヨリ附帶控訴ヲ爲シタル處同月七日檢事ノ附帶控訴ノミヲ理由アリトシ更ニ禁錮三月ニ處シ翌八日被告人ヨリ上告申立ヲ爲シ四月二十日大審院ニ於テ上告棄却ノ宣告アリタルヲ以テ同日刑期起算刑ノ執行ニ著手シタル案件ニシテ大正十三年六月十一日宣告(れ)第七二八號事件ノ大審院判決ノ趣旨ニ依レハ右ノ如キ場合被告人ノ控訴ハ理由アリト謂フ

コトヲ得サルヲ以テ未決勾留日數通算ノ要ナク刑執行ハ本年七月十六日ヲ以テ終了スヘク又大正十三年七月二十六日行丙第一三四三號行刑局長ヨリ鳥取檢事正宛回答ノ趣旨ニ依レハ如此場合モ亦結局被告人ノ控訴理由アルニ歸スルコトト爲リテ未決勾留日數法定通算ノ要ヲ生シ從テ本年六月七日ヲ以テ執行終了ト爲ルヘシ

答　御問合ノ趣了承御引用ノ大審院判例ノ趣旨ト一致セサル點ニ付論議ノ餘地ハ可有モ大正十三年七月二十六日行刑局長通牒ノ通取扱相成度

一五　罰金刑ニ對スル未決勾留日數ノ法定算入

（昭和四年九月二十六日 刑事第八〇八七號刑事局長回答）

問　罰金刑ノ生スル犯罪自體カ刑事訴訟法上勾留ヲ生スル餘地ナキモノニ付テモ自由刑ト併科セラレ自由刑カ執行猶豫トナリタル場合尚未決勾留ハ該金刑ニ算入ス可モノナリヤ（長野檢事正）

答　五百圓以下ノ罰金ニ該ル事件ニ於テハ住居不定ノ原由存セサル限リ勾留ヲ爲ス能ハサルコトハ刑事訴訟法上明白ナルヲ以テ斯ル原由ナキ場合ニ未決勾留ヲ其ノ罰金刑ニ通算スヘカラサルコトハ勿論ノ儀ニ有之本件ニ於テモ若シ被告人カ住居不定ナルカ爲勾留狀ニ屠場法違反ノ罪名ヲモ附記セラレ居ルカ其ノ他同罪ニ付テモ勾留原由ノ存シタルコトヲ認ムヘキ事情ノ存スル場合ハ格別單ニ竊盜罪ニ付テノミ勾留ヲ爲シタル案件ニ有之候ハハ未決勾留ヲ該罰金ニ對シ法定通算ヲ爲スハ不當ナリト思料ス

追テ大正十五年六月十五日行刑局甲第九一三號未決勾留日數通算ニ關スル通牒ハ贓物罪ニ於ケルカ如ク同一罪ニ付自由刑ト罰金刑ト併科セラルル場合又ハ禁錮以上ニ該ル罪ト罰金ニ該ル罪トカ勾留原由タル事件ニ對シテ自由刑ト罰金刑ト併科セラルル場合等ノ如ク通算ヲ爲シ得ル場合ヲ前提トシ其ノ時期ヲ明確ニシタルモノニ過キスシテ如何ナル場合ニ通算ヲ爲シ得ルカノ問題ニハ關係ナシ

一六　自由刑ト金刑トニ處刑セラレタル場合未決勾留日數ノ通算

（昭和四年十二月二日 刑事局長回答）

問　常習賭博並賭場開張幇助罪ニ依リ第一審ニ於テ懲役二月ニ處シタルニ被告人控訴ヲ爲シ第二審ニ於テ懲役一月十五日罰金三十圓（賭場開帳幇助懲役常習賭博罪罰金刑）ニ處シ原審ニ於ケル未決勾留日數中十三日ヲ本刑ニ通算スル旨ノ言渡アリタリ依ツテ被告人ノ控訴ハ理由アルニ因リ法定通算三十三日及裁判通算十三日ヲ併セテ本刑ニ通算スル時ハ未決勾留日數一日ノ剩餘ヲ生ス

右ノ場合ニ於テ餘剩未決勾留一日ヲ罰金刑ニ通算シテ可ナルヤ

（長野地檢）

答　自由刑ト金刑トニ處刑セラレタル場合ノ未決勾留通算方ニ關シテハ貴見通リ先ツ自由刑ニ通算シ尙剩餘アルトキハ剩餘日數ヲ金刑ニ通算シ差支ナキモノト思考ス

一七　保釋責付勾留停止等ノ事由ニ因リ出監シタル日ハ之ヲ未決勾留日數ニ算入スヘキヤ

（昭和六年十一月十二日　刑事局長回答）

問　保釋、責付其ノ他勾留停止等ノ事由ニヨリ出監シタル日ハ之ヲ未決勾留日數ニ算入スヘキヤ否ニ付大正十二年十二月刑事局刑事第一〇三四號刑事局長通牒中名古屋控訴院檢事長問合事項（五）ニ被告人ノ保釋ニヨリ出監シタル日ハ之ヲ勾留日數ニ算入スヘキモノトアルモ若シ右ニヨル出監日ト再入日ト異ナル場合ハ問題ナキモ例令ヘハ出監當日以前ノ事由取消ニヨリ再勾留ヲナシタル場合ニ於テモ尙出監當日ヲ未決勾留日數中ニ算入スヘキカニ付疑義有之卽チ右通牒中同名古屋控訴院檢事長問合事項（六）ニ保釋前ニ勾留シタル期間ト保釋取消後ニ勾留シ得ヘキ期間トノ通算方ニ付保釋前ニ於テ先ツ曆ニ從ヒテ二月ノ期間ヲ算定シ因テ保釋ヲ爲シタル際其ノ勾留狀ノ效力ノ殘存日數ヲ算出シ置キ其ノ日數ヲ保釋取消後ニ於ケル勾留期間トナスヘキ旨ヲ指示セラレ居リ候爲本例ノ如キ出監當日直ニ再勾留ヲナスカ如キ場合ハ前述（五）ニ依リ出監當日迄ヲ算入シテ殘存期間ヲ算出シ而シテ殘存期間ハ勾留再始ノ日ヨリ起算セサルヘカラサル結果卽チ出監當日ハ出監日トシテ一日ヲ計算シ更ニ同日ヲ勾留再始日トシテ日ヲ一計算シ都合一日ヲ二日ニ計算スルコトト相成候ヘ共右御通牒ノ趣旨ヨリ見テ斯ク解釋スルカ至當ナルモノニ有之候ヤ現日一日ヲ二日ニ計算スルカ如キ或ハ不合理ト存セラレ候他ニ據ルヘキモノモ無之疑問トスル所ニ有之實ハ本件ニ付差迫リタル事項モ有之候ニ付テハ乍御面倒至急何分ノ御示教仰キ度候

具體的事實

十月八日豫審屬繫中ノ縣會議員選擧罰則違反事件ニヨル收容中ノ刑事被告人ヲシテ實父ノ病氣危篤ヲ見舞ハシムル爲メ刑事訴訟法第百十八條ニヨリ豫審判事ノ勾留停止ノ決定ニ基キ出所セシメ實父ヲ見舞ハシメタル後卽日同刑事訴訟法第百十九條ノ取消決定ニヨリ再ヒ收容シタルモノ（岡崎少年刑務所文書主任）

答　大正十二年十二月名古屋控訴院檢事長問合刑事局長回答ノ趣旨ハ釋放ノ日ト再勾留日ノ間ニ多少ノ日數ヲ有スルコトヲ豫想シテノ場合ニシテ本問ノ如キ場合ハ其ノ適用ナク釋放日直ニ再勾留ヲ爲シタル場合ハ事實上數時間刑務所外ニ在リト雖勾留日數ノ關係ニ於テハ繼續シテ勾留セラレ居ルモノト解スルヲ相當

トス

一八　罰金ノ徴收方

（昭和七年一月二十二日
刑事第二〇七號刑事局長通牒）

問　罰金百圓（勞役場留置五十日——一日ノ割合二圓）ニ付法定未決勾留五十九日（卽チ五十九圓）ヲ控除ノ上殘額四十一圓ニ付勞役場留置處分ヲ爲ス場合ニ於テハ勞役場留置日數ハ二十日（卽チ四十圓）トナリ尙一日ノ割合ニ滿タサル一圓ノ端數ヲ生スルニ至ル此ノ端數ニ對スル執行方法如何（盛岡地檢）

答　徵收スルコトヲ得

一九　罰金ノ徴收方

（昭和七年一月二十二日
刑事第二〇七號刑事局長通牒）

問　勾留被告人ノ控訴理由アリ懲役三月ヲ罰金五十圓勞役場留置二十五日ニ變更シタル第二審判決確定シ法定未決勾留通算日數三十五日アリ此ノ場合ニ於テ罰金五十圓ヲ控除シタル殘十五圓ヲ徵收スルニ該リ留置一日ニ滿タサル一圓ヲモ徵收シ差支ナキカ（山形地檢）

答　徵收スルコトヲ得

（參照）　刑事訴訟法第五百五十六條、刑法第十八條末項

二〇　非常上告又ハ再審ノ手續ニ於テ無罪又ハ輕キ刑ノ言渡アリタル場合

（大正十四年七月四日
刑事局長回答）

問　非常上告若クハ再審ノ判決アリ原判決ヲ破毀シ無罪又ハ輕キ刑ノ言渡アリタル場合ニ於テ（一）執行濟ノ罰金又ハ沒收等ニ付キテハ如何ナル影響ヲ及ホスヘキヤ（二）刑ニ處セラレタルカ爲失官シ又ハ兵籍ヲ除カレタル者ハ右ノ判決ノ結果原官職ヲ回復スルヤ（海軍省法務局長）

答　刑事訴訟法ニ依ル非常上告又ハ再審ニ於テ原判決ヲ破毀シ又ハ破毀セスシテ更ニ判決ヲ爲シ無罪ノ言渡アリタル場合ニ於テハ（一）執行濟ノ罰金又ハ沒收物ハ之ヲ還付スルヲ相當トスヘク（二）刑ニ處セラレタル爲失官シ又ハ兵籍ヲ除カレタル者ハ右判決ノ結果當然原官職ヲ回復スヘキモノニ非ス（三）非常上告若ハ再審ノ判決ニ依リ輕キ刑ノ言渡アリタル場合ニ於テハ執行濟ノ罰金ニ付テハ其ノ超過額ヲ還付スルヲ相當トス

二一　被告人ノ控訴理由アル場合ト控訴申立後ノ未決勾留日數ノ通算

（昭和三年(れ)第一五二號
同年三月二十二日第二刑事部判決）

被告人ノ上訴ニシテ其ノ理由アルトキハ上訴申立後ノ未決勾留日數ノ通算ニ付テハ刑事訴訟法第五百五十六條ノ規定ニ依ルヘキモノニシテ刑法第二十一條ノ規定ヲ適用スヘキモノニ非ス

二二　第一審ト第二審ト犯罪個數ノ判斷ヲ異ニスル場合ト控訴理由ノ有無

（昭和三年(つ)第二〇號
同年九月二十四日第二刑事部決定）

被告人控訴ヲ爲シタル事件ニ付第二審カ犯罪ノ個數ニ關シ第一審

ト異ナル判斷ヲ爲シタルトキハ控訴ハ理由アルモノニシテ控訴申立後ノ未決勾留ノ日數ハ之ヲ本刑ニ通算スヘキモノトス

二三　未決勾留日數通算ニ關スル件（昭和八年十一月二十日 刑事第一六一九三號刑事局長回答）

問　刑事訴訟法第五百五十六條第一項第二號ニ依ル未決拘留日數通算上左記第一說ヲ相當トスルヤ（北海少年刑務所長）

記

控訴申立年月日　昭和八年五月八日
判決言渡ノ年月日　昭和八年六月八日
判決確定年月日　昭和八年六月八日
釋放年月日　同　日
（執行猶豫ニヨル）

第一說
未決勾留日數通算ハ上訴申立ノ日ヨリ判決確定スヘキ日（大正十三年一月行甲第一四四號通牒）迄通算セラルヘキモノニシテ引續キ刑執行ノ場合ハ確定日ノ前日迄未決勾留期間トシテ計算スヘキモ本件ノ如ク現實刑執行ニ着手スルコトナク確定ト同時ニ釋放セルカ如キハ其ノ釋放日一日ニ滿サル場合ト雖モ猶一日ト看做シ出所理由如何ヲ問ハス本人利益ニ解シ三十二日ヲ通算スヘキモノトス

第二說
未決勾留日數通算ハ上訴申立ノ日ヨリ釋放ノ前日迄計算セラルヘキモノニシテ釋放日ヲ算入スルハ保釋責付ノ場合ニ限ラルヘク其ノ確定日ハ引續キ刑執行ヲ爲ス場合ト等シク全然算入セス三十一日ヲ通算スヘキモノトス

答　第一說ヲ正當トス

二四　本條未決勾留日數ノ通算ト其ノ算入ノ宣告（昭和九年(れ)第五七三號 同年七月四日第三刑事部判決）

檢事ニ非サル者ノ上訴ニシテ其ノ理由アル場合上訴申立後ノ未決勾留日數ヲ本刑ニ通算スルコトハ判決ニ於テ之ヲ宣告スヘキモノニ非ス

第五百五十七條　沒收物ハ檢事之ヲ處分スヘシ

〔理由書〕本條及次條ハ沒收物ニ關スル規定ナリ沒收ハ檢事ノ指揮ニ依リ之ヲ執行スヘキハ勿論ナリ
本條ハ沒收シタル後爲スヘキ物ノ處分モ亦檢事ノ管掌ニ屬スヘキコトヲ定ム

一　不法掘採鑛物處分方ノ件（昭和七年五月十三日 刑事第四五七九號刑事局長回答）

問　鑛業法第九十四條違反事件（鑛業權ヲ有セスシテ鑛物ヲ掘採シタルモノ）ニ付之ヲ摘發檢擧シタル鑛山監督局ニ於テハ其ノ不法掘採ニ係ル石炭約二十五噸ヲ領置手續ヲ爲サスシテ單ニ一

個人ニ保管方ヲ命シタル儘釧路區裁判所檢事局ニ告發シ來リタル爲同裁判所ニ於テハ右石炭ハ未採掘ノモノ同樣國ノ所有ニ屬スルモノナルカ故ニ特ニ沒收ノ言渡ヲ爲ササルモ當然沒收セラルヘキモノナリトノ見解ヨリ何等其ノ處分ニ付言渡ヲ爲サス此ノ種不法掘採鑛物カ國ノ所有タルコトニ付テハ大正五年三月七日大審院民事判例大正四年（オ）第五一九號及大正六年七月七日同院刑事判例大正六年（れ）第一四九四號ノ示ストコロニ依リテモ毫モ疑ヲ容レサルトコロナレトモ檢事局ハ右裁判所ノ見解ニ從ヒ普通沒收言渡アリタル場合ト同樣之ヲ公賣處分ニ附シタル上裁判所歳入徴收官ニ納入ノ手續ヲ爲サシムルノ方法ニ出ツルモ差支ナキヤ

追テ之レカ處分ニ關スル所管廳ハ所轄鑛山監督局若クハ大藏省ノ一部ノ事務ヲ分掌スル所轄稅務監督局ニアラサルヤトモ思考シ夫々及照會候處何レモ其ノ所管ニ屬セサル旨ノ回答有之爲念申添候（釧路檢事局）

答　本件ノ押收ニ係ラサル石炭ニ付テハ沒收ノ裁判ヲ缺如シ從テ檢事ハ該物件カ國ノ所有ニ屬スルト否トヲ問ハス沒收物ノ處分ヲ爲シ得サル儀ニ付該石炭ハ告發鑛山監督局ノ處置ニ一任スヘキモノトス

二　沒收金中僞造貨ヲ發見シタル場合ノ所置方

（昭和九年司法官會同ノ際ニ於ル書記長、監督書記協議事項）

問　沒收ノ裁判確定シタル領置金ヲ收入官吏ニ引渡サントシタルニ偶々右金中ヨリ僞造貨ヲ發見シタリ如何ニ處理スヘキヤ（岡山地檢）

理　由

檢事、豫審、公判何レモ眞貨トシテ取扱ヒ居リタルモノニシテ其ノ責任ノ歸屬ニ付疑義アリ

答　收入官吏ニ引渡前ナラハ領置票ニ僞造貨ナルコトヲ記載シテ處理スルヲ相當トス

三、沒收處分後裁判未確定ナルコト判明シタル場合ノ沒收處分ノ取扱方

（昭和八年五月司法官會同ノ際ニ於ル書記長、監督書記協議事項）

問　略式命令送達後法定期間內ニ正式裁判請求ナキ爲メ該裁判確定シタルモノト認メ會計事務章程第百三十條ニ依リ事件主任官ヨリ會計掛ヘ證據品沒收ノ通知ヲ爲シ夫レ々々處分終了シタリ然ルニ被告人ハ該命令ノ送達ヲ受ケタル後裁判確定前死亡シタル事實ヲ發見シタリ此ノ場合其ノ沒收處分ハ之ヲ取消スヘキモノナリト思惟セラルルモ疑義アリ如何ニ之ヲ取扱フヘキヤ

（佐賀地檢）

答　沒收處分ハ取消スヘキモノトス

第五百五十八條　沒收ノ執行後三月内ニ權利ヲ有スル者ヨリ沒收物ノ交付ヲ請求シタルトキハ檢事ハ破壞又ハ廢棄スヘキ物ヲ除クノ外之ヲ交付スヘシ

沒收物ヲ處分シタル後前項ノ請求アリタル場合ニ於テハ檢事ハ公賣ニ因リテ得タル代價ヲ交付スヘシ

〔理由書〕　沒收物カ被告人以外ノ者ニ屬スルトキハ權利者ハ之カ交付ノ請求ヲ爲スコトヲ得ヘシ然レトモ請求權行使ノ時期ヲ制限セサレハ執行ノ效果ヲ不定ナラシムル虞レアルヲ以テ執行後三月間ヲ限リ請求權ヲ行使スルコトヲ得セシム但シ禁制物又ハ特別ノ規定ニ依リ破壞又ハ廢棄スヘキ物ハ之ヲ交付スルヲ得ス又既ニ處分ヲ終リ公賣ニ付シタルトキハ原物ヲ交付スルヲ得サルヲ以テ公賣ニ因テ得タル代價ヲ交付スヘキモノトス

第五百五十九條　僞造又ハ變造ニ係ル物ヲ返還スル場合ニ於テハ僞造又ハ變造ノ部分ヲ其ノ物ニ表示スヘシ

僞造又ハ變造ニ係ル物押收セラレサルトキハ之ヲ提出セシメテ前項ニ規定スル手續ヲ爲スヘシ但シ其ノ物公務所ニ屬スルトキハ僞造又ハ變造ノ部分ヲ公務所ニ通知シテ相當ノ處分ヲ爲サシムヘシ

〔理由書〕　僞造又ハ變造ニ係ル物ハ必スシモ沒收スヘキモノニ非スシテ之ヲ差出人ニ返還スヘキ場合アルハ勿論ナリ然レトモ裁判上僞造又ハ變造ナリト確定シタル物ヲ其ノ儘返還スルハ相當ナラサルヲ以テ其ノ旨ヲ表示シテ返付スヘキモノトス同一ノ理由ニ依リ物カ押收ニ係ラサルトキハ之ヲ提出セシメテ右ノ手續ヲ爲シ其ノ物カ公務所ニ屬スルトキハ之ニ通知シテ相當ノ處分ヲ爲サシムルモノトス

第五百六十條　押收物ノ還付ヲ受クヘキ者ノ所在不明ナル爲又ハ其ノ他ノ事由ニ因リ其ノ物ヲ還付スル能ハサル場合ニ於テハ檢事ハ其ノ旨ヲ公告スヘシ

公告ヲ爲シタル時ヨリ六月内ニ還付ノ請求ナキトキハ其ノ物ハ國庫ニ歸屬ス

前項ノ期間内ト雖價値ナキ物ハ之ヲ廢棄シ保管ニ不便ナル物ハ之ヲ公賣シテ其ノ代價ヲ保管スルコトヲ得

〔理由書〕　本條ハ押收物ヲ還付スル能ハサル場合ニ於ケル處分竝其ノ歸屬ヲ定メ尚其ノ廢棄又ハ公賣ヲ爲シ得ヘキ場合ヲ定ム

一　領置物ノ還付ヲ受クヘキ者ノ所在不明ナル爲メ還付スルコト能ハサル場合ニ於ケル取扱

（大正十三年十月二十三日刑事第一三八一八號刑事局長回答）

問　領置物ノ還付ヲ受クヘキ者ノ所在不明ナル爲メ又ハ其ノ他ノ事由ニ因リ其ノ物ヲ還付スル能ハサル場合ニ於テハ其ノ事件ニ付不起訴處分ヲ爲シタルトキト雖モ刑事訴訟法第五百六十

條ノ規定ニ準據シテ處理スルコトヲ得ルヤ（那覇檢事正）

答 貴見ノ通

二 所有者不明ノ不起訴事件ノ證據物ノ處分（大正十四年六月十一日 刑事局長回答）

問 不起訴事件ニ付所有者所在不明ノ爲還付シ能ハサル押收物件ハ刑事訴訟法第五百六十條ニ依リ處分スヘキヤ又ハ明治二十六年六月二日民刑甲第九〇號司法次官通牒ニ依リ處分スヘキヤ

（山口檢事正）

答 右ハ刑事訴訟法第五百六十條ニ據リ處理スヘキモノト思料ス從テ同條ト牴觸スル當省通牒ハ當然消滅シタルモノト承知セラレタシ

三 所有者不明又ハ所在不明ノ爲還付不能ノ場合ノ處分方（大正十五年司法官合同ノ際ニ於ル書記長及監督書記協議事項）

鐵道省ニ於テ運送中ノ盗難物件ニシテ所有者ニ還付ノ言渡アリタルモ所有者不明又ハ所在不明ノ爲メ還付不能ノ場合國庫ニ歸屬スヘキモノアリ右ハ尚大正十二年七月二十八日行甲第一一六七號通牒ニ依リ處分スヘキヤ（廣島控檢管內）

決議

刑訴第五百六十條ニ依ルヘキモノトス

大正十二年七月二十八日行甲一一六七號通牒ハ行刑局ト交渉ノ上何レトモ決定スヘシ

四 大正十二年七月行刑局甲第一一六七號次官通牒ノ件（大正十五年十一月二十五日 刑事第八四〇五號刑事局長回答）

問 標記通牒ハ鐵道運送中ノ貨物ヲ拔取リタル事件ニ付所有主不明ノ爲メ沒收ノ裁判アリタル賍品ノ處分ニ關スルモノナレトモ刑法第十九條末項ニ據レハ沒收スルコトヲ得ヘキ盗贓品ハ犯人以外ノ者ニ屬セサル場合ニ限ルモノトス然ルニ拔取事件ニ於テハ其ノ贓品カ犯人以外ノ者ニ屬スルコトカ犯罪構成要素ナルヲ以テ苟モ窃盗罪ヲ認ムル以上ハ贓物ハ當然犯人以外ノ者ニ屬スルモノナルコトヲ認定シタルモノナレハ所有主ノ判明セルト否トヲ問ハス必ス還付ノ裁判ヲ爲スヘキモノニシテ決シテ沒收ノ裁判ヲ爲スヘキ筋合ノモノニ非ス刑事訴訟法第三百七十三條第一項竝ニ同法第五百六十條ノ規定ニ徵スルモ此ノ趣旨極メテ明瞭ナリトス惟フニ標記通牒ハ舊刑法第四十三條第四十四條ノ缺陥ヲ便宜補足セル明治十五年五月丙第二十號達ヲ援用セルニ非ラサルカ舊刑法第四十四條ニハ「所有主ナキ時」ト規定シ所有主アルモ之ヲ發見セサル場合ノ執行方法ヲ明定セサリシカ爲其ノ處置ニ窮シ右達ヲ以テ便宜所有主ナキ場合ト同視シタルモノナルモ此ハ窃盗罪認定ノ理由ト矛盾セル變則的補足ナルヲ以テ之カ執行方法ヲ明定セル新刑事訴訟法ノ實施ト同時ニ當然廢止

セラレタルモノト解スルヲ相當トス

以上ノ理由ナルヲ以テ標記通牒ハ刑事訴訟法ノ實施ト同時ニ消滅シタルモノト解シ可然ヤ

答　貴見ノ通

五　刑事責任無能力者ノ奪取シタル物ノ處分ニ關スル件

（昭和四年七月二十日刑事第六一二四號司法次官回答）

問　地方長官ニ於テ感化院ニ入院セシムルヲ適當ト認メタル刑事責任無能力者ノ奪取シタル物ニシテ被害者又ハ所有者等押收物ノ還付ヲ受クヘキ者ノ所在不明ナル爲又ハ其ノ他ノ事由ニ因リ其ノ物ヲ還付スルコト能ハサル場合ニ於テハ地方長官ニ於テ入院命令ヲ發シタル後一件記錄ト共ニ其ノ物ヲ檢事ニ送致シ其ノ處分ヲ求メシムル様致度（内務次官問合）

答　右ニ關シテハ大正十四年四月四日附警發第四四二號ヲ以テ滿十四歳未滿ノ少年犯罪事件取扱方ニ關シ貴省警保局長問合ニ對スル同年同月二十二日附當省刑事局長回答ノ趣旨ニ依リ御處理相成度

六　刑事責任無能力者ノ奪取シタル物ニ付還付ヲ受クヘキ者ノ所在不明其ノ他ノ理由ニ依リ還付スルコト能ハサル場合

（昭和五年三月三十一日刑事第二八〇六號司法次官回答）

問　十四歳ニ滿タサル者ノ奪取シタルモノヲ押收シタルトキ被害

者又ハ所有者押收物ノ還付ヲ受クヘキ者所在不明其ノ他ノ事由ニ因リ其ノ物ヲ還付スルコト能ハサル場合ノ措置方ニ關シ曩ニ當省ノ照會ニ對シテハ其ノ際御回答ニ接シ居候處之ヲ實際ノ事例ニ徴スルモ多クハ檢事ニ於テ夫々處理サレツツアル情況ニ有之候得共中ニハ十四歳未滿ノ者ノ犯罪事件ハ總テ送致セシメサルコトニ取扱ハレツツアル向モ有之斯クテハ前記物件ノ處置ニ關シ支障尠ナカラサル事情之有候條爾後右様ノ場合ニ於テハ事件ヲ送致シ檢事ニ於テ相當措置サルル様致度再應及照會候也

（内務次官問合）

答　客年十二月二十四日附神警第二五號ノ丙ヲ以テ標記ノ件再應御照會ノ趣了承致候右ニ關シテハ客年七月二十日附ヲ以テ回答候次第モ有之候處爾今十四歳未滿ノ者ノ奪取シタル物ニ付被害者又ハ所有者等押收物ノ還付ヲ受クヘキ者ノ所在不明其ノ他ノ事由ニ依リ其ノ物ヲ還付スルコト能ハサル場合便宜上該事件ト共ニ其ノ物ヲ檢事ニ送致アリタルトキハ檢事ニ於テ適宜處分致ス様取扱致スヘク候條左様御了知相成度候

七　不起訴事件ニ付還付スヘキ押收物カ遺失物ナルトキ

（昭和六年八月五日刑事第七八七六號刑事局長回答）

問　不起訴事件ニ付キ還付スヘキ押收物カ遺失物ナルトキハ遺失物法ニ依ル處分ヲ爲サシムル爲メ之ヲ警察署ニ回付スヘキモノ

ニシテ所有者不明ノ故ヲ以テ刑事訴訟法第五百六十條ニ依リ處理スヘキモノニアラスト思考セラレ候處不起訴事件ニ付キ所有者不明ノ爲メ還付シ能ハサル押收物ノ處分ニ關スル山口地方裁判所ノ問合ニ對シ大正十四年六月十一日刑事第三一六七號御回答ノ次第モ有之聊疑義相生シ候條何分ノ御回示相煩度

事　例

遺失物橫領事件（起訴猶豫）

被疑者ハ昭和五年十月頃伊豫郡松前町縣道上ニ於テ所有者不詳ノクローム側腕卷時計一個ヲ拾得シ警察官署ニ屆出ヲ爲サスシテ橫領シタリ

右時計ハ被疑者ニ於テ一旦賣却シタルモ買戻シタル上警察署ニ差出（拾得ノ日ヨリ七日ヲ經過シタル後）シタルモノニシテ本件證據品トシテ領置中ナリ（松山檢事正）

答　本件ノ事案ハ遺失物法第九條ニ該當シ拾得者ハ拾得物ノ所有權ヲ取得スルコトヲ得サル場合ナルヲ以テ本件押收物ノ處分ニ付テハ刑訴第五百六十條ニ從フヘキモノトス

八　押收物件處分方ニ關スル件（昭和七年十二月二十日刑事第一三二一八號刑事局長回答）

問　行旅死亡人ノ遺留品トシテ町村長ノ保管スヘキ物件ヲ裁判所ニ於テ殺人事件ノ證據物件トシテ押收シ其ノ裁判確定後死亡人ノ遺族不明ナルトコロ其ノ死亡人ヲ取扱ヒタル村役場ヨリ明治三十二年法律第九十三號行旅病者及行旅死亡人取扱法第十一條第十二條、第十三條ニ則リ行旅死亡人トシテ假葬ニ付シタル費用等ニ充當スル必要ノ趣ヲ以テ其ノ死亡者ノ遺留金十五圓其ノ他ノ引繼方ヲ請求アリタリ右ハ同法第十二條ニ依レハ右遺留物件ハ其ノ死亡人ヲ取扱ヒタル村長カ保管ノ權利義務ヲ有シ第十一條ニ依レハ行旅死亡人ノ取扱費用ニ付テハ遺留ノ金錢若クハ有價證券ヲ以テ之ニ充テ仍足ラサルトキハ相續人又ハ扶養義務者ノ負擔ト爲ス旨ヲ規定シ第十三條ニ依レハ右ノ費用ニ付テハ遺留分ヲ賣却シテ之ニ充ツル旨ヲ定メ尙市町村ハ其ノ物件ニ付テハ他ノ債權者ノ先取特權ニ對シ優先權ヲ有スル旨ノ規定アルヲ以テ其ノ請求ニ應シ同役場ニ還付引繼差支ヘナキモノト思料セラルルモ一旦押收物件トナシタル以上右村役場ハ刑事訴訟上ノ還付人ト謂フ能ハサルヲ以テ同法第五百六十條ニ則リ檢事ニ於テ公示手續ヲ爲スヘキモノニ非スヤトノ疑義有之候條貴見御回示相成度（橫濱檢事正）

答　貴見ノ通リ

追テ差出人警察署ナル場合ハ警察署ヲ通シテ還付方御取計相成度

第五百六十一條　刑ノ言渡ヲ受ケタル者裁判ノ解釋ニ付疑アルトキハ言渡ヲ爲シタル裁判所ニ疑義ノ申立ヲ爲スコトヲ

得

〔理由書〕 本條乃至第五百六十四條ハ疑義又ハ異議ノ申立ニ關スル規定ナリ

本條ハ裁判ノ解釋ニ付疑義ノ申立ヲ爲シ得ヘキコトヲ規定ス裁判ノ解釋ニ付疑義ノ申立ヲ爲ストハ刑ヲ言渡シタル判決主文ノ意義ノ釋明ヲ求ムルヲイフ此ノ申立ハ被告ニ限リ之ヲ爲スコトヲ得檢事ハ之ヲ爲スコトヲ得ス檢事ハ職務上自ラ解釋ヲ下スヘキモノナレハナリ

一 疑義ノ申立ト裁判ノ解釋 （大正十三年(つ)第二九號 同年十二月廿三日第六刑事部決定）

刑事訴訟法第五百六十一條ニ所謂裁判ノ解釋ニ付疑アルトキトハ判決主文ノ解釋ニ付疑義ノ存スル場合ヲ指稱スルモノトス

二 未確定ノ判決ニ對スル疑義申立ノ效力 （大正十五年(つ)第九號 同年五月十九日第三刑事部決定）

未確定ノ判決ニ對スル疑義ノ申立ハ不適法ナリ

三 裁判ノ解釋ニ付テノ疑義 （昭和八年(つ)第一〇號 同年五月二十日第三刑事部決定）

刑事訴訟法第五百六十一條ニ裁判ノ解釋ニ付疑アルトキトハ判決主文ノ解釋ニ付疑アル場合ヲ指稱スルモノニシテ判決ノ理由ニ疑アル場合ヲ云フモノニ非ス

第五百六十二條 裁判ノ執行ヲ受クル者又ハ其ノ法定代理人保佐人若ハ夫執行ニ關シ檢事ノ爲シタル處分ヲ不當トスルトキハ言渡ヲ爲シタル裁判所ニ異議ノ申立ヲ爲スコトヲ得

〔理由書〕 本條ハ執行ニ對シ異議ノ申立ヲ爲シ得ヘキコトヲ定ム本條ハ現行法ニ比シ申立人ノ範圍ヲ擴張シタリ其ノ趣旨第三百七十八條ニ同シ

一 刑ヲ言渡シタル判決ノ執行ト其ノ異議ノ申立 （昭和二年(れ)第六號 同年九月一日第五刑事部決定）

刑ノ言渡ヲ爲シタル判決ニ對シ上告ヲ爲シタル場合ニ於テ大審院カ上告ヲ棄却シタルトキハ刑ノ執行指揮ニ對スル異議ノ申立ハ其ノ刑ノ言渡ヲ爲シタル裁判所ニ爲スヘキモノトス

二 追徴金徴收ノ爲メ裁判ノ執行ヲ爲ス場合ニ於ケル第三者ノ執行異議ニ關スル件 （昭和七年五月二十八日 民事甲第五五三號民事局長回答）

問 執達吏カ刑事訴訟法第五五三條ニ基ク追徴金ノ裁判ノ執行トシテ檢事ノ命ニヨリ動産差押ヲ爲シタル處右執行ニ對シ第三者タル其相續人（被告人ハ大正十二年裁判所ノ許可ノ裁判ニ因リ隱居ヲ爲シ相續開始後ニ於テ右刑事裁判確定）ヨリ民事訴訟法第五四九條ニ基ク執行異議ノ訴ヲ民事裁判所ニ提起ト同時ニ强制執行停止命令申請アリタル場合ニ於ケル處理方ニ關シ左記甲、乙兩說アリ何レニ據ルヲ相當トスルヤ（金澤區裁判所）

記

甲説　刑事裁判ノ執行ニ付テハ刑事訴訟法上民事訴訟法ヲ準用スヘキ旨ノ規定アルモ此ノ場合ニ準用セラルル民事訴訟法ノ規定ハ裁判ノ執行ヲ爲スニ付テノミ準用セラルルモノニシテ該裁判ノ執行ニ關スル異議ニ付テハ刑事訴訟法第五六二條ニ基キ刑ノ言渡ヲ爲シタル刑事裁判所ニ對シ異議ノ申立ヲ爲スコトヲ得ルニ止リ民事裁判所ニ對シテハ民事訴訟法ニ因ル第三者異議（民訴五四九條）ノ訴ヲ爲スコトヲ得ス從テ其ノ訴提起ヲ理由トシテ該執行停止命令ノ申請ヲ爲スヲ得ス

（參照刑訴第五五三條、第五五四條、第五六二條乃至五六四條第五六六條）

乙説　刑事訴訟法第五五三條第二項ニ依リ民事訴訟法ノ準用セラルル場合ハ裁判ノ執行ヲ爲スニ付テノミ準用セラルルニアラスシテ其ノ執行手續ニ關シテハ總テ民事訴訟法ノ準用ヲ受クヘキモノト解シ本問ノ如キ刑事裁判ノ執行ニ付テモ民事裁判所ニ對シ第三者異議ノ訴及執行停止命令申請ヲ爲スモ差支ナシ

答　民事訴訟法第五百四十九條ノ規定ハ檢事ノ命令ニ因リ執達吏カ刑事訴訟法第五百五十三條ニ基ク追徵金ノ裁判ノ執行トシテノ動産ノ差押ヲ爲シタル場合ニ於テモ其ノ準用アルモノト思考致候尤モ右檢事ノ命令ハ刑事訴訟法第五百六十二條ニ所謂檢事ノ處分ニ外ナラサルヲ以テ之ヲ不當トスルトキハ同條ニ依リ異議ノ申立ヲ爲シ得ヘキ儀ト思考致候

三　裁判ノ執行ニ對スル異議申立ノ時期

（昭和七年（つ）第四一號　同年九月九日第四刑事部決定）

裁判ノ執行ニ對スル異議ノ申立ハ其ノ目的タル裁判ノ執行ヲ終リタル後ハ之ヲ爲スコトヲ得ス

第五百六十三條　疑義又ハ異議ノ申立ハ書面ヲ以テ之ヲ爲スヘシ

疑義又ハ異議ノ申立ハ決定アル迄之ヲ取下クルコトヲ得

疑義又ハ異議ノ取下ハ書面ヲ以テ之ヲ爲スヘシ

第三百九十一條ノ規定ハ疑義又ハ異議ノ申立及其ノ取下ニ付之ヲ準用ス

〔理由書〕　本條ハ疑義又ハ異議ノ申立ハ取下ケ得ヘキコトヲ定メ尙其ノ申立及申立ノ取下ニ關スル手續ヲ定ム

第五百六十四條　疑義又ハ異議ノ申立ヲ受ケタル裁判所ハ檢事ノ意見ヲ聽キ決定ヲ爲スヘシ此ノ決定ニ對シテハ卽時抗告ヲ爲スコトヲ得

〔理由書〕　本條ハ疑義又ハ異議ノ申立ニ對スル決定ニ付規定スルモノニシテ意義明白ナルヲ以テ說明ノ要ナシ

一　地方裁判所ノ第二審トシテ爲シタル決定ニ對スル抗告
（昭和七年（つ）第一〇號　同年三月八日第四刑事部決定）

地方裁判所ノ第二審判決ニ對スル疑義又ハ裁判ノ執行ニ關スル檢事ノ處分ニ對シ異議申立アリテ同裁判所之ニ對シ決定ヲ爲シタル場合該決定ニ對スル抗告裁判所ハ裁判所構成法第五十條第一ノ（ロ）ノ規定ニ依リ大審院ナリトス

二　決定ヲ受ケタル事項ニ對スル申立ノ反覆
（昭和七年（れ）第三號　同年三月十四日第二刑事部決定）

訴訟法上ノ權利ニ基キテ申立ヲ爲シ之ニ對シ裁判所ノ決定アリタルトキハ同一事情ノ下ニ同一理由ニ基キ反覆シテ同樣ノ申立ヲ爲スコトヲ許サス

第五百六十五條　罰金又ハ科料ヲ完納スルコト能ハサル爲爲シタル勞役場留置ノ執行ニ付テハ刑ノ執行ニ關スル規定ヲ準用ス

〔理由書〕　本條ハ勞役場留置ノ執行ニ關スル規定ナリ勞役場留置ハ自由刑ノ執行ニ非スシテ罰金又ハ科料ノ執行方法ナリ然レトモ其ノ實質ハ身體ノ自由ヲ制限シテ勞役ニ服セシムルモノナルヲ以テ自由刑ノ執行ニ關スル規定ニ從ヒ之ヲ執行スルヲ適當トス本條此ノ義ヲ明ニス

一　勞役場留置執行ノ爲メ逮捕狀ヲ發シタル場合ニ於ケル勞役場留置期間ノ起算點

（大正十二年十二月十二日　刑事第一〇三四一號刑事局長通牒）

問　從來罰金科料ヲ完納セサル者ニ對シ勞役場留置執行ノ爲メ引致命令ヲ發シ其ノ執行ノ日ヨリ留置期間ヲ起算シ來リシモ改正刑事訴訟法實施後ハ

（一）　同法第五百六十五條ノ規定ニ因リ引致命令ヲ廢止シテ（同法第五百四十八條ノ場合ヲ除キ）召喚狀ヲ發シ應セサルトキハ逮捕狀ヲ發スヘキヤ

（二）　其ノ逮捕狀執行ノ日ヨリ留置期間ヲ起算スヘキヤ將又勞役場ニ留置ノ指揮ヲ爲シタル日ヨリ起算スヘキヤ（青森檢事正）

答　（一）　貴見ノ通

（二）　前段貴見ノ通

二　舊法時代發シタル引致命令書ノ效力ニ關スル件
（大正十三年二月二日　刑事第一〇四七號刑事局長通牒）

新刑事訴訟法ニ於テ罰金又ハ科料ヲ完納スルコト能ハサル爲勞役場留置ノ執行ヲ爲スニハ刑ノ執行ニ關スル規定ニ準スヘキコト勿論ナレトモ舊法時代ニ於テ勞役場留置ノ執行ヲ爲ス爲發シタル引致命令書ノ如キハ新法實施後ト雖效力ヲ存セシムルコトヲ相當ト認ムルヲ以テ其ノ未執行ノモノニ付テハ該文書ニ依リ執行差支無

之儀ト御了承相成度及通牒候也

三　勞役場留置執行中罰金納付者ノ申出アリタル場合ノ釋放方

（大正十三年七月一日行甲第九九〇號行刑局長通牒）

問　勞役場留置執行中殘日數ニ對スル罰金納付ノ申出アリタル場合ハ明治四十二年十一月十七日民刑局長回答及大正三年二月十七日法務局長回答ノ通必ス次日以後ノ日數ニ相當スル罰金ヲ徵收シ申出ノ次日ニ之ヲ釋放スヘキヤ刑事訴訟法第五百四十六條ニ該當スル場合等ハ申出ノ當日之ヲ釋放シ其ノ當日ヲモ執行日數ト看做シ可然哉（山形檢事正）

答　右ハ出場當日ノ分納額ヲモ徵收スルニアラサレハ即日出場セシムルコトヲ得サル義ニ有之尚刑事訴訟法第五百四十六條、第五百六十五條ニ依リ勞役場留置ノ執行ヲ停止スル場合ニ於テハ明治四十三年十月民刑甲第七八號民刑局長通牒省議決定ニ準シ釋放當日ハ執行日數ト看做ササルモノトス

四　控訴理由ノ有無ヲ判示セル控訴判決

（昭和二年(れ)第八四四五號同年十二月二十四日第三刑事部判決）

控訴審ノ判決ニ於テ控訴ノ理由アリヤ否ヤヲ示スモ不法ニ非ス

第五百六十六條　第五百五十三條第一項ノ裁判ノ執行ノ費用ハ執行ヲ受クル者ノ負擔トシ民事訴訟法ニ準シ執行ト同時ニ之ヲ取立ツヘシ

〔理由書〕　民事訴訟法ノ規定ニ準據シテ執行ヲ爲ス場合ニ於テハ其ノ執行ノ費用ヲ執行ヲ受クル者ノ負擔ニ歸シ民事訴訟法ノ規定ニ準シ執行ト同時ニ取立ツヘキモノトス

第九編　私訴

〔理由書〕　刑事訴訟手續ニ附帶シテ私權ノ保護ヲ求ムルノ私訴ノ制度ヲ存置スヘキヤ否ニ付テハ議論ノ存スル處ナレトモ犯罪ヲ原因トスル請求ハ公訴ト共ニ之ヲ審判スルヲ便宜トシ之ニ依リ犯罪ノ爲損害ヲ被リタル者ヲシテ簡易ニ其ノ賠償ヲ得セシムルノ利アリ故ニ訴訟手續ノ簡ナルヲ尊フ點ヨリ見ルモ私權ノ保護ヲ全フスル點ヨリ考フルモ之ヲ存置スルヲ適當ト認メ本編ノ規定ヲ定メタリ然レトモ私訴ハ元來公訴ニ附隨スヘキモノニシテ公訴ノ進行ヲ妨ケサルコトヲ前提トシテ其ノ提起及實行ヲ許スヘキモノナレハ此ノ點ヲ考慮シ其ノ範圍ニ相當ノ制限ヲ設クヘキモノトセリ

第一章　通則

第五百六十七條　犯罪ニ因リ身體、自由、名譽又ハ財産ヲ害セラレタル者ハ其ノ損害ヲ原因トスル請求ニ付公訴ニ附帶

シ公訴ノ被告人ニ對シテ私訴ヲ提起スルコトヲ得

〔理由書〕本條ハ現行法第二條ヲ改正シタルモノナリ同條ニ私訴ハ犯罪ニ因リ生シタル損害ノ賠償及贓物ノ返還ヲ目的トスト規定セルモ其ノ解釋ニ付議論アリ本條ニ於テハ之ヲ明確ニスル爲私訴ノ請求原因ヲ明記シ疑ヲ生スルノ餘地ナカラシム又現行法ノ如ク被告人以外ノ者ヲ民事被告人ト爲スハ刑事事件ノ進行ヲ阻害シ徒ニ手續ヲ複雜ナラシムルノ弊アルヲ以テ公訴ノ被告人以外ノ者ニ對シテハ私訴ノ提起ヲ許サルコトトセリ但シ民事訴訟法ニ依ル參加ハ之ヲ排斥スヘキ理由ナキヲ以テ第五百七十二條ヲ以テ之ヲ許スヘキモノト定メタリ

一 本條施行前提起セラレタル私訴ノ效力
（大正十三年(オ)第二二六號 同年六月二十日第一民事部判決）

舊刑事訴訟法施行當時公訴ノ被告人ニ非サル者ニ對シ提起セラレタル私訴ハ新法實施後ニ於テモ其ノ效力ヲ有ス

二 慰藉料ノ請求ト私訴（大正十四年(れ)第一三二七號 同年十月二十九日第二刑事部判決）

犯罪ニ因リ生命ヲ害セラレタル者ノ父母、配偶者及子ハ慰藉料ノ請求ニ付公訴ニ附帶シ公訴ノ被告人ニ對シテ私訴ヲ提起スルコトヲ得ルモノトス

三 證人トシテ訊問セラレタル私訴原告人ノ供述ヲ記載セル公判調書ヲ援用シテ損害額ヲ確定シタル私訴判決ノ效力
（大正十五年(れ)第八六三號 同年七月六日第一刑事部判決）

私訴判決ニ於テ被告カ其ノ內容ヲ爭ヒタルニ拘ラス公判調書中原告カ公訴ノ證人トシテ訊問セラレタル供述記載ヲ援用シテ原告ノ請求セル損害額ヲ算定スル唯一ノ證據資料ト爲シタルハ採證上違法アルモノトス

第五百六十八條 私訴ハ公訴ニ付第一審ノ辯論終結スルニ至ル迄之ヲ提起スルコトヲ得但シ豫審中ハ之ヲ提起スルコトヲ得ス

〔理由書〕本條ハ現行法第四條ヲ改正シタルモノナリ現行法ニ於テハ私訴ハ公訴ニ付第二審ノ判決アル迄何時ニテモ其ノ公訴ニ附帶シテ之ヲ提起スルコトヲ得即チ豫審中ト雖之ヲ提起スルコトヲ得ヘク又公訴ニ付第一審判決アリタル後新ニ之ヲ提起シテ第二審ノ手續ニ附隨セシムルコトヲ得ヘシ然ルニ豫審ノ結果公訴事件ヲ公判ニ付セサルトキハ私訴ノ提起ハ無意義ニ終リ其ノ處置ニ付疑義ヲ生スルヲ以テ本條ニ於テハ豫審中私訴ヲ提起スルヲ得サル旨ヲ明示セリ又私訴ハ公訴ニ附帶スヘキモノナルカ故ニ可成公訴ト共ニ進行セシムルヲ至當ト認メ公訴ニ付第一審ノ辯論終結スルニ至ル迄之ヲ提起スルヲ得ルモノトシ公訴ニ付第一審判決アリタル後ハ勿論其ノ前ト雖公訴ノ辯論終結シタル後ハ之ヲ提起スルヲ得サルモノトセリ

第五百六十九條　公訴ニ付第三條、第四條、第六條、第七條、第九條第二項、第十條第二項、第二十三條又ハ第三百五十六條但書ノ決定アリタルトキハ私訴ニ付亦同一ノ決定アリタルモノト看做ス

公訴ニ付管轄違ノ言渡ヲ爲シタルトキハ私訴ニ付亦同一ノ言渡ヲ爲スヘシ

〔理由書〕本條ノ規定ハ私訴ノ公訴ニ附帶スル性質ヨリ考フレハ當然ナリ

第五百七十條　私訴ノ判決ハ公訴ノ判決ニ於テ認メタル事實ニ基キ之ヲ爲スヘシ但シ請求ノ拋棄ニ基キテ爲ス判決ハ此ノ限ニ在ラス

〔理由書〕公訴ニ附帶シテ私訴ノ提起ヲ許ス所以ハ公訴ノ事實ヲ取調フルニ因リ私訴ノ判決ヲ爲シ得ヘキカ故ナリ即チ公訴ノ事實ト異ナリタル書面ヲ認メテ私訴ノ判決ヲ爲スハ本法ニ私訴ヲ認メタル趣旨ニ反ス本條私訴ノ判決ハ公訴ノ判決ニ於テ認メタル事實ニ基キ之ヲ爲スヘキ旨定メタルハ右ノ理由ニ因ル唯私訴ノ原告請求ノ拋棄ヲ爲ストキハ事實ニ依リ請求ノ當否ヲ判定スルモノニ非サルカ故ニ本文ノ規定ニ從フヘキモノニ非ス本條但書ノ規定アル所以ナリ

第五百七十一條　私訴ニ關スル書類ニハ印紙ヲ貼用スルコトヲ要セス但シ民事部ニ差戻シ又ハ移送シタルトキハ此ノ限ニ在ラス

〔理由書〕私訴ニ關スル書類ニハ民事訴訟ニ關スル書類ノ如ク印紙ヲ貼用スルコトヲ要セス唯公訴ト全ク分離シ民事部ニ差戻シ又ハ移送シタルトキハ公訴附帶ノ性質ヲ失ヒ民事訴訟法ノ規定ニ從フヘキモノナルヲ以テ本文ノ規定ニ依ルコトヲ得ス

私訴ノ判決正本送達ノ申請等ニ印紙ヲ貼用スヘキヤ

（昭和七年一月二十二日　刑事第二〇七號刑事局長通牒）

問　私訴ノ判決正本送達ノ申請及執行文附與申請ノ書類ニハ民事訴訟用印紙法ノ規定ニ從ヒ印紙ヲ貼用スヘキモノナリヤ（千葉地方裁判所）

〔參照〕刑事訴法第五百七十一條

大正十三年四月刑事第三七七五號刑事局長回答

大正十四年法曹會決議第七卷

答　貼用スヘキモノトス

第五百七十二條　民事訴訟法中左ニ揭クル事項ニ關スル規定ハ私訴ニ付之ヲ準用ス但シ卽時抗告ノ提起期間ハ決定ノ告知アリタル日ヨリ三日トス

一　訴訟能力

二　共同訴訟人

三　第三者ノ訴訟參加
四　訴訟代理及輔佐
五　訴訟費用
六　保證
七　訴訟上ノ救助
八　訴訟手續ノ中斷及中止
九　當事者本人ノ出頭
十　訴訟上ノ和解
十一　請求ノ抛棄ニ基キテ爲ス判決
十二　訴又ハ上訴ノ取下
十三　强制執行

〔理由書〕私訴ノ審判ニ付テハ本法ニ定メタル公訴ニ關スル規定ヲ準用スヘキモノナリ唯附帶私訴モ其ノ性質民事上ノ訴ナルカ故ニ本編ニ牴觸セサル範圍內ニ於テハ便宜上民事訴訟法ノ規定ニ依ラシメテ可ナリ本條ハ此ノ趣旨ニ從ヒ民事訴訟法ノ規定中私訴ニ準用スヘキモノヲ揭ク現行法ハ規定頗ル不備ニシテ本條各號ニ記載スル事項ハ如何ナル法規ニ從フヘキヤヲ明示セス故ニ之ヲ補足シテ遺漏ナキヲ期ス

一　私訴判決執行ノ爲判決正本下付方（大正十三年四月二十一日刑事第三七七五號刑事局長通牒）

問　私訴判決ノ執行ニ關シ判決ノ正本ヲ下附シ得ルヤ（鳥取所長）

消極說　新刑事訴訟法ニ於テハ正本ナルモノヲ認メサルカ故ニ私訴判決ノ執行ニ際シテモ之カ正本ヲ下附スルヲ得ス謄本又ハ抄本ニ依リ執行セシムヘキナリ

積極說　刑事訴訟法第五七二條第一三號ニ依リ民事訴訟法ヲ準用スルノ結果私訴判決ノ正本ナルモノヲ下附スヘキモノナリ

答　積極說ノ通

二　私訴費用ノ豫納（大正十三年七月二十一日刑事第一〇七六〇號刑事局長通牒）

問　私訴費用ハ之ヲ豫納セシムヘキヤ

舊刑事訴訟法ニ於テハ此ノ點ニ關スル何等ノ規定ナキ爲民事訴訟法ニ準シ豫納ヲ爲サシムヘシトノ說ト私訴ト雖其ノ手續ハ刑事訴訟法ニ因ルヘキモノナレハ豫納セシムルヲ要セストノ說トアリ本省ニ於テモ兩樣ノ回答（大正三年刑乙一二〇七號法務局長回答）（大正元年八月會監甲一二號會計課長回答）有之實際ノ取扱ハ區區ニ出テ一樣ナラサリシ如シ新刑事訴訟法ニ關シテモ左ノ三說有之（奈良所長）

甲說　私訴ノ訴訟費用ハ全部之レヲ豫納セシムヘキモノナリ

新刑事訴訟法第五百七十二條ニ於テ私訴ノ訴訟費用ニ付テハ民事訴訟ノ規定ヲ準用スル旨明示セラレタルヲ以テ民事訴訟

法第二百八十八條ニヨリ當事者ノ申請ニ係ル證據調費用ハ之ヲ豫納スヘキハ勿論私訴ハ便宜上刑事裁判所ニ於テ審判スルニ過キサルヲ以テ新刑事訴訟法第五百八十條、第五百八十一條ノ送達竝ニ呼出ノ費用ノ如キモ總テ之ヲ豫納セシムヘキモノナリ第五百七十二條ニ訴訟上ノ救助ニ關スル民事訴訟法ノ規定ヲ準用スル趣旨ヨリ見ルモ何等疑ノ餘地ナシ

乙說　總テ豫納ヲ要セス

新刑事訴訟法第五百七十二條ノ規定ハ私訴費用ノ負擔ヲ定ムヘキ實體準則ヲ示シタルモノニシテ裁判確定後其ノ負擔者ヲ定ムルニ付テノ準則ト見ルヘシ若シ甲說ノ如クセハ如何ニ必要ノ場合ニ於テモ費用豫納セサル爲其ノ證據調ヲ爲スコト不能ニ歸スルカ如キ不都合ヲ生ス

丙說　當事者カ證據調ノ申請ヲ爲シタル場合ニ要スル費用ニ限リ豫納セシムヘキモノトス

新刑事訴訟法ノ準用セントスル訴訟費用ニ付テノ規定ハ民事訴訟法第二百八十八條ノ規定存スルノミナルヲ以テ此ノ場合ニ於テノミ私訴費用ヲ豫納セシムヘシ其ノ他ノ場合ハ豫納セシムヘキモノニアラス

答　乙說ノ通

三　私訴判決ノ誤謬ノ更正　（大正十三年(ク)第四九〇號 同十四年二月十六日第一民事部決定）

私訴ノ判決ニ違算書損及此ニ類スル著シキ誤謬アルトキハ民事訴訟法第二百四十一條ノ規定ニ準シ之ヲ更正スルコトヲ得ヘキモノトス

第五百七十三條　當事者ハ裁判所ノ許可ヲ受ケ辯護士ニ非サル者ヲシテ訴訟ノ代理ヲ爲サシムルコトヲ得

〔理由書〕　前條ニ依レハ訴訟代理ニ關スル民事訴訟法ノ規定ハ之ヲ私訴ニ準用スヘキモノナリ本條ハ民事訴訟法ニ依ルヘカラサル場合アルヲ慮リ特例ヲ設ケタルモノニシテ第四十條ト其ノ趣旨ヲ同シクス

私訴ノ訴訟代理ト裁判所ノ許可　（昭和六年(れ)第一一四號 同年三月三十日第二刑事部判決）

辯護士ニ非サル者ノ私訴ノ訴訟代理ニ關スル裁判所ノ許可ニ付テハ特ニ書面ヲ作成シ若ハ公判調書ニ其ノ旨ヲ記載スルコトヲ要セサルモノトス

第五百七十四條　辯護人ハ私訴ニ付被告人ノ代理人トシテ訴訟行爲ヲ爲スコトヲ得

〔理由書〕　公訴ニ關シテ被告人ノ辯護ヲ爲ス者ハ當然私訴ニ付被告ノ爲訴訟行爲ヲ爲スコトヲ得ヘキモノトス即チ別ニ訴訟委任ノ手續ヲ要セサルハ勿論ナリ

第五百七十五條　當事者及其ノ訴訟代理人ハ裁判長ノ許可ヲ受ケ訴訟ニ關スル書類及證據物ヲ閲覽シ且之ヲ謄寫スルコトヲ得

〔理由書〕　辯護人ハ公訴ニ付訴訟ニ關スル書類及證據物ヲ閲覽シ且其ノ書類ヲ謄寫スルコトヲ得ヘキモ被告人ハ其ノ權ヲ有セス私訴ニ關シテハ原被兩造及其ノ代理人皆裁判長ノ許可ヲ受ケ閲覽及謄寫ノ權ヲ有スルモノト爲ス

第五百七十六條　私訴ノ判決ニ對スル再審ノ訴ハ民事訴訟法ニ依リ原判決ヲ爲シタル裁判所ノ民事部ニ之ヲ爲スヘシ

〔理由書〕　私訴ノ再審ノ訴ハ全然公訴ト分離シテ爲スヘキモノナレハ民事訴訟法ノ規定ニ從フヘキモノトス

第五百七十七條　私訴ニ付テハ審級ニ從ヒ公訴ニ關スル規定ヲ準用ス但シ民事部ニ差戻シ又ハ移送シタルトキハ民事訴訟法ニ依ル

〔理由書〕　私訴ニ付テハ原則トシテ公訴ニ關スル規定ヲ準用ス唯民事部ニ差戻シ又ハ移送シタルトキハ附帶ノ性質ヲ失フヲ以テ民事訴訟法ノ規定ニ依ルヘキコト言ヲ俟タス

第二章　第一審

第五百七十八條　私訴ヲ提起スルニハ民事訴訟法ニ準シ訴狀ヲ裁判所ニ差出スヘシ

〔理由書〕　私訴ハ本來私權ノ保護ヲ求ムル訴ナレハ其ノ訴ノ形式ハ民事訴訟法ノ規定ニ從ハシムルヲ至當トス

第五百七十九條　訴狀其ノ他對手人ニ交付スヘキ書類ハ裁判所ニ差出スモノノ外對手人ノ數ニ應シテ之ヲ差出スヘシ

〔理由書〕　本條ハ送達ノ便ヲ圖ラムカ爲ナリ

第五百八十條　裁判所訴狀ヲ受取リタルトキハ速ニ之ヲ被告ニ送達スヘシ

公判期日ニ出頭シタル被告ニ對シ公判廷ニ於テ訴狀ヲ交付シタルトキハ送達アリタルモノト看做ス

〔理由書〕　第一項ハ別ニ説明ヲ要セス第二項ニ定メタル場合ニ正式ノ送達ヲ要セサルハ當然ナリ

第五百八十一條　公訴ノ公判期日ニハ私訴關係人ヲ召喚スヘシ

〔理由書〕　私訴ノ判決ハ公訴ノ判決ニ於テ認メタル事實ニ基キテ之ヲ爲シ又公訴ニ付取調ヘタル證據ハ私訴ニ付取調ヘタルモノト看做スヘキモノナレハ私訴關係人ハ公訴ノ公判期日ニ出頭シ其ノ審理ニ立會フコトヲ得ヘキモノト爲ササルヘカラス是レ本條ノ規定アル所以ナリ

第五百八十二條　原告公判期日ニ出頭シ訴狀ヲ差出スコト能

ハサル事由ヲ疏明シタルトキハ口頭ヲ以テ私訴ヲ提起スルコトヲ得但シ被告出頭セサル場合ニ於テハ此ノ限ニ在ラス

〔理由書〕　本條ハ例外トシテ口頭ヲ以テ私訴ヲ提起スルコトヲ得ル場合ヲ規定ス

第五百八十三條　私訴ノ取調ハ公訴ノ審理ヲ終ヘタル後之ヲ爲スヘシ但シ裁判長ハ公訴ノ審理中ト雖職權ヲ以テ私訴ニ付取調ヲ爲スコトヲ得

〔理由書〕　私訴ノ審判ハ公訴ノ審判ヲ基本ト爲スカ故ニ原則トシテ私訴ノ審理ハ公訴ヨリ後ニセサルヘカラス而シテ公訴ノ審理中職權ヲ以テ私訴ニ關スル取調ヲ爲スコトヲ得セシメタルハ之ヲ便宜トスル場合多キヲ以テナリ例ヘハ犯罪事實ト共ニ被害者ノ主張スル被害額ヲ取調ヘ同一ノ證人ニ對シ公訴ノ裁判ニ必要ナル事實ト私訴ノ裁判ニ必要ナル事實トヲ訊問スルカ如シ

第五百八十四條　原告ハ請求ノ原因タル事實ヲ陳述シ判決ヲ受クヘキ事項ヲ申立ツヘシ

被告ハ答辯ヲ爲スヘシ

〔理由書〕　現行法第二百二十一條第一項ニハ「民事原告人ハ被害ノ事實ヲ證明シ且私訴ニ付其ノ請求スル所ヲ陳述スヘシ」ト規定シ私訴ニ付テハ民事訴訟ニ於ケルカ如ク職權主義ヲ排シ必ス民事原告人ニ於テ事實ノ證明ヲ爲スヘキモノノ如ク規定シタルノ觀アリ本條第一項ニ於テハ原告ハ請求ノ原因タル事實ヲ陳述シ判決ヲ受クヘキ事項ヲ申立ツヘシト規定スルモ第五百八十七條ニ於テ裁判所ハ私訴判決ヲ受クヘキ事項ノ範圍内ニ於テハ請求ノ原因タル事實ニ關スル原告ノ陳述ニ拘束セラルルコトナキ旨ヲ規定シ又第五百八十六條ニ於テハ公訴ニ付取調ヘタル證據ハ私訴ニ付取調ヘタルモノト看做ス旨ヲ規定シ裁判所ハ原告ノ申立サル事物ヲ之ニ歸セシムルヲ得サルモ公訴ニ於テ認メタル事實ハ當事者ノ陳述スル所ノ如何ニ拘ハラス之ヲ基本トシテ私訴ノ判決ヲ爲スコトヲ得ヘキモノトセリ卽チ當事者間ニ爭ナキ事實ト雖職權ヲ以テ認メタル事實ニ符合セサレハ之ヲ認ムルコトナク又公訴ニ於テ認メタル事項ハ當事者之ヲ證明セサルモ私訴ニ付當然之ヲ認ムヘキモノト爲ス本條第一項ノ意義ハ現行法第二百二十一條第一項ト同一ニ非ス

第五百八十五條　裁判所ハ相當ノ陳述ヲ爲スコト能ハサル當事者、訴訟代理人又ハ輔佐人ニ對シ決定ヲ以テ其ノ後ノ陳述ヲ禁スルコトヲ得此ノ場合ニ於テハ新期日ヲ定メ辯護士ヲシテ訴訟代理ヲ爲サシムヘキコトヲ命スヘシ

〔理由書〕　民事訴訟法ニモ類似ノ規定ヲ存ス之ヲ設ケタルハ審理ノ目的ヲ達スル爲必要ナルヲ以テナリ

第五百八十六條　公訴ニ付取調ヘタル證據ハ私訴ニ付取調ヘタルモノト看做ス

〔理由書〕本條ハ民事訴訟ノ原則ト全ク異ナレリ元來私訴ノ判決ハ公訴ノ判決ニ於テ認メタル事實ニ基キ爲スヘキモノナリ公訴ニ於テ取調ヘタル事實ハ再ヒ之ヲ私訴ニ付取調フヘキモノニ非ス證據ニ付テモ亦同シ公訴ニ付取調ヘタル證據ハ當然私訴ニ付取調ヘタルモノト看做シ二重ノ手續ヲ履ムノ繁累ナカラシム尚本條ニ付テハ第五百八十四條ノ說明ヲ參照スヘシ

第五百八十七條　裁判所ハ私訴判決ヲ受クヘキ事項ノ申立ノ範圍內ニ於テハ請求ノ原因タル事實ニ關スル原告ノ陳述ニ拘束セラルルコトナシ

〔理由書〕前ニ述フルカ如ク裁判所ハ元來公訴ノ判決ニ於テ認メタル事實ニ基キ私訴ノ判決ヲ爲スモノナリ若シ此ノ事實ニ基キ原告ノ請求ヲ至當トスルトキハ其ノ事實原告ノ主張スル事實ト異ナルモ原告ニ對シテ勝訴ノ判決ヲ爲スコトヲ得ヘシ卽チ裁判所ハ原告ノ申立テサル事物ヲ之ニ歸セシムルヲ得サルモ其ノ請求ノ原因トシテ主張スル事實ニ拘束セラルルコトナシ換言セハ原因ノ變更ニ因リ請求セサル事物ヲ原告ニ歸セシムルコトハ絕對ニ許ササルモ原告ノ主張スル事實ト異ナリタル事實ヲ認メテ其ノ請求シタル事物ヲ之ニ歸セシムルハ敢テ禁スル所ニ非ス本條ニ付テハ第五百八十四條ヲ參照スヘシ

第五百八十八條　檢事ハ私訴ノ審判ニ立會フコトヲ要セス

檢事私訴ノ審判ニ立會ヒタル場合ニ於テハ當事者ノ辯論終リタル後意見ヲ陳述スルコトヲ得

〔理由書〕公判廷ハ判事、檢事、裁判所書記列席シテ之ヲ開クモ私訴ノ審理ニ當リテハ檢事ノ立會ヲ必要トセサルコトトセリ檢事公益上必要ト認ムルトキ固ヨリ私訴ノ審判ニ立會ヒ意見ヲ述フルコトヲ得ヘシ而シテ其ノ意見ヲ述フルハ當事者カ辯論ヲ終リタル後ニ於テスヘキモノトス

第五百八十九條　裁判所ハ訴訟ノ如何ナル程度ニ在ルヲ問ハス數多ノ日時ヲ費スニ非サレハ私訴ノ審判ヲ終結シ難キモノト認ムルトキハ決定ヲ以テ私訴ヲ却下スヘシ

此ノ決定ニ對シテハ抗告ヲ爲スコトヲ得ス

〔理由書〕公訴ニ附帶シテ私訴ヲ提起スルノ利益ハ公訴ニ於テ取調ヘタル證據及公訴ニ於テ確定シタル事實ヲ援用シテ直ニ私訴ノ判決ヲ爲スコトヲ得ルノ點ニ在リ而シテ公訴審理ノ結果ノミニテハ不十分ニシテ更ニ私訴ニ付繁雜ナル取調ヲ必要トシ之カ爲多クノ日子ヲ費スカ如キ場合ニ於テハ之ヲ公訴ニ附帶セシメタル實益ナク刑事ノ手續ニ依リ民事訴訟ヲ審理スルノ變體ヲ呈スルノ外何等得ル所ナシ故ニ此ノ場合ニ於テハ原告ノ訴ヲ附帶私訴トシテ審判セス民事訴訟法ノ規定ニ從ヒ普通ノ民事訴訟トシテ審判スルヲ至當トス故ニ此ノ場合ニハ決定ヲ以テ其ノ訴ヲ却下スヘキモノト定ム

第五百九十條　公訴ニ付無罪、免訴又ハ公訴棄却ノ判決アリタルトキハ判決ヲ以テ私訴ヲ却下スヘシ

公訴ニ付公訴棄却ノ決定アリタルトキハ決定ヲ以テ私訴ヲ却下スヘシ

前二項ノ規定ニ依リ私訴ヲ却下シタル判決又ハ決定ニ對シテハ公訴ニ付上訴アリタルトキニ非サレハ上訴ヲ爲スコトヲ得ス

〔理由書〕公訴ニ付無罪、免訴、公訴棄却ノ判決アリタルトキハ公訴ニ於テ取調ヘタル事實及證據ヲ以テ私訴ノ判決ヲ爲スコトヲ得サルカ故ニ斯ノ如キ場合ニハ判決ヲ以テ訴ヲ却下スヘキモノトス卽チ此ノ場合ニ原告ハ民事訴訟ヲ以テ再ヒ其ノ請求ヲ爲スノ外ナカルヘシ公訴ニ付公訴棄却ノ決定アリタルトキ私訴ニ付訴ヲ却下スヘキハ前項ト同一ノ理由ニ依ル以上述ヘタル私訴ノ裁判ニ對シテハ公訴ニ付上訴アリタルトキニ非サレハ上訴ヲ許サス是レ私訴ノ公訴ニ附帶スルノ性質ニ基クモノナリ

第五百九十一條　略式命令確定判決ト同一ノ效力ヲ有スルニ至リタルトキハ決定ヲ以テ私訴ヲ却下スヘシ此ノ決定ニ對シテハ抗告ヲ爲スコトヲ得ス

〔理由書〕略式命令ノ請求ハ公訴ノ提起ト同時ニ爲スヘキカ故ニ之ト同時ニ附帶私訴ヲ提起スルコトヲ得ヘキハ明ナリ故ニ略式命令ニ對シテ正式裁判ノ請求アラハ私訴モ公訴モ共ニ審判セラルルニ至ルヘシ然レトモ略式命令確定シタルトキハ私訴ヲ審判スルニ由ナシ是レ本條ノ規定アル所以ナリ

第五百九十二條　裁判所ハ公訴ノ判決ト同時ニ私訴ノ判決ヲ爲スヘシ

〔理由書〕私訴ノ判決ハ公訴ノ判決ニ先ツヘキ理由ナキヤ明ナリ其ノ後ニ爲スコトヲ得サルニ非スト雖本法ノ如ク公訴事實ニ基キ其ノ判決ヲ爲シ得ヘキモノト爲ス以上ハ同時ニ爲スヲ便トシ之ヲ後ニスルコトヲ必要トスル場合皆無ト稱シテ可ナリ故ニ本條ノ如ク規定ス

第五百九十三條　當事者召喚ヲ受ケテ期日ニ出頭セス又ハ出頭スルモ辯論ヲ爲サス若ハ秩序維持ノ爲退廷ヲ命セラレタルトキハ其ノ陳述ヲ聽カスシテ判決ヲ爲スコトヲ得

〔理由書〕現行法ハ私訴ニ付闕席判決ヲ認メタルモ本條ハ之ヲ認メス原告又ハ被告出頭セス又ハ出頭スルモ辯論ヲ爲サス又ハ秩序維持ノ爲退廷ヲ命セラレタルトキハ相手方ノミノ陳述ヲ聽キ判決ヲ爲スモノトス此ノ場合ニ於テモ裁判所ハ公訴ニ於テ取調ヘタル事實及證據ニ依リ判決ヲ爲スカ故ニ辯論ヲ爲ササルカ爲必シモ不利益ノ判決ヲ受クヘキモノニ非サルハ言ヲ俟タス

第三章　上訴

第五百九十四條　私訴ニ付區裁判所又ハ地方裁判所ニ於テ爲シタル第一審ノ判決ニ對シテハ控訴ヲ爲スコトヲ得

〔理由書〕本條ハ私訴ノ第一審ノ判決ニ對シテハ控訴ヲ爲シ得ルコトヲ規定ス地方裁判所及區裁判所ノ第一審判決トイフハ大審院ノ特別權限ニ屬スル第一審判決ヲ除クヘキカ故ナリ

第五百九十五條　公訴ノ第一審判決ニ對シテ上告ノ申立アリタルトキハ私訴ノ判決ニ對シテハ控訴ヲ爲スコトヲ得ス

公訴ノ第一審判決ニ對シテ上告ノ申立アリタルトキハ私訴ノ判決ニ對シテ爲シタル控訴ハ其ノ效力ヲ失フ

前二項ノ規定ハ上告ノ取下アリタルトキ、第四百十七條ノ規定ニ依リ上告其ノ效力ヲ失ヒタルトキ又ハ第四百二十條第四百二十七條若ハ第四百四十五條ノ規定ニ依リ上告ヲ棄却スル裁判アリタルトキハ之ヲ適用セス

〔理由書〕公訴ノ存立スル以上ハ可成私訴ヲシテ之ニ追隨セシムヘキハ當然ナリ故ニ公訴及私訴ニ付上訴ヲ爲ス場合ニ於テモ私訴ハ公訴ト分離セス同一裁判所ノ審判ヲ受クルコトト爲ササルヘカラス即チ本條第一項ニ於テハ公訴ノ第一審判決ニ對シ上告アリタルトキハ自ラ爲シタル場合ナルト檢事又ハ對手人ノ爲シタル場合ナ

ルトヲ問ハス私訴ニ付控訴ヲ爲スコトヲ得サル旨ヲ定メ又第二項ニ於テハ私訴ノ判決ニ對シ控訴ヲ爲シタル後公訴ノ第一審判決ニ對シ上告ノ申立アリタルトキハ私訴ノ控訴ハ其ノ效力ヲ失フヘキ旨ヲ定メタリ第三項ハ上告成立セサルニ至リタルトキ前二項ヲ適用セサルコトヲ定メタルモノニシテ當然ノ規定ナリ

第五百九十六條　公訴ノ第一審判決ニ對シテ上告ノ申立アリタルトキハ裁判所ハ私訴ニ付控訴ヲ爲シタル當事者ニ其ノ旨ヲ通知スヘシ

控訴ヲ爲シタル當事者ハ前項ノ通知ヲ受ケタル日ヨリ五日內ニ上告ヲ爲スコトヲ得此ノ上告ハ控訴ニ付前條第三項ノ規定ノ適用アル場合ニ於テハ其ノ效力ヲ失フ

〔理由書〕前條ノ規定ニ依リ公訴ノ第一審判決ニ對シ上告アリタルトキハ私訴ニ付爲シタル控訴ハ其ノ效力ヲ失フヘキヲ以テ公訴ニ付上告アリタルコトハ控訴ヲ爲シタル當事者ニ通知スヘキモノトシ通知ヲ受ケタル者ハ公訴ノ上告ニ追隨シテ私訴ニ付上告ヲ爲シ得ヘキモノトセリ此ノ場合ニ於テ私訴ノ上告ハ私訴ノ控訴效力ヲ失ヒタル爲公訴ノ上告ニ追隨スルモノナルヲ以テ前條第三項ニ依リ公訴ノ上告不成立ト爲リ爲ニ私訴ノ控訴復活スルニ至ルトキハ私訴ノ上告ハ存立ノ理由ヲ失フ故ニ本條第二項ヲ設ク

第五百九十七條　左ノ場合ニ於テハ私訴ニ付爲シタル第二審

ノ判決ニ對シテ上告ヲ爲スコトヲ得

一　公訴ノ判決ニ對シ上告アリタルトキ

二　法令ノ違反ヲ理由トスルトキ

〔理由書〕私訴ノ第二審判決ニ對シテハ法令違反ヲ理由トスル場合ノ外公訴判決ニ對シテ上告ノ申立アリタルトキハ常ニ上告ヲ爲シ得ヘキモノトス公訴判決ノ變更ニ因リ私訴ノ判決ハ當然影響ヲ受クルヲ以テナリ

第五百九十八條　左ノ場合ニ於テハ私訴ニ付爲シタル第一審ノ判決ニ對シ控訴ヲ爲サスシテ上告ヲ爲スコトヲ得

一　公訴ノ判決ニ對シ上告アリタルトキ

二　判決ニ依リ定マリタル事實ニ付法令ヲ適用セス又ハ不當ニ法令ヲ適用シタルコトヲ理由トスルトキ

〔理由書〕本法第四百十六條ヲ以テ公訴ニ付區裁判所又ハ地方裁判所ニ於テ爲シタル第一審ノ判決ニ對シテハ控訴ヲ爲サスシテ直ニ上告ヲ爲スコトヲ得ル旨ヲ規定シ其ノ場合ヲ列擧シタリ私訴ニ付テハ一面之ト全ク同一ノ理由ニ基キ第一審判決ニ對スル上告ヲ認メ他面前條ニ示ス所ト同一ノ理由ニ基キ公訴ノ第一審判決ニ對シ上告アリタルトキハ理由ヲ問ハス之ニ追隨シテ私訴ノ第一審判決ニ對シテモ上告ヲ爲シ得ルコトトセリ

第五百九十九條　公訴ノ第一審判決ニ對シテ控訴ノ申立アリタルトキハ私訴ノ判決ニ對シテ上告ヲ爲スコトヲ得ス

公訴ノ第一審判決ニ對シテ控訴ノ申立アリタルトキハ私訴ノ判決ニ對シテ爲シタル上告ハ其ノ效力ヲ失フ

前二項ノ規定ハ控訴ノ取下アリタルトキ又ハ控訴ヲ棄却スル裁判アリタルトキハ之ヲ適用セス

第六百條　公訴ノ第一審判決ニ對シテ控訴ノ申立アリタルトキハ裁判所ハ私訴ニ付上告ヲ爲シタル當事者ニ其ノ旨ヲ通知スヘシ

上告ヲ爲シタル當事者ハ前項ノ通知ヲ受ケタル日ヨリ七日内ニ控訴ヲ爲スコトヲ得此ノ控訴ハ上告ニ付前條第三項ノ規定ノ適用アル場合ニ於テハ其ノ效力ヲ失フ

〔理由書〕第五百九十九條ハ第五百九十五條ト又第六百條ハ第五百九十六條ト各規定ノ趣旨ヲ同シクス

第六百一條　公訴ノ判決ニ對シ上告アリタル場合ニ於テ私訴ニ付上告ヲ爲シタルトキハ上告趣旨書ヲ差出ササルコトヲ得

〔理由書〕公訴ノ判決ニ對シ上告アリタルトキ私訴ニ付上告ヲ爲スヘキ場合ニハ公訴ノ判決ニ對シテ上告アリタルコトカ私訴ニ付上告ノ理由ト爲ルモノニシテ私訴自體ニ付上告ノ理由存スルト否トヲ問ハサルナリ故ニ私訴ニ付上告ヲ申立タル者ハ上告趣意書ヲ差

出スノ要ナキモノトス

第六百二條　上告裁判所ニ於ケル辯論ハ辯護士ヨリ選任シタル訴訟代理人ニ非サレハ之ヲ爲スコトヲ得ス

〔理由書〕本法第四百三十條ト其ノ趣旨異ナルコトナシ

第六百三條　當事者訴訟代理人ヲ選任セサルトキ又ハ訴訟代理人出頭セサルトキハ辯論ヲ聽カスシテ判決ヲ爲スコトヲ得

〔理由書〕本法第四百三十三條ト其ノ趣旨異ナルコトナシ

第六百四條　第四百四十條又ハ第四百四十五條ノ規定ニ依リ公訴ニ付事實ノ審理ヲ爲スヘキ旨ノ言渡アリタルトキハ私訴ニ付同一ノ言渡アリタルモノト看做ス

〔理由書〕私訴ノ判決ハ公訴ノ判決ヲ以テ認メタル事實ヲ基本トスルモノナレハ公訴ニ付事實ノ審理ヲ開始スヘキ旨ノ言渡アリタル場合ニ於テハ私訴ニ付テモ亦事實ノ審理ヲ開始スヘキハ言ヲ俟タサル所ナリ

第六百五條　第四百四十六條ノ規定ニ依リ公訴ニ付上告棄却ノ判決ヲ爲ス場合ニ私訴ニ付上告ノ理由ト爲ルヘキ法令ノ違反ナキトキハ判決ヲ以テ上告ヲ棄却スヘシ

第六百六條　第四百四十六條ノ規定ニ依リ公訴ニ付上告棄却ノ判決ヲ爲ス場合ニ於テ私訴ニ付上告ノ理由ト爲ルヘキ法

令ノ違反アルトキハ第六百七條ノ場合ヲ除クノ外判決ヲ以テ原判決ヲ破毀シ事件ニ付更ニ判決ヲ爲スヘシ

本法ノ施行前公訴ノ被告人ニ非サル者ニ對シ提起シタル私訴ト其ノ施行後ノ處分

（大正十三年(れ)第三三九號 同年四月十九日第四刑事部判決）

刑事訴訟法ノ施行前舊法ニ從ヒ公訴ノ被告人ニ非サル者ニ對シ提起シタル私訴ニシテ其ノ施行後裁判所ノ刑事部ニ繫屬シ未タ判決ヲ經サルモノハ其ノ裁判所ノ民事部ニ移送スル言渡ヲ爲スヘキモノトス

第六百七條　前條ノ場合ニ於テ事件ニ付更ニ判決ヲ爲ス爲事實ノ審理ヲ必要トスルトキハ事件ヲ原裁判所ノ民事部ニ差戻シ又ハ原裁判所ト同等ナル他ノ裁判所ノ民事部ニ移送スヘシ

〔理由書〕公訴ニ關シテ上告ノ理由ナシト認メ上告棄却ノ判決ヲ爲ス場合ニ於テ私訴ニ付上告ノ理由ト爲ルヘキ法令ノ違背ナキトキハ判決ヲ以テ上告ヲ棄却スヘキハ當然ナリ若シ私訴ニ付上告ノ理由トナルヘキ法令ノ違背アルトキハ公訴ニ付上告ヲ棄却スルニ拘ハラス私訴ノ判決ヲ破毀セサルヘカラス破毀スル場合ニ於テ事件ニ付判決スル爲事實ノ審理ヲ必要トスルトキト之ヲ必要トセサルトキトアリ前ノ場合ニ於テハ公訴ト分離シテ私訴ノ審理ヲ爲ササ

ルヘカラス即チ公訴附帶ノ性質ヲ失フニ至ルヲ以テ事件ヲ原裁判所ノ民事部ニ差戻シ又ハ原裁判所ト同等ナル他ノ裁判所ノ民事部ニ移送スヘキモノトス後ノ場合ニ於テハ公訴ト共ニ私訴ノ審理總了スルヲ以テ破毀スルト同時ニ事件ニ付更ニ判決ヲ爲スヘキモノトス

第六百八條　公訴ニ付原判決ヲ破毀シ被告事件ニ付更ニ判決ヲ爲シタル場合ニ於テハ左ノ區別ニ從ヒ私訴ニ付判決ヲ爲スヘシ

一　公訴ノ判決私訴ニ影響ヲ及ホスヘキ變更ヲ爲シタルトキ又ハ私訴ニ付上告ノ理由ト爲ルヘキ法令ノ違反アルトキハ原判決ヲ破毀ス

二　公訴ノ判決私訴ニ影響ヲ及ホスヘキ變更ヲ爲サス且私訴ニ付上告ノ理由ト爲ルヘキ法令ノ違反ナキトキハ上告ヲ棄却ス

〔理由書〕公訴ニ付原判決ヲ破毀シ被告事件ニ付更ニ判決ヲ爲ス場合ニ於テ公訴ノ事實變更セラレ其ノ變更カ私訴ニ影響ヲ及ホストキハ私訴ニ付上告ノ理由トナルヘキ法令ノ違背アルト否トヲ問ハス原判決ヲ破毀スヘキハ當然ナリ私訴ニ付上告ノ理由ト爲ルヘキ法令ノ違背アルトキ亦同シ之ニ反シテ公訴ノ判決私訴ノ判決ニ影響ヲ及ホサス且私訴ニ付上告ノ理由ト爲ルヘキ法令ノ違背ナキト

キハ公訴ノ判決ヲ破毀スルニ拘ハラス私訴ニ付上告ヲ棄却スヘキハ當然ナリ本條ハ此ノ義ヲ明ニス

第六百九條　前條ノ規定ニ依リ私訴ニ付原判決ヲ破毀スル場合ニ於テハ第六百十條ノ場合ヲ除クノ外事件ニ付判決ヲ爲スヘシ

第六百十條　第六百八條ノ規定ニ依リ私訴ニ付原判決ヲ破毀スル場合ニ於テ事件ニ付更ニ判決ヲ爲ス爲私訴ノミニ付事實ノ審理ヲ必要トスルトキハ事件ヲ原裁判所ノ民事部ニ差戻シ又ハ原裁判所ト同等ナル他ノ裁判所ノ民事部ニ移送スヘシ

〔理由書〕兩條ハ第六百六條及第六百七條ト其ノ趣旨ヲ同フス

第六百十一條　公訴ニ付原判決ヲ破毀シ差戻又ハ移送ノ判決ヲ爲ス場合ニ於テハ私訴ニ付同一ノ判決ヲ爲スヘシ

〔理由書〕本條ハ私訴ノ判決ハ公訴ノ判決ヲ基本トスル點ヨリ考フレハ事理明白ナリ

第六百十二條　上訴裁判所私訴ノミニ付審判ヲ爲スヘキ場合ニ於テハ決定ヲ以テ事件ヲ其ノ裁判所ノ民事部ニ移送スヘシ此ノ決定ニ對シテハ抗告ヲ爲スコトヲ得ス

〔理由書〕上訴裁判所私訴ノミニ付審判ヲ爲ス場合トハ私訴ノミニ付上訴アリタルトキ又ハ公訴ニ付爲シタル上訴存立セサルニ至リ

私訴ノミ殘存スル場合ナリ此ノ如キ場合ニハ私訴ハ公訴ト分離シテ全ク附帶ノ性質ヲ失フヲ以テ民事部ニ移送スルヲ適當トス之レ本條ノ規定アル所以ナリ

一　本條ノ適用範圍

公私訴事件ニ付審理終結シタル後ト雖判決言渡ニ先チ公訴ニ關スル上訴ノ取下アルタル場合ニハ私訴ハ公訴附帶ノ關係ヲ失フヲ以テ刑事訴訟法第六百十二條ニ依リ民事部ニ移送スヘキモノトス

（大正十二年(つ)第一六七九號 同十三年二月九日第三刑事部決定）

二　舊刑事訴訟法施行當時第三者ニ對シテ提起ジタル私訴ト本法實施後ニ於ケル審判

（大正十三年(れ)第八〇三號 同十四年三月六日第六刑事部判決）

公訴ニ附帶シ被告人以外ノ第三者ニ對シテ提起セラレタル私訴カ舊刑事訴訟法施行當時第二審裁判所ニ繫屬シ刑事訴訟法實施後判決ヲ爲スニ當リ事件ヲ其ノ裁判所ノ民事部ニ移送スルコトナク本案ノ判決ヲ爲シタル場合ニ於テハ上告審ハ其ノ判決ヲ破毀シ事件ヲ原裁判所ノ民事部ニ移送スヘキモノトス

三　本條ニ所謂上訴裁判所私訴ノミニ付審判ヲ爲スヘキ場合

（昭和八年(れ)第五四五號 同年六月八日第一刑事部決定）

被告人カ公私訴判決ニ對シ上告ヲ申立テ私訴原告カ私訴判決ニ對シ上告ヲ申立テタルモ被告人カ法定期間内ニ上告趣意書ヲ提出セサル爲其ノ公私訴上告ヲ棄却スル場合ニ於テハ私訴原告ノ上告事件ヲ民事部ニ移送スヘキモノトス

四　私訴ノミノ上告ト上告審ノ管轄

（昭和八年(れ)第一七〇九號 同年十一月十三日第一刑事部判決）

附帶私訴ノ判決ノミニ對スル上告ニ付テハ上告審ノ民事部ニ移送スヘキモノトス

第六百十三條　本編第二章ノ規定ハ別段ノ規定アル場合ヲ除クノ外上訴ノ審判ニ付之ヲ準用ス

〔理由書〕　上訴ノ審判ハ上訴ノ性質ニ戻ラス且特ニ規定スル所ト牴觸セサル限リ第一審ニ付定メタル法規ニ從フヘキモノナリ

附　則

第六百十四條　本法施行ノ期日ハ勅令ヲ以テ之ヲ定ム

〔理由書〕　本條ニ付テハ別ニ説明ヲ要セス

第六百十五條　明治二十三年法律第九十六號刑事訴訟法及刑事略式手續法ハ之ヲ廢止ス

〔理由書〕　本條ニ付テハ別ニ説明ヲ要セス

第六百十六條　本法ハ本法施行前ニ生シタル事件ニ亦之ヲ適用ス

前項ノ規定ハ本法施行前舊法ニ依リ爲シタル訴訟手續ノ效力ヲ妨ケス

本法施行前舊法ニ依リ爲シタル訴訟手續ニシテ本法ニ之ニ

相當スル規定アルモノハ之ヲ本法ニ依リ爲シタルモノト看做ス

〔理由書〕 本法施行ノ後ニ於テハ其ノ施行前ニ生シタル事件ニ付テモ本法ヲ適用シテ之カ審判ヲ爲スヘキハ當然ナリトス然レトモ本法施行前既ニ現行法ニ依リテ爲シタル手續ハ其ノ效力ヲ認ムヘク從テ之ヲ更新スルヲ要セス而シテ現行法ニ依リ爲シタル訴訟手續ニシテ本法ニ之ニ相當スル規定アルモノハ之ヲ本法ニ依リ爲シタルモノト看做スヲ相當ト認メタリ

一 本條ノ解釋ニ關スル注意 （大正十二年十二月五日 刑事第九五四六號刑事局長通牒）

刑訴第六百十六條ハ新法ヲシテ舊法時代ニ爲シタル訴訟手續等ニ遡及セシムルヲ原則トスルト同時ニ舊法時代ニ爲シタル訴訟手續ノ效力ヲ存セシムルコトヲ規定シタルヲ以テ其ノ結果トシテハ舊法時代ニ爲シタル訴訟手續ハ舊法ノ規定ニ違背セサレハ之ヲ有效ト爲スノミナラス舊法ノ規定ニ違背スルモ新法ノ規定ニ依リ其ノ手續ヲ有效ナリト認ムヘキモノハ亦其ノ效アリト解釋スルヲ正當トス今一二ノ例ヲ擧ケ之ヲ示サハ左ノ如シ

舊法ニ依レハ現行犯ノ場合ニ於テ被告人ヲ指定セスシテ豫審請求ヲ爲スコトヲ得タルヲ以テ新法施行後ニ至リテモ其ノ公訴ノ提起ハ有效ナリトスルコト刑訴第六百十六條第二項ノ規定ニ依リ明ナリ

舊法ニ依レハ被告人ノ住所、居所ノ地ハ土地管轄トシテ之ヲ認メサルモ新法ニ於テハ之ヲ認ムルヲ以テ舊法時代ニ被告人ノ住所ノ地ノ裁判所ニ爲シタル公訴提起ハ有效ナリ是レ同條第一項及ヒ第三項ノ規定ニ基ク所ナリトス

亦公判始末書ニ契印ヲ缺ク場合ニ於テハ舊法ニ依レハ之ヲ無效ト爲スモ新法ニ依レハ無效ト爲スノ規定存セサルヲ以テ新法ノ遡及的適用ニ依リ其ノ公判始末書ハ無效トナルコトナシ是レ亦前項ト同シク同條第一項及ヒ第三項ノ規定ニ基ク所ナリトス

舊法ノ規定ニ違背スルモ新法ノ規定ニ依リ之ヲ有效ト爲ス場合ニ於テ既ニ舊法時代ニ其ノ違背ヲ理由トシテ管轄違又ハ公訴不受理ノ判決アリタルトキト雖其ノ判決未タ確定スルニ至ラスシテ之ニ對シテ上訴ノ申立アリタルトキハ新法ニ從ヒ其ノ判決ヲ取消シ手續ヲ有效ト認メサルヘカラス

念フニ刑訴第六百十六條第一項ノ規定ハ新法遡及ノ原則ヲ定メ新法ハ舊法時代ニ行ハレタル訴訟手續及訴訟上ノ事實ニモ遡リテ適用セラルヘキコトヲ示シ其ノ新法遡及主義ヲ原則トスル當然ノ結果トシテ第三項ノ舊法時代ニ爲シタル訴訟手續ヲ新法ニ依リ爲シタルモノト看做ストノ規定ヲ生スルニ至リタルモノトス而シテ第一項ニ所謂本法施行前ニ生シタル「事件」ナル文字ハ廣義ニ之ヲ解釋スヘク各個ノ訴訟手續及訴訟上ノ事實ヲモ包

含スル意ナルヲ以テ舊法時代ノ各個ノ訴訟行爲又ハ各個ノ訴訟條件ノ如キ皆新法ヲ適用シ其ノ效力ヲ定ムルヲ原則トス然リト雖此ノ新法溯及主義ヲ貫徹シテ一ニ新法ノミヲ以テ舊法時代ノ事項ヲ判斷スルトキハ有效ニ行ハレタル手續ヲモ無效ト爲スノ恐アルヲ以テ同條第二項ノ規定ヲ設クルニ至リタルモノトス實ニ刑訴第六百十六條ノ規定ハ經過法トシテ舊法時代ノ手續ヲ爲シ得ル限リ有效ナラシメテ最大ノ便益ヲ慮リタルモノト謂フヘシ（大審院）

二　判決ニ於ケル證據ノ採用ト訴訟手續

（大正十二年（れ）第一八二三號 同十三年二月六日第四刑事部判決）

裁判所カ判決ニ於テ檢事ノ聽取書ヲ證據トシテ採用スルト否トヲ決スルコトハ刑事訴訟法第六百十六條ノ訴訟手續ニ該當ス

三　舊刑事訴訟法第十三條ニ依ル私訴ト其ノ準據法

（大正十三年（オ）第一一〇二號 同十四年六月一日第一民事部判決）

舊刑事訴訟法施行ノ當時同法第十三條ニ依リ提起シタル私訴ニ付テハ現行刑事訴訟法施行後ニ判決ヲ爲ス場合ニ於テモ尙右法條ヲ適用スヘキモノトス

四　共同被告人ノ追訴ト證人ノ宣誓

（大正十四年（れ）第一一三一號 同年十二月二十六日第四刑事部判決）

檢事カ甲乙丙ニ對シ豫審ヲ請求シ豫審判事ハ證人ニ對シ宣誓ヲ爲

サシメ第一回ノ訊問ヲ爲シタル後檢事カ更ニ丁ヲ其ノ共同被告人トシテ豫審ヲ請求シタル場合ニ於テ豫審判事カ其ノ被告及事件ニ付同一ノ證人ヲ訊問スルニ際シ丁ニ關シ宣誓資格アルコトヲ確メナカラ特ニ宣誓ヲ爲サシメス證人トシテ第二回ノ訊問ヲ爲シタルトキハ其ノ證言ハ甲乙丙ニ關シテハ有效ナルモ丁ニ關シテハ無效ナリ

第六百十七條　本法施行前裁判所構成法第十條第一號ノ規定ニ依リ爲シタル管轄指定ノ申請ハ之ヲ管轄移轉ノ請求ト看做ス

〔理由書〕 現行法ニ於テハ管轄裁判所又ハ之ニ代ルヘキ裁判所法律上ノ理由又ハ特別ノ事情ニ依リ裁判權ヲ行フコト能ハサルトキハ管轄指定ノ申請ヲ爲スヘキモノト爲シタルモ本法ハ之ヲ改メテ管轄移轉ノ請求ヲ爲スヘキモノト爲シタルヲ以テ本條ニ於テ現行法ノ下ニ於テ爲シタル該管轄指定ノ申請ハ之ヲ管轄移轉ノ請求ト看做スコトト爲シタリ

第六百十八條　本法施行前忌避ノ申請ヲ爲シ其ノ原由ノ疏明ヲ爲ササリシ者ハ本法施行ノ日ヨリ三日内ニ之ヲ爲スヘシ

〔理由書〕 本法ハ忌避ノ原由ノ疏明ニ關シ書面ヲ以テ之ヲ三日以内ニ爲スヘキコト及之ヲ爲サルトキハ忌避ノ申立ヲ却下スヘキコトヲ新ニ規定シタルヲ以テ現行法ノ下ニ於テ忌避ノ申立ヲ爲シ尙

未タ疏明ヲ爲ササリシ者ニ對シテハ本法施行後三日以內ニ之ヲ爲スヘキモノト爲シタリ

第六百十九條　本法施行前法人ヲ處罰スヘキモノトシテ其ノ代表者ヲ被告人ト爲シタル事件ニ付テハ本法施行ノ日ヨリ法人ヲ被告人トス

〔理由書〕 現行法ハ法人ヲ處罰スヘキ場合ニ於テハ其ノ代表者ヲ被告人ト爲スヘキ旨ヲ定メタルモ本法ハ法人ヲ被告人ト爲スヘキモノト爲シタルヲ以テ本條ニ於テハ本法施行前法人處罰ニ關シ法人ノ代表者ヲ被告人ト爲シタル事件ニ付テハ本法施行ノ日ヨリ法人ヲ被告人ト爲ス旨ヲ定メタリ

第六百二十條　本法施行前始リタル法定期間ニ付訴訟行爲ヲ爲スヘキ者ノ住居又ハ事務所ノ所在地ト裁判所所在地トノ距離ニ從ヒ加フヘキ期間ハ仍從前ノ規定ニ依ル

〔理由書〕 現行法ハ法定期間ノ猶豫ニ付距離八里ヲ以テ一日ト定メタルモ本法ハ之ヲ改メテ二十里ヲ以テ一日ト爲シタルカ故ニ既得權ヲ奪ハサル趣旨ヲ以テ本法施行前始リタル法定期間ニ付テハ其ノ猶豫期間ハ現行法ニ依リ定ムルコトト爲シタリ

第六百二十一條　本法施行前闕席判決ヲ受ケタル者ニ對シテハ從前ノ規定ニ依リ逮捕狀ヲ發スルコトヲ得

〔理由書〕 本法ハ闕席判決ヲ認メス從テ闕席判決ヲ受ケタルモノニ對シ逮捕狀ヲ發スルコトヲ認メスト雖現行法ノ下ニ於テ闕席判決ヲ受ケタル者ニ對シテハ本法施行後ニ於テモ現行法ニ依リ逮捕狀ヲ發スルコトヲ得セシムルヲ相當ト認メタリ

第六百二十二條　本法施行前保釋ヲ許サヽル言渡ニ對シテ爲シタル異議ノ申立ニ付テハ從前ノ規定ニ依リ裁判ヲ爲スヘシ

〔理由書〕 現行法ハ保釋ヲ許ササル決定ニ對シテ異議ノ申立ヲ爲スコトヲ許セルモ本法ニ於テハ之ヲ認メサルヲ以テ現行法ノ下ニ於テ爲シタル此ノ申立ヲ處理スル必要上本條ノ規定ヲ爲シタリ

第六百二十三條　第二百六十五條ニ規定スル期間ハ本法施行前犯人ヲ知リ又ハ婚姻ノ無效若ハ取消ノ裁判確定シタル場合ニ於テハ本法施行ノ日ヨリ之ヲ起算ス

〔理由書〕 本法ニ於テハ新ニ親告罪ノ告訴ヲ爲シ得ヘキ期間ヲ定メタルヲ以テ本法施行前犯シタル親告罪ニ付本法ノ規定ニ照シ本法施行前已ニ告訴期間ノ始マレルモノニ付テハ特ニ期間ノ始期ヲ定ムルノ必要アルヲ以テ本條ノ規定ヲ爲シタリ

第六百二十四條　本法施行前免訴ノ決定確定シタル事件ニ付明治二十三年法律第九十六號刑事訴訟法第百七十五條第二項ノ規定ニ依リ爲シタル請求ニシテ未タ決定ナキモノハ其ノ效力ヲ失フ

〔理由書〕現行法ニ於テハ豫審免訴ノ決定確定シタル事件ニ付新ニ證據ヲ發見シタルトキハ檢事ヨリ裁判所ニ對シテ起訴ノ許可ヲ請求スヘキ旨規定セルモ本法ニ於テハ之ヲ改メ直ニ公訴ヲ提起シ得ルコトト爲シタルニ因リ本條ヲ以テ現行法ノ下ニ於テ爲シタル該許可ノ請求ニシテ未タ決定ナキモノハ其ノ效力ヲ失フコトト爲シタリ

第六百二十五條 本法施行前爲シタル本案前ノ判決ニシテ未タ確定セサルモノハ其ノ效力ヲ失フ

〔理由書〕現行法ハ管轄違又ハ公訴不受理ノ申立ヲ却下シタル判決ニ對シテハ本案ノ判決ヲ俟タス上訴ヲ爲スコトヲ得セシメ所謂中間判決ヲ認メタルモ本法ニ於テハ之ヲ認メサルニ因リ本條ヲ以テ現行法ノ下ニ於テ爲シタル該判決ニシテ未タ確定セサルモノハ其ノ效力ヲ失フコトト爲シタリ

本法施行前爲シタル本案前ノ判決ニ對スル上告

（大正十二年（れ）第二一三七號 同十三年三月十七日第五刑事部判決）

舊刑事訴訟法第百八十七條ニ規定シタル本案前ノ判決ニ對スル上告ハ現行刑事訴訟法ノ實施ト同時ニ其ノ效力ヲ失フモノトス

第六百二十六條 本法施行前明治二十三年法律第九十六號刑事訴訟法第二百四十一條第二項又ハ同法第二百六十四條第一項ノ規定ニ依リ取調ヲ命セラレタル受命判事ハ事件ニ付第三百五十一條ノ規定ニ準シ其ノ手續ヲ爲スヘシ

〔理由書〕現行法ハ輕罪トシテ受理シタル豫審經由ノ事件ヲ重罪ト思料シタルトキハ受命判事ヲシテ其ノ事件ノ取調ヲ爲サシムヘク而シテ受命判事ハ豫審判事ニ屬スル處分ヲ爲スモノト爲セルモ本法ハ斯ノ如キ手續ヲ認メサルヲ以テ本案施行後ニ於テハ現行法ノ下ニ於テ命セラレタル該受命判事ノ取調ニ付テノ準則ナキニ至ル故ニ本條ニ於テ本法第三百五十一條ニ定ムル受命判事ニ關スル規定ニ準シテ其ノ手續ヲ爲スヘキコトヲ定メタリ

第六百二十七條 本法施行前言渡シタル闕席判決ニ對シテハ控訴ノ申立アリタル場合ヲ除クノ外從前ノ規定ニ依リ故障ヲ申立ツルコトヲ得

本法施行前闕席判決ニ對シテ爲シタル故障申立ヲ不適法トスルトキハ從前ノ規定ニ依リ裁判ヲ爲スヘシ

〔理由書〕本法ニ於テハ闕席判決ヲ認メスト雖現行法ノ下ニ於テ爲シタル闕席判決ニ對シテ不服申立ノ方法ヲ認メサルヘカラス因テ本條第一項ニ於テ控訴ノ申立アリタル場合ヲ除クノ外現行法ニ依ル故障ノ申立ヲ爲スコトヲ許シタリ而シテ故障申立ヲ適法トスルトキハ訴訟ハ闕席前ノ程度ニ復スルヲ以テ特別ノ規定ヲ要セスト雖之ヲ不適法トスル場合ニ於テハ準據スヘキ規定ナキヲ以テ本條

第二項ニ於テ現行法ニ依リ裁判ヲ爲サシムルコトト爲シタリ

第六百二十八條　本法施行前爲シタル抗告ハ之ヲ本法ニ依リ爲シタル即時抗告ト看做ス

〔理由書〕現行法ノ抗告ハ其ノ申立期間內及其ノ申立アリタルトキハ明文上又ハ性質上凡テ裁判執行停止ノ效力アルコト本法ノ即時抗告ト同一ナルヲ以テ本條ニ於テハ現行法ノ下ニ於テ爲シタル抗告ヲ即時抗告ト看做シタリ

第六百二十九條　本法施行前爲シタル再審ノ訴ニシテ上告裁判所ノ判決ヲ經サルモノハ本法ニ依リ管轄裁判所ニ再審ノ請求ヲ爲シタルモノト看做ス此ノ場合ニ於テハ上告裁判所ハ書類及證據物ヲ管轄裁判所ニ送付スヘシ

〔理由書〕現行法ニ於テハ再審ノ訴ハ之ヲ上告裁判所ニ爲スヘキモノト爲シタルモ本法ハ之ヲ改メテ原裁判所ニ爲スヘキモノト爲シタルヲ以テ本條ニ於テハ現行法ノ下ニ爲シタル再審ノ訴ニシテ未タ判決ヲ經サルモノハ之ヲ原裁判所ニ爲シタルモノト看做シ且此ノ場合ニ於テハ上告裁判所ヲシテ原裁判所ニ書類及證據物ヲ送付セシムルコトト爲シタリ

第六百三十條　本法施行前進行ヲ始メタル私訴ノ時效ハ從前ノ規定ニ從フ

〔理由書〕現行法ニ於テハ私訴ノ時效期間ヲ公訴ノ時效期間ト同一ナラシメタルモ本法ハ之ヲ改メ一般民法ノ規定ニ準據セシメタリ然レトモ既ニ現行法ノ下ニ於テ進行ヲ始メタル私訴ノ時效ニ付テハ現行法ノ規定ニ依ラシムルヲ相當ト認メタリ

第六百三十一條　本法施行前提起シタル要償ノ訴判決ヲ經サルモノナルトキハ民事訴訟法ニ從ヒ事件ヲ管轄スヘキ裁判所ノ民事部ニ移送スヘシ

〔理由書〕現行刑事訴訟法ハ其ノ第十三條、第十四條ニ於テ要償ノ訴ヲ認メ刑事訴訟法ニ依リ審判スヘキモノト爲シタルモ本法ハ之ニ反シ民事訴訟法ニ依ラシムルコトト爲シタルヲ以テ本條ニ於テハ現行法ノ下ニ於テ爲シタル要償ノ訴ニシテ未タ判決ヲ經サルモノハ民事訴訟法ニ從ヒ管轄權アル裁判所ノ民事部ニ移送スヘキモノト爲シタリ

第六百三十二條　本法中市町村吏員ニ關スル規定ハ北海道ノ區ニ於テハ區吏員ニ之ヲ適用ス

本法中市町村長ニ關スル規定ハ市制第六條ノ市又ハ北海道ノ區ニ於テハ區長ニ町村制ヲ施行セサル地ニ於テハ町村長ニ準スヘキ者ニ之ヲ適用ス

〔理由書〕本條ハ法文ノ示ス如クニシテ別ニ說明ヲ要セス

本法及關係法令通牒回答及書記長監督書記協議事項

一　即決事件ニ付爲ス犯罪ノ申告ノ形式（大正十三年三月二十六日刑事第二四二一號刑事局長回答）

問　（前略）年年一萬件内外ノ即決數ニ達スル違警罪ヲ凡テ檢事ニ於テ受理スルニ至ランカ事務ノ取扱上大ナル支障ヲ來スニ至ル可シ故ニ巡査其ノ他ノ官公吏ノ所謂即決事件ニ付爲ス犯罪ノ申告ハ之ヲ報告書又ハ上申書等ノ形式ニ於テ爲サシメ差支ナキヤ（秋田檢事正）

答　貴見ノ通思料ス

二　十四歳未滿ノ少年犯罪者ノ所持スル被害者不明ノ賍物ノ處理（大正十四年四月二十七日刑事局長回答）

問　十四歳未滿ノ少年犯罪事件ニ付テハ少年法第二十八條第二項ニヨリ地方長官ヨリ直接少年審判所ニ送致ヲ爲ス場合ノ外司法警察職務規範第百二十二條ニ依リ檢事局ニ事件ノ送致ヲ爲スヘキモノト思考ス隨テ之等少年犯罪者ノ所持スル被害者不明ノ贓物ハ當然證據物トシテ檢事局ニ送致ス可モノナリヤ（警保局長）

答　十四歳ニ滿タサル少年ノ犯罪事件ヲ檢事局ニ送致セサル場合ハ少年犯罪者ノ所持スル被害者不明ノ贓物モ檢事局ニ送致スヘキモノニアラスト思考ス

三　舊法當時ニ作成シタル聽取書ヲ新法ノ下ニ於テ地方裁判所ノ事件ノ判決ニ援用スルコトノ可否（大正十二年十二月十二日刑事第一〇三四一號刑事局長通牒）

問　新法ノ施行後舊法時代ニ作成シタル聽取書ヲ地方裁判所ノ事件ニ付判決ニ援用スルコトヲ得ルヤ（廣島檢事長）

答　得ス

四　豫審有罪ノ決定ヲ爲シタルトキノ訴訟記錄ノ送付先及上訴完結後訴訟記錄ヲ原裁判所ニ返送スヘキ場合判決謄本添付ノ要否並謄本ノ作成廳

（大正十三年二月二日 刑事第一〇四〇號刑事局長通牒）

問（一）豫審有罪決定ト爲リタル刑事記錄ハ豫審掛ヨリ檢事局ヘ送付スヘキモノナルヤ將豫審掛ヨリ直ニ公判部ニ送付スヘキモノナルヤ

（二）新刑事訴訟法ニハ舊刑事訴訟法第二百四十九條ニ該當スル規定ナキヲ以テ上訴完結ノ後其ノ訴訟記錄ヲ原裁判所ニ返還スヘキ場合ニ裁判書ノ謄本ヲ添附スルヲ要セサルヤ若其ノ謄本ノ添附ヲ必要ナリトセハ其ノ作成ハ裁判ノ原本ヲ保存スヘキ上訴裁判所ノ檢事局ニ於テ之ヲ爲スヘキモノニシテ公判部書記課ニ於テ之ヲ作成スルヲ要セサルモノナルヤ（前橋所長）

答（一）、（二）問共總テ舊法ノ下ニ於ケル取扱ト同樣ニ處理スヘキモノト思料ス

五　判決及記錄ヲ保存スル裁判所

（大正十二年十二月十二日 刑事第一〇三四一號刑事局長通牒）

問　舊刑事訴訟法第二百十一條及第二百四十九條ニ規定スル判決及記錄ノ保存ハ新法ノ下ニ於テ何レノ裁判所ニ於テ之ヲ爲スヘキカ（廣島檢事長）

答　從來ノ例ニ依ル

六　死刑ノ判決確定シタル者恩赦ニ依リ無期刑ニ變更セラレタルトキノ刑期起算日

（大正十三年三月一日 刑事第一九四三號刑事局長行刑局長回答）

問　死刑確定ニヨリ拘置中ノ者今回勅令ニ依リ無期刑ニ減刑セラレタル處之ニ對スル刑期ノ起算日ハ死刑確定ノ日ナリヤ又ハ減刑ノ日トナスヘキヤ（大阪檢事長）

答　後段貴見ノ通

七　刑期起算

（昭和四年八月二十八日 刑事局長行刑局長回答）

問　竊盜罪及强姦罪ニ付未決勾留中ノ被告人ニ對シ昭和二年十一月五日竊盜罪ニ付懲役一年六月强姦罪ハ無罪ノ判決言渡アリ强姦罪ハ檢事ノ控訴ニヨリ控訴審ニ繫屬シタルモ竊盜罪ニ對スル懲役一年六月ノ刑ハ同月十三日確定シタリ然ルニ檢事ハ强姦罪ニ付引續キ未決勾留中ナリシ爲右懲役刑確定ノ日ニ其ノ執行指揮ヲ爲サス控訴審ニ於テ强姦罪ノ審理中同年十二月十三日同日ヲ刑ノ執行期算日トシテ其ノ執行指揮ヲ爲シタルトコロ被告人ハ懲役刑確定ノ日タル同年十一月十三日ヨリ刑期ヲ起算スヘキモノナリトシテ刑ノ執行ニ關スル異議ヲ申立タリ（臺灣高等法

院長）

答　問合ノ件ハ先例ナキモ刑事、行刑局トモ竊盗刑確定ノ日ヨリ起算スヘキモノトノ意見ナリ

八　檢事ノ發シタル納付ノ告知ハ時效中斷ノ效力アリヤ

（大正十五年司法官會同ノ際ニ於ル書記長及監督書記協議事項）

檢事ノ發シタル納付ノ告知ハ會計法第三十四條ニ依リ時效中斷ノ效力アリヤ若シアリトセハ其ノ時效期間ノ始期如何（宮城控檢管内）

決　議

檢事ノ發シタル納付ノ告知ハ刑法第三十四條第二項ノ場合ヲ除クノ外ハ納入ノ告知ヲ爲シタル場合直ニ時效中斷スヘキモノトス

九　監獄法ニ所謂刑事被告人ノ意義

（大正十三年二月十六日行甲第一八五號行刑局長通牒）

監獄法第一條第一項第四號、第十七條、第二十六條、第三十三條第三十五條、第三十六條、第六十一條ノ刑事被告人中ニハ被疑者ヲ包含スル義ト承知セラレタシ卽チ監獄法ニ所謂刑事被告人ハ起訴前タルト起訴後タルトヲ問ハス刑事處分ノ爲拘禁セラレタル者ヲ指稱スルモノニ付新法ニ於ケル被告人及被疑者ヲ包含スルモノナリト稱シ得ルヲ以テナリ

一〇　監獄法第一條ノ刑事被告人中ニ被疑者ヲ包含スルヤ

（大正十三年二月十八日行丙第一九五六號行刑局長刑事局長同答）

問　監獄法第一條ノ刑事被告人中ニハ改正刑事訴訟法ニヨリ勾留セラル可キ被疑者ヲモ包含スト解シ可然哉（熊本刑務所長）

答　貴見ノ通リ

一一　被疑者及勾引狀ニヨリ一時留置セラレタル被告人ノ釋放手續

（大正十三年二月十八日行丙第一九五六號行刑局長刑事局長同答）

問　被疑者竝勾引狀ニヨリ一時留置セラレタル被告人ハ職權アル者ノ命令ヲ俟ツテ之ヲ釋放ス可キモノト解シ可然哉（熊本刑務所長）

答　貴見ノ通リ

一二　勾引狀、逮捕狀又ハ勾留狀ニ依リ拘禁セラレタル者ノ釋放ニ關スル注意其ノ他判事檢事ニ注意ヲ促スノ方法

（大正十三年二月十六日行甲第一八五號行刑局長通牒）

第百八條及第二百五十七條ノ場合卽チ勾引狀ニ依リ一時留置セラレタル被告人又ハ被疑者竝第五百四十七條乃至第五百四十九條及第六百二十一條ニ依リ逮捕狀ノ執行ヲ受ケタル者竝刑事交涉法第七條第四項ニ依リ豫審ノ請求又ハ公訴ノ提起ナキ者ニ付テハ職權

アル者ノ命令ヲ待ッテ之ヲ釋放スヘキモノト解シ可然モ第百十三條ニ依リ勾留期間更新ノ決定ナキ者ニ付テハ刑務所ニ於テ直ニ之ヲ釋放スルヲ要ス其ノ期間ニ付テハ最終ノ日ノ午後二時ヲ以テスヘシ但シ本人ノ希望ニ依リテ翌日迄留置スルコトヲ得此ノ場合ニ於テモ可成午前八時ヲ過ササル樣注意スヘシ尚法ノ期待ヲ完フスルニハ刑務所ニ於テモ判事又ハ檢事ニ對シ注意ヲ促カスノ必要ヲ生スル場合アルヘシ仍テ左記帳簿ニ依リ之ヲ整理シ司法官廳トノ連絡協調ヲ保ツノ注意アルコトヲ要ス

勾留簿

月日釋放

勾留狀執行年月日 刑務所ニ引致年月日	令狀指揮官廳又ハ同官職氏名	事件名	勾留者種別	法定勾留期間	引致官廳名	氏名	備考
年月日 年月日	何裁判所（又ハ豫審判事某）	― ―	被告人	二月	― ―	― ―	月　日死亡
年月日 年月日	何軍法會議理事 ― ―	― ―	被告人	五日	― ―	― ―	月日何裁判所豫審判事ノ勾留狀執行ニ付月日ヘ移記ス
年月日 年月日	何檢事 ― ―	― ―	被告人	二月	― ―	― ―	保釋前ノ勾留期間一月十日其ノ殘存日數二十一日
年月日 年月日	何裁判所	― ―	被告人	二月	― ―	― ―	
年月日 年月日							
年月日 年月日							

備考　本簿ニハ刑事訴訟法第百十三條及刑事交渉法第七條第四項ノ勾留期間ノ滿了ノ翌日ニ依リ之ヲ登錄スルモノトス
法定勾留期間及引致官廳名欄ハ之ヲ省略スルモ支障ナシ

一三　勾留中ノ被告人ニ對シテ無罪、免訴、罰金ノ言渡等アリタル場合檢事上訴ノ意思ナキトキノ釋放方

（大正十五年司法官會同ノ際ニ於ル書記長及監督書記協議事項）

拘留中ノ被告人ニシテ無罪、刑執行猶豫、罰金、科料等ノ言渡アリタル場合ハ檢事上訴ノ意思ナキトキハ確定上ノ手續ヲ爲シテ釋放ヲナスノ可否（札幌控檢管內）

決議

檢事上訴拋棄ノ手續ヲ爲シタル上釋放ヲ爲スコト

一四　陪審公判準備調書ハ公判廷ニ於テ被告人ニ讀聞ケ署名捺印セシムヘキヤ

（昭和五年司法官會同ノ際ニ於ル書記長及監督書記協議事項）

問　陪審公判準備調書ハ三日内ニ整理スヘキ旨規定アルヲ以テ公判廷ニ於テ被告人ニ讀聞ケ且署名捺印セシムルノ要ナキヤ一定ヲ望ム（水戸地方）

參照　陪審法第四十六條　刑訴第五六條　司法研究第七輯第五回實務家會同一五七頁

答　公判調書ニ就テハ刑訴第六十一條ノ規定存シ刑訴第五十六條ノ三項及五項ヲ適用セスト定メタル故被告人ニ讀聞ケ其ノ署名捺印ヲ必要トセサルモ陪審公判準備調書ニ就テハ特ニ規定ナキ故問題トナルモ結局裁判長ノ意見ニ從ハレタシ

一五　判決言渡ノ刑期ト判決書記載ノ刑期ト相違セル場合ノ取扱方

（大正十三年二月六日行刑局長刑事局長回答）

問　被告人某ニ對スル私文書僞造行使詐欺被告事件ニ付大正十二年十月九日大阪區裁判所ニ於テ有罪ノ判決ヲ爲シ被告人ヨリ控訴ヲ申立テ當裁判所ニ繫屬中被告人ハ本月二十一日控訴ヲ取下ケ受刑ノ爲任意當檢事局ニ出頭（被告人ハ保釋中）シタルヲ以テ判決抄本ニ基キ懲役十月ノ刑ヲ執行指揮セントシタル處被告人ハ懲役八月ノ言渡ヲ受ケタルモノニシテ懲役十月ヲ言渡ヲ受ケタルコトナキ旨申立テタルヲ以テ爲念調査シタルニ本件判決

書ハ主文及理由共ニ懲役十月ニ處スヘキ旨ノ記載アルモ判決ノ言渡ニ立會シタル檢事カ宣告刑ヲ記帳シ居ル體刑執行指揮簿竝ニ判決言渡シノ際出廷シタル大阪刑務所北區支所勤務ノ看守ノ記帳セル處分通知簿ニハ何レモ懲役八月ノ言渡アリタル旨ノ記入アリ執行ニ付疑義ヲ生シタルヲ以テ一時被告人ニ對スル刑ノ執行指揮ヲ見合ハセ更ニ調査ヲ進メタル處判決言渡ノ際立會シタル裁判所書記ノ手控帳ニモ懲役八月ノ言渡アリタル旨ノ記載アリ引續キ精査中本月二十三日第一審係判事ヘ主文中懲役十月ニ處ストアルハ懲役八月ノ誤謬ニ付更正スヘキ旨ノ決定ヲ爲シ其ノ謄本ヲ大阪區裁判所檢事局ニ送達セリ右決定ハ刑事訴訟法ノ認メサルトコロナルモ第一審裁判所カ言渡シタル刑カ懲役八月ナルコトハ之ヲ認メサルヲ得サル次第ニ有之被告人利益ノ爲假令判決書ニハ懲役十月ト記載サレアルモ右決定ニ基キ八月ノ刑ヲ執行スルヲ妥當ナリト思料スルモ如何（大阪地方裁判所檢事正代理）

答　判決ハ其ノ言渡ニ依リテ效力ヲ生スルモノナルヲ以テ若判決言渡ノ刑期ト判決書記載ノ刑期ト相齟齬シタル場合ニ於テハ常ニ其ノ言渡シタル處ニ從ヒテ其ノ效力ヲ定ムヘキモノトス隨テ本件ニ付テモ其ノ言渡シタル懲役八月ノ刑ヲ執行セラルヘキモノト思考候

追テ刑事訴訟法ニ於テハ民事訴訟法ニ於ケルカ如ク所謂更正決定ナルモノヲ認メサルヲ以テ此ノ決定アリタルト否トニ因リ前示ノ理論ニ影響ナキモノト存候

一六　明治十四年十月司法省達丙第十三號（巡査ヲシテ警部ノ代理ヲ爲サシムル件）存廢ノ件（大正十一年十月二十日 刑事第五一三二號刑事局長通牒）

問　新法實施後モ明治十四年十月司法省達丙第十三號（巡査ヲシテ警部ノ代理ヲナサシムル件）ハ廢止セラレサル御豫定ナリヤ（福岡檢事正）

答　貴見ノ通

一七　明治十年太政官布告第二十二號（變死屍體檢査上解剖手續）ノ存廢（大正十二年十二月十二日 刑事第一〇三四一號刑事局長通牒）

問　明治十年太政官布告第二十二號變死屍體檢査上解剖手續ハ廢止セラレタルモノト認ムヘキカ（廣島檢事長）

答　貴見ノ通

一八　刑務支所ニ於ケル司法警察官吏ノ任命（大正十三年二月二十六日 行祕丙第二七號行刑局長回答）

問　當所弘前支所ハ昨年四月行政整理以來看守長ノ配置ヲ減セラレ看守部長ニ支所長心得ヲ命シ處理致居候就テハ本年一月十日附行祕第四號御通牒ニ係ル司法警察官ノ職務ヲ行フモノハ右支所長心得タル看守部長ニ命シ差支ナキヤ（青森刑務所長）

答　看守部長タル支所長心得ハ監獄官制上分監長タルヲ得ス從テ昨年勅令第五百二十八號第三條ノ適用ナク同勅令第四號ニ依リ司法警察吏ヲ命スヘキモノトス

一九　典獄補又ハ看守長ノ配置ナキ刑務支所ニ於ケル司法警察官吏ノ配置ニ關スル件（大正十三年二月十八日 行丙第五九號行刑局長回答）

問　勅令第五百二十八號ニ依リ司法警察官吏及司法警察官吏ノ職務ヲ行フヘキ者指定セラレ候ニ付テハ同令第三條ニ依レハ監獄又ハ分監ノ長ハ當然司法警察官ノ職務ヲ行フヘキモノニ候得共看守長ノ配置ナキ大曲、横手ノ兩分監ニ於ケル支所長心得タル看守部長ハ同條ニ規定スル司法警察官ノ職務ヲ行フ資格ナキモノト思料セラレ候果シテ然ラハ司法警察官ノ職務ヲ行フヘキ者ナキニ司法警察吏ノ職務ヲ行フモノノミヲ任命スルモ彼是支障少カラス聊カ疑義相生シ候條何分ノ御指示煩シ度候（秋田刑務所長）

答　一月十二日秋刑祕發第二號ヲ以テ標記ノ件御照會相成候處此ノ場合ニ於テハ司法警察吏ヲ置ク義ニ有之候其ノ職務ニ付テハ檢事ノ命令ヲ受クルモノナルヲ以テ別段支障無之ト思料致候

二〇　朝鮮刑事令ニ依リ發セラレタル勾留狀ノ效力（大正十五年六月十二日 刑事局長回答）

問　有價證券僞造及詐欺被疑事件ニ付朝鮮總督府司法官憲ニ於テ左ノ處分ヲ爲シタリ

一、刑事令第十二條ニ依リ朝鮮司法警察官ナル道警部ニ於テ五月二十三日勾引狀ヲ發シ引致訊問ヲ爲シタル上同令第十三條ニ依リ五月二十四日留置狀ヲ發シ十日間之ヲ留置セリ

二、右留置滿期ト同時ニ所轄檢事ニ事件ヲ送致シタル爲メ京城地方檢事局ニ於テハ更ニ刑事令第十二條ニ依リ六月三日勾引狀ヲ發シ訊問ヲ爲シタル上同令第十五條ニ依リ六月四日更ニ勾留狀ヲ發シ之ヲ拘禁セリ

三、右檢事勾留狀執行ノ儘京城地方檢事ヨリ事件ヲ福岡地方檢事ニ移送（共犯關係ニ付）來ルト同時ニ被疑者ノ移監手續ヲ爲シタルヲ以テ六月八日到着セリ依テ福岡地方檢事ハ卽日之ヲ取調ヘ六月九日豫審ニ起訴ヲ爲シタリ

此ノ場合ニ於テ勾留繼續及勾留通算ニ關シ左ノ問題ヲ生ス

第一、六月四日京城檢事ニ於テ執行シタル勾留狀ハ繼續シテ內地ニ於テ六月十三日迄ハ當然有效ナルヤ

第二、京城檢事ニ於テ起訴ノ手續ヲ爲サス且勾留狀ノ取消ヲモ爲サス勾留ノ儘送致シ來ル場合ニ於テ十日間ノ期間內ニ移送ヲ受ケタル福岡地方檢事カ直ニ起訴スル場合ニハ新ニ豫審勾留狀ヲ發セスシテ京城檢事ノ執行シタル勾留狀ヲ有效ニ持續スルモ妨ケナキヤ

第三、右京城檢事ノ發布且執行シタル勾留狀ノ有效期間ハ六月四日ヨリ起算シ二ケ月ト解スヘキモノナリヤ

朝鮮刑事令ニ依リ處理セラレタル手續ハ共通法第十八條ノ趣旨ニ基キ當然內地ニ於テ勾留ノ效力ヲ持續スルモノト解スヘク然レトモ刑事令第十六條ハ適用セラルヘキモノニ非ス且同令第十二條ニ依リ道警察官ニ於テ留置シタル十日間ノ留置期間ハ刑訴第百十三條ノ勾留期間ニ通算スヘキモノニアラスト思料ス（福岡檢事正）

答　貴見ノ通リ

二一　臺灣法院檢察官ハ勾引狀、勾留狀ノ發布ヲ內地ノ檢事ニ囑託シ得ルヤ又法院ハ內地ニ於テ職務ヲ行ヒ得ルヤ

（大正十四年七月十日臺灣高等法院檢察官長問合刑事局長回答）

問　臺灣總督府法院檢察官ヨリ內地ノ檢事ニ對シ刑事訴訟法特別手續第一條ニ定ムル勾引狀又ハ勾留狀ノ發付ヲ囑託スルコトヲ得ルヤ

答　得ス

問　臺灣總督府法院ハ事實發見ノ爲必要アルトキ內地ニ於テ職務ヲ行フコトヲ得ルヤ

答　得ス

陪審法

（大正十二年四月十八日法律第五〇號
改正 昭和四年法律第五一號）

第一章 總則

第一條 裁判所ハ本法ノ定ムル所ニ依リ刑事事件ニ付陪審ノ評議ニ付シテ事實ノ判斷ヲ爲スコトヲ得

第二條 死刑又ハ無期ノ懲役若ハ禁錮ニ該ル事件ハ之ヲ陪審ノ評議ニ付ス

一 陪審ノ評議ニ付スヘキ事件ノ解釋 （昭和三年十月二十四日刑事第九三六二號刑事局長回答）

問 公訴事實カ法第二條ノ刑ニ該ル其ノ中止犯ニシテ當然有期懲役ニ減刑セラルヘキ事件ニ就キテモ亦法定陪審ニ付セラルヘキヤ死刑、無期刑ニ該ルヘキ少年犯ノ場合モ亦同シ（福島所長）

答 法定陪審事件ト爲ラサルモノトス

二 法定陪審事件ト普通事件ト同時ニ公判ニ繫屬スル場合ノ審理手續 （昭和八年（れ）第六六四號同年六月二十三日第四刑事部判決）

法定陪審事件ト請求陪審事件ト併合罪ノ關係ニ於テ公判ニ繫屬スル場合ト雖後者ニ付テハ被告ノ請求アルニ非ラサレハ之ヲ陪審ノ評議ニ付スヘキモノニ非ス

三 强盗殺人及放火死體損壞被告事件ノ訴訟手續ト陪審 （昭和八年（れ）第一六四八號同九年二月二日第四刑事部判決）

强盗人ヲ殺シ火ヲ放テ其ノ死體及刑法第百九條ノ建造物ヲ燒燬シタル被告事件ニ付テハ强盗殺人ノ點ハ陪審ノ評議ニ付シ放火及死體損壞ノ點ハ通常ノ訴訟手續ニ從ヒ審判スヘキモノトス

第三條 長期三年ヲ超ユル有期ノ懲役又ハ禁錮ニ該ル事件ニシテ地方裁判所ノ管轄ニ屬スルモノニ付被告人ノ請求アリタルトキハ之ヲ陪審ノ評議ニ付ス

一 豫審繫屬中爲シタル陪審請求ノ效力 （昭和六年（れ）第一六八二號同年二月二十六日第四刑事部判決）

豫審繫屬中陪審ノ請求アリタルトキハ該請求ハ被告事件カ豫審終結決定ニ依リ公判ニ付セラレ且其ノ事件カ陪審法第三條ニ揭クルモノニ該ルトキハ效力ヲ生スヘキ停止條件付請求ナリト認ムヘキモノトス

二 連續犯ノ一部ニ對スル陪審ノ請求ト陪審手續 （昭和九年（れ）第一〇〇三號同年十月十一日第二刑事部判決）

竊盗及準强盗ノ公訴事實カ一個ノ連續犯ヲ構成スルモノトシテ公判ニ繫屬スル場合ニ於テ被告人ヨリ準强盗ノ公訴事實ノミヲ指示シテ陪審ノ請求アリタルトキト雖竊盗及準强盗ノ公訴事實ヲ含ム

事件全體ヲ陪審ノ評議ニ付スヘキモノトス

第四條 左ニ掲クル罪ニ該ル事件ハ前二條ノ規定ニ拘ラス之ヲ陪審ノ評議ニ付セス

一 大審院ノ特別權限ニ屬スル罪

二 刑法第二編第一章乃至第四章及第八章ノ罪

三 治安維持法ノ罪

四 軍機保護法、陸軍刑法又ハ海軍刑法ノ罪其ノ他軍機ニ關シ犯シタル罪

五 法令ニ依リテ行フ公選ニ關シ犯シタル罪

第五條 第三條ノ請求ハ第一回公判期日ニ之ヲ爲スヘシ但シ其ノ期日前ト雖最初ニ定メタル公判期日ノ召喚ヲ受ケタル日ヨリ十日ヲ經過シタルトキハ之ヲ爲スコトヲ得ス

豫審中ニ於ケル陪審請求ノ能否 （昭和三年十月二十四日刑事第九三六二號刑事局長回答）

問 法第五條ニ依ル請求ハ豫審中ニ於テモ之ヲ爲スコトヲ得ルヤ又公判ニ繫屬シタル以後ニ限ルヤ又豫審中右請求ヲナシ得ルモノトセハ支部ノ豫審ハ其ノ事件ヲ支部公判ニ付セスシテ直ニ之レヲ地方裁判所ノ公判ニ付スルノ終結決定ヲナシ得ヘキヤ（福島所長）

答 貴見第一項後段ノ通リ

第六條 被告人ハ檢事ノ被告事件陳述前ハ何時ニテモ事件ヲ

陪審ノ評議ニ付スルコトヲ辭シ又ハ請求ヲ取下クルコトヲ得

前項ノ場合ニ於テハ事件ヲ陪審ノ評議ニ付スルコトヲ得ス

一 豫審ニ於ケル陪審辭退ノ能否 （昭和三年十月二十四日刑事第九三六二號刑事局長回答）

問 地方裁判所ノ公判ニ付スル決定ヲナスモノトセハ法第六條ニ依リ豫審中ニ在テ被告人ヨリ陪審ノ評議ニ付スルコトノ辭退申立アリタルトキハ其ノ支部公判ニ付スルノ豫審終結決定ヲナスコトヲ得ルヤ

將又豫審中ハ陪審辭退ノ申立ヲナスコトヲ得サルモノトシテ地方裁判所公判ニ付ストノ終結決定ヲナスヘキモノナルヤ（福島所長）

答 豫審中ハ陪審辭退ノ申立ヲ爲スコトヲ得サルモノトス

二 支部豫審事件記錄本廳ニ送付前陪審ノ辭退アリタル場合ノ審理廳 （昭和三年十月二十四日刑事第九三六二號刑事局長回答）

問 支部豫審判事ニ於テ地方裁判所公判ニ付スル旨ノ豫審終結決定ヲ爲シ該記錄ヲ地方裁判所ニ送付前被告人ヨリ陪審辭退ノ申立アリタルトキハ同支部ニ於テ審理ヲナスコトヲ得ルヤ

將又右ノ場合ト雖モ地方裁判所ニ於テ通常手續ニ依リ審理ヲナ

ササルヘカラサルヤ（福島所長）

答　昭和三年七月二十五日刑事第一、一二二三號訓令二ノ但書ノ趣旨ニ依リ承知セラレタシ

三　**支部豫審事件記錄本廳ニ送付後陪審ノ辭退アリタル場合ノ審理廳**

（昭和三年十月二十四日刑事第九三六二號刑事局長回答）

問　前項支部ヨリ地方裁判所ニ記錄送付後陪審辭退（請求陪審ノ取下アリタルトキ同様）ノ申立アリタルトキハ同記錄ヲ該支部ニ返還シ同支部公判ニ於テ審理ヲナスコトヲ得サルヤ（證人ヲ呼出場合等支部ニ於テ審理ヲナスハ多大ノ便宜アリ）（福島所長）

答　昭和三年七月二十五日刑事第一、一二二三號訓令二ノ但書ノ趣旨ニ依リテ承知セラレタシ

四　**陪審辭退ノ取消ノ效力**

（昭和四年四月十六日刑事局長電報回答）

問　法定陪審事件ニ付キ被告人ニ於テ一旦陪審辭退ヲナシタル後辭退取消ノ申出ヲナスモ當該事件ハ陪審ノ評議ニ付スルコトヲ得スト思料ス御意見承知致度（大分所長）

答　貴見ノ通リ

五　**陪審事件ノ辭退ト支部ノ裁判權**

（昭和八年（れ）第七二五號　同年七月六日第一刑事部判決）

法定陪審事件ニ付地方裁判所ノ支部ノ豫審ニ於テ其ノ本廳ノ公判ニ付スヘキ旨ノ決定ヲ爲シタル後被告人カ陪審手續ヲ辭退シタル場合ニ地方裁判所長カ當該事件ヲ支部ニ送致シタルトキハ該支部ハ之ヲ審判スルコトヲ得ルモノトス

第七條　被告人公判又ハ公判準備ニ於ケル取調ニ於テ公訴事實ヲ認メタルトキハ事件ヲ陪審ノ評議ニ付スルコトヲ得ス
但シ共同被告人中公訴事實ヲ認メサル者アルトキハ此ノ限ニ在ラス

一　**公訴事實ヲ自白シタル共同被告人ノ一人ヲ他ト共ニ陪審評議ニ付スルノ可否**

（昭和二年十二月十日刑事第一六八五號刑事局長回答）

問　事件ノ共同被告人中一人ハ公訴事實ヲ認メ或ル一人ハ公訴事實ヲ認メサル者アルトキハ事件ヲ分離シテ公訴事實ヲ認メサルモノノミヲ陪審ノ評議ニ付スヘキモノナルヤ將又事件ヲ分離セス公訴事實ヲ認メタル者ヲモ共ニ陪審ノ評議ニ付スヘキモノナルヤ（福島所長）

答　貴見後段ノ通リ

二　**本條ノ「公訴事實ヲ認メタルトキ」ノ解釋**

（昭和三年十月二十四日刑事第九三六二號刑事局長回答）

問　本條ノ「公訴事實ヲ認メタルトキ」云々トハ公判又ハ公判準備取調ノ初頭ニ於テ自白シタル形式アレハ足ルモノニシテ審理

ノ結果虚僞ノ自白ナリシト否トニ關セサルモノト解シ可然哉（福島所長）

答　本質疑ノ自白シタル形式ナル意味ニシテ被告人ノ其ノ程度ノ自認ニ依リテハ已ニ公訴事實ヲ認メタルモノト法律上解セラル場合ナラハ其ノ信憑力ノ如何ヲ問ハスシテ法第七條ノ自白アリタルモノト解スヘキモノトス

三　第二回公判ニ於テ公訴事實ヲ認メタル場合ノ審理手續

（昭和三年十月二十四日 刑事第九三六二號刑事局長回答）

問　窃盜又ハ詐欺被告事件ニ付キ被告ハ第一回公判廷ニ於テ公訴事實ヲ否認シ且請求ニ基キ陪審手續履行中第二回公判廷ニ於テ始メテ公訴事實ヲ自認シタリトセハ玆ニ陪審手續ヲ解散シ爾後普通裁判手續ニ依リ審理判決スヘキヤ將又第一回公判廷ニ於テ公訴事實ヲ否認シ請求陪審ニ附シタル以上ハ其ノ後ノ事情變更（第二回公判廷ニ於ケル被告ノ自白等）ニヨリ其ノ手續ヲ變更スルコトナク飽迄陪審手續ニヨリ審理判決スヘキモノナリヤ（福島所長）

答　陪審ノ答申アル迄ニ自白セハ普通手續ニ依リ審理判決スヘキモノトス

四　本條但書ノ意義

（昭和九年（れ）第八四九號 同年九月二十九日第三刑事部判決）

法第七條但書ハ共同被告人中公訴事實ヲ認メサル者ニ於テ陪審ヲ辭セサル場合ニ限リ適用アルモノトス

第八條　地方ノ情況ニ由リ陪審ノ評議公平ヲ失スルノ虞アルトキハ檢事ハ直近上級裁判所ニ管轄移轉ノ請求ヲ爲スコトヲ得

公判ニ繋屬スル事件ニ付前項ノ請求アリタルトキハ訴訟手續ヲ停止スヘシ

管轄移轉請求事件ノ記錄送付方法

（昭和三年十月二十四日 刑事第九三六二號刑事局長回答）

問　管轄移轉請求アリタル場合ニハ該事件記錄ハ地方裁判所刑事部ヨリ同廳檢事ニ送付シ同檢事ヨリ上級裁判所檢事ニ送致シ同檢事ヨリ裁判所ニ回送スヘキモノナルヤ將又右刑事部ヨリ直ニ上級裁判所ニ送致スヘキモノナルヤ（福島所長）

答　貴見前段ノ通リ

第九條　前條第一項ノ請求ヲ爲スニハ理由ヲ附シタル請求書ヲ管轄裁判所ニ差出スヘシ

前項ノ請求書ヲ差出スニハ管轄裁判所ノ檢事ヲ經由スヘシ

公判ニ繋屬スル事件ニ付管轄移轉ノ請求ヲ爲シタルトキハ速ニ其ノ旨ヲ裁判所ニ通知シ且請求書ノ謄本ヲ被告人ニ交付スヘシ

被告人ハ謄本ノ交付ヲ受ケタル日ヨリ三日內ニ意見書ヲ差出スコトヲ得

管轄裁判所ハ檢事ノ意見ヲ聽キ決定ヲ爲スヘシ

第十條　管轄移轉ノ請求アリタルトキハ被告人ハ檢事ノ被告事件陳述後ト雖其ノ決定アル迄事件ヲ陪審ノ評議ニ付スルコトヲ辭シ又ハ請求ヲ取下クルコトヲ得

被告人事件ヲ陪審ノ評議ニ付スルコトヲ辭シ又ハ請求ヲ取下ケタルニ因リ事件陪審ノ評議ニ付スヘカラサルニ至リタルトキハ檢事ノ管轄移轉ノ請求ハ之ヲ取下ケタルモノト看做ス

共同被告人中事件ヲ陪審ノ評議ニ付スルコトヲ辭シ又ハ請求ヲ取下ケタル者アルトキハ其ノ被告人ニ關スル管轄移轉ノ請求ニ亦前項ニ同シ

一　共同被告人中ノ一人ニ對スル管轄移轉請求ノ能否

（昭和三年十月二十四日 刑事第九三六二號刑事局長回答）

問　本條第三項ヨリ觀レハ共同被告人中ノ一人ニ對シ地方ノ狀況ニ由リ陪審ノ評議公平ヲ失スルノ虞アルトキハ檢事ハ管轄移轉ノ請求ヲナスコトヲ得ルモノト解セラルルカ妥當ナルヤ（福島所長）

答　檢事ハ共同被告人ノ一人ニ對シテモ請求ヲ爲シ得ルモノトス

二　被告ノ一部ニ對スル管轄移轉請求ノ決定ト公判手續ノ停止

（昭和三年十月二十四日 刑事第九三二六號刑事局長回答）

問　前項ノ如ク一部ニ對シ管轄移轉ノ請求ニ對スル決定ヲ俟タス公判手續ヲ進行シ審理判決スルヲ相當トスルヤ將又管轄移轉請求ノ決定アル迄公判手續ヲ停止シ置クヲ相當トスヘキヤ（福島所長）

答　各具體的場合ニ付適宜ニ處理スルヲ適當トス

第十一條　上訴裁判所ニ於テハ事件ヲ陪審ノ評議ニ付スルコトヲ得ス

第二章　陪審員及陪審ノ構成

第十二條　陪審員ハ左ノ各號ニ該當スル者タルコトヲ要ス

一　帝國臣民タル男子ニシテ三十歳以上タルコト

二　引續キ二年以上同一市町村內ニ住居スルコト

三　引續キ二年以上直接國稅三圓以上ヲ納ムルコト

四　讀ミ書キヲ爲シ得ルコト

前項第二號及第三號ノ要件ハ其ノ年九月一日ノ現在ニ依ル

一　陪審員資格者名簿ノ調製ニ關スル取扱規準

（昭和二年五月二十八日司法省刑事局祕第一二三號 地方裁判所長宛司法次官通牒）

第一條　陪審法第十二條第一項第一號、第四號、第十三條及第十四條ノ要件ハ其ノ年九月一日ノ現在ニ依リ之ヲ調査スヘシ

第二條　陪審法第十二條第一項第一號、第四號、第十三條及第十四條ノ要件ニ付其ノ年九月二日以後ニ變更アルモ陪審員資格者名簿ノ記載ニ影響ヲ及ホスコトナシ

第三條　陪審法第十二條第一項第一號ノ年齡ハ出生ノ日ヨリ起算シ暦ニ從ヒテ之ヲ算スヘシ（明治三十五年法律第五十號年齡計算ニ關スル法律及民法第百四十三條參看）

第四條　陪審法第十二條第一項第二號ノ「住居スル」トハ居ヲ構ヘテ常時定住スルヲ謂フ

第五條　陪審法第十二條第一項第二號ノ住居ハ市制第六條ノ市ニ於テハ同一區内タルコトヲ要ス（明治四十四年勅令第二百三十九號參看）

第六條　陪審法第十二條第一項第三號ノ要件ハ其ノ年九月一日現在ニ於テ納税ノ資格ヲ有スルヲ以テ足ル

第七條　尋常小學校ノ教科ヲ終了シタル者又ハ之ト同等ノ能力アル者ハ陪審法第十二條第一項第四號ノ要件ヲ具フルモノト推定スヘシ

第八條　陪審法第十四條ニ掲クル者ハ陪審員資格者名簿ニ之ヲ登載スヘカラス

第九條　陪審法第十四條各號ニ掲クル官吏ノ中ニハ待遇官吏ヲ包含シ「在職」ノ中ニハ退職又ハ休職ヲ包含セス

第十條　陪審法第十四條第四號ノ宮内官吏トハ宮内省及内大臣府ノ官吏ヲ謂フ

（大正十年皇室令第七號宮内省官制、大正十年宮内省令第十號勅任待遇奏任待遇宮内職員職制、大正十年宮内省令第十一號判任待遇宮内職員職制、明治四十年皇室令第四號内大臣府官制、大正十年皇室令第八號皇后宮職官制、昭和元年皇室令第一號皇太后宮職官制、大正三年皇室令第五號皇族附職員官制、明治四十五年宮内省令第八號親王ニ非サル皇族ニ宮務監督ヲ附屬セシムルノ件、大正十年皇室令第十一號帝室林野局官制、大正十年皇室令第十號帝室會計審査局官制、大正十年皇室令第十三號御歌所官制、大正十二年皇室令第五號學習院官制、大正十二年皇室令第六號女子學習院官制、大正十年皇室令第十四號帝室博物館官制、明治四十三年皇室令第三十四號李王職官制、大正三年皇室令第二十二號臨時帝室編修局ヲ置クノ件、大正五年皇室令第六號帝室制度審議會規則、大正十年皇室令第十七號宗秩寮審議會官制、大正十三年皇室令第七號臨時御歴代史實考査委員會官制、大正五年宮内省令第一號學習院評議會規程參看）

第十一條　陪審法第十四條第五號ノ現役ノ陸軍軍人トハ現役ニ在ル陸軍武官陸軍兵卒、現役ノ海軍軍人トハ現役ニ在ル海軍武官海兵ヲ謂フ（明治三十五年勅令第十一號陸軍武官官等表、明治四十年軍令陸第五號陸軍兵卒等級表、大正九年勅令第十號海軍武官官階、大正九年勅令第十一號海軍兵職階參看）

第十二條　陪審法第十四條第七號ノ警察官吏トハ警視總監、警視廳ノ官房主事警務部長刑事部長保安部長衛生部長、北海道廳樺太廳及府縣ノ警察部長竝廳府縣ノ警視警部警部補巡査ヲ謂フ

第十三條　陪審法第十四條第八號ノ監獄官吏トハ監獄、陸軍監獄及海軍監獄ノ官吏ヲ謂フ（大正十一年勅令第四百三十四號監獄官制、明治四十一年勅令二百三十七號陸軍監獄官制、明治三十二年勅令第三百三十五號海軍監獄官制參看）

第十四條　陪審法第十四條第十號ノ收稅官吏トハ稅務署ノ官吏及樺太廳支廳財務係ニシテ租稅ノ賦課徵收ニ關スル事項及間接國稅犯則者處分ニ關スル事項ヲ擔當スル官吏ヲ謂フ（明治三十五年勅令第二百四十二號稅務署官制參看）

第十五條　陪審法第十四條第十一號ノ郵便電信及電話ノ現業ニ從事スル者トハ通信官署及樺太廳郵便局ノ官吏、雇員及傭人、鐵道及軌道ノ現業ニ從事スル者トハ國有鐵道ノ停車場荷扱所營業所通信所無線通信所從事員、列車從事員、自動車從事員、機關庫電車庫檢車所從事員、保線從事員、電氣從事員及鐵道省建設事務所、同改良事務所、同電氣事務所ノ工事現場從事員、樺太廳鐵道係員、地方鐵道係員、樺太地方鐵道係員、軌道係員及樺太軌道係員、船員トハ船員法第一條及第二條ニ定ムル者ヲ謂フ（大正十三年勅令第二百七十三號通信官署官制、明治四十二年勅令第百四十八號樺太廳郵便局官制、鐵道營業法第十九條、大正八年樺太廳令第三十四號樺太鐵道係員職制、大正八年閣令第十三號地方鐵道係員職制、大正十五年樺太廳令第十五號樺太地方鐵道係員職制、大正十二年鐵道省令第六號軌道係員規定、大正十三年樺太廳令第三十號樺太軌道係員規定參看）（昭和三年七月九日司法省刑事局刑事第六二八一號地方裁判所長宛司法次官通牒ヲ以テ修正）

第十六條　陪審員資格者名簿及陪審員候補者名簿ニ記載スヘキ身分ハ族稱アル者ニ付テハ其ノ族稱ヲ記載シ族稱ナキ者ニ付テハ空欄トスヘシ

職業ハ大正九年十二月二十四日內閣訓令第一號職業分類中小分類ニ依リ記載スヘシ（昭和三年七月九日司法省刑事第六二八一號地方裁判所長宛司法次官通牒ヲ以テ修正）

納稅額ハ其ノ年度ニ於ケル直接國稅ノ決定額ヲ記載シ納稅種目數箇アルトキハ其ノ額ヲ合算シテ記載スヘシ

二　國籍取得ノ朝鮮人、臺灣人及歸化人ト帝國臣民ノ解釋（昭和二年六月十七日刑事第四三六三號刑事局長通牒）

問　本條第一項第一號ニ所謂帝國臣民中ニハ日本ノ國籍ヲ取得シタル朝鮮人、臺灣人及歸化人ヲモ包含スルヤ（實務家會同）

答　包含ス　但シ是等ノ者日本語ニ通セサルトキハ本條第一項第四號ノ要件ヲ缺如スルモノト認ムヘキナリ

三　二ケ年以內ノ市町村ノ合併及市町村ノ變更ト同一市町村內ノ解釋（昭和二年六月十七日刑事第四三六三號刑事局長通牒）

問　二箇年以内ニ町村ヲ市ニ合併シ又ハ村ヲ町ト爲シタル場合ニ本條第一項第二號ノ要件ヲ缺如スルコトトナルヤ（實務家會同）

答　缺如セス

四　短期勤務召集ト本條第二號ノ解釋

（昭和二年六月十七日 刑事第四三六三號刑事局長通牒）

問　三ケ月位陸軍勤務召集等ニ在ル時ハ二ケ年繼續ハ中斷スルモノト解スヘキヤ（實務家會同）

答　中斷セサルモノト解ス

五　合併町ト被合併村トノ間ヲ轉居スル者ト本條第二號ノ解釋

（昭和三年六月十七日 刑事第四三六三號刑事局長通牒）

問　當管内米子町ハ大正十五年十日其ノ隣接セル成美村大字西大谷外三部落ヲ合併シ昭和二年四月一日市制實施ノ結果米子市ト改稱スルニ至リシモノナルトコロ陪審員ノ資格調査ヲ爲スニ當リ左ノ疑義アリ

一、右被合併部落ノ住民ニシテ大正十四年九月二日以後合併迄ノ間ニ於テ米子町ニ轉住シ引續キ今日ニ及ヘルモノアリ右轉居ノ事實ハ住居ノ永續性ヲ中斷スルヤ

二、米子町ノ住民ニシテ大正十四年九月二日以後右被合併部落ニ轉住シ合併ニ先シテ再ヒ米子町ニ復歸シ以テ今日ニ及ヘ

ルモノアリ右轉居ノ事實ハ住居ノ永續性ヲ中斷スルヤ（鳥取所長）

答　第一問第二問共ニ中斷スルモノト思考ス

六　歸化人ノ歸化前ノ住居期間通算ノ可否

（昭和二年六月十七日 刑事第四三六三號刑事局長通牒）

問　外國人ニシテ日本ニ歸化シタル者ハ陪審法第十二條第二號ノ要件ニ付歸化前ノ住所期間ヲ通算スヘキモノナリヤ（實務家會同）

答　通算スヘキモノニ非ス

七　不徵收地租ヲ本條第三號ノ納税額中ニ算入スルノ可否

（昭和二年六月十七日 刑事第四三六三號刑事局長通牒）

問　納税者ノ田畑地價額二百圓未滿ナルカ爲地租條例第十三號ノ二及地租條例施行規則第十八條ニ依ル不徵收地租ハ陪審法第十二條第一項第三號ノ適用上之ヲ納税額中ニ算入スヘキモノナリヤ將又除外スヘキモノナリヤ（實務家會同）

答　算入スヘキモノニアラス

八　所有權移轉登記前被告相續人名義ニテ納税スル相續人ノ納税資格

（昭和二年六月十七日 刑事第四三六三號刑事局長通牒）

問　相續ニ因リ土地ノ所有權ヲ取得シタルモ登記手續未了ノ爲依然前主名義ニテ納稅スルノ實例尠ナシトセス斯ル場合同條ノ適用上納稅名義人ノ如何ニ拘ラス實際ノ納入者ヲ以テ納稅者ト看做シ可然哉（實務家會同）

答　死亡ニ因ル相續ノ場合ニ於テハ實際ノ納入者ヲ以テ納稅者ト看做スヘキモノトス

九　錢位切捨ニ因ル納入額三圓以下ノ者ノ資格

（昭和二年六月十七日刑事第四三六三號刑事局長通牒）

問　地租納稅一ケ年三圓以上トナリ居ル者モ四期ニ分納セシメ錢位切捨ノ結果實際納入額ハ三圓以下ニ下ルコトアリカカル場合モ三圓以上ノ納稅者トナルヤ（實務家會同）

答　三圓以上ノ納稅者ト認ム

一〇　死亡ニ因ラサル財產相續登記未了ノ場合ノ納稅者

（昭和二年八月十二日刑事第八九八六號刑事局長通牒）

問　隱居又ハ入夫婚姻ニ因ル相續ノ場合ニ於テハ相續人カ當然財產ヲ取得シタルモノト看做シ本年六月十七日刑事第四三六三號通牒問題三ニ對スル決議ノ趣旨ニ依リ相續人ヲ以テ納稅者ト看做シ可然ヤ將又其ノ登記手續完了迄ハ被相續人ヲ納稅者ト看做スヘキヤ（安濃津所長）

答　隱居又ハ入夫婚姻ニ因ル相續ノ場合ニ於テ相續人カ財產ヲ取得シ納稅ヲ爲ス事實明白ナル以上ハ相續登記未了ノ場合ト雖其ノ相續人ヲ納稅者ト看做スヘキモノトス

一一　納稅額ノ增減ト本條ノ解釋

（昭和二年八月十二日刑事第八九八六號刑事局長通牒）

問　前年九月一日現在ニ於テハ納稅決定額三圓以上アリシ者カ本年ニ至リ所有土地ノ賣却等ニ依リ一時其ノ納稅額三圓以下ニ減少シタルモ其ノ後又土地所有權取得等ノ爲メ其ノ年九月一日現在ニ於テハ納稅決定額三圓以上トナリタル場合ハ陪審法第十二條第一項第三號ノ引續キ二年以上直接國稅三圓以上ヲ納ムルモノトシテ取扱フヘキモノト解スルモ右中間ニ於テ其ノ納稅三圓以下トナリタルニヨリ引續キト云フヲ得ス缺格者トシテ取扱フヘキモノナリヤ（安濃津所長）

答　引續キ二年以上直接國稅三圓以上ヲ納ムル者ト謂フヲ得ス

一二　納稅ノ中斷ト「引續キ二年以上」ノ解釋

（昭和二年八月十二日刑事第八九八六號刑事局長通牒）

問　第三種所得稅ニ付本年三月一日任官シ所得稅三圓以上ヲ納ムヘキ俸給ヲ受クヘキ者ニシテ其ノ所得金額ノ決定ヲ受ケ昭和元年十二月末日迄ハ二年前ヨリ引續キ地租三圓以上ヲ納ムヘキ資

格ヲ有シ居リタル者ハ所謂引續キ納税資格者ト解スヘキモノナルヤ（仙臺所長）

答　納税資格者ト解スヘキモノニアラス

一三　**納入直接國税ノ種類ノ變更ト本條第一項第三號ノ解釋**

（昭和二年八月十二日　刑事第八九八六號刑事局長通牒）

問　第一項第三號ニ規定セル納税資格條件ニ付司法次官通牒收扱規準第六條及第十六條第三項ノ規定ニ依リ其ノ年九月一日ニ於テ引續キ二年前ヨリ直接國税三圓以上ヲ納ムヘキ資格ヲ有スレハ足リ名簿ニハ其ノ年度ノ直接國税ノ決定額ヲ記載スヘキコトハ明ナルモ今玆ニ大正十四年度ハ國税營業税三圓以上ヲ納入シ大正十五年十二月五日營業ヲ廢業シ其ノ旨ヲ政府ニ申告シタルモ同年度モ同税ヲ三圓以上納入シ次テ昭和二年一月一日更ニ不動産ヲ取得シ地租三圓以上ヲ納ムヘキ資格ヲ有シ引續キ本年九月一日迄其ノ資格ヲ保有セル者アリ此ノ者ハ所謂引續キ納税資格者ト解スヘキモノナルヤ（仙臺所長）

答　貴見ノ通

一四　**戸主及其ノ家族ノ第三種所得税ニ對スル納税資格ノ決定方法**

（昭和二年八月十二日　刑事第八九八六號刑事局長通牒）

問　第三種所得税ニ付戸主及其ノ同居ノ家族又ハ戸主ト別居ノ二人以上ノ同居家族ノ所得税額ハ其ノ戸主又ハ同居ノ家族或ハ戸主ト別居ノ二人以上ノ同居セル各家族ノ按分税額ニ依リ各人カ引續キ二年以上納税資格ヲ有スルヤ否ヲ決スヘキモノナルヤ（仙臺所長）

答　然リ

一五　**住居地外ニ於ケル納税額ノ調査方法**

（昭和二年六月二十二日　刑事第四三五三號刑事局長回答）

問　本條第一項第三號ノ直接國税三圓以上ヲ納ムルコトトハ住居地市町村ニ於テノミ納ムル直接國税ニ限ル義ナルヤ將又住居地以外ノ市町村ニ於テ納ムル直接國税ヲモ包含スルモノナリヤ若シ後段ノ通トセハ住居地以外ノ市町村ニ於テ納ムル直接國税ヲ住居地市町村ニ於テ知得スル方法ニ付何分ノ指示ヲ度得シ（大牟田市役所）

答　法第十二條第一項第三號ノ納税要件ニ付テハ住居地以外ノ市町村ニ於テ納ムル場合ヲモ包含スル趣旨ニ有之而シテ住居地以外ノ市町村ニ於テ納ムル直接國税額ヲ知得スル方法ハ本人ニ就テ之ヲ確メタル上他ノ市町村ニ照會スルカ或ハ他ノ市町村ノ納税證明書ヲ添付シテ申告セシムル等ノ方法ニ依ルヲ相當トス

一六　**引續キ納税二年以上ノ調査方法**

（昭和二年八月十二日　刑事局長電報回答）

問　本條第一項第三號ノ要件ニ關シ規準第六條ニヨレハ其ノ年九月一日現在ニ於テ納税ノ資格ヲ有スルヲ以テ足ルトアルモ二年以上ノ解釋ニ關シ左ノ疑義アリ其ノ年（卽チ本年、九月一日納税資格ヲ有スルモノハ其ノ年度内ハ納税シタルモノト看做シ本年九月一日ト前年九月一日ニ於ケル納税資格ヲ調査シ兩年度ニ於テ三圓以上ノ納税資格者ナルニ於テハ二年以上ノ納税者ト看做シ有資格者トシテ取扱フ可キヤ

或ハ九月一日ヲ標準トスルモ同日ヨリ既往二年ニ遡及シ前年ノミナラス前々年ノ九月一日以後ニ於ケル納税資格ヲモ調査シ資格ヲ定ム可キヤ

前段ノ如ク取扱フ可キモノトセハ法第十二條第一項第二號ノ要件ト權衡ヲ失スルノ嫌アリ（山口所長）

答　貴見第二段ノ通既往二年ニ遡及シ調査スヘキモノト思考ス

一七　或ル期間又ハ最後ノ期間納税ヲ負擔セサル場合ト本條ノ資格

（昭和二年八月十六日刑事第九一〇九號刑事局長回答）

問　第一　地租田租ノミヲ負擔スル者ニヨリ設例センニ昭和元年度田租第一期ニ一圓五十錢ヲ負擔シタル者其ノ田地喪失ニヨリ第二期第三期ニ田租負擔ナキモ新ニ田地取得ニ因リ第四期ニ貳圓ヲ負擔シタリトスルトキハ通算上一ケ年間ニ二圓以上ナルヲ以テ其ノ年ニ於テハ「引續キ」タルモノトシ陪審員資格者ト爲スヘキヤ或ハ「引續キ」ノ要件ヲ缺キタルモノト爲スヘキヤ

第二　前同樣ノ者ニ依リ設例センニ昭和元年度田租ノ第一期乃至第四期（昭和二年一月乃至五月納期）ニ三圓以上ヲ負擔シタル者昭和二年六月ニ於テ田地ヲ喪失シ同年九月一日ニ於テ田租負擔額ナキトキト雖有資格者ト爲スヘキヤ或ハ「引續キ」ノ要件ヲ缺キタルモノト爲スヘキヤ

第三　陪審員資格者名簿樣式ノ納税額欄ニ記載スヘキ税額ハ九月一日ヨリ遡リテ一ケ年間ニ納期ノ到來シタル税額ヲ記載スヘキヤ或ハ九月一日ニ於テ現ニ負擔スル税額（其ノ年ノ年度ニ屬スル税額）ヲ記載スヘキヤ（宮崎所長）

答　第一、第二、第三共各後段貴見ノ通

一八　土地所有權移轉登記ト地租納税者ノ決定

（昭和二年八月十九日刑事第九〇四七號刑事局長回答）

問　地租ノ納税者カ土地ノ所有權ヲ他ニ移轉シタル場合ハ其ノ以後ノ納期ニ屬スル分ニ付テハ移轉登記ノ日ヨリ新所有者ノ納税額ニ之ヲ算定スヘク又前所有者ニ付テハ同日ニ於テ納税要件ヲ廢止スルモノト解スヘキヤ（福島所長）

答　貴見ノ通

一九　本條第三號ノ「引續キ二年以上」ノ算定方法

（昭和二年九月二日刑事局長電報回答）

問　本條ノ三ノ納税二年以上引續トアルハ大正十四、十五年ト本年ノ三年トナルヘキヤ將大正十五年ト本年ノ二年トナルヘキヤ

（名古屋所長電信）

答　前段貴見ノ通尙八月十二日刑事第八九八六號通牒參照

二〇　本條第三號ト相續人カ被相續人名義ヲ以テ納税シタル場合

（昭和二年九月七日刑事第九五五〇號刑事局長回答）

問　本年六年十七日附刑事第四三六三號通牒及同八月十六日附刑事第八九八六號通牒ニ依レハ所有權又ハ財産ヲ取得シ其ノ相續人カ事實上納税ヲナス場合ハ其ノ相續人ヲ納税者ト看做スヘキ御回答相成候處本年五月二十八日勅令第一四六號列擧ノ地租以外ノ直接國税義務者カ死亡シ其ノ相續人カ被相續人名義ヲ以テ納入シタル場合モ納税者ト看做スヘキヤ（釧路所長）

答　相續人カ相續ヲナシ二年以上引續キ納税ヲナス事實明白ナル以上其ノ相續人ヲ納税者ト看做スヘキモノトス

二一　兩年度ノ納税ト「引續キ二年以上」ノ解釋

（昭和二年九月七日刑事第九五四〇號刑事局長回答）

問　大正十五年三月迄直接國税ヲ納メサル者同年四月ヨリ施行ノ資本利子税法ニ依リ大正十五年中乙種資本利子税六十圓ヲ納メ本年モ前年ト同一課税額ノ決定ヲ受ケ既ニ其ノ第一期分三十圓

ヲ納税シタリ此ノ者ハ九月一日現在ニ於テハ法第十二條第一項第三號ノ要件ヲ具備セサルモノト解シ可然哉（甲府所長）

答　貴見ノ通

二二　被相續人名義ニテ相續人カ納入シタル場合ト納税者

（昭和二年九月七日刑事第九五五〇號刑事局長回答）

問　本年五月二十八日勅令第百四十六號列擧ノ地租以外ノ直接國税納税義務者カ死亡シ其ノ相續人カ被相續人名義ヲ以テ納入シタル場合モ納税者ト看做スヘキヤ（釧路所長）

答　相續人カ相續ヲ爲シ二年以上引續キ納税ヲ爲ス事實明白ナル以上ハ其ノ相續人ヲ納税者ト看做スヘキモノトス

二三　被相續人ノ納税期間金額通算ノ可否

（昭和二年九月十五日刑事局長電報回答）

問　陪審員ノ納税資格ハ相續前ニ於ケル前戸主ノ納税ノ期間又ハ金額ヲ通算シ之ヲ定ムルヲ得サルヤ（高岡區監督判事）

答　通算スルヲ得ス

二四　「引續キ二年以上」ノ意義及其ノ調査方法

（昭和三年十月二十四日刑事第九三五六號刑事局長回答）

問　本條第一項第三號ノ納税資格ニ付テハ其ノ年ノ分トシテ徵收スヘク決定セラレタル又ハ算定セラルヘキ金額ヲ調査シ及其ノ

前年ノ分トシテ納付シタル又ハ納付スヘキ金額ヲ調査シテ決定スヘキモノト思考ス（其ノ年ト其ノ前年ト資格ノ繼續スルヲ要スルコトハ言ヲ俟タス）故ニ例ヘハ前年ノ地租ニ付テハ市町村ヨリ發シタル納税告知書ノ金額ノ總額ニ依リ本年ノ田租ニ付テハ其ノ納期ノ第一期カ其ノ年十二月十六日ヨリ始マリ資格調査ノ時ニ未タ納税告知書ヲ發セラレサルトキハ市町村ノ徴收スキモノト算定シタル額ニ依リ第三種所得税ニ付テハ本年分ハ第一期分トシテ既ニ發セラレタル納税告知書ノ金額ヲ四倍シタル額ニ依リ前年分ハ納付シタル又ハ納付スヘク決定シタル額ニ依リ鑛産税ニ付テハ前年分ハ本年三月中ニ納付シタル又ハ納付スヘク決定シタル額ニ依リ本年分ハ事業ノ狀態ニヨリ其ノ一箇年ノ鑛産額カ幾何ニ達スヘキヤ從テ之ニヨリ算定セラレタル額ニ依リテ各資格ノ有無ヲ調査スヘク要スルニ同號ノ二年ハ納税年度二箇年卽チ其ノ年ト其ノ前年トヲ指稱セルモノニシテ別言スレハ本年ノ地租昨年ノ所得税ト云フト同一義ニ解スヘク尚之ニ前々年ノ納税ヲ加算スヘキモノニ非スト思考ス然ルニ右二年ハ前々年九月二日ヨリ本年九月一日迄ヲ云フト解スル者アリ惟フニ此ノ見解ハ前々年九月二日ヨリ昨年九月一日迄ヲ一年トシ昨年九月二日ヨリ本年九月一日迄ヲ又一年トシ其ノ各年ニ納メタル又ハ納ムヘキ金額ヲ以テ一年ノ納税ト見做スモノノ如シ然ラ

サレハ前々年ノ九月二日ヨリ同年十二月迄ヲ二年ノ内ニ加フルノ必要毫モ無ケレハナリ

然レ共此ノ見解ノ誤リナルコトハ

（一）　地租條例、所得税法、資本利子税法等ノ規定ヲ見レハ自ラ明カナルノミナラス

（二）　若シ斯ノ如ク解スヘキモノトセンカ例ヘハ第三種所得税ノ納期ハ四回ニシテ其ノ年ノ七月、十月及翌年ノ一月、三月ナルヲ以テ前々年ノ第二、第三、第四期分ト前年ノ第一期トヲ合シテ前年ノ所得税トナシ前年ノ第二、第三、第四期分ト本年ノ第一期分トヲ合シテ本年ノ所得税トナシ又宅地租ノ納期ハ二回ニシテ其ノ年七月ト翌年ノ一月ナルヲ以テ前々年ノ第二期分ト前年ノ第一期分トヲ合シテ前年ノ宅地租トナシ前年ノ第二期分ト本年ノ第一期分トヲ合シテ本年ノ宅地租トナスカ如キ結果ヲ生シ卽チ異年度ノ納税ノ一部宛ヲ繼キ合セテ陪審員ノ資格ヲ定ムル事トナリ

（三）　假リニ繼キ合セヲナシ得ルモノトスルモ一回ニ納付スヘキ鑛區税及鑛産税ノ如キハ之ヲ九月以後ト八月以前トニ區別スルニ由ナキヲ以テ右ノ見解ハ其ノ當ヲ得サルモノト思考ス（山形所長）

答　法第十二條第一項第三號ニ所謂引續キ二年以上トハ前年度ト

本年度ト納税年度二回トノ意ニアラスシテ納税資格ヲ引續キ二年間保持スルヲ要ストノ意ナレハ納税資格ハ既往二年ニ遡及シテ調査スヘキモノト思考ス

二五　任居期間ノ起算點

（昭和三年十月二十四日　刑事第九三六二號刑事局長回答）

問　本條二ノ二年以上ノ計算ニ付テハ初日ヲ算入スルヤ（福島所長）

答　算入セス

二六　九月二日以後ニ於ケル納税ノ減額及本條第一號ノ資格欠缺ト候補者抽籤除外ノ可否

（昭和二年十一月十日　刑事第一六八八號刑事局長回答）

問　陪審員候補者名簿作成ニ關シ

（イ）九月二日以後候補者名簿作成以前ニ在テ税額三圓未滿トナリタル者ハ陪審法施行規則第八條ノ手續ヲナシ同第十二條ニヨリ候補者抽籤ヨリ除外シ可然哉

（ロ）九月二日以後候補者名簿作成以前ニ在テ戶籍訂正ノ結果男子カ女子トナリタルトキ若ハ三十歳以上カ三十歳未滿トナリシ場合ハ前項同樣抽籤ヨリ除外シ可然哉（福島所長）

答（イ）ニ付テ九月一日現在陪審員資格者名簿作成當時ニ於テ税額三圓以上ヲ納ムル以上ハ其ノ後ニ於テ三圓未滿トナルモ其ノ資格ニ影響ヲ及ホサス從テ候補者ノ抽籤ヨリ除外スヘキモノニ非ス

（ロ）貴見ノ通リ陪審法施行規則第八條及第十二條ニ準シ候補者ノ抽籤ヨリ之ヲ除外スルヲ相當トス

二七　地租法ノ改正ニ依リ名簿調製日迄ニ決定セサル納税額ノ調査方法

（昭和六年六月十五日　刑事第六三四二號刑事局長回答）

問　本條第一號第三號ノ納税額ニ付テハ其ノ年九月一日現在ニ依ルコトトニ相成居リ候處地租法實施ニ依リ本年度ニ限リ資格者名簿調製期日迄ニ地租額決定ニ至ラサル趣ニ付テハ本年度納税額ハ舊法ニ依ル地租額ヲ本年地租額ト看做シ資格ヲ調査スルヨリ途ナカルヘシト思考ス如何（横濱所長）

答　貴見ノ通リ

二八　陪審員資格者納税額ニ關スル件

（昭和七年九月七日　刑事第九二四二號刑事局長回答）

問　法第十二條第一項第三號ノ納税額ノ內昭和六年九月一日現在ニ於ケル地租額ニ付テハ地租法實施ニ依ル地租額決定ニ至ラサル爲昭和六年六月十五日刑事第七、一〇五號通牒ノ趣旨ニ依リ舊法ニ依ル地租額ヲ以テ資格ヲ調査致候處其ノ後同年度ノ地租額ハ決定ト相成候ニ付テハ本年度資格調査ニ當リ昭和六年度

資格調査ニ當リ昭和六年度ノ地租納税額ヲ定ムルニハ右決定額ニ依ルヘキモノナルヤ又ハ舊法ニ依リ調査シタル地租額ニ依ルヘキモノナルヤ（長野所長）

答　前段貴見ノ通リ

二九　陪審員資格者ノ納税額ニ關スル件　（昭和九年九月十日 岡田司法屬 同 答）

問　陪審法第十二條第三號ノ資格ニ關シ
旱害ニ依リ地租免除ノ爲メ納税參圓以下ニ至リタル場合ハ資格ヲ失フヤ否（横濱地方裁判所監督書記）

答　納税資格ニ影響無之

第十三條　左ニ掲クル者ハ陪審員タルコトヲ得ス

一　禁治産者、準禁治産者
二　破産者ニシテ復權ヲ得サルモノ
三　聾者、唖者、盲者
四　懲役、六年以上ノ禁錮、舊刑法ノ重罪ノ刑又ハ重禁錮ニ處セラレタル者

一　精神病者等自己ノ用ヲ便シ得サル者ト陪審員ノ資格　（昭和二年六月十七日 刑事第四三六三號刑事局長通牒）

問　精神病者（禁治産ノ宣告ヲ受ケサル者）又ハ癈疾、不具、畸形等ノ爲自己ノ用ヲ便スルコト能ハサル者ハ陪審員タル資格ナ

キ者トシテ取扱フヘキヤ（實務家會同）

答　資格ナキモノトシテ取扱フヘキモノトス

二　六年未滿ノ禁錮刑執行中又ハ其ノ刑ノ執行猶豫中ノ者ノ陪審員資格　（昭和二年七月二十六日 刑事第五五一九號刑事局長通牒）

問　六年未滿ノ禁錮刑ニ處セラレ其ノ刑ノ執行中若クハ刑ノ執行猶豫中ノモノト雖陪審法第十二條ノ條件ヲ具備スルニ於テハ陪審員ノ有資格者ト解ス可キモノナリヤ（山口所長）

答　有資格者ト解スヘキモノトス

三　六年未滿ノ刑執行中ノ者ト刑法施行法第三十二條トノ關係及之ト普通有資格者ト法律上ノ差異　（昭和二年九月七日 刑事第九四六一號刑事局長回答）

問　本年七月二十三日刑事第五五一九號通牒第一問ノ趣旨ノ如ク六年未滿ノ禁錮ニ處セラレタル者ハ有資格者ト解シ居レルモ其ノ刑ノ執行ヲ終ラサル迄又ハ其ノ執行ヲ受クルコトナキニ至ル迄ハ公權停止中ニ係ルヲ以テ事實陪審員ノ職務ニ就カシムルコトヲ得ス故ニ「陪審員資格者名簿ノ調製ニ關スル取扱規準」第八條ノ趣旨ニ準シ資格者名簿ニ登載セサルコトニ協定シタルモ右ハ普通有資格者ノ如ク資格者名簿ニ登載シ抽籤ノ結果候補者ニ當籤シタルトキハ無論候補者名簿ニモ登載シ置キ實際呼出ヲ

爲スヘキ際ニ之ヲ除クヘキ趣旨ナリヤ（金澤所長）

答　六年未滿ノ禁錮ニ處セラレタル者ハ陪審法第十二條ノ要件ヲ具備スル以上ハ陪審員タル資格ヲ有スル者ニシテ刑法施行法第三十六條ノ適用ナキモノト解スルヲ相當トスヘク從テ法律上普通有資格者ト異リタル取扱ヲ爲スヘカラサル義ト思考ス

四　本條第四號該當者ノ復權ト陪審員ノ資格

（昭和三年七月二十六日刑事第七〇五七號刑事局長回答）

問　「本條第四號ニ揭クル者ハ減刑復權ヲ得タルトキト雖モ資格者名簿ニ登載スルヲ要セス」トハ昭和二年六月四、五兩日大阪控訴院管內地方裁判所長會同ニ於テ決議セラレタル處ニ有之然ルニ同年七月十五日司法省刑事局刑事第四、四八〇號ヲ以テ本職ニ對スル貴職ヨリノ「復權ニ關スル件回答」ニ依レハ今回ノ復權令ノ各條項ニ適合スル者ハ總テ檢事局ヨリ復權通知ニ接セサル場合ト雖モ復權シタルモノトシテ選擧資格、陪審員資格ノ調査ヲナシ復權令ノ趣旨ニ背カサル樣取扱フヘキ旨御回答有之右御趣旨ハ例之法第十三條第四號ニ該當スヘキ刑辟ニ觸レタル者ト雖モ聖恩ニ浴シ復權セラレタル以上ハ法令上喪失シタル總テノ權利ヲ回復シ青天白日ノ身トナリタルモノナレハ陪審員トシテノ職務ニ參與セシムルモ差支ナキモノトノ御見解ノ如ク被存候果シテ然ラハ前段控訴院ニ於ケル地方裁判所長合同ノ決議

ト彼是一致セサル點有之右ハ何レニヨリ取扱可然モノニ候哉（尼崎市長）

答　陪審法第十三條第四號ニ揭クル者ニシテ昭和二年勅令第十三號復權令ニ依リ復權セラレタルモノ又ハ恩赦令ニ依リ單獨ニ復權セラレタルモノハ陪審法ニ揭クル其ノ他ノ要件ヲ具備スルニ於テハ陪審員タルコトヲ得ルモノニシテ從テ陪審員資格者名簿ニ登載スヘキモノトス

五　刑執行猶豫ノ期間經過シタル者ノ資格

（昭和三年十月二十四日刑事第九三六二號刑事局長回答）

問　懲役又ハ六年以上ノ禁錮ニ處セラレタルモノ其ノ刑ノ執行猶豫ノ言渡ヲ受ケ猶豫ノ期間中取消サルルコトナクシテ猶豫期間ヲ經過シタルモノハ法第十三條第四號ニ該當セサルモノト解スヘキヤ（福島所長）

答　執行猶豫ノ言渡ヲ受ケ之ヲ取消サルルコトナク其ノ期間ヲ經過シタルモノハ貴見ノ通リ

六　精神異常者及癲癇者ト陪審員ノ資格

（昭和三年十月三十日刑事第九五三八號刑事局長回答）

問　醫師ノ診斷ニ依ルニアラサレ共常ニ精神ニ異狀アリト認メラルル者又ハ發作的ニ一時心神ノ故障ヲ生スヘキ癲癇者ヲ陪審員

タル資格ナキモノトシテ取扱フヘキヤ（旭川所長）

答　法第十三條第一號ニ依ラス之ヲ法第十二條第四號ニ照シ同條項ノ讀ミ書ヲ爲シ得ルコトハ畢竟日常ノ事實ニ對シ通常人ノナシ得ル判斷力アルコトヲ前提トシテ規定セラレタルモノナリト解シテ結局御問合ノ如キ場合ハ其ノ程度ノ如何ニ因リテハ陪審員タル資格ナキモノトシテ取扱フヲ可ナリト思考ス

第十四條　左ニ揭クル者ハ陪審員ノ職務ニ就カシムルコトヲ得ス

一　國務大臣
二　在職ノ判事、檢事、陸軍法務官、海軍法務官
三　在職ノ行政裁判所長官、行政裁判所評定官
四　在職ノ宮內官吏
五　現役ノ陸軍軍人、海軍軍人
六　在職ノ廳府縣長官、郡長、島司、廳支廳長
七　在職ノ警察官吏
八　在職ノ監獄官吏
九　在職ノ裁判所書記長、裁判所書記
十　在職ノ收稅官吏、稅關官吏、專賣官吏
十一　郵便電信電話鐵道及軌道ノ現業ニ從事スル者竝船員
十二　市町村長
十三　辯護士、辨理士
十四　公證人、執達吏、代書人
十五　在職ノ小學校教員
十六　神官、神職、僧侶、諸宗教師
十七　醫師、齒科醫師、藥劑師
十八　學生、生徒

一　市町村長ノ故障ニ依ル其ノ代理者
（昭和二年六月十七日 刑事第四三六三號刑事局長通牒）

問　本條第十二號ノ「市町村長」中ニハ市町村長故障ノ爲其ノ事務ヲ代理スル助役及市町村長事務管掌者ヲ包含セサルモノト解スヘキヤ（實務家會同）

答　包含スルモノト解ス

二　醫師ノ意義
（昭和二年六月十七日 刑事第四三六三號刑事局長通牒）

問　本條第十七號ノ「醫師」ハ醫籍ニ登錄セル以上ハ開業ノ有無ヲ問ハサルモノト解スヘキヤ（實務家會同）

答　然リ

三　小學校教員（代用教員）ノ解釋
（昭和二年六月十七日 刑事第四三六三號刑事局長通牒）

問　本條第十五號ノ小學校教員中ニハ代用教員ヲモ包含スルヤ

答　包含ス

四　現業ニ從事スル者（郵便集配人、遞送人、郵便夫等ノ傭人）ノ解釋

（昭和二年六月二十日刑事局長回答）

問　本條第十一號ノ郵便電信及電話ノ現業ニ從事スル者ニ關シ陪審員資格者名簿ノ調製ニ關スル取扱規準第十五條ノ次第モ有之候處右雇員トハ郵便集配人、遞送人、郵便夫等當省ニ於ケル傭人ヲモ包含スルモノナリヤ（遞信大臣官房秘書課長）

答　本條第十一號ノ郵便電信及電話ノ現業ニ從事スル者ノ中ニハ郵便集配人、遞送人、郵便夫等ノ傭人ヲモ包含ス

五　神官、神職、僧侶及諸宗教師ノ意義

（昭和二年七月六日刑事第四七五五號刑事局長通牒）

問　本條第十六號ノ神官、神職、僧侶、諸宗教師中ニハ如何ナルモノヲ包含スルヤ（靜岡所長）

答　一、神官トハ

明治二十九年勅令第三百七十一號神宮司廳官制中祭祀ノ職務ニ從事スル者ヲ謂フ但シ同號第十二條規定ノ伶人ハ特ニ之ヲ神職ト稱ス

一、神職トハ

（イ）明治四十五年勅令第八十五號神宮神部署官制

（ロ）明治三十五年勅令第二十七號官國幣社職制

（ハ）明治二十七年勅令第二十二號府縣社以下神社ノ神職ニ關スル件

以上ノ三勅令ニ列記セル待遇官吏ヲ謂フ

一、僧侶諸宗教師トハ

明治十七年太政官布達第十九號寺院住職任免及教師進退各管長ヘ委任條件ニ關スル布達ニ依リ各教宗派ノ管長ノ定メタル教規又ハ宗制ニ依ル僧侶及諸宗教師ヲ謂フ（舊衆議院議員選擧法第十三條第一項參照）

六　鐵道ノ現業ニ從事スル者（傭人タル驛手、警手）ノ解釋

（昭和二年七月十六日刑事第五二五六號刑事局長通牒）

問　鐵道局ノ傭人タル驛手、警手ハ陪審法第十四條第十一號ニ所謂鐵道ノ現業ニ從事スル者ニ該當スルヤ（甲府所長）

答　然リ

七　現業ニ從事スル者（自働車會社ノ運轉手）ノ解釋

（昭和二年七月十六日刑事第五二五六號刑事局長通牒）

問　旅客ノ乘用ヲ目的トスル株式組織又ハ箇人經營ニ係ル自動車

會社ノ運轉手モ同條第十一號ノ現業ニ從事スル者ニ包含スルヤ
（甲府所長）

答　包含セス

八　諸宗教師（キリスト教ニ於ケル宗教師）ノ解釋

（昭和二年七月十六日
刑事第五二五六號刑事局長通牒）

問　「キリスト」教ノ教義ノ宣布又ハ儀式ノ執行等ニ從事スル宣教師、牧師ノ如キハ本月六日附刑事第四七五五號通牒ニ之ヲ包含セサルモノト解スヘキヤ若シ之ヲ包含スルモノトセハ救世軍ノ士官、下士兵卒ノ如キモ又之ヲ包含スルモノト解スヘキヤ
（長野所長）

答　本月六日附刑事第四七五五號通牒ニ付テハ「キリスト」教ヲ除ク趣旨ニハ無之而シテ「キリスト」教ニ於ケル宗教師トハ教會ノ規約等ニ依リ資格ヲ得タル者ニシテ「キリスト」教ノ教義ノ宣布又ハ儀式ノ執行ヲ爲スモノヲ謂ヒ設例ノ如キ者ハ法第十四條第十六號ニ包含スルモノトス（明治三十二年七月二十七日内務省令第四十一號佛神道外宗教宣布及堂宇等設立ニ關スル規程參照）

九　市町村長ノ故障ノ解釋

（昭和二年八月十二日
刑事第八九八六號刑事局長通牒）

問　本條ニ所謂市町村長ノ故障トハ長期ノ病氣引籠等ノ如キ稍ヤ重大ナルモノニ限ルト解スルモ短期ノ缺勤旅行等ノ場合ヲモ包含スルノ意ナリヤ（安濃津所長）

答　短期ノ缺勤及旅行等ノ場合ヲ包含セス

一〇　本條列擧ノ者ヲ資格者名簿ニ登載セサル理由

（昭和二年九月一日
刑事局長回答）

問　法第十三條ニハ「左ニ掲クル者ハ陪審員タルコトヲ得ス」ト規定シ同第十四條ニハ「左ニ掲クル者ハ陪審員ノ職務ニ就カシムルコトヲ得ス」ト規定シ各其ノ用語ヲ異ニスルヲ以テ同法ノ精神ヨリ解スルトキハ陪審員缺格者ハ同第十二條ニ該當セサル者及同第十三條ニ該當スル者ヲ指稱シ同第十四條ニ列記スル者ニシテ同第十二條ノ要件ヲ具備スルニ於テハ有資格者ト解スヘク殊ニ同第十七條ニハ同第六十三條ノ如ク特ニ同第十四條ノ列擧者ヲ除外スヘキ旨ノ文言ナク却テ「資格ヲ有スル者」ト規定セルヲ以テ當然資格者名簿ニ登載シ陪審員タル職務ニ就クニ當リ同第六十三條ニ基キ之ヲ除外スルヲ相當ト思考セラル然ルニ貴局秘第一二二三號地方裁判所長宛司法次官通牒陪審員資格者名簿ノ調製ニ關スル取扱規準第八條ニハ國務大臣以下官公吏等陪審法第十四條ノ列擧者ヲ缺格者トナシ資格者名簿ニ登載スヘカラサル旨規定シ有資格者タル國務大臣以下官公吏ヲ資格者名簿ヨ

リ除外シタルハ失當ナリト思料セラル右名簿調製ニ關スル協議會ニ於テ管內市町村吏員ヨリ提案有之候ニ付問合セニ及ヒ候

（上諏訪判事）

答　陪審法第十四條ニ掲クル者ハ缺格者ニ非ラサルコトハ勿論ナルモ他ニ重要ナル職務ヲ有スル等ノ關係上陪審員ノ職務ニ就カシムルコトヲ得サルモノニシテ陪審法第六十三條ニ所謂「陪審員タル資格ヲ有セサル者」ト解スヘク從テ之ヲ名簿ニ登載スルハ無用ノ手數ニ歸スルヲ以テ資格者名簿ニ登載セサルヲ相當ト認メ本年五月二十八日附次官通牒第八條ニ其ノ趣旨ヲ定メタル次第ナリ

一一　本條第十一號ノ鐵道及軌道ノ現業ニ從事スル者ノ解釋

（昭和二年九月二十七日 刑事第九七〇五號刑事局長回答）

問　國有鐵道ノ職員中陪審制度實施ニ伴ヒ本條第十一號ニ依リ陪審員ノ職務ニ就カシムルコトヲ得サル者ノ範圍ハ御照會ノ職名ノ者ノ外ニ建設、改良、電氣事務所ノ工事現場從業員モ亦包含スルコトト致シ度キニ付御詮議ノ上御回答相成度（鐵道次官）

〔參　考〕

○鐵道省官制拔萃　（大正九、五、勅一四四號 改正 大正一五、九、勅二九六號）

第十六條　鐵道大臣ハ鐵道ノ建設、改良、工作又ハ電氣ニ關スル事務ヲ取扱フ爲メ必要アリト認ムルトキハ地方ニ事務所ヲ設クル事ヲ得

○鐵道省建設事務所長、改良事務所長及電氣事務所長職務權限拔萃　（大正一二、六、一達第四四一號 同一三、一月達第二四號）

第一條　鐵道省建設事務所長ハ鐵道大臣ノ指揮ヲ承ケ所管內ニ於ケル鐵道建設ニ關スル事務ヲ掌ル

第一條ノ二　鐵道省改良事務所長ハ鐵道大臣ノ指揮ヲ承ケ指定セラレタル改良工事ニ關スル事務ヲ掌ル

第一條ノ三　鐵道省電氣事務所長ハ鐵道大臣ノ指揮ヲ承ケ指定セラレタル電氣工事ニ關スル事務ヲ掌ル

第二條　所長ハ左ノ事項ヲ專決施行スルコトヲ得

七　建設及改良費指定豫算內ニ於テ左ノ事項ヲ爲スコト

（一）豫算總額三萬圓以內ノ工事

（二）被害建造物ヲ原形ト大差ナク復舊スル工事

（三）設計豫算又ハ線路選定ノ決裁ヲ經タルモノノ中特ニ指定セラレタル工事

（四）設計豫算又ハ線路選定ノ決裁ヲ經タル用地ノ買收又ハ補償

八　左ニ掲クルモノヲ除クノ外物品ノ購入又ハ製作ヲ爲スコト

(一) 物品準備規定第一號表ニ掲クル物品

(二) 見積單價五百圓ヲ越エ又ハ見積總額四千圓ヲ越ユル器具機械及見積總額四千圓ヲ越ユル其ノ他ノ物品

八ノ(二) 見積總額四千圓以內ノ物品ノ改良又ハ修理ヲ爲スコト

十三 決裁ヲ經タル工事ノ設計中左ノ變更ヲ爲スコト

(一) 線路中心線又ハ施行基面高ノ些少ノ變更

(一ノ二) 橋梁、溝橋一箇所ニ付五十呎以下ノ伸縮及五十呎以下ノ橋梁又ハ溝橋ノ增減

(二) 隧道一箇所一鎖以內ノ伸縮及拱、墻壁、側壁、仰拱ノ積量增減

(三) 切取及築堤ノ法又ハ施行基面幅ノ些少ノ變更

(四) 線路踏切ノ增減變更及河川、道路ノ些少ノ附替又ハ變更

(五) 石垣面坪百坪以內ノ增減

(六) 橋梁、溝橋其ノ他建物ノ基礎變更

(七) 柵垣及板塀ノ增減

(八) 伏樋ノ伸縮增減

(九) 建家坪數ノ些少ノ增減及模樣替

十四 事業上ノ必要ニ因リ土地物件ヲ一時借入ルルコト

十五 料金年額二千圓以內ノ電燈、電力若ハ瓦斯ノ供給又ハ給水ノ契約ヲ爲スコト

十六 天災事變ニ際シ經伺ノ遑ナキトキ假工事ノ施行又ハ現品賄等臨機ノ處置ヲナスコト

十七 鐵道用地內ノ道路ノ開廢、變更、鐵管土管等ノ埋設電柱ノ建設及除柵其ノ他之ニ類似ノ建設物ノ設置ヲ許否スルコト

十八 國有林野ヲ鐵道用地ニ組換又ハ使用ニ付大林區署ト協議決行スルコト

十九ノ三 道路水路ノ付替其ノ他之ニ類スル施設物ヲ讓與又ハ讓受クルコト

二十 土地收用法第九條ニ依ル土地立入方並同法第十九條ニ依ル土地ノ細目ノ公告方ヲ地方長官ニ通知申請スルコト

第三條 略

第四條 略

第五條 略

○建設事務所所屬現在職員

本所所屬員

所　長(技師)

技師、屬、技手、事務雇、技術雇、守衛、

工事現場從業員名

事務員、技術員、電話掛、轉撤手、自動車運轉手、自動車運轉助手、車掌、車掌補、制動手、機關手、機關手見習、機關助手、機關助手見習、機關方心得、機關方見習、機關方手傳、機關方助手、庫內手、機關車淸掃手、檢車手、檢車助手、線路工手長、線路工手組頭、線路工手、建築工手長、建築工手、斧指、木工手、踏切看手、通信工手長、通信工手、電氣手見習、電力工手、船長、機關長、油差、水夫、火夫、舵夫、技工、技工手傳、坑夫、倉庫手、定傭手小使、夜番、以上

○改良事務所所屬現在職員

本所所屬員

所長（技師）、事務官、技師、屬、技手、事務雇、技術雇、守衛

工事現場從業員職名

事務員、技術員、自動車運轉手、自動車運轉手助手、工事掛主任、車掌、車掌補、機關手、機關助手、機關方助手見習、庫內手、炭水手、機關車淸掃手、諸機運轉手、線路工手、建築工手長、建築工手、木工手、踏切看手、技工、倉

庫手、定傭手、小使、給仕

○電氣事務所所屬現在職員

本所所屬員

所長　技師、、事務官、技師、屬、技手、事務雇、技術雇、守衛、

工事現場從業員職名

事務員、技術員、自動車運轉手、自動車運轉助手、建築工手長、建築工手、電力工手長、電力工手、技工、倉庫手、定傭手　以上

答　陪審法第十四條第十一號ノ鐵道ノ現業ニ從事スル者中ニハ建設、改良、電氣事務所ノ工事現場從業員ヲモ包含スルモノト解スルヲ相當ト思考セラレ候既ニ本年ハ去ル九月一日現在ニ依リ陪審員資格者確定シ目下該名簿ノ調製中ニ屬シ居リ候次第ニテ此ノ際右ノ趣旨ヲ市町村長ニ通達スルハ事務取扱上支障尠カラサル義ト思考候條御照會ノ趣旨ハ來年度ヨリ實施スルコトニ致度

一二　執達吏ト其ノ代理者　（昭和三年十月二十四日刑事第九三六三號刑事局長回答）

問　本條第十四號中執達吏トハ同代理者ヲ包含スルヤ、（福島所長）

答　代理者ハ包含セス

一三　本條第十二號ト市町村長故障ナク執務中ニ於ケル助役

（昭和五年十月十五日
刑事第一〇五八二號刑事局長通牒）

問　本條第十二號ノ市町村長ニハ町村助役ヲ包含スルヤ否ヤニ關シ左記二說アリ疑義相生シ候

但シ市町村長ハ九月一日現在（卽チ資格者名簿調製現在時）ニ於テ何等ノ故障ナク健在ニシテ日々登廳執務ヲナシツツアル場合ナリトス

左記

甲說　資格者名簿調製現在時ニ於テタトヘ市町村長ニ故障ナク其ノ事務ヲ代理スルコトナシトスルモ助役ハ其ノ本來ノ職務上將來若シ市町村長故障アル時ハ當然之ヲ代理スヘク其ノ所謂故障ナルモノハ將來常ニ發生スルモノナレハ其ノ故障アル將來ヲ豫想シテ法第十四條「市町村長」中ニ包含スルモノト解シ資格者名簿ニ之ヲ登載セサルヲ相當トス

乙說　昭和三年六月十七日司法省刑事局刑事第四、三六三號陪審法ノ疑義ニ關スル件通牒中「陪審法第十四條第十二號ノ「市町村長」中ニハ市町村長故障ノタメ其ノ事務ヲ代理スル助役及市町村長事務管掌者ヲ包含スルモノト解スヘキヤ決議『包含スルモノト解ス』」トアリ尙ホ昭和二年八月十二日司法省刑事局刑事第八、九八六號陪審法ニ關スル質疑回答ノ件通牒中『所謂市町村長ノ故障トハ長期ノ病氣引籠等ノ如キ稍ヤ重大ナルモノニ限ルト解スルモ短期ノ缺勤旅行等ノ場合ヲ包含セス』トアリ此ノ二種ノ決議回答ヲ參接スルトキハ本問ノ場合ノ如ク名簿調製現在時ニ於テ何等ノ故障ナク日日執務ヲナス市町村長在ル時ハ（將來若シ故障アル時代理ヲナスコトアルヘキモ其ノ際ハ法第六十三條ヲ適用スヘシ）助役ハ法第十四條ノ市町村長中ニ包含セスト解シ名簿ニ登載スルヲ相當トス

（田川區判事）

答　貴見乙說ヲ相當トス

第十五條　陪審員ハ左ノ場合ニ於テ職務ノ執行ヨリ除斥セラルヘシ

一　陪審員被害者ナルトキ

二　陪審員私訴當事者ナルトキ

三　陪審員被告人、被害者若ハ私訴當事者ノ親族ナルトキ又ハ親族タリシトキ

四　陪審員被告人、被害者又ハ私訴當事者ノ屬スル家ノ戶主又ハ家族ナルトキ

五　陪審員被告人、被害者又ハ私訴當事者ノ法定代理人、後見監督人又ハ保佐人ナルトキ

六　陪審員被告人、被害者又ハ私訴當事者ノ同居人又ハ雇

人ナルトキ

七　陪審員事件ニ付告發ヲ爲シタルトキ

八　陪審員事件ニ付證人又ハ鑑定人ト爲リタルトキ

九　陪審員事件ニ付被告人ノ代理人、辯護人、輔佐人又ハ私訴當事者ノ代理人ト爲リタルトキ

十　陪審員事件ニ付判事、檢事、司法警察官又ハ陪審員トシテ職務ヲ行ヒタルトキ

第十六條　左ニ掲クル者ハ陪審員ノ職務ヲ辭スルコトヲ得

一　六十歲以上ノ者

二　在職ノ官吏、公吏、教員

三　貴族院議員、衆議院議員及法令ヲ以テ組織シタル議會ノ議員但シ會期中ニ限ル

陪審員ノ職務ヲ豫メ辭スルコトノ可否
（昭和三年十月二十四日 刑事第九二六三號刑事局長回答）

問　陪審員候補者ハ豫メ陪審員ノ職務ヲ辭退スルコトヲ得ルヤ（假令ハ年齡六十歲以上又ハ官命ニヨリ外國ニ滯在等ノ理由ニヨリ）若シ然リトセハ裁判所長三十六名抽籤ノ際豫メ之レヲ除外シ得サルヤ（福島所長）

答　年齡六十歲以上ノ者ニ限リ豫メ辭退スルコトヲ得後段豫メ除外シ得ルモノトス

第十七條　市町村長ハ毎年陪審員資格者名簿ヲ調製シ九月一日現在ニ依リ其ノ市町村內ニ於テ資格ヲ有スル者ヲ之ニ登載スヘシ

陪審員資格者名簿ニハ資格者ノ氏名、身分、職業、住居地生年月日及納稅額ヲ記載スヘシ

市町村長ハ陪審員資格者名簿ノ副本ヲ調製シ之ヲ管轄區裁判所判事ニ送付スヘシ

一　名簿作成當時九月一日以前ニ遡及シ納稅ノ取消ヲ受ケ又ハ稅額參圓未滿トナリタル者ノ登載ノ可否
（昭和二年六月十七日 刑事第四三六三號刑事局長通牒）

問　陪審員資格者名簿作成ノ當時納稅者カ九月一日以前ニ遡及シ納稅ノ取消ヲ受ケ又ハ稅額三圓未滿トナリタルトキハ資格ナキモノト看做シ登載スヘカラスト解シ可然哉（實務家會同）

答　登載スヘカラス

尚名簿作成後ニ於テ右ノ事實發生シタル場合ハ昭和二年五月司法省令第十六號第八條及第十二條ノ規定ニ準シ取扱フヘキモノトス

二　組合市町村ニ於ケル名簿調製方法
（昭和二年七月二十六日 刑事第五五一九號刑事局長通牒）

問　陪審員資格者名簿ハ組合市町村又ハ組合町村ニ在リテハ各別ニ調製ヲ要スヘキヤ（甲府、福島所長）

答　各別ニ調製スルヲ相當トス

第十八條　市町村長ハ十月一日ヨリ七日間其ノ廳ニ於テ陪審員資格者名簿ヲ縦覧ニ供スヘシ

縦覧期間後ニ於ケル名簿閲覧ノ許否　（昭和二年八月十二日刑事第八九八六號刑事局長通牒）

問　資格者名簿縦覧期間經過後ニ於テ申請アル場合ニ其ノ廳ノ一般公簿閲覧セシムルハ差支ナシト解スルモ既ニ縦覧期間ノ規程アルニ依リ其ノ經過後ニハ閲覧セシムルヲ得ストノ説アリ何レヲ可トスルヤ（安濃津所長）

答　縦覧期間經過後ニ於テハ名簿ヲ閲覧ニ供スヘキモノニアラス

第十九條　法律ニ違反シテ陪審員資格者名簿ニ登載セラレタル者ハ縦覧期間内及其ノ後七日内ニ市町村長ニ異議ノ申立ヲ爲スコトヲ得

法律ニ違反シテ陪審員資格者名簿ニ登載セラレサル者ハ前項ノ規定ニ依リ異議ノ申立ヲ爲スコトヲ得異議ノ申立ハ書面ヲ以テシ其ノ理由ヲ疏明スヘシ

代理人ニ依ル異議申立ノ適否　（昭和二年七月十五日刑事第五二五七號刑事局長通牒）

問　陪審法第十九條ノ申立ハ代理人（委任代理、法定代理ヲ含ム）ニ依リテ之ヲ爲スコトヲ得サルヤ（實務家會同）

答　爲スコトヲ得サルモノトス

第二十條　市町村長異議ノ申立ヲ正當トスルトキハ遲滯ナク陪審員資格者名簿ヲ修正シ其ノ旨ヲ管轄區裁判所判事及異議申立人ニ通知スヘシ

市町村長異議ノ申立ヲ不當トスルトキハ遲滯ナク意見ヲ附シ申立書ヲ管轄區裁判所判事ニ送付スヘシ

第二十一條　前條第二項ノ場合ニ於テ區裁判所異議ノ申立ヲ理由ナシトスルトキハ其ノ旨ヲ市町村長及異議申立人ニ通知スヘシ異議ノ申立ヲ理由アリトスルトキハ陪審員資格者名簿ヲ修正スヘキコトヲ命シ其ノ旨ヲ異議申立人ニ通知スヘシ

前項ノ通知ハ異議申立書ノ送付ヲ受ケタル日ヨリ二十日内ニ之ヲ爲スヘシ

本條ノ異議申立事件ノ性質　（昭和三年十月二十四日刑事第九三六二號刑事局長回答）

問　本條ノ異議申立事件ハ非訟事件トシテ處理スルヤ又ハ司法行政監督權限ニ屬スル事件トシテ取扱フ可モノナルヤ（福島所長）

答　後段貴見ノ通リ

第二十二條　地方裁判所長ハ毎年九月一日迄ニ翌年所要ノ陪

審員ノ員數ヲ定メ管轄區域内ノ市町村ニ割當テ之ヲ市町村長ニ通知スヘシ

一　陪審員候補者割當後行政區劃ニ變更ヲ生シタル場合ノ效果

（昭和二年九月十四日 刑事第九七一六號刑事局長回答）

問　一　甲村カ陪審員候補者ノ割當通知ヲ受ケ抽籤施行前其ノ一部カ乙村ニ他ノ一部カ丙村ニ合併セリ此ノ場合甲村ニ割當テラレタル陪審員ノ員數ハ資格者ノ數ニ按分シテ當然乙丙村ニ分割セラルルヤ或ハ地方裁判所ニ於テ之カ分割ヲ法定シ乙、丙兩村ニ通知スルヲ要スルヤ

二　若シ右合併前乙村ニ於テ既ニ陪審員候補者ノ選定ヲ終リタル時ハ乙村ハ新ニ合併シタル區域内ノ資格者名簿ニ基キ更ニ前示分割ニ依ル員數ノ陪審員候補者ヲ選定スヘキモノナリヤ（新潟所長）

答　九月二日以後ニ於テ行政區劃ニ變更ヲ生スルモ既ニ所長ノナシタル陪審員候補者割當ニハ影響ヲ及ホササルモノト思考ス尙本件ニ付テハ本年六月二十五日附刑事第四五〇六號通牒參照

二　陪審員候補者割當後行政區劃ニ變更ヲ生シタル場合ノ割當ノ效果

（昭和二年九月三十日 刑事第一〇八三七號刑事局長回答）

問　甲村カ陪審員候補者ノ割當通知ヲ受ケ抽籤施行前（九月二日以後）其ノ一部カ乙村ニ他ノ一部カ丙村ニ合併シ其ノ結果甲村ハ廢止セラレタリ此ノ場合

（イ）　甲村ニ對シテ既ニ爲シタル候補者ノ割當ハ甲村廢止ノ結果當然消滅シ乙丙兩村ノ割當ニ何等ノ影響ヲ及ホササルモノト解スヘキヤ

從テ乙、丙兩村ハ合併前九月一日現在ノ資格者ニ基キ（新ニ合併シタル區域内ノ資格者ヲ除外シ）抽籤ヲ施行スヘキモノナリヤ

（ロ）　或ハ又甲村ニ割當テラレタル陪審員ノ員數ハ夫々乙、丙兩村ニ歸屬スヘキ資格員ノ數ニ按分シテ是等兩村ニ分割セラレ乙、丙兩村ハ既ニ割當テラレタル員數ノ外右分割ニ依ル員數ノ候補者ヲ其ノ資格者（新ニ合併シタル區域内ノ資格者ヲ包含セル）中ヨリ選定スルヲ要スルヤ

（ハ）　若シ前項ノ如ク分割セラルルモノナリトセハ右ハ資格者ノ數ニ按分シテ當然分割セラルルヤ將又地方裁判所ニ於テ之カ分割ヲ決定シ乙、丙兩村ニ通知スヘキモノナリヤ

次ニ若シ右合併前乙村ニ於テ既ニ陪審員候補者ノ選定ヲ終リタルトキハ乙村ハ新ニ合併セラレタル區域内ノ資格者名簿ニ基キ更ニ前示分割ニ依ル員數ノ候補者ヲ選定スヘキモノナリヤ（新潟所長）

答　九月二十四日附ヲ以テ書記官宛内輪問合ニ依ル標記ノ件ニ付テハ關係各村ニ於テ既ニ資格者名簿ヲ作成シ終リタル後甲村カ乙、丙兩村ニ合併セラレ其ノ結果甲村カ廢止セラレタル場合ニ於テハ甲村ニ對スル割當ハ其ノ廢止ニ依リ當然消滅ニ歸シ乙、丙兩村ニ於テハ合併前ノ資格者ニ付抽籤ヲ行フヲ相當ト爲スヘク新ニ合併シタル區域ノ資格者ハ右抽籤ヨリ除外スヘキモノト思考致サレ候

第二十三條　市町村長前條ノ通知ヲ受ケタルトキハ第二十條及第二十一條ノ規定ニ依リ整理シタル陪審員資格者名簿ニ基キ抽籤ヲ以テ前條ノ規定ニ依リ割當テラレタル員數ノ陪審員候補者ヲ選定シ陪審員候補者名簿ヲ調製スヘシ

前項ノ抽籤ハ資格者三人以上ノ立會ヲ以テ之ヲ爲スヘシ

第十七條第二項及第三項ノ規定ハ陪審員候補者名簿ニ之ヲ準用ス

一　資格者名簿登載後他町村ヘノ轉居者ヲ候補者名簿ニ登載スルノ可否

（昭和二年六月二十五日
刑事第四五〇六號刑事局長通牒）

問　資格者名簿登載後他町村ニ轉居シタルモノモ本條ノ抽籤ニ加ヘ其ノ市町村ノ候補者名簿ニ登載スヘキヤ（實務家伺）

答　候補者名簿ニ登載スヘキモノトス

二　定數ノ立會人ナキ場合ノ抽籤ノ能否

（昭和二年七月二十二日
刑事第五五一九號刑事局長通牒）

問　陪審員資格者名簿ニ登載セラレタル者極メテ少ナキ小村ニシテ陪審法第二十三條第二項所定ノ立會人三名以上ヲ選定スルコト能ハサルトキハ其ノ定數ヲ缺クモ差支ナキヤ（甲府所長）

答　立會人三人スラモ立會スルコト能ハサル場合ニ於テハ候補者ノ選定手續ヲ爲スニ由ナキモノト思考ス七月二十三日刑事第五五二一號通牒參照

三　立會人中故障ニ依リ立會不能ナル場合ノ抽籤

（昭和二年七月二十六日
刑事第五五〇九號刑事局長回答）

問　陪審員候補者抽籤ニ付抽籤當日立會人三名ノ内一名疾病其ノ他正當ノ事由ニ依リ立會ヲ爲ス能ハサル場合ハ市町村長ニ於テ臨時他ノ有資格者一名ヲ選定シ抽籤ヲ爲スモ差支ナキヤ又更ニ施行規則第十條ニ依リ改メテ抽籤ノ日時及場所ヲ告示シ立會人ヲ選定シ五日前ニ通知シタル後ニ非サレハ抽籤ヲ爲スヲ得サルヤ（秋田所長）

答　前段貴見ノ通

四　立會人中故障ニ依リ立會不能ナル場合ノ抽籤

（昭和二年七月二十六日
刑事第五五〇九號刑事局長回答）

問　陪審員候補者抽籤中立會人三名ノ内一名急病ニ依リ其ノ立會

ヲ繼續スル能ハサル場合ハ市町村長ニ於テ他ノ有資格者ヲ臨時立會人ニ選定シ其ノ抽籤ヲ繼續スヘキヤ又ハ殘リ二人ノ立會人ニテ其ノ抽籤ヲ爲スヘキヤ將タ前項後段ノ手續ニ依ルヘキヤ
（秋田所長）

答　前段貴見ノ通

五　資格者數ト割當員數トカ同一ナル場合ニ於ケル抽籤手續ノ要否

（昭和二年九月二十日刑事第九九一六號刑事局長回答）

問　一村ノ陪審員資格者員數ヲ衆議院議員選擧法ニ依ル有權者數等ヨリ打算シ其ノ員數ヲ約五十名ト推定シ之ニ對シテ候補者三名ヲ割當タル處該村内ニハ地租條例第十三條ノ二及地租條例施行規則第十八條ニ依リ地租ノ免除ヲ受クル者意外ニ多數アリタルタメ陪審員ノ資格者僅ニ三名ノ外ナキニ至レリ此ノ場合ニ於テモ村長ハ陪審法第二十三條ノ文理上抽籤ヲ以テ候補者ヲ選定シ陪審員候補者名簿ヲ調製スヘキモノト解釋セラルルモ抽籤ハ偏頗ノ虞ヲ避ケタル公平ナル一種ノ選擇方法ナルヲ以テ通例所要員數ヲ抽出シ終リテ尚且殘數ヲ存スル場合ニ行フヘキモノナラント思考ス從テ前記ノ如ク資格者、候補者共ニ三名ナルトキハ抽籤ヲ行フニ由ナキモノト看做シ候補者ノ選定手續ヲナサスシテ陪審員候補者名簿ヲ調製セサルモ差支ナキヤ

尙資格者員數ト割當テラレタル候補者員數カ共ニ四名以上ノ場合ニシテ其ノ數何レモ同一ナルトキニ於ケル取扱振ニ付テモ併テ御垂示相成度候（甲府所長）

答　御問合ノ如ク資格者數ト割當員數トカ共ニ三名ナルニ於テハ嚢ニ爲シタル割當通知ヲ取消シ割當ヲ爲ササリシト同一ノ取扱ヲ爲スヲ相當ト思考セラレ候尙資格者數ト割當テラレタル候補者數トカ四名以上ニシテ彼此同數トナルニ於テハ割當數ヲ適當ニ減員シ以テ抽籤ニ依ル選定手續ヲ履行スルヲ妥當ト思料セラレ候尤モ四名位ニ止マル場合ハ本文第一段ト同樣ノ取扱ニ據ルヲ至當ト思考ス

六　資格者名簿ニ對スル異議期間滿了前ノ候補者抽籤ノ效力

（昭和二年十月二十九日刑事第一三二五九號刑事局長回答）

問　高田裁判所管内某村（割當候補者二名ノトコロ）ニ於テ資格者名簿ニ對スル異議期間ノ滿了前早ク既ニ候補者ノ抽籤ヲ施行シタリ

此ノ場合若シ資格者名簿カ何人ヨリモ異議ノ申立ナク其ノ儘確定シタル時ハ右抽籤ヲ有效トシ取扱フモ可ナリヤ

或ハ之ヲ無效トシ更ニ抽籤ヲ施行セシムヘキヤ（新潟所長）

答　異議申立期間滿了前ニ於テ爲シタル候補者抽籤ノ手續ハ無效ナルヲ以テ資格者名簿確定ノ上更ニ抽籤ヲ施行スヘキモノトス

七　候補者選定抽籤立會人ニ旅費日當ヲ支給スル規程ノ根據及其ノ金額

（昭和二年十月二十五日刑事第一三二四五號刑事局長回答）

問　陪審員候補者選定ニ關スル抽籤立會人ノ旅費日當ハ本年六月司法官會同ノ際貴官ノ相談事項竝七月十五日附刑事第五〇五七號貴官ノ札幌地方裁判所長ニ對スル御回答ニ依リ市町村ノ負擔タル事ハ疑ヲ容レスト存シ候ヘ共右旅費日當ハ果シテ市町村ニ於テ支給スヘキモノナルヤ否ヤニ付テハ依據スヘキ規定ナク若シ支給スヘキモノトスルモ其ノ額ニ付何等ノ定無之管内町村長ヨリ問合ノ次第モ有之候條御意見承知致度候（仙臺所長）

答　右ニ關シテハ市町村ニ對シ抽籤立會人ニ旅費日當ヲ支出スル樣ノ指示ハ之ヲ爲ササルヲ相當ト思考致候

八　陪審員候補中抽籤ノ際立會人以外ノ者ノ參加ノ可否

（昭和二年十月二十九日刑事局長回答）

問　陪審員候補者中抽籤ノ際立會人以外ノ者ニ參加セシメ差支ナキヤ（金澤所長）

答　差支ナシ

九　候補者選定數ノ不足ト再抽籤ノ施行方法

（昭和二年十一月八日刑事局長電報回答）

問　法第二十二條ニ依リ地方裁判所長ノ通知シタル陪審員割當數ヲ町村長ニ於テ誤テ割當數ニ足ラサル員數　例ヘハ五人ノ割當ニ對シ四人ヲ抽籤ス）ヲ抽籤シ選定錄ヲモ作成シ數日ヲ經テ割當數ノ見誤リタル事ヲ發見シ其ノ補充手續ヲ監督區裁判所ニ伺出テタル箇所アリ

右ハ前同一ノ手續及方法ニ依リ不足員數ノミノ抽籤ヲナシ補充セシメ可然ト思料致度候（金澤所長）

答　不足員數ニ付更ニ抽籤ヲ施行スルヲ相當トス

一〇　候補者選定抽籤立會人ニ支給スル手當等ノ支途

（昭和三年四月十二日刑事第三二五九號刑事局長回答）

問　本條ニ依ル立會人ヨリ實費辨償ヲ請求スル者アルモ町村費ヨリ之カ費用ヲ支辨シ得ル規定無之右ハ何レヨリ支給セラルル儀ナルヤ（愛媛縣知事）

答　陪審法第二十三條ニ依ル抽籤立會人ニ付之カ旅費日當等ニ付テハ國庫又ハ府縣ヨリ支給スル途ナシ

第二十四條　區裁判所判事ハ陪審員候補者ノ選定ニ關スル事務ニ付市町村長ヲ監督ス

區裁判所判事ハ前項ノ事務ニ付市町村長ニ必要ナル指示ヲ爲スコトヲ得

第二十五條　市町村長ハ十一月三十日迄ニ陪審員候補者名簿ヲ管轄地方裁判所長ニ送付スヘシ

市町村長ハ陪審員候補者名簿ニ登載セラレタル者ニ其ノ旨ヲ通知シ且其ノ氏名ヲ告示スヘシ

第二十六條　市町村長前條ニ依リ陪審員候補者名簿ヲ送付シタル後其ノ候補者中死亡シ若ハ國籍ヲ喪失シタル者アルトキ又ハ第十三條若ハ第十四條ノ各號ノ一ニ該當スルニ至リタル者アルトキハ市町村長ハ遲滯ナク之ヲ管轄地方裁判所長ニ通知スヘシ

第二十七條　陪審ノ評議ニ付スヘキ事件ニ付公判期日定リタルトキハ地方裁判所長ハ豫メ定メタル市町村ノ順序ニ依リ各陪審員候補者名簿ヨリ一人又ハ數人ノ陪審員ヲ抽籤シ陪審員三十六人ヲ選定スヘシ

前項ノ抽籤ハ裁判所書記ノ立會ヲ以テ之ヲ爲スヘシ

一　候補者名簿送付後合併ニ因リ廢止トナリタル町ノ候補者名簿ヲ抽籤ヨリ除外スルノ適否

（昭和九年九月十九日刑事第七四三〇號刑事局長回答）

問　本條第一項ノ規定ニ依リ陪審員ノ抽籤ヲナス場合法第二十五條第一項ニ依リ市町村長カ陪審員候補者名簿ヲ送付シタル後甲市ニ合併セラレ廢止トナリタル乙町ノ陪審員候補者名簿ハ右抽籤ヨリ除外スヘキ哉

尚本問ニ付テハ陪審法中行政區劃ノ變更ノ場合ニ於ケル陪審員ノ資格ノ存否ニ關シ衆議員議員選擧法第四條ノ如キ規定存セサルノミナラス之ニ類似スル新潟地方裁判所長ノ問合卽チ甲村カ乙、丙兩村ニ合併セラレテ廢止トナリタル結果乙、丙兩村ノ陪審員割當ニ及ホス影響ニ付テノ貴局御回答（本年一月法曹會雜誌六卷第一號二九一頁問一、二）ノ趣旨ヨリ推考スレハ（參照衆議院議員選擧法施行令第四條）積極ニ解スヘク思考セラレ果シテ然リトセハ陪審員タル資格條件中ニ住居ニ關スル期間ノ點ニ付キ衆議院議員選擧法第十二條末項ノ如キ規定ナキニ不拘尚之アルト同一ニ見ルヘキモ先例ハ（昭和二年二月六日貴局刑事第四三六三號御通牒）前段御回答ノ趣旨ニ依リ自然變更セラレタルモノト解シ可然哉（福岡所長）

答　甲市ニ合併セラレ廢止トナリタル乙町ノ陪審員候補者ハ既ニ候補者トシテ存スルモノナレハ陪審法第二十七條第一項規定ニ依ル抽籤ヨリ除外スヘキモノニ非スト思考致候而シテ御引例相成候昭和二年九月三十日新潟地方裁判所長ノ內輪問合ニ對スル小官回答ノ場合ニ付テハ甲村カ陪審員候補者ノ割當通知ヲ受ケ其ノ抽籤施行前乙、丙兩村ニ合併セラレ廢止トナリタル場合ノ問題ニシテ此ノ場合ハ甲村廢止ノ結果其ノ割當ハ自然消滅シ更ニ乙丙兩村ノ割當數ヲ變更センニハ期日ノ制限等モアリテ事實上之ヲ施行スルニ由ナキ理由ヨリ陪審法第二十三條第一項所定ノ候補者ノ抽籤ヨリ之レヲ除外スルヲ相當トスル趣旨ニ有之又

又昭和二年二月六日當局刑事第四三六三號通牒問題ニ對スル決議ハ專ラ臣民カ陪審員タリ得ル本質的權能ノ法則ニ着眼シタルモノニシテ右決議トモ牴觸スルモノニアラスト思考ス

二 公判期日前關係人ヨリノ陪審員ノ何人ナルヤノ問合ニ對スル應否

（昭和三年十月二十四日 刑事第九三五七號刑事局長回答）

問 本條ニ依リ陪審員ヲ選定シタル後公判期日前ニ於テ檢事又ハ被告人若ハ辯護人ヨリ陪審員ノ何人ナルヤヲ問合セ來リタル時裁判所ハ之ヲ告クヘキヤ否ヤ（函館所長）

答 公判期日前ニ於テハ告クヘキニ非ス

第二十八條 陪審員トシテ呼出ニ應シタル者ハ其ノ市町村ニ於ケル陪審員候補者名簿ニ登載セラレタル者四分ノ三呼出ニ應シタル後ニ非サレハ其ノ年内再ヒ陪審員ニ選定セラルルコトナシ

第二十九條 陪審ハ十二人ノ陪審員ヲ以テ之ヲ構成ス

第三十條 陪審ハ檢事被告事件ヲ陳述スル時ヨリ裁判所書記陪審ノ答申ヲ朗讀スル迄同一ノ陪審員ヲ以テ之ヲ構成スルコトヲ要ス

第三十一條 裁判長ハ事件二日以上引續キ開廷ヲ要スト思料スルトキハ十二人ノ陪審員ノ外一人又ハ數人ノ補充陪審員ヲ公判ニ立會ハシムルコトヲ得

補充陪審員ハ陪審ヲ構成スヘキ陪審員疾病其ノ他ノ事由ニ因リ職務ヲ行フコト能ハサル場合ニ於テ之ニ代ルモノトス

補充陪審員數人アル場合ニ於テ前項ノ職務ヲ行フハ第六十五條ノ規定ニ依リ爲シタル抽籤ノ順序ニ依ル

第三十二條 同日ニ數箇ノ事件ノ公判ヲ開ク場合ニ於テハ數箇ノ事件ニ付同一ノ陪審員ヲ以テ陪審ヲ構成スルコトヲ得

此ノ場合ニ於テハ最初ノ事件ノ取調前其ノ手續ヲ爲スヘシ

第三十三條 檢事及被告人異議ナキトキハ一ノ事件ノ爲構成セラレタル陪審ヲシテ同日ニ審理スヘキ他ノ事件ノ爲其ノ職務ヲ行ハシムルコトヲ得

第三十四條 陪審員ニハ勅令ノ定ムル所ニ依リ旅費、日當及止宿料ヲ給ス

第三章 陪審手續

第一節 公判準備

第三十五條 陪審ノ評議ニ付スヘキ事件ニ付テハ裁判長ハ公判準備期日ヲ定ムヘシ

第三十六條　被告人公判準備期日前辯護人ヲ選任セサルトキハ裁判所ハ其ノ裁判所所在地ノ辯護士中ヨリ之ヲ選任スヘシ
被告人ノ利害相反セサルトキハ同一ノ辯護人ヲシテ數人ノ辯護ヲ爲サシムルコトヲ得

第三十七條　公判準備期日ニハ被告人及辯護人ヲ召喚スヘシ
公判準備期日ハ之ヲ檢事ニ通知スヘシ

第三十八條　召喚狀ノ送達ノ日ト公判準備期日トノ間ニハ少クトモ五日ノ猶豫期間ヲ存スヘシ

第三十九條　公判期日ヲ定メタル後被告人ノ請求ニ因リ事件ヲ陪審ノ評議ニ付スヘキモノトシタルトキハ其ノ公判期日ヲ公判準備期日トス

第四十條　公判準備期日ニ於ケル取調ハ定數ノ判事、檢事及裁判所書記列席シテ之ヲ爲ス
公判準備期日ニ於テハ辯護人出頭スルニ非サレハ取調ヲ爲スコトヲ得ス辯護人數人アルトキハ其ノ一人ノ出頭ヲ以テ足ル
公判準備期日ニ於ケル取調ハ之ヲ公行セス

第四十一條　第二條ノ規定ニ依リ事件ヲ陪審ノ評議ニ付スルトキハ裁判長ハ被告人ニ對シ事件ヲ陪審ノ評議ニ付スルコトヲ辭シ得ヘキ旨ヲ告知スヘシ

第四十二條　公判準備期日ニ於テハ裁判長ハ公訴事實ニ付出頭シタル被告人ヲ訊問スヘシ
陪席判事ハ裁判長ニ告ケ被告人ヲ訊問スルコトヲ得
檢事及辯護人ハ裁判長ノ許可ヲ受ケ被告人ヲ訊問スルコトヲ得

第四十三條　公判準備期日ニ於テハ裁判所ハ必要ナル證據調ノ決定ヲ爲スヘシ
檢事、被告人及辯護人ハ證人訊問、鑑定、檢證又ハ證據物若ハ證據書類ノ集取ヲ請求スルコトヲ得
前項ノ請求ヲ却下スルトキハ裁判所ハ決定ヲ爲スヘシ

第四十四條　裁判所書記ハ公判準備調書ヲ作リ公判準備期日ニ於ケル被告人ニ對スル訊問及其ノ供述、檢事被告人辯護人ノ申立、裁判所ノ裁判其ノ他一切ノ訴訟手續ヲ記載スヘシ

陪審公判準備調書ト刑訴法第五十六條トノ關係

（昭和三年十月二十四日刑事第九三五七號刑事局長回答）

問　陪審公判準備調書ニハ刑事訴訟法第五十六條第三項乃至第五

項ノ適用アリヤ否ニ付積極消極ノ二説有之孰カ正當ナリヤ（函館所長）

答　消極説ヲ相當ト思考ス

第四十五條　公判準備調書ニハ前條ニ規定スル事項ノ外被告事件、被告人及出頭シタル辯護人ノ氏名並手續ヲ爲シタル裁判所年月日及裁判長陪席判事檢事裁判所書記ノ官氏名ヲ記載シ被告人出頭セサルトキハ其ノ旨ヲ記載スヘシ

第四十六條　公判準備調書ハ三日内ニ之ヲ整理シ裁判長及裁判所書記署名捺印スヘシ

裁判長ハ署名捺印前ニ公判準備調書ヲ檢閲シ意見アルトキハ其ノ旨ヲ記載スヘシ

一　公判準備調書ノ讀聞ケ並ニ署名捺印セシムルノ要否
（昭和五年司法官會同ノ際ニ於ケル書記長及監督書記協議事項）

問　陪審公判準備調書ハ三日内ニ整理スヘキ旨規定アルヲ以テ公判廷ニ於テ被告人ニ讀聞ケ且署名捺印セシムルノ要ナキヤ一定ヲ望ム

答　公判調書ニ就テハ刑訴第六一條ノ規定存シ刑訴第五六條ノ三項及五項ヲ適用セスト定メタル故被告人ニ讀聞ケ其ノ署名捺印ヲ必要トセサルモ陪審公判準備調書ニ就テハ特ニ規定ナキ故問題トナルモ結局裁判長ノ意見ニ從ハレタシ

二　陪審事件ノ公判準備手續ト刑事訴訟法第五十六條第三項乃至第五項ノ手續
（昭和七年（れ）第五七九號 同年七月九日第三刑事部判決）

陪審事件ノ公判準備調書ニ付テハ刑事訴訟法第五十六條第三項乃至第五項ノ手續ヲ履踐スルコトヲ要セス

第四十七條　檢事、被告人及辯護人ハ公判準備期日前第四十三條第二項ノ請求ヲ爲スコトヲ得公判期日七日前迄亦同シ

第四十三條第三項ノ規定ハ前項ノ場合ニ之ヲ準用ス

第四十八條　裁判所公判備準期日外ニ於テ證據決定ヲ爲シタルトキハ之ヲ檢事、被告人及辯護人ニ通知スヘシ

本條ノ通知ノ欠缺
（昭和八年（れ）第六六四號 同年六月二十三日第四刑事部判決）

陪審法第四十八條ハ訓示的規定ナルヲ以テ證據決定ヲ被告ニ對シ通知セサリシトスルモ原判決破毀ノ理由ト爲ラス

第四十九條　公判準備期日外ニ於テ證人又ハ鑑定人ノ訊問ヲ爲ストキハ被告人モ亦之ニ立會フコトヲ得

裁判所外ニ於テ前項ノ手續ヲ爲ストキハ拘禁セラレタル被告人ハ之ニ立會フコトヲ得ス但シ裁判所必要ト認ムルトキハ之ニ立會ハシムルコトヲ得

第五十條 前條第一項ノ手續ヲ爲スヘキ日時及場所ハ被告人ニ之ヲ通知スヘシ但シ急速ヲ要スル場合ハ此ノ限ニ在ラス

第五十一條 公判準備中陪審ノ評議ニ付スヘカラサル事由生シタルトキハ通常ノ手續ニ從ヒ審判ヲ爲スヘシ

公判準備期日ニ於テ前項ノ事由生シタルトキハ其ノ期日ヲ公判期日トス但シ訴訟關係人中出頭セサル者アルトキハ此ノ限ニ在ラス

第五十二條 被告人ハ公判準備期日ニ管轄違ノ申立ヲ爲スコトヲ得

前項ノ申立ハ豫審ヲ經タル事件ニ付テハ豫審判事ニ對シテ其ノ申立ヲ爲シタル場合ニ非サレハ之ヲ爲スコトヲ得ス

第五十三條 裁判所公判準備期日ニ公訴棄却又ハ管轄違ノ原由アルコトヲ認メタルトキハ決定ヲ爲スヘシ

第五十四條 裁判所公判準備期日ニ免訴ノ原由アルコトヲ認メタルトキハ決定ヲ爲スヘシ

免訴ノ決定確定シタルトキハ同一ノ事件ニ付更ニ公訴ヲ提起スルコトヲ得ス

第五十五條 前二條ノ決定ヲ爲スニハ訴訟關係人ノ意見ヲ聽クヘシ

決定ニ對シテハ即時抗告ヲ爲スコトヲ得

第五十六條 第五十一條又ハ第五十三條ノ場合ニ於テ公判準備中ニ爲シタル手續ハ其ノ效力ヲ失ハス

陪審事件ノ公判準備調書ト刑事訴訟法
第五十六條第二項乃至第五項ノ手續
（昭和七年（れ）第五七九號）
（同年七月九日第三刑事部判決）

陪審事件ノ公判準備調書ニ付テハ刑事訴訟法第五十六條第三項乃至第五項ノ手續ヲ履踐スルコトヲ要セス

第五十七條 公判期日ニハ第二十七條ノ規定ニ依リテ選定シタル陪審員ヲ呼出スヘシ

第三十八條ノ規定ハ前項ノ場合ニ之ヲ準用ス

第五十八條 陪審員ニ對スル呼出狀ニハ出頭スヘキ日時、場所及呼出ニ應セサルトキハ過料ニ處スルコトアルヘキ旨ヲ記載スヘシ

第五十九條 陪審員疾病其ノ他已ムコトヲ得サル事由ニ因リ呼出ニ應スルコト能ハサル場合ニ於テハ其ノ職務ヲ辭スルコトヲ得此ノ場合ニ於テハ書面ヲ以テ其ノ事由ヲ疏明スヘシ

第二節　公判手續及公判ノ裁判

第六十條　陪審構成ノ手續ハ判事、檢事、裁判所書記、被告人、辯護人及陪審員列席シ公判廷ニ於テ之ヲ行フ

前項ノ手續ハ之ヲ公行セス

第六十一條　前條第一項ノ手續ハ陪審員二十四人以上出頭スルニ非サレハ之ヲ行フコトヲ得ス

出頭シタル陪審員二十四人ニ達セサルトキハ裁判長ハ之ヲ補充スル爲裁判所所在地又ハ其ノ附近ノ市町村ノ陪審員候補者名簿ヨリ抽籤ヲ以テ必要ナル員數ノ陪審員ヲ選定シ便宜ノ方法ニ依リ之ヲ呼出スヘシ

前項ノ抽籤ハ裁判所書記ノ立會ヲ以テ之ヲ爲スヘシ

公判期日前陪審員二十三人以下ナルコト明白ナル場合ノ補充員ノ選定方法

（昭和三年十一月二十六日刑事第九九三五號刑事局長回答）

問　法第五十七條ニ依リ選定シタル陪審員三十六人ニ對シ呼出狀ヲ發シタル處其ノ内疾病其ノ他正當ノ事由ニ由リ公判期日ニ出頭スル事能ハサル者多數アリテ公判期日ニ出頭シ得ヘキ見込アル陪審員二十三名以下ナル事公判期日前ニ明白トナリタルトキハ之ヲ補充スルタメ直チニ陪審員ヲ選定シ豫メ之ヲ公判期日ニ呼出置クヲ得サルモノナリヤ否ヤ

前項問題ニ付若シ公判期日前陪審員ヲ選定シ豫メ之ヲ公判期日ニ呼出シ置クヲ得ヘキモノトセハ其ノ選定ハ陪審法第二十七條ニ依ルヘキモノナリヤ又ハ同法第六十一條第二項ニ準スヘキモノナリヤ且其ノ選定シ得ル陪審員ノ數如何（函館所長）

答　御問合ノ場合ハ公判期日前ト二十三人以下ナルコト明白トナリタルトキト云フ前提ニ候モ其ノ明白ノ程度ニ付テモ彼是疑義モ生スヘク假ニ明白ナルコトアリトスルモ斯ノ如キハ極メテ稀有ニシテソレカタメニ特ニ法第六十一條第二項ヲ無視シテ豫メ適法ニ若干ノ補缺員ヲ選定呼出スヘキコト法律上困難ナリト思考セラレ畢竟法第六十一條第二項ニ俟ツノ外無之ルヘシト思惟セラレ候

但シ同條項ニ依リナスヘキ行爲ニ對シテモ豫メ準備ヲ講シ置クハ毫モ差支ヘナキモノト思料セラレ候

第六十二條　陪審員二十四人以上出頭シタルトキハ裁判長ハ其ノ氏名、職業及住居地ヲ記載シタル書面ヲ示シ檢事及被告人ニ對シ陪審員中除斥セラルヘキ者アリヤ否ヲ問フヘシ

裁判長ハ陪審員ニ被告人ノ氏名、職業及住居地ヲ告ケ除斥ノ原由アリヤ否ヲ問フヘシ

檢事、被告人及陪審員除斥ノ原由アリトスルトキハ其ノ旨ノ申立ヲ爲スヘシ

除斥ノ原由アリトスルトキハ裁判所ハ決定ヲ爲スヘシ

第六十三條　出頭シタル陪審員中第十二條乃至第十四條ノ規定ニ依リ陪審員タル資格ヲ有セサル者アリトスルトキハ裁判所ハ決定ヲ爲スヘシ

第六十四條　檢事及被告人ハ陪審ヲ構成スヘキ陪審員及補充陪審員ノ員數ヲ超過スル員數ニ付各其ノ半數ヲ忌避スルコトヲ得忌避スルコトヲ得ヘキ人員奇數ナルトキハ被告人ハ尚一人ヲ忌避スルコトヲ得

被告人數人アルトキハ忌避ハ共同シテ之ヲ行フ共同ノ方法ニ付協議整ハサルトキハ忌避ヲ行ハシムル方法ハ裁判長之ヲ定ム

第六十五條　裁判長ハ陪審員ノ氏名票ヲ抽籤函ニ入レタル後檢事及被告人ノ忌避スルコトヲ得ル員數ヲ告知スヘシ

裁判長ハ氏名票ヲ一票宛抽籤函ヨリ抽出シ之ヲ讀上クヘシ

裁判長氏名ヲ讀上ケタルトキハ檢事及被告人ハ承認又ハ忌避スル旨ヲ陳述スヘシ其ノ順序ハ檢事ヲ先ニシ被告人ヲ後ニス

忌避ノ理由ハ之ヲ陳述スルコトヲ得ス

次ノ氏名票ヲ抽籤函ヨリ抽出ス迄ニ陳述ヲ爲ササルトキハ承認ノ陳述ヲ爲シタルモノト看做ス裁判長抽籤終リタル旨ヲ宣言スル迄陳述ヲ爲ササルトキ亦同シ

陳述ハ次ノ氏名票ヲ抽出シタル後ハ之ヲ取消スコトヲ得ス裁判長抽籤終リタル旨ヲ宣言シタル後亦同シ

第六十六條　前條ノ手續ニ依リ陪審ヲ構成スヘキ陪審員及補充陪審員ノ數ヲ充シタルトキハ裁判長ハ抽籤終リタル旨ヲ宣言スヘシ

第六十七條　陪審ヲ構成スヘキ陪審員ハ初ニ當籤シタル十二人ヲ以テ之ニ充テ補充陪審員ハ其ノ他ノ當籤者ヲ以テ之ニ充ツ

第六十八條　陪審員ハ第六十五條ノ規定ニ依リ爲シタル抽籤ノ順序ニ從ヒ著席スヘシ

第六十九條　裁判長ハ檢事ノ被告事件陳述前陪審員ニ對シ陪審員ノ心得ヲ諭告シ之ヲシテ宣誓ヲ爲サシムヘシ

宣誓ハ宣誓書ニ依リ之ヲ爲スヘシ

宣誓書ニハ良心ニ從ヒ公平誠實ニ其ノ職務ヲ行フヘキコトヲ誓フ旨ヲ記載スヘシ

裁判長ハ起立シテ宣誓書ヲ朗讀シ陪審員ヲシテ之ニ署名捺印セシムヘシ

陪審員ノ心得諭告並宣誓手續（昭和七年（れ）第九六一號 同年十月六日第一刑事部判決）

陪審員ノ心得諭告並宣誓ノ手續ハ公判手續ニ屬シ公開法廷ニ於テ行ハルルモノトス

第七十條　裁判長ハ陪席判事ノ一人ヲシテ被告人ノ訊問及證據調ヲ爲サシムルコトヲ得

陪審員ハ裁判長ノ許可ヲ受ケ被告人、證人、鑑定人、通事及飜譯人ヲ訊問スルコトヲ得

第七十一條　證據ハ別段ノ定アル場合ヲ除クノ外裁判所ノ直接ニ取調ヘタルモノニ限ル

第七十二條　左ニ掲クル書類圖畫ハ之ヲ證據ト爲スコトヲ得

一　公判準備手續ニ於テ取調ヘタル證人ノ訊問調書

二　檢證、押收又ハ搜索ノ調書及之ヲ補充スル書類圖畫

三　公務員ノ職務ヲ以テ證明スルコトヲ得ヘキ事實ニ付公務員ノ作リタル書類

四　前號ノ事實ニ付外國ノ公務員ノ作リタル書類ニシテ其ノ眞正ナルコトノ證明アルモノ

五　鑑定書又ハ鑑定調書及之ヲ補充スル書類圖畫

第七十三條　裁判所、豫審判事、受命判事、受託判事其ノ他法令ニ依リ特別ニ裁判權ヲ有スル官署、檢事、司法警察官又ハ訴訟上ノ共助ヲ爲ス外國ノ官署ノ作リタル訊問調書及之ヲ補充スル書類圖畫ハ左ノ場合ニ限リ之ヲ證據ト爲スコトヲ得

一　共同被告人若ハ證人死亡シタルトキ又ハ疾病其ノ他ノ事由ニ因リ之ヲ召喚シ難キトキ

二　被告人又ハ證人公判外ノ訊問ニ對シテ爲シタル供述ノ重要ナル部分ヲ公判ニ於テ變更シタルトキ

三　被告人又ハ證人公判廷ニ於テ供述ヲ爲ササルトキ

第七十四條　前二條ノ場合ノ外裁判外ニ於テ被告人其ノ他ノ供述ヲ錄取シタル書類又ハ裁判外ニ於テ作成シタル書類圖畫ハ供述者若ハ作成者死亡シタルトキ又ハ疾病其ノ他ノ事由ニ因リ召喚シ難キトキニ限リ之ヲ證據ト爲スコトヲ得

第七十五條　證據ト爲スコトニ付訴訟關係人ノ異議ナキ書類圖畫ハ前三條ノ規定ニ拘ラス之ヲ證據ト爲スコトヲ得

陪審手續ニ於ケル證據調ト刑事訴訟法第三百四十二條（昭和九年（れ）第一〇〇三號 同年十月十一日第二刑事部判決）

陪審手續ニ於テハ裁判所證據ト爲スニ足ラスト認メタルモノハ

假令刑事訴訟法第三百四十二條所掲ノ書類閲覽ト雖之カ取調ヲ爲スノ要ナキモノトス

第七十六條 證據調終リタル後檢事、被告人及辯護人ハ犯罪ノ構成要素ニ關スル事實上及法律上ノ問題ノミニ付意見ヲ陳述スヘシ

辯護人數人アル場合ニ於テ被告人ノ爲ニスル意見ノ陳述ハ重複シテ之ヲ爲スコトヲ得ス

公判廷ニ現ハレサル證據ハ之ヲ援用スルコトヲ得ス

被告人又ハ辯護人ニハ最終ニ陳述スル機會ヲ與フヘシ

第七十七條 前條ノ辯論終結後裁判長ハ陪審ニ對シ犯罪ノ構成ニ關シ法律上ノ論點及問題ト爲ルヘキ事實竝證據ノ要領ヲ說示シ犯罪構成事實ノ有無ヲ問ヒ評議ノ結果ヲ答申スヘキ旨ヲ命スヘシ但シ證據ノ信否及罪責ノ有無ニ關シ意見ヲ表示スルコトヲ得ス

一 間接證據ニ關スル說示 （昭和七年（れ）第五一四號 同年六月九日第二刑事部判決）

陪審ニ對シ法律上間接證據モ證據ト爲スコトヲ得ル旨ノ說示ヲ爲スハ違法ニ非ス

二 陪審ニ對スル說示ト證據ノ信否及事實ノ制斷ノ關係ノ解示 （昭和七年（れ）第五四五號 同年六月二十日第一刑事部判決）

裁判長カ陪審ニ對シ說示ヲ爲スニ當リ此ノ證據ヲ信スレハ此ノ事實ヲ認メ得ヘク此ノ證據ヲ信セサレハ此ノ事實ヲ認メ難シト云フカ如ク證據ノ信否ト事實ノ判斷ノ關係ヲ解示スルハ違法ニ非ス

三 陪審事件ノ犯罪構成事實以外ノ事項ノ判示 （昭和七年（れ）第六四八號 同年七月一日第四刑事部判決）

陪審事件ニ付有罪ノ判決ヲ爲ス場合ニ於テ罪ト爲ルヘキ事實ヲ示スノ外犯人ノ經歷及犯罪ノ動機原因等ヲ判示スルヲ妨ケス

四 說示ト自白ニ關スル一般的說明 （昭和七年（れ）第九六一號 同年十月六日第一刑事部判決）

裁判長カ證據ノ要領ヲ說示スルニ際シ其ノ證據ノ信否ニ關シ自己ノ意見ヲ表示セサル限リ陪審ニ對シ自白ノ價値ニ付法律ノ一般的說示ヲ爲スモ違法ニ非ス

五 說示ト自白ノ信否判斷ノ資料ニ關スル說明 （昭和七年（れ）第九六一號 同年十月六日第一刑事部判決）

裁判長カ說示ヲ爲スニ際シ被告人ノ豫審ニ於ケル自白ト公判準備訊問後ニ於ケル之カ反對ノ供述トノ取捨判斷ノ資料トシテ被告人ノ公廷ニ於ケル態度及辯解竝被告人ノ教育境遇等ヲ參酌スルコトヲ告クルハ違法ニ非ス

六 公判準備手續ニ於ケル檢證ト裁判長ノ說示

（昭和八年（れ）第一九四七號 同九年三月十日第三刑事部判決）

陪審事件ノ裁判長カ所謂第一次辯論ノ終結後陪審法第七十七條ニ基キ證據ノ要領ヲ說示スルニ當リ公判準備トシテ爲シタル檢證ノ結果ヲ說示セントセハ先ツ其ノ檢證ノ調書ヲ公判廷ニ顯出セシメ被告人ニ對シ讀聞其ノ他ノ方法ニ依リ適法ニ證據調ヲ爲ササルヘカラサルモノトス

七 裁判長ノ說示ト意見表示ノ有無

（昭和九年（れ）第四八二號 同年六月十四日第一刑事部判決）

裁判長カ客觀的ノ事實竝證據ヲ有リノ儘ニ說示シタル結果陪審員カ有罪ノ判斷ヲ爲シ得ルニ至ルモ說示ニ意見ノ表示アリタルモノト爲スヲ得サルモノトス

第七十八條 裁判長ノ說示ニ對シテハ異議ヲ申立ツルコトヲ得ス

第七十九條 裁判長ノ問ハ主問ト補問トニ區別シ陪審ニ於テ然リ又ハ然ラスト答ヘ得ヘキ文書ヲ以テ之ヲ爲スヘシ

主問ハ公判ニ付セラレタル犯罪構成事實ノ有無ヲ評議セシムル爲之ヲ爲スモノトス

補問ハ公判ニ付セラレタルモノト異リタル犯罪構成事實ノ有無ヲ評議セシムル必要アリト認ムル場合ニ於テ之ヲ爲スモノトス

犯罪ノ成立ヲ阻却スル原由ト爲ルヘキ事實ノ有無ヲ評議セシムル必要アリト認ムルトキハ其ノ問ハ他ノ問ト分別シテ之ヲ爲スヘシ

一 主問ニ犯時、犯所及强竊取ノ金員ヲ明示スルノ適否及之ト異ル答申方法竝ニ條件付發問ノ適否

（昭和三年十月二十四日刑事第九三五七號刑事局長回答）

問 陪審ニ對スル主問ニハ犯罪ノ年月日及場所ヲ揭ケ又公訴事實カ金員ヲ强取又ハ竊取シタル罪ナル場合ニハ奪取シタル金額ヲモ明示スルヲ適當トスルヤ（函館所長）

答 公訴事實ノ同一性ヲ害セサル範圍ニ於テ示スヲ適當トス

二 公訴事實ヲ肯定シ犯時、犯所及金員ニ差異アルトキノ答申方法

（昭和三年十月二十四日刑事第九三五七號刑事局長回答）

問 犯罪ノ年月日及場所又ハ奪取シタル金額ヲ明示スルヲ適當トセハ例ヘハ公訴事實カ强盜罪ナル場合ニ陪審カ强盜ノ事實ヲ認メ得タル時ハ犯罪ノ年月日若ハ場所又ハ奪取シタル金額ニ於テ問ト異ナル見解ヲ有シタルトキト雖然リト答フヘキモノナリヤ

（函館所長）

答　結局起訴事實ノ同一ニ歸スル場合ハ然リト答フヘキモノトス

（昭和三年十月二十四日刑事第九三五七號刑事局長回答）

三　**條件附發問ノ適否**

問　裁判長カ犯罪ノ年月日若ハ場所又ハ奪取シタル金額ニ付陪審ノ見解數途ニ出ル處アリト思料スルトキハ主文ヲ以テ條件附ニテ數個ノ問ヲ發シ得ルヤ卽チ例ヘハ左ノ如キ問ヲ發シ得ルヤ

（一）被告人甲ハ大正元年一月一日東京市日本橋區本石町乙方ニ於テ乙ニ對シ短刀ヲ示シ金圓ヲ差出ササレハ殺害スヘシト强迫シ因テ乙ヲシテ金百圓ヲ差出サシメ之ヲ奪取シタル事實アリヤ

（二）若ラストセハ

被告人甲ハ大正元年二月一日東京市日本橋區本石町乙方ニ於テ乙ニ對シ短刀ヲ示シ金圓ヲ差出ササレハ殺害スヘシト强迫シ因テ乙ヲシテ金二百圓ヲ差出サシメ之ヲ奪取シタル事實アリヤ（函館所長）

答　設例ノ如ク條件附ニ二個ノ問ヲ發スルハ相當ナラス

（昭和三年十月二十四日刑事第九三五七號刑事局長回答）

四　**數個ノ補問又ハ別問ヲ發スルノ可否**

問　補問又ハ別問ハ數個ナルモ差支ナキヤ例ヘハ殺人罪ノ公訴事件ニ於テ

補問トシテ

（一）傷害致死ノ事實ノ有無ヲ問ヒ

（二）次ニ傷害致死ノ事實ナシトセハトノ條件ヲ附シテ過失致死ノ事實ノ有無ヲ問ヒ

別問トシテ

（一）正當防衛ノ事實ノ有無ヲ問ヒ

（二）次ニ正當防衛ノ事實ナシトセハトノ條件ヲ附シテ緊急避難ノ事實ノ有無ヲ問フハ差支ナキヤ（函館所長）

答　設例ノ如キ場合ハ補問ハ數個ナルモノト別問ニ付テハ設例ノ如キ場合ハ其ノ原因タル法律的事實ヲ問フニ在レハ斯ノ如ク區々ニ出ルハ想像シ難キ所ナレトモ若シ違法阻却ノ原因タル事實カ別個ニ獨立シテ數個アレハ別個ニ問フノ外ナシ

（昭和三年十月二十四日刑事第九三五七號刑事局長回答）

五　**犯罪構成事實ニ關係ナキ事實ノ訊問及證據調ヲ爲スノ時期**

問　犯罪構成事實ニ關係ナキ事實ノ訊問及證據調ハ陪審ノ答申後之ヲナスヲ相當トスルヤ（函館所長

答　原則トシテ一切ノ訊問證據調ハ答申前ニナスヲ相當トス但シ場合ニヨリテハ答申後ニ於テナスモ之ヲ妨ケス

六　陪審ノ評議ト補問ニ於ケル文書ノ瑕瑾

（昭和七年（れ）第二二四號
同年四月二十二日第四刑事部判決）

陪審カ主問ヲ肯定スル場合ニ在リテハ補問ニ於ケル文書ノ瑕瑾ハ陪審ノ評議ニ影響ヲ及ホスコトナキモノトス

七　陪審手續ニ於ケル補問ノ要否ノ確定

（昭和七年（れ）第五二八號
同年六月十四日第四刑事部判決）

陪審手續ニ於テ裁判長カ補問ノ要否ニ關シ執リタル措置ニ對シ變更ノ申立アラサルトキ又ハ申立ニ對スル決定ノ趣旨ニ從ヒ裁判長カ相當ノ措置ヲ爲シタルトキハ補問ノ要否ハ確定スルモノトス

八　補問ヲ爲スヘキ場合

（昭和八年（れ）第一三五八號
同年十一月十六日第三刑事部判決）

陪審ニ對スル補問ハ被告人ノ辯解其ノ他諸般ノ證據ニ依リ公判ニ付セラレタル事實ト異リタル犯罪事實ヲ認ムヘキニ非サルカヲ疑フヘキ状況アル場合ニ之ヲ爲スヘキモノニシテ叙上状況ナキニ拘ラス理論上有リ得ヘキ總テノ場合ヲ想像シテ補問ヲ爲スヘキモノニ非ス

九　一罪ヲ組成スル事實ニ付テノ問ノ形式

（昭和九年（れ）第一〇〇三號
同年十月十一日第二刑事部判決）

一罪ヲ組成スヘキ事實カ數個ノ事實ヨリ成リ且其ノ事實ノ存否カ夫々問題ト爲ルヘキ場合ニ於テモ陪審員ニ對シテハ之ヲ一括シタル問ヲ發スヘク各個ノ事實ニ分別シテ問ヲ爲スヘキモノニ非ス

第八十條　陪審員、檢事、被告人及辯護人ハ問ノ變更ノ申立ヲ爲スコトヲ得

前項ノ申立アリタルトキハ裁判所ハ決定ヲ爲スヘシ

第八十一條　裁判長ハ問書ニ署名捺印シ之ヲ陪審ニ交付スヘシ

陪審員ハ問書ノ謄本ノ交付ヲ請求スルコトヲ得

問書ノ原本ヲ記錄ニ編綴スルノ要否

（昭和三年十月二十四日
刑事第九三六二號刑事局長回答）

問　本條ノ問書ノ原本ヲ作成シ記錄ニ編綴シ置ク必要ナキヤ若シ必要ナシトセハ問書交付後陪審員ヨリ問書ノ謄本要求アリシトキノ處置如何スヘキヤ（福島所長）

答　問書ノ原本ハ陪審ニ交付スルヲ要シ答申後ハ之ヲ記錄ニ編綴スルヲ要ス原本交付後謄本ノ要求アラハ豫メ之ニ備フルタメ原本交付前原本ニ基キ謄本ヲ作成シ置カサル場合ハ其ノ原本ヲ一時返還セシメテ之ニヨリ作成スルノ外ナシ

第八十二條　裁判長ハ評議ヲ爲サシムル爲陪審員ヲシテ評議

室ニ退カシムヘシ
裁判長ハ公判廷ニ於テ示シタル證據物及證據書類ヲ陪審ニ交付スルコトヲ得

第八十三條 陪審員ハ裁判長ノ許可ヲ受クルニ非サレハ評議ヲ了ル前評議室ヲ出テ又ハ他人ト交通スルコトヲ得ス
陪審員ニ非サル者ハ裁判長ノ許可ヲ受クルニ非サレハ評議室ニ入ルコトヲ得ス

第八十四條 陪審ノ答申前陪審員ヲシテ裁判所ヲ退出セシムル場合ニ於テハ裁判長ハ陪審員ニ對シ滯留ノ場所及他人トノ交通ニ關シ遵守スヘキ事項ヲ指示スヘシ

第八十五條 陪審員第八十三條第一項ノ規定ニ違反シタルトキ又ハ前條ノ規定ニ依リ指示セラレタル事項ヲ遵守セサルトキハ裁判所ハ其ノ陪審員ニ對シ職務ノ執行ヲ禁止スルコトヲ得

第八十六條 陪審員ハ陪審長ヲ互選スヘシ
陪審長ハ議事ヲ整理ス

第八十七條 陪審ハ評議ヲ了ル前更ニ説示ヲ請求スルコトヲ得此ノ場合ニ於テハ公判廷ニ於テ其ノ申立ヲ爲スヘシ

第八十八條 答申ハ問ニ對シ然リ又ハ然ラスノ語ヲ以テ之ヲ

爲スヘシ但シ問ニ掲クル事實ノ一部ヲ肯定又ハ否定スルトキハ之ニ付然リ又ハ然ラスノ語ヲ以テ答申スヘシ

第八十九條 評議ハ先ツ主問ニ付之ヲ爲スヘシ
主問ヲ否定シタル場合ニ於テ補問アルトキハ之ニ付評議ヲ爲スヘシ

第九十條 陪審員ハ問ニ付各其ノ意見ヲ表示スヘシ
陪審長ハ最後ニ其ノ意見ヲ表示スヘシ

第九十一條 犯罪構成事實ヲ肯定スルニハ陪審員ノ過半數ノ意見ニ依ルコトヲ要ス
犯罪構成事實ヲ肯定スル陪審員ノ意見其ノ過半數ニ達セサルトキハ之ヲ否定シタルモノトス

第九十二條 答申ハ問書ニ記載シ陪審長署名捺印シテ之ヲ裁判長ニ提出スヘシ
答申ニ不備又ハ齟齬アルトキハ裁判長ハ問書ヲ返付シ更ニ評議ヲ爲シ答申ヲ訂正スヘキ旨ヲ命スヘシ

一個ノ主問ニ對シ二個ノ答申ヲナシタル場合其ノ訂正ヲ命スルノ能否並事實毎ニ發問スルノ要否

（昭和三年十月二十四日刑事第九三六二號刑事局長回答）

問　被告人一人ニテ十個ノ竊盜公訴事件アリト假定シ裁判長ハ十

個ノ事實ヲ一ト纒メニ一問ヲ以テ問ヒタル場合ニ陪審ノ答申ハ內五個ノ事實ヲ肯定卽「然リ」トシ他ノ五個ハ「然ラス」ト二個ノ答申ヲナシタルトキハ裁判長ハ法第九十二條ニ依リ答申ノ訂正ヲ命スルコトヲ得ヘキヤ

將又裁判長ノ問ハ一事件ナリト雖モ犯罪事實一個毎ニ問ヲ發スヘキモノナルヤ（福島所長）

答 本問倂合罪ノ場合ハ一事實每ニ問ヒ然ラサル場合ハ一事實每ニ問フモ亦之ヲ一個ニ纒メテ問フモ可ナリト思考ス而テ前段設例ニ於テ陪審ハ法第八十八條ニ依リ斯ノ如ク答申シ得ルヲ以テ裁判所カ此ノ陪審ノ判斷ヲ相當トセハ之ヲ容レ然ラサレハ不當ト爲スノ外答申ノ訂正ノ場合ニハ該當セサルモノト思考セラル

第九十三條 裁判長ハ公判廷ニ於テ裁判所書記ヲシテ問及之ニ對スル陪審ノ答申ヲ朗讀セシムヘシ

第九十四條 前條ノ手續終リタルトキハ裁判長ハ陪審員ヲ退廷セシムヘシ

第九十五條 裁判所陪審ノ答申ヲ不當ト認ムルトキハ訴訟ノ如何ナル程度ニ在ルヲ問ハス決定ヲ以テ事件ヲ更ニ他ノ陪審ノ評議ニ付スルコトヲ得

本條ノ「訴訟ノ如何ナル程度」ノ解釋

（昭和三年十月二十四日
刑事第九三六日號刑事局長回答）

問 本條ノ所謂「訴訟ノ如何ナル程度ニ在ルヲ問ハス」トアル其ノ程度ハ裁判所カ書記ヲシテ答申ヲ朗讀セシメタル後本條ニ依リ更ニ他ノ陪審ノ評議ニ付スル旨ノ決定ヲモナサス檢事カ法第九十六條ニ依ル意見陳述迄ノ意味ニシテ檢事カ該意見陳述後ハ法第九十五條ノ決定ヲナスコトヲ得サルモノト解スルヲ妥當トセサルヤ（福島所長）

答 理論上ハ判決ノ言渡迄ト稱スルノ外ナシ

第九十六條 陪審犯罪構成事實ヲ肯定スルノ答申ヲ爲シタル場合ニ於テ裁判所前條ノ決定ヲ爲ササルトキハ檢事ハ適用スヘキ法令及刑ニ付意見ヲ陳述スヘシ

被告人及辯護人ハ意見ヲ陳述スルコトヲ得

被告人又ハ辯護人ニハ最終ニ陳述スル機會ヲ與フヘシ

第九十七條 陪審ノ答申ヲ採擇シテ判決ノ言渡ヲ爲スニハ裁判所ハ陪審ノ評議ニ付シテ事實ノ判斷ヲ爲シタル旨ヲ示スヘシ

有罪ノ言渡ヲ爲スニハ罪ト爲ルヘキ事實及法令ノ適用ヲ示スヘシ刑ノ加重減免ノ原由タル事實上ノ主張アリタルトキハ之ニ對スル判斷ヲ示スヘシ

無罪ノ言渡ヲ爲スニハ犯罪構成事實ヲ認メサルコト又ハ被告事件罪ト爲ラサルコトヲ示スヘシ

陪審事件ニ於ケル有罪判決ト證據理由

（昭和八年（れ）第五二三號 同年六月二十一日第三刑事部判決）

陪審ノ答申ヲ採擇シテ有罪ノ言渡ヲ爲スニハ證據ニ依リ罪ト爲ルヘキ事實ヲ認メタル理由ヲ說明スヘキモノニ非ス

第九十八條　引續キ七日以上開廷セサリシ場合ニ於テハ公判手續ヲ更新スヘシ

陪審ヲ構成スヘキ陪審員疾病其ノ他ノ事由ニ由リ職務ヲ行フコト能ハサル場合ニ於テ補充陪審員ナキトキ亦前項ニ同シ

前二項ノ場合ニ於テハ新ニ陪審構成ノ手續ヲ爲スヘシ

第九十九條　裁判所ハ訴訟ノ如何ナル程度ニ在ルヲ問ハス公訴棄却、管轄違又ハ免訴ノ裁判ヲ爲スヘキ原由アルコトヲ認メタル場合ニ於テハ陪審ノ評議ニ付セスシテ審判ヲ爲スヘシ

第　百　條　裁判所書記ハ陪審員ノ氏名、陪審ノ構成其ノ他陪審ニ關スル訴訟手續及裁判長ノ說示ノ要領ヲ公判調書ニ記載スヘシ

第三節　上訴

第百一條　陪審ノ答申ヲ採擇シテ事實ノ判斷ヲ爲シタル事件ノ判決ニ對シテハ控訴ヲ爲スコトヲ得ス

第百二條　陪審ノ答申ヲ採擇シテ事實ノ判斷ヲ爲シタル事件ノ判決ニ對シテハ大審院ニ上告ヲ爲スコトヲ得

第百三條　上告ハ刑事訴訟法ニ於テ第二審ノ判決ニ對シ上告ヲ爲スコトヲ得ル理由アル場合ニ於テ之ヲ爲スコトヲ得

但シ事實ノ誤認ヲ理由トスル場合ハ此ノ限ニ在ラス

第百四條　左ノ場合ニ於テハ常ニ上告ノ理由アルモノトス

一　法律ニ從ヒ陪審ヲ構成セサリシトキ

二　第十二條第一項第一號又ハ第十三條ノ規定ニ依リ陪審員タルコトヲ得サル者評議ニ關與シタルトキ但シ評議ヲ了ル前訴訟關係人異議ヲ述ヘサリシトキハ此ノ限ニ在ラス

三　法律ニ依リ職務ノ執行ヨリ除斥セラルヘキ陪審員評議ニ關與シタルトキ但シ第六十二條第三項ノ申立ヲ爲ササリシトキハ此ノ限ニ在ラス

四　忌避セラレタル陪審員評議ニ關與シタルトキ但シ評議ヲ了ル前訴訟關係人異議ヲ述ヘサリシトキハ此ノ限ニ在

ス

五　裁判長ノ說示法律ニ違反シタルトキ

六　裁判長證據トシテ說示シタルモノ法律上證據ト爲スコトヲ得サルモノナルトキ

七　裁判長法律上ノ論點ニ關シ不當ノ說示ヲ爲シタルトキ

補問ヲ爲ササリシコトヲ理由トスル上告ノ適否

（昭和七年(れ)第五二八號 同年六月十四日第四刑事部判決）

陪審手續ニ於テ補問ヲ爲ササリシコトヲ理由トスル上告ハ之ヲ許スヘカラス

第百五條　上告裁判所原判決ヲ破毀スル場合ニ於テハ事實ノ審理ヲ爲サスシテ自ラ裁判ヲ爲ス場合ヲ除クノ外事件ヲ原裁判所ニ差戻シ又ハ原裁判所ト同等ナル他ノ裁判所ニ移送スヘシ

破毀ノ理由ト爲リタル事項陪審ノ評議ノ結果ニ影響ナキモノナルトキハ陪審ノ答申ハ其ノ效力ヲ有ス此ノ場合ニ於テハ事件ノ差戻又ハ移送ヲ受ケタル裁判所ハ答申以後ノ手續ノミヲ爲スヘシ

第四章　陪審費用

第百六條　左ニ掲クルモノヲ以テ陪審費用トシ訴訟費用ノ一部トス

一　陪審員ノ呼出ニ要スル費用

二　陪審員ニ給與スヘキ旅費、日當及止宿料

第百七條　陪審費用ハ第三條ノ場合ニ於テ刑ノ言渡ヲ爲ストキハ其ノ全部又ハ一部ヲ被告人ノ負擔トス

第五章　罰則

第百八條　陪審員ハ左ノ場合ニ於テハ五百圓以下ノ過料ニ處ス

一　故ナク呼出ニ應セサルトキ

二　宣誓ヲ拒ミタルトキ

三　第八十三條第一項ノ規定ニ違反シタルトキ

四　故ナク退廷シタルトキ

五　第八十四條ノ指示ニ違反シタルトキ

第百九條　陪審員評議ノ顛末又ハ各員ノ意見若ハ其ノ多少ノ數ヲ漏泄シタルトキハ千圓以下ノ罰金ニ處ス

前項ノ事項ヲ新聞紙其ノ他ノ出版物ニ掲載シタルトキハ新聞紙ニ在リテハ編輯人及發行人其ノ他ノ出版物ニ在リテハ著作者及發行者ヲ二千圓以下ノ罰金ニ處ス

本條第二項ノ違反ト編輯擔當者ノ責任ノ有無

（昭和五年四月十七日
刑事第三五六五號刑事局長回答）

問　一　本條第二項ハ所謂新聞ノ編輯擔當者ヲモ合セ稱スヘキモノト解スヘキヤ

二　又ハ編輯擔當者ハ新聞紙法第九條ノ規定ニ依リ當然本條第二項ノ刑責ヲ負フモノト解スヘキヤ

三　本條第二項ハ單ニ編輯人及發行人ニ制限シタルモノニシテ編輯擔當者ニハ刑責無キモノト解スヘキモノニアラサルヤ

（石巻區檢事）

答　標記ノ件ニ就テハ實際ノ編輯擔當者モ亦新聞紙法第九條ノ適用ニ依リ本條第二項ノ制裁ヲ受クヘキモノト思考致候

第二項ハ評議ノ秘密ニ關スル事項ヲ新聞紙其ノ他ノ出版物ニ掲載シタル場合ノ制裁ヲ定メタルモノニシテ之ヲ資格罰トシテ編輯人及發行人又ハ著作者及發行者ニ科スヘキモノトシ事實上其ノ事ニ關與スルト否ト又情ヲ知ルト否トヲ問ハサルモノトス而シテ本條ハ新聞紙法又ハ出版法ノ特別法ニ屬スルヲ以テ一般法タル新聞紙ノ第九條ハ其ノ適用ヲ見ルヘク從テ新聞紙ノ實際ノ編輯者及記事ノ署名者モ本條ノ制裁ヲ受クヘキモノトス

第百十條　裁判長ノ許可ヲ受ケスシテ陪審ノ評議室ニ入リ又ハ陪審ノ評議ヲ了ル前裁判所內ニ於テ陪審員ト交通シタル者ハ五百圓以下ノ罰金ニ處ス

第百十一條　陪審ノ評議ニ付セラレタル事件ニ付陪審員ニ對シ請託ヲ為シ又ハ評議ヲ了ル前私ニ意見ヲ述ヘタル者ハ一年以下ノ懲役又ハ二千圓以下ノ罰金ニ處ス

第百十二條　過料ノ裁判ハ陪審員ヲ呼出シタル裁判所檢事ノ意見ヲ聽キ決定ヲ以テ之ヲ為スヘシ

前項ノ決定ニ對シテハ抗告ヲ為スコトヲ得此ノ抗告ハ執行ヲ停止スル效力ヲ有ス

過料ノ裁判ノ執行ニ付テハ非訟事件手續法第二百八條ノ規定ヲ準用ス

第六章　補則

第百十三條　市制第六條ノ市ニ於テハ本法中市ニ關スル規定ハ區ニ、市長ニ關スル規定ハ區長ニ之ヲ適用ス

町村制ヲ施行セサル地ニ於テハ本法中町村ニ關スル規定ハ町村ニ準スヘキモノニ、町村長ニ關スル規定ハ町村長ニ準スヘキ者ニ之ヲ適用ス

第百十四條　第十二條ノ直接國税ノ種類ハ勅令ヲ以テ之ヲ定

ム

附　則

本法施行ノ期日ハ各條ニ付勅令ヲ以テ之ヲ定ム（昭和二年勅令第百四十四號ヲ以テ第十二條乃至第十四條、第十七條乃至第二十六條、第百十三條及第百十四條ノ規定ハ昭和二年六月一日ヨリ施行ス）

本法施行前公判期日ノ定リタル事件ニ付テハ本法ヲ適用セス

一　本則第二項ノ解釋　（昭和三年九月三日刑事第七七六四號刑事局長回答）

問　陪審法附則ニ本法施行前公判期日ノ定マリタル事件ニ付テハ本法ヲ適用セストアリ右ハ公判ニ繫屬シタル事件ニシテ本法施行前既ニ公判期日ヲ指定シタルモノナル以上其ノ指定シタル公判期日カ本法施行前ナル場合ハ勿論本法施行後ナル場合ト雖本法ヲ適用セストスル趣旨ナルコト解釋上明白ナリト思料セラルルモ異說アル哉（新潟所長）

答　當局ノ意見ハ貴見ノ通リ

二　本則第二項ト期日未定ノ陪審該當事件　（昭和三年十月十五日刑事局長電報回答）

問　公判期日ヲ八月二十日ト指定シタル自白ナキ殺人事件ノ期日ヲ十月一日前ニ變更シ期日未定ノ儘十月一日ニ至リタル事件ニ就テハ之レヲ陪審事件トナスヘキヤ（盛岡檢事正）

答　陪審手續ニ依ルヘキニ非ス

陪審法施行規則

（昭和二年五月二十八日
司法省令第十六號
改正昭和三年同第十八號）

陪審法施行規則

第一條　陪審員資格者名簿及陪審員候補者名簿ハ別記樣式ニ依リ之ヲ調製スヘシ

第二條　前條ノ名簿ニハ丁數ヲ記入シ職印ヲ以テ每葉ノ綴目ニ契印スヘシ

第三條　陪審員資格者名簿ノ副本ハ每年九月三十日迄ニ管轄區裁判所判事ニ送付スヘシ

第四條　陪審員資格者名簿ノ縱覽期間ニハ日曜日又ハ一般ノ休日トシテ指定セラレタル日ヲ算入スルコトヲ得ス
異議ノ申立ノ期間ノ末日日曜日又ハ一般ノ休日トシテ指定セラレタル日ニ當ルトキ亦前項ニ同シ

一　一般ノ休日ノ解釋

（昭和二年七月十五日
刑事第五二五七號刑事局長通牒）

陪審法施行規則第四條第一項ノ一般ノ休日中ニハ地方自治團體ノ公休日ヲ包含セス從テ陪審員資格者名簿ノ縱覽期間內ニ右公休日存スルモ該名簿ヲ縱覽ニ供スヘキハ勿論ナリトス

二　縱覽期間內ノ休日ニ名簿ヲ縱覽セシムルノ可否

（昭和二年八月十二日
刑事第八九八六號刑事局長通牒）

問　陪審法施行規則第四條第一項ノ規定ニ依リ陪審員資格者名簿ノ縱覽期間ニハ日曜日又ハ一般ノ休日トシテ指定セラレタル日ヲ算入スルコトヲ得サルコトニ相成居候得共官公署會社銀行等ニ出勤スル者ノ爲特ニ日曜日又ハ休日ト雖モ縱覽ニ供スルハ差支ナキヤ（福岡所長）

答　便宜縱覽ニ供スルハ差支ナキモ右ヲ縱覽期間ニ算入スルヲ得サルハ勿論ナリ

第五條　陪審員資格者名簿縱覽ノ期間ハ其ノ初日ヨリ少クトモ五日間前ニ之ヲ告示スヘシ

第六條　陪審員資格者名簿ハ之ヲ縱覽ニ供シタル後ハ名簿中脫漏誤載等アルモ異議ノ申立又ハ區裁判所判事ノ命ニ依ル場合ノ外市町村長限リ之ヲ修正スルコトヲ得ス

一　名簿ヲ縱覽ニ供シタル後市町村長限リ訂正スルノ可否

（昭和二年七月十六日
刑事第五二五六號刑事局長通牒）

問　陪審員資格者名簿ニ登載セラレタル者其ノ氏名ノ文字（例ヘハ次郎ヲ治郎トシ一郎ヲ一良トセルカ如キ）職業、身分、住居地生年月日、納稅額等ニ著シキ誤謬アリ而モ陪審員タル資格ニ

影響ナキ場合ニ於テモ苟モ陪審員資格者名簿ヲ縱覽ニ供シタル後ハ陪審法施行規則第六條ト同様市町村長限リ之ヲ訂正スルコトヲ得サルモノト解スヘキモノナリヤ

若シ市町村長限リ訂正スルコトヲ得サルモノトスルモ區裁判所判事ノ許可ヲ得テ訂正スルコトヲ得ルモノトシ取扱ヲ一定シ差支ナキヤ（長野所長）

答　前段貴見ノ通後段ハ貴見ノ通取扱ヒ差支ナシ

二　資格者名簿縱覽後法第十二條、第十三條該當ノ脱漏誤載ニ付區裁判所判事其ノ加除ヲ命スルノ可否

（昭和二年十一月四日
刑事第一四八三〇號刑事局長回答）

問　名簿ヲ縱覽ニ供シタル後監督區裁判所判事ニ於テ名簿中ニ脱漏誤載（陪審法第十二條、第十三條ニ該當スルモノ）アルコトヲ發見シタル場合ハ陪審法第二十四條ノ發動トシテ同施行規則第六條ノ反面解釋上追加又ハ削除ヲ命シ得ルヤ（奈良監督判事）

答　異議ニ依ル場合ノ外追加又ハ削除スルヲ得ス缺格者カ名簿登載セラレ確定シタル場合ハ抽籤ヨリ除クヲ相當トス

第七條　市町村長陪審員資格者名簿ヲ修正シタルトキハ其ノ年月日及陪審法第二十條又ハ第二十一條ノ規定ニ依リ削除又ハ追加シタル旨ヲ欄外ニ朱書シ捺印スヘシ

異議申立若ハ區裁判所判事ノ命ニ依ル追加記入ノ方法

（昭和二年七月七日
刑事第四七四四號刑事局長回答）

問　異議申立若ハ區裁判所判事ノ命ニ依リ市町村長カ陪審員資格者名簿ヲ修正スルニ當リ追加ノ記入ハ帳簿中何レノ個所ニ爲スヘキヤ

右ニ對シ說ヲ爲ス者アリ曰ク資格者名簿ハ一市町村ヲ町又ハ大字若ハ小字ニ區分シ其ノ區分毎ニイロハ順其ノ他一定ノ順序ニ依リ記載スヘキモノナルヲ以テ追加ノ場合ハ相當區分内ニ於テ既ニ進行シ來リタル順序ヲ逐ヒ相當ノ場所ニ挿入記載スヘキモノトス而シテ追加部分ニ新ナル番號ヲ附スルトキハ其ノ都度逐次訂正セサルヘカラサルニ至リ煩雜ナルヲ以テ新ナル獨立ノ番號ヲ附セス前番號ニ從ヒ何番ノ二、三ト爲セハ可ナリト然レトモ同說ノ如ク挿入記載スヘキモノトセハ第一、名簿ヲ調製スルニ當リ挿入ヲ豫想シ各行間ニ餘裕ヲ存シ置カサルヘカラサルノミナラス第二、數度追記ノ必要ヲ生シタル場合ニハ名簿ノ錯雜ヲ來シ取扱上不便尠カラス尙ホ第三、追記ノ部分ニ對シ新ナル獨立ノ番號ヲ附セス前番號ノ二、三トセハ抽籤器ノ番號票ハ同番號ニ該當スルモノヲ準備シ置カサルヘカラサルニ至リ其ノ煩ニ堪ヘサルヘシ仍テ惟フニ追記ノ部分ハ前來ノ記載中ニ挿入セス別ニ口座ヲ設ケテ登載シ前來ノ番號ヲ逐ヒテ一貫番號ヲ附ス

ルニ於テハ前說ニ見ル如キ不便煩雜ヲ避ケ得ルノミナラス追記ヲ要シタル前ノ區分ノ場所ニ追記アル旨ノ附箋ヲ爲シ置クトキハ候補者ノ抽籤ニ當リ追記部分ヲ遺脫スル如キ虞モナカルヘシト思料スルヲ以テ後段ノ如ク取扱ヒテ如何（山形所長）

答　後段貴見ノ通

第八條　陪審法第二十條及第二十一條ノ規定ニ依リ陪審員資格者名簿ヲ整理シタル後其ノ資格者中死亡シ若ハ國籍ヲ喪失シタル者アルトキ又ハ陪審法第十三條若ハ第十四條ノ各號ノ一ニ該當スルニ至リタル者アルトキハ市町村長ハ名簿ノ欄外ニ其ノ旨ヲ記入シ之ヲ管轄區裁判所判事ニ通知スヘシ

一　資格者名簿ニ法第十四條該當者ヲ登載シタル場合抽籤ヨリ除外スルノ適否

（昭和二年十月十九日刑事第一三二五九號刑事局長回答）

問　高田區裁判所管內ノ或ル村ニ於テ法第十四條ノ該當者ヲ資格者名簿ニ登載シタル件ニ付過般貴官ヨリ此ノ場合ニ名簿ニ付箋ヲ施シ置キ抽籤ノ際除外スルコトニ取扱フヘキ旨指示有リタル趣然ルニ苟クモ之ニ對シ異議ノ申立ナク資格者名簿ノ確定シタル以上抽籤ヨリ除外スヘキモノニハ非サルヘシトノ反對意見アリシニ付今一應御指示相仰度（新潟所長）

答　法第十四條ノ該當者ヲ資格者名簿ニ登載シタル場合ニ於テハ陪審法施行規則第八條及第十二條ノ趣旨ニ準シ斯ル該當者ハ之ヲ抽籤ヨリ除外スルヲ相當トス

二　資格者名簿縱覽後誤載セル無資格者ノ削除手續

（昭和二年十一月九日刑事第一五一八二號刑事局長回答）

問　陪審員資格者名簿ヲ縱覽ニ供シタル後其ノ名簿中ニ全然資格ナキ者ヲ誤載（例ヘハ巡査兼柔道師範ヲ單純ノ囑託員ト見做シ又ハ納稅額一圓八十錢ナリシヲ、十八圓ト誤認シタルカ如キ場合）シタルコトヲ發見シタルトキハ市町村長ハ陪審法施行規則第八條後段ニ準シ取扱ヒ可然ヤ又ハ管轄區裁判所判事ノ許可ヲ得テ更正セシメ差支ナキヤ（甲府所長）

答　陪審員資格者名簿ヲ縱覽ニ供シタル後資格ナキ者ヲ誤載シタルコトヲ發見シタル場合ニ於テハ陪審法施行規則第八條及第十二條ノ趣旨ニ準シ斯ル該當者ハ之ヲ抽籤ヨリ除クヲ相當トス

第九條　地方裁判所長ハ豫メ翌年一月乃至十二月ニ於ケル陪審事件ノ總數ヲ推算シ之ニ基キテ所要ノ陪審員ノ總數ヲ定メ各市町村ニ於ケル陪審員資格者ノ員數ニ之ヲ按分シテ各市町村ニ割當ツヘシ但シ特別ノ事情アルトキハ適宜ノ標準ニ依リ割當ヲ爲スコトヲ得

第十條　市町村長地方裁判所長ヨリ割當テラレタル陪審員ノ員數ノ通知ヲ受ケタルトキハ陪審員候補者抽籤ノ場所及日時ヲ定メ之ヲ告示スヘシ

市町村長ハ抽籤ノ立會人ヲ選定シ前項ノ期日ヨリ少クトモ五日前ニ之ヲ本人ニ通知スヘシ

立會人ハ正當ノ事由ナクシテ立會ヲ拒ムコトヲ得ス

第十一條　陪審員候補者ノ抽籤ハ陪審員資格者名簿ニ掲クル資格者ノ番號ニ符合スル番號票ヲ作製シ之ヲ抽籤函ニ入レ攪拌シタル後一票宛抽籤函ヨリ所要員數ニ達スル迄抽出スヘシ

第十二條　第八條ニ掲クル者ハ之ヲ抽籤ヨリ除クヘシ

一　規則第八條ニ依リ市町村長カ區裁判所判事ニ通知シタル後候補者抽籤ニ至ル迄ノ間ニ同條列記ノ事由ナキニ至リタル場合

（昭和二年七月十六日刑事第五二五六號刑事局長通牒）

問　陪審法施行規則第八條ニ依リ市者村長カ同條列記ノ事由ヲ管轄區裁判所判事ニ通知シタル後陪審員候補者抽籤ニ至ル迄ノ間ニ於テ同條列記ノ事由ナキニ至リタルトキ例ヘハ村長若クハ小學校教員ニ就職シタル爲メ其ノ通知ヲ爲シタルニ抽籤前其ノ職ヲ辭シタルカ如キ場合ニ於テハ陪審員タル資格ヲ復活シ從テ同規則第十二條ニ依リ抽籤ヨリ除クヘキモノニアラスト解スヘキモノナリヤ（長野所長）

答　然リ

二　法第二十六條ニ依リ市町村長カ同條列記ノ事由ヲ管轄地方裁判所長ニ通知シタル後同條列記ノ事由ナキニ至リタル場合

（昭和二年七月十六日刑事第五二五六號刑事局長通牒）

問　法第二十六條ニ依リ市町村長カ同條列記ノ事由ヲ管轄地方裁判所長ニ通知シタル後同條列記ノ事由ナキニ至リタルトキハ前問ト同樣資格ヲ復活スルモノト解スヘキヤ（長野所長）

答　然リ

第十三條　抽籤函及番號票ハ別記樣式ニ依リ之ヲ調製スヘシ

第十四條　市町村長陪審員候補者ヲ選定シタルトキハ陪審員候補者選定錄ヲ作成スヘシ

陪審員候補者選定錄ニハ左ノ事項ヲ記載シ市町村長抽籤ノ立會人ト共ニ署名捺印シ陪審員候補者名簿ノ副本ト併セテ之ヲ保存スヘシ

一　選定ノ日時及場所

二　抽籤ニ立會ヒタル立會人ノ住居氏名年齡

三　割當テラレタル陪審員候補者ノ員數

四　第十二條ニ依リ抽籤ヲ除キタル者アルトキハ其ノ氏名及事由

五　抽出シタル番號票ノ番號

六　其ノ他市町村長ニ於テ必要ト認ムル事項

第十五條　市町村長ハ區裁判所判事ニ送付スルモノノ外陪審員候補者名簿ノ副本ヲ調製シ其ノ廳ニ保存スヘシ

候補者名簿ノ副本ノ送付方

（昭和二年六月二十二日刑事局書記官回答）

問　規則第十五條ノ規定ハ陪審員候補者名簿ノ副本ハ區裁判所判事ニモ送付ヲ要ストノ意ナルヤ又ハ地方裁判所長ニ送付スヘキヲ經由スルノ意味ニ解スヘキヤ（松山所長）

答　同條所定ノ陪審員候補者名簿ノ副本ハ直接區裁判所ヘ送付スル趣旨ニシテ（陪審法第二十三條末項、同第十七條末項參照）地方裁判所長ヲ經由スルニ及ハサル義ナリ

第十六條　陪審員資格者名簿及陪審員候補者名簿ノ原本ハ調製ノ日ヨリ五年間之ヲ保存スヘシ

名簿ノ副本ノ保存期間

（昭和二年八月三十一日刑事第九四一二號刑事局長通牒）

陪審員資格者名簿同候補者名簿ノ副本ノ保存期間ニ付テハ原本ト同樣調製ノ日ヨリ五年間之ヲ保存スル樣御取扱相成度

規則別記樣式　（樣式略）

一　名簿ノ行數

（昭和二年六月十六日刑事第四三六八號刑事局長回答）

問　規則別記第一號並第二號名簿樣式ニハ別段行數ノ規定無之爲メ町村ニ依リテハ官報ニ基キ八行又ハ十行ト爲シ印刷セントスル向アリ八行、十行トスルモ差支ナキヤ（大津所長）

答　官報掲載ノ通リ半面ヲ七行トシ七人登載スル趣旨ニシテ之ヲ八行又ハ十行トスルコトヲ許サス

二　資格者名簿ニ記載スヘキ納稅額

（昭和二年六月二十二日刑事第四三五三號刑事局長回答）

問　陪審法第十二條第一項第三號ニ依ル納稅要件ハ其ノ年度ニ於ケル直接國稅ノ決定額ヲ記載スル趣旨ナリヤ或ハ其ノ年度ノ直接國稅ノ決定額ニ限ルヘキモノニ在ラスシテ陪審員資格者調査期日卽チ九月一日以前ニ遡リ二年間ノ年度中最モ少ナキ額ヲ納ムル年度ノ分ヲ記載スヘキモノナリヤ之ヲ例示スレハ左ノ如シ（大牟田市役所）

	二年度	元年度	十四年度
地租	一〇圓	三圓	五圓
所得稅	五圓	四圓	六圓
營業收益稅	二〇圓	一五圓	七圓
計	三五圓	二二圓	一八圓

答　同號ノ納稅額ハ資格者名簿調製ノ年度ノ直接國稅ノ決定額ヲ記載スヘキモノニシテ設例ノ場合ハ昭和二年度分ヲ記載スル趣

旨ナリ

三　納税數種アル場合一種ノ納税額ヲ調査スルヲ以テ足ルノ可否

（昭和二年七月二十三日 刑事第五五一九號刑事局長通牒）

問　直接國稅ノ種類中或一種ニ付三圓以上納ムルコト判明シタルトキハ其ノ他ノ種類ニ付テハ納税額ヲ調査スルノ要ナキヤ（甲府所長）

答　凡テノ納税額ヲ調査シテ其ノ合算額ヲ記載スヘキモノトス

（次官通牒取扱規準第十六條末項參照）

四　名簿ノ用紙

（昭和二年六月二十五日 刑事局書記官回答）

問　陪審員資格者名簿及同候補者名簿用紙美濃紙トアルモ美濃版形改良紙（表裏印刷）ニテ差支ナキヤ（水戸所長）

答　貴見ノ通リ

五　大字別ニ爲ササルノ可否

（昭和二年六月二十五日 刑事局書記官回答）

問　陪審員資格者名簿ハ市ニ在リテハ町、町村ニ在リテハ大字若ハ小字毎ニ區別シイロハ順ニ依リ記載スルヲ原則トスルモ資格者寡少ナル町村ニ在リテハ取扱上却テ不便多カルヘシ便宜大字別ニ爲ササルモ差支ナキヤ（水戸所長）

答　大字別ニ爲シ一定ノ順序ニ記載スルモ左程不便ヲ感セサルヤニ思考ス

六　追記ノ場合ノ番號

（昭和二年六月二十五日 刑事局書記官回答）

問　名簿ヲ通シテ番號ヲ記入シタル後追記ノ必要生シタルトキハ其ノ番號ハ最終番號ノ順序ヲ追ヒ記載スヘキヤ（水戸所長）

答　貴見ノ通

七　候補者寡少ナル場合「イロハ」別ニナササル可否

（昭和二年六月二十五日 刑事局書記官回答）

問　陪審員候補者名簿ハ毎年各市町村候補者人員二、三人以內ナル場合ト雖尚イロハ別ニ調製ヲ要スルトキハ取扱上却テ不便多カルヘシ單ニ記載ニ必要ナル用紙ヲ編綴シイロハ別ニナササルモ差支ナキヤ（水戸所長）

答　名簿用紙一葉ニ付テモイロハ順ニ依リ數名ヲ記載スルコトヲ得ヘク又其ノ順位ニ該當スル者ナキトキハ之ヲ空白トシテ存置スルノ要ナキヲ以テ不都合ヲ感セサルヤニ思考ス

八　名簿ニ記載スヘキ職業

（昭和二年六月二十五日 刑事局書記官回答）

問　名簿ニ記載スヘキ職業ハ大正九年十二月二十四日內閣訓令第一號職業分類中中分類ニ依リ記載スヘキ規定ナルモ中分類職業中一種職業ノミナルトキハ一種ノミ記載シ差支ナキヤ

例ヘハ中分類中「農耕畜産蠶業」トアルモ農耕業ノミナルトキハ「農耕業」ト記載シ畜蠶業ヲ省略スルカ如シ（水戸所長）

答　貴見ノ通

九　大字ヲ以テ區劃スル市ノ場合

（昭和二年八月四日刑事第六七六五號刑事局長回答）

問　陪審員資格者名簿及同候補者名簿様式備考ノ各第一項ニ依レハ市ニ在リテハ町毎ニ區別シ記載スルコトト爲リ其ノ町トハ必スシモ公稱町ヲ指セルモノニアラサルヲ以テ町名ノ公稱ト通稱トヲ問ハス町毎ニ區別シテ記載スルヲ本則トセンモ町村ノ例ニ準シ大字毎ニ區別シ記載スルモ差支ナキヤ當管内五市ハ何レモ大字ヲ以テ區劃セラレ其ノ一大字ノ區域ハ一町ノ區域ト合致セルモノナキニアラサルモ多クハ一大字ハ數町以上ヲ以テ形成シ地番ハ大字毎ニ附セラレアルカ故ニ名簿調製ノ基本材料タル戸籍簿及寄留簿モ大字毎ニ編綴セラレアリ若シ本名簿ヲ町毎ニ區別シテ記載スルノ要アリトセハ實行上ノ困難甚敷旨ヲ以テ本月十九日開催シタル管内各市町村陪審事務主任會議席上大字別記載方ノ認容方ニ付各市主任ノ要望モアリ旁々及問合候尤モ大字別記載ノ取扱ヲ爲スモ候補者名簿ノ住居地欄ニハ呼出狀ノ送達等ニ差支ナキ様通稱町名ヲモ記載セシムル筈ナリ（小倉區判事）

答　問合面ノ如キ事情ノ下ニ在リテハ貴見ノ通取扱ヒ差支ナキモノト思考ス

一〇　名簿ニ年度ヲ冠スルノ適否

（昭和二年八月四日刑事第七八一三號刑事局長回答）

問　陪審員資格者名簿又ハ陪審員候補者ニ付縦覽ノ告示候補者抽籤ノ場所及日時ノ告示抽籤立會人ノ選定及其ノ抽籤ノ日時場所ノ通知或ハ選定シタル候補者ニ對スル通知竝其ノ告示等ニ付年度ヲ冠スルヲ便宜ト思料サル而シテ本年九月一日ノ現在ニ依リ調製スヘキ陪審員資格者名簿又ハ選定シタル陪審員候補者ニ付昭和三年度ノ稱呼ヲ冠スルヲ以テ適當トスルヤ將タ名簿ノ調製又ハ選定ノ年ヲ根據トシテ昭和二年度ノ稱呼ヲ冠スルヲ以テ適當トスルヤ（仙臺所長）

答　前段貴見ノ通取扱可然ト思考ス尤モ昭和三年「度」トスルトキハ會計年度ト解セラルル虞レナキニ非ラサルヲ以テ此ノ點ヲ考慮セラレ度シ

一一　候補者名簿表紙ニ記載スヘキ日付

（昭和二年十一月二十四日刑事第一六一八七號刑事局長回答）

問　陪審員候補者名簿表紙ニ記載スヘキ同簿調製ノ日ハ抽籤ヲ行ヒタル日ヲ記載スヘキヤ或ハ事實調製ノ日ヲ記載スヘキヤ（前橋所長）

答　實際上名簿ヲ調製シタル日ヲ記載スヘキモノトス

第十七條　陪審法第二十七條及第六十一條第二項ノ抽籤ニ付テハ第十三條ニ定ムル様式ニ依ル抽籤函及番號票ヲ使用スヘシ

第十八條　陪審法第六十條五ノ氏名票及抽籤函ハ別記様式ニ依リ之ヲ調製スヘシ

第十九條　地方裁判所長陪審法第二十六條ノ規定ニ依ル通知ヲ受ケタルトキハ陪審員候補者名簿ノ欄外ニ其ノ旨ヲ記入捺印シ當該陪審員候補者ハ之ヲ陪審法第二十七條及第六十一條第二項ノ抽籤ヨリ除クヘシ

第二十條　地方裁判所長陪審法第二十條ノ規定ニ依リ陪審員ヲ選定シタルトキハ陪審員選定錄ヲ調製スヘシ

陪審員選定錄ハ毎年之ヲ編綴シテ帳簿ト爲シ翌年一月一日ヨリ五年間保存スヘシ

第二十一條　地方裁判所長陪審員ノ選定手續ヲ終リタルトキハ陪審員氏名通知書ヲ作成シ之ヲ當該事件擔當ノ裁判長ニ通知スヘシ

第二十二條　陪審員選定錄及陪審員氏名通知書ノ様式ハ別ニ之ヲ定ム

第二十三條　裁判長ハ陪審員トシテ呼出ニ應シタル者ノ氏名ヲ地方裁判所長ニ通知スヘシ

地方裁判所長前項ノ通知ヲ受ケタルトキハ陪審員候補者名簿中當該氏名欄ニ㊞ノ朱印ヲ押捺スヘシ

附　則

本令ハ昭和二年六月一日ヨリ之ヲ施行ス

（別記様式略ス）

陪審關係勅令、訓令及通牒

一　支部ニ於テ陪審事件ヲ取扱ハシメサルノ件

（昭和三年七月二十五日第一一二三號大臣訓令）

地方裁判所及其ノ支部ニ於ケル陪審事件取扱方ニ付テハ左ノ通心得ヘシ

一　地方裁判所支部ノ公判ニ付スル豫審終結決定アリタル事件ニ付陪審ノ請求アリタルトキハ爾後ノ手續ヲ止メ直ニ事件ヲ其ノ本廳ニ送致スヘシ但シ送致前請求ノ取下アリタルトキハ此ノ限ニ在ラス

一　事件ヲ送致スルニハ一件記錄ニ陪審ノ請求書ヲ編綴シ證據物ト共ニ之ヲ檢事局ヲ經由シテ送付スヘシ

二　本廳ノ公判ニ付スル豫審終結決定アリタル法廷陪審事件又ハ本廳ニ送致シタル請求陪審事件ニ付テハ辭退、自白又ハ請求ノ取下アリタルトキト雖本廳ニ於テ引續キ陪審ヲ爲スヘシ但シ公判準備手續ヲ爲ス前辭退又ハ請求ノ取下アリタルトキハ事件ヲ地方裁判所支部ニ送致スルコトヲ得

二　陪審法第十二條ノ直接國税ノ種類ニ關スル件

（昭和二年五月二十八日勅令第四十六號）

陪審法第十條ノ規定ニ依ル内地又ハ樺太ニ於ケル直接國税ノ種類左ノ如シ

一　地租
二　第三種所得税
三　營業收益税
四　砂鑛區税
五　乙種資本利子税
六　鑛業税
七　市街宅地税
八　漁業税

附　則

本令ハ昭和二年六月一日ヨリ之ヲ施行ス

國税營業税ハ本令ノ適用ニ付テハ之ヲ營業收益税ト看做ス

三　陪審員宿舍規程

（昭和三年八月十日刑事第七三三二號大臣訓令）

第一條　陪審員ハ宿舍ニ滯留中宿舍ノ秩序ヲ重ンスヘシ

第二條　陪審員ハ他人トノ交通ニ關シ裁判長ノ指示シタル事項ヲ遵守スヘシ

第三條　宿舍係員ニ非サル者ハ陪審員滯留中ノ宿舍ニ出入スルコトヲ得ス但シ地方裁判所長ノ許可ヲ受ケタル者ハ此ノ限ニ在ラス

第四條　陪審員ハ食堂以外ノ場所ニ於テ飲食ヲ爲スコトヲ得ス

第五條　陪審員ハ寢室以外ノ場所ニ就寢スルコトヲ得ス

第六條　當該陪審事件ニ關スル記事ヲ掲載シタル新聞紙及出版物ハ之ヲ陪審員ノ閲覽ニ供スルコトヲ得ス

第七條　地方裁判所所長ハ前數條ニ定ムル事項ノ外必要ト認ムルモノニ付細則ヲ設クルコトヲ得

四　陪審員宿舍規定第七條ニ關スル件

（昭和三年八月十日刑事第七三三三號司法次官通牒）

昭和三年八月十日刑事第七、三三二號訓令ヲ以テ陪審員宿舍規程相定メラレ候處地方裁判所長ハ同第七條ノ規定ニ基キ第一條乃至

第六條ノ外必要ト認ムル事項ニ付細則ヲ設クルコトヲ得ルコトニ相成候ニ付テハ右細則ヲ設クルニ當リテハ左ノ事項ヲモ御考慮相成度此段依命及通牒候

左　記

一　陪審員ト他人トノ交通ニ關スルコト

（イ）事件ニ關シ陪審員以外ノ者ト談話ヲ爲サヽルコト

（ロ）宿舍ヨリ外出セサルコト

（ハ）外部ノ人ト交通ヲ爲サヽルコト

（ニ）若シ外出ヲ爲シ外部ノ人ト面會シ又ハ電話、電信若ハ信書等ヲ發受スヘキ特別ノ必要アル場合ニハ宿直員ヲ經由シテ裁判長ノ許可ヲ受クヘキコト但シ緊急ノ事由ニ依リ宿直員カ許可ヲ受ケスシテ處理シ得ヘキ場合ハ此ノ限ニ在ラサルコト

（ホ）裁判長ノ許可ヲ受ケテ外部ノ人ト面會スルトキハ宿直員ノ立會ヲ要シ電話ニ依ル通話ハ宿直員ニ依頼シテ之ヲ爲サシムルコト

二　陪審員急病ニ罹リタル場合ニハ宿直員裁判長ノ許可ヲ得テ宿舍ニ醫師ヲ迎ヘ治療ヲ爲サシムルコト但シ裁判長ノ許可ヲ受クル遑ナキトキハ宿直員臨機ノ處置ヲ爲スヲ妨ケサルコト

三　天災其ノ他避クヘカラサル事變ノ際裁判長ノ許可ヲ受クルコト能ハサル場合ニハ宿直員適宜ノ處置ヲ爲スヲ得ルコト

四　宿直員右二但書及三ノ規定ニ依ル應急ノ處置ヲ採リタルトキハ遲滯ナク其ノ旨ヲ裁判長ニ報告スルコト

五　陪審員ハ飲食物ノ買入其ノ他必要ナル用事ニ付小使ヲ使用シ得ルコト

六　陪審員ハ晩餐ノ際適量ヲ超ヘサル限リ酒類ヲ飲用スルコトヲ得ルコト

五　陪審員ノ心掛クヘキ事柄　（期日呼出狀ニ添付スヘキモノ）

名譽ノ職務　陪審員トナルコトハ日本國民ノ名譽アル權利デアリマス國民ハコノ名譽アル權利ヲ實行セネバナラヌ義務ガアリマス陪審員ノ職務ハ法廷ニ列席シ事件ノ取調ヲ聽イタ上犯罪事實ノ有無ヲ評議シタ其ノ結果ヲ裁判官ニ申出ヅルノデアツテ誠ニ重大ナル任務デアリマス（陪審法第一條第十二條參照）

出頭ノ義務　陪審員トシテ裁判所カラ呼出ヲ受ケタトキハ必ズ出頭スル義務ガアリマス併シ病氣其ノ外已ムヲ得ナイ事由デ出頭スルコトガ出來ヌ場合ニハ其ノ理由ヲ明カニシタ書面ヲ裁判所ニ出シテ職務ヲ辭スルコトガ出來マス病氣ノ場合ニハ診斷書ヲ添ヘテ出スノガ相當デアリマス若シ正當ノ理由ナクシテ呼出ニ應ジナイ場合ニハ五百圓以下ノ過料ニ處セラレマス（同法第五十七條第五十九條第百八條第一號參照）

宣誓ノ義務　陪審員トシテ法廷ニ列席シタ者ハ裁判長ノ諭告ヲ受ケタ後「良心ニ從ヒ公平誠實ニ其ノ職務ヲ行フベキコトヲ誓フ」ト書イテアル宣誓書ニ署名捺印シテ宣誓ヲスル義務ガアリマス（同法第六十九條第百八條第二號參照）

他人トノ交通　陪審員トシテ呼出ヲ受ケタ者ハ裁判所ヘ出頭スル前デモ訴訟ノ關係人ニ面會シタリ其ノ外公平ヲ疑ハレル樣ナコトハ避ケネバナリマセヌ又法廷ニ列席シタ以上ハ其ノ事件ノ評議ヲ了ル迄ハ裁判所ノ許可ヲ受ケズニ勝手ニ法廷ヤ評議室ヲ出タリ又ハ他人ト文通シタリトスルコトハ出來マセヌ（同法第八十三條第一項第百八條第三號參照）

陪審員ノ任務ハ大概一日デ終了シマス若シ一日デ終了セヌ場合ニハ裁判長ノ指圖ニヨリ裁判所附屬ノ陪審員宿舍ニ滯在スルコトニナリマス其ノ際ニ裁判長ハ他人トノ交通ニ付イテ陪審員ノ守ルベキ事柄ヲ注意シマスカラ夫ニ從ハネバナリマセヌ（同法第八十四條百八條第四號第五號參照）

事件ノ評議　事件ノ評議ヲ爲スニ付テハ裁判長カラ事件ノ説明ガアリマスガ陪審員ノ特ニ心掛ケネバナラヌコトハ事件ノ眞相ヲ摑ムト云フコトデアツテ犯罪事實ノ有無ハ法廷デ取調ヘラレタ證人ノ證言ヤ其ノ外法廷ニ現ハレタ證據ニ基イテ公平冷靜ニ之ヲ斷定セネバナラヌト云フコトデアリマス隨ツテ法廷ニ於ケル被告人ヤ證人ノ供述其ノ外ノ證據ノ取調並ニ辯論ナドニ付テハ感情ニ囚ハレズ十分ニ注意ヲシテ居ルコトカ大切デアリマス（同法第七十七條第八十二條參照）

默祕ノ義務　陪審員トシテ事件ニ關與シタ者ハ裁判ノ後デモ自分等ノ評議ノ模樣ヤ銘々ノ意見ヲ外ニ漏シテハナリマセヌ若シ之ヲ漏シタトキハ千圓以下ノ罰金ニ處セラレマス（同法第百九條第一項參照）

陪審員ノ服裝　裁判所ハ神聖ナ場所デアルカラ餘リ見苦シカラヌ服裝デ出頭スル樣ニセラレタイ

旅費、日當及止宿料　陪審員トシテ呼出ヲ受ケ裁判所ニ出頭シタ者ハ旅費、日當及止宿料ヲ請求スルコトガ出來マス裁判所ニ其ノ請求書ノ用紙ガ備付ケテアリマスカラ裁判ノ言渡アルマデニ之ニ署名捺印シテ係ノ者ニ差出シテ下サイ（同法第三十四條參照）

六　評議室ニ掲示スヘキ事項

一　**名譽ノ職務**　陪審員トナルコトハ日本國民ノ名譽アル權利デアリマス國民ハコノ名譽アル權利ヲ實行セネバナラヌ義務ガアリマス陪審員ノ職務ハ法廷ニ列席シ事件ノ取調ヲ聽イタ上犯罪事實ノ有無ヲ評議シテ其ノ結果ヲ裁判官ニ申出ヅルノデアツテ誠ニ重大ナル任務デアリマス（陪審法第一條第十二條

參照）

二　**他人トノ交際**　陪審員トシテ呼出ヲ受ケタ者ハ裁判所へ出頭スル前デモ訴訟ノ關係人ニ面會シタリ其ノ外公平ヲ疑ハレル樣ナコトハ避ケネバナリマセヌ又法廷ニ列席シタ以上ハ其ノ事件ノ評議ヲ了ル迄ハ裁判所ノ許可ヲ受ケズニ勝手ニ法廷ヤ評議室ヲ出タリ又ハ他人ト交通シタリスルコトハ出來マセヌ（同法第八十三條第一項第百八條第三條參照）

三　**事件ノ評議**　事件ノ評議ヲ爲スニ付テハ裁判長カラ事件ノ說明ガアリマスガ陪審員ノ特ニ心持ケネバナラヌコトハ事件ノ眞相ヲ摑ムト云フコトデアッテ犯罪事實ノ有無ハ法廷デ取調ベラレタ證人ノ證言ヤ其ノ外法廷ニ現ハレタ證據ニ基イテ公平冷靜ニ之ヲ斷定セネバナラヌト云フコトデアリマス隨ッテ法廷ニ於ケル被告人ヤ證人ノ供述其ノ外ノ證據ノ取調並ニ辯論ナドニ付テハ感情ニ囚ハレズ十分ニ注意ヲシテ居ルコトガ大切デアリマス（同法第七十七條第八十二條參照）

七　陪審ノ評議手續

一　陪審員ハ犯罪事實ノ有無ニ付テ評議ヲ始メル前ニ陪審長ヲ互選セネバナリマセヌ（陪審法第八十六條第一項參照）

陪審長互選ノ方法ハ次ノ何レカノ例ニ依ルヲ便利ト致シマス

1　過半數ノ者ガ推薦ヲ爲スコト

2　投票ニ依ルコト此ノ場合ニハ

（イ）最多數ノ投票ヲ得タ者ガ陪審長トナル

（ロ）投票同數ノトキハ年長者ガ陪審長トナリ若シ其ノ年齡ガ同ジトキハ抽籤ニ依ッテ決スル

二　陪審長ハ評議ニ付テ議長ト爲リ其ノ議事ヲ整理スベキモノデアリマス（同法第八十六條第二項參照）

三　陪審員ノ過半數ガ裁判長ノ說示ノ趣旨ヲ會得スルコトガ出來ナカッタリ又ハ其ノ趣旨ヲ忘レタリシタトキハ評議ヲ了ル前陪審長カラ法廷デ裁判長ニ對シ更ニ說示ヲ求メルコトガ出來マス但シ陪審員各自カラ直ニ之ヲ要求スルコトハ許シマセヌ（同法第八十七條參照）

法廷デ示サレタ證據物及證據書類ヲ見ル必要ノアルトキハ陪審長カラ裁判長ニ夫レヲ申シ出デテモヨロシイノデアリマス（同法第八十二條第二項參照）

四　陪審員ハ問ニ付テ銘々自分ノ意見ヲ述ベナケレバナリマセヌ而シテ陪審長ハ最後ニ自分ノ意見ヲ述ブベキモノデアリマス（同法第九十條參照）

五　評議ハ先ヅ主問ニ付テ被告人カ犯罪行爲ヲシタ事實ガ有ルカ無イカヲ決メナケレバナリマセヌ其ノ事實アリト認メルニハ七人以上ノ陪審員ノ意見ガ一致シナケレバナリマセヌ而シテ

其ノ意見カ一致シタナラバ「然リ」ト答ヘルノデアリマス(同法第八十九條第一項第九十一條第一項參照)之レニ反シテ次ノ場合ニハ「然ラズ」ト答ヘルノデアリマス(同法第九十一條第二項參照)

1 七名以上ノ意見ガ犯罪事實アリト云フコトニ一致シナイトキ

2 犯罪事實有リト云フ意見ト犯罪事實ナシト云フ意見トガ半々デアルトキ

3 犯罪事實ナシト云フ意見ガ七名以上アルトキ

主問ニ付テ「然ラズ」ト答申スベキトキ主問ノ外ニ補問ガアルナラバ引續キ其ノ補問ニ付テ評議ヲナサネバナリマセヌ(同法第八十九條第二項參照)

其ノ外ニ別ノ問ガアルナラバ之ニ付テモ亦評議ヲ爲サネバナリマセヌ(同法第七十九條第四項參照)

尙ホ問ニ掲グル事實ノ一部ヲ認メテ他ノ部分ヲ認メナイトキハ認メル部分ニ付テ「然リ」認メヌ部分ニ付テ「然ラズ」ト答ヘナケレバナラヌ(同法第八十一條參照)

六 評議ガ了レバ陪審長ハ其ノ結果ヲ問書ノ答申欄ニ記載シ之ヲ陪審員一同ニ示シ其ノ誤リナイコトヲ確メタ上其ノ末尾ニ署名捺印セネバナリマセヌ

此ノ手續ガ濟メバ一同ハ再ヒ法廷ニ出テ陪審長カラ右ノ書面ヲ裁判長ニ提出セネバナラヌノデアリマス(同法第九十二條第一項參照)

八 宿舍ニ掲示スヘキ事項

名譽ノ職務 陪審員トナルコトハ日本國民ノ名譽アル權利デアリマス國民ハコノ名譽アル權利ヲ實行セネバナラヌ義務ガアリマス陪審員ノ職務ハ法廷ニ列席シ事件ノ取調ヲ聽イタ上犯罪事實ノ有無ヲ評議シテ其ノ結果ヲ裁判官ニ申出ヅルノデアッテ誠ニ重大ナル任務デアリマス(陪審法第一條第十二條參照)

他人トノ交際 陪審員トシテ呼出ヲ受ケタ者ハ裁判所ヘ出頭スル前デモ訴訟ノ關係人ニ面會シタリ其ノ外公平ヲ疑ハレル樣ナコトハ避ケネバナリマセヌ又法廷ニ列席シタ以上ハ其ノ事件ノ評議ヲ了ル迄ハ裁判所ノ許可ヲ受ケズニ勝手ニ法廷ヤ評議室ヲ出タリ又ハ他人ト交通シタリスルコトハ出來マセヌ(同法第八十三條第一項第百八條第三號參照)

事件ノ評議 事件ノ評議ヲ爲スニ付テハ裁判長カラ事件ノ說明ガアリマスガ陪審員ノ特ニ心掛ケネバナラヌコトハ事件ノ眞相ヲ摑ムト云フコトデアッテ犯罪事實ノ有無ハ法廷デ取調ベラレタ證人ノ證言ヤ其ノ外法廷ニ現ハレタ證據ニ基イテ公

平冷靜ニ之ヲ斷定セネバナラヌト云フコトデアリマス隨ツテ法廷ニ於ケル被告人ヤ證人ノ供述其ノ外ノ證據ノ取調ヤ辯論ナドニ付テハ感情ニ囚ハレズニ注意シテ居ルコトガ大切デアリマス（同法第七十七條第八十二條參照）

默祕ノ義務　陪審員トシテ事件ニ關與シタ者ハ裁判ノ後デモ自分等ノ評議ノ模樣ヤ銘々ノ意見ヲ他ニ漏シテハナリマセヌ若シ之ヲ漏シタトキハ千圓以下ノ罰金ニ處セラレマス（同法第百九條第一項參照）

旅費、日當及止宿料　陪審員トシテ呼出ヲ受ケ裁判所ニ出頭シタ者ハ旅費、日當及止宿料ヲ請求スルコトガ出來マス裁判所ニ其ノ請求書ノ用紙ガ備付ケテアリマスカラ裁判ノ言渡アルマデニ之ニ署名捺印シテ係ノ者ニ差出シテ下サイ（同法第三十四條參照）

刑事補償法

刑事補償法　（昭和六年四月二日法律第六十號）

第一條　刑事訴訟法ニ依ル通常手續又ハ再審若ハ非常上告ノ手續ニ於テ無罪ノ言渡ヲ受ケタル者又ハ同法第三百十三條ノ規定ニ依リ免訴ノ言渡ヲ受ケタル者未決勾留ヲ受ケタル場合ニ於テハ國ハ其ノ者ニ對シ勾留ニ因ル補償ヲ爲ス

再審又ハ非常上告ノ手續ニ於テ無罪ノ言渡ヲ受ケタル者原判決ニ因リ既ニ刑ノ執行ヲ受ケ又ハ刑法第十一條第二項ノ規定ニ依ル拘置ヲ受ケタル場合ニ於テハ國ハ其ノ者ニ對シ刑ノ執行又ハ拘置ニ因ル補償ヲ爲ス

一　公訴棄却ノ言渡ト刑事補償ノ請求

（昭和八年(つ)第一號　同年二月八日第三刑事部決定）

公訴棄却ノ言渡ヲ受クルモ刑事補償法ニ依リ補償ノ請求ヲ爲スコトヲ得サルモノトス

二　二個ノ罪名ニ因リ不可分關係ニ行ハレタル未決勾留ト刑事補償

（昭和九年(つ)第一二號　同年六月十四日第一刑事部決定）

未決勾留處分カ二個ノ被告事件ニ付不可分ノ關係ニ於テ行ハレタル場合ニ於テ其ノ孰レカノ事件ニ付刑事補償ヲ阻却スヘキ事由アルトキハ其ノ請求ハ之ヲ許容スヘキモノニアラス

三　無罪ノ判決ニ對スル上訴中被告人ノ死亡ト補償請求

（昭和九年(つ)第一六號　同年七月四日第三刑事部決定）

無罪ノ判決ニ對スル檢事ノ上訴中被告人死亡シテ公訴棄却ノ決定アリタル場合ニ於テハ刑事補償法第一條ニ依リ補償請求ヲ爲スコトヲ得ス

四　刑事補償法實施前ノ事件ニシテ其ノ確定力實施後ニ及タル場合ト本法ノ適用

（昭和七年四月十六日　刑事第三二一五號刑事局長回答）

問　刑事補償法實施前ノ勾留ニ付テモ其ノ事件ノ確定カ實施後ナルトキ及同シク實施前刑事訴訟法第三百十三條ニ依リ免訴ノ言渡ヲ受ケタル事件ニ對シ檢事ヨリ抗告ヲ爲シ實施後抗告棄却ノ決定アリテ確定シタルトキハ何レモ法ノ適用アルモノト解シ然ヤ（甲府所長）

答　貴見ノ通

五　本法施行後確定シタル事件ト本法ノ適用

（昭和七年四月二十日　刑事第三七五一號刑事局長通牒）

問　刑事補償法實施前ノ勾留ニ付テモ其ノ事件ノ確定カ實施後ナ

ルトキ及同シク實施前刑事訴訟法第三百十三條ニ依リ免訴ノ言渡ヲ受ケタル事件ニ對シ檢事ヨリ抗告ヲ爲シ實施後抗告棄却ノ決定アリテ確定シタルトキハ何レモ法ノ適用アルモノト解シ可然哉（甲府所長）

答　貴見ノ通リ

六　刑事訴訟法第二百二十二條第三項ニ依ル留置ト法第一條ノ未決勾留　（昭和七年四月二十二日 刑事第三七九三號刑事局長回答）

問　保釋責付ノ後刑事訴訟法第二百二十二條第三項ニ依リ留置シタル日數モ未決勾留日數ノ内ニ含ムヘキモノト解シ可然ヤ（甲府所長）

答　消極ニ解スヲ相當トス

七　妻カ補償ノ請求ヲ爲ス場合ト民法第十四條第十二條ノ夫ノ許可　（昭和七年四月二十二日 刑事第三七九二號刑事局長回答）

問　刑事補償法ニ依リ妻カ補償ノ請求ヲ爲スニハ民法第十四條第十二條ノ趣旨ニ依リ夫ノ許可ヲ要スヘキモノト解シ可然ヤ（甲府所長）

答　消極ニ解スヲ相當トス

八　自白ノ前後ニ依ル分割補償ノ可否　（昭和七年七月二十二日 刑事第七七一七號刑事局長回答）

問　未決勾留後始メテ犯行ヲ自白シ因テ起訴セラレ後其ノ自白ヲ飜シ公判ニ於テ無罪ノ確定判決ヲ受ケタル場合ニ自白前ノ未決勾留ト其ノ後ノ分トヲ分割シ獨リ前者ノミニ付テ補償ヲ與フルハ適法ナリヤ（長崎檢事長）

答　然リ

九　第一條ニ所謂刑事訴訟法ニ依ル通常手續ト大審院ノ特別權限ニ屬スル訴訟手續　（昭和七年七月二十八日 臺灣總督府法務局問合、刑事局回答）

問　刑事補償法第一條ノ刑事訴訟法ニ依ル通常手續中ニハ大審院ノ特別權限ニ屬スル訴訟手續ハ之ヲ含マサルヤ

答　積極ニ解ス

一〇　起訴前ノ拘禁ト補償ノ可否　（昭和七年九月十六日拓務次官問合 同年九月二十一日刑事第一〇二〇二號司法次官回答）

問　裁判所ニ於テハ補償日數中ニ起訴前ノ拘禁日數ヲ含ムモノトシテ算定シ居レルヤ

答　刑事補償法第一條ト第五條トヲ併セ考フルトキハ假令起訴前ノ分ト雖勾引狀執行以後ノ拘禁日數ハ總テ未決勾留中ニ包含スルコト論ナク又裁判所ニ於テモ現ニ此ノ見地ニ從ヒ裁判ヲ爲シ居レリ

二一　勾引狀執行前警察ニ於ケル留置拘禁ト刑事補償

（昭和九年(つ)第三四號　同年十二月十四日第三刑事部決定）

勾引狀執行前警察署ニ於ケル留置拘禁ニ對シテハ其ノ事由ノ如何ニ拘ラス刑事補償ヲ爲スヘキモノニ非ス

第二條　前條ノ規定ニ依リ補償ヲ受クベキ者死亡シタル場合ニ於テハ本人ノ遺族ニ對シ前條ノ補償ヲ爲ス死亡シタル者ニ付再審又ハ非常上告ノ手續ニ於テ無罪ノ言渡アリタル場合亦同ジ

補償ヲ受クベキ遺族死亡シタルトキハ次順位ノ遺族ニ對シ其ノ補償ヲ爲ス

第三條　本法ニ於テ遺族ト稱スルハ本人ノ配偶者、子、孫、父、母、祖父及祖母ニシテ本人死亡ノ當時之ト戸籍ヲ同ジウシ引續キ其ノ戸籍內ニ在ル者ヲ謂フ

補償ヲ受クベキ遺族ノ順位ハ前項ニ記載スル順序ニ依ル父母及祖父母ニ付テハ養方ヲ先ニシ實方ヲ後ニス

子及孫數人アルトキハ其ノ順位ハ本人ヲ被相續人トシタル家督相續ノ順位ニ準ジ之ヲ定ム

第四條　無罪又ハ免訴ノ言渡ヲ受ケタル者ニ付左ノ事由アルトキハ補償ヲ爲サズ

一　刑法第三十九條乃至第四十一條ニ規定スル事由ニ因リ無罪又ハ免訴ノ言渡アリタルトキ

二　起訴セラレタル行爲ガ公ノ秩序又ハ善良ノ風俗ニ反シ著シク非難スベキモノナルトキ

本人ノ故意又ハ重大ナル過失ニ因ル行爲ガ起訴、勾留、公判ニ付スル處分又ハ再審請求ノ原由ト爲リタルトキハ第一條第一項ノ補償ヲ爲サズ

本人ノ故意又ハ重大ナル過失ニ因ル行爲ガ原有罪判決ノ憑據ト爲リタルトキハ第一條第一項ノ補償ヲ爲サズ

一個ノ裁判ニ依リ併合罪ノ一部ニ付無罪又ハ免訴ノ言渡ヲ受クルモ他ノ部分ニ付有罪ノ言渡ヲ受クル者ニ對シテハ補償ヲ爲サザルコトヲ得

一　併合罪ノ全部無罪ノ場合ト本條第四項

（昭和七年(つ)第三〇號　同年九月二十九日第二刑事部決定）

一箇ノ裁判ニ依リ併合罪ノ全部ニ付無罪ノ言渡アリタル場合ニハ刑事補償法第四條第四項ノ適用ヲ受クヘキモノトス

二　刑事補償請求ト檢事ニ對スル自白

（昭和七年(つ)第三四號　同年八月八日第二刑事部決定）

被疑者ハ檢事ノ取調ニ對シ犯罪事實ヲ自白シタル場合縱令其ノ自白カ眞實ニ合致セス後日無罪ノ確定判決ヲ受ケタルトキト雖當該檢事ノ取調カ不法ニ出テタルモノニ非サル限リ被疑者ハ結局任意ニ虛僞ノ自白ヲ爲シタルモノト認ムルヲ相當トス

三　本條第二項ニ所謂重大ナル過失

（昭和七年（つ）第三四號 同年八月八日第二刑事部決定）

自白ヲ爲ストキハ勾留又ハ起訴等ノ處分ヲ惹起スルニ至ルヘキコトヲ被疑者ニ於テ認識シ得ヘキ場合ニ在リテハ被疑者ノ重大ナル過失ニ因ル行爲カ此等ノ處分ノ原由ト爲リタルモノト解スルヲ相當ナリトス

四　當事者本人ノ虛僞陳述ト本條第一項第二號

（昭和九年（つ）第一二號 同年六月十四日第一刑事部決定）

民事訴訟ニ於テ當事者本人トシテ宣誓ノ上虛僞ノ陳述ヲ爲スハ法第四條第一項第二號ニ所謂公ノ秩序又ハ善良ノ風俗ニ反シ著シク非難スヘキ場合ニ該當スルモノトス

五　搜査手續中ノ自白ト本條第二項ノ適用

（昭和七年四月十六日 刑事第三二一五號刑事局長回答）

問　搜査手續中ノ自白モ刑事補償法第四條第二項ノ所謂故意又ハ重大ナル過失ニ因ル行爲中ニ包含スルモノト解シ可然ヤ（甲府所長）

答　搜査中ノ自白ニ付テモ該自白カ本人ノ故意又ハ重大ナル過失ニ因リ事實ノ眞相ニ合セサル判斷ヲ爲サシムル原因ト爲リ訴追ヲ爲スニ至リタルモノナルトキハ法第四條第二項ニ該當スルモノト解ス

第五條　勾留ニ因ル補償ニ於テハ勾引狀又ハ勾留狀執行後ノ拘禁日數ニ對シテ一日五圓以內ノ補償金ヲ交付ス

懲役、禁錮又ハ拘留ノ執行ニ因ル補償ニ於テハ其ノ日數ニ對シテ一日五圓以內ノ補償金ヲ交付ス拘置ニ因ル補償ニ付亦同シ

死刑ノ執行ヲ受ケタル者ノ遺族ニ對スル補償ニ於テハ拘置ニ因ル補償ノ外裁判所ノ相當ト認ムル補償金ヲ交付ス

罰金又ハ科料ノ執行ニ因ル補償ニ於テハ既ニ徵收シタル罰金又ハ科料ニ等シキ金額ヲ還付ス勞役場留置ノ執行ヲ爲シタルトキハ第二項ノ規定ニ準シ補償金ヲ交付ス

沒收ノ執行ニ因ル補償ニ於テハ破壞若ハ廢棄ニ係ラザル沒收物又ハ沒收物ノ處分ニ因リテ得タル代價若ハ徵收シタル追徵金ニ等シキ金額ヲ還付ス

第六條　補償ヲ受ケントスル者ハ無罪ノ言渡ヲ爲シタル裁判所又ハ免訴ノ言渡ヲ爲シタル豫審判事ノ屬スル裁判所ニ對

シ補償ノ請求ヲ爲スベシ

前項ノ請求ハ書面ヲ以テ之ヲ爲スベシ請求書ニハ戸籍謄本ヲ添附スベシ

補償ヲ受クベキ者請求ヲ爲シタル後死亡シタルトキハ其ノ請求ハ順次次順位ニ於テ補償ヲ受クベキ者ヨリ之ヲ爲シタルモノト看做ス

第七條　補償ヲ受クベキ者ハ先順位者ノ明示シタル意思ニ反シ補償ノ請求ヲ爲スコトヲ得ズ

補償ヲ受クベキ者請求ヲ取消シタルトキハ其ノ取消ヲ爲シタル者及後順位者ニ於テ更ニ請求ヲ爲スコトヲ得ズ

第八條　補償ノ請求ハ代理人ニ依リテモ之ヲ爲スコトヲ得

第九條　補償ノ請求ハ無罪又ハ免訴ノ裁判確定ノ日ヨリ六十日内ニ之ヲ爲スコトヲ要ス

非常上告ニ基ク裁判ニ對スル補償申立期間

（昭和八年（ら）第四號　同年十月二十三日第一刑事部決定）

非常上告ニ基キ爲シタル無罪ノ裁判ニ對シテモ之ニ對スル補償ノ請求ハ裁判確定ノ日ヨリ六十日内ニ之ヲ爲スコトヲ要ス

第十條　補償ノ請求アリタルトキハ裁判所ハ檢事ノ意見ヲ聽キ請求ニ付決定ヲ爲スベシ決定ノ謄本ハ檢事及請求人ニ送達スベシ

請求理由アルトキハ補償ノ決定ヲ爲スベシ請求理由ナキトキ又ハ期間經過後ニ係ルトキハ之ヲ棄却スベシ

刑ノ執行又ハ拘置ニ因ル補償ノ請求ト同時ニ勾留ニ因ル補償ノ請求アリタルトキハ主文ヲ區別シテ決定ヲ爲スベシ

刑事補償請求事件ニ關スル決定ノ送達

（昭和七年（つ）第二七號　同年六月十六日第二刑事部決定）

刑事補償請求事件ニ關スル裁判所ノ決定ハ當該事件ニ付出頭シタル請求代理人ニ對シ裁判所書記自ラ送達ヲ爲スコトヲ得ルモノトス

第十一條　補償ノ決定ニ對シテハ不服ヲ申立ツルコトヲ得ズ

補償ノ請求ヲ棄却スル決定ニ對シテハ即時抗告ヲ爲スコトヲ得

分割補償ヲ爲シタル場合ト之ニ對スル即時抗告ノ適否

（昭和七年七月二十二日　刑事第七七一七號刑事局長回答）

問　未決勾留後始メテ犯行ヲ自白シ因テ起訴セラレ後其ノ自白ヲ飜シ公判ニ於テ無罪ノ確定判決ヲ受ケタル場合ニ自白前ノ未決勾留ト其ノ後ノ分トヲ分割シ獨リ前者ノミニ付テ補償ヲ與ヘ他方ニ補償ヲ拒ミタル場合ハ其ノ請求棄却ノ分ニ付刑事補償法第

十一條第二項ニ依ル即時抗告ヲ申立得ヘキヤ。更ニ該即時抗告ノ許否ハ決定ノ主文ニ一部棄却ノ趣旨ヲ明言シタルト否トニ依リテ差異アリヤ（長崎検事長）

答　現行法ノ解釋トシテハ主文ニ棄却ノ旨ヲ明記シタルト否トヲ問ハス即時抗告ヲ許ス可キモノニ非ス

第十二條　補償ノ決定アリタル後之ニ依リテ補償ヲ受クヘキ者其ノ拂渡ヲ受ケズシテ死亡シタルトキハ其ノ決定ハ順次次順位ニ於テ補償ヲ受クヘキ者ニ對シ之ヲ爲シタルモノト看做ス補償ヲ受クヘキ遺族其ノ拂渡ヲ受ケズシテ其ノ家ヲ去リタルトキ亦同ジ

第十三條　補償ノ拂渡ヲ受ケントスル者ハ其ノ決定ヲ爲シタル裁判所ニ請求書ヲ差出スヘシ請求書ニハ戸籍謄本ヲ添附スヘシ

補償ノ決定ノ送達アリタル後一年内ニ補償拂渡ノ請求ヲ爲サザルトキハ權利ヲ失フ

第十四條　補償拂渡ノ請求權ハ之ヲ讓渡スコトヲ得ズ

第十五條　補償ノ請求ニ關スル事件繋屬中再審ノ請求又ハ刑事訴訟法第三百十七條ノ規定ニ依ル公訴ノ提起アリタルトキハ其ノ裁判確定ニ至ル迄決定ノ手續ヲ停止スヘシ

前項ノ場合ニ於テ被告人ニ對シテ有罪ノ判決アリタルトキハ補償ノ請求ハ其ノ效力ヲ失フ

第十六條　補償ノ決定アリタル後再審ノ請求又ハ刑事訴訟法第三百十七條ノ規定ニ依ル公訴ノ提起アリタルトキハ其ノ裁判確定ニ至ル迄補償拂渡ノ手續ヲ停止スヘシ

前項ノ場合ニ於テ被告人ニ對シテ有罪ノ判決アリタルトキハ補償ノ決定ハ其ノ效力ヲ失フ

第十七條　前條第二項ノ場合ニ於テ既ニ補償ノ拂渡アリタルトキハ有罪ノ判決ヲ爲シタル裁判所ハ検事ノ請求ニ因リ決定ヲ以テ補償ノ返還ヲ命ズヘシ此ノ決定ノ執行ニ付テハ刑事訴訟法第五百五十三條乃至第五百五十五條ノ規定ヲ準用ス

第十八條　本法ノ決定及之ニ對スル即時抗告ニ付テハ別段ノ規定アル場合ヲ除クノ外刑事訴訟法ヲ準用ス期間ニ付亦同ジ

一　補償金ノ査定ニ必要ナル調査方法

（昭和七年四月十六日　刑事第三一一五號刑事局長回答）

問　補償金ノ査定ニ付必要ナル調査ハ非訟事件手續法ニ依ルヘキモノト解シ可然哉（甲府所長）

答　法第十八條ニ依リ刑事訴訟法ヲ準用スルヲ以テ同法第四十八條ニ基キ必要ナル調査ヲ爲スコトヲ得ルモノニシテ非訟事件ノ

手續法ニ依ルモノニアラス

二　本條ノ決定送達ト刑事訴訟法

（昭和六年司法官會同ノ際ニ於ケル書記長及監督書記協議事項）

問　刑事補償法第十八條ニハ決定ノ送達手續ニ關スルコトモ包含スルヤ（山口地檢）

答　包含ス

三　刑事補償請求棄却ニ對スル抗告棄却ノ決定ト再抗告

（昭和八年（つ）第二一號　同年九月六日第三刑事部決定）

刑事補償請求棄却ニ對スル抗告棄却ノ決定ニ對シテハ更ニ抗告ヲ爲スコトヲ得ス

四　刑事補償請求棄却ニ對スル抗告棄却ノ決定ト再抗告

（昭和九年（つ）第二號　同年一月二十三日第四刑事部決定）

刑事補償請求棄却ニ對スル抗告棄却ノ決定ニ對シテハ更ニ抗告ヲ爲スコトヲ得サルモノトス

第十九條　裁判所補償ノ決定ヲ爲シタルトキハ其ノ決定ヲ受ケタル者ノ申立ニ因リ速ニ無罪又ハ免訴ノ裁判ノ主文及要旨竝ニ補償ヲ爲シタル旨ヲ官報ニ掲載スヘシ

第二十條　本法ハ軍法會議ニ於テ無罪ノ言渡アリタル場合ニ之ヲ準用ス但シ補償ノ請求ヲ棄却スル決定ニ對シテハ即時抗告ヲ爲スコトヲ得ズ

軍法會議ニ於テ返還補償ヲ命ズル決定ノ執行ニ付テハ陸軍軍法會議法第五百十八條乃至第五百二十條又ハ海軍軍法會議法第五百二十條乃至第五百二十二條ノ規定ヲ準用ス

軍法會議ニ於テ補償ニ關スル決定ヲ爲ス場合ノ判士ノ區別ニ付テハ陸軍軍法會議法第五十九條第一項又ハ海軍軍法會議法第五十九條第一項ノ規定ヲ準用ス

〔刑事補償法關係參考〕

一　刑事補償請求事件ノ記錄竝決定原本ノ保存期間ニ關スル件

（昭和七年二月八日　刑事第一一九五號刑事局長通牒）

刑事補償法ノ實施ニ伴ヒ刑事補償請求事件ノ記錄竝決定ノ原本ノ保存期間ハ新ニ保存期間ニ關スル訓令中ニ之ヲ規定スルノ必要有之儀ニ候處現行民刑訴訟記錄保存規定ニ付テハ目下當省ニ於テ其ノ全部ノ改正審議中ニ有之候次第ニ候ヘハ當分ノ內一、刑事補償請求事件ノ記錄ノ保存期間ハ民刑訴訟記錄保存規程第二十五條ニ準シ補償請求ニ係ル無罪又ハ免訴トナリタル事件ノ記錄ノ保存期間之ヲ保存シ、二、刑事補償請求事件ノ決定ノ原本ハ同規程第三十二條ニ準シ二十年間之ヲ保存スル樣便宜御取扱相成度此段依命及通牒候

二 刑事補償請求事件ト符號（昭和七年司法官會同ノ際ニ於ケル書記長及監督書記協議事項）

問 刑事補償請求事件ノ記錄符號ハ何ヲ用ユヘキヤ（宇都宮地）

答 事件取扱上便宜ノ符號ヲ用ヒラレタシ

三 刑事補償請求事件ノ記錄保存ニ關スル件

（昭和七年八月三十日 刑事第八四七〇號刑事局長回答）

問 標記ノ記錄ハ裁判所ニ於テ保存スヘキモノナルヤ又ハ檢事局ニ於テ保存スヘキモノナルヤ檢事局ニ於テ保存スヘキモノトセハ其ノ補償請求ニ係ル無罪又ハ免訴事件ノ記錄ニ合綴スキモノナルヤ若ハ之ト獨立シテ補償請求ヲ受ケタル裁判所ノ檢事局ニ於テ保存スヘキモノナルヤ取扱ノ統一上御省議承知致度候（長崎檢事長）

答 右記錄ハ檢事局ニ於テ其ノ補償請求ニ係ル無罪又ハ免訴ノ刑事記錄ト同所ニ合綴セスシテ保存スルヲ相當ト思料致候

四 刑事補償法取扱規程

（昭和六年十二月二十八日 刑事第一五三三七號司法大臣訓令）

第一條 補償請求書ニハ左ノ諸件ヲ揭ケシムヘシ

一 請求人ノ氏名、住居、職業及年齡

二 無罪又ハ免訴ノ言渡ノ年月日、裁判所名及被告事件ノ表示

三 勾留若ハ拘置ノ日數又ハ執行ヲ受ケタル刑名刑期及金額

四 補償ヲ請求スル旨ノ表示及請求ノ年月日

五、請求人又ハ代理人ノ記名捺印

前項ノ補償請求書ニハ戶籍謄本ノ外無罪又ハ免訴ノ裁判ノ謄本及代理人ニ依リ補償請求ヲ爲ス場合ニ於テハ委任狀ヲモ添附セシムヘシ

第二條 刑事補償法第六條第三項ノ場合ニ於テハ補償請求ヲ受繼スル旨ノ文書及之ヲ證スヘキ文書ヲ提出セシムヘシ

第三條 補償請求ノ取消アルタルトキハ其ノ旨ヲ表示シタル文書ヲ徵シ檢事ニ通知スヘシ

第四條 補償拂渡請求書ニハ左ノ諸件ヲ揭ケシムヘシ

一 第一條第一項第一號及第五號ノ事項

二 補償決定ノ年月日及裁判所名

三 補償ノ金額及種別

四 拂渡ヲ受クヘキ旨ノ表示及請求ノ年月日

前項ノ補償拂渡請求書ニハ戶籍謄本ノ外補償決定謄本及代理人ニ依リ拂渡ヲ請求スル場合ニ於テハ委任狀ヲモ添附セシムヘシ

第五條 刑事補償法第十二條ノ場合ニ於テハ拂渡請求ヲ受繼

刑事補償法取扱規程及記錄保存ニ關スル件

スル旨ノ文書及次順位者トナリタルコトヲ證スヘキ文書ヲ提出セシムヘシ

第六條　補償拂渡請求書ノ提出アリタルトキハ事件主任官ハ之ヲ調査シ過誤ナキトキハ該請求書ヲ添ヘ拂渡方ヲ所管支出官ニ請求スヘシ

第七條　刑事補償法第十五條及第十六條ノ場合ニ於テハ檢事ハ速ニ公訴提起アリタル旨ヲ裁判所ニ通知スヘシ

第八條　刑事補償法第十九條ノ申立ヲ爲サントスル者アルトキハ申立書ヲ提出セシムヘシ

前項ノ申立ハ拂渡請求書中ニ掲記セシムルコトヲ得

第九條　刑事補償法第十九條ニ規定スル官報掲載ノ手續ハ速ニ本省ヲ經由シテ之ヲ爲スヘシ

司法警察官吏ノ職務ヲ行フ者ニ關スル件

一 司法警察官吏ニ關スル勅令實施ニ關スル件

（大正十三年一月二十一日 刑事第六四〇號刑事局長通牒
大審院長檢事總長控訴院長檢事長地方裁判所長檢事正宛）

司法警察官吏ニ關スル大正十二年勅令第五百二十八號實施ニ關シ左記事項爲念及通牒候也

一 第二條ニ依リ檢事局勤務ノ書記又ハ雇員ニシテ司法警察官又ハ司法警察吏ノ職務ヲ行フヘキ者ヲシテ取扱ハシムヘキ事件及員數ハ必要ニ應シテ可然定メラレタキコト

二 第四條ニ依リ司法警察官吏ノ職務ヲ行フヘキ者ノ指命ニ付テハ從來其ノ方面ニ於テ生シタル事件ノ關係等ヲ取調ヘ速ニ所屬長官ト積極的ニ協議ヲ爲シ必要ナル員數ヲ指命セラルヘキ樣取運ハレタキコト

三 檢事局勤務ノ書記又ハ雇員ニシテ司法警察官又ハ司法警察吏ノ職務ヲ行フヘキコトヲ指命セラレタル者其ノ職務上作成スル文書ニハ肩書ニ書記ニ在リテハ司法警官ノ職務ヲ行フ何裁判所檢事局勤務裁判所書記雇員ニ在リテハ司法警察吏ノ職務ヲ行フ何裁判所檢事局勤務雇ト記載スルコト

四 第二條及第四條ニ依リ指命セラレタル司法警察官吏ノ職務ヲ行フヘキ者ニ付テハ其ノ官職氏名ヲ司法大臣ニ報告スルコト

五 第四條ノ檢事正トハ同條第一號乃至第十三號ニ規定スル官吏ノ所屬長官ノ勤務スル官廳所在地ヲ管轄スル地方裁判所ノ檢事正ト解スルコト

從テ同條第一號乃至第十三號ニ揭クル者ノ勤務地カ同條所定ノ地方裁判所ノ管轄區域外ニ在ル場合ニハ自然雙方ノ檢事正ニ於テ內協議ヲ遂クルノ要アル場合アルコト

二 司法警察職務規範第四十一條ノ解釋ニ關スル件

（大正十三年一月四日刑事第五七號刑事局長通牒
檢事總長、檢事長、檢事正宛）

問 規範第四十一條ハ告訴告發ニ係ル事件ハ遲滯ナク速ニ送付セシムルノ法意ニ過キスシテ其ノ送付手續ハ從來慣行ノ事件送致ノ手續ニ據ラシムルモ妨ケナキ儀ト解シ可然哉（福岡檢事正）

（理由） 告訴告發ハ必ス檢事ノ指揮ヲ受ケ處理セシムルヲ原則ト爲スト雖現行法第四十九條及第五十三條ニハ送致トアリ改正法第二百七十四條ニハ送付トアリ而シテ法案理由書ニハ新舊其ノ用語ヲ異ニスルモ趣旨同一ナリト說明セリ然ルニ現行法ニ基ク執務心得ニハ送致規定ヲ設ケ第五十二條ニ一切ノ事件捜查要領ヲ得タルトキハ送致ノ手續ヲ爲スヘク規定セリ之ニ反シ改正法ハ警察官ヨリ檢事ニ事件ヲ移送スル場合ニ於テ

送致ト云ハスシテ送付ノ語ヲ用ヒアルニ拘ハラス規範ハ處理規定トシテ其ノ第百十一條ニ於テ心得ノ用語ヲ襲踏シ送致ト稱シタル結果茲ニ送致ト送付ノ二用語ヲ生スルニ至リタルモノト解シ得ヘキカ如シ要スルニ其ノ意義同一ナルモ第四十一條ハ事件處理規定ニ非ラスシテ捜査進行規定ナルヲ以テ送付ノ語ヲ用ヒタルモノト思料セラル故ニ警察官ニ對シテハ告訴告發事件ハ遲滯ナク急速處理ヲ爲シ一應送致セシメタル上指揮ヲ請ハシムルヲ可ナリト信ス然ラサレハ警察官ハ總テノ場合ニ於テ告訴告發事件ノ書類ヲ檢事ニ送付シタル上其ノ指揮ヲ受ケ初メテ捜査進行ヲ爲シ更ニ事件送致ノ手續ヲ爲スカ如キ重複手續ヲ要スヘク又其ノ間ニ於ケル檢事局ノ取扱モ送付ヲ受ケタル書類受理ノ手續ハ事件送致前ノ前手續トシテ別ニ處理方法ヲ講スルノ必要ヲ生スルニ至ルヘク多クノ場合ニ於テ徒ニ重要ナラサル繁鎖ノ手續ヲ繰返スノ弊ニ陷ルヘキヲ懸念セサルヲ得ス故ニ第四十一條ハ遲滯ナク必要ナル捜査處分ヲ遂ケタル上速ニ（或ハ送致ハ三十日ヲ越ユヘカラスト制限スルカ如キ）事件送致ノ手續ニ依リ意見ヲ付シ送付セシムルコトニ取扱ハシメ度希望ニ候

答　司法警察職務規範第四十一條ノ趣旨ハ告訴、告發又ハ自首ニ由ル被疑事件ハ捜査ヲ遂ケ要領ヲ得タル後意見ヲ付シテ檢事ニ

送致スヘキニ非スシテ一應必要ナル捜査ヲ爲シタル上ハ未タ要領ヲ得サルモ直ニ之ニ關スル書類及證據物ヲ送付シ爾後ノ捜査ニ付指揮ヲ請ハシムルニ在リ故ニ檢事ニ於テハ右ノ書類及證據物ニ依リ更ニ捜査スヘキ要點ヲ指摘シテ右書類及證據物ヲ司法警察官又ハ其ノ職務ヲ行フ者ニ交付シ又ハ單ニ捜査スヘキ要點ヲノミ指摘シテ捜査ヲ命スヘキモノトス若シ最初送付ヲ受ケタル書類及證據物ニ依リ更ニ司法警察官又ハ其ノ職務ヲ行フ者ヲシテ捜査ヲ爲サシムルノ必要ナシト思料シタルトキハ改メテ捜査ヲ指揮スルコトナカルヘキヲ以テ斯ノ如キ場合ニ於テハ結局事件ヲ送致シタルト同一ノ結果ト爲ルモノトス

三　司法警察ノ職ニアル者ニ證票交付ニ關スル質疑ノ件

（大正十三年五月十五日刑事第四五五〇號刑事局長回答）

問　本年一月十九日刑第七一六號ヲ以テ檢事正ハ其ノ管轄區域內ニ於ケル司法警察官吏又ハ司法警察官ノ職務ヲ行フ者ニ證票ヲ交付スヘキ旨訓令相成候處左記事項疑義有之候條何分ノ御回答相煩度候

一　被指命者カ甲乙兩地方裁判所管內ニ職務ヲ行フコトヲ得ル場合ニ於テハ其ノ被指命者所屬ノ官廳所在地ヲ管轄スル地方裁判所ノ檢事正ニ於テ證票ヲ交付スレハ可ナリヤ

又ハ雙方ノ檢事正ヨリ交付ヲ要スルヤ

二　證票ニハ被指命者ノ在勤官署ヲ肩書ニ表示スヘキヤ又ハ官職ノミ記載シ可ナルヤ

設　例

何々小林區署山林技手　氏　名

ト記載スヘキヤ又ハ

山林技手　氏　名

ト記載スヘキヤ

三(一)前項前段ノ如ク記載スヘシトセハ警察官ニ交付スル證票ニモ同様所屬警察署ヲ肩書スヘキヤ

(警察手帳ニハ在勤官署ノ肩書ナキヲ以テ司法警察官吏ノ證モ同様肩書ヲ爲スヲ要セサルカ如シ)

(二)前項後段ノ如ク官職ノミ記載スヘシトセハ同一地方裁判所管内ニ轉勤ノ場合其ノ都度證票ノ交付ヲ要セサルヤ

(警察官カ證票ヲ要セル場合所屬官署ノ肩書ヲ爲シ置キ轉勤ノ都度證票ヲ交付スルハ煩ニ堪ヘサルノミナラス其ノ實用ナキカ如シ其ノ他司法警察官吏ノ職務ヲ行フ者ニ付テモ所屬官署ノ肩書ヲ爲サストセハ同管内轉勤ノ場合ハ其ノ都度證票ノ交付ヲ要セサルカ如ク思考セラルヽ)(松江檢事正)

答　一　被指命者所屬ノ官廳所在地ヲ管轄スル檢事正ニ於テ證票ヲ交付スレハ可ナリ雙方ノ檢事正ヨリ交付スルニ及ハス

二　證票ニハ官職ノミヲ表示スレハ足リ在勤官署ヲ表示スルハ要件ニ非ス

三　證票ニハ在勤官署ヲ表示スルコトヲ要件トスルニ非サレトモ之ヲ記載スルハ證票ニ依リ當該司法警察官吏ノ管轄區域ヲ明示スルノ便アルヲ以テ官職カ直ニ勤務官署ヲ表示セサル場合ニ於テハ成ル可ク勤務官署ヲモ表示シ尚一地方裁判所管内ニ於ケル轉勤ノ場合ニ於テモ其ノ司法警察官吏ノ管轄區域變更スル場合ニ於テハ其ノ都度證票ヲ交付スル様致度候

四　司法警察ノ職ニ在ル者ノ證票ニ關スル質疑ノ件

(大正十三年二月六日
刑事第一三六五號刑事局長回答)

問　第一　本月十九日刑第七一六號ヲ以テ檢事正ハ其ノ所管轄區域内ニ於ケル司法警察官吏又ハ司法警察官吏ノ職務ヲ行フ者ニ證票ヲ交付スヘキ旨訓令相成候處廳府縣ノ警察官憲兵ノ將校準士官及下士並ニ巡査憲兵卒ハ其ノ官職自體カ刑事訴訟法第二百四十八條、第二百四十九條ノ規定ニヨリ司法警察官又ハ司法警察吏タル資格ヲ有シ各其ノ所屬官廳ノ規定ニヨリ官氏名ヲ表示シタル證票即チ警察手帳又ハ軍隊手帳ヲ交付セラレ居ル次第ナルカ該證票ヲ以テシテハ司法警察職務規範第十八條ノ證票ニ該當セサルモノトシテ更ニ司法警察官ノ證ヲ交付スヘキ趣旨ナルヘキカ又ハ裁判所構成法第八十四條第二項ノ規定ニ從ヒ檢事局

カ地方官廳ト協議シテ警察官中其ノ管轄區域内ニ於テ司法警察官トシテ勤務スヘキ者ヲ定メタル場合ニ更ニ司法警察官ノ證ヲ交付スヘキ趣旨ナルヘキ乎

前同號ヲ以テ貴官御通牒ノ趣旨ニヨレハ叙上前段司法警察官吏ニ對シ證票ノ交付ヲ要スルモ其ノ請求ヲ俟ツヘキモノノ如シ而シテ既ニ交付スヘキモノトスル以上ハ結局其ノ定員數ニ對スル證票ノ準備ヲ要シ而モ此等ノ人員ハ頗ル多數ニシテ任命轉職等頻繁ナルカ故ニ常ニ交付返納ノ手續ヲ要スルノミナラス現今交付セラレ居ル手帳ニ付テモ紛失等ノ事故發生尠カラス其ノ都度全國ニ亘リテ通報ヲ爲シツツアル趣ニ有之若シ檢事局ニ於テモ證票紛失等ノ場合此ノ例ニ倣ヒ證票濫用ヲ防クヘク通報ノ手續ヲ爲ササル可カラサルニ於テハ遂ニ其ノ煩ニ堪ヘサルニ至ラン乎故ニ更ニ證票ヲ交付スヘキ趣旨ナリトスルモ現今所屬廳ヨリ交付セラレ居ル手帳ヲ以テ右ニ代用スルヲ得ル事ニ協定スルモ差支ナキヤ

第二　本月二十一日刑事第六四〇號通牒第五號ノ場合ニ於ケル被指命者ニ交付スヘキ證票ハ所屬長官ノ勤務スル官廳所在地ヲ管轄スル地方裁判所檢事正ニ於テ交付スヘキヤ又ハ被指命者ノ勤務地ヲ管轄スル檢事正ニ於テ交付スヘキヤ（松山檢事正）

答　第一　廳府縣ノ警察官ハ刑事訴訟法第二百四十八條ニ依リ當然ノ司法警察官ナルヲ以テ裁判所構成法第八十四條第二項ノ規定ニ依リ檢事局カ地方官廳ト協議シテ特定ノ警察官ヲ司法警察官トシテ定ムヘキ場合ヲ生セス故ニ證票ハ總テ廳府縣ノ警察官ニ交付スルノ意ナリ而シテ廳府縣ノ警察官憲兵ノ將校準士官下士巡査、憲兵卒等カ現ニ交付セラレ居ル警察手帳又ハ軍隊手帳ハ大正十三年刑第七一六號ノ訓令ニ適合シタルモノニ非サルヲ以テ司法警察職務規範第十八條ニ所謂證票ニ非スト雖廳府縣ノ警察官等ハ前記ノ如キ手帳其ノ他ニ依リ間接ニ司法警察官吏タルコトヲ證明シ得ルヲ以テ今直ニ訓令ノ樣式ニ適合シタル證票ヲ携帶セサルモ同條ノ規定ノ趣旨ニ悖ルコトナカルヘシ廳府縣ノ警察官等ニ於テ其ノ交付ヲ請求セス前記手帳ヲ以テ代用方ヲ希望スルニ於テハ之ニ同意スルモ差支ナシ

第二　後段貴見ノ通

五　司法警察官吏ノ證票ニ關スル質疑ノ件

（大正十三年六月二十四日
刑事第八七三號刑事局長回答）

問　大阪憲兵隊長ヨリ同隊長以下下士以上三十八名ニ對シ司法警察官ノ證票ヲ、憲兵上等兵九十二名ニ對シ司法警察吏ノ證票ヲ交付方請求有之候處該證票ハ司法警察官吏ノ職務ヲ行フ者ノ證票ト同樣御省ニ於テ調製配付可相成モノニ候哉或ハ各檢事局ニ於テ適宜調製ノ上交付ス可モノナリヤ至急何分ノ御回答相成度

答　警察官、憲兵、將校、下士、巡査憲兵卒執務ニ際シテハ概ネ制服ヲ着用スヘク然ラストスルモ警察手帳又ハ憲兵手帳ヲ所持スルヲ以テ之ヲ職務規範ニ所謂證票トシテ使用ノ儀差支無之ト思料被致候條當省ニ於テハ司法警察官吏ノ證票ハ差當リ調製配付致ササル見込ニ有之候憲兵隊ニ於テ强テ要求セラルル場合ニ於テハ貴廳ニ於テ御調製ノ上御交付相成度尚憲兵隊ニ於テ證票交付方ヲ請求セラルル特別ノ事情有之候ハハ參考ノ爲承知致度御回報相成度候

六　司法警察官吏ノ職務ヲ行フ者ニ交付スヘキ證票ニ關スル件

（大正十三年九月四日 刑事一二三八九號刑事局長回答）

問　岐阜市所在岐阜公有林野官行造林署ハ岐阜、愛知兩縣下ヲ管轄シ而シテ其ノ管下ヲ更ニ數個ノ擔當區ニ區分シ各分擔區ニ擔當官吏ヲ配置シ主トシテ分擔區內ノ山林事務ニ從事セシメ居レルヲ以テ同造林署勤務ノ者ト雖モ右愛知縣下ノ分擔區ニ駐在勤務スルモノニ付テハ司法警察官吏ノ證票ハ當然名古屋地方裁判所檢事正ヨリ之カ交付ヲ受クルヲ相當ト認メ當職ニ於テハ證票交付ヲ爲ササリシ處今般大林區署長ヨリ同一造林管內ニ於テハ分擔區ノ如何ヲ問ハス時宜ニ依リ何レノ地ニ於テモ職務執行ヲ爲スヘキコトアルヲ以テ署員全部ニ對シ岐阜、名古屋雙方檢事正ヨリ證票交付ヲ受ケタキ旨請求有之本年一月刑事第七一六號訓令第一條ノ解釋トシテハ雙方ノ檢事正ヨリ各證票交付ヲ受ケ裁判所ノ管轄ノ異ナルニ從ヒ之ヲ區別行使スルヲ相當ト致思考候得共如斯スルトキハ其ノ上級官廳タル大阪大林區署ニ勤務スル司法警察官吏ノ如キハ管轄地域十七地方裁判所ノ管內ニ跨リ一人ニシテ十七葉ノ證票ノ交付ヲ受ケ置クニアラサレハ職務執行ニ差支ヲ生スル筋合ト相成リ雙方共尠カラサル不便ト手數トヲ要スル次第ニ有之候條便宜本人勤務ノ林區署所在地ヲ管轄スル地方裁判所檢事正ニ於テノミ證票ヲ交付シ其ノ他ハ之ヲ省略スルコトニ致度一應御意見及御問合候（岐阜檢事正）

答　被指命者ノ所屬官廳所在地ヲ管轄スル檢事正ニ於テ交付スルヲ以テ足ルモノト思考致候條此段及回答候也

七　司法警察官吏ノ職務ヲ行フ者ニ交付スヘキ證票ニ關スル質疑ノ件

（大正十三年九月十日 刑事第一二四四五號刑事局長回答）

問　大正十二年勅令第五百二十八條第二條及第四條ノ規定ニ依リ指命セラレタル司法警察官ノ職務ヲ行フ者及司法警察吏ノ職務ヲ行フ者ニ對シテハ所定ノ證票ヲ交付ス可キ旨本年一月十九日刑事第七一六號ヲ以テ通牒相成候處當檢事局管內ニ於ケル勅令第四條第四號ノ官吏ニシテ其ノ所屬大阪大林區署長ノ指命シタル者總數六十一名ノ多數ヲ算スルニ拘ラス其ノ取扱ニ係ル司法

事件ハ別紙調査表ニ掲クル如ク僅ニ昨大正十二年ハ三件本年ハ去ル六月末日迄ニ二件ニ過キス實ニ有名無實ナルノミナラス此ノ種官吏ハ府縣警察官ト同樣一定ノ職服ヲ有スル筈ナレハ實際ノ事務取扱上該證票ヲ所持スルノ必要之レナシト信ス加フルニ叙上林區署在勤ノ官吏ハ轉免其ノ他ノ事由ニ依ル異動モ亦尠カラス其ノ都度證票ノ引換ヲ爲ササル可ラス平素事務多忙ナル檢事局トシテ其ノ煩ニ堪エス候畢竟該證票ノ交付ハ實際ノ必要上ヨリ出テタルモノニシテ其ノ必要ナキコト以上ノ如クナルノミナラス之ヲ交付スルト否トハ檢事正ノ裁量如何ニ依リ之ヲ決スルモ不適當ニアラサル可シト思料候ニ付當管内ニ於テハ林區署在勤ノ官吏ニハ證票ヲ交付セサルモ差支ナキヤ御意見承知致度但若シ實際上必要ナシトスルモ交付セサル可ラストセハ山口公有林野官行造林署勤務ノ技師、技手、屬約十名ノ職務範圍ハ廣島山口兩管内ニ跨リ廣島山口ノ檢事局ニ兩屬致居ルニ付兩檢事局ノ何レニ於テ證票ヲ交付スヘキヤ又大林區署長ノ指命シタル官吏中大阪大林區署長ノ指命シタル官吏中大阪大林區署勤務ノ者五名ニ對シテハ大阪廣島ノ兩檢事局ノ何レニ於テ證票ヲ交付ス可キヤ前段同樣ノ疑義有之候條寧ロ勅令第五百二十八條第四條第四號等ノ官吏ニ對シテハ其ノ所屬長官ノ所在地檢事正卽チ指命ノ協議ニ與リタル檢事正ヨリ一併ニ交付スル樣致度併セテ及御問合候（廣島檢事正）

答　林區勤務ノ官吏ノ一部分ハ一定ノ職服ヲ有スルコト勿論ニ候得共人選ノ上指命ヲ爲スノ手續アル以上指命セラレタル者ト然ラサル者トヲ外部的ニ區別スルニハ證票ヲ携帶セシムルコト實際上必要ニ有之候條訓令ノ如ク證票交付相成度又職務執行區域カ數個ノ檢事局ニ跨ル場合ニ於テハ所屬官廳所在地ノ檢事正ヨリ交付スヘキモノト御承知相成度候

八　司法警察官ノ職務ヲ行フ者證票ヲ紛失シタル場合ノ通報方ニ關スル件

（昭和五年司法官會同ノ際ニ於ル書記長及監督書記協議事項）

問　司法警察官ノ職務ヲ行フ者證票紛失シタル場合刑事局長ニ對スル通報ハ要セサルヤ（松山地檢）

答　通報ヲ要ス

九　大林區署ノ管轄區域カ數地方裁判所ノ管轄區域ニ亘ル場合ノ協議セラルヘキ檢事正ニ關スル質疑ノ件

（大正十三年一日二十二日刑事第五七五號刑事局長回答）

問　大正十二年勅令第五二八號第四條ニ依リ同條第四號ニ該當スル者ニ司法警察官ノ職務ヲ行フヘキコトヲ命スル場合ニ於テ其ノ所屬長官タル大林區署所在地ヲ管轄スル地方裁判所ノ檢事正ト協議ヲ要スルモノトセハ大林區署ノ管轄區域カ數箇ノ地方裁

判所ノ管轄區域ニ亘ル場合甲地方裁判所ノ檢事正トノ協議ニ依リ乙地方裁判所管轄區域内ニ於ケル司法警察官ヲ命スルカ如キ結果トナルノミナラス全然關係ナキ地方裁判所ノ檢事正ニ對シテ之ヲ爲スヲ要シ徒ラニ無用ノ手數ヲ經サルヘカラサルニ至ルヲ以テ司法警察官吏タルヘキ者ノ勤務廳所在地ノ管轄地方裁判所ノ檢事正ニ協議スルヲ妥當ト思料セラレ候處御意見承知致度此段及照會候也

尚本文前段ノ解釋ヲ採ルモノトセハ司法警察官ノ任免轉勤ノ場合ニ於ケル檢事正ニ對スル通知方ニ關シ貴見併而承知致度申添候也（農商務省山林局長）

答 第四條ノ檢事正トハ同條第一號乃至第十三號ニ規定シタル者ノ所屬長官ノ勤務スル官廳所在地ヲ管轄スル地方裁判所ノ檢事正ノ儀ニ有之候條此段及回答候也

追テ司法警察官吏ノ職務ヲ行フヘキ者ノ任免轉勤ニ付テハ協議ヲ遂ケタル檢事正ニ通知スルト同時ニ司法警察官吏ノ職務ヲ行フヘキ者ノ勤務地ヲ管轄スル地方裁判所ノ檢事正ヘモ併セテ同樣通知相成度候樣致度

一〇 司法警察官ノ職務ヲ行フ者林務官轉任ノ場合ニ於ケル辭令交付ニ關スル質疑ノ件

（大正十三年四月十五日 刑事第三五七五號刑事局長通牒檢事正宛）

問 大正十二年勅令第五二八號第四條第五號ニ該當スルモノニ大林區署長ニ於テ司法警察官ノ職務ヲ行フヘキコトヲ命スル辭令中ニ小林區署勤務ノ者ニ在リテハ其ノ小林區署名ヲ記入シ右官吏カ同一大林區署内ノ他ノ小林區署ニ轉任シタル場合ニ於テハ更ニ司法警察官ノ職務ヲ行フヘキ辭令ヲ交付セラレ度旨檢事正ヨリ大林區署長宛打合相成タルヤノ趣ニ有之候處既ニ司法警察官ノ職務ヲ行フ可コトヲ命セラレタル者ノ轉任ニ就テハ一月二十三日附刑事第五七五號御回答ノ次第ノ如ク新ナル任命ニアラサルニ依リ更ニ辭令ヲ交付スル必要無之モノト被認又新任及轉任ノ場合共勤務辭令ハ別ニ交付致居ル次第ニ付司法警察官ノ職務ヲ行フヘキ辭令ニハ勤務署名ヲ記入セサルモ差支ナキモノト被存候處一應貴見承知致度此段及照會候也

追テ本文同樣同一檢事正ノ管轄區域内ニ於テ轉勤ノ都度證票ノ交付ヲ受クルニ於テハ其ノ間證票ヲ有セサル爲職務執行上差支ヘル場合モ可有之ニ付一月十九日附刑事第七一六號御訓令ノ通リ證票ニモ官職氏名ノミヲ記載相成樣致度併テ及御協議候也（農林省山林局長）

答 大正十二年勅令第五二八號ニ依リ小林區署ニ勤務スル同令第四條第四號記載ノ者ニ司法警察官ノ職務ヲ行フヘキコトヲ命スル辭令ニハ官氏名ノミヲ記載シ勤務ノ小林區署ヲ記載セサルモ

差支ナク從テ轉任先ノ小林區署カ同一大林區署管內ニシテ且同一地方裁判所ノ管內ナル場合ニ於テハ改メテ辭令ヲ交付スルニ及ハスト思料致候尤モ辭令ヲ要セサルハ兩小林區署管轄區域內ニ於テ職務ヲ行ヒ得ルノ趣旨ニハ無之刑事訴訟法第二百五十二條、第十一條ノ適用アルコトハ勿論ノ儀ニ有之候得者此ノ點特ニ御注意相成度候

追テ前記ノ如ク刑事訴訟法第二百五十二條、第十一條ノ管轄區域ノ關係モ有之候間同一地方裁判所管轄區域內ニ於テ轉勤ノ場合ニ於テモ證票ハ其ノ都度檢事正ヨリ交付スル樣致度候

一一　司法警察官ノ職務ヲ行フ者ニ關スル質疑ノ件

（大正十三年十二月十八日
刑事第一五三九八號刑事局長通牒檢事正宛）

問　從來大林區署長ニ於テ司法警察官ノ職務ヲ行フ者トシテ指命シタル者ノ內今次ノ行政整理ニ依リ林區署官制ヲ廢止シ營林局署官制制定施行セラルル爲自然官職名ニ變更ヲ來スモノ可有之見込ニ候處右ハ單ニ官職名ノ變更ニ過キサルヲ以テ任官辭令等ハ特ニ用ヰサル筈ニ付司法警察官ノ職務ヲ行フ者タル資格ニモ何等ノ影響ヲ及ホササル儀ト存候間司法警察官ノ職務ヲ行フ者タルノ辭令ヲモ改メテ交付セサルコトニ致度尙營林署官制施行後營林局長ヨリ大正十二年勅令第五二八號第四條ノ規定ニ基キ當該營林局ノ所在地ヲ管轄スル地方裁判所檢事正ニ協議ノ上其ノ所管營林局署ニ勤務ノ官吏ニ司法警察官ノ職務ヲ行フヘキコトヲ命シタルトキハ爾後同一營林局管內ニ於ケル轉勤、轉職又ハ轉官ノ場合ニ於テ引續キ其ノ職務ヲ行ハシムル必要アルトキハ其ノ旨新舊勤務地ヲ管轄スル地方裁判所檢事正ニ通知ヲナシ營林局所在地ノ檢事正トハ改メテ協議ヲ要セサル取扱ニ致度此段及協議候也

追テ本文後段ノ事項ニ付テハ大正十二年勅令第五二八號第四條ノ所屬長官ハ營林局長ノコトニ御諒解ノ上御承認ヲ得度申添候也尙今回行政整理ノ結果鹿兒島大林區署ハ廢止セラレ同署ノ管轄區域ハ熊本營林局ノ管內ニ屬セシムル見込ニ有之候處鹿兒島大林區署長ニ於テ司法警察官ノ職務ヲ行フコトヲ指命シタル者モ本文前段ノ趣旨ニ依リ改メテ辭令ヲ交付セサルコトニ致度併セテ及御協議候也（農商務次官）

答　當省ニ於テハ異議無之候但シ同一營林局管內ニ於テ轉勤、轉職又ハ轉官ノ場合ニ於テ引續キ司法警察官ノ職務ヲ行ハシムル必要無之ニ依リ其ノ職務ヲ行フコトヲ免セラルル場合ニ於テモ最初協議ヲ爲シタル檢事正竝ニ舊任地ノ檢事正ヘ其ノ旨通知相成候樣致度候（大正十三年十二月十五日刑事第一五三八四號司法次官回答）

一二　司法警察官吏ノ職務ヲ行フ者ノ指命協議ニ關スル質疑ノ件

（大正十四年六月十三日）
（刑事第二七五六號刑事局長回答）

問 大正十二年勅令第五百二十八號第四條ニ依ル司法警察官吏ノ職務ヲ行フ者ノ指命ニ關シ其ノ所屬長官ヨリ該長官ノ勤務スル官廳所在地ヲ管轄スル地方裁判所檢事正ニ於テ協議ヲ受ケタル場合ニ其ノ指命ヲ受クヘキ者ノ勤務地カ他ノ地方裁判所管轄内ニ係ルトキハ大正十三年一月二十一日貴局刑事第六四〇號通牒ニ依リ雙方ノ檢事正ニ於テ内協議ヲ遂クルコトニ實行致居候處從來當管内ニ在リタル熊本大林區署ハ先般官制改正ノ結果之ヲ廢止シ更ニ熊本營林局ヲ置キ同時ニ元鹿兒島大林區署ノ管轄ヲ併合シ九州一圓及沖繩縣ニ渉リ統轄スルコトト爲リタル爲自然他管檢事正ニ内協議ヲ要スルモノ以前ニ倍蓰シ其ノ照覆啻タニ繁多ナルノミナラス是等ノ手續ハ單ナル形式ニ止マリ何等實益無之就テハ他管ニ渉ルモノニ付テハ豫メ三方協議ノ上熊本營林局長ヨリ其ノ指命ヲ受クヘキ者ノ所管檢事正ヘ直接協議ヲ遂ケ該檢事正ニ於テハ局長所在地ノ檢事正ヨリ内協議ヲ受ケタルモノト同一ニ看做シ其ノ回答ハ是亦直接ニ局長ヘ之ヲ爲シ局長所在地ノ檢事正卽チ當職ヘハ局長ヨリノ協議ニ基キ指命シタル司法警察官吏ノ住所氏名及證票交付ノ年月日等ヲ報告スルコトトセハ關係官廳相互ノ利便尠少ナラスト思料候條今後便宜右樣取計ヒ差支ナキヤ何分ノ御回示相成度此段及御内議候也（熊本檢事正）

答 熊本營林局長ヨリ直接ニ指命ヲ受クヘキ司法警察官吏ノ職務ヲ行フ者ノ勤務地ノ檢事正ヘ照會シ同檢事正ニ於テ異議ナキトキハ其ノ旨同局長ヨリ貴官ヘ通知シテ協議ノ上指命スルコトトセハ大正十二年勅令第五二八號第四條ニ違反セサルコトト相成候モ貴見ノ如ク局長ニ於テ指命ノ後初メテ貴官ヘ報告スルカ如キハ同勅令ノ趣旨ニ違反スルモノト被存候條熊本營林局長ト協議ノ上右前段記載ノ如ク取扱相成候場合ハ格別貴見ノ如キ指命方法ハ之ヲ認容スルコトヲ得サルモノト思料致候

一三 林務官ノ訊問ノ場合立會人ニ關スル件

（大正十三年一月十八日）
（刑事局長電報回答）

問 森林司法警察官カ訊問ノ場合ニ立會人ヲ要セサルヤ若シ要スルトセハ何者ヲ立會ハシムヘキヤ又司法警察官執務手續ノ如キ細則ハ別ニ定メラルル見込ナリヤ（秋田檢事正）

答 森林司法警察官ノ訊問ノ場合ニモ立會人ヲ要ス別ノ森林司法警察官若ハ巡査ヲ立會ハシムルコト司法警察職務規範以外ニ細則制定ノ豫定ナシ

一四 國有鐵道ノ助役ハ驛長代理トシテ司法警察事務ヲ處理シ得ルヤ否ノ件

司法警察官吏ノ職務ヲ行フ者ニ關スル件

（大正十五年四月六日刑事第二四八九號
刑事局長通牒、檢事總長檢事長檢事正宛）

問　大正十二年十二月勅令第五百二十八號第四條第一項ニ依リ指命セラレタル國有鐵道ノ助役等（同條第十二號）ハ驛長代理トシテ司法警察事務ヲ處理スルヲ得ルヤ若シ同事務ヲ處理シ得ルトセハ司法警察官ノ職務ヲ行フ者ノ代理トシテ總テノ書類等ヲ作成シ得ルヤ國有鐵道ノ助役ハ鐵道行政上當然驛長ヲ代理シ得ルヲ以テ驛長差支ノ場合ハ本文ノ代理ヲ爲シ得ルカ如クナルモ司法警察官ノ職務ヲ行フ者ハ勅令第四條各號ニ列記規定シテ其限度ヲ示シ居ルノミナラス前顯助役ハ司法警察吏ノ職務ヲ行フ者トシテ指命セラレサルモノナレハ司法警察事務ニ關シテ到底代理ヲ爲シ得サルカ如ク解セラレ候條及御問合候（廣島檢事正）

答　大正十二年十二月勅令第五百二十八號第四條第一項ニ依リ指命セラレタル鐵道司法警察吏タル助役カ鐵道司法警察官タル驛長ノ代理トシテ驛長ノ職務ヲ執行スル場合ニ於テ鐵道司法警察官ノ職務ハ之ヲ行フコトヲ得サルモノト思考ス

刑事訴訟法 陪審法 刑事補償法 先例大鑑〔終〕

昭和十年六月二十五日印刷
昭和十年七月一日發行

先例大鑑

定價四圓

不許複製

編著者　潮　道　佐
東京市神田區神保町三丁目二十九番地
發行者　山　田　直　次　郎
東京市四谷區本村町四番地
印刷者　鈴　木　芳　太　郎
東京市四谷區本村町四番地
印刷所　玄　眞　社　印　刷　所
東京市神田區神保町三丁目二十九番地
振替東京五〇三五八番
電話九段三〇四六番
發行所　立　興　社

刑事訴訟法陪審法刑事補償法先例大鑑
陪審法施行規則
司法警察官吏ノ職務ヲ行フヘキ者ノ指定ニ關スル件
日本立法資料全集　別巻　1208

平成30年11月20日　　復刻版第1刷発行

編著者　潮　　道　佐

発行者　今　井　　貴
　　　　渡　辺　左　近

発行所　信　山　社　出　版
〒113-0033　東京都文京区本郷6-2-9-102
モンテベルデ第2東大正門前
電　話　03（3818）1019
ＦＡＸ　03（3818）0344
郵便振替　00140-2-367777（信山社販売）
Printed in Japan.

制作／(株)信山社，印刷・製本／松澤印刷・日進堂

ISBN 978-4-7972-7325-0 C3332

別巻　巻数順一覧【950 ～ 981 巻】

巻数	書　名	編・著者	ISBN	本体価格
950	実地応用町村制質疑録	野田藤吉郎、國吉拓郎	ISBN978-4-7972-6656-6	22,000 円
951	市町村議員必携	川瀬周次、田中迪三	ISBN978-4-7972-6657-3	40,000 円
952	増補 町村制執務備考 全	増澤鐵、飯島篤雄	ISBN978-4-7972-6658-0	46,000 円
953	郡区町村編制法 府県会規則 地方税規則 三法綱論	小笠原美治	ISBN978-4-7972-6659-7	28,000 円
954	郡区町村編制 府県会規則 地方税規則 新法例纂 追加地方諸要則	柳澤武運三	ISBN978-4-7972-6660-3	21,000 円
955	地方革新講話	西内天行	ISBN978-4-7972-6921-5	40,000 円
956	市町村名辞典	杉野耕三郎	ISBN978-4-7972-6922-2	38,000 円
957	市町村吏員提要〔第三版〕	田邊好一	ISBN978-4-7972-6923-9	60,000 円
958	帝国市町村便覧	大西林五郎	ISBN978-4-7972-6924-6	57,000 円
959	最近検定 市町村名鑑 附 官国幣社 及 諸学校所在地一覧	藤澤衛彦、伊東順彦、増田穆、関惣右衛門	ISBN978-4-7972-6925-3	64,000 円
960	鼇頭対照 市町村制解釈 附 理由書 及 参考諸布達	伊藤寿	ISBN978-4-7972-6926-0	40,000 円
961	市町村制釈義 完　附 市町村制理由	水越成章	ISBN978-4-7972-6927-7	36,000 円
962	府県郡市町村 模範治績　附 耕地整理法 産業組合法 附属法令	荻野千之助	ISBN978-4-7972-6928-4	74,000 円
963	市町村大字読方名彙〔大正十四年度版〕	小川琢治	ISBN978-4-7972-6929-1	60,000 円
964	町村会議員選挙要覧	津田東璋	ISBN978-4-7972-6930-7	34,000 円
965	市制町村制 及 府県制　附 普通選挙法	法律研究会	ISBN978-4-7972-6931-4	30,000 円
966	市制町村制註釈 完　附 市制町村制理由〔明治21年初版〕	角田真平、山田正賢	ISBN978-4-7972-6932-1	46,000 円
967	市町村制詳解 全　附 市町村制理由	元田肇、加藤政之助、日鼻豊作	ISBN978-4-7972-6933-8	47,000 円
968	区町村会議要覧 全	阪田辨之助	ISBN978-4-7972-6934-5	28,000 円
969	実用 町村制市制事務提要	河邨貞山、島村文耕	ISBN978-4-7972-6935-2	46,000 円
970	新旧対照 市制町村制正文〔第三版〕	自治館編輯局	ISBN978-4-7972-6936-9	28,000 円
971	細密調査 市町村便覧(三府 四十三県 北海道 樺太 台湾 朝鮮 関東州)　附 分類官公衙公私学校銀行所在地一覧表	白山榮一郎、森田公美	ISBN978-4-7972-6937-6	88,000 円
972	正文 市制町村制 並 附属法規	法曹閣	ISBN978-4-7972-6938-3	21,000 円
973	台湾朝鮮関東州 全国市町村便覧 各学校所在地〔第一分冊〕	長谷川好太郎	ISBN978-4-7972-6939-0	58,000 円
974	台湾朝鮮関東州 全国市町村便覧 各学校所在地〔第二分冊〕	長谷川好太郎	ISBN978-4-7972-6940-6	58,000 円
975	合巻 佛蘭西邑法・和蘭邑法・皇国郡区町村編成法	箕作麟祥、大井憲太郎、神田孝平	ISBN978-4-7972-6941-3	28,000 円
976	自治之模範	江木翼	ISBN978-4-7972-6942-0	60,000 円
977	地方制度実例総覧〔明治36年初版〕	金田謙	ISBN978-4-7972-6943-7	48,000 円
978	市町村民 自治読本	武藤榮治郎	ISBN978-4-7972-6944-4	22,000 円
979	町村制詳解　附 市制及町村制理由	相澤富蔵	ISBN978-4-7972-6945-1	28,000 円
980	改正 市町村制 並 附属法規	楠綾雄	ISBN978-4-7972-6946-8	28,000 円
981	改正 市制 及 町村制〔訂正10版〕	山野金蔵	ISBN978-4-7972-6947-5	28,000 円